国家社会科学基金重点项目

(项目批准号03AXW001)

报业集团核心竞争力研究
——对报业发展理念和创新实践的审思与解读

曾建雄 等◎著

安徽大学出版社

图书在版编目(CIP)数据

报业集团核心竞争力研究——对报业发展理念和创新实践的审思与解读 / 曾建雄等著. —合肥:安徽大学出版社,2013.1
ISBN 978-7-5664-0601-9

(国家社科基金丛书)

Ⅰ.①报… Ⅱ.①曾… Ⅲ.①报社—企业集团—竞争力—研究—中国 Ⅳ.①G219.2

中国版本图书馆 CIP 数据核字(2012)第 250018 号

报业集团核心竞争力研究
——对报业发展理念和创新实践的审思与解读

曾建雄 等著

Baoye Jituan Hexin Jingzhengli Yanjiu
——Dui Baoye Fazhan Linian He Chuangxin Shijian De Shensi Yu Jiedu

出版发行:北京师范大学出版集团
　　　　　安 徽 大 学 出 版 社
　　　　　(安徽省合肥市肥西路 3 号 邮编 230039)
　　　　　www.bnupg.com.cn
　　　　　www.ahupress.com.cn
印　　刷:合肥远东印务有限责任公司
经　　销:全国新华书店
开　　本:170mm×230mm
印　　张:40.75
字　　数:723 千字
版　　次:2013 年 1 月第 1 版
印　　次:2013 年 1 月第 1 次印刷
定　　价:88.00 元
ISBN 978-7-5664-0601-9

策划编辑:康建中　朱丽琴　　　　装帧设计:知耕书房
责任编辑:马晓波　　　　　　　　美术编辑:戴　丽
责任校对:程中业　　　　　　　　责任印制:陈　如

版权所有　侵权必究

反盗版、侵权举报电话:0551—65106311
外埠邮购电话:0551—65107716
本书如有印装质量问题,请与印制管理部联系调换。
印制管理部电话:0551—65106311

主要撰稿人：

曾建雄（暨南大学新闻与传播学院教授、博士、博士生导师）

支庭荣（暨南大学新闻与传播学院教授、博士、博士生导师）

曾凡斌（暨南大学新闻与传播学院讲师、中国人民大学新闻学院在读博士生）

林如鹏（暨南大学新闻与传播学院教授、博士、博士生导师）

陈致中（暨南大学新闻与传播学院副教授、博士、硕士生导师）

星　亮（暨南大学新闻与传播学院副教授、硕士生导师、暨南大学新闻与传播学院在读博士生）

郭全中（国家行政学院社会和文化教研部、高级经济师、博士）

郑宇丹（暨南大学新闻与传播学院在读博士生；华南理工大学新闻与传播学院副教授、硕士生导师）

刘劲松（暨南大学新闻与传播学院毕业博士；深圳大学传播学院教授、硕士生导师）

陈长松（暨南大学新闻与传播学院毕业博士；江苏省淮阴师范学院传媒学院副教授）

目 录

序 ·· 1

导 言 ·· 1

（上）理论篇

第一章 中国报业集团发展轨迹管窥 ·· 3
一、报业集团产生的背景与预期目标 ·· 3
二、初战告捷的首家报业集团及其影响 ··· 15
三、从"局部试点"到"群雄并起"的新格局 ································· 20
四、媒介生态环境的变化与报业发展的"拐点" ································ 29
五、报业集团可持续发展战略呼唤核心竞争力 ································ 41

第二章 关于核心竞争力研究的理论梳理 ·· 51
一、国外核心竞争力理论研究概况 ·· 51
二、国内核心竞争力理论研究概况 ·· 67
三、新闻传播领域的相关理论研究概况 ··· 79
四、报业领域核心竞争力问题研究现状 ··· 93
五、我们对这一理论研究的基本认识 ·· 104

第三章　报业的属性特点及赢利模式探究 …… 107
一、报业的基本属性及其特点 …… 107
二、报纸产品的特性及主要赢利模式 …… 116
三、报纸社会角色与两个效益之关系探讨 …… 129

第四章　报业竞争与发展问题的宏观审视 …… 141
一、对几个核心概念的解读辨析 …… 141
二、国内报业市场竞争主体分析 …… 150
三、报业市场竞争现状透视 …… 176
四、报业组织参与竞争的战略及策略 …… 188

第五章　报业竞争力构成要素的微观分析 …… 198
一、内部资源构成要素 …… 199
二、外部资源构成要素 …… 204
三、参与市场竞争的能力与水平 …… 209
四、企业管理的能力与水平 …… 213
五、采编业务能力与产品的吸引力 …… 217
六、企业文化与创新能力 …… 222
七、公信力、影响力与品牌美誉度 …… 228

第六章　报业集团核心竞争力的构成要素 …… 244
一、报业集团核心竞争力构成要素的框架 …… 244
二、报业集团核心竞争力构成要素解读 …… 254
三、报业集团核心竞争力构成要素的合力作用 …… 289

第七章　报业集团核心竞争力缺失原因分析 …… 292
一、报业管理体制机制对报业集团发展的掣肘 …… 292
二、报业集团的发展战略滞后 …… 299
三、报业集团资本运营的两难 …… 303
四、报业集团核心人才的匮乏 …… 309
五、报业集团内部协调发展的困惑 …… 312

六、报业集团创新能力的不足…………………………………317
　　七、国内报业集团的短板:企业文化的薄弱…………………320

第八章　培育与提升报业核心竞争力的对策………………326
　　一、报业体制改革与机制创新…………………………………326
　　二、经营体制的改革创新………………………………………333
　　三、人才管理机制的改革创新…………………………………339
　　四、采编业务(报业产品)的创新………………………………343
　　五、报业集团发展战略的创新…………………………………348
　　六、发展战略创新的路径选择…………………………………354
　　七、以优质企业文化培育与提升核心竞争力…………………362

(下)案例篇

第九章　广东四家报业集团的案例分析……………………371
　　一、广州日报报业集团:改革创新赢得发展先机………………371
　　二、南方报业传媒集团:战略运营"孵化"多品牌………………388
　　三、羊城晚报报业集团:"老品牌"遇到新课题…………………401
　　四、深圳报业集团:"一家独大"的优势与困惑…………………415

第十章　京沪报业集团案例分析……………………………428
　　一、光明日报报业集团:沉闷中的一抹亮色……………………430
　　二、北京日报报业集团:"报业航母"的创新之路………………439
　　三、北京青年报报业集团:"上市"的"烦恼"……………………445
　　四、京华时报:呼之欲出的现代企业集团………………………457
　　五、解放日报报业集团:媒介融合先行一步……………………471
　　六、文汇新民联合报业集团:向文化产业集团迈进……………481

第十一章　其他区域报业集团案例分析……………………492
　　一、哈尔滨日报报业集团:深化体制改革初现曙光……………493
　　二、宁波日报报业集团:经营管理创新实现新跨越……………499

三、新华日报报业集团:党报改革创新的新思路…………………510
　　四、河南日报报业集团:"一报独大"领跑区域报业市场…………523
　　五、成都传媒集团:跨媒体融合新尝试……………………………536
　　六、华商传媒集团:跨区域扩张谱写新篇章………………………544

第十二章　全球视野中的报业(传媒)集团案例分析………………551
　　一、跨媒介跨国界的"传媒大鳄"新闻公司…………………………553
　　二、大报风范一以贯之的纽约时报公司……………………………566
　　三、商业利益至上的甘奈特公司(《今日美国》)…………………583
　　四、实施免费战略的瑞典地铁报集团………………………………593

结语:新语境下报业可持续发展战略前瞻……………………………600

参考文献……………………………………………………………………610

后　　记……………………………………………………………………625

序

范以锦[1]

我一直在关注着曾建雄教授牵头的国家社科基金重点项目——"报业集团核心竞争力与改革创新问题研究"的课题进展情况,现在该课题已经结项,作为最终成果的专著《报业集团核心竞争力研究——对报业发展理念和创新实践的审思与解读》也即将付梓出版。作为同事,我对曾教授及其团队取得的研究成果感到由衷的高兴,并作序致贺。

我之所以关注核心竞争力的问题,是因为我在报业集团担任过董事长,深知这个问题的重要。核心竞争力,是持久竞争优势的基础,持久的竞争优势可以使报业获得超额的回报,并在市场竞争中占尽先机。同样是报业集团或同样是一家报社,为什么有的经营得风生水起,有的却死气沉沉,这与集团或报社有无核心竞争力有很大的关系。我们常常可以看到这样的一种现象,当一家报纸风风火火推出改革方案不久,就有人发出惊叹:"我们的做法又被人模仿了。"率先实践者,是颇费心机的,但辛辛苦苦的探索,却很快成为大家共享的成果。这里提出一个问题:比较难模仿的是什么?一般的技术层面的操作,是很容易被人替代的。但我们只要细心观察,就会发现,对于有的报业组织,你可以模仿它的形态、一般的操作方法,却无法超越它的品质。原因何在?主要是其所拥有的人才结构不同,进而形成报业组织不同的素质、能力和综合实力,其中的佼佼者所拥有的,就是我们常说的"核心竞争力"。当一家集团或报社真正拥有自己的核心竞争力,占绝对优势时,这家集团或报社就会立于不败之地。

---

[1] 暨南大学新闻与传播学院院长、教授、博导;曾任:南方日报社社长、南方报业传媒集团党委书记、管委会主任、南方报业传媒集团前董事长;中华全国新闻工作者协会副主席、广东省新闻工作者协会主席等职。

南方报业传媒集团的报纸被公认是办得比较好的报纸，其下属的《南方日报》《南方周末》《南方都市报》《21世纪经济报道》都成为品牌报纸，无论办报还是经营，在同类的报纸中都起到了领头的作用。南方报业集团曾提出自己的核心竞争力就是"培育优质媒体品牌的创新能力和把优质媒体品牌推向市场的能力"。该集团先后派人在北京和云南办都市类报纸，说明围绕其"核心竞争力"形成的创新能力，不仅满足了自身的需要，还有能力输出，不断拓展新的领域。

尽管我在报业时，也关注南方报业集团的核心竞争力问题，但因工作繁忙，无法进行系统的研究，故而未能上升到学理的层面进行深入探讨。这些年学界和业界虽然对报业发展有一些研究，但全面去研究报业的核心竞争力并分析到位的并不多见。我进入暨南大学新闻与传播学院之后，了解到我的同事曾建雄教授正领衔研究报业"核心竞争力"问题，并且是作为国家社科基金重点项目，非常期待尽快出成果。由于此问题涉及面很广，研究难度大，历经几载反复磨砺，该团队才最终完成课题。作为长期关注中国报业发展的老新闻人，我细读书稿之后，觉得这部专著颇具学术价值和实用价值。

这部专著对国内报业集团发展进程中的改革创新举措进行了全面深入的考察研究，对众说纷纭的核心竞争力理论作了系统梳理和深入探究，并围绕报业发展理念与市场竞争等基本问题，尤其是报业集团等传媒组织在改革发展进程中面临的突出"瓶颈"问题，理论联系实际地探讨如何才能有效地培育与提升报业核心竞争力，以获得可持续的发展。

全书以核心竞争力基本理论为轴心和框架，寻找其同报业竞争与发展问题密切相关的最佳契合点——核心竞争力构成要素，结合报业的特性和中外报业（传媒）集团的实践，概括出报业组织核心竞争力八大构成要素，深入探究其形成的机理及功能作用，紧密联系国内报业集团改革创新实践，对一系列具有典型意义的个案进行了剖析，解读其独特价值，以及在培育与提升核心竞争力方面所起的重要作用。

报业核心竞争力问题，既是理论问题，也是一种创新的实践。中国报业引进品牌和核心竞争力的理念时间并不长，因此研究起来难度自然不小。而且，单靠新闻学理论知识是无法完成的，还要兼备经济、管理等方面的知识。这一课题的领头人曾建雄教授有着深厚的理论底蕴。他在复旦大学取得新闻学博士学位后，曾在广西大学任新闻系主任。进入暨南大学之后继续侧重新闻业务方面的研究，尤其对新闻评论有比较深厚的学术积淀，同时也兼顾新闻理论和新闻史研究。在这期间，他还把视野拓展到报业的经营管理领域。2006年担任博士生导师后,开始招收新闻业务和媒介经营管理方向的博士生,同时招收和指导此方向的硕士生,投入更多精力关注国内媒介经济领域的经营管理问题,重点研究报业集团核心竞争力与改革创新实践问题,并发表了相关的论文。

主持国家社科基金重点项目"报业集团核心竞争力与改革创新问题研究"后,他多次深入业界调查研究,并把业界人士请进来共同探讨和分析难点问题。正是由于注重报业实践的调研,同时博采众长,凝聚了团队成员(也包括报业高管们)的智慧,因此,《报业集团核心竞争力研究——对报业发展理念和创新实践的审思与解读》一书具有跨学科交叉研究的特点。作者借助相邻学科理论研究的新成果——核心竞争力,对国内报业集团乃至整个报业发展所面临的紧迫问题,进行有深度的专题研究,在如何提升核心竞争力以获得可持续发展等方面回答了学界、业界共同关注的问题,具有很强的现实针对性。尽管核心竞争力理论目前还存在不同观点,但本书注重全面搜集国内外的相关成果,在兼收并蓄的基础上,提出了独到见解,作出了自己的理论概括,因而是具有一定理论创新的学科前沿的研究成果。

现在报业正处于转型期,既面临传统报纸自身的竞争,又受到新媒体的挑战。报业在新的抉择中,核心竞争力变得尤为重要。这不仅需要理论的指导,还要有创新的实践。理论联系实际,正是专著《报业集团核心竞争力研究——对报业发展理念和创新实践的审思与解读》的重要特色。在吃透核心竞争力理论的前提下,能够紧密联系中国报业发展的现实问题,进行针对性很强的研究分析,对有代表性的报业案例作出了到位的分析解读,强化了理论研究对报业实践的指导作用,而且讲的虽是"核心竞争力",但与此相关的问题也尽揽其中。因此,这部专著具有较高的学术价值和现实指导作用,无论是对媒介经营管理教学,还是对业界的改革发展实践,以及国家管理部门进一步了解报业以便更好地作出决策,都有积极的借鉴意义。

2012 年 3 月 30 日于广州

导 言

自1996年国内第一家报业集团诞生以来至今不过十几年，全国各地先后又组建了数十家报业集团（倘若新闻出版总署不加限制的话，其数量恐怕早已超过百家），这从一个侧面反映出国内报业迅猛发展的势头和规模扩张的强烈欲望。通过集团化做大做强，这个主题从上世纪末到本世纪初以来，一直受到业界、学界乃至上级主管部门的高度关注，它同时也是新闻传播学研究的一个新"热点"。许多专家学者为找寻报业集团做大做强的"捷径"而苦苦思索，在报业一线拼搏的业界精英们更以自己的改革创新实践，不断地诠释着社会主义市场经济条件下媒介竞争与发展的新法则。

然而前进的道路并不平坦，经历了2005年的报业"寒冬"（也被称为报业的"拐点"）之后，报业高管们除继续想方设法把自己的家业做大做强之外，又多了一份焦虑。在新形势和新语境中如何才能使传统报业做得更长久，活得更潇洒，这已成为大家关注的新"焦点"。于是，不少研究报业竞争与发展问题的论著，在提法上也发生了微妙的变化，做大做强变成了"做强做大做长久"。显而易见，业界、学界的有识之士们已经敏锐地察觉到，包括报业集团在内的报业组织其发展方式需要转变——由原来的粗放型的发展方式，向集约型的发展方式转变，不能急功近利地只顾眼前，必须更多地关注长远利益，即可持续发展、科学发展。

2008年席卷全球的金融风暴使许多人如梦初醒，"可持续发展"作为关键词频频出现在各国首脑举行的峰会上，它也被业界、学界视为转变发展方式的目标和理论探讨的重点。因为各行各业乃至各个国家和地区都意识到"可持续发展"的极端重要性，它也成为各类企业组织的共同愿景，包括报业集团在内的企业组织瞄准了这一前进方向，努力探索能够顺利抵达理想彼岸的正确途径，并急切寻求相关理论支撑。"核心竞争力"这一一度火爆而有所降温的理论,极有可能再次转热走俏,吸引众多研究者的眼球。

"核心竞争力"这一上世纪90年代风靡西方发达国家的新理论,新世纪初开始在我国流行起来,很快引起了业界、学界的高度重视,借鉴这一理论研究各个领域内的竞争与发展问题,当时似乎成为一种"时尚",其中包括研究报业集团以及传媒领域各种竞争与发展问题的论文,有如雨后春笋,大量涌现,其后相关著作也陆续问世。在这一波的理论研究热潮中,怀着一种责任感和使命感,我们团队设计了名为"报业集团核心竞争力与改革创新问题研究"的课题,并且申报了2003年国家社科基金重点项目,有幸在当年(2003年9月)正式获得立项。

从一定意义上说,关于传媒领域竞争力与核心竞争力问题的理论研究,处于新闻传播学研究的前沿和高端,因为它所要研究和解决的问题,与传媒业当前和今后的改革创新实践息息相关,对于各种传媒组织(包括报业集团)的健康成长和可持续发展,有着十分重要的理论探讨价值和实际指导意义。

实事求是地说,提出和设计这个研究课题之初,带有一定的猜想成分。但是,伴随着课题研究的深入,我们越来越强烈地感受到这一选题的现实针对性和重大意义,而且认识也在不断深化,对于相关问题的把握也越来越准确和到位。特别是随着全球经济形势的发展变化,余威尚存的金融风暴以及欧债危机造成的负面影响,不断提醒我们要转变发展方式,增强自主创新能力,培育和提升核心竞争力,已成为我国各行各业尤其是企业组织的普遍共识和当务之急。

如果说2003年获得立项之时,此课题尚具有一定的超前性,那么,在新的形势和语境中,这项研究可谓正当其时。报业集团的成长实践在呼唤基业长青的发展理论:报业如何才能够在新的现实条件下扬长避短,保持竞争优势,把握住发展新机遇,迎接各种严峻挑战,进而实现做强做大做长久的可持续发展目标?这无疑是目前国内众多报业集团"掌门人"都在认真思考和积极探索的一个现实问题,也是国内许多专家学者高度关注和潜心研究的重要理论问题(事实上国外也有相似的问题需要解决),但它同时又是一道需要花费大力气才能破解的难题。为寻求题解,业界、学界众多的研究者不约而同地把目光聚焦于核心竞争力理论。因为核心竞争力理论探讨的主要问题,就是如何在竞争激烈变动不居的市场环境中,使企业能够长久地拥有竞争优势,获得可持续的发展。换句话说,国内报业集团面临的主要问题——如何在不确定因素日益增多的竞争性市场中保持竞争优势,做强做大做长久,实现可持续发展的目标,恰恰也是核心竞争力理论最为关注和力图解决的核心问题,两者的契合点使许多研究者看到了希望。

近年来业界、学界的专家学者们在这一领域辛勤耕耘,取得了一批研究成果,不仅发表了数量可观的论文,还出版了多部专著。在肯定成绩的同时也不必讳言,与其他学科领域的研究情况相似,现有的诸多研究成果质量良莠不齐,其中既有学术价值颇高的精品,也不乏滥竽充数的次品。由于业界、学界在引进介绍和运用核心竞争力理论开展各项研究的过程中,某些研究者"以其昏昏,使人昭昭",从而导致误解误读现象时有发生;加上部分以讹传讹的"成果"扩散后所产生的负面影响,致使许多人形成了认识误区。

例如,有相当数量关于传媒组织(报纸、报业集团或其他媒介及集团)核心竞争力问题的研究成果,其侧重点并不是着眼于长期的竞争优势和可持续发展等关键问题,而是主要着眼于当下的竞争,把内隐的核心竞争力与外显的竞争力或竞争优势混淆起来,明显偏离了该理论的基本宗旨,同核心竞争力理论提出者的初衷和研究旨趣相去甚远。而这种偏离主旨的研究成果的扩散,必然造成更多的理论误区和认识上的混乱。

又如,某些研究成果对该理论的"借鉴",不是基于真正理解、消化、吸收之后,运用其立场观点来分析解决传媒领域的现实问题,而只是流于表面地提及和使用,结果这一理论成了贴上去的标签,实际是"两张皮",并没有在理论与实践二者的紧密结合中使研究成果达到"洋为中用"的预期目的。

当然,这种现象并非新闻传播领域的学术研究所独有,而是带有一定的普遍性。在目前国内因急功近利而异常浮躁的学术氛围和环境中,囫囵吞枣、不得要领的"研究"与"借鉴"在所难免,鱼龙混杂、泥沙俱下的情况比比皆是。故而国内即便是经济学和管理学领域中某些研究成果,同样存在对核心竞争力理论的误解误读现象,至于在其他交叉学科研究领域的成果当中,类似的谬误更是不胜枚举。

另外,有不少研究者在探讨传媒领域的核心竞争力问题时,未能找到恰当的切入点,导致运用该理论研究传媒领域相关问题(包括报业集团或其他传媒组织的核心竞争力)往往不够具体,文章或著作中所阐述的观点有些不得要领,有如隔靴搔痒,甚至不知所云。

针对上述种种弊端,我们课题组成员在开展项目研究过程中,拟从两个方面实施突破:首先是吃透理论,在此基础上才能进一步明确研究目的、研究方向和所需采用的研究方法,并制定具体可行的研究方案和实施步骤;其次,就是力求理论联系实际,解答国内报业集团如何才能获得可持续发展这一重大现实问题。

一方面为了厘清核心竞争力理论研究的现状及来龙去脉,以便能够真正把握其理论实质,课题组成员花费了大量的时间和精力,回顾了国内外相关研究成果,查阅了数以千计的文献资料,对近年所开展的同该理论有关的研究,特别是报业领域关于核心竞争力问题的研究等,都作了系统的梳理,在厘清研究现状的前提下,对以往成果中的主要弊端及其原因进行了探究,通过深入分析比较各家的主要观点,真正理解消化、兼收并蓄,再经过独立思考,逐渐形成了我们对于该理论研究的基本观点(主要观点的阐述详见书稿的第二章"关于核心竞争力研究的理论梳理"之第五节:我们对这一理论研究的基本认识)。

另一方面,在理论问题大体解决后,如何借鉴这一理论来研究解答国内报业竞争与发展的现实问题,特别是国内报业集团怎样通过改革创新举措培育和提升核心竞争力这个关键问题,既是本项目要解决的重点、难点问题,也是一个关系到报业发展全局的重大课题。通过我们的研究作出理论回答,既是全国哲学社会科学规划办公室将其列为国家社科基金重点项目给予立项的初衷,也是本项研究理论价值和现实意义之所在。

为了实现预期的研究目标,课题组成员进行了艰苦的努力,展开了深入细致的调查研究,在前后长达7年的时间里,我们先后对国内数十家报业集团进行了摸底调查,并对其中最具典型意义的报业集团的几十位高管(包括社长、董事长、总编、副总编、总经理等)作了深度访谈,获得了大量第一手材料(录音整理出的文字稿达几十万字),然后进行去粗取精、去伪存真的深加工,并通过进一步的分析比较、归纳综合,力求上升到理性认识的高度,作出相应的学术概括。

课题组成员在开展课题研究时,按照当初的设计方案,采取分三步走的计划:第一阶段以广东四家报业集团(广州日报报业集团、南方报业传媒集团、羊城晚报报业集团、深圳报业集团)为主要考察对象,开展深入细致和全面系统的调研,在充分占有第一手资料的基础上,一是梳理各报业集团在改革创新方面的思路和举措,透视其在各报业集团的成长过程中所产生的作用,特别是对核心竞争力的培育与提升发挥关键作用的要素给予高度重视,弄清二者之间有何内在联系,从其成功的经验中寻求启示;二是对报业集团存在的问题,特别是影响、削弱报业集团核心竞争力,阻碍其持续健康发展的深层次矛盾问题,条分缕析,寻根究底,针对其症结所在,思考并提出解决问题的办法与思路。

在取得经验的前提下,课题组第二阶段以京、沪报业集团为主要研究对象,并以广东四家报业集团作为参照系,对照比较后发现其相同和不同之处,进一步探寻一般规律和特殊规律。第三阶段以前两个阶段的研究成果和经验为台阶,从更高的视点和更大的范围来审视和思考我国报业集团核心竞争力培育和提升的基本途径和方法,根据掌握的情况,归纳总结出具有一般意义的成功经验,并针对普遍存在的矛盾问题提出对策性建议,进而对社会主义市场经济条件下报业集团的发展规律,做出科学的理论概括。

这是一个较为理想的调研计划,然而在实施过程中我们遇到了不少意想不到的困难,日理万机的社长老总们常常因为要务缠身而被迫取消预约的访谈,尤其是在国内召开某些重要会议(如每年的"两会")期间,或是在媒体的重大改革举措出台前后,这些报业高管更加繁忙,我们的"周密计划"则一次又一次搁浅。尽管如此,我们还是坚持下来了,以锲而不舍的精神大体完成了预定的研究任务,虽然时间比原计划延长了一倍,但我们认为值!

本课题采用的研究方法以定性研究为主,定量研究为辅,高度重视个案研究。具体方法如下:第一,文献检索。通过报刊索引和参考书目,尽可能地查阅已有的相关研究成果,以之作为开展课题研究的起点和参照系;查阅各报业集团出版的主要报纸,进行文本分析,比较其特色和风格;查阅相关的档案文件,以了解某些改革创新措施出台的背景和内容。第二,访谈调查。制定计划,走访各报业集团,对社长(董事长)、总编(副总编)、总经理等高管进行深度访谈,以获取国内报业改革创新的一手资料,并设计问卷,对各报业集团所在区域或特定范围的读者开展抽样调查,回收上机做量化分析。第三,归纳综合。对通过各种途径和各种方法搜集到的原始资料,进行系统的梳理、分析、归纳、综合,然后作出理论的概括。此外,借鉴参考相邻学科(如经济学、管理学、社会学、政治学、历史学等学科)的有关理论知识和研究成果,提高本课题研究的理论含量。以上研究计划在执行中略有调整,预期的研究目标则大体得以实现。这部70多万字的专著作为项目研究的最终成果,是研究内容和预期目标的集中体现。

本专著的内容主要围绕报业竞争与发展问题,着重研究核心竞争力的培育、提升同报业集团的改革创新实践二者的内在联系,通过理论与实践相结合的研究探究,得出一些带规律性的认识,用以指导当前和今后的报业发展实践。

全书除导言和结语外,共12章,其内容大体分为上、下两篇,上篇以理论探讨为主,下篇以案例分析为主。不过,上、下两篇并非"两股道上跑的车",其内容有着紧密的内在联系,探讨的问题相互关联,研究的内容互为补充印证,因而两者实际上是相辅相成的。

导言论述了此项研究的目的意义、基本思路和研究方法,对书中主要内容及各章核心观点作了简略介绍,便于读者从总体上把握研究对象和全书基本框架。

　　第一章先回顾了国内报业集团产生的背景与发展历程,指出其面临的突出问题——很多报业集团遭遇发展瓶颈和缺乏持续的竞争力。如何破解这个难题?把问题提出之后,指明了方向——报业发展的实践在呼唤可持续发展理论,而且只有通过改革创新来培育和提升自身的核心竞争力,报业集团才有光明的前景。这也是新形势下国内报业发展作出的必然战略选择。

　　第二章聚焦本课题研究所依托的主要理论——核心竞争力,对其核心观点、发展渊源和研究现状等进行了较为系统的梳理和探究,指出应从宏观战略管理的高度,从企业发展路径选择等具有普遍指导意义的理论视角,来认识和解读核心竞争力。该理论是竞争战略中的一种新思维,与以往强调通过外在条件和资源来获取竞争优势的战略管理理念不同,这种新的战略管理理念更关注企业内在综合素质能力的培育与提高,即企业如何在适应外部环境变化的前提下,努力培养和形成独特的核心竞争力(核心能力),以便能够长期地拥有竞争优势,进而获得可持续发展这一核心问题。

　　本章回顾、探讨了国内外有关此理论研究的现状,特别指出国内新闻传播领域相关研究存在的误区,通过理论辨析,阐明了作者对此理论研究的基本观点,并进一步表明了应当以正确的态度开展研究(包括遵循学术规范),从而为深入研究报业集团的核心竞争力问题铺平了道路。

　　第三章围绕报业的属性特点、报纸的主要赢利模式及报纸的社会角色与两个效益(社会效益和经济效益)之关系等重要命题,从理论与现实的双重视角探究和解答报业竞争力赖以形成的基础这一基本认识问题。从学理层面深刻阐明报纸等报业组织的基本功能作用、报业具有的特殊性(媒体的双重属性),以及应当如何扮演好其社会角色——要以良好的社会效益获取相应的经济回报,通过满足受众的需求,产生良好的社会效益,形成其公信力、影响力和权威性,并以其品牌效应和市场占有率来赢得竞争,获取较好的经济效益。

　　第四章从宏观层面分析解读了国内报业市场的主体构成、竞争与发展等核心问题,并对竞争力、核心竞争力、竞争优势这几个关键词进行了辨析。同时剖析了国内报业市场竞争中存在的主要问题,进而指出报业组织在制订长期发展战略和短期竞争策略时,要善于抓住关键环节,自觉围绕培育和提升自身核心竞争力这个中心,妥善地处理全局与局部、稳定与发展、继承与创新,长远利益和当前利益之间的关系,统筹安排、合理规划,突出重点、兼顾各方,优化资源配置,使之能够协调发展,从而实现可持续发展的目标。

第五章则从微观层面阐述了报业组织竞争力的一般构成要素,对其主要资源要素和能力要素及其作用(含它们同竞争力的内在联系),展开了必要的讨论;对其参与市场竞争的综合能力与水平、企业管理的现代化程度、采编业务能力与产品吸引力、企业文化与创新能力等各个方面的问题,进行了有一定深度的解读;并且从报业的特性出发,把报业组织的公信力、影响力和品牌美誉度作为竞争力不可或缺的构成要素,阐明三者之间相辅相成的关系:公信力是前提和基础,不讲公信力的媒体迟早会被社会和公众唾弃;只有基于公信力的影响力,才具有生命力,且其影响才是正面和积极的,并体现出媒体作为社会公器的责任与价值;媒体公信力越强,影响力越大,受众对其信赖感和评价越高,于是就形成了品牌美誉度和品牌忠诚度,从而赢得市场竞争,并能创造更大的价值,由此形成良性循环。从某种意义上说,这是传媒组织基业长青的保证,传媒凭借三者就能持久地拥有竞争优势,做强做大做优,获得可持续发展。

第六章借鉴相关理论并结合各种典型案例,重点分析和解读了构成报业集团核心竞争力八个方面的关键要素(企业文化、核心人才、组织结构、创新能力、领导力、生产能力、流通渠道、营销力),并以此形成一个寻找核心竞争力要素的坐标体系(配以简明直观的图表),同时阐明八大要素在培育和提升报业集团核心竞争力方面所具有的重要价值和独特作用。而报业作为文化产业中意识形态属性最强的行业,生产的产品是承载思想意识的信息产品,受众对这种信息产品的消费不仅仅是简单的信息消费,从某种意义上说,受众消费的是信息产品蕴含的思想观点、价值取向等精神文化内容。报业产品的特殊性以及受众消费的特殊指向性,决定了报业组织追求的终极目标不能仅限于自身的经济效益,而必须履行社会公器的职责,要把社会效益放在首位,而要想产生良好的社会效益,媒体必须具有相应的公信力、影响力和品牌美誉度。报业组织的公信力、影响力和品牌美誉度的形成与提升,又离不开上述构成报业组织核心竞争力的诸要素。

报业组织公信力、影响力和品牌美誉度的形成与提升,凭借的正是八大要素共同作用所形成的合力,它对于报业集团能否产生良好的社会效益和经济效益,发挥了关键性作用。事实上,报业组织的公信力、影响力和品牌美誉度其实就是该组织(报业集团)的核心竞争力在社会效益方面的具体体现,而其经济效益又与之紧密相连,它们甚至可以说就是一枚硬币的两面,二者融为一体,共同形成了报业集团的核心竞争力。传媒的公信力、影响力和品牌美誉度并非一蹴而就的,而是需要日积月累、悉心呵护和不断提升的。成为知名品牌媒体后,又可运用品牌效应拓展市场和延伸影响力,强势品牌所具有的独特性、不可替代性和延展性可以帮助传媒获得持续的竞争力,这无疑有助于培育和增强其核心竞争力。

第七章和第八章针对制约国内报业集团健康发展和影响核心竞争力培育与提升的瓶颈问题,理论联系实际地进行了系统全面的分析探讨,并提出改革创新的具体措施与对策。目前报业集团市场化道路仍存在诸多掣肘之处,体制、机制方面仍有悬而未决的问题。由于我国的报业体制改革选择的是渐进式改革道路,导致了容易见效的改革基本完成,而当前改革步入了"深水区",体制、机制问题已成为制约报业发展的首要因素。诸如报业集团公司法人身份的尴尬,"翻牌公司"现象的普遍存在,资源难以整合而未能优化配置,主报与子报的关系不顺,集团的发展战略缺失或滞后等等,其根源大都出在体制、机制上。与之相关的其他问题不少,具体表现涉及许多方面。这些先后浮出水面的问题,严重地影响着报业集团综合实力的进一步提升,对于其持久竞争力特别是核心竞争力的培育、提升极为不利。

中国传媒业所处的外部大环境正处于大变革的时期,动荡变化是这种环境的主旋律,自然会出现很多新的市场机会,但由于环境的变化以及新媒体的崛起,必然会给传统媒体带来重大的威胁和挑战,报纸等传统媒体必须审时度势,不断创新,才能趋利避害、变危为机。经过十多年的发展,中国报业集团虽取得了一定的成绩,然而,相较于西方发达国家的报业(传媒)集团,其规模小、实力弱,处于发展水平较低的未成熟阶段,而制约我国传媒业发展的根本原因在于制度化因素。因此,只有在战略、体制、机制等方面改革创新,中国报业集团才能真正做强、做大、做长久,实现可持续发展。

书稿上篇侧重解决理论方面的问题,下篇则着重从报业实践具体个案出发,研究和探讨报业(传媒)集团核心竞争力与改革创新实践二者之间的内在联系,通过剖析解读最具代表性和典型意义的案例,揭示其中蕴含的道理,再从个别到一般,归纳总结出一些带规律性的认识。

第九章聚焦广东四家报业集团,考察其改革创新实践,评述其在培育、形成与提升报业集团核心竞争力方面所发挥的积极作用,重点剖析一些典型的案例。例如,广州日报报业集团为何能取得今日的辉煌?追寻其成长壮大的足迹,当中很重要的一点,就是创新赢得发展先机,紧紧围绕受众和市场的需要,不断推出引领潮流的创新举措,增强和提升了自身的综合实力,并形成其核心竞争力,逐步打造成为强势报业品牌,达到做大做强的战略发展目标。又如,对于南方报业传媒集团实施的多品牌战略,也追根溯源地进行了到位的分析解读,阐明其经历了一个从自发到自觉的发展历程,对其核心竞争力的形成机理给予概括,力求上升到一定理论高度,达到通过个别指导一般的目的。而对羊城晚报报业集团、深圳报业集团的经验和教训,其发展进程中面临的挑战等,亦进行了实事求是的评析和探究。

第十章针对北京和上海六家有代表性的报业组织(报业集团含北京日报报业集团、北京青年报报业集团、解放日报报业集团、文汇新民联合报业集团,另外包括报业集团旗下的子报《新京报》、《京华时报》等)在成长过程中的改革创新实践,探讨其在培育和提升核心竞争力方面所发挥的积极作用,同时也分析评说某些产生了消极影响的教训,从中进一步探寻报业发展的内在规律。

第十一章把研究的视线投向国内其他地区,包括东北地区的哈尔滨日报报业集团、东部沿海地区的宁波日报报业集团和新华日报报业集团、中原地区的河南日报报业集团、西部地区的成都传媒集团和华商传媒集团,对这些不同区域有代表性的个案,从不同的角度作了审思和解读,发掘改革创新的亮点,揭示其所具有的独特价值和普遍意义。

第十二章则放眼全球,审视发达国家的著名报业传媒集团(公司),剖析其核心竞争力得以形成的关键要素和各自的特点,从中获取可资学习借鉴的成功经验,用以指导国内报业(传媒)集团的发展实践。通观发达国家的媒介集团,贯穿于始终的是以核心竞争力为要旨的宏观发展战略,报业市场与资本运作联系紧密,并在集团内部实行现代企业管理制度。现代化的报业管理制度孵化出创新的发展战略,并且培育和提升了报业的核心竞争力,从而奠定集团不断发展壮大的基石。

以全球视野思考和调整发展战略,逐步推行现代化的企业管理制度,培育和提升报业组织的核心竞争力,这无疑是中国报业(传媒)集团的前进方向。

结语部分结合我国报业面临的新形势、新语境,对报业发展前景作了展望,着重针对媒介融合背景下报业集团如何转变发展方式,理智选择发展路径,制定科学可行的战略规划,培育和提升核心竞争力,进而实现可持续发展、科学发展等关系全局的重大问题,发表了前瞻性、概括性的意见。

由于本项目的研究对象具有其特殊性,即它不仅是新闻传播领域中正在发展变化着的现实问题,而且其中有不少问题涉及经济学和管理学等相关学科领域,故而要求研究者既要有扎实的新闻传播学的理论功底,又必须掌握一些经济学和管理学的理论知识,属于难度较大的跨学科研究。开展课题研究之初,多数成员因受到学科背景的限制,对某些必须运用多学科理论知识才能说深说透的问题,常常感到力不从心。为此,课题组在成员方面进行了调整,吸收了具有经济学、管理学等学科背景的学者(其中包括专门研究报业传媒集团发展战略的博士后)加入。即便如此,对于如何将有关的理论知识与报业集团改革创新实践水乳交融地结合在一起,透彻地解读其核心竞争力的构成要素,仍是有相当难度的工作。

新闻传播学的专家学者对涉及经济学、管理学的问题如履薄冰,而经济学、管理学的博士、博士后对新闻传播领域的理论和实践问题往往一知半解,两者都有短板,这种不足不可避免地在书稿的有关论述内容中反映出来,具体表现为对那些具有跨学科的难点问题,所进行的分析解读未必准确到位,相关论述也难以真正做到深入浅出,对某些关键问题的认识也有待进一步深化。

尽管遭遇巨大的困难,但课题组成员还是迎难而上,在持续7年的研究过程中,一边脚踏实地调研搜集资料,把握报业领域改革发展的最新动态,一边恶补所需的各学科理论知识,以提高自己综合运用多学科理论知识进行研究的能力。这种边学边干的研究工作虽然艰辛,但苦尽甘来,我们品尝到了收获的喜悦。这一部凝聚着课题组成员心血的70多万字的著作,其字里行间所闪烁着的真知灼见,既包含报业一线从业者特别是高管们的思考与探索,也包含了我们深入调研访谈和独立思考后得出的理性认识。

从严格意义上讲,我们这项研究尚未结束,因为有关报业集团的核心竞争力问题的认识,还会随着改革创新实践的深入而不断发展,所以,相关的研究仍将会延续下去。正如毛泽东同志在《实践论》中所指出的:"客观现实世界的变化运动永远没有完结,人们在实践中对于真理的认识也就永远没有完结。马克思列宁主义并没有结束真理,而是在实践中不断地开辟认识真理的道路。"[①]愿与关注报业发展问题的业界、学界的专家学者们,在当前和今后的新闻传播改革创新实践及其理论研究探索中共勉!

---

① 毛泽东:《实践论》,见《毛泽东选集》第一卷,北京:人民出版社,根据1952年7月第1版重排本,1968年7月改横排本,第272页。

(上) 理论篇

改革开放以来,中国报业经过30多年的粗放式高速发展,许多弊端已逐渐显露出来,而报业集团作为当今国内报业的主力军,其发展也面临相似的问题。从1996年我国第一家报业集团问世至今不过十几年,全国已有数十家正式登记在册的报业集团(这里指截至2009年底经中宣部和新闻出版总署批准正式组建的49家报业集团,如果再加上由地方政府及主管机构同意组建的报业集团,其数量已近百家),这些为数众多的报业集团一路高歌猛进,在经历快速发展之后,目前大都遭遇发展瓶颈。与此同时,虎视眈眈的互联网等新媒体对报纸等传统媒体所构成的挑战和压力,也与日俱增。

在新形势和新语境中报业集团如何才能扬长避短,保持竞争优势,把握发展机遇,迎接各种挑战,进而实现其做强、做大、做长久的可持续发展目标?这的确是一个需要认真研究和解决的紧迫现实问题。

从2005年国内报业遭遇的"寒冬",到2008年席卷全球的金融风暴,这些接踵而至的危机与挑战在警示着我们:包括报业集团在内的各类企业组织其发展方式需要转变,即由粗放型向集约型的发展方式转变,不能急功近利地只顾眼前,而要把眼光放长远一些,遵循科学发展观和报业自身的发展规律,以实现可持续发展的目标。

"核心竞争力"作为一种源自西方发达国家的新理论,其所研究探讨的主要问题——企业组织如何能够在竞争日趋激烈且变动不居的市场环境中长久拥有竞争优势,获得可持续的发展,这无疑是一个当下颇为紧迫的现实问题,因为众多的企业组织(包括报业集团)都面临着相似的竞争与发展问题。换言之,国内报业集团面临的主要问题——在不确定因素日益增多、经营风险不断加大的竞争性市场中,如何才能长期保持竞争优势进而做强、做大、做长久,即实现可持续发展的目标——这恰好也是核心竞争力理论高度关注和力图解决的核心问题。

正因如此,可以从两者的契合点切入,运用核心竞争力理论来研究国内报业竞争与发展问题,特别是如何通过改革创新培育和提升报业集团的核心竞争力,就是一个颇具研究前景而且切实可行的研究专题。它既有理论探讨的价值,又对实际工作具有积极的指导意义。

正是基于这一认识,我们引入核心竞争力理论对报业集团的发展现状和趋势进行有针对性的研究,以期为国内报业的可持续发展提供理论依据和智力支持。

为了弄清问题的症结所在,让我们首先回顾国内报业集团的成长历程,以便对其历史与现状有一个清醒的认识,从而对症下药,进行有的放矢的研究探讨。

第一章

中国报业集团发展轨迹管窥

尽管1996年我国大陆第一家报业集团——广州日报报业集团的诞生,被视为国内报业集团化的一个标志,但是报业市场化发展的历史则应回溯到1978年。没有前20年的报业市场化努力,就不会有最近十多年报业集团化发展的辉煌。

实事求是地说,迄今为止,国内报业集团的架构和表现形态也还是不成熟的,甚至可以说是稚弱的,带有各种各样奇怪的特征。然而存在的就是合理的,中国报业集团的发展演变有其自身的轨迹,有其历史的合理性,有其不得不然之处。当我们讨论报业集团发展的相关问题时(包括其他报业组织的竞争与发展问题),如果只看重结果和数据,很可能就会得出错误的结论。中国报业集团的出现无疑是历史的选择。当然,任何选择都将始终面临持续改进和创新的压力。

一、报业集团产生的背景与预期目标

在西方国家,报业集团(Newspaper Group,Newspaper Chain)通常是指在不同的地点同时拥有两家以上报纸的报业联合体。然而在我国,报业集团产生的背景和发展目标,与这一界定有很大的区别。不拘泥于西方国家报业集团的原有概念和既成模式,而是基于中国的政治体制、经济社会发展现状和具体的传媒生态环境等不以人们主观意志为转移的客观实际,对国内报业集团展开研究,是本课题的基本出发点。

国内关于报业集团较为权威的定义是,以党报为龙头,以报纸为主业,以国家所有为原则,以社会效益为第一的多功能、多层次、多品种的特殊产业集团。① 我们认为,这一概念是在忠实于本国报业集团的发展历史和具体问题具体分析的基础上概括出来的,并且比较客观地反映了我国报业集团与西方报业集团相比所带有的独特性。

报业集团是报业发展过程中出现的一种组织形态,不仅中外存在差异,而且在国内也不止一种模式。要了解中国的报业集团,首先就要考察报业的宏观生态环境和发展趋势。

国内报业集团是20世纪90年代中期出现的,其背景是中国共产党"十四大"确定了社会主义市场经济体制改革目标之后,十四届三中全会又作出一系列相关决定,我国经济体制改革在理论和实践上都取得了重大进展,社会主义市场经济体制初步建立,以公有制为主体、多种所有制经济共同发展的基本经济制度已经确立,全方位、多层次的对外开放格局开始形成。十四届五中全会更进一步提出实现两个根本性转变:一是经济体制从传统的计划经济向市场经济转变,二是经济增长方式从粗放型向集约型转变。在中国社会向市场经济转型、党和政府的各级领导部门也大力推进诸项改革的大背景下,报业与时俱进,通过市场化和集约化发展来适应经济社会转型的要求,于是集团化成为一种必然的选择。

国内报业集团出现的更为直接和现实的背景,是国民经济的持续快速增长。在经历十多年的改革开放后,我国经济实现了跨越式发展,20世纪90年代初期已经有了相当的积累和实力。根据《中国统计年鉴》提供的资料,代表中国经济发展总体水平的几项主要指标,在1978年以后的十几年间,都有了大幅度提高。中国国内生产总值(GDP)从1978年的3588亿元,至1991年增加到19580亿元;国民收入1978年为3010亿元,1991年为16117亿元;1978年,职工平均工资为615元,1991年上升为2365元;居民消费水平,1978年人均为175元,至1991年上升为803元。这些主要经济指标的全面上升,也带动了整个社会方方面面的进步。经济强劲增长以及人们收入水平的提高,为报业的快速发展提供了坚实的基础。

这一时期我国报业生产力得到了空前解放,报纸的种数猛增。在新中国成立后的1950年到1968年,中国的报纸种数最多的时期是1958年,但也不过491种。十年"文革"浩劫中报业凋零,虽然经过拨乱反正逐渐恢复,但

---

① 徐光春:《关于新闻改革与报业集团的几个问题》,载《中国新闻年鉴》(1999年),第25~30页。

1978年仅有178种报纸,而到1994年骤然增加到2108种,1995年底更跃升到2202种。改革开放十几年内,差不多平均几天时间就有一家新报纸创刊。

不必讳言,20世纪90年代中期的中国报业在日显繁荣的背后,仍然存在诸多堪称棘手的问题。首先,与国际平均水准相比,我国报纸在发行量、总印数尤其是日报普及率方面,还处于一个比较低的水平。其次,在这一阶段的报业大发展中作为我国舆论引导核心的各级党委机关报的地位却没有上升,甚至有日渐式微的趋势,这是一个关乎报业发展方向的严重问题。

1978年,国内报纸主要分为三大类型:党报(党委机关报)、行业报、专业报(其中大多数为部门机关报),而党报占据了报纸数量的大部分,并且拥有全国报纸发行量的大部分份额;在1980到1985年之间新创办的1008种报纸中,非党报为631种,占总数的一半以上;到1986年,党报在整个报业中所占的比例降至20.7%。① 此消彼长的数据表明,党报在报业结构中的地位已经持续下降。党报传统上的压倒性优势,一方面被行业报和专业报所消解,另一方面又受到了新创办的市场型报纸的猛烈冲击。20世纪90年代初期以来,随着晚报和都市报的逐渐壮大,党报的发行量不断下滑,即使是一些中央级党报也未能幸免。

人民日报社原副总编辑、中国人民大学新闻学院博士生导师梁衡在《新闻原理的思考》一书中,极其尖锐地指出了这个问题。1996年初,《人民日报》的期发数比它极盛时期的1979年下跌了66.3%;在30家省级党报中,下跌幅度在30%以上的达23家;较之于历史最高期发数下跌幅度最大的依次为《安徽日报》(59.8%)、《贵州日报》(59.7%)、《广西日报》(57.4%)。②

1998年初,时任国家广电总局局长的徐光春透露,十多家中央级报纸在当年元月的发行量,除了两家各增长0.34%和1.1%外,其余都在下降。③ 党报发行量的下降,显示出以政治宣传为首要功能的报纸,未能适应市场经济的现实和人民群众日益增长的精神和文化需求这个问题。党报发行量滑坡,不仅导致其在经济效益方面每况愈下,其社会效益也不容乐观,因为发行量的萎缩直接降低了其社会影响力。在国家已不再给予大多数党报直接的财政补贴的情况下,不少党报事实上正面临着生存和发展的危机。

---

① 朗劲松:《中国新闻政策体系研究》,北京:新华出版社,2003年,第72页。
② 梁衡:《新闻原理的思考》,北京:人民出版社,1996年,第185~186页。
③ 徐光春:《关于新闻改革和报业集团的几个问题》,载《新闻与写作》,1998年第4期,第1~6页。

崛起中的晚报和都市报,不久就全面蚕食了传统型报纸的市场份额。继党报的地位开始下降后,其他部门机关报的地位也在下降。包括《工人日报》、《中国妇女报》《农民日报》等。这些报纸虽然在20世纪80年代中期之前曾有过一段时间的上升,但在1986年之后由盛而衰,市场份额不断下降(由1986年的25.5%的市场份额下降到1996年的14%)。① 此消彼长,一些消闲类、商业类、生活类的大众化报纸,尤其是晚报、都市报,在不断迅速扩大其市场份额。1986年,我国每周发行5天以上的日刊报纸中,大众化报纸的发行量仅相当于党报的25%,而到1997年,两者的发行量已经并驾齐驱。② 另外,从1985年到1995年,我国的大众化报纸从100种增长到237种。在这一时期,工人报纸从23种下降到18种,而农民报纸从55种下降到17种,妇女报纸从5种下降到4种。③

我国报业结构之所以出现如此巨大的变化,其中一个重要原因是:随着中国经济的发展,中国人口的结构发生了很大的变化,从1994年起,中国的城市人口包括在第三产业和乡镇企业工作的人口已达6.3亿;从事城市性工作的人口已超过从事农业生产的人口。④ 由于现代的都市生活有了新的变化,市民便有了新的消费需求。人们在阅报时既要有大量的信息,又要贴近生活,要求报纸具备信息、娱乐、服务等多种功能。此时,原有的党报、专业报、行业报虽然占据指导性、权威性的优势,却难以满足人们对新闻产品的需求。随着城市化进程的加快,晚报、都市报除了提供"三贴近"的新闻信息外,还提供大量的实用信息、娱乐信息等内容产品,这在很大程度上满足了人们对于各类信息的新需求。

然而在我国报业结构的变革中,多数党报却是举步维艰,这与党报在办报实践中受到更多更严格的限制和束缚有关。当时我国报业市场化程度较低,党报、党刊依靠行政权力摊派订购等现象仍十分普遍。受到管理体制的约束,人才难以脱颖而出,新闻工作者无法充分发挥其积极性、创造性,从业人员流动频率过低,致使党报缺乏活力。

基于这样一种现实处境,党委机关报要想既维持自己的尊严,又能分享报

---

① 陈怀林:《经济利益驱动下的中国媒体制度改革》,见何舟、陈怀林编:《中国媒体新论》,香港:太平洋时代出版社,1998年,第35~48页。
② 杨步才:《新时期中国晚报发展趋势初探》,载《新闻战线》,1999年第1期,第59~60页。
③ 1986年《中国新闻年鉴》,1995年《中国新闻年鉴》。
④ 《陈力丹在全国"市场经济与都市报发展"研讨会座谈会上的发言》,载中国记协国内部、华西都市报编辑的《都市报现象研究》,北京:新华出版社,1998年,第15页。

业市场化带来的经济成果,同城市晚报在读者和广告市场上一争高下,只有采取边缘突破和增量改革的办法,兼办晚报和都市报。党报兼办晚报、都市报的冲动,曾受到有关制度的限制,如"每个城市只允许办一张晚报"的规定,还有"不准增加报纸数目"的政策。但是,各地党报"上有政策,下有对策",采取了一些变通的方法,锐意创新。它们停办或收编一些亏损的农村类或专业类报纸,然后顶着原有报纸的刊号创办都市报或晚报。如《华西都市报》就是《四川日报》用原《棋牌报》的刊号办起来的。《南方都市报》则是南方报业停掉《海外市场报》办起来的。国家主管部门也对省委机关报创办晚报、都市类报纸采取支持的态度。后来,全国31家省、直辖市和自治区的大部分党报当中都办起了晚报、都市报等"子报",由此在经营上扭转了劣势。数量众多的党报自觉和主动地参与市场化报纸的创办,加剧了报业结构的根本性改变,各种类型的晚报、都市报如雨后春笋,不断涌现。

报业结构和党报地位的同步变化,激发了专家学者和领导层对如何提高党报的地位和影响力以保证党和国家的正确的舆论导向等问题,进行了热烈的讨论,并产生了利用报业集团重组报业市场结构的设想。正如有一位学者所指出的,"自20世纪80年代开始,报业的市场化发展使得其开办了面向城市中产阶级的大众化报纸,然而也不可避免地导致产生一个分散化的报业结构,同时降低党报的影响力和削弱了它的经济效益,因此,党就对报业市场进行合理的重组,并推动报业集团的形成,这一方面既达到政治控制,又能促进报业资产的增值"。①

在各种因素的综合作用下,创建报业集团已成为大势所趋。徐光春对此有过一番阐述:"我们的报业面临着新的情况、新问题。原来的报纸,特别是党委机关报都是吃'皇粮'的,你要多少给多少。那么,在社会主义市场经济,我们的机制变了,也就是说,我们的报业,我们的党委机关报,同样要自己掏钱了,没有'皇粮'可以吃了。所以,一方面要更好地发挥我们的舆论强势,为有中国特色的社会主义建设事业的发展,为社会主义的市场经济体制的建立,为经济的发展鼓与呼;另一方面,我们又要在市场经济的大潮下发展壮大自己,增强经济实力。如果按照我们原来那种报业模式走下去,要发展壮大就比较

---

① Yuezhi Zhao, "From Commercialization to Conglomeration: The Transformation of the Chinese Press Within the Orbit of the Party State", Journal of Communication: Spring 2000, pp2~50.

困难。所以,要走报业集团这条路。"①抽象一点讲,我国报业集团的出现是历史的选择,报业竞争和发展到了这一阶段,需要有一种更适于其成长的报业组织形式。

倘若撇开对具体路径依赖的分析,单单从报业经营活动的内容与范围来看,也可以说,报业集团化发展是报业市场化、产业化发展的必然结果。

1978年,《人民日报》等中央级报刊联合要求实行"事业单位,企业化管理"的新体制,接着,《解放日报》刊登广告,《洛阳日报》自办发行,"靠吃皇粮"的报社踏上了"自主经营、自负盈亏、自我积累、自我发展"的企业化之路。到1993年,多数新闻单位坚持"两个轮子一起转"的办报方针,重视报纸的经营管理,实行独立经济核算,一部分新创办的报纸则直接按企业化模式办报。报业的经营管理制度开始从原有的"接受国家机关领导,以国家预算拨款为活动资金来源,不上缴利润和税金"的事业化管理,逐步向"在生产活动中,以收入抵偿支出,实现尽可能大的利润,从而得以向国家缴纳税金,向投资者提供收益"的企业化管理转变。②

这种报业经营体制的变迁是在外部环境的市场化压力下,政府财政不堪重负引发的。长期以来,报纸享受政府的优惠,在用人、批地、投资立项、银行低息贷款和报刊的征订诸方面获得国家的支持,在税收方面还有特别待遇。1992年,国家对报社征收的增值税比普通企业低4个百分点。1994年,国税局只按5%的低税率向报社征收固定资产调节税。随着时间的推移,政府的资助越来越少,而国家和地方的政策对绝大部分报纸的保护和扶持不可能永远持续下去,报业迟早要在平等的基础上与其他产业共同竞争。正如有的学者所指出,中国的媒体在从"意识形态媒介向产业经营的媒介过渡"。③ 这无疑是媒介行业走向成熟的标志。

在经营体制变革的过程中,报业进行了多种经营的尝试。早在1988年,新闻出版总署和国家工商总局联合发布《关于报社、期刊社、出版社开展有偿服务和经营活动的暂行办法》,规定报社"可以兼营广告;可以利用经济、科技、文化、教育、法律、卫生、生活等方面的信息,为社会提供有偿服务;经有关部门批准,可以举办文化交流活动或文艺活动;可以同企业的主管部门联合举办新

---

① 参见《中国报刊月报》,1996年第8期,第4页。
② 李鹏:《加强舆论监督是报纸走向市场的助推器》,载《新闻战线》,1998年第10期,第55~56页。
③ 屠忠俊:《论报社经营管理体制发展趋势》,载《新闻大学》,1996年夏季号,第16~18页。

闻发布会、信息发布会,以及技术交流推广活动;经工商机关核准,可以面向社会开展摄影、扩印、制版等有偿服务;可以成立读者服务部;经批准,可以兴办各种讲座、培训班、辅导班、函授学校等文教活动;可以结合本身业务和社会需要,举办经济实体(如造纸厂、印刷厂等)"。[①]这个暂行办法颁布之后,各报开始经营物业管理、加工制造、商业、运输等行业,甚至向房地产业拓展扩张。

不过,在20世纪80年代至90年代这一期间的多元化经营,虽然有不少成功的范例,但失败的也不在少数,并且造成了巨大的浪费和损失。于是,报业经营管理正反两方面的实践都呼唤新的改革措施的出台。

另一个不可忽视的因素是成本方面的考量。1994到1995年间,国内外纸张价格大幅上升,特别是新闻纸的价格更是一路飙升,使报纸成本陡然增大。加之国内市场低迷,国企纷纷陷入困境,报纸广告收入普遍滑落,许多报社面临危机。为了抵御市场冲击,多家报社在搞多元化经营的同时,直接呼吁组建报业集团。有人指出"实行集团化经营,做到人财物等要素的合理流动,就可以促进报业经济向更高层次发展,在规模经营中创造更大的效益"。[②]

在我国,媒介产业和媒介产业化的概念,从提出到被各界所广泛接受,都是相当晚近的事。所谓"媒介产业化",是指从单纯的从事文化、精神生产的事业属性的媒介单位沿着经营和理性的轨迹向企业形式过渡的一种现象。媒介个体的经营活动发展到一定阶段,必然要求以平等、竞争的市场原则建构内外关系,从而形成经济学意义上的"同类企业的集合体"——"媒介产业"。

按照现代经济学的解释,在经济活动中,产业是指具有某种同类属性的企业经济活动的集合,一种产业可以由多家企业的同类经济活动组成。一家企业也可以不只是从事单一经济类型活动,可能从事多种类型的经济活动,即从事多产业经营(跨行业经营)。因此,从宏观角度来说,所谓中国传媒的"产业化",必然涉及两个方面的问题:其一,属性问题,事业还是企业;其二,规模问题。产业化的高级阶段往往伴随着集团化,但集团化的主体通常只能是企业组织。从世界范围来看,事业性的机构是没有所谓"集团"概念的。

国内对传媒"产业化"问题的研究,较早见诸于黄升民等所著《媒介经营与产业化研究》一书,作者在阐述"产业化目前在中国媒介系统中的发生是合理的,而且目前也是媒介唯一可行的发展途径"的同时,声明在"相应体制改革"

---

① 新闻出版总署政策法规司:《中华人民共和国现行新闻出版法规汇编》,北京:人民出版社,1991年,第529~530页。

② 刘波:《治理"散滥"现象 促进报业繁荣》,载《报刊管理》,1999年第7期,第16~18页。

滞后的情况下,产业化中的个体可能并不与现存的相应体制对抗,而是努力争取其认可。①

由于报业集团在形成经济规模后,其雄厚的经济实力有助于新闻采、编、印、发等各个环节业务水平的提升,促进媒介产业结构与报纸产品结构的升级,有利于进一步提高新闻宣传的质量;且报业集团可以充分开发党报的品牌价值,利用多种资源(包括社会资源、物力资源、人才资源)实现优化配置,优势互补,降低成本;同时,报业集团还可以把党委机关报社所拥有的权威性强、可信度高、地位稳定、有实力等商誉开发出来,实现品牌扩张,为集团属下的企业实体节约巨额的广告宣传费用。因此,报业集团可以视为实现媒介产业化的良好途径。

在政策层面上,媒介产业从一个新生事物,逐渐获得了普遍认可。1987年,国家科委编制的我国信息产业投入产出表,第一次将媒介纳入"信息商品化产业"序列。为了响应邓小平1992年号召,加速中国的经济发展,新闻出版总署曾要求所有的报社,除了少数几家报纸(如《人民日报》、《解放军报》等),都要在1994年之前获得经济独立。1992年底,中央政府下决心加速第三产业发展,并认为报业作为第三产业,是一个新的经济增长点。1993年6月,国务院发布的《关于加快发展第三产业的决定》,又把报业明确列入第三产业。这表明,中国媒介的产业化不仅已得到政府的政策性认可,并且在政府的认可中,已确认媒介产业属于第三产业,属于第三产业中的信息产业。

作为媒介产业中的一个门类,报业虽然从新闻宣传和舆论影响的角度看有其特殊性,但是在市场规律方面却与其他产业存在共通之处。通过借鉴其他产业的经验,报业实现规模经营和组织创新应当是顺理成章的事情。

现代市场经济的特点之一就是规模化。改革开放以后,中国的经济领域出现了集团化趋势,企业集团风起云涌。国务院于1991年批准了国家第一批55家试点企业集团,这些企业集团及其所属企业近500家分别归属于机械部、电子部、冶金部、纺织总会、化工部、建材局、航空工业总公司、外经贸部、医药局、民航总局、电力部,这些国有大企业起到了国家经济支柱的作用。实践证明,企业集团适应社会主义市场经济建设的需要。报业集团的出现,在一定程度上可以看作是企业集团与新闻行业相结合的产物。

上述多种因素和力量的综合作用下,国内报业集团20世纪90年代中期已呼之欲出。不过,报业集团组建的更为直接的动因,则较为明晰地体现为政

---

① 黄升民、丁俊杰:《媒介经营与产业化研究》,北京:北京广播学院出版社,1997年,第61页。

策层面的治理初衷:力图改变我国报纸行业发展中所出现的数量过多、"散滥"无序的现状。

正如前边所提到的,1978年到1994年,在经济发展的同时,中国内地报业蓬勃发展,但是,那是一种以规模数量增加为主的发展方式,明显存在着"散"和"滥"的问题。在所增加的报纸中大多数是行业报或某些管理部门的机关报,这些报纸几乎没有太大的社会价值。

1982年之后的十几年中,行业报数量从原来的几种猛增到几百种,增长了100倍,几乎所有的中央部委办局,以及各省市的多数行业主管部门,都有自己的报纸。在大整顿之前,行业报和专业报有900多种,占报纸种数的40.7%,其数量是日报的两倍,其质量良莠不齐,泥沙俱下,一部分报纸在传播内容方面,违规违纪现象时有发生。

这种报业发展中的"散滥"问题日益突出的情况,对当时的改革大局构成了明显的障碍。随着中国社会主义市场经济体制的建立和日渐完善,以及政企分开等职能的转变,政府部门直接办报刊的弊端逐渐显现出来。行业报及政府各厅局报、内部报纸纷纷在争夺为数有限的行政经费和广告市场,更一度使得当时全国公费订报的花费高达平均每年50亿元。① 按照新闻出版总署官员对当时这些报纸的描述:结构失衡,重复建设,失之于滥;布局分散,质量不高,形不成规模;强行摊派订报任务,加重群众负担,影响政府威信。有的甚至违规违法,买卖刊号和版面。② 1994年是中国市场经济与计划经济矛盾冲突最激烈的一年。用时任新闻出版总署副署长梁衡的话说,"全国2018种报纸,不从市场出发,不在竞争中生存、发展、壮大,而是只要办报就向政府要钱,向部门要钱,却不懂得向市场要"、"报纸越办越多,只生不死"。③

数量激增的行业报,只是一种低水平的重复,许多报纸名称相仿、定位相同、内容相似。它们之间相互争夺读者、强拉广告,形成恶性竞争。而且行业报缺乏优秀的新闻人才,大部分处于常年亏损的状况,有的只能依靠有偿新闻度日。其中一些甚至通过举办"大奖赛"等违法活动四处招摇撞骗。

另一方面,当时日渐庞大的报业市场乱象环生,报纸粗制滥造,版面上出现不健康内容等,报业经营方面出现不少违规现象,给报业行政管理秩序带来冲击:①内部报纸公开征订,销售或大搞法规规章不允许的经营活动;②企业、

---

① 郎劲松:《中国新闻政策体系研究》,北京:新华出版社,2003年,第114页。
② 刘波:《治理"散滥"现象 促进报业繁荣》,载《报刊管理》,1999年第7期,第16~18页。
③ 梁衡:《集团化苦旅》,载《传媒》,2003年第9期,第21页。

邮政部门或其他部门擅自以报纸形式大量印制发送广告宣传品;③有的报纸擅自把部分版页(以广告为主)单独加印,大量发行;④"一号多报",使用一个登记的"全国统一刊号"编印或变相编印出版不同的报纸。这些问题引起了管理层的高度关注与重视。

我国报业结构存在的"散"、"滥"问题,如果是在完全市场化的条件下,有可能通过优胜劣汰的市场法则,将一些质量低劣、发行量小、社会效益和经济效益都差的报纸挤出市场,实现报业资源向主流媒介的优质报纸和优势群体汇集,从而提高资源利用效率,净化舆论环境。但是,传统报业体制造成的条块分割和非市场因素的存在,使报业竞争无法发挥实质性的作用。这时候,必须充分发挥政府职能部门的调控功能,通过在行政管理上制定强制性的淘汰标准,对质量差而又受非市场因素保护、无法经由市场竞争淘汰的报纸,亮出红牌,强行停办。

为了治"散"治"滥",我国曾采取一些措施进行治理,如1995年,新闻出版行政管理部门取消了4家报纸刊号:《吉林法制报》、《法制时报》(江西)、《物价时报》(山西)、《AIR航机报》(国家民航局),停刊整顿了4家报纸:《人民卫生报》(四川)、《甘肃青年报》、《信息快报》(山东)、《抚顺法制报》。这些报纸大都是由于经济利益的驱使,越过了有关法规,罔顾职业道德而受到惩罚。1995年2月,新闻出版总署和司法部发出《关于进一步加强法制类报纸管理的通知》;同年6月,新闻出版总署发出《关于内部报刊管理若干问题的通知》;1996年6月,新闻出版总署发出《关于转发上海市新闻出版局〈关于禁止用新闻形式进行企业形象广告宣传的通知〉的通知》。1996年12月,中共中央办公厅和国务院办公厅发出了《关于加强新闻出版广播电视事业管理的通知》,即"37号文件",其基本精神是"控制总量,提高质量,增进效益"。1997年3月,新闻出版总署根据两办精神发出了《关于报业治理工作的意见》,主要针对法制类小报和各种行业报,治理3年,计划每年压缩报纸10%,其中包括发行量不到3万份的长期亏损的行业报。该意见要求转化内部报纸为内部资料,允许一些质量高、社会效益好的内部报纸改为正式报纸,但对于下列报纸则一律停办:①不能达到《报纸质量管理标准》所规定的发行量标准,不能正常出版。②背离办报宗旨、有偿新闻严重、内容格调低下、出卖版面、买卖刊号或严重违反管理规定。③"挂靠"办报,个人承包,或主管、主办单位不履行职责,或主要负责人不是主管、主办单位编制内正式工作人员。

在中央的直接领导下,1997年3月到1998年底,新闻出版总署对全国报刊出版行业共压缩公开报纸300种、公开期刊443种,取消了内部报刊系列,压缩了一批行业报刊,使报刊的绝对数量有了一定程度的减少,初步改变了报刊"散"和"滥"状况。不过,由于这些"散"、"滥"报纸都归属于一定的行政部门管理,它们躲在其管理部门的行政庇护下逍遥自在,而新闻出版总署难以直接介入进行治理,于是,新的管理模式被提上议事日程。

对此,有学者认为,"党和政府一直在就如何掌控日益膨胀的传媒业进行着努力,'治散'、'治滥'的关键是要解决'尾大不掉'的问题。而以传媒集团为'龙头'统辖规模较小的众多传媒,则是以'分级管理'的方式解决'守土有责'问题的基本选择"。① 而如果能建立报业集团,把这些小报收在旗下稍加整顿,再推向市场,不失为一件好事。

另外,媒介市场上的散乱造成媒介产业发展的不均衡,在媒介系统内,报业的发展速度远落后于电视。这种情况使投资明显向后者倾斜,从而也造成新闻业的虚假繁荣。此时,报业如果能顺利组建报业集团,则可以打破条块分割、分散经营、单打独斗、无序竞争的传统报业格局,保持报业市场的持续健康发展。

事实上,20世纪90年代初,在报业市场竞争日益激烈的背景下,一些小报被有实力的报社兼并的现象已经发生。在1990到1994年间,报业市场开始出现不少报业联合体。其中,号称中国第一大报的《人民日报》,拥有8报5刊,即《人民日报》、《人民日报》(海外版)、《人民日报》(华东版)、《人民日报》(华南版)、《市场报》、《环球时报》、《中国经济快讯》、《讽刺与幽默》、《新闻战线》、《时代潮》、《大地》、《人民论坛》和《中国质量万里行》;《经济日报》下辖4报2刊,即《经济日报》、《花卉报》、《服装时报》、《名牌时报》、《中国经济月刊》和《中国企业家》。《广州日报》早在20世纪70年代就开始兼并收购报刊,到了90年代,已拥有《老人报》、《广州英文早报》等6报1刊。兼并之后,子报因其市场定位准确、办报措施得力和市场机遇等因素而迅速壮大,使一些报社在读者群、广告市场、经济实力方面,形成主报弱、子报强的局面,客观上促使这些报社寻求新的管理模式,使它们自觉不自觉地向着报业集团前进,治理结构、授权安排和利益分配机制成为其关注和调整的焦点。这些实践更是直接为报业集团"治散治滥"提供了经验教训。

有鉴于此,为了进一步"治散治滥",报业集团的创建被正式提上了议事日程。《中共中央关于加强社会主义精神文明建设若干问题的决议》明确指出:

---

① 喻国明:《"合竞时代"中国传媒业的发展模式与规则再造》,载《新闻实践》,2002年第11期,第22~25页。

"加强对新闻出版业的宏观调控,采取有力措施解决目前总量过多、结构失衡、重复建设、忽视质量等散滥问题,努力实现从扩大规模数量为主向提高质量效益为主的转变。"随之,新闻出版管理部门确定了"一手抓管理,一手抓繁荣",具体思路是抓好报纸的兼并,组建以党报为龙头的报业集团。① 关于这一点,原中宣部副部长徐光春说得很明白:"主要路子是在现在报业规模的基础上,怎样壮大自己,兼并别人,应该走这样一种道路,联合起来办报……这样也符合我们治散治滥的方针,而且也有利于报纸的管理,有利于舆论的导向,现在把不必要的办得不好的报纸完全砍掉相当难,那一大部分人怎么办。因此办报业集团搞兼并是一条路子。"② 因而,对政府来说,报业集团的组建有利于对报纸的管理。报业集团比分散的报纸好管,当时中国的报纸数量众多,区域分布很广,且受地方保护主义的影响,管理起来很不容易,每年都有程度不同的"犯规"事件发生。通过组建报业集团,化零为整,政府只要抓好"龙头"就可以了。

对强势报纸来说,能够抓住这一有利时机,兼并一些报纸,进一步增强自己的经济实力,扩大自身的影响力;同时也可以得到一些优惠政策,如获得发行刊号等(因为国内申请刊号很难)。报团内部报纸间在一定意义上能减少资源浪费,避免恶性竞争,合理安排不同报纸之间的分工,从而更好地满足读者的要求。

1999年8月,中央两办下发了《关于调整中央国家机关和省、自治区、直辖市厅局报刊结构的通知》,即"30号文件",对报刊市场进行第二轮整顿。"30号文件"针对的是中央和地方的几百家行业报,按文件规定,不能被党报和报业集团吸收的行业报一律取消。"30号文件"出台后,新闻出版总署随即下发了《关于落实中央"两办"30号文件调整报刊结构的意见》。从此,新闻出版系统开始推行"政报分离"、"政刊分开",政府职能部门不再直接办报办刊,退出具体出版经营领域。这不单纯是一次数量上的压缩,更意味着出版结构的调整,是我国报刊管理的一次重大改革。削减下来的报刊,鼓励党报系统和出版社兼并、吸纳、划转,组建报刊业"大船"。与此同时,新闻出版总署有意识

---

① 刘波:《治理"散滥"现象 促进报业繁荣》,载《报刊管理》,1999年第7期,第16~18页。
② 徐光春:《徐光春在"面向21世纪中国报业经济发展研讨会"上的讲话》,载《中国报业》,1997年5、6期合刊,第3~10页。

地"鼓励和支持党报兼并小报扩大子报,走集约化道路"。① 这些政策的相继出台,为报业集团的进一步发展创造了有利条件。

从以上诸多相关因素的分析中,我们不难窥见报业集团组建的背景:社会转型和市场经济的建立、报业改革的产业化运作、政府的治散治滥的初衷,在这样的背景下产生的报业集团,其预期目标必然聚焦于以下三个方面:①保持党报在报业结构中的主导地位,发挥其舆论导向的作用;②推动报业的市场化和产业化,注重报业的规模和效率,促使其向集约化方向发展;③以报业集团为龙头,对一些行业报、机关报及其他"散"、"乱"报刊进行治理整顿,使之健康地发展。

总而言之,就是要通过组建报业集团来兼顾报业的社会效益与经济效益,这在其后颁布的中华人民共和国国务院令〔第210号〕发布《出版管理条例》中明确地体现出来了。在该条例里面,报业的目的不再仅仅定义为追求社会效益,而是改变为"从事出版活动,应当将社会效益放在首位,实现社会效益与经济效益的最佳结合"。②

二、初战告捷的首家报业集团及其影响

20世纪90年代初,国内不少报社负责人在出国访问和考察中了解到,报业集团是西方报纸的主要存在方式,认识到组建报业集团是发展报业规模的最佳办法。1990年至1994年这几年里,国内各地的主流报纸与新闻学术刊物就报业集团问题发表的文章逐渐多了起来,组建报业集团一时成为全国新闻界关注的热门话题,多家报社都想创办报业集团,有不少报社更是积极付诸行动,朝着组建报业集团的方向发力。据对《中国记者》、《新闻战线》、《新闻记者》、《中国报刊月报》、《新闻出版报》等国内主要新闻业务类报刊以及内部刊物的初步统计,除《广州日报》之外,公开或半公开地表示自己的报社正在争取办成报业集团,或是希望成为报业集团,或者干脆宣布自己已初具报业集团规模的,就有《人民日报》、《光明日报》、《经济日报》、《中国经营报》、《中国工商报》、《北京青年报》、《深圳特区报》、《深圳商报》、《解放日报》、《新民晚报》、《湖

---

① 梁衡:《减数量 调结构 创品牌——中国报刊战略调整的三大步》,载《传媒》,2002年第2期,第4~8页。
② 据《出版管理条例》,2001年12月25日由中华人民共和国国务院颁布,自2002年2月1日起施行。

北日报》、《长江日报》、《重庆日报》、《厂长经理日报》、《青岛日报》、《信息快报》、《浙江日报》、《宁波日报》、《无锡日报》、《哈尔滨日报》等多家。这些报社一方面积极筹备,一方面向主管部门申报成立报业集团,也有的则干脆自己挂上报业集团的牌子。《中国经营报》自称"中国经营报联合体"(简称"中经联"),《北京青年报》在1994年挂出"北京青年报业集团"的牌子,1995年11月山东青岛日报社在《中国记者》封二位置作彩页广告,大标题是"初具规模的青岛日报社报业集团"。山东信息快报社与黑龙江哈尔滨日报社都成立了公开注册的企业集团公司,而《厂长经理日报》也宣称要成立报业集团。

针对这类无序现象,1994年5月,新闻出版总署发布了《关于书报刊音像出版单位成立集团问题的通知》(1994年新出356号),明确规定了几项内容:一是新闻出版单位组建集团是新的改革尝试,当时只做少量试点;二是不组织跨省区集团和股份制集团;三是不吸收新闻出版业外的企业、商业参加;四是组建报业集团要写可行性报告,进行充分论证,报新闻出版总署批准。通知发出后,一些报社将报业集团的牌子暂时收起来,报业集团热表面上有所降温。实际上,报业迈向集团化的脚步并未停止,一些实力较强、起步较早的报社则在私底下酝酿,将活动的重点放在了争取"试点"上。

1994年6月,全国首次报业集团问题研讨会在杭州举行,《光明日报》、《经济日报》、《浙江日报》、《四川日报》、《解放日报》、《南方日报》、《北京日报》、《湖北日报》、《辽宁日报》、《新华日报》等10家报社负责人参加,中宣部、新闻出版总署派员参加。此次会议研讨了组建报业集团的必要性和可行性,提出了组建报业集团必须具备的5个基本条件:

第一,传媒实力:除了一张有影响力的主报之外,至少应有4个子报子刊,可组成系列报刊。

第二,经济实力:根据不同地区经济发展的差异,沿海地区报社年利税在5000万以上,中西部地区报社年利税在3000万以上。

第三,人才实力:报社在职采编人员中,具有高级新闻职称(包括副高职称)者,占20%以上;经营管理和技术人员中,有各类专业中级职称以上者,占总数的15%以上,并要有高级职称者。

第四,技术实力:拥有独立的印刷厂,拥有现代化的照排、胶印设备,具有彩色胶印能力。除保证本报社所属报刊正常印刷装订外,能承接一定数量的代印业务,每日总印刷能力在对开200万份以上。

第五,发行实力:主报和子报刊期发行量在60万份以上,或在本地区每150人以下拥有一份报纸;有畅通的发行渠道,有逐步建立自办发行网的可能。

同时会议认为,建立报业集团是加强正确舆论导向的需要,是壮大报业经济实力的需要,是强化报业管理的需要,也是推进报社内部体制改革的需要。

确定了这些大原则之后,新的问题又出现了,因为这五个要求尽管不低,但是当时能达到这些要求的报社不在少数。主管部门经过考虑,认为应该以党报为龙头,谨慎试点,逐步推开。最后中央决定先在省以下党委机关报搞一个试点,待取得经验后再视情况扩大试点的范围。

新闻出版总署根据中央有关以党报为龙头,慎重试点、逐步推开的原则,以及在省以下党委机关搞一个试点的决定,对《广州日报》进行了实地考察和全面论证,邀请了16家报社的负责人(总编、社长)举行座谈会,《广州日报》被初步确定为报业集团的试点。1995年9月5日,新闻出版总署根据考察所得,向中宣部提交了《关于进行报业集团试点的请示》,并附上《广州日报》组建报业集团的报告,表示为了实现新闻出版工作向优质高效转型的战略目标,"兼并那些或重复、或质量低、或经营差的报纸",要适时组建报业集团,请示中同时提及"谨慎试点,逐步试点,逐步推广","不宜一下子铺得太开"。组建报业集团应具备五个方面的基本条件:有影响的传媒实力;较雄厚的经济实力;较充足的人才实力;较过硬的技术实力;较畅通的发行实力。《广州日报》当时的情况正好符合新闻出版总署"先在少量省以下党委机关报试点较为合适"的改革方略,成功则有带动作用,不成功也不会有太大的负面效应。1995年10月,中宣部复函新闻出版总署,原则同意该署提交的《关于进行报业集团试点的请示》。

1996年1月15日,国家新闻出版总署在《关于同意建立广州日报报业集团的批复》中指出,"广州日报经过几年的思想理论、物质条件、运行机制等方面的准备,已经具备了较有影响的传媒实力,较灵活通畅的发行能力,在社会效益和经济效益两个方面都取得了较好的成绩。由广州日报组建中国首家报业集团,条件已经成熟。为此同意广州日报作为报业集团试点单位"。在试点工作开始之前,新闻出版总署与广州日报社约法三章:报业集团必须坚持有利于加强和巩固党对新闻舆论阵地的领导,有利于党的声音在群众中的影响,有利于国有资产的保值增值,并且确保党对报业集团的绝对领导,配合中央和省市党委的中心工作。

《广州日报》作为中共广州市委机关报,于1952年12月1日创刊,为对开四版综合性大型报纸。1954年发行量为34500份,算是同类城市党报中发行量较大的一份。其后,由于物质条件或政治形势等因素曾几度停刊,其间曾先后与《南方日报》(1955年元旦至1956年6月中旬)、《羊城晚报》(1961年2月1日至1965年6月30日)合并,"文革"期间几经磨难(1967年5月15日被迫停刊),1972年复刊后一度改为四开四版。① 1972年该报创办了子报《广州青少年报》,1980年与广州市体委合办《足球》报,1984年与市委宣传部创办《广州文摘报》,1985年与广州市计委等单位合办《信息时报》。到创立报业集团之前,《广州日报》已拥有了4份子报。

在经济实力方面,《广州日报》自1987年率先扩版后,发行量不断上升,1995年的发行量比1994年同期增长7.2%,达到52.7万份。同时,该报自1988年开始,每年实现广告收入翻一番,1988年为500万元、1989年1000万元、1990年2000万元、1991年5000万元、1992年8000万元、1993年跃升至2亿元。1996年,《广州日报》每天出对开20版,发行量为61万份,广告收入为5.3亿元,并已拥有6报1刊。此时,许多全国性大报的广告收入已难望其项背,如《人民日报》的广告收入8000万元,《经济日报》则是7000万元,《光明日报》只有3000万元。1996年,全国报纸广告总收入77亿元,其中广告收入过亿元的有30家,但没有一家可以与《广州日报》一争高下。

在人才实力方面,《广州日报》可谓人才济济,20世纪90年代已拥有一支300多人组成的采编队伍,拥有正、副高职称83人、中级职称107人,其中不乏曾获全国、省、市奖项的优秀人才。报社还置有先进的设备和印务中心、充足的纸张供应和强大的发行实力,其条件符合杭州会议的各项要求。主管部门向来重视《广州日报》,从20世纪50年代开始就设计将其办成面向珠三角等周边地区的顶尖大报。经过多年打磨,该报的新闻品质和版面编排等,在国内同类报纸中堪称一流水平。

广州日报报业集团作为国内首家建立的报业集团和试点,在组建初期的发展进程中,做大做强是其主旋律,这主要包括报纸的扩版增张、人才队伍的充实、产业经营规模的扩大、综合实力的提升等四个主要方面。

为了吸引更多读者和广告客户,扩大市场份额,《广州日报》尝试扩版"突围":于1996年下半年开设"珠江三角洲新闻"每日专刊,并陆续开设《娱乐新闻》、《珠江》、《连载》、《艺圈广角》、《读书》、《文化》等文艺副刊和娱乐专版。为了开发双休日市场,《广州日报》每周六出40版的《广州日报周末版》,周日出16版的《广州日报星期天》,与当时国内其他日报相比,该报在版面容量与编

---

① 徐锋:《三落三起 顽强生长》,载《广州日报》60周年特刊,2012年12月1日"铿锵六〇"03版。

辑质量上都是佼佼者。类似的专刊还有《求职广场》、《都市时尚》、《一周证券》等,专刊专版总数在1996年已经达到67个,每日刊载新闻和各类文章13万字左右,呈现出信息超市的鲜明特点。

在采编业务上,《广州日报》也敢于打破常规,以积极进取精神寻求突破。1997年香港回归时,向来敢于投入大型采访报道的《广州日报》派遣采访组赴港运作,并在当天刊出97个版的特刊,产生了巨大的轰动效应。

在发行经营上,《广州日报》在国内首创报业连锁店,采取自营、特许经营、联营三种方式,一方面将报业集团生产的商品和服务推向社会,另一方面收集反馈市场最新的信息。报业集团把发行作为突破口,为扩大发行可谓费尽心思,集团旗下的广州报刊发行公司,招聘了400多名专职投递员及1000名报贩;且提供各种便捷的服务,广州读者不仅可以在当时的80家连锁店及中国工商银行的186家储蓄所订报,也可以向专职的发行零售队伍与发行站、代订点订阅报纸,同时,读者只要订阅《广州日报》,就可以免费享受在该报现代化图书馆阅读书籍报刊,甚至还包括上网在内的各种优惠。至1997年底,《广州日报》的日发行量与集团成立前相比,已经增加了30万份。

在广告经营上,《广州日报》以优质的服务吸引广告客户,根据广告的多寡随时调整版面。在广交会等广告旺季,《广州日报》把握时机,大做专刊和画册,充分吸纳广告客户;并以扩大分类广告和降低广告价位,来保证淡季广告量;此外,该报还是最早刊登海外广告的国内报纸之一。

节节攀升的发行量和广告收入,为集团提供强有力的经济保障,在《广州日报》主报长足发展的同时,整个集团也呈现出良性发展态势。除了《广州日报》之外,集团属下的子报也有可观的收益,四开16版的《足球》报(周二刊)1996年的收入过亿元,1997年每期发行近200万份。1997年集团总收入达15亿元,其中广告收入比集团成立前增加了2.5亿元。集团年总利润、总资产、净资产分别比集团成立前增加70％、180％、140％。1998年1月16日,《广州日报》在头版公布最新的数据:其主报《广州日报》的每日平均发行量从57万份增加到92万份,集团营业总收入从8亿元上升到15亿元,集团总资产从11.8亿元增加到23亿元,集团年利润增长65.2％,[①]集团的综合实力不断增强。该集团先后兼并了《广州商报》、《现代画报》和《老人报》。1997年,《广州英文早报》创刊,使得广州这个日趋繁荣的国际大都会有了面向外籍居民及旅客的英文媒体,同时也为报业集团开辟了一个新的市场领域。广州日

---

① 曹鹏:《中国报业集团发展研究》,北京:新华出版社,1999年,第134～135页。

报报业集团经营项目还扩展至金融、房地产及商业领域;集团投资近千万元参与组建广州市产权证券联合交易公司。

从1996年元月到1998年元月,广州日报报业集团走过了两年的试点历程。其间,集团在高速成长的轨道上运行,经济总量和综合实力有了较大的提升。它还被中宣部评为全国新闻界精神文明示范单位。

通过两年的创新实践,广州日报报业集团摸索出"以报为本,依托集团,优势互补,多元发展"的新思路,正如该报社论《攀登报业发展新高峰——广州日报报业集团试点两周年回顾》所言,"形成了按照社会主义市场经济规律运作的新格局,这就是:以《广州日报》为主体,多种媒体协同发展,坚持正确舆论导向,满足不同层次读者需要的舆论宣传体系初步形成;以广州日报社为核心,以资产为纽带,以系列媒体和系列公司为紧密层和松散层的多层架构运营体系日趋完善;以报业功能为依托,以集团利润为支撑,纵向和横向联合经营,多渠道融资、多功能互补的集约效益型发展道路已经开辟"。①

作为国内报业集团化的第一个"试点",广州日报报业集团所取得的成绩,无疑为1998年报业集团扩大"试点"范围起到了某种助推的作用。开路先锋的首战告捷,不仅使得报业集团化的发展方向得到了高层领导和主管部门的首肯,而且对业界也产生了积极的影响,国内不少有实力有气魄的报社也想一试身手。

从全局的高度审视广州日报报业集团的实践,就会更深刻地认识到其所具有的重要探索与引领作用。因为它成功迈出的第一步,产生了不容低估的示范效应,并且为转型期的中国报业经济实现跨越式发展,以及对于报业集团化、市场化和产业化的推进,都可以说是功不可没。

三、从"局部试点"到"群雄并起"的新格局

按照惯例,凡是试点大都代表着方向,而试点成功的范例则会被宣传和推广。首家组建的广州日报报业集团借助政策赋予的有利条件,大刀阔斧地改革创新,社会效益和经济效益直线上升,得到了从读者到广告客户以及新闻界同行的一致好评,并作为"局部试点"的一个标杆,受到上级主管部门和党政领导的认可。

---

① 《攀登报业发展新高峰——广州日报报业集团试点两周年回顾》,载《广州日报》,1998年1月16日头版。

1998年2月9日《新闻出版报》报道,中共中央政治局委员、中宣部部长丁关根视察广东三报,对广州日报报业集团两年的试点工作给予了很高的评价。

此前的1998年1月,丁关根在经济日报社谈到新闻出版领域要加快改革步伐问题时,提到报业的总体改革方案正在研究中,总的精神是要在现有基础上扩大试点。显而易见,报业集团的试点工作是积极而审慎的。

早在1996年8月,新闻出版总署曾在山东威海召开全国报纸兼并工作座谈会,出席会议的有《解放日报》、《新华日报》、《四川日报》、《湖北日报》、《济南日报》、《青岛日报》、《烟台日报》、广州日报报业集团等8家报社及相关新闻出版局的负责同志。自1993年5月《济南日报》率先兼并《市场导报》以来,与会的8家报社已兼并12家小报小刊。会议交流了报刊兼并的经验和做法以及兼并中应注意的问题。会议认为,"报业集团成员大量增加,给我国报业集团化注入了新的活力。表明我国报业开始从粗放经营型向规模效益型转变,从个体化发展向集团化发展转变","使党报及子报在全国报纸所占的比例由治理前的35.5%上升到40%"。这样,"加强了党报主阵地建设,为党报集约化经营、集团化经营发展奠定基础,创造了条件"。① 会议宣布,"共有182种报纸、11种期刊纳入党报报业集团","报刊结构调整基本完成",接下来就是要"总结报业集团化集约化经营的经验,积极稳妥地推进建立报业集团和期刊出版集团的工作"。②

1997年12月,新闻出版总署报刊司和中国报协在北京顺义联合召开"如何组建报业集团座谈会",为报业集团下一步的试点工作听取各方面的意见。参加这次会议的有来自全国16家各类报社(包括《中国经营报》)的负责人以及2家研究机构的专业研究人员。与会者对在我国组建报业集团的目的、组建方式、机构设置、应该给予的优惠政策等问题,展开了充分的讨论。

会上有人提出"以党报为龙头"组建报业集团,这"党报"到底是什么概念?是各级党委机关报呢?还是党领导下的报纸,如果是后者,那么一些"两个效益"都好的非机关报如果已经具备了组建报业集团的实力,应该允许它们组建报业集团,否则不利于报业经济的全面发展。也有同志在会上提出,是不是报业集团,其实名分并不是最重要,关键是在于要有一套新的经营机制与报业集

---

① 聂静:《遏制散滥现象　优化报业结构》,载《报刊管理》,1999年第1期,第19~20页。
② 辛保:《进一步治理整顿　提高报刊质量——报刊结构调整基本完成》,载《传媒》,2000年第11期,第4~5页。

团相配套,如果在经营机制上没有新的思路,没有点新的内容,即使改名为报业集团也没有多大意义,起不到推动报业经济发展的目的。

对于报业集团的组织形式,有同志认为,既然是集团,就是公司,理应按《公司法》的规定去运作,但也有人表示了不同意见,认为报业集团首先是个新闻机构,它不可能按照工商企业那一套去运作,比如集团的主要领导就不可能由董事会来任命,还得由上一级党委来任命。

还有同志指出,如果现行政策不作大的调整,仍然不允许报业实行股份经营,仍然不允许报业进行跨地区兼并,那么结果依然只能是小打小闹,真正意义上的全国性报业集团是不可能出现的。因为前者需要解决的是报社的经济地位问题,如果产权不明晰,就无法在现代企业制度的基础上开展报业的合作与兼并;后者需要解决的是报社经济平衡发展的问题,如果报业集团仅限于在一地发展,势必进一步加大先进地区与落后地区的差距,既不利于我国报业的整体平衡发展,也不能充分发挥报业集团在报业经济中的龙头地位。

尽管讨论会上与会者提出了各种各样的意见,观点不尽相同,但是大家共同的意见是必须加快报业集团的试点步伐,进一步扩大报业集团试点的范围。① 不过,当时人们对报业集团的共识仍然停留在浅表层面,所关注的问题主要是规模扩张和经营机制的创新,有关集团的结构治理和体制创新等问题,没有深入探讨。

1998年2月,新闻出版总署制定的《新闻出版业2000年至2010年发展规划》中提出:"要扶植有影响的党报实施兼并、重组,建立以党报为龙头的报业集团,到2000年,报业集团要扩大5~10家,到2010年,报业集团要有较大发展,经营规模上亿元的报社要达到总数10%。"1998年5月,中国报协主席团、书记处联席扩大会议在深圳举行,会议提出:"报业集团应该具有强大实力,面向市场,参与竞争,规范经营,科学管理、全面实行产业化运作。"

首家报业集团取得初步的成功经验后,开始扩大试点范围,在组建报业集团的浪潮中,《南方日报》与《羊城晚报》于1998年5月18日同时分别挂牌宣布,成立南方日报报业集团、羊城晚报报业集团。国内最先组建的三家报业集团集中于广东,这一方面是由于广东处于改革开放的最前沿,报人敢为天下先,有不少改革创新举措引领着国内报业发展的新潮流,另一方面则因为广东也是国内经济最发达的地区之一,可以为报业集团进一步做大做强提供必要的经济基础。

---

① 唐绪军:《报业经济与报业经营》,北京:新华出版社,1999年,第416~417页。

继省级党报之后,报业集团方阵又出现了中央级别大报,1998年6月8日,《光明日报》与《经济日报》分别举行仪式,正式宣布成立光明日报报业集团和经济日报报业集团。一年后,全国各地又有多家报业集团问世。1999年10月,深圳特区报业集团成立。1999年12月,新闻出版总署批准组建北京日报报业集团、解放日报报业集团、浙江日报报业集团、大众日报报业集团、辽宁日报报业集团、四川日报报业集团、哈尔滨日报报业集团、沈阳日报报业集团。

2001年6月,新闻出版总署批准组建湖北日报报业集团、云南日报报业集团、新华日报报业集团、重庆日报报业集团。2001年7月,新闻出版总署批准组建吉林日报报业集团、长春日报报业集团、河北日报报业集团、湖南日报报业集团、长沙晚报报业集团、杭州日报报业集团。

其间中共中央十分重视报业集团的组建工作。2001年12月12~13日,中共中央宣传部在北京召开报业集团建设座谈会;2002年5月13~14日,中共中央宣传部在广西南宁召开部分省市报业集团化建设座谈会;2002年9月5~6日,中共中央宣传部在北京召开报业集团化建设座谈会。这三次会议围绕进一步加快报业集团化建设,分析形势,交流经验,研讨改革工作。在此之前,2001年2月,新闻出版总署召集已批准成立的16家报业集团,在上海举行报业集团建设发展研讨会。会议回顾报业集团发展的历程,总结经验,分析报业集团发展中遇到的问题,商讨解决的办法和思路。

2001年所发布的《中共中央宣传部、国家广电总局、新闻出版总署关于深化新闻出版广播影视业改革的若干意见》(简称"17号文件"),对包括报业集团在内的媒介集团化建设有这样的表述:"以结构调整为主线推进改革。控制总量,合理布局,盘活存量资产,优化资源配置,发展集约经营,形成规模优势。按照专业分工和规模经营要求,运用联合、重组、兼并等形式,组建一批主业突出、品牌名优、综合能力强的大型集团,推动产业结构、产品结构、组织结构、地区结构调整,促进跨地区发展和多媒体经营,提高产业集中度。积极推进集团化建设,把集团做大做强。在现有试点基础上,组建若干大型报业集团、出版集团、发行集团、广电集团、电影集团,有条件的经批准可组建跨地区、多媒体的大型新闻集团。集团承担完成宣传文化工作任务和国有资产保值增值责任,负责把握导向、制定规划、加强资产运作、财务管理。"

除此之外,"17号文件"还对各类媒介集团的性质、媒介集团组建后的资金筹措、人员调配、经营范围等作出了相应的规定。

2002年6月,新闻出版总署批准组建安徽日报报业集团、甘肃日报报业集团、黑龙江日报报业集团、天津日报报业集团、海南日报报业集团、成都日报报业集团、长江日报报业集团、宁波日报报业集团、济南日报报业集团、青岛日报报业集团、福建日报报业集团、山西日报报业集团。2002年8月,新闻出版总署批准深圳特区报业集团和《深圳商报》联合组建深圳报业集团。2002年12月,新闻出版总署批准组建南京日报报业集团。

至2002年底,全国共组建39家报业集团,报业集团的全国性布局基本形成。

2002年8月,中宣部改革办与新闻出版总署有关部门共同制定了《报业集团组建基本条件和审批程序》,并以新闻出版总署名义下发。该文件反映出关于报业集团的认识在深化,比如,进一步明确了报业集团的基本原则、条件和审批程序,并提出"今后3年报业集团总量控制在50家左右"。报业集团经历了快速发展阶段后开始控制规模,即从追求数量、着眼于布局,到讲求质量、调整结构、优化资源配置、提高产业集中度和集约化经营水平。从该文件也不难发现,国内组建报业集团的门槛已经明显变高了,其变化可参见表1—1。

表1—1 报业集团组建条件的变化

1994年6月制定的条件	2002年8月制定的条件
除主报外,应拥有4种以上子报子刊。	除主报外,应拥有6种以上子报子刊。
沿海地区报社,年利税在5000万以上;中西部地区报社,年利税在3000万以上。	沿海及较发达地区,资产总额原则上在6亿元以上、总收入3亿元以上、税后利润3千万元以上;中西部地区,资产总额原则上在4亿元以上、总收入1亿元以上、税后利润1千万元以上。
在职采编人员中,具有高级(含副高)新闻职称者,占20%以上;经营管理和技术人员中,有各类专业中级职称以上者,占总数的15%以上,并要有高级职称者。	在职采编人员中,具有高级(含副高)新闻专业职称的应占采编人员总数的20%以上;经营管理和技术人员中,有高级(含副高)职称的专业人员应占总数的15%以上。
有独立的印刷厂,日总印刷能力在对开200万份以上。	
主报及子报刊期发行量在60万份以上,或在本地区每150人以下拥有一份报纸。	主报及子报子刊的总期发量一般应在100万份以上;中西部地区,主报及子报子刊的总期发量一般应在60万份以上。

此后,有关报业集团(媒介集团)的指导性意见及文化体制改革的文件相继出台。2003年,中办下发了"19号文件",[①]对调整报业结构提出了实质性意见,新闻出版总署办公厅还印发了落实这一文件的实施细则。

---

① 邵培仁:《媒介全球化:是机遇还是挑战?》,转引自钟期荣主编:《经济全球化与跨地区文化传播》,杭州:浙江大学出版社,2003年,第311页。

2003年10月,中国共产党第十六届中央委员会第三次全体会议通过《中共中央关于完善社会主义市场经济体制若干问题的决定》,指出要"深化文化体制改革。按照社会主义精神文明建设的特点和规律,适应社会主义市场经济发展的要求,逐步建立党委领导、政府管理、行业自律、企事业单位依法运营的文化管理体制。转变文化行政管理部门的职能,促进文化事业和文化产业协调发展。坚持把社会效益放在首位,努力实现社会效益和经济效益的统一。公益性文化事业单位要深化劳动人事、收入分配和社会保障制度改革,加大国家投入,增强活力,改善服务。经营性文化产业单位要创新体制,转换机制,面向市场,壮大实力。健全文化市场体系,建立富有活力的文化产品生产经营体制。完善文化产业政策,鼓励多渠道资金投入,促进各类文化产业共同发展,形成一批大型文化企业集团,增强文化产业的整体实力和国际竞争力"。①

2003年12月,国务院颁发了《文化体制改革试点中支持文化产业发展的规定》和《文化体制改革试点中经营性文化事业单位转制为企业的规定》两个重要文件,意味着我国传媒体制改革已经过渡到"培育新型市场主体、完善投融资体制"的关键性发展阶段,这一阶段不同于以往任何蜻蜓点水式的浅表层次改革,而是一场真正的变革,渐渐逼近了传统媒介体制的坚硬核心。不同于以往传媒和资本的"眉来眼去",在新型市场主体确立之后,作为市场要素的资本就有可能按市场经济的要求实现生产要素的流动,由法律规范的传媒投融资体制将解传媒的资本之渴,预示着我国传媒制度正在实现涅槃。转制将是中国报业乃至整个中国传媒业最深刻的一场体制变革。不仅将激活国有文化事业单位大量的存量文化资源潜力,还将激发目前市场中大量存在的民营文化产业的增量实力,从而极大地推动我国文化产业的跨越式发展。②

2003年7月,中共中央宣传部确定大众日报报业集团、新华日报报业集团、河南日报报业集团、深圳报业集团为中央文化体制改革试点单位。

2003年11月,"光明"与"南方"两大报业集团酝酿已久的《新京报》在首都破壳而出。《新京报》的问世,的确属于标志性事件,它带来了报业发展模式的三个突破:一是突破地区分割的限制;二是突破级别壁垒的限制;三是突破了合作形式的限制。但是,其后跨地区合作的成功案例罕见,这固然与经验不

---

① 新华社:《中共中央关于完善社会主义市场经济体制若干问题的决定》,2003年10月21日,来源于中央政府门户网站,http://www.gov.cn/test/2008-08/13/content_1071062.htm.

② 谢耘耕:《文化投融资体制改革的两个突破》,载《新闻界》,2004年第2期,第6~7页。

足、上级主管部门认为条件不太成熟、不鼓励有关,也与地方保护主义设障有关。

寻求突破的尝试使国内报业集团在吸引资金方面也有所创新。2004年7月,电脑报社对外宣布:电脑报社、中科普公司与香港巨商李嘉诚旗下的TOM集团合资成立"重庆电脑报经营有限公司"。为此,TOM集团支付两亿元人民币,以此换取新成立的合资公司49%的股份。这是新闻出版总署批准成立的国内首个新闻出版业合资项目,也是目前国内媒体吸引业外资本中额度最大的一笔。2004年12月,《北京青年报》旗下的北青传媒股份有限公司在香港联合交易所正式挂牌上市,成为内地传媒企业海外公开上市的"第一股",更是报业集团资本运作的新举措。北京青年报社控股63.3%。不过,由于种种因素,北青传媒融资后的发展道路并不顺畅。

2005年,中国报业进入调整之年,也进入市场化改革、产业化发展新阶段的过渡期。受政府宏观政策调控的影响,房地产等行业出现波动,直接影响了报业的广告收入。据中国人民大学传播媒介管理研究所的抽样统计,国内报业集团2005年上半年营业额大幅下滑,广告实际收入大都下跌10%~30%,跌幅40%以上的也为数不少,平均跌幅超过15%;多家过去经营状况良好的报业集团和报社出现亏损。如连续11年居全国单张报纸广告收入之首的《广州日报》,2005年1~5月的广告额出现4.73%的负增长,6月份又出现12.6%的负增长。①

报业一方面受到市场结构变迁的影响,另一方面遭遇数字化的冲击。为此,报业集团开始进行数字化以及跨媒体的转型。2005年7月,南方日报报业集团更名为南方报业传媒集团,同时组建南方报业传媒集团公司,列为省管企业,并正式挂牌运行。2006年11月,成都传媒集团成立,它是目前国内媒体资源最为丰富的大型综合传媒集团,业务覆盖报刊、出版、广播、电视、新媒体及多元产业。此外,近几年全国各地又有多家报业集团在体制机制方面进行了大胆探索。

为了控制规模、提高质量,遏制报业集团数量增长过快的势头,上级主管部门曾一度暂停审批新组建的报业集团。自2003年至2009年,经新闻出版总署批准挂牌新成立的报业集团只有贵州日报报业集团1家。不过,近年来似乎略有松动,有多家新组建的报业集团相继问世。截至2010年8月,经过

---

① 吴海民:《报业危局:中国媒体面临大变局——报业的未来走势和〈京华时报〉的战略选择》,载《今传媒》,2005年第12期,第18~39页。

新闻出版总署批准成立的报业集团已达49家（具体情况参见表1-2）。

此外，还有一些虽然没有获得正式批准，但事实上已经按照报业集团模式在运作的媒介机构，如《成都商报》除了在成都有自己的大本营之外，已经在外省建立了分支机构，甚至已经独自创办或同其他媒介联办了新的报纸，并且与成都电视台联合组建传媒集团，这种跨区域跨媒体的经营方式，已有了现代媒介集团的雏形。

2009~2010年，地市一级的报业传媒集团经当地党委的批准，纷纷成立。据不完全统计，近几年成立的地市级报业（传媒）集团已逾十余家，再加上新成立的省级报业（传媒）集团，目前在国内以报业（传媒）集团的名义运营的报业组织机构事实上已接近百家。前已提及，经中宣部和新闻出版总署批准组建的报业集团目前已达49家，其名称及组建时间详见下表：

表1-2　经中宣部和新闻出版总署批准组建的49家报业集团
（表内数据采集依据媒体相关新闻报道）

序号	名称	成立时间	序号	名称	成立时间
1	广州日报报业集团	1996年01月	26	长沙晚报业集团	2001年07月
2	南方日报报业集团	1998年05月	27	杭州日报报业集团	2001年07月
3	羊城晚报报业集团	1998年05月	28	安徽日报报业集团	2002年06月
4	光明日报报业集团	1998年06月	29	甘肃日报报业集团	2002年06月
5	经济日报报业集团	1998年06月	30	黑龙江日报报业集团	2002年06月
6	文汇新民报业集团	1998年07月	31	天津日报报业集团	2002年06月
7	深圳特区报业集团（后成立深圳报业集团）	1999年01月（后为2002年08月）	32	成都日报报业集团（后成立成都传媒集团）	2002年06月（后为2006年11月）
8	北京日报报业集团	1999年12月	33	宁波日报报业集团	2002年06月
9	解放日报报业集团	1999年12月	34	济南日报报业集团	2002年06月
10	浙江日报报业集团	1999年12月	35	青岛日报报业集团	2002年06月
11	大众日报报业集团	1999年12月	36	福建日报报业集团	2002年06月
12	辽宁日报报业集团	1999年12月	37	山西日报报业集团	2002年06月
13	四川日报报业集团	1999年12月	38	南京日报报业集团	2002年12月
14	哈尔滨日报报业集团	1999年12月	39	长江日报报业集团	2003年12月
15	沈阳日报报业集团	1999年12月	40	海南日报报业集团	2004年07月
16	河南日报报业集团	2000年07月	41	贵州日报报业集团	2004年11月

续表

序号	名称	成立时间	序号	名称	成立时间
17	北青传媒	2001年05月	42	烟台日报传媒集团	2005年09月
18	湖北日报报业集团	2001年06月	43	今晚传媒集团	2005年09月
19	云南日报报业集团	2001年06月	44	宁夏日报报业集团	2006年07月
20	新华日报报业集团	2001年06月	45	贵阳日报传媒集团	2008年12月
21	重庆日报报业集团	2001年06月	46	广西日报报业集团	2009年12月
22	吉林日报报业集团	2001年07月	47	生活报传媒集团	2009年12月
23	长春日报报业集团	2001年07月	48	合肥报业传媒集团	2010年03月
24	河北日报报业集团	2001年07月	49	石家庄报业传媒集团	2010年09月
25	湖南日报报业集团	2001年07月			

这些已经组建的报业集团在市场化、产业化的道路上不断探索，大胆创新，集团建设取得了丰硕成果。多数报业集团的社会效益和经济效益都有显著提升。

社会效益方面，通过集团化建设，报业扩大了社会影响力，增强了舆论引导能力，并形成了相对强势的媒体集团，以党报为龙头的报业集团发挥了宣传思想舆论主阵地的作用。随着集团化建设的稳步推进，这些报业集团已经成为国内报业的主力军，集团化促进了区域报纸出版资源的整合，通过集团化建设构建了较为强大的系列子报子刊体系，不仅使主报（党报）地位更加稳固，而且使资源配置趋于合理化。党报集团推进了新闻改革和信息资源整合，紧密围绕党和国家工作大局，通过所属系列报刊不断创新新闻报道方式，结合不同媒体的受众特点，开展了有声有色的重大战役性、专题性报道，形成主旋律鲜明的"大合唱"，充分发挥了舆论主导作用。与此同时，集团利用信息资源丰富的优势，在坚持正确导向的前提下，把子报子刊办得多姿多彩，满足广大人民群众多层次、多样化的精神文化需求，扩大了以党报为主导的集团影响力。报业集团比之于非报业集团报社，具有更高的知名度和可信度。因此，集团化建设初步实现了"治散治滥"、强化和巩固党的宣传舆论主阵地，组建报刊业"大船"进而做大做强的预期目标。

经济效益方面，伴随着报业集团的发展进程，中国报刊业的规模效应明显，多项指标增势强劲，报纸出版能力不断提高，世界报业大国的地位得到进一步巩固，中国报刊业已经成为中国发展最快的行业之一。根据新闻出版总署的数据，2010年，全国共出版报纸1939种，平均期印数21437.68万份，总印数452.14亿份,总印张2148.03亿印张,定价总金额367.67亿元。报纸出版(包括相关广告业务)实现总产出734.9亿元,较2009年增长13.8%;增加值317.2亿元,增长13.1%;营业收入729.4亿元,增长16.2%;利润总额100.8亿元,增长43.2%。在广告方面,根据国家工商行政管理总局统计处公布的数据,2010年全国广告经营额达到2340.5亿元,报纸广告收入达381.5亿元,同比增长2.98%,超过了2010年广告市场整体13.9%和电视11.9%的增长率。① 虽然这几年报业广告受到新媒体的冲击,但是报业在改革创新、稳步发展战略的指引下,又重新站稳了脚跟。

总体看来,国内报业集团经过十多年从"局部试点"到"群雄并起"的发展历程,取得的成效令人瞩目,已经初步奠定中国报业市场化、产业化的新格局。以报业集团为核心的报业组织,无论是社会影响力,还是规模实力和市场竞争力,都达到了一个新的高度,并作为报业经济的核心力量和主力军,代表着中国报业发展的前进方向。许多报业集团在发展进程中继续深化改革,开拓创新,努力探索一条适合中国报业又好又快地可持续发展的理想通途。

四、媒介生态环境的变化与报业发展的"拐点"

从第一家报业集团成立至今,中国报业在集团化道路上风雨兼程已十余载,在这一进程中,国内报业格局发生了根本性变化。以经济建设为中心的大背景和报业发展市场化、产业化的大趋势,以及传播技术和新媒体等的迅猛发展,使得报业集团赖以生存的媒介生态系统也发生了巨大变化,这些都是不容回避的外部环境因素。

所谓生态系统(ecosystem),是指由生物群落及其生存环境共同组成的动态平衡系统,这一概念由英国植物生态学家坦斯利(A. G Tansley)提出。② 媒介生态系统的概念正是从生态学中借用过来的,它指的是媒介系统、社会系统和人群,以及这三者之间的相互关系和相互作用。各类媒介是社会的一分子,是整个社会大系统中的一个子系统,也是社会生态的有机组成部分,其生存发展与社会其他子系统(诸如政治、经济、文化等)有着密切的关系,这种关系的总和即是媒介的生态环境,也有人称之为生态系统。从新闻媒介产生和发展

---

① 中国新闻出版报:《2010年我国报纸广告收入》,2011年3月31日。
② Lance Strate and Casey Man Kong Lum, Lewis Mumford and Ecology of Technics, The New Jersey Journal of Communication, Volume 8, Number 1, Spring 2000. pp56~78.

的历史来看,媒介生态系统对媒介发展的意义主要体现在三个方面:影响并塑造着媒介制度;制约着媒介的发展水平和媒介的行业规范、职业理念,决定媒介的运作方式。因此,也可以说媒介生态系统对媒介的各主要方面具有重要影响和制约作用。

借鉴媒介生态学的相关理论,对十多年来媒介生态系统发生的变化进行条分缕析的解读,可以更深刻地认识国内报业集团所处的环境,面临的挑战,并把握其未来的发展趋势。下面就从政治、经济、传播技术、媒介形态及受众需求变化等方面,分别予以分析解读。

政治上,2002年"十六大"报告第五部分"政治建设和政治体制改革"中明确指出"发展社会主义民主政治,建设社会主义政治文明,是全面建设小康社会的重要目标。必须在坚持四项基本原则的前提下,继续积极稳妥地推进政治体制改革,扩大社会主义民主,健全社会主义法制,建设社会主义法治国家,巩固和发展民主团结、生动活泼、安定和谐的政治局面"。① 这意味着中国的政治正朝着更加注重民主法制,积极倡导政治文明的方向迈进。在这样的政治背景下,政府新闻发言人制度和信息公开制度的建设开始受到重视,新闻舆论环境趋向宽松。尤其在经历了2003年的"非典"、2008年的"汶川大地震"等公共危机事件后,信息公开制度化进程加快,各级政府和机构中也逐步建立了新闻发言人制度。

2007年1月,国务院常务会议原则通过了《中华人民共和国政府信息公开条例》(以下简称《政府信息公开条例》),条例于2008年5月1日实施,条例指出:"行政机关应当及时、准确地公开政府信息";"行政机关应当将主动公开的政府信息,通过政府公报、政府网站、新闻发布会以及报刊、广播、电视等便于公众知晓的方式公开"。条例作为国务院制定的行政法规,可以说是目前公开领域效力层级最高的法律依据,体现了国家意志和法律的权威性,该条例在性质上、范围上、程序上、救济上、配套制度上、法律地位上都大大加强了信息公开的广度与深度,同时大大拓展了媒体的报道空间。

当然,也要看到,《政府信息公开条例》是国务院根据《行政法规制定程序条例》规定制定的,其法律位阶是行政法规,所以,如果《政府信息公开条例》所作的政府信息公开范围的规定与处于其上位的《保守国家秘密法》、《档案法》相抵触的话,则属无效。而《保守国家秘密法》的立法要旨在于对所持有的档

---

① 江泽民:《全面建设小康社会,开创中国特色社会主义事业新局面——在中国共产党第十六次全国代表大会上的报告》,新华网,2002年11月17日。

案进行保密,《档案法》的立法要旨在保存档案,不过它们的立法指导思想都是以"不公开为原则",这与《政府信息公开条例》的立法理念是相悖的。因而,在当下法律体系中,《政府信息公开条例》可能为上位法所否定而沦于空转。

事实上,在《政府信息公开条例》实施之后,面对公民各种信息公开诉求,不少问题立显。据报道称,"信息不存在"、"属于内部信息"、"影响社会稳定"成为不少政府部门推托信息公开最常用理由。① 尽管如此,国内信息公开的程度还是比过去有了较大改进,媒体对于重大突发事件和敏感问题的报道与评论,也比此前有了更多的施展空间和回旋余地,受众的知情权得到了更多的尊重。相对宽松的新闻舆论环境,为报业组织等媒体的健康快速发展,提供了有利条件。

中共十七大后,文化体制改革进入新的发展阶段,中央从战略高度深刻认识文化的重要地位和作用,在十七大报告、"十二五"规划中都以专门章节对文化领域的发展和改革作出重大决策和全面部署,不断深入推进文化体制改革,促进文化事业全面繁荣和文化产业快速发展。中共十七届六中全会上审议通过的《中共中央关于深化文化体制改革、推动社会主义文化大发展大繁荣若干重大问题的决定》,更是将其上升到党和国家全局工作重要战略地位的高度,这无疑对包括传媒业在内的文化事业的体制改革,加速其市场化、产业化的步伐,起到极大的促进作用。

经济上,以中共十四大的召开为标志,中国全面推进经济体制改革,在不少领域取得重要突破,推动了传统计划经济体制的根本性转变,从而初步建立起社会主义市场经济体制。经过多年的深化改革,国民经济的市场化程度明显提高,市场配置资源的基础性作用逐步增强,中国已成为具有世界性影响力的经济体。② 2001年12月,中国正式加入WTO,③以此为分界点,中国的媒介制度环境也在发生着重要的变化,过去把媒介作为一种意识形态的主导性政策,逐渐开始转向文化政策和产业政策,原先采取的政府补贴、政府支持等优惠政策,相应地作出调整,逐步要被市场所取代,这促使中国传媒业加快了市场化、产业化的步伐。

---

① 李鹏:《加强舆论监督是报纸走向市场的助推器》,载《新闻战线》,1998年第10期,第55~56页。
② 卢中原:《中国经济体制:变革与挑战》,载《中国经济时报》,2003年7月14日。
③ 2001年11月10日中国被批准加入WTO,按WTO规定,成员被批准加入后30天才成为正式成员,所以中国真正加入WTO的时间是2001年12月10日。

2003年以来，我国发布了很多相关政策，尤其是对资本进入传媒行业进行规范，其中包括：2003年5月1日起，允许外国投资者在我国市场上从事图书、报纸和杂志的零售业务。

2003年12月31日，国务院颁发了《文化体制改革试点中支持文化产业发展的规定》和《文化体制改革试点中经营性文化事业单位转制为企业的规定》两个重要文件，文件指出："党报、党刊、电台、电视台等重要新闻传媒经营部分剥离转制为企业，在确保国家绝对控股的前提下，允许吸收社会资本；国有发行集团、转制为企业的科技类报刊和出版单位，在原国有投资主体控股的前提下，允许吸收国内其他社会资本投资；广播电视传输网络公司在广电系统国有资本控股的前提下，经批准可吸收国有资本和民营资本。鼓励、支持、引导社会资本以股份制、民营等形式，兴办影视制作、放映、演艺、娱乐、发行、会展、中介服务等文化企业，并享受同国有文化企业同等待遇。"该文件对各类资本进入传媒的具体细则也作出了相应的规定。

2004年3月2日，国家工商总局和商务部联合发布《外商投资广告企业管理规定》，自该"规定"施行之日起允许外资拥有中外合营广告企业多数股权，但股权比例最高不超过70%；2005年12月10日起，允许设立外资广告企业。

2004年11月，文化部出台并下发《关于引导和支持非公有制经济发展文化产业的意见》，明确了进一步鼓励、支持和引导非公有制经济大力发展文化产业；同时该"规定"还显示，根据《内地与香港关于建立更紧密经贸关系的安排》、《内地与澳门关于建立更紧密经贸关系的安排》，2004年1月1日起，允许香港服务提供者和澳门服务提供者在内地设立独资广告公司；2004年12月1日起，允许外国投资者在我国设立外商投资图书、报纸、期刊批发企业。

为规范文化领域引进外资工作，提高利用外资的质量和水平，维护国家文化安全，促进文化产业健康有序发展，2005年8月4日，文化部、广电总局、新闻出版总署、发改委、商务部联合下达《关于文化领域引进外资的若干意见》（以下简称《意见》）。《意见》允许外商以独资或合资、合作的方式设立书报刊分销等企业。在中方控股51%以上或中方占有主导地位的条件下，允许外商以合资、合作的方式设立出版物印刷等企业，参与国有书报刊音像制品发行企业股份制改造。2005年8月8日，国务院发布了《关于非公有资本进入文化产业的若干决定》，对非公有资本进入文化产业分成鼓励、限制和禁止三种情况。这是国家第一次对投资参股文化产业作出如此详细全面的规定。

在实际操作中，新闻集团星空传媒公司2004年就在中国成立了第一家外商独资的广告公司。2004年8月,道琼斯公司在上海成立了第二家独资广告公司。以各种方式进入中国市场的外国大型跨国传媒集团有时代华纳、新闻集团、维亚康姆、迪斯尼、贝塔斯曼等,还有一些香港资本,如tom.com和阳光卫视。一些跨国广告公司,像电通公司等都进入了中国的广告业。

到了2006年,我国对资本进入传媒行业的条件进一步放宽,1月,中共中央、国务院颁发了《关于深化文化体制改革的若干意见》(以下简称《意见》)。这是新中国成立以来,党中央、国务院第一次就文化体制改革作出重大决策。文件明确划分了文化事业和文化产业的范围和界限,并且首次允许转制为企业的文化单位可以吸收部分社会资本,进行投资主体多元化的股份制改革。《意见》明确指出,要规范国有文化事业单位的转制,加快产权制度改革,推动股份制改造,实现投资主体多元化,完善法人治理结构,符合上市条件的,经批准可申请上市。

在推动社会主义文化大发展大繁荣的呼声下,文化体制改革也进入全面推进的新时期,深化文化体制改革的主要任务之一,就是培育真正意义的市场主体。而传媒业的转企改制和上市融资,则是深化改革的一个重要举措和标志。

2004年4月,中国出版集团经国务院批准更名为中国出版集团公司,成为中国第一家具有企业身份的出版单位。

2004年12月,北青传媒股份有限公司在香港联交所挂牌上市,成为内地传媒企业海外首发上市"第一股"。

2007年12月21日,辽宁出版传媒股份有限公司(简称出版传媒 SH 601999)在上海证券交易所挂牌,成为我国第一家整体上市的传媒企业,上市当日股价升幅329.53%,报收19.93元,并带动传媒板块整体上涨,显现出了良好的示范效应……

2009年以来,我国文化产业在政策方面进入突破期,国务院及有关部门先后出台《文化产业振兴规划》、《关于进一步推进新闻出版体制改革的指导意见》,有关报刊退出机制的规定、对党报党刊发行收入和印刷收入免征增值税的通知、《关于金融支持文化出口的指导意见》等文件和政策,推出这些新政措施,表明传媒业外部管理体制改革在不断深化和发展,这就为报业的"跨地区"、"跨媒体"经营提供了政策支持,它同时预示了传媒业下一步改革的重点将是体制改革。

在媒介形态上,随着以互联网为核心的新媒介的快速发展,传统的传媒产业的经营模式与格局正在悄悄地发生变化,这种变化集中体现在媒介融合上。

媒介融合这一概念最早由美国马萨诸塞州理工大学的伊契尔·索勒·普尔(Ithiel De Sola Pool)提出。① 1983年他在其《自由的科技》(*Technologies of Freedom*)一书中提出了"传播形态融合"(convergence of modes)。他认为：数码电子科技的发展导致历来泾渭分明的传播形态的聚合，如报业、广电业、电信的边界将慢慢消失，而各种媒介呈现出多功能一体化的趋势。这一概念聚焦于媒体的技术融合，以后循着这一思路对媒体融合进行的各种定义，②其共同点为"在计算机技术的引领下，各种媒体传播方式汇聚成为电子和数字的方式"。从本质上讲，所谓的媒介融合首先是传播技术的融合，即两种或多种技术融合后形成了某种新的传播技术，新传播技术具有多种技术特点又有其独特性，由融合产生的新传播技术和新媒介的功能，理论上大于原先各部分之和。传播技术融合的核心是计算机技术，突飞猛进的计算机技术推动着传播技术的融合。

媒介融合主要表现为传播媒介的融合，特别是传统媒介与新媒介之间的交互融合。媒介融合给传统媒体的媒介生态带来巨大的影响。人类传播的历史实际上是由各种传播媒介新老交替、此起彼伏的发展演变过程所构成，媒介同其他物种一样，既遵循着"优胜劣汰、物竞天择"的生存法则，同时又是一种"相互依存、共生共荣"的关系，新媒介的诞生并不一定意味着旧媒介的消亡，往往一种旧的媒介经过变革又蜕变为新的媒介。

20世纪20年代，广播出现了，然而却没有取代报纸，50年代电视出现后也没有取代报纸，90年代中期兴起的互联网当然也无法将其他媒介都取代。不过值得注意的是，以互联网为核心的数字媒体将代表着所有媒体的发展方向。数字化所带来的媒介融合是不同种类媒介之间置换和共存关系在新的传播技术条件和平台上的一种新的形式。媒介融合使各种媒介得以进一步相互渗透、包容、转化和整合，形成了一种前所未有的"你中有我、我中有你"的媒介生态环境。

---

① POOL,ITHIEL ED SOLA (1983) Technologies of Freedom, Cambridge, MA: Harvard University Press, p24.
② PAVLIK JOHN V. (1996) New Media Technology and the Information Superhighway, Boston: Allyn and Bacon, 132; BLACKMAN, COLIN R. (1998) "Convergence Between Telecommunications and Other Media: how should regulation adapt?", Telecommunication Policy 22, pp163～70; VALLATH, CHANDRASEKHAR (2000) "The Technologies of Convergence", in: Mark Hukill, Ryota Ono and Chandrasekhar Vallth (Eds), Electronic Communication Convergence: policy challenges in Asia, New Delhi: Sage, pp33～47.

当然,媒介融合也包括内容的融合、功能的融合等丰富内涵。随着数字化信息技术渗透到各种媒介渠道,渗透进信息采集、生产、发布的全过程,有人称之为进入了全媒体时代。同一种信息内容,可以为不同种类的媒介及其传播渠道所共享;同一种媒介,也可以传播不同种类不同格式的内容。这种新型传播方式,正在改变和重塑着传统媒体的形态,也在影响着报业集团的发展方向。

在受众方面,由于中国人口总量庞大,拥有世界上最多的电视观众、报纸读者、手机用户和网民。得益于改革开放和持续多年平稳、高速的经济增长,中国老百姓的人均可支配收入不断增加,日常开销越来越多地用在娱乐和文化产品的消费上。物质生活水平和文化水平的提高,也使得中国传媒消费市场的份额成倍增长。与此同时,大陆受众的整体面貌与过去相比发生了很大的变化。

首先,受众的总体经济能力在增强,闲暇时间在增多,媒介消费水平在提高,因而媒介消费欲望和消费需求的个性化程度也在同步提高。其次,伴随着改革开放的深入和社会民主化进程的加快,受众的地位逐渐改变,在与媒介的相互关系中由完全被动的一方逐步转变为主动的一方,其媒介消费目的也日益多样化。受众对传媒的期望值与过去相比有了较大幅度提高,对传媒提供的新闻与信息的质量、服务水平和价值判断能力等要求,均有大幅提升。受众面对海量信息,要求媒介不仅能更真实、准确和快捷地提供新闻事实和信息,而且希望媒介对这些新闻事实和信息作出分析和判断,以利于自己更好地把握它们。同时,受众还进一步期望媒介能够提供新闻与信息之外的各种衍生性服务,以提高自己进行媒介消费的能力。最后,随着社会的转型,受众的接受心态也随之改变,有学者指出"中国进入以成熟的市场经济为特征的小康社会后,受众在传播活动中,消费心理、接受心态都会发生变化。在小康社会,中国受众接受心态将呈现出中心化意识、人文化意识、娱乐化意识、互动化意识、差别化意识和意识形态隐藏化意识"。[①]

总之,媒介生存与发展所依托的空间、资源与社会环境都发生了重要而深刻的变化。近十多年中,报业集团作为市场化和产业化的先行者,直接面对着媒介生态系统的这些变化,包括前述的政治、经济、媒介形态和传播技术,以及受众阅读习惯、消费心理等方面的变化,其作为市场竞争的主体,也必然发生

---

① 沈国芳:《中国传媒应对变化中的受众心态》,载《湖南社会科学》,2004年第2期,第189～191页。

相应的变化。这是我们判断当前中国报业市场处于"拐点期"的现实基础。

从报业发展历程审视,20世纪80年代,以一大批报纸复刊和创刊为标志,报业从经营广告开始,进入多种经营的发展阶段,即步入高成长的原始积累期。到了90年代,中国从计划经济向市场经济转型,经济持续增长,随之带动广告需求的增长,进而推动报业的持续发展。90年代中国报业一个显著的特征就是进入厚报时代,多数报纸在这一时期从4版、8版扩为24乃至更多版,厚报的主要目的就是为了承载更多的广告。总体上,改革开放30多年来,中国报业广告收入平均增速高达30%以上。对于我国的报业广告这种特别迅猛的增长,海外有学者认为其成功主要来源于报业在广告市场上的垄断地位,也来源于市场化过程中报业能够调节自身不断适应激烈的竞争环境,满足受众的需要。[1]

然而,到了2004年,我国报业的广告增幅开始放缓,其增长率仅有17.55%,当年报业的利润被纸张涨价等因素吃掉了大半。例如,有些集团虽然一年实现20多亿的总收入,但净资产回报率已跌到3%左右;至于其他收入不高的报纸则陷入亏损的边缘。报业经济的增长速度,第一次低于中国GDP增长的速度。这就是业界和学界通常所称的"拐点"的前兆。所谓"拐点",原本是高等数学的一个概念,这里借用来形容报业市场广告收入和总收入的增幅由升转降的局面。

2005年,全国各大报社的广告营业额普遍大幅下滑,平均跌幅达15%以上。慧聪媒体研究中心的数据显示(参见表1—3),全国各大报社2005年与2004年的广告营业额对比,2005年1~8月,全国报刊广告总额增长速度明显放缓,平面媒体的广告额为440亿元,同比增长7%,近5年来首次低于GDP平均增长速度。北京市场前8个月仅增长4%,广州、青岛、深圳等城市甚至还出现了负增长。[2] 然而,尽管广告收入在下降,20世纪90年代以来的"厚报"化趋势并未动摇,全国主要城市都市类报纸日平均版面量达到4开77.8版。[3] 报纸越办越厚,这给报社纸张成本带来巨大的压力。在广告缩水及纸张成本增大两股力量夹击之下,2005年,中国报业陷入全行业危机。全国报业总资产约1100亿,实际广告收入不到300亿,增长率7%,税后利润总额仅20亿左右。因此,有人认为2005年是中国报业步入衰老期的"拐点"年份。2006

---

[1] 何舟、陈怀林:《中国媒体新论》,香港:香港太平洋时代出版社,1998年,第95页。
[2] 《中国报纸出版业的发展方位》,载《世界商业评论》,2005年9月26日。
[3] 刘鹏:《"厚报焦虑"与"薄报"的市场机会》,载《新闻界》,2005年第2期,第15~18页。

年上半年,我国 GDP 达到 91443 亿元,同比增长 10.9%,全国广告经营总额同比增长 18%,我国报纸广告营业额同比只增长了 5%,仍然低于全国 GDP 和广告业的增幅。

表1-3 各大媒体的 2005 年及 2004 年的广告收入对比情况(单位:万元)

2005 年 1～7 月报纸广告经营额排名	媒体名称	2005 年经营额	2004 年经营额	同比增长率/%
1	《广州日报》	88529.05	94427.63	-6.25
2	《北京晚报》	82806.28	82655.13	0.18
3	《半岛都市报》	67222.27	84900.6	-20.82
4	《南方都市报》	66928.89	62052.25	7.86
5	《北京青年报》	65002.84	85684.87	-24.14
6	《现代快报》	60263.9	46884.44	28.54
7	《新闻晨报》	60136.59	50445.3	19.21
8	《每日新报》	52553.77	42661.2	23.19
9	《成都商报》	49779.03	43616.01	14.13
10	《新民晚报》	48403.06	46115.02	4.96
11	《京华时报》	46819.53	37698.73	24.19
12	《楚天都市报》	45507.61	41695.35	9.14
13	《深圳特区报》	45247.95	51036.73	-11.34
14	《扬子晚报》	44602.03	41294.54	8.01
15	《齐鲁晚报》	42020.44	36396.91	15.45
16	《今晚报》	40115.24	38859.75	3.23
17	《华商报》	39746.86	36043.4	10.28
18	《重庆商报》	39192.58	28874.61	35.73
19	《大连晚报》	38015.91	26643.56	42.68
20	《精品购物指南》	37636.74	26794.84	40.46

(资料来源:慧聪媒体研究中心监测数据;本表数据为各报广告招商书中所列的刊例价格。)

另一方面,从报业上市公司的业绩中,也可以观察到报纸广告增长速度放缓。2005 年国内的纸质媒体中,已有 4 家上市公司,包括 1999 年借壳的"博瑞传播"(600880)、2000 年借壳的"赛迪传媒"(000504)、2001 年在香港上市的"财讯传媒"(0525.HK)、2004 年 12 月登陆香港的"北青传媒"(1000.HK)。其中,2003 年广告收入以 7.9 亿元列全国三甲的"北青传媒",到了 2005 年 1～5 月广告收入下滑了 20.71%。而以报业为主的"赛迪传媒"2005 年一季度净利润下滑 47.1%,"博瑞传播"净利润虽有 30.8%的增长,但是,其收入构成中来自《成都商报》的广告收入仅占40%左右。

2005年中国报业广告收入的大幅下滑,业界人士认为很大程度上是受到宏观调控的影响。根据监测,2004年报纸广告的投放大户来自房地产、药品及医疗服务机构、机动车、通讯等行业,其中,房地产商是报纸最大的广告源。随着宏观调控的深入,2005年多数房地产商放缓了开发、开盘的节奏,房地产广告投放量也相应减少。报业的其他部分广告支柱行业也存在类似的情况:如国家加强了对医疗保健广告的整治,来自这一领域的广告额明显减少;通信业方面,中国移动等电信运营商由于新用户、新业务的成长放缓,广告投放量也显著下降。另外,由于IT、电信等行业的广告主对新兴媒体的偏好,又分流了部分广告额。上述诸多因素的叠加,直接影响到2005年报纸广告的增长。

部分专家认为,从数据资料看中国报业仍然处于上升阶段,[①]因为新闻出版总署发布的全国新闻出版业基本情况显示:2005年全国共出版报纸1931种,平均期印数19548.86万份,总印数412.6亿份,总印张1613.14亿印张。与2004年相比,种数增长0.47%,平均期印数增长0.14%,总印数增长2.53%,总印张增长5.79%。这些数据说明,我国报纸出版业2005年各项指标仍在持续增长,只是增幅较往年低一些。

不过,另一种不同声音似乎更具影响力。时任《京华时报》社长的吴海民所撰写的一篇论文《媒体变局:谁动了报业的蛋糕?——关于报业未来走势的若干预测》在《中国报业》杂志2005年11月号上发表后,反响强烈。文中写道,"以2005年为'拐点',传统报纸停下了持续多年的上升脚步,进入一个抛物线般的下滑轨道"。在分析各种原因后,他指出:"深层原因在于,在以互联网为代表的新兴媒体冲击下,媒体的生态环境和基本格局已经并正在发生重大变化。"[②]他的观点颇具代表性,此时唱衰报业的声音四起,而传统媒体和新兴媒体2005年广告收入的此消彼长(尤其是报业广告收入普遍大幅下滑),似乎也在印证这一说法。

"拐点论"一出,立即引起强烈反响和广泛关注。实际上,此前就有学者认为传统报业已到了消亡的边缘。如2004年,美国北卡大学教授菲利普·迈耶

---

① 梅宁华:《中国报业发展进入新阶段》,载《北京日报》,2006年12月12日。
② 吴海民:《媒体变局:谁动了报业的蛋糕?——关于报业未来走势的若干预测》,载《中国报业》,2005年第11期,第23~32页。

在《正在消失的报纸》一书中预测:到 2043 年第一季度末,日报的读者将归于零。① 迈耶教授的预测在世界范围内产生了较大的影响,鲁伯特·默多克等媒体大亨都曾对此加以引用。

日本《每日新闻》前总编辑歌川令三在《报纸消失的日子》一书中,明确指出报纸消失的日子是 2030 年;清华大学的刘建明教授根据报纸读者的代际老化规律,于 2005 年 11 月作出了"在 30 年后,报纸将无可救药"的预测;2006 年他再次撰文提出:"在 2030 年~2035 年之后,报纸将无可救药。"当然,他所说的报纸消亡是有条件的。②

可是反对者也不在少数。许多在报业一线拼搏的高管从国家宏观调控、报业市场政策规范、新媒体崛起等多个方面,具体分析报业广告滑坡原因,认为报业经营的困难只是暂时的"波动",并非全局性的衰落。

也有人既不赞同"拐点"论,也不赞同"波动"论,认为任何事物都有其从孕育、成长到成熟、衰退的生命周期。传统报纸作为一种信息传播的媒介,经过 400 多年的发展,当面临更新的传播媒介挑战时,也就进入了其生命周期的最后时段。因此,传统报纸必须变革,必须与新媒体融合创造出新的媒介产品,只有这样,传统报业才能走出困境,迎来春天。③

尽管存在不同的观点,但"拐点"论却从一个侧面警示:我国报业已经处在一个即将发生深刻变革的关节点上。这一节点的关键,就是要求报业改变现有的发展方式,即不能再按照原来的发展框架、发展模式和发展逻辑继续前行,必须重新审视中国报业的发展战略问题。正如新闻出版总署报刊司在《中国报业发展报告(2005)》中指出的,中国报业正在面临着重大的战略转型,单纯以发行量扩张为主要表现的报业发展模式正面临挑战。为此,要将中国报业原有的粗放式的外延扩大再生产,改变为集约式的内涵扩大再生产。

报业发展遭遇"拐点",虽然形势严峻,但并不是末日来临。因为总体而言,中国报纸还有发展的空间。改革开放 30 多年来,我国的报业获得了长足发展,其质量有了显著提高,发行量与人均报纸消费量也逐年增长。但是,与

---

① 2008 年,他又在《美国新闻学评论》上发表了《未来的精英报纸》一文,强调:"日报报纸读者数量将更加急剧地下滑,事实上,"最后一个每天读报的读者"的消失时间将早于 2044 年 10 月。不过,后来迈耶教授认为,他的书出版后,其观点在很大程度上被曲解了。参见王君超:《如何解读和应对"报纸消亡论"?》。

② 参见王君超:《如何解读和应对"报纸消亡论"?》,该文载于中国新闻传播学评论,http://www.cjr.com.cn.(CJR) 2009 年 5 月 4 日。

③ 唐绪军:《中国报业过去五年的"重大突破"》,载《中国报业》,2008 年第 4 期,第 9~15 页。

发达国家相比,发展仍显滞后。这可以从一些相关数据的对比中显现出来。例如,在衡量报业发展水平的指标中,千人日报拥有量是国际上通用的重要标准。我国日报的千人拥有量2004年是75.86份,世界7大工业强国的千人日报拥有量为286份,世界平均水平为96份/千人,我国低于世界平均水平,更远远落后于发达国家。我国每百万人口的日报发行量只相当于日本的1/5、芬兰的1/4、英国的1/3、美国的1/2;与秘鲁、爱沙尼亚、泰国、马来西亚等发展中国家相比,我国的日报读者市场只开发了一半左右的空间。可见我国日报的千人拥有量还有很大的发展空间。又如,日报普及率是衡量报业发展水平的另一项重要指标。2004年,我国报纸普及率为户均0.26份。日报普及率超过0.5份的省市已有4个,其中北京0.85份、上海0.83份,离每户居民每天1份的日报发达国家水平还有一定的差距。这些相关数据指标表明,如果不考虑传播技术的因素,根据市场饱和度这一指标来衡量,随着国民经济的增长和国民收入的提高,我国报业仍然有可能在现有的基础上获得新的更大发展(近几年的报业发展实践也证明了这一点)。

此外,还有其他一些因素在制约着我国报业的健康发展。国内报业作为一个未开放的行业,表现出国企改革之前所固有的很多弊端,其制约报业发展的体制性障碍积重难返。例如,在事业单位性质、企业化管理的二元体制模式下所制定的一些政策和法规,使得市场化的报纸在其发展进程中面临诸多掣肘,报业集团跨地域、跨媒介经营也难以真正实施,这些制约因素最终将导致报业集团因缺乏竞争力而举步维艰,甚至每况愈下。与此同时,对包括报业集团在内的各类媒介组织,目前尚缺乏严格、清晰、连续、稳定且可操作性强的法制层面的管理框架。因此,尽管近年来我国传媒业主管部门也在致力于建立适应新形势下传媒业发展宏观调控的框架,但是,相对于传媒业微观领域实际发生的重大变革和市场运行机制的变化,宏观领域的改革明显滞后,这严重影响了报业体制机制改革的推进,对于正面临转型的报业十分不利。

在媒介融合的大背景下,抓住报业发展的新机遇,加快转变发展方式,真正建立起现代企业制度,走市场化、集团化、规模化的发展道路,这已是国内报业的必然趋势。只有顺应这一趋势,报业集团才能保有竞争优势,获得可持续发展。不言而喻,要实现上述目标,报业集团必须认真研究主客观条件,识别自身的独特竞争优势,自觉地培育和提升核心竞争力,从而实现做强做大做长久的可持续发展目标。

五、报业集团可持续发展战略呼唤核心竞争力

我国近些年来陆续组建的报业集团所取得的长足进步有目共睹,其综合实力也在不断提升。然而,如果用比较严苛的尺度来衡量,则必须承认,大多数报业集团的运作情况仍然并不理想,报业集团缺乏竞争力特别是核心竞争力是其关键之所在。当然,这一问题相当复杂,并不是三言两语就可以解读清楚的。但是中国的报业集团要想做强做大做长久,获得可持续的发展,就必须高度关注这一决定报业未来前途与命运的发展战略问题。

如前所述,国内报业自改革开放以来一直持续增长,特别是报业集团组建后,报业格局发生了根本性变化,几乎遍布全国各省区的报业集团已经成为报业经济发展的主力军。可是在经历了高速增长期之后,许多报业集团都遭遇发展的瓶颈,以往风行的粗放型发展模式(即外延扩大再生产的发展模式)面临严峻挑战。

由于国内报业集团的组建和成长模式,是建立在一定的地理区域尤其是行政区域(如省域、市域)基础上的,而一定区域内的细分市场基本已被占领,报业竞争的同质化难以避免,以往粗放式的高速增长也难以为继。在报业快速发展过程中涌现的报刊,使得报业市场的竞争主体越来越多,竞争已趋于白热化,加之同一区域内的报刊大都趋同,导致报业市场竞争并非良性竞争,其中同质化竞争问题尤为突出。

报业的同质化现象主要表现在一是内容同质化,二是运营模式同质化。内容同质化的具体表现就是报纸之间非常相似,从信息内容到版面编排都有很多相同之处。内容同质化使许多报纸的可替代性很强,还使得多数报刊没有形成自己的独特价值创造点,即没有形成自己独有的、别人难以模仿的特色产品以及相应的能力,因而也就无法形成独特的竞争力,难以长久地保持自身已有的竞争优势。内容同质化还产生了许多消极的后果。比如,多份报刊挤在同一个报业市场进行同质化竞争,忽视了对其他发展空间的开拓,造成报业资源配置的低效和浪费。

运营模式同质化是国内报业目前普遍存在的一种现象,其突出表现在报业的生存对广告的严重依赖,发行收入及其他收入占的比重却很小,经营模式单一,发行手段相似,以及运作方式雷同等等。总之,内容与运营模式的同质化使报业竞争变得愈加残酷惨烈。

报业市场竞争内容与经营模式上的同质化,一方面反映了报业发展在经

历了填补空白阶段、结构完善阶段之后,已进入一个相对稳定的阶段;另一方面,报业组织之间众多低水平的跟风和追随,则是缺乏创新能力的表现,它也是制约报业发展的一个不容低估的不利因素。

报纸内容的同质化,必然会在某种程度上削弱个体报纸乃至整个报业集团的竞争力。而为了取得更好的市场地位,报纸之间采取价格竞争等恶性竞争手段已是屡见不鲜。价格竞争往往导致报社经营利润的下降、摊薄,直至无利可图,有些报刊甚至出现"负经营"的窘况。而且各报社之间在发行、广告经营上的无序竞争行为,还有可能导致损人而不利己、两败俱伤的结果,这对整个报业市场的健康有序发展是极为不利的。

目前国内报业市场的竞争状况与发展模式着实令人担忧。随着报业的发展,由于赢利模式单一而遭遇增长极限和"透明天花板"问题,开始引起各方的重视。

媒介的相关研究显示,每一种赢利模式都有一个增长极限。譬如,一份以广告为主要赢利来源的周报,如果是周一刊,广告经营额在目前的市场格局和经营模式的极限一般是 1.2 亿~1.5 亿元。超过这个峰值,投入产出就不成比例,大量的投入也带不来相应的产出,就会出现所谓的"透明的天花板"。

国内报业经过十多年较快速度的发展,原有的赢利模式事实上已经逼近其增长极限,要想寻求进一步的发展,不能仅靠在原有模式基础上"精雕细琢",以划"延长线"的办法来实现,而必须通过赢利模式的变革与再造,才能在新的经营平台上获得更大的发展。

像其他行业一样,报业那种"一不留神就发财"的高速增长时代已经一去不复返,如今面对的是"一不小心就亏损"的经营环境。在这样的环境中仅靠努力经营未必就有回报,只有经营得法才能赢利。

国内报业领域的同质化现象、恶性竞争以及增长极限等问题,是报业粗放型发展模式的产物,要突破报业发展的瓶颈,就必须改变原有增长方式和发展模式,故而实施报业战略转型已是势在必行。这一改革创新的历史使命,已经责无旁贷地落在了报业集团的肩上,因为当今中国报业市场的生力军和顶梁柱非其莫属。

一般而言,包括报业集团在内的各类传媒组织,为了增强自身的综合实力,实现可持续发展,就需要不断地对其产品质量、传媒品牌、赢利模式等方面进行改革创新的探索,国内报业组织亟须通过创新能力的拓展来提升市场竞争力,并在不断增强综合实力的同时,自觉地发现和培育其核心竞争力。

报业集团属下的报纸(期刊)应当集中精力打造优质产品,实施差异化竞争,从各自的定位出发,针对目标读者的需求,生产传播导向正确、内容优质的新闻产品,这样才能不断提升自身的品牌形象,获得持续的竞争优势,在不断增强其综合实力和竞争力的同时,悉心培育和提升自身的核心竞争力。

审视当前报业运营环境的实际状况,我国报业集团的挑战与机遇并存。面临的挑战前已提及,由于报业市场同质化现象严重,竞争激烈的程度也与日俱增,粗放式的高速增长已风光不再,许多报业集团都遭遇发展瓶颈。要想寻求突破,培育新的增长点,就必须改变现有的发展模式。即通过改革创新转变增长方式,实现报业转型。这无疑是已进入发展平台期的报业集团突破瓶颈的一条可行途径。

从报业运营规律看,跨区域的经营有助于实现规模经济,而在现行制度框架下,报业的跨区域经营仍处于摸索阶段,这方面的潜能尚未得到释放,它也使得国内报业集团的规模扩张面临瓶颈,跨区域的"传媒航母"难以出现。

长期以来,我国报业形成了行业分割、地区分割的局面。为打破这一僵局,2001年中共中央办公厅和国务院办公厅联合下发了"17号文件",明确提出,媒体发展可以跨行业、跨地区、跨媒体运作。从2003年开始,新闻出版总署先后已批准4种报纸进行跨地区联合办报试点。2006年8月公布的《中国报业"十一五"发展规划》再次肯定了跨地区发展的思路。2009年4月新闻出版总署出台《关于进一步推进新闻出版体制改革的指导意见》,指出"全面完成经营性新闻出版单位转制任务,建立现代企业制度,在企业内形成有效率、有活力、有竞争力的微观运行机制;推动跨媒体、跨地区、跨行业、跨所有制的战略重组,开拓融资渠道,培育一批大型骨干出版传媒企业,打造新型市场主体和战略投资者"。[1]

2009年9月,国家出台的《文化产业振兴规划》明确提出"着力培育一批有实力、有竞争力的骨干文化企业,增强我国文化产业的整体实力和国际竞争力。坚持政府引导、市场运作,科学规划、合理布局,在重点文化产业中选择一批成长性好、竞争力强的文化企业或企业集团,加大政策扶持力度,推动跨地区、跨行业联合或重组,尽快壮大企业规模,提高集约化经营水平,促进文化领域资源整合和结构调整。鼓励和引导有条件的文化企业面向资本市场融资,培育一批文化领域战略投资者,实现低成本扩张,进一步做大做强"。[2] 这些

---

[1] 《关于进一步推进新闻出版体制改革的指导意见》,中国新闻网,2009年4月6日,http://www.chinanews.com.cn/gn/news/2009/04-06/1633449.shtml.

[2] 《文化产业振兴规划》全文,载《人民日报》,2009年9月27日。

新出台的文件，其精神显然都在鼓励优势媒介组织（含报业集团）实施跨区域、跨媒介扩张。

从报业实践看，跨地区合作办报已有一些成功的实例。前已提及，2003年11月，南方报业传媒集团和光明日报报业集团合作创办《新京报》，成为全国第一家媒体集团跨地区合作办报试点。2007年，南方报业传媒集团麾下《南方都市报》在跨区域办报方面，又进行了新的探索，与《云南信息报》合作办报，新改版的《云南信息报》由南方报业传媒集团与云南出版集团公司联合打造。

《华商报》是跨地区办报颇有成效的又一个实例。该报先后选择长春、沈阳和重庆等城市，与当地媒体合作创办《新文化报》、《华商晨报》、《重庆时报》，在国内其他报业市场复制"华商报模式"。而辽宁日报报业集团、大众报业集团等，也尝试在省内实施跨区域办报。

此外，还有安徽日报报业集团与法制日报社合作主办的《世界报》，上海文广集团与广州日报报业集团、北京青年报社合作主办的《第一财经日报》，解放日报报业集团与成都日报报业集团合作主办的《每日经济新闻》等新尝试。

不必讳言，目前跨地区办报依然存在市场进入的壁垒，主要包括经济因素的进入壁垒和非经济因素的进入壁垒两大类。其中，经济因素的进入壁垒包括：高额的资本要求，本土化成本高，欲进入地区报纸的市场集中度高，已形成规模经济，欲进入地区报纸产品差异度大、原有读者的品牌忠诚度高，提供差异化的内容产品难度大等等；至于非经济因素的进入壁垒主要是政策壁垒。

在各类进入壁垒中，政策壁垒是难以用经济和技术手段规避的。新实施的《报纸出版管理规定》第十条，是关于两个主办单位合办报纸的具体规定，规定指出："两个以上主办单位合办报纸，须确定一个主要主办单位，并由主要主办单位提出申请。报纸的主要主办单位应为其主管单位的隶属单位。报纸出版单位和主要主办单位须在同一行政区域。"处在同一行政区域的两个主办单位合办报纸也适用该条规定。这其实是对"跨地区办报"要属地化管理的具体规定。跨地区经营必须坚持属地管理的原则，以及地方行政分割和政策壁垒难以避免的垄断竞争，无疑增加了报纸跨地区经营的成本和难度。①

报业的跨媒介经营同样存在困惑，无论是涉足传统媒体还是与新媒体联姻，现阶段似乎仍乏善可陈。报业组织进入广播电视领域既无经验，实质进展

---

① 刘劲松：《报业跨地区经营六大难题解析》，载《深圳大学学报（人文社会科学版）》，2009年第1期，第147～152页。

也不大；而进入互联网领域，虽然动作频频，可是苦于未能找到清晰稳定的赢利模式，其效益欠佳；在手机报方面，牛刀小试尚不成规模。总之一句话，跨媒介经营雷声大，雨点小，报业转型的实质性进展十分有限。其原因恐怕是多方面的，要克服障碍，真正实现跨媒介经营，或是通过媒介融合拓宽报业发展的空间，未来还有很长的路要走。

  跨媒介经营遇到的困难，有的来自行政管理和行业管理方面，也有属于媒介经营方面的困惑。我国报业、广播电视业和互联网业分属不同部门，构成了条块分割的基本格局。这种管理结构不利于报业向广播电视领域渗透。而与此同时，不同媒介的运作方式和经营模式各具特点，报业经营者闯入不熟悉的媒介领域，犯了"不熟不做"的大忌，如果没有真正懂行的业务骨干和经营管理者，盲目地涉足陌生领域，难免沉戟折沙，弄巧成拙。当然，近年也有报业开始了进入广播电视领域的尝试，如《南方都市报》(以下简称南都)2009年与广东电台新闻台合作了一档以南都内容为核心的观点型节目："南都视点·直播广东。"(FM91.4)，初步实现南都内容节目化、产品化、品牌化，虽然只是一个每天半小时档的节目，却是南都试水广电领域的重要一步，这个节目取得的初步成功，打开了南都进军广播电视领域的大门，并为报纸媒体以其优势内容产品进行跨媒体的传播与经营活动，进而打造内容产品品牌，积累了必需的行业与市场经验及知名度、认知度。事实上，目前国内有不少电视媒体也瞄准了报纸言论的品牌优势，开展了一系列的互动合作。南都的创新尝试对于其他纸媒和报业集团应当有所启示。

  报网融合已议论有年，我国报业介入互联网领域也有十多年的历史，但是，报业所办的新闻网站，除了人民网、华声在线等少数几家外，无不面临赢利困局，与已经上市的众多商业门户网站有相当差距。但报业进军网络的步伐仍在加快。"2006年4月，解放日报报业集团首次试验推出世界第一张电子报纸，与摩客网共同打造国内第一份互动多媒体报纸《摩客时报》"。[①] 同年，该集团引入无线移动通信技术、互联网多媒体技术、电子纸显示技术以及LED与宽带传输技术等，先后推出以四个"i"为关键字的系列新媒体——i—news、i—mook、i—paper、i—street。该集团"用轻资产撬动重资产，用虚拟组织拓展新媒体项目，用新技术增值传统报业，用新媒体延伸报业产业链"等全新思维和模式，引起全国报业同行的强烈关注和积极响应。随后，宁波日报报业集团推出实用性电子报纸《宁波播报》，这是国内首次出现的多媒体互动

---

① 钱静：《新媒体时代的报业突围路径》，载《科教文汇》，2008年第9期，第263~264页。

数字报纸新形态。①

与此同时,报业与电讯业联姻推出的手机报纸也粉墨登场。2004年《中国妇女报》率先推出手机报之后,中国有影响的报纸几乎都先后开通了手机报业务。一些报纸还利用手机二维码技术推动跨媒介发展。2006年6月,《每日新报》首家推出应用二维码识别软件就能够在手机屏幕上看到并听到信息内容。在"数字报业"的探索方面走在全国业界前列的宁波日报报业集团拥有手机报用户达到60万。媒介融合的多元化形式也逐步取得了一些成效。比如,《广州日报》"读报时间"登陆广州市地铁电视屏幕,为乘客播报各类信息资料;文汇新民联合报业集团则在其文新传媒网提供报刊发行平台,打造电子商务等等。

以互联网、手机为代表的新媒体,一方面造成了媒介信息环境的"碎片化",分流了报纸的读者和广告市场,另一方面,也给报纸的未来发展形态留下了想象的空间和持续的争议,这些都给报业发展前景增加了不确定性,并蒙上一层阴影,使现有的报业经营模式面临新的挑战。

综上所述,报业和报业集团生存发展的环境,已发生了显著的变化,其开拓创新之路,处于一个与30年前、15年前乃至5年前都很不一样的新基点之上,即不确定因素众多,挑战和风险加大,因而创新的起点更高,难度也更大。

尽管受到内部外部多种因素的制约,报业集团要想在未来的多种媒介形态的竞争中占据一席之地,拥有更加广阔的生存空间和发展前景,就必须坚持改革,勇于创新。要审时度势,制定前瞻性的战略规划,以压力为动力,变危机为转机,保持自身的竞争优势,切实培育和提升其核心竞争力,为新一轮竞争赢得主动。

拥有核心竞争力,通常被看作是优秀企业组织得以保持长久竞争优势,获得可持续发展的关键。然而,目前国内多数企业组织缺乏核心竞争力却是一个不争的事实。作为组建时间不长、市场竞争经验不足、积累不够丰厚的报业集团更是如此。中国报业集团组建的初衷之一就是打造"传媒产业的航母",而要实现这个宏伟目标,就需要从战略的高度认真思考报业的竞争与发展问题,从转变增长方式和发展模式入手,探索一条能够真正做强做大做长久的可持续发展道路。

总之,报业发展的形势要求报业集团不仅要增强和提升竞争力,还要培育

---

① 田勇:《新媒体发展的再思考——以宁波日报报业集团的实践为例》,载《中国报业》,2008年第4期,第32~35页。

其核心竞争力。这是报业战略转型的客观需要,也是报业集团自身做强做大做长久,实现科学发展、可持续发展目标的必由之路。

2006年9月,国务院公布的《国家"十一五"时期文化发展规划纲要》指出:要深化文化体制改革,以发展为主题,以改革为动力,以体制机制创新为重点,通过改革不断破除制约社会主义文化发展的瓶颈和体制机制性障碍,营造有利于发展的体制环境、政策环境和市场环境;要坚持一手抓公益性文化事业,一手抓经营性文化产业,不断提高社会主义文化的市场竞争力和国际竞争力;2010年前国有独资文化企业基本完成规范的公司制改造,推出一批主业突出、核心竞争力强的上市文化公司。这无疑也为报业集团的改革创新和未来发展指明了方向。

而在实践当中,国内的报业也开展了公司制改造。2007年3月,中国农机院所属的机电商报社被批准整体转为企业,并于9月27日挂牌成立"北京卓众出版有限公司",公司拥有原报刊社1报10刊的出版权和经营权。这次转制,创造了我国报业发展的两个第一:新闻出版总署第一次明确地将主办权、出版权全部授予北京卓众出版有限公司,使其成为首个集报刊主办、出版和经营于一体的出版企业,成为一个完整的市场主体,实现了真正意义上的整体转制;其次,在这个报刊集团的产品中,科技期刊占有90%以上的比重,因此,北京卓众出版有限公司也是科技期刊出版单位整体转制的第一家。[①]

2008年4月10日至11日,中宣部部长刘云山在全国文化体制改革工作会议上强调,要按照党的十七大和全国宣传思想工作会议精神,进一步解放思想、转变观念,加大力度、加快进度,推动文化体制改革取得新的实质性进展,为促进社会主义文化大发展大繁荣提供良好的体制环境。同年5月,新闻出版总署署长柳斌杰在总署党组中心组理论学习(扩大)会议上首次披露,深化改革,既有明确的路线图,也有具体的时间表。报刊改革要分三步走,国有企事业单位主办的非时政类报刊在第一阶段完成改革,第二阶段完成改革的是行业协会等社会团体主办的非时政类报刊,第三阶段完成改革的是部委所办的报刊。力争三年建立新体制的基本框架,完成重塑市场主体和培育战略投资者、实现科学发展的任务。

按照这一"路线图和时间表",改革从两个方面大力推进。一方面积极推进非时政类非公益性报刊的转企改制。例如,2008年完成了国家电力公司所属的国家电网报社的转企改制,并将其与同为国家电网公司旗下的中国电力

---

① 唐绪军、卓悦:《2007年中国报业关键词》,载《中国报业》,2008年第1期,第34~38页。

出版社有限公司进行资源整合,成立了英大传媒集团。另一方面,加紧对公益性报刊出版单位的改革。重点在推进党报党刊发行体制改革,积极推动报刊发行进入市场,实行公司化运作。

2008年9月1日至2日,全国文化体制改革试点城市经验交流会再次强调,要认真学习借鉴改革试点成功经验,加大力度、加快进度,进一步推动试点城市改革取得新的实质性进展,带动整个文化体制改革在面上推开。11月,新闻出版总署新闻报刊司司长王国庆在"2008中国报业年会"上明确指出,构建报刊业新体制基本框架的核心是:加快推进经营性报纸出版单位转企改制,重塑市场主体;深化公益性报纸出版单位改革,培育报业公共服务主体。截至2008年底,我国上千种经营性报刊成为新的市场主体,中外合资、合作或外商投资书报刊发行企业和印刷企业达2500多家,49家党报党刊集团实现了宣传编辑和经营业务两分开。出版、发行、报业上市公司已达11家,净融资达240多亿元,造就了一批市场主体和战略投资者,极大地解放了新闻出版业的生产力。①

2009年年初的全国宣传部长工作会议上,中央即提出要着力推动文化体制改革,促进社会主义文化大发展大繁荣。4月,根据中央的安排和部署,新闻出版总署出台了《关于进一步推进新闻出版体制改革的指导意见》。这个"意见"总结了既往新闻出版体制改革的成功经验,阐明了进一步推进新闻出版体制改革的重要性和紧迫性,明确了新闻出版体制改革的指导思想、原则要求和目标任务,同时确定了进一步推进新闻出版体制改革的主要任务。这一"意见"被称为"任务书"。"任务书"的出台,表明我国新闻出版业的体制改革已经完成整体部署,开始进入攻坚阶段。根据"任务书"的要求,党政机关所属新闻出版单位转制为企业后,原则上逐步与原主办主管的党政机关脱钩;已完成转制的新闻出版单位要按《公司法》要求,加快产权制度改革,完善法人治理结构,建立现代企业制度,尽快成为真正的市场主体。

2009年11月,由文化部直属的中国文化报社整体转企改制,成为中国文化传媒集团有限公司,为"任务书"上交了第一份答卷。值得一提的是,在有关部门的助推下,报纸退出机制2009年迈出实质性步伐。2009年8月,《中华新闻报》发布停刊清算公告,成为首家倒闭的中央级报纸。

2009年8月14日,全国文化体制改革经验交流会在江苏南京召开。数百名文化高官、企业老总齐聚南京,共同探讨文化体制改革经验,这次会议被

---

① 唐绪军、卓悦:《2008年中国报业关键词》,载《中国报业》,2009年第1期,第12~17页。

称为新中国成立以来与会人员层级最高的文化工作会议。中共中央政治局常委李长春对会议作出重要批示,强调当前文化体制改革已进入攻坚克难关键阶段。新闻出版总署根据中央深化文化体制改革的部署要求,积极开展报刊改革调研和有关文件起草工作,同时,大力推动中央非时政类报刊出版单位转企改制试点工作,优化报刊资源结构,培育市场主体,推进报刊业集团化、集约化发展,为全面启动报刊业体制改革奠定了坚实的基础。在2009年年底召开的新闻出版总署工作务虚会上,署长柳斌杰谈到2010年的工作重点时强调,2009年是新闻出版改革发展攻坚年,2010年是新闻出版改革决胜之年。要加大改革力度,确保2010年12月底前全面完成经营性出版单位的转企改制任务。①

从中共在十六大明确提出"积极发展文化事业和文化产业"的战略决策,到"十二五"规划纲要特别强调"转变发展方式,开创科学发展新局面"(其中谈到要"深化文化体制机制改革"、"深入推进经营性文化单位转企改制,建立现代企业制度"),再到十七届六中全会《关于深化文化体制改革、推动社会主义文化大发展大繁荣的若干重大问题的决定》,这一系列关系全局发展的重大战略部署,体现了党和国家领导层对文化建设、体制改革的高度重视和坚定决心。

随着我国文化体制改革的逐步深入,包括报业集团在内的各类传媒组织乃至整个传媒业改革创新的步伐也在不断加速,这促使我们站在新的制高点上,以更开阔的学术视野和更开放的思想观念审视国内报业的竞争与发展问题,对于各种报业组织特别是报业集团如何增强竞争力,培育和提升自身的核心竞争力,进而实现可持续发展的目标,有了新的思考——从竞争策略到发展战略的层面。

新世纪以来,国内企业的竞争与发展问题引人注目,而与之密切相关的核心竞争力理论研究也一度十分火爆。虽然现在有关该理论的研究已趋于降温,但是,包括传媒业在内的国内各行各业,在经济全球化背景下必须直面的一个现实问题,就是如何有效地应对日趋激烈的市场竞争,使企业组织(也包括报业集团及其麾下媒体等"准市场主体")能够持续地拥有竞争优势,以便做强做大做长久,不至于因缺乏竞争力而被淘汰出局。

2008年席卷全球的金融风暴,使我国经济面临严峻考验,在市场普遍不景气的情况下,具有核心竞争力的企业组织,其竞争优势比以往更为凸显;而

---

① 唐绪军、卓悦:《2009年中国报业关键词》,载《中国报业》,2010年第1期,第27～33页。

一些缺乏核心竞争力的企业组织则陷入困境，甚至举步维艰。这种强烈的反差，促使人们不得不反思过去的增长方式和发展模式问题，与之密切相关的核心竞争力与可持续发展问题，也被频频提及。因为核心竞争力所关注和研究的主要问题，恰好就是企业组织如何通过明智的战略选择，持续地拥有竞争优势，进而做强做大做长久的理论问题。换言之，核心竞争力理论所关注和研究的主要问题——企业组织的可持续发展问题，不但没有过时，反而变得愈加重要和紧迫。

前已提及，国内传媒领域有关核心竞争力理论的研究，处在当今新闻传播学的学术研究前沿和高端，它对国内传媒业的深化改革和开拓创新，包括报业集团等传媒组织的健康成长和可持续发展，有着十分重大的指导意义。然而国内业界、学界在引进、介绍、诠释和运用这一理论开展研究的过程中，出现了某些误解误读现象，由此形成了一些认识误区，不少研究成果的主要观点与核心竞争力理论提出者的初衷和基本宗旨相去甚远。在错误观念的误导下，某些企业组织（包括国内部分报业集团等报业组织）以为核心竞争力关注的是眼前利益和当下的竞争问题，对于如何培育和提升持续竞争力（即真正的核心竞争力）则缺乏自觉意识。

针对此种状况，本书拟对国外和国内核心竞争力理论研究的概况，以及新闻传播领域核心竞争力问题的相关研究等，先作一系统梳理，在正本清源的基础上，对核心竞争力理论的基本宗旨和所要探讨的主要问题，阐明我们的主要观点。在明确了该理论前提之后，再进一步研究报业的竞争与发展问题，理论联系实际地分析、解读国内报业集团成长过程中，涉及竞争力与核心竞争力的关键问题，考察其与改革创新实践二者之间的内在联系，力求形成一些带规律性的认识，用以指导当前和今后的报业发展实践。

第二章

关于核心竞争力研究的理论梳理

近些年来"核心竞争力"作为一个被社会各界广泛使用的新名词,受到人们的青睐,从企业高管到专家学者,从政府官员到普通百姓,只要谈到同竞争与发展相关的问题时,"核心竞争力"一词往往会脱口而出,常常被言说者作为有说服力的理论依据,用来支撑自己的观点,为陈述内容加分。"核心竞争力"似乎已经成为一个家喻户晓、不言自明的概念和常理。

然而世界上怕就怕认真二字,一旦将"核心竞争力"作为真正意义上的学术概念,探讨该理论的具体内涵,追溯其发展变化的源流时,面对错综复杂的诸多流派和众说纷纭的各家观点,研究者很快就会陷入迷惘与困惑之中。究竟什么是"核心竞争力"?此理论产生的背景与现实语境是什么?其学术渊源与发展脉络又是怎样的?一连串令人困扰的问题不期而至。为了避免"以其昏昏,使人昭昭"的尴尬,还是让我们首先直面这些绕不开的问题,认真作一番系统的理论梳理。

一、国外核心竞争力理论研究概况

1990年,时任美国密西根大学企业战略与国际商务教授的印度裔学者C. K. 普拉哈拉德(C. K. Prahalad)和其博士生、时任英国伦敦商学院商业政策与管理讲师的加里·哈梅尔(Gary Hamel,也有译为哈默尔)合作,在当年的《哈佛商业评论》5、6月号(第 68 卷第 3 期)上,发表了题为"*The Core Competence of the Corporation*"的文章(一般译为《公司的核心竞争力》或《公司的核心能力》,我国港台地区亦有译为《公司的核心能耐》),提出并较为详尽地论述了核心竞争力理论(Core Competence),由此引发了学界与业界对该理论的普遍关注。人们从不同的角度深入探讨与核心竞争力理论有关的各种问题,并且将此理论应用于不同行业、不同企业的发展战略管理与实践中,使其内容不断丰富和扩展。然而,伴随着理论研究的走俏,一些关于此理论形成发展的源流问题,以及如何正确地理解和准确表述"核心竞争力"概念等使人困惑的问题,也接踵而来。为了正本清源,厘清核心竞争力理论的基本内容与发展脉络,有必要从廓清概念入手。

1. 对"核心竞争力"概念及其理论的解读

一般认为,英文"Core Competence"概念的最早使用者是普拉哈拉德和哈梅尔。实际上,早在1971年,著名战略管理学家肯尼思·安德鲁斯(Kenneth R. Andrews)就在其论文"*Personal values and corporate strategy*"(中文译为《个人价值与企业战略》)中使用过"The Core of Competence"这一概念,[1]虽然在词语使用上稍有不同,但其含义却十分接近。不过,理论界普遍倾向于认为此概念的初创者还是普拉哈拉德和哈梅尔,因为正是他们在其论文中多次使用了"Core Competence"这一概念,并将其定义为:"Core competencies are the collective learning in the organization, especially how to coordinate diverse production skills and integrate multiple steams of technologies。"[2]

对于该定义,国内的研究者们在将其翻译为中文时,大致有如下几种不同的表述:国内最早翻译此文原文的刘捷将其译为:"核心能力是将集体力量糅合在一起的能力,将各门、各类技术协调的能力。"[3]后来李正中和韩智勇则将其翻译为:"组织中的积累性知识,特别是关于如何协调不同的生产技能和有机结合多种技术流派的知识是核心竞争力的主要来源。"[4]张丰超、王丹的译文是:"核心竞争力是在组织内部经过整合的知识和技能,特别是关于如何协同不同生产技能和整合多种技术的集合知识与技能。"[5]而范宪则将其译为:

---

[1] Kenneth R. Andrews. Personal values and corporate strategy. Harvard Business Review,1971(49):p103.
[2] C. K. Prahalad,Gary Hamel. The Core Competence of the Corporation[J]. HARVARD BUSINESS REVIEW,1990 (68):pp79~91.
[3] 刘捷:《公司的核心能力》,载《北京社会科学》,1994年第4期,第117页。
[4] 李正中、韩智勇:《企业核心竞争力:理论的起源及内涵》,载《经济理论与经济管理》,2001年第7期,第54页。
[5] 张丰超、王丹:《核心竞争力》,载《未来与发展》,2003年第2期,第21页。

"核心竞争力是企业组织中的积累性常识,特别是关于如何协调不同生产技能和有机结合多种技术流的学识。"①对于该定义的表述,国内学者在引进此理论一段时间后,又增加了新的内涵,尤其是结合不同行业和企业组织特点给出的定义和表述,更是五花八门,我们在后面将作分析评说,此处暂不展开。

国内学者对该定义不尽相同的翻译和表述反映出,普拉哈拉德和哈梅尔提出的这一理论以及对定义内涵的表述,存在某种不确定因素,而这种不确定因素,又源自该论文中对基本概念"Core Competence"的界定、阐释与发挥。文章中此概念与方方面面盘根错节的联系,使得人们在理解与解读这一概念时难免琢磨不透,于是在翻译和转述时出现了各种不尽相同乃至大相径庭的文字表达。由于对基本概念的理解和表述是否正确,直接关系到对该理论核心思想观点的理解与解读是否准确,与作者的原意是否相符,所以,有必要对其作一番探究。

如果从字面直译,把英文词组"Core Competence"译为"核心能力"显然是正确的,因为词典上对"Competence"一词的解释中并无"竞争"的含义,故而有人认为,"最早把'Core Competence'引入中国的人把Competence译为'竞争力',而不是'能力',可能是因为Competence(能力、特长)与Compete(竞争)在词形上近似,词源上相同",②也就是说,中文译为"核心竞争力"有可能是翻译上的笔误。然而,只要联系上下文,从具体语境考量其含义,就不难发现"Core Competence"与企业竞争优势、发展战略等市场竞争问题息息相关,特别是同增强和提升企业持续竞争力、寻求可持续发展的核心能力、核心技术和学识积累等紧密相连,所以,有的学者认为,将其译为"核心竞争力"恐怕更符合其本意。

为了准确地把握普拉哈拉德和哈梅尔所提出的"核心竞争力"(核心能力)概念的内涵,我们不妨先超越此定义的具体文字表述,联系该理论产生的背景来解读作者所要表达的基本思想与核心观点。

考察核心竞争力理论提出的时代背景,不难发现普拉哈拉德和哈梅尔的基本理论诉求,及其"提出'核心能力'这个概念,恰恰是针对那种通过外在优

---

① 范宪:《企业"核"心竞争力——动态球论模型剖析》,上海:上海交通大学出版社,2006年,第25页。
② 吴伯凡:《"核心竞争力":福音与诅咒》,载《21世纪商业评论》,2006年第11期;转引自《新华文摘》,2007年第3期,第125~126页。

势和资源来获取竞争优势的竞争战略思路的",①即它是一种不同于以往战略分析和管理理念的竞争战略新思路,是在原有战略管理思想基础上的一种理论创新。关于"核心竞争力"理论产生的现实原因和有关背景,清华大学经济管理学院的副教授李东红博士在《从"资源"到"能力"》一文中曾有过十分精辟的论述,现将其中的相关内容节选转述如下:

20世纪60年代之前,企业经营不需要战略。二战后至50年代,面对全球物质严重短缺的局面,经理人员不需要考虑企业长期规划问题。只要能够生产出符合质量要求的产品,就能拥有顾客;只要加强成本控制,就可以得到较高的投资回报;只要努力提高产量,就能获得丰厚的赢利。企业管理的重点就是如何扩大生产规模和加强内部控制。

进入20世纪60年代后,企业经营环境发生了根本性变化。在西方主要发达国家,短缺经济转变为过剩经济。在争夺国内外市场过程中,许多公司开始认识到有必要对经营活动做出长期安排,战略管理应运而生。在构建战略管理框架过程中,战略管理的先驱者们普遍认为,企业必须同时对外部环境和内部资源与能力条件给予充分关注。例如,曾在卡内基·梅隆等大学任教的伊戈尔·安索夫(Igor Ansoff)提出,能力在企业战略选择过程中发挥着重要作用;环境条件、企业自身的能力与战略之间的互动,共同决定着企业的绩效;企业在战略选择过程中必须对所需资源、可用资源等进行预测;企业应该努力编制自己和主要对手的资源与能力清单,以便对照分析。

哈佛商学院的肯尼思·安德鲁斯(Kenneth Andrews)则指出,战略分析就是明确外部机会与威胁、内部强项与弱项,即进行SWOT分析;好的企业战略就是外部机会和自身能力的匹配;公司战略的一项重要任务就是把自身的独具特色的能力转变为竞争优势。②

早期的战略管理框架,特别是SWOT分析,固然清晰地将战略界定为外部环境和内部条件匹配的结果。然而,这些框架都存在严重的缺陷,对外部环境、内部条件的分析,都是模糊的、不深入的和漫无边际的。哪些因素应该重点分析,哪些作一般分析,哪些可以忽略,如何分析,对这些

---

① 吴伯凡:《"核心竞争力":福音与诅咒》,载《21世纪商业评论》,2006年第11期;转引自《新华文摘》,2007年第3期,第125~126页。
② 李东红:《从"资源"到"能力"》,载《21世纪商业评论》,2006年第11期;转引自《新华文摘》,2007年第3期,第127~128页。

问题并没有给出明确的准则。

20世纪70年代末,迈克尔·波特(Michael Port)尝试把产业组织的SCP范式(结构—行为—绩效)应用到战略分析过程中,创造性地提出了"基于产业组织理论的战略分析范式"。波特认为,企业经营中最重要的环境因素是产业,产业结构决定企业绩效。战略分析的核心就是对所在产业的结构特征进行分析,据此判断该产业的潜在获利能力。企业的战略选择,就是在运用五种力量进行产业结构分析的基础上,选择进入适当的产业并在产业中选择适当定位。

波特的竞争战略理论抓住了当时企业经营的关键点,并给出了一整套战略分析与选择可操作的工具,因此在企业战略管理领域中迅速流行。在1980年之后的20年间,波特的《竞争战略》先后被翻译成17种语言;波特提出的分析框架被遍及全球的经理人员普遍使用;全球主要的管理咨询公司都使用该框架提供服务;几乎所有的商学院都在战略或经营政策的相关课程中介绍波特理论。

不过,波特对产业分析和产业定位的特别强调,直接导致战略管理中首先考虑的就是找到具有吸引力的产业,企业自身的内部条件的地位被弱化。以波特理论为指导的战略管理实践,普遍把产业分析和产业中的定位作为战略管理最重要的内容,由此走向了"产业决定论"。

20世纪80年代,在波特理论流行的同时,企业经营实践发生了新的变化。完全着眼于产业潜在获利能力进行多元化扩张的公司纷纷败北,"回归主业"趋势日渐显露:科技发展迅速,技术转化速度加快,产品生命周期缩短,依靠产品(服务)差异建立的竞争优势通常只能保持很短时间;虽然不同产业的平均获利水平存在差异,但产业内部不同企业在获利水平上存在更大的差异;新兴产业不断涌现,交叉产业越来越多,许多产业之间的界限变得模糊不清,一些企业很难确定到底自身是在哪些产业参与竞争。

面对上述现实情势,研究人员发现,以波特理论为指导的许多企业在实践中遭受挫折,有必要重新认识企业内部条件在企业成长中的地位,从企业内部探索竞争优势和超额收益的来源。

1984年,麻省理工大学斯隆管理学院的伯格·沃纳菲尔特(Birger Wernerfelt)在《企业资源基础理论》中,提出企业是一个资源集合体,企业拥有或者控制的资源影响着企业的竞争优势和收益水平,企业成长战略的实质就是在现有资源运用和新资源培育之间寻求平衡。该文的发表,标志着企业核心竞争力理论的兴起。然而,这篇文章和其后其他学者持有类似观点的文章在当时并未产生广泛的影响。

1990年,在长期研究日美企业竞争过程的基础上,普拉哈拉德和哈梅尔根据对美国GTE公司和日本NEC公司20世纪80年代成长历程的对比分析,发表了著名的《公司核心竞争力》一文。在他们看来,在过去的10年间,NEC的成长明显好于GTE,最重要的是NEC走了一条紧紧围绕核心竞争力开展业务的道路,GTE却走了一条努力把握各种外部机会的道路。这篇文章以广大企业经理人员为目标读者,且直接触及企业实践中久久难以得到解释的经营困惑。①

从以上的转述中可以清楚地了解核心竞争力理论兴起的相关背景,由此,我们也就不难领悟普拉哈拉德和哈梅尔撰写此论文的真实意图。显然,论文里着重要讨论的并不仅仅是企业内部的知识(学识)、技能(技术)的协调、整合、积累及其运用的方式(能力)等微观方面的问题,而是以之为切入点,深入研究和探讨究竟是什么对企业的持续竞争力和可持续发展起着关键性的作用。论文中所要阐明的核心概念"Core Competence"即"核心竞争力",就是能够帮助企业持续拥有竞争优势,从而获得可持续发展的关键所在。它无疑与企业发展战略、有效参与市场竞争等问题息息相关,并把企业如何才能持续地拥有竞争优势作为研究的重点,因为从某种意义上说,企业的前途命运取决于其是否拥有支撑其可持续发展的核心竞争力。

正因如此,我们不能只是从微观方面考虑问题,把核心竞争力理论仅仅局限于考量企业内部知识、技术、资源、能力的积累与运用等具体细微问题,而应从宏观战略管理的高度,从企业发展路径的选择等具有普遍指导意义的理论视角,来认识和解读它,即它是竞争战略中的一种新思路。与以往侧重强调通过外在的条件和资源来获取竞争优势的战略管理理念不同,这种新的战略管理理念更关注企业内在综合素质能力的培养与提高,即企业如何在适应外部环境变化的前提下,努力培养和形成独特的核心竞争力(核心能力),以便能够长期地拥有竞争优势,进而获得可持续发展这一核心问题。

从普拉哈拉德和哈梅尔论文所具体表述的内容看,可概括为以下几个方面:一是提出并界定了核心竞争力的基本概念;二是阐述了核心竞争力的树形结构理论,认为"一个多元化企业就像是一棵大树,核心产品是树干和枝干,业务单元是枝条,最终产品是树叶、花朵和果实,而核心竞争力则是为整株树提

---

① 李东红:《从"资源"到"能力"》,载《21世纪商业评论》,2006年第11期;转引自《新华文摘》,2007年第3期,第127~128页。

供养分的根系"。① 关于核心产品的重要性,文章进一步指出,"核心产品是联结核心能力与最终产品之间的纽带",全球竞争存在于核心能力、核心产品和最终产品这三个层面,其中,核心产品"决定着产品的质量和价格,也决定着最终产品的市场份额",因此,"为保证核心竞争力的领导地位,企业必须在全球范围内扩大核心产品的份额";② 三是论证了识别企业核心竞争力的三个依据,或者说核心竞争力的三个特征:"第一,核心竞争力为(企业)提供了进入多种不同市场的潜在机会……第二,核心竞争力可大大有助于发现最终产品的客户利益……第三,核心竞争力应很难被竞争对手模仿";③ 四是深入剖析了传统"战略业务单元"体制的弊端,提出了"两种企业理念"的观点,认为"战略业务单元"(SBU)和"核心竞争力"代表着两种不同的企业理念,传统"战略业务单元"体制分散了企业的核心竞争力,对企业的长期发展不利。因此,企业应超越"战略业务单元"的局限,以培养其核心竞争力为目标来制定战略,并依托核心竞争力来重新分配企业资源,因为,"我们相信,90年代的成功者,将属于那些专注于培养核心竞争力的企业"。④

通观全文,其所提出和论述的"核心竞争力"(核心能力)概念及其理论,始终围绕与企业生存发展密切相关的战略管理问题(如竞争、优势、产品、市场等),而且特别强调企业内部诸种能力与资源(包括其核心能力、核心产品等)同企业持续竞争力、长期发展之间的内在联系,并认为以培养核心竞争力为目标来制定战略,才是有利于企业可持续发展的正确选择。换句话说,"企业必须从关注暂时的竞争力转变到关注可持续的竞争力,而要获得可持续的竞争力,企业必须把视线从外在、表层、有形、现在,转向内在、深层、无形和未来。这是哈梅尔和普拉哈拉德的基本思想,而'核心能力'的概念是这种思想的体现"。⑤

由此可见,无论将"Core Competence"译为"核心竞争力"还是译为"核心能

---

① C. K. Prahalad,Gary Hamel. The Core Competence of the Corporation[J]. HARVARD BUSINESS REVIEW,1990(68):pp79~91.
② C. K. Prahalad,Gary Hamel. The Core Competence of the Corporation[J]. HARVARD BUSINESS REVIEW,1990(68):pp79~91.
③ C. K. Prahalad,Gary Hamel. The Core Competence of the Corporation[J]. HARVARD BUSINESS REVIEW,1990(68):pp79~91.
④ C. K. Prahalad,Gary Hamel. The Core Competence of the Corporation[J]. HARVARD BUSINESS REVIEW,1990(68):pp79~91.
⑤ 吴伯凡:《"核心竞争力":福音与诅咒》,载《21世纪商业评论》,2006年第11期;转引自《新华文摘》,2007年第3期,第125~126页。

力",对此概念及其基本内涵的认知和解读,显然都离不开同企业生存发展密切相关的市场竞争、战略管理等问题,尤其不应偏离企业的持续竞争力和可持续发展这个核心问题,这也是该理论的主要观点及研究的基本价值取向,它试图回答的乃是一个长期困扰着众多企业的发展战略问题:企业究竟凭借什么(或者说选择什么样的竞争战略)才能长期保持竞争优势,从而获得可持续的发展。

不必讳言,这篇论文及其阐明的定义,不过是普拉哈拉德和哈梅尔关于核心竞争力理论的一家之言,即他们对自己基本思想与核心观点的一种表述;同时,随着实践的发展和研究的不断深入,该理论的内涵也愈加丰富而复杂,当初论文中阐述的定义,已经难以完全涵盖发展变化了的认识,对此我们在后面还要专门展开讨论。

事实上,西方学界、业界在对企业市场竞争与发展战略问题所进行的长期研究过程中,形成了各种不同的流派,普拉哈拉德和哈梅尔提出的核心竞争力理论,只是诸多流派和各家观点中的一种。也就是说,普拉哈拉德和哈梅尔有关核心竞争力的理论表述,只是关于企业发展战略的一种思路,与之并行不悖的还有多种思路。即使是对核心竞争力概念和理论的理解和阐释,也有不同的观点。为了对有关核心竞争力概念和理论有一个更全面的了解,下面选择一些有代表性的观点略作介绍评点。

英国《布莱克韦尔战略管理百科辞典》(*Blackwell Encyclopedic Dictionary of Strategic Management*)对"Core Competence"一词的解释是:"核心竞争力是与企业资源依赖观(The resource-based)相关的一个概念。与强调产品和市场的(传统战略观念)不同,它强调从那些可成为企业特有优势的资源入手,对产品组合进行竞争分析。"[1]此外,该辞典还在此词条解释中介绍了提斯等人和温特斯奇德的观点。提斯(Teece,1990)等人认为,"核心能力是企业在专门业务上赖以保持竞争力和持续优势的一组独擅技能(Differentiated Skills)、互补性资产(Complementary Assets)和流程(Routines)";[2]而温特斯奇德(Winterschied,1994)则认为,核心竞争力是"由企业的各种有形和无形资产构成的具有鲜明特性的有机整体"。[3] 该辞典中

---

[1] Derek Channon. Blackwell Encyclopedic Dictionary of Strategic Management. Blackwell Publishing. 1996.

[2] Derek Channon. Blackwell Encyclopedic Dictionary of Strategic Management. Blackwell Publishing. 1996.

[3] Derek Channon. Blackwell Encyclopedic Dictionary of Strategic Management. Blackwell Publishing. 1996.

此词条的相关解释,显然注意到了核心竞争力这一概念及理论产生的背景,同时在介绍各家观点时,强调了核心竞争力所具有的某些特性(能力或资源的独特性、竞争力的可持续性以及构成要素的多元性、综合性等等),但是,这一概念及其理论的模糊性和不确定性也隐含其中,并跃然纸上。

正是由于其具有某种模糊性和不确定性,一些学者试图从厘清概念的角度阐明自己对该理论的认识。美国新泽西州史蒂文斯理工学院(Stevens Institute of the Technology, Hoboken, New Jersey)的一位助理教授安·穆尼(Ann Mooney),就撰专文对与"核心竞争力"相互关联的概念进行了界定,并进行了比较分析。他认为,与"Core Competence"(核心竞争力)在所指上相近的词汇,还有"Distinctive Competence"(独特竞争力)和"Competitive Advantage"(竞争优势),虽然这三个概念都已被广泛使用,但对这些概念的内涵,以及它们之间的相互关系,人们的认识还不够清晰,有必要加以明确。穆尼认为,"核心竞争力的研究应强调其两个本质属性。首先,核心竞争力必须是企业的一种技能或能力,而非仅仅是其所拥有的一种资源;第二,核心竞争力应显著促进企业实现其目标。换言之,核心竞争力是企业价值创造的核心"。[①] 如果将其与独特竞争力(Distinctive Competence)和竞争优势(Competitive Advantage)这两个概念进行比较,则它们各自的关键属性在于,"核心竞争力:一种生成企业价值的关键能力;独特竞争力:一种优于竞争对手、且难以模仿的面向客户的有形能力;竞争优势:一种使企业超越竞争对手、且难以模仿和估值的能力或资源"。[②] 安·穆尼力图厘清概念的尝试有其积极意义和启迪作用,但是,他对于这三个概念进行的辨析反而强化了其模糊性和不确定性。因为在他的表述中,我们不难发现:核心竞争力、独特竞争力、竞争优势三者之间其实存在着无法分离的交叉关系。

另一位试图从厘清概念入手阐明核心竞争力的学者是莫汉·坦普,他于1994年在《长远规划》(Long Range Planning)杂志发表了论文《如何开发组织的核心竞争力》(Exploiting the Core Competences of Your Organization)。该文首先对与核心竞争力相关的若干关键概念(Key Concepts),如核心技能(Core Skills)、技术子系统(Technical Subsystem)、核心能力(Core

---

① Ann Mooney. Core Competence, Distinctive Competence, and Competitive advantage: What Is the Difference? Journal of Education for Business, November/December 2007:112.
② Ann Mooney. Core Competence, Distinctive Competence, and Competitive advantage: What Is the Difference? Journal of Education for Business, November/December 2007:112.

Competences)、独特能力(Distinctive Capabilities)等进行了辨析和讨论,继而深入探讨了如何开发企业组织的核心竞争力(核心能力),以保有持续竞争优势和获得可持续发展的问题。文章认为,核心竞争力可以定义为:一种整合了多种技术、流程、资源和诀窍的技术或管理子系统,其所提供的产品或服务,可为组织带来持续而独特的竞争优势和附加值。① 他还就如何识别和检验企业的这种能力(核心能力即核心竞争力)提出了相应标准。坦普显然意识到核心竞争力(核心能力)所具有的综合性与模糊性,因而没有在概念上过多地纠缠,而是把研究的重点转向了更具实践价值和指导意义的操作层面。

综上所述,虽然西方学者关于核心竞争力概念和理论的认识与解读存在某些差异,但是其基本着眼点还是明确的,即主要从战略管理的视角,探讨企业如何才能在竞争的环境中以独特的能力(资源)持续地拥有竞争优势,进而实现可持续发展的问题;关于核心竞争力的主要特征与作用的认识,许多学者的观点也比较接近,强调它具有独特性、综合性、难以模仿性等特征,并认为它是企业价值创造的核心、源泉或关键。

2. 核心竞争力研究的理论渊源和历史演进

尽管对核心竞争力理论的基本宗旨和主要特性有着较为接近的认识,但有关核心竞争力研究的理论渊源和研究演进的路径描述,不同的学者之间却存在较大分歧。以下对其中最具代表性的观点(其侧重点有所不同,如能力、资源、知识、技能或是其集合)作一简介。

(1)坎贝尔和卢斯的观点。安德鲁·坎贝尔(Andrew Campbell)和凯瑟琳·萨默斯·卢斯(Kathleen Sommers Luchs)是英国伦敦"阿什里奇战略管理中心"(Ashridge Strategic Management Centre)的学者,在他们合著的《核心能力战略》(Core Competency—Based Strategy,1997)一书中,用了较大的篇幅,对核心竞争力研究的理论渊源和历史演进路径进行了较为详尽的描述。他们以对能力(Competence)和技能(Skill)的研究为主轴,"从调查关于企业组织内的技能与技能管理的文献着手,发现在过去的50年里,许多工商学者和管理理论家已经思考过这个论题并做出了贡献"。② 他们认为,相关的研究,应从1957年美国学者菲利普·塞尔兹尼克(Philip Selznick)对"独特能力"

---

① Mahen Tampoe. Exploiting the Core Competences of Your Organization. Long Range Planning,Vol. 27,No4,1994.
② [美]安德鲁·坎贝尔、凯瑟琳·萨默斯·卢斯:《核心能力战略》,严勇、祝方译,大连:东北财经大学出版社,2003年,第1~15页。

(Distinctive Competence)的研究算起,之后则有肯尼思·安德鲁斯(Kenneth R. Andrews,1965)和伊格尔·安索夫(Igor Ansoff)等人在战略管理理论中的相关研究。在20世纪70年代,"有关独特竞争力或公司实力的研究停滞不前",①原因之一是因为以迈克尔·波特(Michael Porter,1985)为代表的一批"有影响的学者和咨询专家把注意力转向了其他战略分析法"。② 到了20世纪80年代,罗伯特·海耶斯(Robert H. Hayes,1985)、伊丹博行(Hiroyuki Itami,1987)等人的研究又使人们重新开始关注企业内部的竞争力。伯格·沃纳菲尔德(1984)、巴尼(Jay Barney,也译为巴内,1991)、凯瑟琳·R.康奈尔(Kathleen R. Conner,1991)等人的研究,不断丰富和深化着资源依赖学派的理论。当然,这期间最主要的贡献,则属普拉哈拉德和哈梅尔(1990)无疑。显然,坎贝尔和卢斯对核心竞争力理论渊源和演进的路径描述,是从较宽泛的意义上来展开的,而其基准是企业内部的资源和能力。

(2)明茨伯格等人的观点。1998年,美国学者亨利·明茨伯格(Henry Mintzberg)与布鲁斯·阿尔斯特兰德(Bruce Ahlstrand)、约瑟夫·兰佩尔(Joseph Lampel)合作,出版了《战略历程:纵览战略管理学派》(*A Guided Tour Through the Wilds of Strategic Management*)一书,对战略管理学派进行了全面的梳理和划分。在该书中,他们将战略管理学派分为设计学派、计划学派、定位学派、企业家学派、认识学派、学习学派、权力学派、文化学派、环境学派和结构学派等十个学派,并将普拉哈拉德和哈梅尔的理论划归学习学派。

在有关学习学派的理论渊源和历史演进等问题上,他们认为,"从某种意义上来讲,查理·林德布罗姆(Charles Lindblom)于1959年发表的那篇引起争议的文章《'蒙混过关'的科学》可以说是这一流派的开始"。而1980年詹姆斯·布雷恩·奎因所著《应变战略:逻辑渐进主义》一书的出版,则是"这一学派的新起点"。③ 在具体论及普拉哈拉德和哈梅尔的核心竞争力理论时,明茨伯格等人认为,"这些想法的起源应追溯到 Hiroyuki Itami④ 在1987年出版的

---

① [美]安德鲁·坎贝尔、凯瑟琳·萨默斯·卢斯:《核心能力战略》,严勇、祝方译,大连:东北财经大学出版社,2003年,第1~15页。
② [美]安德鲁·坎贝尔、凯瑟琳·萨默斯·卢斯:《核心能力战略》,严勇、祝方译,大连:东北财经大学出版社,2003年,第1~15页。
③ [美]亨利·明茨伯格、布鲁斯·阿尔斯特兰德、约瑟夫·兰佩尔:《战略历程:纵览战略管理学派》,刘端红、徐佳宾、郭武文译,北京:机械工业出版社,2002年,第121~150页。
④ Hiroyuki Itami:即伊丹博行。

一本重要的小册子《无形资产的流动》(Mobilizing Invisible Assets)"。① 而在普拉哈拉德和哈梅尔之后,则有"坦普(Tampoe,1994)继续创造了一种更为详尽的清单来辨别竞争力是否是核心的"。② 如此看来,明茨伯格似乎更倾向于将核心竞争力理论限定在普拉哈拉德和哈梅尔的理论范式内。

(3)伊夫·多兹的观点。伊夫·多兹(Yves L. Doz)在其工作底稿《管理核心竞争力以求公司更新:走向一个核心竞争力管理理论》中认为,与迈克尔·波特重视外部环境分析不同,有一批学者在潘罗斯(Penrose,F. T.,也译为彭罗斯,1959)和萨尔尼科(即 Philip Selznick,1957)研究的基础上,更重视对企业内部资源和能力的分析,这些人包括鲁梅特(Rumelt,R.,又译为鲁梅尔特,1984)、沃纳菲尔德(1984)、里普曼和鲁梅特(Lippman,S. A.,1982,1987)、巴尼(1986)、迪瑞克斯和库尔(Dierickx,I. and Cool,K.,1989,1994)、提斯、皮萨诺和舍恩(Teece,D. J.,Pisano,G.,Shun,A.,1990)、普拉哈拉德和哈梅尔(1990)、之后,则有科利斯(Collis,D. J.,1991)、宫崎(Miyazaki,1991)、巴顿(Leonard Barton,D.,1992)、马奇(March,James G.,1991)、马雷哥(Marengo,L.,1992)等人的相关研究。③ 多兹显然也是从企业成长理论和战略管理理念的差异来划分和梳理核心竞争力理论及其流派的。

(4)福斯的观点。尼古拉·J.福斯(Nicolas J. Foss)是丹麦哥本哈根商学院战略管理学教授,他同时兼任挪威经济与商业管理学院教授。1996年,他在《企业能力理论的发展》(Towards a Competence Theory of the Firm)的序言中,就企业能力理论的渊源和演进过程,作了较为详尽的阐述。他认为,企业能力理论或许是英国古典经济学家亚当·斯密的劳动分工理论的再现。在斯密之后,有阿尔弗雷德·马歇尔区别内部与外部经济问题的相关论述(1925);其后,则有安蒂思·潘罗斯(Edith Penrose)的"企业内在成长论"(1959);进入20世纪80年代后,理查德·尼尔森(Richard Nelson)和西蒂尼·温特(Sidney Winter)合作提出了"经济变革成长论"(1982),而史蒂芬·里普曼(Stephen Lippman)和理查德·罗曼尔特(Richard Rumelt,即鲁梅尔特)又支持和发展了他们的理论(1982);1984年,伯格·沃纳菲尔特(Birger Wernerfelt)发表的《企业资源基础论》一文,

---

① [美]亨利·明茨伯格、布鲁斯·阿尔斯特兰德、约瑟夫·兰佩尔:《战略历程:纵览战略管理学派》,刘端红、徐佳宾、郭武文译,北京:机械工业出版社,2002年,第121~150页。
② [美]亨利·明茨伯格、布鲁斯·阿尔斯特兰德、约瑟夫·兰佩尔:《战略历程:纵览战略管理学派》,刘端红、徐佳宾、郭武文译,北京:机械工业出版社,2002年,第121~150页。
③ [美]伊夫·多兹:《管理核心竞争力以求公司更新:走向一个核心竞争力管理理论》,载《核心能力战略》,大连:东北财经大学出版社,2003年,第64~102页。

成为20世纪80年代最具影响力的有关企业资源的学术论文。在普拉哈拉德和哈梅尔提出著名的"企业核心能力理论"(1990)后,提斯(1990)、福斯(1993)、普洛茨匹洛维茨和弗克纳(Przybyowicz & Faulkner,1993)、哈默尔和赫尼(Heene,1994)、加仑(Gallon,1995)、斯提尔曼和柯蒂斯(Stillman & Coats,1995)、库姆伯斯(Coombs,1996)、圣齐斯(Sanchez,1996)等一大批学者丰富和发展了企业资源基础理论和企业核心能力理论。①

显而易见,从不同的视角考察研究核心竞争力理论形成发展的历史,就会作出不尽相同的解读,并由此产生不同的学术流派,对此,我们不妨本着求同存异的原则,透过不同流派的描述和解读,把握其中所呈现出的共性的东西,回归其核心问题——该理论的主要观点及研究的基本价值取向。

3.关于核心竞争力理论的主要观点

从以上的简略回顾可知,如果从战略管理的角度审视各种与企业竞争优势形成原因有关的研究(即广义的竞争战略理论研究),其学术流派纷呈,理论成果众多;即使把重视企业内部资源和能力的一支作为核心竞争力理论的主要学派,在欧美,普拉哈拉德和哈梅尔之前与其后,从事相关理论研究的学者也为数不少,其研究内容则分布在广阔的领域,涉及面很宽,各派理论观点也比较芜杂。倘若要对这些研究领域和具体内容均存在较大差异的理论成果进行全面的梳理,不仅头绪繁多,而且实际意义也不大。

事实上,如果仅仅针对"Core Competence"(核心竞争力或核心能力)的研究而言,无论是发表论文的数量还是所出版的著作的数量,国外的相关研究成果并没有想象中的那么丰硕,其学术"热度"同国内近些年来火爆的程度相比亦"逊色"许多。普拉哈拉德和哈梅尔在发表了其代表作之后,虽然又有相关论著问世,但对这一问题所进行的研究深入程度仍然十分有限;其他研究者也没有能够进一步将其发展成为一种系统的理论。因此,从实际出发,这里仅以几位最具代表性的学者有关核心竞争力理论(Core Competence)研究的文章为重点,分别介绍其核心内容及主要观点。

(1)普拉哈拉德和哈梅尔的核心竞争力理论。大多数学者认为,1990年发表的《公司的核心竞争力》一文,代表着普拉哈拉德和哈梅尔的主要理论观点。该文原文共13页,连前言在内,可分为九个部分,而其具体研究内容和主要观点,则可概括为四个大的方面:提出并界定了核心竞争力的基本概念、阐

---

① Nicolai J. Foss, Christian Knudsen. Towards a Competence Theory of the Firm [M]. Routledge,1996.

述了核心竞争力的树形结构理论、论证了识别企业核心竞争力的三个依据、深入剖析了传统"战略业务单元"体制的弊端并提出了"两种企业理念"的观点等（因前面已经作过详细介绍，此处不再重复展开）。

在发表这篇著名的论文之后，对该理论的后续研究使他们的认识也在深化。例如，"在1994年，普拉哈拉德和哈默尔两人又合著了一本在全球广受欢迎的论著《竞争大未来》(Competing for the future)，在书中他们明确指出：'核心竞争力是能使企业为用户提供某种特定好处的一组技能或技术的集合，而不是指单个技能或技术'。"①强调核心竞争力所具有的集合性（综合性）特点，这比原先的认识又前进了一步。

又如，对于其所提出的"核心能力"（即核心竞争力）概念的局限性和误导性，哈梅尔进行了反思和修正，指出"能够让公司获得持续竞争优势的'内在能力'不是一种静态、固化的能力，而是一种动态、弹性的能力"。②"为了修正'核心能力'的谬误，哈梅尔先是提出了'公司想象力'的概念——核心能力的傲慢和偏见很容易抹杀公司的想象力。而一旦丧失了想象力，公司就可能核心反被核心误。所以，对于拥有强大竞争力的公司来说，想象力可能比竞争力更重要。随后，哈梅尔又提出了融'核心竞争力'与'公司想象力'于一体而又超越二者之上的概念——'战略适应力'(Strategic Resilience，或译为'战略弹性力')，他把它定义为：'对深刻、长期地影响公司核心业务赢利能力的趋势不断进行预测和调整战略的能力。'"③不言而喻，"核心竞争力"的提出者越是深入地研究探讨这一理论，对于核心竞争力所具有的相对性、模糊性、综合性和动态性等特点，就越是有了更为自觉而清醒的认识。

（2）伊夫·多兹的核心竞争力管理理论。伊夫·多兹(Yves L. Doz)在其工作底稿《管理核心竞争力以求公司更新：走向一个核心竞争力管理理论》中认为，核心竞争力管理的关键过程，包括"能力开发(Competence Cultivation)、能力扩散(Competence Diffusion)、能力整合(Competence Aggregation)、能力发挥(Competence Leverage)和能力更新(Competence

---

① 赵国浩等：《企业核心竞争力——理论与实务》，北京：机械工业出版社，2005年，第2页。
② 吴伯凡：《"核心竞争力"：福音与诅咒》，载《21世纪商业评论》，2006年第11期；转引自《新华文摘》，2007年第3期，第125～126页。
③ 吴伯凡：《"核心竞争力"：福音与诅咒》，载《21世纪商业评论》，2006年第11期；转引自《新华文摘》，2007年第3期，第125～126页。

Renewal)"①等五个阶段。但是,如何管理其中的每一个阶段,实际上存在着"两难的困境"。而所谓的"两难困境",在能力开发阶段,是"自然产生"与"规划性开发"之间的矛盾;在能力扩散阶段,表现为不可名状、潜移默化的"学徒式扩散"与以专业培训方式进行的"显性化扩散"之间的矛盾;在能力整合阶段,是分散、单个的具体技能与对不同技能进行有效整合之间的矛盾;在能力发挥阶段,是满足于在既有领域发挥能力,还是将能力延伸至新的领域之间的矛盾;最后,在能力更新阶段,则是在既有能力基础上进行渐进性更新,与通过探索和发现新能力而进行非连续性更新之间的矛盾。② 核心竞争力管理的关键,则在于对这种种矛盾的平衡。

多兹关于核心竞争力的管理理念,无疑深化了对该理论的认识,他以联系、发展和动态的观点来审视和解读这一理论,充满了对立统一的辩证思维,这对于我们理解核心竞争力所具有的复杂性、矛盾性、相对性和动态发展等特殊性质,避免认识的凝固僵化,具有十分重要的理论借鉴意义。

(3)莫汉·坦普(Mahen Tampoe)的理论。坦普对核心竞争力理论的研究,其特色是实践性取向。他提出,要检验企业的能力(Competence)是否是核心竞争力,须满足以下标准:第一,是企业生存之本;第二,无形;第三,难以模仿;第四,企业独有;第五,是技能、资源和流程的组合(Mix);第六,可持续性;第七,整体性;第八,对核心产品乃至最终产品至关重要;第九,对企业战略愿景的执行至关重要;第十,对企业的战略决策至关重要,如缩小多样化的规模、结构合理化、建立联盟、成立合资企业等;第十一,有市场前景、商业价值高;第十二,数量有限。③ 坦普所提出的识别检验核心竞争力的十二个方面的标准,可谓考虑得细致周全,特别是对于某些特性及其作用的把握和揭示,颇具创见。

如第九、第十、第十一这三条,可谓抓住了要害,对企业的可持续发展具有普遍借鉴意义。但是,这些检验标准在实际操作中的不确定性也是显而易见的。尽管如此,它在帮助企业更好地认识核心竞争力的构成要素,持续地拥有竞争力,并获得可持续的发展,还是具有重要的应用价值和指导作用。

---

① [美]伊夫·多兹:《管理核心竞争力以求公司更新:走向一个核心竞争力管理理论》,载《核心能力战略》,大连:东北财经大学出版社,2003年,第64~102页。
② [美]伊夫·多兹:《管理核心竞争力以求公司更新:走向一个核心竞争力管理理论》,载《核心能力战略》,大连:东北财经大学出版社,2003年,第64~102页。
③ Mahen Tampoe. Exploiting the Core Competences of Your Organization. Long Range Planning, Vol. 27, No4, 1994.

通过上述关于核心竞争力(核心能力)理论研究的几个代表性人物及其主要观点的简介和评析,我们可以大致了解国外有关该理论研究的主要观点和基本的价值取向。随着时间的推移,强调应用价值和实际指导作用,已成为该理论研究的基本取向。对于国外核心竞争力理论研究者的一些重要观点,我国的研究人员荆德刚、许正良曾作了较为系统的梳理,兹将经他们梳理而形成的表格转引如下(由于原表比较复杂,故这里转引的是在原表基础上重排的表格):①

表 2—1 国外学者关于核心竞争力的主要观点

序号	代表人物	主要观点	主要结构维度	主要特征
1	Prahalad & Hamel(1990)	组织中积累性的学识,特别是协调不同的生产技能和有机组合多种学识流派的学问。	技术;技能。	用户价值;独特性;延展性。
2	Leonard—Barton (1992,1994)	使公司区别于其他公司并对公司提供竞争优势的一种知识群,是一种行动能力,是一个组织能力长期形成专有能力从而为顾客提供价值的关键所在。	知识与技能;管理体系;实物系统(技术系统);价值观和规范。	制度化关联;专有性;提供价值持久性。
3	Mayer & Utter Back(1993) & Leherd(1997)	职能的集合体,产品的基础,通过产品平台与产品族与企业绩效正相关。	产品技术能力;对用户需求的理解能力;分销渠道能力;制造能力。	与产品的关联性。
4	Prahalad(1993)	多种知识和有关顾客的知识及直觉创造性的和谐整体。	技术;管理过程;群体学习。	差异性的来源;超越单一业务;模仿困难。
5	Hamel(1994)	技能的融合。	市场进入能力;诚实关系能力;功能关系能力。	用户价值;独特性;延展性。
6	Henderson & Cockbum(1994)	元件能力(资源、知识技能、技术系统)及构建能力(合成能力、管理系统、价值标准、无形资产)的组合。	元件能力;构建能力。	独一无二。

---

① 荆德刚、许正良:《企业核心竞争力理论溯源及研究现状分析》,载《当代经济管理》,2005年第3期。

续表

序号	代表人物	主要观点	主要结构维度	主要特征
7	Hamel & Prahalad(1990) & Conel(1997)	企业由于以往的投资和学习行为所积累的技能与知识的结合,它是具有企业特长性的专长,是使一项或者多项关键业务达到世界一流水平的能力。	洞察力/预见力; 前线执行能力。	用户价值; 独特性; 延展性。
8	Faulknel & Bowan(1995)	公司专有的、优异的、扎根于组织之中的和适应市场机会的,更有可能实现可持续竞争优势,获得超水平利润的一种复合性、整合性的能力。	云性能力(技术);制度能力(价值保障、提升与创新)。	专有的;优异的;扎根于组织;适应市场机会;持续竞争优势。
9	Gallon(1995)	一个组织竞争能力因素的协同体,反映在职能部门的基础能力,SBU的关键能力和公司层次的和谐能力。	"市场—界面"能力;技术结构能力;技术能力。	持续的价值性;广泛的价值性;区别于其他。
10	Foss(1996)	核心能力既是组织资本又是社会资本,它们使企业组织的协调和有机结合成为可能。	组织资本; 社会资本。	有价值的;异质的;不能模仿的;难替代的。
11	Coombas (1993,1996)	企业能力的一种特定组合,使企业、市场与技术相互作用的特定经验的积累。	技术专长; 组织能力。	技术性; 组织性。
12	Patel & Pavitt (1997)	高专利份额与高现实技术优势。	专利份额(PS);现实技术优势(RTA)。	创新性。
13	Klein(1998)	是一组技能集合,可以用一个技能网络来表示核心能力。	各种技能及依据其关系所形成的网络。	与能力相关。

二、国内核心竞争力理论研究概况

倘若仅就发表论文和出版书籍的数量而言,国内有关核心竞争力理论的研究可以说是"硕果"累累,盛况空前;但是以研究成果的质量来衡量,则不容乐观。因为国内有相当数量的"论著",属于缺乏原创性的低水平重复,特别是有某些论著在借鉴国外的研究成果时,存在断章取义的现象,而且未能清楚地交代出处,导致国内对该理论的认识反而变得更加扑朔迷离。实事求是地说,关于该理论的研究,国内与国外存在巨大的反差:国外量少质高,国内量多质低。虽然问题多多,但国内一部分严肃的研究者在引进介绍这一理论时,还是进行了认真的梳理和探究,也不乏经过独立思考提出的独到见解,有的学者尝试运用这一理论来分析解决本土的现实问题,力图在此基础上使认识得以升华,从而能够进行理论创新。这些努力与尝试,无疑应当予以充分肯定。

1. 核心竞争力理论的引进与研究发展态势

从正式发表的、可查阅到的文献看,国内对核心竞争力理论的引进,始于20世纪90年代。1994年7、8月份,《北京社会科学》杂志第4期发表了一篇题为《公司的核心能力》的翻译文章,标明作者为"克拉克·帕拉哈拉德"①和"加利·哈默尔",译者为刘捷。从中国期刊全文数据库检索可知,此文发表后被引用的次数并不多(十余年中仅有3次),说明它还没有引起广泛注意。实际上,这篇译文正是在国外学术界产生重要影响的经典文章"The Core Competence of the Corporation"(中文译名为《公司的核心竞争力》)首次在国内被译成中文的文本。在此之前,《管理现代化》杂志1994年第3期发表了一篇题为《企业集团的核心能力与多元化发展》的文章。这两篇文章是目前已知国内学术刊物上最早出现的有关核心竞争力理论的文章。

在随后的几年间,这一理论仍然没有引起国内研究人员的重视,相关的研究文章甚少,直到1998年后情况才有了明显改观。从1999年起,国内关于核心竞争力理论的研究进入一个快速增长期,发表的文章数量更是呈几何级数增长。

笔者经过对"中国期刊全文数据库"中有关研究论文篇目的检索统计梳理,发现核心竞争力理论被引入中国内地后,有两个突出的特点:一是该理论的反响先冷后热,呈现出明显的"阶梯形"落差发展态势;二是这种先冷后热的阶段性变化,与该理论的中文译名的变化有一定的关联性,其具体表现就是中文译名为"核心能力"的相关研究总体上较为平稳,而中文译名为"核心竞争力"的相关研究则起伏明显(由冷转热),且其近些年的研究热度甚至可以用火爆来形容。

---

① 即C.K.普拉哈拉德,该文误译为"克拉克·帕拉哈拉德"。其实,C.K.普拉哈拉德的英文全名为Coimbatore Krishnao Prahalad。普拉哈拉德生于印度南方泰米尔纳德邦的Coimbatore镇,早年在邦首府马德拉斯(Madras,现金奈市Chennai)的大学里学习物理学,毕业后在一家印度电池企业担任分公司经理。后赴美国深造,并获得了哈佛大学的博士学位。此后,又先后在印度和美国的大学里教书。撰写该文时,普拉哈拉德已是美国密西根大学商学院工商管理教授。

从笔者整理的统计图表(参见表2-2)可以直观地看出其变化:1994—1997年,公开发表被收录进数据库的相关文章篇目甚少(4年合计11篇),而且仅见中文译名为"核心能力"的文章,中文译名为"核心竞争力"的论文尚未出现;1998年情况开始发生了明显变化,中文译名为"核心竞争力"的论文从无到有,几年之内翻了数十倍,相关的文章数量则猛增至数百篇。与此同时,中文译名为"核心能力"的文章数量也快速增长,超过百篇;自2002年后国内有关"核心竞争力"理论的相关论文数量每年高达1000篇以上(具体统计数据见表2-2)。

上述变化表明,我国内地在引进该理论开展相关研究方面,认识有一个逐步发展的过程,因而表现出先冷后热的态势。如果按其发展来划分阶段,可以大致分为三段:其中1994~1997年为偏冷时期的第一阶段,4年累计发表论文11篇,年均发表论文数量仅为2.75篇;1998~2001年为转热时期的第二阶段,论文发表数量剧增,4年累计发表论文共893篇,年均发表论文数量增至223.25篇(与前一阶段相比增长数十倍);2002~2009年为"井喷"时期的第三阶段,年发表论文数量提升到四位数,且居高不下,8年累计发表论文12045篇,年均发表论文超过1500篇。这三个时段发表论文数量落差巨大,呈现出明显的"阶梯状"发展态势。值得注意的是,这三个时段发表论文数量相差悬殊的情况,与该理论不同的中文译名具有某种关联性,其基本特点是译名为"核心能力"的相关研究虽然"先声夺人",但发展态势总体趋于平稳;而译名为"核心竞争力"的相关研究则"后来居上",且发展态势日趋火爆,二者在反响冷热和数量多寡方面,前后形成了鲜明的对照。

前已论及,该理论引入国内后名称存在两种不同译法(即核心能力和核心竞争力),而早期的研究者与后来跟进者在学科背景上存在较大差异,于是出现了两种不尽相同的研究取向和截然不同的发展态势。早期的研究者大多为经济学和管理学科的学者,对于该理论产生的背景、理论实质等问题相对清楚,所开展的研究也较为冷静和理性;后来跟进的研究者,除了一部分具有经济学和管理学的学科背景外,更多则遍布于人文社会科学领域各个学科,许多人对该理论产生的背景、理论实质等要害问题均知之甚少,同时,又不那么清楚核心能力与核心竞争力两者的关系,只是出于追"热点"的研究心态,自觉或不自觉地加入到与核心竞争力相关的理论研究洪流中。研究人员学科背景的差异,以及不尽相同的研究目的,使得核心能力与核心竞争力两个中文译名的研究成果,在数量上出现冷热不均的明显分化。

国内1994~2009年涉及核心竞争力(含核心能力)的理论研究,所发表的

论文具体情况详见下表(注:该表由笔者根据中国期刊全文数据库相关资料统计整理制作而成):

表2-2 国内(1994~2009)核心竞争力(核心能力)相关研究论文数量统计表

变化发展阶段	年份	核心竞争力	核心能力	两项合计篇数	各阶段年均发表论文篇数
第一阶段	1994	0	2	2	2.75
	1995	0	1	1	
	1996	0	0	0	
	1997	0	8	8	
第二阶段	1998	2	15	17	223.25
	1999	42	67	109	
	2000	139	125	264	
	2001	358	145	503	
第三阶段	2002	825	200	1025	1504.375
	2003	1151	194	1345	
	2004	1196	184	1380	
	2005	1378	190	1568	
	2006	1501	211	1712	
	2007	1531	203	1734	
	2008	1477	263	1740	
	2009	1329	202	1531	
总计	16年	10929	2010	12939	808.6875(16年平均数)

从统计表中可知,1998年之前4年内所发表的11篇文章,均以核心能力为题,而以核心竞争力为题的文章数量为0篇;但从1998年开始,以核心竞争力为题的文章出现之后,其数量逐年激增,到2000年就已超过了以核心能力为题的文章数量;2003年更是突破千篇大关,并且连续7年发表论文数量都超过千篇,占据绝对优势地位,而以核心能力为题的文章数量则波动不大,多年来都维持在一个相对平稳的水平,二者的盛衰冷暖形成了强烈的反差。

从数据统计表的对比分析中不难看出,1998年是国内该理论相关研究的一个转折点,正是从这一年起中文译名为核心竞争力的研究论文开始出现,从而使该理论的研究驶入了由冷转热的发展快车道,并且迅速呈现一边倒的新趋势,其后的发展态势则是一路高歌猛进,乃至出现"井喷式"的高热状态。由此可见,中文译名的变化(即译名为核心竞争力的有关研究开展之后)与研究发展态势的转变,显然有着某种密切联系。

在国内,虽然以核心竞争力和核心能力为题的书籍的出版情况与论文发表的情况有所不同,但也表现出厚此薄彼的类似特点,详细情况参见表3(注:该表由笔者根据中国期刊全文数据库相关资料统计整理制作而成)。

表2-3 以核心竞争力(核心能力)为主题的中文书籍出版数量统计表

核心竞争力中文书籍数量统计表			
年份	核心竞争力(部)	核心能力(部)	合计(部)
1999	1	0	1
2000	1	0	1
2001	3	2	5
2002	7	3	10
2003	9	3	12
2004	9	3	12
2005	10	2	12
2006	5	1	6
2007	8	2	10
2008	8	1	9
2009	6	3	9
合计	67	20	87

当然,仅从中文译名的不同来解释该理论研究的盛衰冷暖变化及发展态势,就有可能把复杂的问题简单化、表面化。事实上,国内之所以出现同核心竞争力理论相关的研究热潮,其更为重要和深层次的原因,则是由于企业生存环境发生了重大的变化。

改革开放三十多年中,我国由计划经济体制向市场经济体制转型,国民经济获得了跨越式的高速发展,市场供求关系从短缺经济逐渐向过剩经济转变。随着社会主义市场经济的逐步确立和有关法律法规的不断完善,国内企业普遍感到生意越来越难做,赚钱也越来越困难,面对不断加剧的市场竞争,经历过高速增长期的众多企业,正面临发展的瓶颈;与此同时,伴随着中国加入WTO的进程,经济全球化背景下企业承受的竞争压力与日俱增,而由行业垄断或贸易保护主义等非市场因素所形成的原有优势,也被新的规则迅速消解;科学技术日新月异地发展进步,使产品更新周期大大缩短,企业发展前景的不确定因素陡然增多……上述多重因素交织在一起,使中国很多企业都感到困惑,并且产生危机感和紧迫感,迫切需要能够为其指点迷津的可持续发展理论。此时,已经引入国内的核心竞争力理论使人们看到了希望,人们渴望了解和掌握这种新理论,用以解决现实问题,这就是该理论倍受关注和引起普遍研另外,该理论后来在国内普遍使用的中文译名——核心竞争力,颇具亲和力和吸引力,这对于该理论的相关研究迅速走俏也起到了重要的作用。相较于核心能力,核心竞争力这一译名容易使得企业家直接联想到"竞争"这一企业管理的核心议题,并且很容易和波特的"竞争优势"、"竞争地位"、"竞争分析"等概念联系起来,进而认为"核心竞争力"就是有助于企业取得竞争优势的一种能力。换句话说,对于企业家而言,核心竞争力的说法远较核心能力更为亲切,也更具吸引力。这也是同一理论只是由于译名的不同,在吸引研究者的兴趣及导致研究成果数量反差巨大的重要原因之一。

总之,为了解决国内企业普遍面临的紧迫现实问题,业界、学界不约而同地盯住了核心竞争力理论,使该理论很快变成了国内业界、学界追捧的学术"热点",由此掀起了一波研究热潮。从这一时期所发表论文数量的统计中,我们不难感受到核心竞争力理论研究居高不下的"热度"。

2. 国内核心竞争力理论研究的主要内容

从研究内容看,目前国内有关核心竞争力理论的研究大致可以分为两大类,一类属于理论本体的相关研究,另一类则是运用该理论对具体行业、企业或其他组织的核心竞争力问题所进行的研究。由于后一类研究涉及范围过宽,而且运用该理论研究传媒领域(报业)问题的论著及其主要观点,在后面还有专节讨论,故而此处着重介绍国内有关该理论本体研究的内容。

综合起来看,属于该理论本体的相关研究,内容主要集中在三个方面:一是关于核心竞争力基本理论的研究;二是核心竞争力理论渊源和发展脉络的相关研究;三是有关核心竞争力的评价问题研究。下面分别对其作一简介。

(1)关于核心竞争力基本理论的研究。核心竞争力基本理论的研究,主要涉及概念、特征、构成要素等几个方面。

在概念研究方面,国内研究者面临的首要问题就是对"Core Competence"这一词组的翻译问题。前边提到,国内学者在引入该理论和译介相关论文时存在两种不同的认知和解读。一种从英文词汇"Competence"的本义出发(Competence 一词有两层含义,一是指能力、胜任,二是指权限、权能),将"Core Competence"译为"核心能力"或"核心专长";另一种则根据对该理论及代表论文核心思想的理解,将其翻译为"核心竞争力"。两种译法均有其支持者。不过,后一种译法似乎得到了中国内地众多研究者的普遍认同。原因前已论及,即如果从该理论产生的背景来解读作者所要表达的基本思想与核心观点,译为"核心竞争力"更符合原意。有关概念研究的另一个重点是对概念内涵的解读。国内许多研究者所采用的主要方式,是以翻译或转述普拉哈拉德和哈梅尔的定义为主,在此基础上再作一些个人化的修改,或是结合某一产业、行业的企业组织(部门)的特性,增加各自的具体内容。虽然在具体的表述方面小有不同,但基本涵义和表述内容差别并不大。

在特征研究方面,国内研究人员大都依据普拉哈拉德和哈梅尔的文章观点,将其概括为延展性、价值性和独特性。此外,有不少研究者也提出其他一些特征,如"难以替代性、不可交易性"(童利忠等,2006),"系统整合性、动态性"(赵国浩等,2005),"增值性、整合性、动态性"(曹兴等,2004),还有的将其通俗地概括为五个方面的特点:"偷不去"即不可模仿性、"买不来"即不可交易性、"拆不开"即资源的整体综合性与互补性、"带不走"即资源的独特性与企业归属性、"溜不掉"即资源的延续性;①最多的则是将其归纳为十个方面的特点(范宪,2006;张明明等,2006)。

关于核心竞争力的构成要素,研究的视点比较多样,观点差异也很大。2003年,针对核心竞争力的构成要素问题,邓修权等人以"中国期刊全文数据库"全文收录的相关文章为对象,对以"核心能力"为篇名的222篇文章进行了统计分析,结果发现,人们提出的构成核心能力的要素共有31种之多,详见下表(表2—4)②:

表2—4 核心能力构成要素种类统计表

序号	构成要素	次数
1	技术	21
2	协调运用资源能力	10
3	研究和开发能力	10
4	企业文化	10
5	知识	9
6	不断创新的能力	8
7	响应能力	8
8	市场营销能力	7
9	前线执行能力	7
10	转化能力	7
11	决策能力	6

---

① 张维迎:《竞争力与企业成长》,北京:北京大学出版社,2006年,第127~128页。
② 邓修权等:《核心能力构成要素的调查分析——基于中国期刊全文数据库》,载《科研管理》,2003年第2期,第109~115页。

续表

序号	构成要素	次数
12	管理系统	6
13	组织结构	6
14	组织/界面管理能力	6
15	人员	5
16	产业扩张能力	3
17	信息	3
18	学习能力	3
19	综合服务能力	2
20	资本运用的能力	2
21	商誉	2
22	洞察预见力	2
23	吸收能力	2
24	可持续发展能力	2
25	高效运营能力	1
26	防范风险能力	1
27	战略管理能力	1
28	市场	1
29	设备	1
30	知识产权	1
31	分享能力	1

在此基础上,经过频次分布统计,他们发现,认同度最高的要素是"技术"(21次),其后依次是:协调运用资源能力(10次)、研究和开发能力(10次)、企业文化(10次)、知识(9次)。经过进一步的分类整理,他们认为这些要素可归并为两大类五小类。两大类中一个是"资源类构成要素",下分"软资源类"和"硬资源类"两个小类;另一大类是"能力类构成要素",下分"经营管理能力类"、"技术创新能力类"、"其他能力类"三个小类。由此划分构成要素类别。

这项研究虽然仅选择了以"核心能力"为篇名的文章进行统计,没有对大量的、以"核心竞争力"为篇名的文章进行统计,但该项研究采用的是"内容分析"的方法,与文章的篇名关系不大,因此,可以认为,该统计结果基本上反映了2003年之前国内有关该理论研究的实际情况,具体数据详见下表(表2—5)。

表2-5 邓修权等对核心能力构成要素种类的统计

构成要素类别		构成要素细目	提及次数统计
资源类构成要素	软资源类	技术	21
		信息	3
		知识	9
		知识产权	1
		企业文化	10
		商誉	2
		管理系统	6
		组织结构	6
		市场	1
	硬资源类	人员	5
		设备	1
能力类构成要素	经营管理能力类	产业扩张能力	3
		高效运营能力	1
		综合服务能力	2
		市场营销能力	7
		防范风险能力	1
		资本运作的能力	2
		决策能力	6
		协调运用各种资源的能力	10

表2-6 国内学者关于核心竞争力的主要观点

序号	代表人物	主要观点	主要结构维度	主要特征
1	李悠诚	企业核心竞争力是无形资产,它在本质上是企业通过对各种技术、技能和知识进行整合而获得的能力。	技术;技能;知识。	用户价值;独特性;延展性。
2	程杞国 王秉安	企业核心竞争力是由核心产品、核心技术和核心能力构成的,它使企业能在竞争中取得可持续生存与发展的核心性能力。	硬核心竞争力(核心产品、核心技术等);软核心竞争力(经营管理)。	不易模仿性。
3	管益忻	核心竞争力是以企业核心价值观为主导的,旨在为顾客提供更大(更多、更好)的消费者剩余的企业核心能力的体系。核心竞争力的本质内涵是消费者剩余。	企业特有的、足以胜过竞争对手的所有要素构成企业核心竞争力的一部分。	独特性;整合性。

续表

序号	代表人物	主要观点	主要结构维度	主要特征
4	左建军	企业体制与制度是最基础的核心竞争力。	企业体制；企业制度。	独特性；延展性。
5	陈清泰	核心竞争力是指一家企业不断创造新产品、提供新服务以适应市场的能力，不断创新管理的能力，不断创新营销手段的能力。	专利份额；技术优势；管理能力。	创新性。
6	王 毅	企业核心竞争力是由能力及能力构架与层次组成的一个两维知识系统。	元件能力；构架能力。	知识性；独特性。
7	史东明	核心能力是分布企业组织的能量，通过核心专长表现出来，而其赢得竞争的能力核心是企业文化与价值观。	核心价值观；组织与管理；知识与技能；软件与硬件。	知识性；辐射性；不易仿制性。

  国内研究人员就核心竞争力基本理论所进行的上述三个方面的研究，许正良和王利政(2003)也进行了较为系统的整理，兹将他们整理出的表格(表2—6)转引如上。①

  在此之后，有关核心竞争力构成要素的研究引起了不少研究者的高度关注，一些研究者分别从总体理论、行业、某类组织、某一具体组织等四个层面，对其进行了专门研究。其中，徐建中等人(2009)对构成核心竞争力的基本要素进行了较为新颖的解析，他们认为，核心竞争力的构成要素包括了资源要素、能力要素和环境要素三个方面。②

  2003年至今，国内有关核心竞争力的研究仍然保持着较高的热度，在基本理论研究方面逐步向深度和广度拓展。其中既有基于中国人的经验与理性思维，对普、哈二氏原理论作出的深度剖析与质疑(如赵学宝的《企业核心竞争力概念的逻辑追问与理论体系的重构》，2007)，也有从不同角度对核心竞争力的本质所进行的全新诠释(如刘敬山、蒋敏元的《企业核心竞争力概念探析》，2005)。这些研究成果在某种程度上体现了国内有关核心竞争力基本理论的研究水平。

---

① 原表来源:许正良、王利政:《企业竞争优势本源的探析》，载《吉林大学社会科学学报》，2003年第5期，第99～106页。
② 徐建中、陆军、荆玲玲:《企业核心竞争力构成要素作用关系的系统分析》，载《现代管理科学》，2009年第3期，第70～72页。

（2）核心竞争力理论渊源和发展脉络的相关研究。这一问题似乎特别吸引国内研究人员的关注，相关的研究论文也较多。总体来看，可以将这些观点分为两种：一种是管理学的观点，另一种是经济学的观点。

首先，从管理学的观点来看，比较普遍的认识是核心竞争力理论源自钱德勒、安索夫、安德鲁斯等战略管理的早期学者的竞争理论，而其发展脉络，则基本上依循战略管理理论发展的历程。这其中，又有三阶段说和四阶段说。前一种观点认为，竞争理论发展的第一阶段，是以钱德勒、安索夫、安德鲁斯等为代表的以"战略管理为中心的竞争理论阶段"；第二个阶段，则是以迈克尔·波特为代表的以"市场结构为中心的竞争理论阶段"；而第三个阶段，则是以"企业核心竞争力为重点、企业素质为内容的竞争理论阶段"（童利忠等，2006）。后一种观点认为，核心竞争力在战略管理理论上的发展，在以钱德勒等为代表的第一代战略管理理论之后，进入以"结构追随战略"为主导的第二代战略管理理论阶段，然后是以波特和明茨伯格为代表的第三代战略管理理论阶段，最后进入以鲁梅尔特为代表的第四代战略管理理论阶段（李正中等，2001；荆德刚等，2005）。

其次，从经济学的观点来看，对核心竞争力理论的渊源和发展脉络的整理，国内的研究人员普遍接受了尼古拉·J.福斯的观点，虽然在个别地方小有不同，但主要脉络基本一致。因前文已有介绍，这里不再重复。

（3）有关核心竞争力的评价问题研究。对核心竞争力的评价问题，是国内研究者十分关注并且积极开展研究的一项内容，相关的专题论文数量比较多。据笔者对中国期刊全文数据库相关资料的整理统计，自1999年以来（截至2009年），该数据库共收录了195篇以"核心竞争力评价"为题的文章，另有58篇以"核心能力评价"为题的文章也被该库收录。从研究内容看，主要涉及以下几个方面：一是对核心竞争力或核心能力评价指标体系的研究（共66篇），二是对评价模型的研究（共26篇），三是对评价方法的研究（共26篇），四是其他研究（135篇）；从评价的对象看，既有泛指意义上的"企业"，也有各类不同企业或某一具体企业（如物流企业、电信企业、某某公司等），还有其他组织（如学校、医院等）。此外，诸如人才、业务、品牌等其他对象，也被纳入评价研究的视野。

有关评价方法方面的研究，在基本方法的适用上，普遍采用定量方法和定性方法相结合的企业内部综合指标评价法和综合指标模糊评价法；在设计指标体系框架时，普遍采用 AHP 法（Analytic Hierarchy Process，即层次分析法），通过层次分析，设定多层次的评价框架；在具体方法的适用方面，曹阳华认为,"目前国内外提出的综合评价方法有几十种之多,这些方法可分为两大类:主观定权评价法和客观定权评价法"。① 不过,对于普遍采用的内部指标进行评价这一现象,刘志林有不同看法,他认为,企业核心竞争力的评价,应采用专家评价法、竞争对比法、历史资料比较指数法、动态指数法和功效系数法等多种方法进行。②

至于指标体系研究方面,在二级指标的设定上,普遍把技术、市场和管理作为三个最重要的指标。此外,杨静蕾等(1999)提出了"集体教学能力",陈玉宝等(2002)则增加了"价值观系统"。踪程等(2006)增加了"核心员工能力"和"企业信息资源能力"。③

耐人寻味的是,在本来最热衷实证研究的美国,关于核心竞争力理论的研究却很少采用定量研究的方法,而在实证研究方法尚未普及、定性和思辨研究方法颇为盛行的中国内地,围绕核心竞争力理论的研究,却出现了相当数量采用定量研究方法的成果,这种强烈的反差,乃至有些反常的现象,值得我们认真反思。

综上,国内关于核心竞争力理论的研究成果可谓汗牛充栋,其中不乏跟风的"急就章",但是,也有一些具有一定创新思维的成果,较具代表性的著作有《企业核心竞争力——理论与实证分析》(李品媛,2003)、《企业"核"心竞争力——动态球论模型剖析》(范宪,2006)、《基于核心竞争力的企业战略管理》(容和平,2007)、《企业核心竞争力研究:基于知识管理的分析》(盛小平,2008)、《企业基于整体无形资产的核心竞争力评价》(范莉莉等,2010)等。

除此之外,更有大量的单篇或系列论文,还包括为数不少的博士、硕士学位论文等,它们从各个层面和不同的角度切入,研究探讨与该理论相关的各种问题,极大丰富了核心竞争力的研究成果。在浩瀚的众多成果中,《公司的核心能力》(1994,刘杰译)虽然是一篇不太成熟的译文,却是国内核心竞争力研究的滥觞,因而其历史地位不容忽视。另外,许正良和王利政(2003)对国内外核心竞争力理论研究进展所作的梳理,在当时来说是非常必要的,其在帮助人们了解和掌握该理论研究的基本知识和最新动态方面,起到了积极的普及和

---

① 曹阳华:《企业核心竞争力评价方法研究及应用》,载《沈阳航空工业学院学报》,2005年第2期,第87~90页。

② 刘志林:《论企业核心能力的评价方法》,载《经营与管理研究》,2003年第2期,第35~38页。

③ 踪程、都忠诚、张炳轩:《企业核心能力评价系统及其层次模糊综合评价方法》,载《天津师范大学学报(自然科学版)》,2006年第1期,第70~72页。

推介作用;而到了核心竞争力研究趋于"火爆",众说纷纭、莫衷一是的时候(即2007年前后),吴伯凡、李东红等学者发表的关于该理论研究的冷静分析和思考,[①]无疑给许多处于高度兴奋而又有些迷茫的学者提供了一服清凉剂,指引其更加理性地开展研究,并对核心竞争力理论的基本宗旨和价值取向等要害问题,能够有更多的理论自觉,这也表明国内对该理论的相关认识已达到了新的高度。

不必讳言,国内有关核心竞争力理论研究的持续"高热",从一个侧面反映出对该理论的研究存在着较为明显的盲目跟风乃至学术投机现象。尤为值得注意的是,迄今为止,在国内已经发表的大量论文和所出版的数量不菲的著作中,真正有影响力且含金量较高的成果并不多见,这不能不说是国内关于核心竞争力理论研究方面的一个缺憾。

三、新闻传播领域的相关理论研究概况

近些年来,随着我国新闻传播领域各项改革的逐步深入和产业化程度的不断提高,有关传媒业、传媒组织(泛指各类媒体和传媒集团等)的市场竞争与发展战略问题,越来越引起新闻传播业界、学界的普遍关注,同传媒经济有关的研究也迅速走红。特别是在中国加入WTO之后,企业如何尽快做大做强,以迎接即将面临的严峻挑战,一时成为热议话题。国内传媒业随之涌起一股集团化浪潮,在做大做强的强烈冲动下,业界、学界愈加重视各类传媒组织的竞争与发展问题,对核心竞争力理论更是情有独钟,与之相关的研究全面开花,并很快形成了新闻传播领域中一个新的研究"热点"。

前已提及,关于传媒领域内竞争力与核心竞争力问题的理论研究,处于新闻传播学术研究的前沿和高端,因为它所探讨和解决的问题,与国内传媒业当前和今后的改革创新实践息息相关,对包括报业集团在内的各种传媒组织的健康成长和可持续发展,有着十分重要的理论探索价值和实际指导意义。而近十年来业界、学界专家学者在这一研究领域辛勤耕耘,已经取得了一批研究成果,不仅发表了数量可观的论文,还出版了几部专著。

在肯定成绩的同时,也必须指出,与其他学科领域的研究情况相似,现有

---

① 吴伯凡:《"核心竞争力":福音与诅咒》;李东红:《从"资源"到"能力"》,这两篇论文均刊载于《21世纪商业评论》,2006年第11期,后被《新华文摘》全文转载。参见《新华文摘》,2007年第3期,第125~128页。

的众多研究成果质量良莠不齐,其中既有学术价值颇高的精品,也不乏滥竽充数的次品。如前所述,这种现象并非新闻传播领域的学术研究所独有,而是带有一定的普遍性。由于目前国内学术环境和氛围不佳,急功近利的价值取向使学风变得异常浮躁,囫囵吞枣不得要领的"研究"与"借鉴"比比皆是,以讹传讹的情况大量存在。所以,对核心竞争力理论的误解误读现象不足为怪,而在新闻传播学科领域借鉴该理论进行的交叉研究中,一些成果出现类似的谬误更是在所难免。

例如,关于传媒组织(报纸、报业集团或其他媒介及集团)核心竞争力问题的研究成果中,不少研究者主要关注的是当下的竞争与发展问题,而不是着眼于长期的竞争优势和可持续发展等关键问题,这明显偏离了该理论的基本宗旨,同核心竞争力理论提出者的初衷和研究旨趣相去甚远。

再如,某些研究成果对该理论的"借鉴",不是在理解、消化、吸收之后,运用其理论精髓即基本的立场观点,分析解决传媒领域的现实问题,而只是流于字面上的提及和使用,由此导致在一些论著中"核心竞争力"似乎成了一个象征性的符号或贴上去的标签,即通常所说的"两张皮",理论没有真正与现实问题紧密结合起来,这不啻是该理论研究"本土化"的一种悲哀。

针对此种现状,我们拟先回顾国内新闻传播领域内同该理论有关的研究进展情况,包括涉及传媒竞争和竞争力问题的前期研究、直接同核心竞争力理论相关联的研究,特别是报业领域和报业集团核心竞争力问题的研究等,作一系统梳理,在厘清目前国内相关研究的基础上,对以往成果中的主要弊端及其产生原因进行分析,进而阐明我们对于该理论研究的基本观点。

1. 新闻传播领域关于竞争问题的前期研究

核心竞争力理论被引入国内新闻传播领域并开展相关研究的时间,与有的学科相比(如经济学和管理学等学科)要滞后几年。不过,早在上世纪80年代,有关传媒竞争的内容就已经出现在新闻传播类的某些研究论文中了。1980年至1985年,是国内新闻传播领域关于竞争问题研究的"预热"期,因为此时国内新闻传播类期刊上以"竞争"作为关键词的论文,数量很少(只有10余篇)。

从研究对象的地域范围看,这一时期与竞争有关的论文,除少数几篇的内容涉及国内新闻传播业之外,大部分是介绍中国大陆以外传媒业竞争的情况(尤以报业居多)。无论回顾历史还是放眼海外,研究者的主旨都是在为转型期的中国传媒业寻找可资借鉴的成功之道。

改革开放后,伴随着国内新闻事业拨乱反正和快速复苏的步伐,蓬勃发展的传媒业迎来了久违的竞争,许多媒体开始了"企业化经营"的尝试,传媒走市场已成为不可逆转的大趋势,尤其是在某些经济发达地区,传媒注重经营所引发的激烈竞争,进而形成的传媒市场新格局已初现端倪。

在这样的背景下,新闻业界、学界希望了解相关理论,以寻求智力支持。由于当时国内这方面的资源十分匮乏,研究者们自然而然把视线投向海外,尽其可能地介绍海外媒体有关市场竞争的情况;有些学者还试图从旧中国新闻业的竞争史实中找寻历史经验。显而易见,国内传媒业界、学界已经嗅到本领域竞争的气息,只是对该领域的知识(特别是经营与管理方面的知识)比较陌生,既没有相应的实践经验积累(感性认识),更缺乏在此基础上作出的理论概括(理性认识)。然而仅仅几年之后,这种状况就有了明显的改观。

1985年至20世纪90年代中期,介绍海外媒体竞争的论文数量锐减,有关国内媒体竞争的文章数量大幅增长。这一时段所发表的相关论文有两个特点:第一,多数论文都是从新闻采、写、编、评等业务角度进行考察和展开论述的,即主要关注新闻采编部门是如何开展竞争的,很少关注广告、发行等其他部门或环节的业务竞争问题,对经营管理活动的重要性还缺乏足够认识;第二,多数研究者的着眼点是某一家媒体、某个具体的新闻操作环节或是某类新闻文体等,所涉及的大都仍是微观层面的问题,很少从宏观或中观层面审视传媒业的市场竞争问题,即使有的论文偶尔提到这些问题,其认识也过于笼统和肤浅。

事实上,这一时期新闻业界、学界关于竞争与发展问题的研究,其侧重点集中于新闻传播实践经验的总结,也就是以采编业务的"新闻竞争"为主,至于传媒经济方面的问题或以市场竞争为主导的经营与管理问题,则很少论及。或许正是囿于当时国内新闻传播业的发展阶段和竞争现实的需要,研究者还缺乏一种宏观眼光和自觉意识,未能从传媒经济的视角或经营与管理的角度,关注传媒领域的市场竞争问题,特别是传媒组织的发展战略问题。不过,这一时期国内已有几本关于媒介经营管理的著作问世,如屠忠俊的《报业经营管理》(新华出版社,1988),周鸿铎的《广播电视经济学》(中国经济出版社,1990),由王鸣主编的《中国报纸经营管理学》(新华出版社,1992)等。

这种研究状况的形成,固然与国内传媒业竞争发展水平仍处于初级阶段有着密切的关系,但也受到研究者思想观念的制约,因为当时对新闻事业是否应当和能否产业化,国内高层主管中还存在疑虑,大部分研究者也把此领域视为"雷区",故而影响到业界、学界的相关研究。即使有人想研究传媒的经济问题,也是知音难觅,甚而遭到责难乃至"批判"。①

2.90年代中后期传媒市场竞争研究的新进展

20世纪90年代中后期,随着我国社会主义市场经济的逐步确立,传媒业在经历了多年的规模扩张和数量激增之后,走向了一个调整期,报业发展也是如此。业界的一位领军人物——《人民日报》原副总编梁衡在分析报业的发展趋势时指出,"1994年之后,中国新闻出版业发展战略从数量规模型向质量效益型转变"。②在转型期报业组织怎样适应环境变化获得自身的生存发展?如何才能在日趋激烈的市场竞争中取胜?这些都是报业发展进程中遇到的实际问题,新闻传播业界和学界顺应这一现实需要,开展了积极的探索与研究。

这一时期国内传媒在市场经济中摸爬滚打已有多年的经验积累,它为研究者提供了丰富的关于媒介竞争和经营管理方面的实战案例。有学者曾撰文评价说,这一时期近乎"白热化"的传媒竞争,使得各家媒体之间的"竞争已延伸至传播的各个环节,发行、价格,以及人才的使用等多个方面"。③新闻传播领域中的竞争从内容到形式都变得丰富多彩起来,层次也在不断提高。然而,相关的理论研究却明显滞后,这与快速发展的传媒市场竞争实践形成了强烈反差。

由于意识形态方面的原因,自新中国成立以来,新闻传播领域的理论研究对于传媒经济问题的探讨非常薄弱,国内主流新闻学一度排斥甚至反对探讨与传媒经济相关的理论问题。

一个颇具典型意义的实例是20世纪50年代中期,复旦大学的王中教授就是由于提出了"报纸具有商品属性"的观点,被作为新闻界的反面典型(所谓资产阶级新闻理论代言人)而遭到批判。这一"前车之鉴",使不少研究者多年后仍然心有余悸,甚至改革开放已经10余年了,人们在谈到新闻传媒的商品

---

① 中国传媒大学(当时为北京广播学院)周鸿铎教授是国内较早关注传媒经济问题并尝试做研究的学者之一,20世纪80年代至90年代中期,他先后发表(出版)过多篇(部)有关传媒经济的论著,如《探讨广播电视事业的经济属性》(论文,载《中国广播电视学刊》,1989年第5期)、《广播电视也是生产力》(论文,载《学术百家》,1989年第6期)、《广播电视经济学》(著作,中国经济出版社,1990)、《中国广播电视经济管理概论》(著作,国际文化出版公司,1994)等,可是在当时,有人要对他兴师问罪,"批判"其学术观点。参见周鸿铎:《传媒经济"三论说"·前言》,北京:社会科学文献出版社,2006年,第3页。

② 梁衡:《中国报业发展的现状与发展趋势》,载郑保卫主编《媒介产业 全球化·多样性·认同》,北京:中国传媒大学出版社,2007年,第11页。

③ 喻国明:《1998:媒介的权力与竞争》,载《现代传播》,1999年第1期,第19~20页。

属性和产业化等问题时,仍羞羞答答,欲言又止,遑论进行系统深入的研究和构建成型的理论框架了。

不言而喻,此时在国内相对贫乏的传媒经济理论研究中,难以找到解答现实问题的钥匙,一些研究者开始把目光转向了其他学科,从经济学和管理学等相邻学科中吸取养料,而这种取向直接影响到其后有关传媒领域的竞争与发展问题的相关研究。从这一时期的研究成果看,无论是数量还是质量或是研究内容所涉及的范围与层次等各个方面,都较20世纪90年代中期之前的研究发生了很大变化。

首先,这种变化体现在研究传媒经济的论文数量激增,而且"竞争"已经成为出现频率极高的关键词,盛行于新闻传播研究领域的各类论著中;其次,与竞争有关的内容和研究所涉及的领域在不断丰富和拓展,研究对象从媒体新闻采编业务(以新闻报道及采编流程中的竞争为主要内容),逐步扩展和延伸到广告、印刷、发行等部门及其业务,一些研究者把关注的目光投向了传媒市场竞争问题,从新闻媒体的竞争策略到整体运作和发展战略等问题,相继成为研究的热点。

国内较早涉猎传媒经营管理及市场竞争问题的学者,一部分集中于各高校和科研院所,另一部分则来自传媒业界。前者如中国人民大学的喻国明教授,中国传媒大学(原北京广播学院)的周鸿铎教授、黄升民教授,华中科技大学的屠忠俊教授,暨南大学的吴文虎教授等,再如中国社会科学院新闻与传播研究所的唐绪军研究员、中国社会科学院工业经济研究所的金碚研究员,新华社新闻研究所的陆小华先生等;后者即传媒业界涉猎此领域的先行者,则主要是传媒高层管理人员,有些还是传媒业的领军人物,像人民日报社原副总编梁衡、南方日报社原社长李孟昱、北京青年报社原社长崔恩卿等。上述学者和专业人士在当时发表、出版的有关媒介经济和经营管理等内容的论文和著作中,都不同程度地涉及传媒的市场竞争和发展战略等问题。

从传媒的竞争实践出发,研究探讨传媒经济和经营管理问题的多为传媒业界的管理者。其中特别值得一提的是崔恩卿的《报业经营论》。崔恩卿是国内业界最早关注和研究报业经济特别是经营与管理问题的先行者之一,由他编撰出版的《报业经营论》一书所收入的系列文章,大体反映了他在主持《北京青年报》工作期间,带领该报走市场谋发展进行的探索和思考,内容涉及报业市场竞争中的经营与管理诸多问题,其中也包括对该报当下竞争策略和长期发展战略的初步思考。例如,他在1994年10月写出初稿、后来收入该书的《我的报业经营观》(提纲),旗帜鲜明地提出"现代报业实质上是产业,是实业。

它有两重性,作为新闻单位,其社会功能是大众传媒。也就是我们常讲的宣传功能、教育功能、服务功能、监督功能……作为报业它又是经营实体,它要创造经济效益,以体现纳税人的义务和保证报业的运转与发展,保证报纸社会功能的展示和发挥,这就是报业的经济功能"。①此文第四部分还以纲目的形式较为系统地陈述和解读了"报业大经营观的基本观点",其对报业发展趋势的基本判断是"报业产业化、媒体大众化、营销市场化、经营广告化",②并明确提出了今后的努力方向:"以发展有一定经济实力的报业集团为经营目标……集团化,规模效应,以新闻出版业为主,同时发展跨行业多种经营。"③尽管有些观点还比较幼稚或带有空想成分,但是,书中有关报业市场竞争与发展战略诸问题的思考与论述,体现出崔恩卿在20世纪90年代中后期已经敏锐察觉国内报业市场化的新趋势,同时进行了大胆的探索尝试。可以毫不夸张地说,《报业经营论》是作者针对社会主义市场经济条件下报业组织的竞争与发展问题(如何有效地开展竞争和积极开拓市场等重要问题),进行独立思考后的理论结晶。从该书的体例和学术积淀看,还显得有些粗糙稚嫩,但是,就那一时期国内这一研究领域的认识水平而言,它仍然称得上是一本具有启蒙意义的关于报业经营管理的试水之作。

这一时期关注和研究传媒经济问题的另一支重要力量,则来自科研院所特别是高校新闻传播院系的教师,其成果往往具有启蒙和普及此领域知识的性质。

中国社会科学院新闻研究所唐绪军的《报业经济与报业经营》(新华出版社,1999),是改革开放后国内最早问世的一部报业经济与经营方面的专著。该书以报业经营的基本内容为重点,分章探讨了报业的广告经营、发行经营、印务经营、多种经营以及集团化经营和网上经营在报业经济中所处的地位,对各种经营活动的特点及其实际的操作方式与方法也有所涉猎。

喻国明教授是国内较早涉猎传媒市场竞争和媒介经营管理问题的学者之一,从20世纪90年代中期开始,他就陆续发表了有关媒介竞争问题的论文。比如,这一时期发表的《关于1996年中国报业发展趋势的基本判断》(载1996年第1期《青年记者》)、《一张综合性大报如何在市场上"卖得动"——一次读者调查给我们的启示》(载1996年第6期《青年记者》)、《1998:媒介的权力与

---

① 崔恩卿:《报业经营论》,北京:中国经济出版社,1998年,第71~72页。
② 崔恩卿:《报业经营论》,北京:中国经济出版社,1998年,第73~74页。
③ 崔恩卿:《报业经营论》,北京:中国经济出版社,1998年,第77页。

竞争》(载 1999 年第 1 期《现代传播》),对传媒竞争特别是报业竞争问题,进行了初步的研究探讨。

中国传媒大学(原北京广播学院)的黄升民教授、周鸿铎教授等,也是国内较早关注传媒经济和媒介经营管理问题的学者。黄升民教授是国内较早提出和开展传媒产业化研究的学者之一,这一时期他发表(出版)的论著,有不少都涉及媒介经营管理和传媒产业化等主题,代表作有《媒介经营与产业化研究》(北京广播学院出版社,1997)、《媒介经营与产业化操作实务》(新华出版社,1999),还有多篇在各类期刊发表的文章,内容大都与传媒业的经营管理和产业化相关,包括对媒介竞争和发展战略等问题的探讨,在后来结集出版的《黄升民自选集》(复旦大学出版社,2004)中可以较为清晰地窥见其认识发展轨迹。

前已提及,周鸿铎教授在 20 世纪 80 年代至 90 年代中期先后发表(出版)过多篇(部)有关传媒经济的论著,紧接着又出版了《传媒经济丛书》(1~8 卷)(北京广播学院出版社,1997)、《市场营销策略》(中国发展出版社,1998)、《传媒产业经营实务》(新华出版社,2000)等多部著作。

这一时期,还有一批作为教材出版的相关研究成果,如由吴文虎教授主编的《新闻事业经营管理》(高等教育出版社,1999),屠忠俊教授的《当代报业经营管理》(华中理工大学出版社,1999)和《新闻事业管理》(武汉大学出版社,2002)、邵培仁教授的《媒介管理学》(高等教育出版社,2002)等。这些教材对于新闻媒介经营管理的基本问题和基础知识进行了必要的梳理介绍,在普及传媒领域的相关知识和促进理论研究方面,起到了一定的推动作用。

3. 新世纪传媒领域核心竞争力问题的相关研究

伴随着中国加入 WTO 的历史进程,业界、学界对传媒经济尤其是经营管理问题日趋重视。新世纪之初,国内传媒业集团化浪潮风起云涌,有关传媒经营管理及发展战略等问题,特别是传媒(集团)如何做大做强的对策性研究,很快进入一个高峰期,新闻传播领域有相当数量的研究论文,都自觉或不自觉地提到了传媒竞争力或核心竞争力,关于核心竞争力问题的理论研究,也在此时迅速形成了一股热潮。值得注意的是,由于研究者的知识结构、学科背景等方面的原因,新闻传播业界、学界的部分专家学者在借鉴和运用核心竞争力理论所开展的各项研究中,不可避免地存在某些食洋不化、生搬硬套或"两张皮"现象,甚至产生了以讹传讹等偏差与谬误,致使许多模糊认识和混沌观点大量存在,有的研究者及其论著则陷入了一种自说自话甚至相互矛盾的窘况。

传媒领域核心竞争力究竟为何物?应当如何正确理解和解读它?诸如此

类的问题也就成为众说纷纭、莫衷一是的"悬案"。

"核心竞争力"作为新闻传播领域的学术关键词,起初是被出版界从管理学和经济学的相关研究中借用过来的。通过对中国期刊全文数据库的检索,从1999年开始,中国出版界就已经开始使用"核心竞争力"这一概念。至于新闻传播界其他领域的研究,从中国期刊全文数据库的检索结果看,最早一批相关论文出现在2001年前后。例如,杨昕的《保护传统新闻媒体的核心竞争力——推介新闻媒体在线版权保护方案》(载2001年第3期《中国传媒科技》)和宋超的《着眼于增强党报的核心竞争力》(载2001年第3期《中国记者》)。此后不久,探讨新闻传媒(包括报纸、广播电视等媒体)及媒介集团核心竞争力问题的论文大量涌现。

最初发表的不少论文虽然标题和内文都提到核心竞争力或核心能力等概念,但是,多数论文探讨的实际内容与该理论研究的关系并不大,很多文章只是描述媒介竞争的现象,或是总结业界的经验。相当一部分作者在运用这两个关键概念撰写学术论文时,对其真实含义未必了解,由此出现了盲目使用乃至滥用的现象:要么是以贴标签的方式照搬管理学和经济学中的概念术语,与内文实际上是"两张皮";要么就是将其当作非学术化的普通词汇,望文生义地为我所用,带有很大的随意性。

尽管如此,该理论被引入新闻传播领域后不过几年时间,以"核心竞争力"为题的论文数量猛增,统计数据表明,其增长的速度有如"井喷"(2001年之前以"核心竞争力"为题的新闻传播类论文尚未出现,2001年后至2009年其数量则爆炸式增至600多篇);到2005年后,业界、学界除继续发表了数量可观的论文之外,几本专门探讨传媒竞争力、报业核心竞争力的著作也相继问世。新世纪以来国内新闻传播领域内有关竞争、竞争力与核心竞争力问题的论文,其发表数量的具体情况参见下表(表2—7)。

表 2—7 国内新闻传播领域研究竞争力与核心竞争力问题的论文数量统计表

关键词	检索记录（条）①	
	1994年1月～2000年12月	2001年1月至2009年12月
报纸竞争	26	125
报业竞争	82	301
广播竞争	24	93
电视竞争	93	293
广播电视竞争	18	21
传媒竞争	16	120
媒介竞争	31	77
媒体竞争	33	317
报纸竞争力	2	60
报业竞争力	0	97
传媒竞争力	0	101
核心竞争力②	0	620
报业集团核心竞争力	0	22

从上表（表 2—7）的有关数据不难看出，从 2001 年开始，新闻传播领域有关传媒竞争力与核心竞争力的理论研究迅速增温。从"报纸竞争力"、"报业竞争力"、"传媒竞争力"、"核心竞争力"、"报业集团核心竞争力"这几个关键词搜索记录的对比情况来看，发表的论文从无到有，而且数量激增，其中研究报业领域（报纸、报业集团等）竞争力与核心竞争力问题的论文数量最多。这种变化与国内企业界和学术界出现的核心竞争力理论研究热潮密切相关。

如前所述，进入新世纪之后，国内企业普遍感到市场竞争中的不确定因素增多，生存压力增大，发展前景堪忧，多重因素交织在一起，令企业界、学术界感到困惑，并产生危机感和紧迫感，急切地寻找能够为其指点迷津的对策和思路，而核心竞争力理论似乎让人们看到了希望，由此引发了一波研究热潮。与

---

① 考虑到新闻传媒竞争力问题与管理学和经济学关系密切，有些研究成果发表在经济类与管理类的学术期刊上，因而采用的检索方法是在中国期刊全文数据库的"电子科技及信息科学"以及"经济与管理"两个栏目（但"核心竞争力"这一栏除外），以篇名为检索项，按照模糊匹配的方式，检索时间为 2010 年 8 月 9 日。

② "核心竞争力"一项，同样以篇名为检索项，按照模糊匹配的方式，检索时间也是 2010 年 8 月 9 日。但是其检索栏目则是在"新闻与传媒"一栏（考虑到以"核心竞争力"为关键词，相当一部分搜索结果都是着眼于从管理学与经济学的角度来研究纯理论问题，故通过栏目的改变来把结果限定在新闻传播领域）。

此同时,国内传媒业集团化浪潮汹涌,尽快做大做强的强烈愿望,促使业界、学界更加关注和重视传媒产业的竞争现状与发展趋势,并从不同角度研究探讨各类传媒组织的竞争与发展问题,有关传媒竞争策略和发展战略的各类论著应运而生。

这一时期关注和研究传媒经营管理问题且涉猎竞争力与核心竞争力问题的研究者,有来自业界一线的资深记者、编辑,其中不乏总编、社长等媒体高管,如范以锦(南方日报报业集团原社长、集团公司董事长)、孙德宏(《工人日报》副总编辑)、金碚(《中国经营报》原总编辑)等;也有来自高校的学者,如喻国明教授、黄升民教授、周鸿铎教授、屠忠俊教授、丁和根副教授、刘年辉博士等。这一时期国内发表和出版的有关传媒市场竞争、经营管理以及专门探讨竞争力与核心竞争力问题的论著,大都出自他们之手,其中有的论著产生了广泛的影响。

从研究的总体情况看,不仅相关论文数量激增,而且部分研究成果发生了质的飞跃,一批颇有影响的论著陆续问世。如金碚的《报业经济学》(经济管理出版社,2003),陆小华关于传媒业竞争与发展问题的"传媒竞争对策"三部曲;①喻国明引起强烈反响的论文《关于传媒影响力的诠释——对传媒产业本质的一种探讨》(载2003年第1期《现代传播》),以及随后出版的几部著作:《传媒影响力》(南方日报出版社,2003)、《传媒竞争力产业价值链案例与模式》(南方日报出版社,2005)、《解析传媒变局》(南方日报出版社,2005)等等;报业领军人物范以锦也推出其力作《南方报业战略》(南方日报出版社,2005)。

另外,两部专门研究传媒领域的竞争力与核心竞争力的专著——丁和根的《传媒竞争力——中国媒体发展核心方略》(复旦大学出版社,2005)、刘年辉的《报业核心竞争力:理论与案例》(中国广播电视出版社,2006)也先后出版。

金碚博士是较早对传媒经济问题进行跨学科研究的学者之一,也是研究企业竞争力与核心竞争力理论的专家。由于具有经济学的学科背景,同时又一度作为《中国经营报》的负责人,知识结构和相关经历使其具有独特的优势,便于他从经济学、管理学与新闻传播学的交叉结合点切入,开展视角独特的研究。

从20世纪90年代起,他一直关注中国经济转型和国家民族产业竞争力

---

① 陆小华的三部曲包括:《整合传媒——传媒竞争趋势与对策》,北京:中信出版社,2002年;《再造传媒——传统媒体系统整合方略》,北京:中信出版社,2002年;《激活传媒——传媒竞争力发掘与执行策略》,北京:中信出版社,2004年。

的发展现状与趋势,并开展了关于产业国际竞争力问题的课题研究。2000年之后,他曾发表多篇论文,尝试运用竞争力理论考察中国产业和企业现状,同时也试图借鉴竞争理论解读报业竞争的有关问题。他于2003年出版的《报业经济学》(经济管理出版社,2003)一书,运用经济学原理考察审思报业生存发展的各种问题,其中有的章节还专门讨论报纸的市场竞争及其竞争力问题,如第九章(战略经济分析)第六节的标题是"竞争力和核心竞争力",显然已经把该理论列入探讨的主要内容。①

陆小华所撰写的"传媒竞争对策"三部曲,按作者的说法,其总主题就是"为了适应新的发展趋势和竞争态势,从方法论层面拿出具有启迪力和可操作性的系统对策方案,通过整合、再造、激活,来系统持续地增强传媒竞争力"。②《整合传媒——传媒竞争趋势与对策》(2002)一书,虽然没有对核心竞争力理论的来源和这一概念的内涵进行阐释和界定,但是在许多章节中都提到了核心竞争力,第五章更是以"财经媒体市场空间评估与核心竞争力要素分析"为题,专门探讨与财经媒体的核心竞争力密切相关的问题。其后相继出版的《再造传媒——传统媒体系统整合方略》(2002)和《激活传媒——传媒竞争力发掘与执行策略》(2004)两部著作,从传媒运作层面和传媒发展思路等不同视角,"探讨传媒内部资源如何整合,探讨如何通过程序化整合操作使传媒重获竞争力与影响力",以及"在梳理传媒代际更替轨迹与机会判断的基础上,在建立数字媒体观基础上,基于对信息消费方式变化规律与受众需求偏好变化的跟踪,系统地探讨不同形态传媒如何实施跨媒体整合与聚合,如何实施市场适应性调整,如何激活传媒的内在潜力、增强竞争力"。③ 显而易见,"传媒竞争对策"三部曲是围绕同传媒竞争力与核心竞争力密切相关的竞争策略、发展战略和运营模式的选择等问题,展开论述、阐明观点的。尽管有的观点今天看来未免过于粗疏,但是,它们在当时却起到了吸引"眼球"、激发业界、学界认真思考和研究相关问题的启蒙作用。

喻国明教授新世纪以来发表的有关媒介经济与竞争问题的论文数量较多,并结集出版了几部著作,其中《传媒影响力》、《传媒竞争力产业价值链案例

---

① 金碚:《报业经济学》,北京:经济管理出版社,2003年,第220~250页。
② 陆小华:《激活传媒——传媒竞争力发掘与执行策略》,北京:中信出版社,2004年,第370页。
③ 陆小华:《激活传媒——传媒竞争力发掘与执行策略》,北京:中信出版社,2004年,第371页。

与模式》《解析传媒变局》等书中都较早地提到了竞争力、核心竞争力等概念,并试图从传媒产业经济、市场竞争机制、媒体的本质等多个角度,解读传媒领域的竞争与发展问题,进而揭示其本质与内在规律。这些研究既拓宽了新闻传播领域学者的视野,也在相当程度上引起了业界、学界的广泛关注,产生了强烈共鸣。在其数量不菲的论著中,影响最大的当属发表于2003年的《影响力经济——对传媒产业本质的一种诠释》①一文。他在文章中指出,传媒影响力对于传媒业的生存发展具有重要的决定意义,传媒产业的本质就是通过其影响力产生经济效益,该文在讨论传媒竞争优势的构成因素时,还特别提到了核心竞争力的作用。此时,正值国内传媒集团化发展势头迅猛,做大做强的愿景弥漫于传媒业中,因而有关传媒产业本质是影响力经济这一观点,很快就被广为传播,并对国内传媒业界和学界从理论到实践都产生了重要的影响。

这一时期国内探讨传媒发展战略并且涉及核心竞争力问题的诸多论著中,《南方报业战略》②是较有分量的一部专著,作者范以锦(时任南方日报社社长、报业集团公司董事长)结合南方报业多年成长的历史,以及自己在媒介经营管理方面的成功经验与思考感悟,写出了这本书。书中比较系统地阐述了在当前市场经济条件下报业组织的发展战略问题,所依据的个案《南方日报》是典型的省级党报,于1998年组建南方日报报业集团(后改称南方报业传媒集团),在日趋激烈的市场竞争中,党报集团如何更好地适应环境变化,获得可持续发展,这是集团面临的紧迫任务,它无疑也是国内报业发展急需回答的一个现实问题。特别是新世纪以来,国内经济形势起伏变化,报业生存环境也变得更为复杂和严峻,而国内组建的一批报业集团大都遭遇发展瓶颈。怎样应对新形势变化以站稳脚跟并做强、做大、做长久?这成为业界、学界普遍关注且感到困惑的一道难题。努力寻求破解良策,探索新形势下报业的可持续发展之道,是报业同行们共同关注和热议的话题。在这样的当口,范以锦推出了专著,作出了自己的理论概括。该书所倡导的"实施多品牌战略,强化综合

---

① 原载《现代传播》,2003年第1期,后收入由南方日报出版社2003年出版的《传媒影响力》一书。
② 范以锦:《南方报业战略》,广州:南方日报出版社,2005年。

竞争力"的观点，①在国内传媒业界、学界产生了广泛而积极的影响。作者在全面论述有关南方报业发展战略及其形成和实施的过程中，也对报业组织的核心竞争力阐明了自己的观点。具体内容将在下面一节（即"报业领域核心竞争力问题研究"）作详细介绍和评析。

从某种意义上说，丁和根的《传媒竞争力——中国媒体发展核心方略》（复旦大学出版社，2005）和刘年辉的《报业核心竞争力：理论与案例》（中国广播电视出版社，2006）这两部专著，是迄今为止国内在此研究领域中最具代表性的理论研究成果（关于传媒领域竞争力与核心竞争力问题研究方面的论著）。

《传媒竞争力——中国媒体发展核心方略》这部专著是时任南京大学副教授的丁和根，在其博士后出站报告基础上（此前他曾在复旦大学新闻学院读博士后）对内容加以修订后正式出版，该书试图建立一个关于传媒竞争力的理论体系，并就中国媒体的发展方略提出了一些对策建议。

另一部专著《报业核心竞争力：理论与案例》的作者是中国社会科学院研究生院新闻学博士刘年辉（他毕业后继续攻读清华大学文化产业研究中心管理科学与工程博士后，在广州日报报业集团博士后流动站进站做与报业核心竞争力相关的专题研究），此书也是在其博士后研究成果的基础上修改润色出版的。与前者相比，该书的研究对象更为具体，主要聚焦报业核心竞争力问题，在阐述了有关的理论问题后，结合某些报业竞争与发展中的典型个案展开论述。

上述两部专著都尝试以一种更具学术性和更为规范的研究方式，来审视探讨传媒领域的竞争力与核心竞争力问题，然而，这两部专著存在明显的不足。尽管从理论和逻辑的层面上考量，似乎看不出太多的破绽，即可以自圆其说，但是，其所阐述的理论观点（还不宜称之为理论体系）与国内传媒业实际联系不够紧密，对于传媒竞争与发展战略等重要而紧迫的现实问题而言，隔靴搔痒式的研究成果难以被广大实际工作者所理解和认同，因而其影响力也十分有限。

另外，在这一时期出版了多部主题与该理论相关的编著，如之前提到的喻

---

① 这一观点首次发表于 2002 年 10 月，范以锦在出席深圳高新技术交易会上作了题为"国际化背景下的媒体多品牌战略"的主题演讲，其核心内容就是实施媒体多品牌战略，从三个方面转变观念，强化报业组织综合竞争力。也就是说，要从单一的新闻竞争转变为塑造媒体品牌的竞争；从单一品牌的竞争转变为媒体多品牌的竞争；从单纯的媒体品牌产品竞争转变为品牌理念所延伸到的各个领域的竞争。这些观点在专著中得到了进一步发挥。

国明主编的《传媒影响力》、《传媒竞争力产业价值链案例与模式》、《解析传媒变局》，吴飞主编的《传媒竞争力》（中国传媒大学出版社，2005）等等，其中喻国明的几部著作对业界、学界产生了一定的积极影响。

新闻传播领域有关核心竞争力理论的研究，在短时间内能够形成一股热潮，并取得一批成果，主要原因还是国内传媒业当时的发展态势使然。该理论被国内经济学、管理学界引入之际，中国的新闻传媒业正处于高速发展时期，传媒市场竞争也日趋激烈。特别是进入新千年后，不断加剧的市场竞争和做大做强的强烈冲动（传媒集团化的愿景），汇集成一股强大的驱动力，激发起业界、学界高涨的理论研究热情。2005年前后国内报业一度出现的空前严峻形势（被业界和学界某些人称为报业发展的"拐点"，即走下坡路的转折点），使业界、学界许多人产生了危机感和紧迫感，并开始冷静认真地思考报业的发展战略及可持续发展等相关问题。

这一时期，传媒业是一种产业的观念，在几经波折后逐渐被官方和业界、学界普遍接受，国内包括传媒业在内的文化体制改革，正在加紧实施之中。各类传媒组织在经历了市场经济大潮的搏击洗礼之后，越来越认识到媒介经营管理的极端重要性，关注和研究传媒经济问题，尤其是传媒组织如何有效地参与市场竞争，保持和提升其持续竞争力等关乎发展前途的问题，已成为业界、学界的当务之急。

然而国内传媒业所具有的特殊性和历史惯性，使得传媒组织体制和机制改革举步维艰，导致其在探索市场化的道路上遇到不少障碍，面临与国内企业相似的发展瓶颈问题。在竞争日趋激烈、不确定因素不断增多的生存环境里，传媒组织怎样才能长期保持竞争优势以达到做大、做强、做长久的预期目标？这个不容回避的现实问题困扰着业界、学界。正是从这一现实需要出发，人们对传媒领域的市场竞争与发展战略问题予以高度关注，进行了比以往更为广泛深入的思考与探讨。

在客观需要和主观愿景两方面因素的作用下，核心竞争力理论很快进入新闻传播理论工作者的视野。在经济学与管理学界引进核心竞争力理论后不久，有关概念便频繁出现在一些新闻传播类的学术论文里。事实上，最先将竞争力与核心竞争力等概念引入传媒领域的学者，有的本身就具有经济学、管理学等学科背景，其中不乏对企业竞争力问题颇有研究的经济学者（如金碚）和具有丰富实战经验的业界高管（如范以锦）。

一方面，相邻学科的学者把最新的理论研究成果引入了新闻传播研究领域，另一方面，本学科的专家学者也在积极学习借鉴相邻学科的理论，这为研究传媒的市场竞争与发展战略等问题提供了全新的视角,新闻传播领域的相关研究随之得到拓展与提升。

总体而言,新闻传播业界、学界借鉴核心竞争力理论开展的研究,要明显滞后于国内经济学、管理学等相邻学科。这些相邻学科关于核心竞争力理论的研究起步早,先期发表的论文颇多,此时出版的著作已达数十部(包括数量可观的编著和一些有独到见解的专著),故而其研究进入了向纵深拓展的阶段;反观新闻传播业界、学界有关传媒核心竞争力问题的研究,此时尚处于起步探索的混沌阶段,最初发表的许多文章"将核心竞争力的概念泛化了,使讨论失去了应有的意义"。①换言之,有的作者自身对该理论还是一知半解,就忙于写文章,自然不可能把问题说清楚,别人读了也有一种雾里看花、似是而非的感觉,从而产生出不少新困惑。对于这种有失规范并导致概念混乱的研究状况,本章后面还将专门讨论。

四、报业领域核心竞争力问题研究现状

在研究国内传媒业市场竞争与发展战略等问题的成果中,探讨报业领域市场竞争与发展战略问题的成果数量最多,其中有相当一部分是借鉴核心竞争力理论,从各种不同的角度思考和探讨不同层面的报业竞争与发展问题,力求寻找出报业组织如何在形势复杂多变、竞争日趋激烈的市场中,保持和提升其竞争力,进一步做强做大做长久的新思路、新方法,即如何创新传媒生存发展之道。

已有的研究成果,在一定程度上深化了对传媒领域核心竞争力问题的认识。不过,正如之前已指出,业界、学界在引进、介绍、诠释和运用该理论开展的各项研究中,某些研究者存在思想误区,对于该理论的理解难免出现偏差,误解误读现象时有发生,由此导致部分研究成果主要观点背离了该理论的基本宗旨,研究旨趣同理论提出者的初衷相去甚远。

让我们还是从文本出发,对报业领域内核心竞争力理论研究的相关成果作一系统梳理。通观现有的各项研究,围绕各类报业组织(诸如党报、都市报、专业报等报纸及报业集团、传媒集团等)的实践活动及其同核心竞争力的关系所开展的研究,涉及报业组织的体制和机制、资源与能力、策略和战略、构成要

---

① 丁和根:《传媒竞争力——中国媒体发展核心方略》,上海:复旦大学出版社,2005年,第50页。

素以及发展路径等诸多问题,从媒体到集团等不同层面的经营与管理问题,还涉及报道业务问题,报业产品、市场、受众等与竞争力有关的问题等,可以说是无所不包。为了陈述的方便,拟将这些内容粗略归类,即从如下三个方面展开:一是对核心竞争力概念内涵及主要特征的阐释;二是核心竞争力构成要素及其培育提升途径的探讨;三是关于报业集团核心竞争力问题的专题研究。

1. 对核心竞争力概念内涵及主要特征的阐释

关于报业领域核心竞争力概念的界定及内涵的阐释,有相当数量的论著是从国内经济学或管理学的同类研究中"克隆"过来的,这在"国内核心竞争力理论研究概况"一节已有介绍,此处不再重复。但是,也有一部分研究者尝试从新闻传媒的特性出发,对报业(传媒)组织的核心竞争力定义及内涵作出自己的界定和阐释。综合起来考察,这些表述方式和侧重点各异的定义,以及对其内涵的阐释,可以大体分为两类。

第一类观点把报业(传媒)组织的某种特殊资源、能力或是产品优势等视为核心竞争力。例如,孙德宏认为,"就报纸而言,其核心竞争力在于办好报纸本身,具体地讲,就是体现在报纸的新闻及其思想质量上";[1]禹建强也持有类似观点,他强调报纸的核心竞争力就是报纸"处理信息的能力",也就是选择、整合以及传播信息的能力;[2]而李希光则认为,报纸的核心竞争力在于新闻人才(李希光,2005);姜圣瑜指出,深度报道正在成为党报的"核心竞争力";[3]沈庆生则指出,在市场经济的今天,党报的核心竞争力在于其权威性、导向性和社会影响力;[4]王首程更倾向于将报业组织的核心能力(即核心竞争力)归结为品牌号召力、社会公信力,他认为中国的报业组织的核心能力是由多种"稀缺资源"共同作用形成的品牌号召力,这些稀缺资源包括:媒体资源,新闻价值观(报业的理念)以及核心知识(主要由"大牌"记者、知名编辑构成的采编组合以及先进的传送编印技术系统),他以党报为例,指出:社会公信力是关系报纸生死存亡的核心能力。[5]

---

[1] 孙德宏:《"比拼内力时代的"报纸核心竞争力》,载《新闻与写作》,2003年第6期,第3~6页。
[2] 禹建强:《试论报业的核心竞争力》,载《新闻与写作》,2002年第8期,第3~5页。
[3] 姜圣瑜:《与时俱进 增强党报的核心竞争力》,载《传媒观察》,2001年第11期,第4~6页。
[4] 沈庆生:《论党报核心竞争力》,载《城市党报研究》,2004年第5期,第16~20页。
[5] 王首程:《报业的核心能力及其特征》,载《广州大学学报(社会科学版)》,2004年第9期,第21~27页。

就这一类观点而言,尽管对核心竞争力究竟是媒体的哪一种资源、能力或者素质有不同的看法(如报纸内容,某种新闻体裁,新闻人才,传媒的品牌号召力、影响力、公信力等),但它们有一个共同之处,那就是都把报业组织的某种特殊资源、能力或是构成要素等当成了核心竞争力本身,这就掉入了以点代面、以偏概全的陷阱。对于这类认识偏差,丁和根在其著作中也提出了异议,指出"不能将核心竞争力的结构因素等同于核心竞争力本身"。①

第二类观点强调报业(传媒)组织的核心竞争力是多种、多重能力或是各种资源的组合,或者是整合这些资源与能力的综合素质能力。例如,郑保卫、唐远清认为,新闻传媒的核心竞争力是"该传媒在经营和发展中胜过竞争对手的核心的资源和能力的总称。具体地说,它是该传媒以其主体业务为核心形成的能够赢得受众、占领市场、获得最佳经济和社会效益,并在众多传媒中保持独特竞争优势的那些资源和能力";②王立群则认为,就单份报纸而言,它拥有多方面的竞争能力,而"报纸核心竞争力却是处在核心地位的、影响整个报纸生存、发展的竞争能力,是一般竞争能力的集萃和整合……";③生奇志认为,传媒集团的核心竞争力应该是包含在集团内部,与组织融为一体的资源与技术的组合。它是传媒集团内部集体的学习能力,它体现于集团内部的各个部门和各种资源之中,是集体"干中学"的结晶,并将在不断的应用和实践过程中得到改进和提高。④与前一类观点相比,后一类观点显然更加强调核心竞争力所具有的综合性(整体性)等特质,从而避免了片面性,可是,在报业(传媒)组织的核心竞争力究竟是由哪些素质能力综合而成的问题上,却存在着意见分歧,而且差异颇大,有些各说各话。

最近几年,一些专门研究报业(传媒)组织发展战略、探讨传媒竞争力问题的专家学者,经过系统研究和深入思考,尝试结合本领域的特点,对核心竞争力的定义作出新的解读。

率先对新闻传播领域核心竞争力定义作出独特表述的是范以锦,他结合自己在南方报业多年的实践,特别是在市场经济条件下从事报业经营管理的

---

① 丁和根:《传媒竞争力——中国媒体发展核心方略》,上海:复旦大学出版社,2005年,第144页。
② 郑保卫、唐远清:《试论新闻传媒核心竞争力的开发》,载《新闻战线》,2003年第1期,第45~47页。
③ 王立群:《浅析报纸的核心竞争力》,载《军事记者》,2002年第3期,第21~22页。
④ 生奇志:《加快传媒集团整合 提升媒体核心竞争力》,载《辽宁经济》,2004年第10期,第34~35页。

成功经验，以及对报业发展战略的深入思考，形成了独到见解。他提出报业组织的核心竞争力是"开发培育优质报纸品牌的能力和运用独特的营销手段把产品推向市场的能力，这种能力不断积累并可以由一个成熟的团队共同承载"，"它是有价值的、稀缺的、难以模仿的、不可替代的知识和技能的组合，是在资源、能力和制度的某些方面占有的独特优势，或者有机结合而形成的某种独特优势。报刊媒体和报业集团的核心竞争力，是其在资源、能力和制度方面的优势，以及它们之间相互结合形成的独特优势"，他还指出，(报业组织的)核心竞争力"应该结合报业产业的特点把它放在发展周期中进行分析"。①这一定义虽然也借鉴了以往定义中的某些要素，但显然不是对其简单的重复，而是融入了自己的思考，且带有一线报业高层管理者的鲜明个性，其不足之处是存在局限性(本书后面还要讨论)。

另一位试图跳出原有定义窠臼，赋予概念新内涵的是丁和根，他在分析有关传媒核心竞争力的各家定义后认为，应当在微观层面上将传媒的核心竞争力或曰核心能力界定为："一个媒体在整合和配置资源过程中所表现出的对传媒运作的内在的、本质的与合规律性的认识，以及将这种认识付诸实践的超强的执行能力。这种认识主要依存于传媒的'知识'层面，可以辐射到传媒运作的各个环节；这种能力主要蕴含于媒体内部，是一种整体性的不可分割的力量。"②丁和根这个定义表达的要点在于核心竞争力所具有的整体性、学识性及其能够发挥的作用，虽然比较抽象，却颇具概括力。可是其弱点也很明显，即过于抽象而无实用价值。

刘年辉则另辟蹊径，借鉴社会学的知识来定义和解读该概念，所给出的定义与上述各种表述明显不同。他认为，报业组织核心竞争力"是报业组织拥有的累积性技能(人力)资本、组织资本和社会资本，借助三者的协调整合，能比其他组织更有效地为其利益相关者创造价值，并最终决定自身的生存和发展"。③

在对定义的内涵作进一步阐述时，刘年辉从五个方面作出了详细解读：一是核心竞争力的拥有者是报业组织整体，不是组织中的单个个体或某个部门。核心竞争力是扎根于组织之中，是根深蒂固的。同时，核心竞争力具有综合性

---

① 范以锦：《南方报业战略》，广州：南方日报出版社，2005年，第26页。
② 丁和根：《传媒竞争力——中国媒体发展核心方略》，上海：复旦大学出版社，2005年，第51页。
③ 刘年辉：《报业核心竞争力：理论与案例》，北京：中国广播电视出版社，2006年，第64页。

的特征,某个单一的要素或能力不能构成核心竞争力。二是报业组织核心竞争力的本质是其拥有的知识资本。三是报业组织核心竞争力的外在体现在于能够更有效地为其利益相关者创造价值和支持自身的生存发展两个方面。四是报业组织核心竞争力的形成是一个长期缓慢而独特的积累过程,具有时间依赖性和路径依赖性。核心竞争力不能通过市场交换获得。五是核心竞争力决定了报业组织的长期存在状态,具有持续性和非偶然性的特点。① 刘年辉的上述观点显然部分地借鉴了金碚研究员关于核心竞争力特点的相关论述。② 对定义内涵的阐释,自然涉及核心竞争力的特性或本质特征的揭示或概括,像刘年辉前面所作出的阐释,部分内容实际上也是对核心竞争力某些重要特性的具体说明。不过,刘年辉本人对这种交叉关系似乎并不在意,因而,该书在论述报业组织核心竞争力的特征时,上述关于定义内涵已经涉及过的内容(如整体性、综合性等特性)均未提及,而是仅指出其具备四个特征:价值创造性、难以模仿性、可延展性和可自更新性。③

有关核心竞争力特征的具体表述,尽管众多研究者说法各异,可是对其基本特征还是有共识的,即大都集中于这几点:独特性、不易仿制性(难以替代性)、价值创造性、延展性等,差别只是在于某些项目的增减。不妨举几种有代表性的说法加以比较:郑保卫、唐远清认为,核心竞争力的特征主要是四个方面,第一是价值优越性,第二是独特性、稀缺性,第三是难以模仿性、难以替代性,第四是延展性(郑保卫、唐远清,2003)。王立群认为,核心竞争力有四个特性:①品牌性;②独特性;③不可替代;④延展性(王立群,2002)。樊士德认为,报业集团核心竞争力通常应具有如下特征:①独特性;②相对性;③价值可变性;④延展性;⑤动态调整性。④ 丁和根认为,传媒核心竞争力主要具有知识性、不易仿制性、独占性以及辐射性等四个特征(丁和根,2005)。

比较各家关于报业(传媒)核心竞争力定义及特征的概括和表述,不难看出,它们是大同小异。而且国内多数学者所阐述的内容,大体是沿袭或照搬西方经济学与管理学界对核心竞争力定义及特征的分析和论述,当然也有少数

---

① 刘年辉:《报业核心竞争力:理论与案例》,北京:中国广播电视出版社,2006年,第64页。
② 参见本书第四章相关内容及金碚所著《竞争力经济学》(广州:广东经济出版社,2003年,第26页的内容)。
③ 刘年辉:《报业核心竞争力:理论与案例》,北京:中国广播电视出版社,2006年,第66~68页。
④ 樊士德:《对我国报业集团核心竞争力的探索》,载《湖南大众传媒职业技术学院学报》,2005年第1期,第36~39页。

例外(如范以锦、刘年辉、丁和根等人的表述)。

如果仅从定义的文字表述和概念的逻辑层面考量,丁和根、刘年辉两人对该定义的界定和阐释,并无明显漏洞,能够自圆其说,后者关于定义的进一步阐释(包括对其特征的概括)已经相当充分。然而,独特性、难以模仿性(不可复制性)是核心竞争力的鲜明特征,所以,不同种类传媒(报业)组织的核心竞争力必然具有异质性,而他们两人在定义中都试图对其作出更具普适性的概括,过于强调普遍性就会忽略特殊性,从而把不同种类的传媒核心竞争力的个性,湮没在共性的表述之中,这一问题在丁和根的定义表述中表现得尤为突出。至于刘年辉给出的定义,因尝试借鉴社会学的概念和理论来解读报业组织的核心竞争力,这使之与新闻传播学特别是传媒实践离得远了些。正是由于其成果同传媒实践联系得不够紧密,所形成的学术观点也难以被多数实际工作者所理解和认同,其影响力也就大打折扣。

相比之下,范以锦的定义是源自报业实践所作出的理论概括,因而更具现实指导意义。如果说该定义还有什么不足的话,那就是把报业组织某一特定阶段的素质能力当作了常态,因为"开发培育优质报纸品牌的能力和运用独特的营销手段把产品推向市场的能力"固然是报业组织生存发展至关重要的能力,可是报业市场的容量是有限的,报业组织(即使是报业集团)也不是不断"开发培育优质报纸品牌"的媒体孵化器,优生优育还要计划生育,否则就会造成市场过度饱和,导致恶性竞争,给报业发展带来灾难性后果。由此看来,该定义仍有可商榷之处。

另外,需要强调指出的是,众多研究者在阐释核心竞争力概念的内涵时,都提到了综合性(或整体性),可是有的人在论述其特征时又把它遗忘了。事实上,综合性(整体性)无疑应当是核心竞争力的一个重要特性,在报业组织(企业)的生存发展实践中,资源和能力等诸多要素有机结合、融为一体,才能真正发挥其效应。如果进一步探究核心竞争力的特性,不难发现它还具有模糊性、相对性以及动态发展等特性。因为任何报业组织(企业)的核心竞争力都不是一蹴而就或从天而降,它必然有一个形成发展的过程,且不会一成不变,随着外部环境和内部条件的变化,它还要与时俱进、适时创新,故而它必然是动态发展的,也就是说具有相对性和动态性等特性。与之相关联,模糊性(或者说不确定性)自然应当被视为核心竞争力的一个特性。学者们对于核心竞争力的内涵作出不尽相同的解读和阐释,其实也从一个侧面反映出它所具有的模糊性(不确定性)。

不必讳言,试图对核心竞争力概念的内涵作出全面而准确的界定和解读,这的确是一件吃力不讨好的事情,不过,对其基本内涵和主要特性有一个相对明确的了解,在基于理性认识予以简明扼要的阐述是必要的,也是能够做到的。

2. 核心竞争力构成要素及其培育提升途径的探讨

关于核心竞争力构成要素问题,研究者们从不同的角度出发,阐述了各自的观点。有些研究者从较为抽象的理论视角审视和思考此问题,并阐明自己的观点。例如,刘年辉把组织资本、社会资本以及人力资本三者作为报业组织核心竞争力的基本要素(刘年辉,2006,P25)。而绝大部分的研究者则是从较为具体的角度来考察媒体核心竞争力的构成要素:支庭荣指出,传媒核心竞争力主要体现在经营单位核心业务的竞争力和管理团队的领导力两方面,即核心竞争力=核心业务+核心团队(支庭荣,2002);①王首程认为报业组织的核心能力是由多种"稀缺资源"共同作用形成的品牌号召力,这些稀缺资源包括:媒体资源、新闻价值观(报业的理念)以及核心知识(主要由"大牌"记者、知名编辑构成的采编组合以及先进的传送编印技术系统)(王首程,2004);王立群则认为,"报纸核心竞争力由核心竞争机制、核心受众、核心内容和核心团队四部分整合而成"。②曹鹏强调,分析媒介核心竞争力的构成要素,必须首先引进"影响力经济"这个概念,媒介的核心竞争力主要不在于资本,它由核心人才、核心内容、核心受众三个要素组成。③而付蓓认为,传媒的核心竞争力是新闻媒体在竞争中体现出来的核心的、独有的、持续的、以获取最佳的经济和社会效益的资源和能力;核心竞争力要素之一是内容为王;二是杰出的人才结构;三是良好的资金状况;四是高质量的受众。④

上述研究者显然多是从报业经营与管理的角度出发考虑问题的,所提到的各种构成要素,既有一些共性的东西,也存在某些差异,有的差别还相当大。

关于报业组织核心竞争力的培育、提升途径的探讨,尽管研究者们各有各的说法,但是,综合起来考察,保证和提高新闻产品质量、维持稳定的受众群体、吸引和保持高素质的人才队伍、重视制度建设与保障、建立健全创新机制

---

① 支庭荣:《如何培植传媒的核心竞争力——解析广州"报业三国"的竞争策略》,载《新闻实践》,2002年第6期,第19~21页。
② 王立群:《浅析报纸的核心竞争力》,载《军事记者》,2002年第3期,第21~22页。
③ 曹鹏:《影响力经济概念的提出与媒介核心竞争力简析》,载《杭州师范学院学报》,2002年第2期,第9~12页。
④ 付蓓:《媒体的核心竞争力要素分析》,载《新闻爱好者》,2004年第5期,第20~21页。

等几个方面,是大部分研究者公认的培养核心竞争力的途径。例如,郑保卫指出,培育核心竞争力的途径是:确定独特的受众定位、特定的读者对象和市场空间;培育杰出的传媒人才队伍;强化新闻传媒策划能力;培植强有力的资金实力或物质条件(郑保卫、唐远清,2003)。再如,樊士德认为,报业集团打造核心竞争力的对策是:"(1)加强人力资源管理创新是报业集团打造核心竞争力的关键;(2)制度创新是打造报业集团核心竞争力的前提和保证;(3)技术创新是提升报业集团核心竞争力的源泉;(4)一业为主、多元发展是培育报业集团核心竞争力的有效途径。"① 又如,舒胜认为,强化品牌经营的能力是提升媒介核心竞争力的途径之一。② 张春铭则强调应该用人文关怀来提升报纸的竞争力(张春铭,2006)。

有的专家学者侧重从技术战略的角度来分析探讨核心竞争力的构成要素和培育提升的途径。比如,广州日报报业集团总工程师梁泉从专业技术视角出发,认为 ERP(Enterprise Resources Planning,企业资源计划)提升了广州日报报业集团的核心竞争力(韩志国,2005)。而钱晓文则引入了经济学领域的垂直型整合概念,强调对内容与渠道资源进行整合,就能够有效配置资源,从而形成与提升传媒的核心竞争力(钱晓文,2004)。③ 李杭生从信息管理和信息整合能力的角度,强调了报业的信息化在实现和增强报业集团核心竞争力过程中的重要意义。④

丁和根在讨论"传媒核心能力的培育"这一问题时,从较为抽象的层面论述了其培育传媒核心能力(核心竞争力)的核心战略:"通过实施内部创新战略生成核心竞争力";"通过实施外部整合战略强化核心竞争力";"通过实施品牌营销战略拓展核心竞争力";"通过实施人才战略锻造核心竞争力"。⑤ 丁和根阐述的这些观点,显然借鉴和运用了管理学科中有关战略管理的理论和术语,阐述的也是带共性的原理。但是,如何根据不同种类传媒(如报纸、期刊、电视、网络等)的具体特点,并结合其构成要素来论述核心竞争力的培育与提升

---

① 樊士德:《对我国报业集团核心竞争力的探索》,载《湖南大众传媒职业技术学院学报》,2005 年 1 月第 5 卷第一期,第 36~39 页。
② 舒胜:《报业集团核心竞争力探微》,载《新闻前哨》,2003 年第 6 期,第 12~13 页。
③ 钱晓文:《我国传媒打造核心竞争力的策略》,载《新闻记者》,2004 年第 2 期,第 8~10 页。
④ 李杭生:《报业集团信息化是提高核心竞争力的关键》,载《新闻战线》,2003 年第 11 期,第 36~38 页。
⑤ 丁和根:《传媒竞争力——中国媒体发展核心方略》,上海:复旦大学出版社,2005 年,第 145~149 页。

途径,使之真正具有新闻传播学科领域的独特个性,从而更具现实针对性和实际应用价值,则是业界所热切期盼的,这些恰恰又是该书内容中较为薄弱和欠缺的。

3. 关于报业集团核心竞争力问题的专题研究

中国报业集团的发展壮大,也带动了有关其核心竞争力问题的研究。然而,国内的报业集团成长历史并不长(最早成立的广州日报报业集团至今也不过十几年时间),因而源于实践一线可供研究的相关资料、案例都十分有限,加之核心竞争力理论本身所具有的复杂性、争议性,运用其开展专题研究难度很大。前边提到的诸多论著,尽管其内容或多或少都涉及此问题(涉及程度不同,有的直接涉及,有的间接涉及),但是锁定报业集团核心竞争力的专题性研究并不多,能够产生广泛影响的就更为少见。对于相关的研究,有学者做过较为全面的梳理。

黄春平在《中国报业》2009年第8期上发表了《我国报业集团核心竞争力理论分歧探析》一文,对近年来国内有关报业集团核心竞争力的研究现状进行过归纳和总结,并列举出有代表性的五种观点:①知识论,②能力论,③主业论,④创新论,⑤技术论。

该文称,知识论观点"认为报业集团核心竞争力的基础是知识,报业集团在本质上就是报纸生产的知识体系,核心竞争力的关键是报业集团的知识资本"。① 文章以刘年辉的观点作为主要代表,展开了相关论述,"如中国传媒大学刘年辉认为,报业组织作为生产报纸的专业组织,是有关报纸生产的资源与能力体系,其本质是报纸生产的知识体系……";② 能力论的代表是范以锦,其主要观点前面已有介绍,此处不重复;该文在阐述主业论的观点时,以临沂报业集团的总编辑张建军和湖南日报社的社长覃小光的说法为例:"报业集团的核心竞争力在于报纸本身,为此强调要将报纸作为主业,做大做强","将报纸的新闻报道做好,形成媒体的强势","发挥好报纸的舆论引导作用,形成一定的舆论影响";③ 有关创新论的观点,文章指出,"这种观点认为,报业集团的核

---

① 黄春平:《我国报业集团核心竞争力理论分歧探析》,载《中国报业》,2009年第8期,第36~37页。
② 黄春平:《我国报业集团核心竞争力理论分歧探析》,载《中国报业》,2009年第8期,第36~37页。
③ 黄春平:《我国报业集团核心竞争力理论分歧探析》,载《中国报业》,2009年第8期,第36~37页。

心竞争力主要在于制度、体制、机制方面的重大改革和创新",文中列举了湖北日报传媒集团的王超、新华日报报业集团的沈志强、暨南大学的支庭荣等人的观点加以论述;①对于技术论的表述,文中转述了广州日报报业集团新媒体事业部总经理梁泉和杭州日报报业集团李杭生的基本观点,即"报业集团的核心竞争力在于报业技术战略的制定和实施"。②

对上述五种颇具代表性的观点分别予以介绍后,作者认为,产生观点分歧的最主要原因,除了"企业核心竞争力理论本身的复杂性,其本身有多种解说"外,"最关键的一个原因是以往的研究大都以单一的某个报业集团为个案",代表性"观点很多情况下都是从某家报业集团的实践经验出发,描述或总结该集团对核心竞争力的看法。由于各报业集团本身的差别,因而最后得出的核心竞争力观点也各有偏倚"。③ 作者分析后认为,"正是以上这些基本因素的影响,才导致当前报业集团核心竞争力理论众说纷纭,各执一词"。④ 而研究者"个案视角"的偏颇,在该文作者看来无疑是其中的一个重要因素。

实事求是地说,该文在梳理国内报业集团核心竞争力研究现状方面,的确是下了一番工夫,对各家观点的介绍也大体符合实际,并且看出了一些问题;但是该文作者也存在某些认识误区。比如,对已有研究的所谓"个案视角"的批评,显然没有说到点子上,因为核心竞争力具有独特性、内隐性、模糊性和难以模仿等特性,要想认识报业集团的核心竞争力,就必须先对各家具有较强综合实力与竞争力的报业集团进行深入细致的调研,在了解其竞争优势赖以形成的主要因素的基础上,进一步探究其中有哪些因素属于独特的、长期起作用的,对于其持续竞争力的形成是否起到关键作用,进而考察它是否属于核心竞争力的构成要素。毫无疑问,只有通过对多家报业集团的个案研究,才能够发现这种共性的东西,揭示其内在联系,从而作出符合实际的理论概括。

不同企业组织(含传媒组织)核心竞争力构成要素所具有的某些共性,并不能等同于核心竞争力本身就具有共性,事实上,真正具有核心竞争力的企业组织之间,恰恰都有某种不可替代的独特性,所以它们之间是无法进行直接比

---

① 黄春平:《我国报业集团核心竞争力理论分歧探析》,载《中国报业》,2009年第8期,第36~37页。
② 黄春平:《我国报业集团核心竞争力理论分歧探析》,载《中国报业》,2009年第8期,第36~37页。
③ 黄春平:《我国报业集团核心竞争力理论分歧探析》,载《中国报业》,2009年第8期,第37页。
④ 黄春平:《我国报业集团核心竞争力理论分歧探析》,载《中国报业》,2009年第8期,第37~38页。

较的。由此看来,否定报业集团核心竞争力研究的"个案视角"并无道理。

作者在文中所提出的报业集团核心竞争力研究的未来取向——"集群研究",即"应当克服原来的研究局限,突破原来单个的个案研究,而要以报业集团群为研究视角","应该从报业集团群的视角分析出发,归纳和总结出我国报业集团核心竞争力的一般特征和规律","为所有的报业集团构建核心竞争力提供普适性的解释和发展策略"。①从这些论述中不难发现,作者显然忘记了核心竞争力最基本的特性。又如,该文中还提到所谓"报业集团核心竞争力的指标评价体系",这也有违核心竞争力所具有的基本特性(即独特性、内隐性、模糊性和难以模仿等)。如果作者对核心竞争力理论的基本特性有一个较为清醒的认识,相信一定不会提出这样糊涂的建议了。不过,作者的有些建议还是合理的,比如"要继续加强核心竞争力的相关基础理论研究","特别是要在深度和广度两方面多下工夫,以求系统、科学地阐释清楚报业集团核心竞争力的内涵以及培育途径"。②这些建议是根据现有研究的突出弊端提出的,因而具有较强的现实针对性。

除了公开发表和出版的论著之外,还有几篇以报业集团核心竞争力为选题的硕士论文和博士论文,如侯慧梅的《报业集团核心竞争力构成要素研究》(2006)、王灏的《〈南方日报〉的改版对提升我国党报核心竞争力的启示》(2006),前者主要从理论视角切入,采用理论梳理和定性分析等方法,对核心竞争力的内涵以及报业集团核心竞争力的构成要素等问题,进行了力所能及的探讨,但是其原创的内容并不多,主要通过对二手资料的梳理展开论述;后者以《南方日报》等典型案例为依托,结合国内报业集团发展的现实,试图阐明报业组织的改革创新与其核心竞争力形成发展的内在联系,可是对相关理论的认识仍然较为模糊和肤浅,问题探讨和论述也不够全面。

总体说来,近些年有关报业集团核心竞争力问题的研究成果在不断增加。而众多的研究者围绕着与之密切相关的问题,如报业集团核心竞争力的内涵、构成要素、培育途径等,所进行的多角度、多层次的探讨,有助于拓展我们对此研究领域的视野,也在一定程度上深化了对一些基本问题的认识,为进一步深入开展课题研究创造了有利条件。

---

① 黄春平:《我国报业集团核心竞争力理论分歧探析》,载《中国报业》,2009年第8期,第38页。
② 黄春平:《我国报业集团核心竞争力理论分歧探析》,载《中国报业》,2009年第8期,第36~37页。

五、我们对这一理论研究的基本认识

通过对核心竞争力理论溯本求源的探究,包括该理论提出的时代背景和备受关注并成为研究"热点"的主要原因的分析思考,以及对国内外研究概况的简略回顾,现在可以较有把握地阐明我们对该理论研究的基本认识,主要观点如下:

其一,核心竞争力理论的出现并非偶然,它是在特定历史条件下企业发展的实践和相关理论二者结合的必然产物,是学术研究对现实呼唤的回应。这一理论应运而生并迅速成为备受关注的热点,体现了在市场环境复杂易变、不确定因素日益增多、企业竞争日趋激烈的现实语境中,业界、学界直面矛盾应对挑战的理论自觉,是企业寻求可持续发展的实践和理论工作者跟踪实践所进行的理论创新,是客观现实需要和主体理论诉求二者互动的结果。

核心竞争力理论的问世,以及业界、学界持续对之进行的研究探讨,具有重要的理论价值和现实意义。特别是在中国加入 WTO 之后,其融入世界经济的步伐在不断加快,各类企业(也包括传媒组织)面对经济全球一体化所承受的各种压力也随之增大,有关这一理论所进行的各项研究,其重要价值和实际意义愈益凸显。而随着时间的推移,深入探讨该理论的必要性和紧迫性,必将被更多的人理解和认同。因为这一理论所要探究的问题和终极目标是企业组织的可持续发展之道,它与科学发展观不谋而合,其基本理念符合当代世界潮流,代表了先进的发展观,故而也可以为各行各业各类企业组织持续健康发展,提供理论依据与智力支持。

其二,对核心竞争力理论研究的逻辑起点、研究对象、价值取向、预期目标等要旨,研究者应当有一个清醒的认识。如前所述,核心竞争力的理论诉求体现了一种新的竞争战略思路,它针对以往竞争战略思想中存在的偏颇(即企业主要凭借外在资源优势获得自身发展这种对外部环境作用的过分强调),进行了深刻的反思,因而该理论研究的逻辑起点聚焦于企业的内在能力,包括与之密切相关的资源所形成的独特优势,尤其注重企业持久竞争力的研究,其基本价值取向和主要目标均指向未来,优先考虑的是企业可持续发展问题(当然也要辩证地考虑长远与当下的关系)。与之相对应,我们在开展各项专题性研究时也应始终保持清醒的理论自觉,谨防在浮躁心态的驱使下偏离这些基本要旨,从而使研究迷失方向。

其三,核心竞争力的理论研究处于学术前沿,但这一理论尚不够成熟,仍在成长阶段。由于该理论是研究企业生存发展中的现实问题取得的成果,随着实践的发展,该理论还会推陈出新,因而人们对它的认识必然会经历一个从不成熟、不完善到逐渐成熟和完善的演进过程。换言之,该理论不会一成不变,而是伴随实践的发展变化和研究的新进展而发生相应的变化。因此,研究者也要以动态和发展的眼光来看待该理论研究,摒弃一劳永逸的懒汉思想,树立不断探索和勇于创新的理念,其认识要与时俱进,而不能凝固僵化。研究者既要善于学习借鉴,尊重该理论发展演变的历史,遵循学术研究的规范,也要敢于挑战国内外的学术权威,大胆开拓创新。如果一味迷信盲从,因循守旧,那只能跟在别人后面亦步亦趋,在理论研究上无所作为。

其四,比较国外与国内该理论现有的研究成果,不难看到其中存在的差距,也更容易发现问题与不足。国外学者对该理论的研究尽管并非尽善尽美,但总体说来,研究者较为理性,论著追求原创性,故而理论含量较高,且遵守学术规范。相比之下,国内的相关研究则不够理性,许多研究者缺乏必要的理论积淀,甚至在没有弄清该理论的基本内涵和主旨的情况下,就盲目地跟着"感觉"走,因而容易产生误解误读现象,导致一些认识误区的形成。比如,望文生义地随意使用概念造成混乱,浮躁和急功近利的心态导致研究价值取向与核心竞争力理论的初衷相背离等。另外,有的研究者不大讲究学术规范,这就使本已含混的认识雪上加霜。国内传媒领域核心竞争力问题的研究探讨热潮,是在中国已经加入WTO、传媒企盼尽快做大做强以应对挑战的强烈冲动中迅速形成的,难免带有某种情绪化特征,许多人关注核心竞争力理论的动机,也是寻找尽快做大做强的对策。所以,在不少研究者的观念中,该理论俨然成了快速发展、做大做强的灵丹妙药,对该理论所要解决的核心问题——企业如何才能持续地拥有竞争优势从而获得可持续发展,则被放到次要位置。普遍存在的思想误区,必然误导研究的价值取向,在此思想指引下开展研究取得的成果,极易发生上述本末倒置一类的偏差。因此,今后的研究尤其要注意规避偏离核心竞争力理论主旨的错误取向。

其五,对于核心竞争力理论的研究应当坚持理论联系实际的学风。要善于把源于国外的先进理论与中国本土的现实问题紧密结合起来,以科学精神和求实的态度开展专题性研究,力求把成果——研究所得出的带规律性认识运用于实践,同时接受实践的检验。核心竞争力理论的提出者是在长期跟踪研究对象、对比企业发展实践的基础上,经过深思熟虑作出的理论概括,其理论联系实际的研究取向,值得我们学习借鉴。理论源自于社会实践而又能动地指导实践,这应当是我们开展各项研究的基本出发点和归宿。

最后，由于核心竞争力具有综合性（整体性）、内隐性、模糊性、独特性和难以模仿等特质，故而在研究探讨不同行业及不同企业（含媒介组织）的核心竞争力时，要具体问题具体分析，一把钥匙开一把锁。有关报业集团核心竞争力问题的研究也是如此，要根据报业特性具体地研究不同报业组织发展的独特历史与现实状况，在深入调查研究之后打开"黑箱"，解读其构成因子，进而实事求是地作出理论概括。只有通过针对性很强的一系列个案研究，才能从中发现共性的东西，进而真正揭示内在规律，使研究成果具备理论联系实际的特征和优势，对当前和今后的报业发展实践具有实实在在的启迪和借鉴价值。

关于核心竞争力的定义，我们尝试作如下表述：核心竞争力是企业组织在其成长过程中所形成的某种独特素质能力的集合体，它植根于企业机体之中并持续发挥作用，能帮助企业组织更有效地向消费者（或市场）提供产品与服务，从而在变动不居的市场环境中长期拥有竞争优势，获得价值创造与可持续发展的不竭动力。

关于报业集团核心竞争力的内涵及其识别依据，我们将在后面的章节中针对报业的特性，紧密结合其发展的具体实践，联系各构成要素，作出相应的解读。

第三章

报业的属性特点及赢利模式探究

研究报业集团的核心竞争力问题,必须对它所从属的报业特别是主业及其产品——报纸的各个方面,有一个大体的了解,其中包括报纸产业的基本属性及其特点、报纸产品的特殊性及主要赢利模式、报纸产品的市场表现及影响因子、报纸的社会角色及两个效益之关系等问题,作一系统的探究。只有在全面了解其属性特点和运营模式的基础上,才有利于进一步讨论报业的竞争与发展问题,深入研究报业集团的竞争力与核心竞争力问题,从而揭示其内在规律,有效地指导当前和今后的报业发展实践。

一、报业的基本属性及其特点

报业是媒介产业(或传媒业)的一个分支,是媒介产业大系统中的子系统,它的生存发展离不开且受制于整个传媒生态环境,同时它还必须遵循媒介产业运作与发展的一般规律。因此,研究报业的基本属性及其特点,也就是要弄清媒介产业(传媒业)的基本属性与特点,在理解和把握其共性之后,再重点认识报业自身的特殊性及独特的运作方式和赢利模式。

1. 报刊出版等媒介产业的构成

媒介(传媒)作为一种产业是从近代报刊和出版业发端的,近代报纸特别是大众化报纸的兴起,使得报业逐渐发展成为一种实力雄厚的产业,随其相伴而行的还有期刊业;与此同时,印刷技术的机械化和教育的普及化,使得出版业也日趋兴盛;这三者共同推动了发行业的繁荣,由此形成了早期的印刷媒介产业体系。

继纸质媒介之后,广播、电视以及电影等电波声像媒介陆续问世并迅速崛起,这些大众传播媒介摆脱了地域和交通工具的限制,使传媒产业的发展达到了一个新高度。与印刷媒介相比,电波声像媒介的复制、传输速度更加快捷,信息内容与形式更为丰富多彩,受众面更广,技术含量更高,机构设施等规模更加庞大,赢利的方式也更为多样。以广播、电视和电影为主干的电波声像媒介产业(电影虽然不依赖电波传播手段,但同属声像媒介,且电视普及后许多受众喜爱的电影也常常在电视上播放,使影视之间的界限已逐渐淡化,故而在归类划分时常常把广播、电视和电影放在一起),在现代社会后来居上,占有了传媒产业的半壁江山。

20世纪后半叶以来,由计算机技术发展起来的互联网(也称国际互联网、因特网)日渐普及,围绕计算机网络技术和通讯卫星等涌现的新媒体与新技术(其中包括由网络与传统媒体、通讯卫星相结合形成的新的传媒形式,如卫星电视、数字电视、流动电视、网络报纸、手机短讯、手机报纸、手机电视以及博客、播客、微博等),使传媒产业又增添了许多新成员。新媒体目前发展迅猛,显示出朝阳产业的巨大潜力,其所占有的市场份额也逐年增长。

上述媒介产业的生存和发展,大都离不开广告业。广告业既是一种相对独立的产业,又与印刷媒介产业、电子媒介产业和计算机网络以及其他新媒体等新兴媒介产业如影随形,相辅相成,它们共同构成了庞大的媒介产业群。

"媒介产业"的概念有狭义和广义之分,狭义的"媒介产业"也叫"传媒产业"(Media Industry)或"传播产业"(Communication Industry),它是由报纸、杂志、书籍出版、广播、电视、电影这6种大众传播媒介再加上新近崛起的计算机网络和新媒体所构成的产业,主要靠经营上述媒介及其产品,获取利润和其他收益。广义的"媒介产业"还包括:①大众传媒的辅助行业,如通讯社、媒介市场调查公司、广告业、流行音乐工业等;②"文化产业"(Culture Industry)或被称为"媒介的延伸"的"知识产业"(Knowledge Industry),包括电讯、卫星系统、光缆等信息传输机构;发行与营销等经济支撑机构(国内常常是与媒介机构连为一体的);法律顾问、宣传与公共关系机构,财务会计机构;工会与职业协会、人员培训等机构;数据收集研究机构和学校、图书馆等教育机构。[①] 不过,以往有关狭义和广义的"媒介产业"的概念界定,与迅猛发展的媒介产业现实已经不相适应,而且两者的边界也在日趋模糊化。

---

① 张国良:《新闻媒介与社会》,上海:上海人民出版社,2001年,第97页。

随着现代社会信息化程度的不断提高,传媒在生活中的地位日显重要,其功能也呈现出多元化的趋势。数量众多的媒体除了履行其基本功能(即报道新闻、反映舆论)之外,还尽其所能地提供各种实用的服务类信息和大量的娱乐信息,以满足受众多方面的需求。因为和平与发展是当今世界的时代潮流,世界各国都在寻求自身发展,经济建设步伐加快,物质财富的增长和生活水平的提高,使得追求生活质量的人们对服务类信息和娱乐信息的需求与日俱增,尤其是不断加快的生活节奏和日渐增大的生存压力,使人们高度绷紧的神经和困倦疲惫的身躯,亟须抚慰、放松和调整恢复,所以受众对休闲性的精神食粮的渴求今非昔比。

客观的社会需要与寻求发展的共同愿景,促使传媒业与娱乐业迅速地走到了一起,二者的联姻使得媒介产业经济高度发达,其在国民生产总值中所占的比重也日益增大。比如,在美国和韩国等传媒产业发达的国度,它已经成为支柱性产业。新世纪以来,互联网等新媒体的崛起,促使信息产业与传媒业的关系更趋紧密,传媒产业的外延也在不断扩展,其边界亦变得越来越模糊,并且使传媒业的产业归属发生了相应的变化。

2. 报业(传媒业)的产业归类与划分

报业等传媒业应当隶属于什么产业?这个看似简单的问题,实际上颇费思量。一方面,由于分类者的观察角度和具体目的不同,对产业的划分方法也不可避免地会存在差异,从而使各种产业的归属出现一些分歧;另一方面,随着社会的发展变化和产业结构的不断调整,某些产业的划分方法随之调整,其归属必然发生相应的变化。正是上述这些原因,使得传媒业在产业划分与归属问题上呈现出某种不确定性和多样性。

从三次产业分类法的角度看,传媒产业属于第三产业。三次产业分类法的思想最早是由费希尔提出,他在1935年的一本著作里指出:人类的经济活动可以分为3个产业,其中直接取自于自然的经济活动,比如说种植、畜牧、狩猎、林业、渔业等为第一产业;对原材料进行加工并提供物质产品的产业,比如说纺织、钢铁、机械制造等为第二产业;商业、贸易、运输、文化艺术、科研、教育等以提供无形财富为主的经济活动为第三产业。后来,统计学家克拉克将该分类方法用于对经济发展和产业结构变化之间的关系的实证研究,获得了西方某些国家的承认,于是该分类方法被采用为对国民经济进行统计分析的分类方法,并最终流行于西方许多国家。①

按照以往这种通行的分类法,传媒业无疑应当归属于第三产业。因为构成传媒业的核心是各类媒体,而媒体的产品主要是精神产品,提供的服务主要也是非物质的,属于无形财富。虽然有时媒体的产品及其服务也需要物质载体,像印刷报纸的纸张油墨,广播电视节目录音录像所需的磁带、光盘等物质材料,但受众是冲着信息内容才会购买报纸及录音带、录像带和光盘等物质实体,如果没有受众需要的信息内容,这些物质载体就失去了其主要价值。

由此可见,以提供内容产品和信息服务为主业的传媒产业,自然应该划归到第三产业。新中国成立后相当长一个时期内,报刊出版等传媒业也正是划归第三产业的。信息时代的到来,使生产信息产品和提供信息服务的产业日益凸显其重要性。

自20世纪60年代起,由于信息科学和信息技术的高速发展,信息的生产、处理、传输(流通)和服务逐渐从其他产业中分离出来,并成为一个独立的产业。1977年,马克·尤里·波拉特对美国信息经济和产业结构进行了全方位的研究,提出了信息产品的生产、处理、传输、服务是渗透到国民经济各部门、各领域的一种活动。1981年,联合国经济合作发展组织在《信息活动:电子和电讯技术》的报告中把信息产业划分为四个子行业,即信息生产、加工、传播和基础等行业。从此,信息产业这个概念不仅在西方发达国家被使用,发展中国家也在使用这个概念。②无论是国外还是国内,在研究信息产业涵盖的范围时,总是把传媒业作为信息产业的一个重要部门。因为传媒业具有鲜明的信息产业的特征,根据产业群体组合规律的要求,传媒业是信息产业群体的重要组成部门。③

1998年3月召开的第九届全国人民代表大会正式批准成立了信息产业部,这标志着信息产业在我国已经成为一种相对独立的产业,而且传媒业也归属其中。

可是如果从传媒业提供的产品所具有的意识形态属性看,它显然又属于文化产业,因为传媒产业的内容产品是精神产品,其主要功能和作用是报道新

---

① 张辉锋:《传媒经济学》,广州:南方日报出版社,2006年,第28页。
② 常永新:《传媒集团公司治理》,北京:中国传媒大学出版社,2006年,第26~27页。
③ 常永新:《传媒集团公司治理》,北京:中国传媒大学出版社,2006年,第26页。

闻、反映舆论、普及知识、提供娱乐、传播主流文化及其价值观与传承文明等，所以，将其划归文化产业理所当然。

"文化产业"一词诞生于20世纪初，最早出现在霍克海默和阿多诺合著的《启蒙辩证法》一书之中。其英语名称为 Culture Industry，也被译为"文化工业"。联合国教科文组织关于"文化产业"的定义如下：文化产业就是按照工业标准，生产、再生产、储存以及分配文化产品和服务的一系列活动。从文化产品的工业标准化生产、流通、分配、消费的角度进行界定，2004年，国家统计局在与中宣部及国务院有关部门共同研究的基础上，制定了《文化及相关产业分类》，并将"文化及相关产业"概念界定为：为社会公众提供文化、娱乐产品和服务的活动，以及与这些活动有关联的活动的集合。根据这一概念，文化产业的范围为：①为社会公众提供的文化产品和娱乐产品及其活动，如书籍、报纸的出版、制作、发行等。②为社会公众提供可参与和选择的文化服务和娱乐服务，如广播电视服务、电影服务、文艺表演服务等。③提供文化管理和研究等服务，如文物和文化遗产保护、图书馆服务、文化社会团体活动等。④提供文化、娱乐产品所必需的设备、材料的生产和销售活动，如印刷设备、文具等生产经营活动。⑤提供文化、娱乐服务所必需的设备、用品的生产和销售活动，如广播电视设备、电影设备等生产经营活动。⑥与文化、娱乐相关的其他活动，如工艺美术、设计等活动。根据这一界定，报纸与广播、电视一并被列入文化产业。

过去中国大陆受到"左"的思想影响，对包括传媒业在内的文化产业存在片面认识，只是注重其意识形态属性和社会教化功能这一面，而对于其作为一种特殊产业的经济属性和文化消费等功能，缺乏认识。而在许多发达国家，传媒业甚至已作为重要的支柱产业，在国民生产总值中占有很大的比重。像美国的好莱坞，其电影产品风靡全球，不仅作为软实力代表美国的国家形象，所传播的内容及价值观在影响着世界各国，而且还为其带来丰厚的经济收入。

例如，一部电影《泰坦尼克号》，其为美国带来的巨额票房收入就高达数十亿美元，如果加上下游的衍生产品，其实际收入和所创造的利润更是难以估算。

再如，2008年席卷全球的金融风暴给美国的实体工业、金融业和商业等诸多行业造成巨大的冲击，在经济一片萧条的景象中，文化创意产业却一枝独秀，逆势而上，一部电影《阿凡达》就创造了数以亿计的票房收入。

这一个又一个实例，使人们看到了文化产业巨大的发展空间和文化产品的高附加值，它在繁荣文化、提供娱乐的同时，也能够有效地拉动消费，发展经济,由精神产品转化为物质产品,变成真金白银,带来丰厚的经济回报。而随着我国的国民生产总值和人民物质生活水平的不断提高,人们的精神需求也相应增长,特别是为了缓解工作压力,收入中用于文化消费的支出比例也在持续增长。

2003年中宣部下发《关于文化体制改革的决定》,第一批试点单位就包括多家新闻传媒集团。目前我国传媒产业已经被统一划归到文化产业。而最新的国家大部制改革又把包括传媒产业在内的信息产业统统归到信息与工业化部。然而,国内报业在归属上还要受到其他因素的影响,从行政隶属看归口新闻出版总署,同时又由中宣部和各级党委宣传部领导,这种交叉性使其归属更显模糊难辨。

综上所述,传媒业由于其构成的复杂性和流变性,以及它的功能作用的多样性,其产业划分也具有多样性和模糊性。从其提供产品的物理特性看,它应属于第三产业;从其提供产品的性质和功能作用看,它又可归属信息产业或者是文化产业。这三种划分都有其合理性,即是根据传媒业的本质属性和现实社会的发展需要作出的。

此外,"从不同的视角审视传媒产业,又可以作出不同的划分。比如,从生产过程中生产要素的集约程度化分,传媒产业属于技术集约型产业;而从当前经济实力的角度看,它又属于支柱产业;从社会经济的发展趋势看,它属于主导产业"[①]等等。不过,这些划分所选取的角度只是依据传媒业某一方面的特点,带有随意性和描述性,虽然都有各自的道理,但与前边三种划分不在同一层面上。

3.报业的基本性质和主要功能作用

同其他产业相比较,由报纸等传媒所构成的传媒业最大的不同之处,就是它具有双重属性,即意识形态属性与产业属性,这也可以说是其本质属性。正是由于报纸等传媒本质上所具有的某种特殊性,才使报纸产业的生存发展模式也有别于其他产业。

报纸等传媒产业的意识形态属性,是指传媒及其生产的精神产品所具有的特殊性。这种特殊性包括其在从事信息传播活动中所具有的独特功能作用,如报道新闻、反映舆论、普及知识、提供娱乐、传承文化、提高民众文明水平,以及推动社会发展进步等诸多方面的功能作用,体现了作为社会公器的报

---

① 张辉锋:《传媒经济学》,广州:南方日报出版社,2006年,第28页。

纸等传媒所具有的公共性、公益性。中国大陆的传媒更具有宣传党和政府的方针政策、传播主流价值观、坚持正确的舆论导向、维护社会稳定以及增强凝聚力等极其重要的喉舌功能和导向作用。

上述这些特殊的功能作用,使传媒产业及其产品不仅具有不同于其他产业的特殊性,而且在不同国家和不同社会环境中均占据独特的地位,受到高度重视。传媒拥有的强大社会影响力和话语权,使其对执政党和各级政府机构的决策议程与执政行为都会产生重要的影响,并且对社会各个阶层的公众也有举足轻重的引导和熏陶作用;同时它对于国家民族的精神风貌、国际形象等,亦具有不容低估的展示作用。换言之,报纸等传媒产业的独特功能作用不仅每日每时渗透到国内的方方面面,其影响还延伸到国外,在展示国家形象、产生国际影响等方面,也具有不可替代的独特功能和作用。所以,它也被称为国家的软实力。正因如此,任何一个国家和社会都会把它纳入社会制度的轨道,因而,大众传播是一种制度化的传播,传媒产业的运作也是一种受控制的运作,它必然会受到所处社会环境的诸多方面因素的影响和制约,这正是它挥之不去的意识形态属性。

报纸等传媒业的产业属性,就是指其在促进经济发展、创造物质财富方面的功能作用。它主要通过采集、制作(生产)、传播、销售信息产品和提供相关的服务来满足社会大众的需要,并不断增强自身的社会影响力和综合实力,在产生社会效益的同时取得经济效益,即实现自身赢利的预期目标。这与有些产业只是单纯通过生产、销售产品赢利有很大的不同。

西方资本主义国家的传媒业,除了少数媒体属于国家或各级政府所有,绝大部分都是私有化企业公司(属于个人资产或股份制合资企业公司),其产业属性鲜明,赢利动机强烈而明确,甚至有的人认为办媒体与办企业一样,主要就是使资产增值。这一观点颇具代表性,表达了在资本和利润挂帅的西方资本主义国家和商业社会中,作为企业家和投资商的报人对于传媒产业的基本观点。

尽管在资本主义社会中资本家及投资者的根本目的是赢利,但是,在客观上其所投资创办和不断发展的传媒,仍然必须为社会和公众服务,也就是要履行其"社会公器"的职责,要讲求社会效益,这是由传媒业所具有的特殊的双重属性所决定的,也是传媒产业及其产品的运作模式和规律使然(关于这一点在后面将会展开论述)。

综上所述,由于报纸等传媒业所具有的特殊功能和作用(即社会公器所具有的公共性、公益性),它不仅在社会主义国家中体现出鲜明的意识形态属性,而且在高度商业化的资本主义社会中同样具有不容抹杀的意识形态属性;而大多数报纸的生存发展都离不开资本投入,都必须面向市场,通过赢利获得维持再生产和扩大再生产的资金,故而具有产业属性。一言以蔽之,报纸等传媒产业所具有的双重属性,是带有普遍性的,它存在于世界众多国家和地区的各类传媒之中。

不过,由于社会制度的不同,其表现方式也有所不同;即使在同一国家的相同社会制度下,也存在性质不同的传媒。例如,在美国这样的传媒已经高度商业化的国度中,仍存在像《美国之音》这种高度意识形态化的传媒。所以,我们说报纸等传媒和传媒业具有双重属性,是从世界传媒业的总体情况出发所下的判断,在现实中并不排除某些国家或地区的某些报刊、广播、电视等传媒,因特殊需要而成为例外。同时,我们也注意到,尽管双重属性作为传媒业的基本属性,它存在于绝大部分的报纸等各类传媒之中,但是现实社会中的报纸等各类传媒,其表现形态还是有着诸多差异,其中有相当一部分传媒的某一种属性表现得较为鲜明突出,而另一种属性则相对弱化隐蔽一些。此外,同一国家的报纸等传媒在不同的历史时期,其双重属性的表现也不尽相同,甚至还存在很大的差异。中国的报业就是如此。

4. 中国报业的特殊性及其功能作用的变化

报业具有强烈的意识形态属性,这一点在中国(这里指中国大陆地区)是毫无争议的;但是,长期以来报业的产业属性在国内却得不到承认。这种厚此薄彼的巨大反差,缘于我国历史上逐渐形成的对报业属性的偏颇认识,其影响延续至今。

从客观原因上分析,中国近代和现代社会动荡,乃多事之秋,遭遇列强凌辱、外敌入侵,经历了政权更迭、战争频仍……这些不以人们主观意志为转移的客观因素,使得变革社会、救亡图存一直作为中国社会的主要任务和历史使命,革命宣传伴随着激烈的阶级斗争乃至残酷的战争,也成为一种不可或缺的社会需求。因而,近代报刊业诞生后不久,就被不同的政党牢牢抓住,成为他们宣传斗争的重要工具,且很快形成了政治家办报的传统。譬如,维新时期维新派的主要骨干康有为、梁启超、严复、谭嗣同、康广仁、徐勤等,都曾是著名报人;辛亥革命时期的资产阶级革命派领袖孙中山、黄遵宪、章太炎、宋教仁、于右任、詹大悲等大都从事过报刊活动,其中有不少还是闻名遐迩的报人。因此,中国近代新闻史的很长一个时段内,被称为报刊的政论时代。当时的政党报刊自然被视为主流媒体,地位很高;商业报刊是非主流媒体,除了几家历史悠久、较有影响的报纸如《申报》、《新闻报》和《大公报》(该报也是以政治性言论著称的)等之外,一般都不受重视。作为社会主流媒体的政党报刊不以赢利为目的,许多报刊主要依靠政党活动经费或其他的社会资助维持出版,基本不必考虑经济效益的问题,所以通常并不重视报刊的经营管理,当然也就谈不上朝着市场化、产业化的方向发展。

中国共产党诞生之后,中国社会进入新民主主义革命时期,阶级矛盾、民族矛盾进一步激化,报刊继续作为宣传斗争的重要工具,意识形态属性被不断强化。这些是由现代中国社会的特殊环境决定的,它是不以人的主观意志为转移的客观现实。不妨举两个典型的例子,对此加以说明。

中国共产党的领袖毛泽东历来高度重视新闻宣传工作,他不仅提出了许多见解独到的宝贵办报思想,从各个方面指导党的办报工作,还身体力行,亲自参与新闻实践,为报纸和电台撰写了许多高质量的新闻报道和各类言论(社论、时评、按语等)。延安时期,在他的办报思想指导下进行的《解放日报》改版,以及1948年《对晋绥日报编辑人员的谈话》等相关文章中,都体现出他对报纸等新闻传媒的宣传功能的基本认识:强调报纸等传媒在指导工作、指导斗争中的重要作用,他曾评价在国统区出版的中共报纸《新华日报》的作用,抵得上一个方面军。

新民主主义革命斗争取得的成功经验,强化了毛泽东等党的第一代领导人对报纸等新闻传媒意识形态属性及其功能作用的认识,在新中国成立后,将报纸这方面的功能作用进一步发扬光大。事实上,毛泽东从理论到实践都把报刊作为宣传斗争的重要武器("文革"期间的"两报一刊"社论,更是作为政治斗争和"无产阶级专政"的手段与工具来运用的),报业意识形态属性的功能作用被强调和发挥到了极致。这是一个对报刊意识形态属性极其重视、过度强调从而使之异化的典型的例子。这些做法,不仅在当时对我国社会特别是报业产生了极为深刻的影响,而且作为一种社会意识和历史惯性,我们至今仍然可以感受到其影响和作用。

另一个颇为典型的例子,就是在近现代中国政治舞台上长期执掌大权的国民党最高领导人蒋介石,经过多年同共产党的政治斗争和武装斗争的较量,其在大陆的统治最终被推翻,而逃逸到台湾后,他在总结和反思国民党丢失政权的教训时,认为非常重要的一个失误就是没有抓笔杆子,即在报纸等新闻宣传方面输给了共产党。因此,他在台湾当政期间对报纸等新闻传媒抓得很紧,一直到他去世后的20世纪70年代中后期,台湾报禁才被终止。毛泽东与蒋介石是势不两立的政敌,尽管政治信仰不同,但是对报纸的意识形态属性及其重要作用的看法,却惊人的一致。这从一个侧面反映出中国的政治领袖对报纸性质作用的基本态度。

正是中国近现代社会的特殊现实环境,直接导致了我国报业的意识形态属性不断被强化,在一段时期内甚至成为报业的唯一属性,即仅仅把它作为政治宣传的工具,甚至于只是作为阶级斗争、阶级专政的工具,使报业基本功能作用发生了严重异化(例如"文革"期间的报纸就是如此)。

其实在旧中国,报刊、书籍出版等印刷媒介构成的产业,以私营企业为主,有的还形成了较大的规模(如申报社、大公报社、商务印书馆等)。但新中国成立后,在相当长一个时期内并不重视传媒的产业属性。社会制度的变革,使得一大批不能适应新形势和读者需要的民间私营报纸相继停办,仅存的少数几份私营报纸,则在公私合营的社会主义改造后实际变成了公营报纸,过去的私营企业不复存在,传媒及其相关机构只作为上层建筑和意识形态领域的宣传工具,其产业属性被淡化甚至被遗忘。

改革开放前的几十年中,国内媒体实行计划经济体制下的全额拨款,报纸无生存之忧,也无寻求发展的动力,所以大都缺乏自身活力,各种报纸的规模很小,不但单打独斗,而且条块分割,各自为阵,根本形成不了完整的产业链。这种状况的形成,与中国当时社会现实环境息息相关。

随着改革开放和中国社会的转型,传媒远离市场竞争、不谈产业属性的情况也逐渐有了明显改观,包括报业在内的中国传媒行业,逐步进入市场,并且朝着市场化和产业化的方向发展,而报纸作为参与竞争的企业或"准企业",其所具有的两重属性也已为越来越多的人所承认,一些高层领导在各种场合的重要讲话也反复谈到了这个问题(有关此问题,本章在第三节"报纸社会角色与两个效益之关系探讨"中将展开深入讨论)。

二、报纸产品的特性及主要赢利模式

报业作为传媒业这种特殊产业中的一员,必然具有意识形态属性(也可称为"政治属性")和产业属性(也可称为"经济属性")这两重性,报业中的主角——报纸(目前构成报纸产业或组建报业集团的媒体除了报纸之外,还有期刊、互联网站、新媒体、书籍出版以及其他相关业务等)由于自身的技术特性和运作方式的不同,生产出来的产品也具有某些不同于其他产业产品的特殊性,这种特殊性导致报纸产品在诸多方面也具有二重性。《中国经营报》原总编辑、中国社科院工业经济研究所的金碚研究员在《报业经济学》一书中对此作出了到位的分析和解读:

在市场经济中，报纸是商品，即用于交换的产品。报纸同一般商品一样具有使用价值和交换价值，具有一般商品的基本属性。同时，报纸又具有宣传品的属性，宣传品的生产者和消费者之间不是等价交换的关系，纯粹的宣传品通常是免费提供的，生产者付出了生产成本，为的是向消费者传递有利于生产者（或者其他第三者或社会）的信息或观念主张，以期改变消费者的思想。反过来也可以说，报纸之所以具有宣传品的属性，就是因为它可以被用来向消费者传递某种有利于生产者（或者其他第三者或社会）的信息或者观念主张，宣扬某种观点和认识，以期改变消费者的思想，获得消费者的观念认同。

正因为报纸具有宣传品的属性，所以可以产生舆论导向的作用。而且，报纸还是一种文化产品，对社会道德产生重要的影响，所以，在大多数国家，报纸都被认为是一种社会公器，负有特殊的社会责任。报纸的内容总是在不同程度上受到国家政策和社会公共道德的制约。[①]

除了指出报纸产品具有商品属性和宣传品属性之外，金碚还进一步阐明了报纸产品在市场运作过程中表现出的多种二重性。诸如报纸使用价值的二重性，即消费者（读者）的使用价值和生产者的使用价值（办报人宣传自己的主张、告知有利于自身或其他第三方认为有利的信息）；报纸消费者二重性，即读者和广告客户；报纸价格的二重性，即发行价格和广告价格；报业市场的二重性，即报纸发行市场和广告市场，等等。

从赢利模式方面审视，报业中的报纸产品所具有的最为突出的特点，就是采用了"二次销售"（本章下一节对此有专门论述）的赢利模式。报纸生产出来后所能够给它带来收入的产品，主要可以归结为两种产品：内容产品和广告产品，后者也被称为"广告资源"或者"注意力资源"。内容产品是由报纸提供的信息及其载体（还加上相关的服务）构成，比如，面向社会大众发行（订阅或零售）的报纸以及通过网络、手机等媒体提供的各类信息服务；广告产品则是由报纸提供给广告客户的服务，即通过出售报纸的广告资源（或者说"注意力资源"）获取经济回报，其产品外在表现形式为报纸的广告版面。下面我们对报纸的两种主要产品的特性及其相互关系作进一步的探讨。

1. 报纸内容产品的特性分析

内容产品无疑是报纸产业最主要的产品，也是其安身立命之本。社会和

---

① 金碚：《报业经济学》，北京：经济管理出版社，2002年，第24～25页。

受众(包括读者和广告客户)之所以重视而且需要各类报纸,就在于报纸所登载和传播的内容产品当中蕴含着丰富的事实信息、意见信息、娱乐信息、服务信息等,报纸在报道新闻、反映和引导舆论的同时,还能够提供丰富多彩的科学文化信息、娱乐时尚信息、服务类信息和商品信息等,从而满足社会和受众对各类新信息的需求。如果不能生产和传播社会受众(包括广告客户)所需要和看重的内容产品,报纸就失去了存在的价值和意义;报纸的内容产品如果不能为社会公众所认同接受,就无法产生吸引力,形成影响力,获取相应的经济回报,也就无法生存发展。所以,内容产品无疑是报纸最重要的产品,也是其参与市场竞争获得收益的基石。

如何认识报纸内容产品的本质属性?马克思的政治经济学理论可以成为我们解惑释疑的向导。

> 按照马克思政治经济学的观点,人类社会的生产可以分为物质生产与精神生产两大类。物质生产是人和自然之间的物质变换过程,它的产品即物质产品是有形的,会因为被使用或消费而损耗或消失;精神生产是人对自然和社会的认识、反映和互动过程,它的产品即精神产品,不会因为人们的使用或消费而损耗或消失。内容产品就是通过精神生产而获得的精神产品。
>
> 在《剩余价值理论》中,马克思进一步分析:非物质生产领域中的劳动成果也即精神产品有两种形式,一种是"具有离开生产者和消费者而独立的形式……如书、画以及一切脱离艺术家的艺术活动而单独存在的艺术作品",即"物化劳动形态";另一种则表现为"产品同生产行为不能分离,如一切表演艺术家、演说家、教员、医生、牧师等等的情况",即"活劳动形态"。①

报纸的内容产品无疑是精神产品,而且它属于"物化劳动形态"的精神产品,因为它"具有离开生产者与消费者而独立的形式",是由信息及其物质形式的载体融合而成,即被"物质化"了的精神产品。比如,记者、编辑通过创造性劳动采集制作出来的新闻报道,印刷在报纸上,就变成可以在街上叫卖的商品。

报纸内容产品作为一种精神产品,有其自身的某些特性。首先,从政治经济学的层面讲,它具有意识形态属性(宣传属性)与商品属性;其次,从内容产

---

① 张辉锋:《传媒经济学》,广州:南方日报出版社,2006年,第47页。

品本身的物理属性看,它又具有非损耗性、可共享性和易复制性等特点,由此决定了其定价低廉的特殊性(目前许多报纸的定价都低于生产成本);再次,从综合层面考察,它还具有生产过程复杂、不确定因素众多、知识含量及创新性要求较高、产品价值不易计量等特性。

由于报纸的内容产品(新闻、言论等)所报道和评说的对象——社会生活中的新闻事实和社会问题是千变万化的,而社会受众的需求和喜好也是在发展变化的,它们都具有某种不确定性,与之相应,报纸内容产品的生产及创新同样也具有某种不确定性。在报纸的内容产品中,记者、编辑等从业人员的活劳动占有相当大的比重,这就给其产品价值的计量测算增加了难度。而且标新立异是报纸等媒体的不懈追求,内容产品的刻意求新是其鲜明的特点。这些都使得报纸内容产品的生产和价值测算同其他各类产品尤其是物质产品存在着较大的差异。

如前所述,从政治经济学的层面考察,报纸的内容产品具有双重属性,即意识形态属性和商品属性。报纸内容产品的意识形态属性是显而易见的,因为报纸内容产品从本质上说是一种社会意识形态。报业中的主流媒体传播的各类信息特别是新闻和言论,通常反映了居于统治地位的阶级集团的意志、基本利益关系及主流思想意识(或者说主流价值观),这显然是为其经济基础服务的。而非主流媒体传播的各类信息,也是社会中一定阶层、团体或人群思想意识及社会存在的反映。因此,报纸的内容产品首先是一种意识形态产物。至于是否能成为商品,则要看其是不是用于交换。意识形态属性是报纸内容产品的本质属性,这是与生俱来的;而商品属性则是内容产品的非本质属性,它是报业市场化、产业化的必然结果。

报纸内容产品的商品属性的表现形式要复杂一些,故而需要作一些理论分析。众所周知,凡是通过劳动生产出来的都是产品,但是生产出来供自己使用的产品不是商品,必须是用于交换的产品才是商品。从报业的运营活动看,大部分内容产品生产出来都是为了交换,当然就是商品(不包括那些由政府、政党或团体出资专门用于宣传目的或是其他公益性目的的内容产品,至于免费发放的地铁报仍属于二次销售中的商品)。商品具有使用价值与价值,这两个要素是由生产商品的劳动二重性决定的。劳动二重性指劳动分具体劳动与抽象劳动,具体劳动即按一定形式和目的所从事的劳动,它创造商品的使用价值;抽象劳动即作为无差别的一般人类劳动,是指人类劳动力在生理学意义上的耗费,它创造商品的价值。让我们对报纸这种特殊商品的两个基本要素再作进一步的分析。

先看第一个要素——报纸内容产品的使用价值。所谓"使用价值"就是指物的有用性,即它能满足人的某种需求和欲望,使用价值体现人利用和支配物品(商品)的关系,因而是商品的自然属性。由于人的需要不尽相同,使用价值自然也存在差异。

前已提及,报纸内容产品的使用价值具有两重性:一方面,它能够满足消费者即受众的多种信息需求,如监测环境变化、了解最新动态、预测未来趋势、寻求各种机会、接受各种服务以及娱乐休闲、完善自我等方方面面的信息需要;另一方面,它又能够满足宣传者的特殊需要(政党和政府在意识形态领域的宣传需要和广告客户在经济活动方面的宣传需要等)。报纸内容产品使用价值的两重性,是其不同于其他物质产品使用价值的特殊之点,这也是其赢利模式不同于其他物质产品的根据(具体的赢利模式下一节将重点讨论)。

再看第二个要素——价值。不同商品要能相互交换,就必须有个统一衡量的标准,这个衡量标准就是价值。价值不同于使用价值,后者因商品不同而各不相同,还因使用者的情况而各异。像报纸的使用价值往往因使用者的目的、需求不同而差异颇大。比如,报纸登载的股市行情,对于炒股的人是有用信息,对于不炒股而且对股市毫无兴趣的人,则是无用信息。又如,报纸上设置的各类专刊、专版,往往针对特定的目标受众,名车专版对于酷爱轿车族是必读信息,而对于"车盲"则形同虚设;楼市房源等相关信息对有购房意向者是重要资讯,而对于住房已称心如意且并无投资意向者,又变成了可有可无的冗余信息。因而报纸所传播的信息,其使用价值会因使用者的具体情况而各异。与前者不同,价值作为抽象的"无差别的人类劳动的单纯凝结",是各种不同的商品之间交换时的统一衡量标准。一般地说,商品的价值是由生产它所耗费的社会必要劳动时间决定的。但是,作为精神产品的报纸内容产品,其价值的衡量却并不那么简单,理由如下:

报纸内容产品这种特殊精神产品,是记者、编辑等从业人员的脑力、体力劳动的结晶,活劳动在其中占有重要地位(甚至是其价值形成的关键因素)。而报纸内容产品在生产过程中存在诸多复杂的不确定性因素,其价值估算与衡量也极为复杂和困难。尤其是报纸等传媒产品求新求异的特性,以及受众需求喜好的变动游移,这些不确定性因素对于生产者的知识储备更新和业务创新能力等方面,都提出了很高的要求,而知识储备更新的成本与业务创新能力的价值又是难以计量的。所以,报纸内容产品价值的计量与其他物质产品相比有很大的不同。

在新闻传播实践中,不同从业者在大致相近的客观条件下所生产出来的内容产品,其实际价值有时可能相去甚远。比如,名记者花大气力采写的独家新闻与蹩脚通讯员提供的应景报道,两者自然不能相提并论;著名专栏作家的言论精品和三流写手的平庸之作,其价值也大相径庭。至于那些冒着极大危险(有些记者甚至为之付出了生命的代价)采写到的重大独家新闻,其价值更是无法估算。大量事实表明,由不同从业者采集制作的报纸内容产品,它们的价值很难用同一把尺子度量(有的也许存在天壤之别)。即使出自同一记者、编辑之手的报道或言论,其质量也存在一定差异。

上述差异通常会在报纸内容产品的传播过程中显现出来,从读者或是社会的反馈中得到证实,进而作为对报纸内容产品价值高低评定的经验性尺度,它同时也可以作为对报纸内容产品的采集制作者及其劳动价值的衡定标准。比如,把它作为对记者、编辑或撰稿人水平的认可,以及晋级、提薪或是支付稿酬时的级差评定的依据等,从而形成某种对新闻信息的采集制作者产生重要影响的行业标准或激励机制。然而,从价值计量的角度看,其所具有的模糊性是毋庸置疑的。

报纸内容产品生产制作的复杂性还在于新闻信息和其他各类新信息的出现具有不确定性,因为客观事实的发生是不以人们的主观意志为转移的,有许多重大新闻、独家新闻或是逸闻趣事等,对记者来说常常是可遇不可求的;与此同时,受众的喜好与需求也具有流变性和多样性。这些因素都增加了报纸内容产品价值衡量尺度在制定和执行时的难度。

显而易见,作为特殊的精神产品,报纸内容产品确实有其自身的特殊性。它不仅具有与其他物质产品的不同属性,而且在价值的计量测算上也存在某些不同之处。

另外,精神产品总体而言具有非损耗性特点。比如小说、诗歌、戏剧、电影等文艺作品就是如此。唐诗、宋词传诵千百年而不衰,《三国演义》《西游记》、《红楼梦》等小说不但作为文学经典世代流传,在现当代还被改编成电影和电视剧广为传播,创造了新的价值。

新闻报道虽然具有较强的时效性,被视为"易碎品",但在一定的时间范围内,它往往可以供无数受众乃至传媒共享。例如,某些轰动性的重大新闻、独家新闻或趣闻,通常会被众多媒体竞相传播,除了最初发现或挖掘出这些新闻并将之传播出去的报道具有原创性之外,许多后来跟进的传媒报道,有不少是转发、转载、摘编,属于二次传播(或多次传播)。但是,这些新闻在被多次反复传播的过程中,对于首次接触它们的受众而言,新闻报道自身的价值并没有损耗,受众得到的信息服务与此前的受众是相似的,而被反复多次传播的新闻,其价值却因此得以凸显,并实现了价值的最大化。由此看来,尽管报纸等新闻传媒的内容产品具有很强的时效性,但是在特定的时间内,其信息内容对不同的受众(读者、听众、观众乃至其他传媒)来说,仍然是有效用而且是可以共享的。

此外,报纸信息内容的复制与其他物质产品的复制(像食品、服装、家用电器等)有明显的区别,经过采编制作后形成的报纸信息内容,一旦制版成为印刷报纸,其复制成本就非常低廉(主要花费是纸张、油墨、动力和机器损耗,以及人工费,而复制电子版的报纸甚至无需花费),因为报纸高投入的成本已凝结在内容产品的精神内核之中。一张报纸可以被多次传阅、多人共享,对于消费者而言,并不存在竞争关系,即具有可共享性和非损耗性的特点。报纸这种非损耗性和可共享性等物理特性,注定了其定价一般不能过高,否则就会导致销售量下降而传阅率升高。事实上,国外和国内报业普遍实行的报纸低定价(大多数还是负定价),就是对此特点的最好注脚。

总而言之,作为特殊的精神产品的报纸内容产品,不仅生产过程比其他物质产品复杂,而且传播过程和价值实现过程也较为复杂,这使其不仅具有一般精神产品的"非损耗性"的特点,还具有可共享性和可重复使用等特点(其中新闻类内容产品要受新闻时效性的制约),这些都会影响到价值的计量测算。前面提到,在报纸内容产品生产过程中记者、编辑等从业人员的活劳动占有相当大的比重,而不同的记者、编辑和评论员之间能力和水平的差距,也使得报纸内容产品的价值及其计量测算,变得非常复杂和困难。这是报纸内容产品与其他的物质产品存在的明显差异。除此之外,不同报纸媒体由于知名度、美誉度的差异,也会对内容产品的评价及其价值的计量测算产生程度不同的影响,使之更趋复杂化。

2. 报纸广告产品的特性分析

报纸的另一种产品——广告产品(也可称为"广告服务"、"广告资源"或"注意力资源"),对于大多数报业组织的生存发展而言,至关重要。目前报纸产业中的多数报纸,其赢利模式主要以广告产品(广告资源及其提供的服务)的收入为主,以内容产品的售卖即发行等其他收入为辅。由于大多数报纸采用的是负定价,报纸的发行收入(销售内容产品的直接收入)不能收回总成本,而必须依靠广告产品的销售收入来弥补。事实上,在报业运营实践中,许多报纸的广告收入远远高于发行收入和其他收入,广告产品创造的价值或者说所获取的利润,在某种程度上已成为报业发展的经济支柱。

正因如此,一些业界人士和学者往往认为,赢利的报业产品实际上主要就是广告,广告不仅维持着众多报纸的正常运转,而且对整个报业乃至传媒业的生存发展,都起着举足轻重的支撑作用。从表面上看,这不无道理。但是,如果深究下去,就会发现问题并非如此简单。因为报纸等传媒的广告资源不是凭空产生的,它必须具备一些前提条件。那么报纸等媒体的广告资源是由什么构成的?它为什么能成为一种商品呢?

简而言之,广告资源就是受众的注意力资源,其表现形式因传媒的种类不同而各异:如报纸、杂志的版面,电台、电视台的播出时段,互联网的网络空间和页面等等。不过,透过不同的"外衣",进一步探究其本质,我们就会看到其中某些属于共性的东西。

各类传媒广告资源或者说注意力资源的形成,都有一个共同的前提条件,就是首先要能引起人们的注意,使社会上广大的人群成为传媒受众,如报纸的读者、广播的听众和电视的观众等,这主要是由于报纸等传媒通过其所传播的各种信息即内容产品,发挥了作用。报纸等传媒的报道、言论或是其他各种有用的或有趣的内容产品,吸引了一定数量的受众,在社会上产生一定影响后,其聚集的这些受众(关注该媒体内容产品的读者、听众、观众),对广告商是具有价值和使用价值的,因而报纸等传媒可以把其受众作为商品出售给广告商。在市场经济发达、传媒商业化程度较高的资本主义国家,许多学者对于传媒经济中的二次销售现象及其奥秘进行了研究,并作出了大致相近的解读。

斯密塞直言不讳地指出:"大众媒介的构成过程,就是媒介公司生产受众,然后将他们移交给广告商的过程。媒介的节目编排是用来吸引受众的;这与以前小酒店为了吸引顾客饮酒而提供的'免费午餐'没有太大的差别。"[①]

马歇尔·麦克卢汉也直截了当地说:"广告客户付钱在报刊上买版面,在电台和电视台买时间。换言之他用钱买到了一部分读者、听众和收视者,仿佛是用钱租用我们的住宅去举行公开集会一样明明白白。如果他们知道如何直接付款购买读者、听众和收视者的时间和注意力的话,他们是乐意照办的。"[②]

达拉斯·斯迈思在《论受众商品及其劳动》一文中对广告作出了进一步的解读:"被广告商购买的受众为其提供的服务的本质是什么?用经济学的术语来说,受众商品是一种被用于广告销售的不耐用的生产原料。受众商品为

---

① [加]转引自:文森特·莫斯可:《传播政治经济学》,胡正荣等译,北京:华夏出版社,2000年,第144页。
② [加]马歇尔·麦克卢汉:《理解媒介——论人的延伸》,何道宽译,北京:商务印书馆,2000年,第259页。

购买他们的广告商所做的工作就是学会购买商品,并相应地花掉他们的收入。"①

以上几位传播学者用不同的表达方式阐明了一个基本观点,即广告资源实质上就是受众的注意力资源,或者说单位时间里的注意力,传媒出售给广告商的商品,表面上看是受众,实际上是作为潜在消费者的受众的注意力和时间,广告商所看重的也正是这一点。

注意力资源既然能够被当成商品出售,它就一定具有商品的使用价值与价值。注意力资源的使用价值,简单说来就是对广告主产品的促销作用(除了宣传商品的广告外还有宣传企业机构等的形象广告)。在商品经济尚不发达或者产品供不应求的社会环境里,注意力资源(即广告产品)的需求并不大。

商品经济的发展使得社会的供求关系逐渐由短缺经济向过剩经济转化,在社会产品过剩、市场竞争不断加剧的后工业社会环境中,广告客户要想使商品信息和企业形象宣传信息从各种海量的信息中脱颖而出,引起广大消费者(包括现实的消费者和潜在的消费者)的关注,就必须借助报纸等传媒的传播力和影响力。

然而,在传媒业高度发达的当代社会,各类信息通过多种媒体和传播渠道,潮水般地向受众涌来,让人目不暇接,有人将此种现象称为"信息爆炸"。几乎每一个生活在当下信息海洋中的人,都有时间和注意力短缺的感受。信息传播与注意力之间的不平衡现象遍及各个领域,为了能吸引注意力,传播者不得不采用信息轰炸和各种富于诱惑性的手法。可是,信息传播与注意力二者之间的不平衡状况依然存在,于是,注意力这种紧缺资源理所当然成为需求者激烈争夺的对象——既是传媒争夺的对象,也是广告商争夺的对象。时下各类传媒以精彩的内容和刺激人们感官的方式,拼命地吸引"眼球";铺天盖地的各类广告,则是这种争夺战的延伸,它体现出注意力资源所具有的使用价值。不过对于广告商而言,这可不是免费的午餐,从其所支付的高昂广告费用,不难窥见传媒出售的广告产品——注意力资源的价值,而广告商则希冀自己的付出能够带来更多的回报。

报纸等传媒的广告产品即注意力资源,其价值量大小如何衡量计算呢?从理论上讲,它可以通过量化的方式来衡定,注意力资源的量化通常是指报纸杂志的发行量、电视的收视率、网络的点击率等。传媒内容产品的发行量、收

---

① [英]奥利弗·博伊德·巴雷特、克里斯·纽博尔德:《媒介研究的进路》,汪凯、刘晓红译,北京:新华出版社,2004年,第273页。

视率、点击率越高,其注意力资源的价值就越大,反之则小。因为在具有较大发行量、较高收视率、点击率的传媒上做广告,也就意味着广告商的产品宣传(包括企业形象等相关宣传)有可能会被更多的消费者和潜在的消费者注意到,从而刺激其消费,带来产品销售量的增长。所以,报纸出售广告产品的价格通常与发行量密切相关,报纸发行量是其所有者同广告客户谈判时讨价还价的重要筹码和依据。尽管如此,注意力资源的价值大小及其计量,仍然是相当复杂的一项工作。

比如,有的报纸发行量虽然不是最大的,但是其读者却是广告商最看重的,即读者群正好是广告宣传的目标对象,所以广告商愿意出钱甚至是出大价钱在这份报纸上面做广告。而有的报纸则恰恰相反,尽管其发行量颇大,可是读者群不是广告商认定的目标对象,故而广告商不愿意在该报投放广告。正因如此,分众化时代传媒目标受众的精准定位,常常可以提高传媒注意力资源的价值。尽管从理论上说,不能简单地用报纸发行量来衡量注意力资源的价值大小,但是在多数情况下,广告商还是把报纸发行量作为投放广告时广告价格高低的重要参照系。而报纸的订阅方式(包括固定订阅和从零售报摊上购买)使注意力资源价值大小的计量有了可供查询的主要依据。在法律、法规健全、媒体自觉守法的报业市场环境中,各报提供的报纸发行量数据较为可信,由此得出的对注意力资源价值大小的估算,也相对可靠;而在法律、法规尚不够健全的报业市场环境里,各报之间的竞争趋于无序化,所提供的各种数据常常不准确,在此基础上作出的注意力资源的价值大小的判断评估,自然也会存在偏差,国内报业市场的现状就属于后一种。

另外,还有其他一些因素使衡量计算注意力资源的价值大小变得复杂和具有不确定性。例如,即使是同一份报纸的不同版面,由于内容产品的质量、影响力和读者关注程度等的不同,其注意力资源的价值大小往往也不一样;甚至同一份报纸的同一个版面,由于区位的不同,其注意力资源的价值也存在差异。那些遍布在报纸各个版面位置被报人称为"贴膏药"的小型广告,其位置很多就是由广告商投放广告时指定的,广告商有时情愿多付一些钱,也要把自己的这类广告安排在特定的栏目旁边。至于广播、电视的不同时段,差别就更加明显了。例如,中央电视台黄金时段的广告费用可以说是天价。又如,在重大体育赛事转播节目中插播的广告,其收费也很高。

报纸等媒体通常根据内容产品受欢迎或受重视程度,来决定相应的广告资源的价格。也就是说,广告资源的价格必须随行就市,这在一定程度上反映出广告资源的价值具有某种不确定性,它无疑给广告资源即注意力资源的价值测算与计量,增加了困难。

除此之外,广告产品本身的制作质量(含广告的创意与制作技术等)也会影响其价值和传播效果。国外最新的理论研究认为,把广告只是作为传媒内容产品的附送搭卖物的观念已经落伍了,要通过引人入胜的高水平制作,体现广告自身的价值,吸引广大受众,进而提高经济效益。吸引眼球的"注意力经济"理论在报业等传媒业早已被普遍接受,报业竞争中的报纸业务从某种意义上说,就是想尽办法吸引读者的眼球,进而赢得广告商的青睐,以便获取尽可能多的经济回报。

国内业界、学界对于报纸等传媒的广告产品的获利方式,还有另一种解读——影响力。首先把"影响力"与传媒经济以及媒体的赢利模式联系起来进行思考并作出解读的,是原北京青年报社社长崔恩卿。早在20世纪90年代中期,他就根据自己主持《北京青年报》工作多年的经验,特别是带领该报走市场、谋发展进行的改革探索及相关思考,拟就了《我的报业经营观》(提纲)(该文后收入其著的《报业经营论》一书中),文中第四部分以纲目的形式较为系统地陈述和解读了其"报业大经营观的基本观点",在纲目中他多次提到了"影响力"一词,如"广告是报纸社会影响力的重要标志"、"广告量和报纸的影响力一般成正比"、"营销原则:小市场大影响,推销影响力"、"营销目标:影响力"、"以市场为中心,以发行为手段,激发市场效应,推销报纸的影响力,引发广告经营潜能,使报纸获得充分交换价值,进入扩大再生产的良性循环之路和发展报业经济的资产增值之路"。① 由此可见,崔恩卿当时已经高度关注报纸的影响力,而且对影响力在广告营销和报业发展中的重要地位和作用,也有了相当明确的认识。或许是受到当时国内报业竞争与发展水平的制约,崔恩卿出版的那部小册子中关于"影响力"的观点,并未产生广泛的影响。

"影响力"作为一种学术观点受到高度重视,并在业界、学界得到普遍认同是在本世纪初,其倡导者是中国人民大学的喻国明教授,他以自己独特的视角审思解读传媒产业经济的本质和关键所在,于2003年初在《现代传播》(一份有影响的新闻传播期刊)上发表了论文《关于传媒影响力的诠释——对传媒产业本质的一种探讨》。该文"一石激起千层浪",在国内传媒业界和学界引发了强烈共鸣。国内传媒业此时正处于市场化、集团化的热潮中,喻国明的这些观点颇具新意,很快得到了普遍认同,人们似乎从中发现了"做大做强"的窍门,而认同该观点的许多人还对其作了进一步的发挥,出现了不少有关"传媒影响

---

① 崔恩卿:《报业经营论》,北京:中国经济出版社,1998年,第76页。

力"的论著。"影响力"作为传媒组织参与市场竞争,获得竞争优势并且产生效益的一个要素,对报纸等媒体的生存发展,无疑具有举足轻重的作用。对其具体内涵及作用的阐释和解读,将在本书后面的相关章节中展开(见第五章:报业竞争力构成要素的微观分析)。

3. 报纸产品的赢利模式探究

如前所述,报业的产品主要有内容产品与广告产品(又称"广告资源"或"注意力资源")两种,它们面对着既有联系又有区别的两个市场,即发行市场和广告市场;同时面对着两类消费者,即广大读者和广告客户。从商品生产和市场流通的角度看,报纸生产出来首先是给读者看的,订阅、购买报纸的读者无疑就是消费者。读者购买和消费的是报纸的内容产品,所以,报纸的内容产品必须尽可能地满足读者的需要,这样才能赢得发行市场,即占有较大的市场份额。可是大多数报纸都采用低定价甚至负定价,这就使得其生产者如果仅靠报纸的发行收入,就有可能入不敷出。报纸为了自身的生存发展,就得想方设法寻求尽可能多的广告收入。也就是说,报纸不仅要满足内容产品消费者——读者的需要,它同时还要尽量满足另一类消费者的需要,即广告客户的需要。

"就报纸的收入而言,读者购买消费报纸不仅支付了货币而且支付了时间,报纸的生产者获得了发行的货币和读者的时间二重收入,从而可以获得发行和广告二重货币收入;因此,报纸的价格也具有二重性,发行价格与广告价格并行;与此同时,报纸的市场也是二重性的,即同时进入发行和广告两个不同的市场"。① 因此,报纸核算成本时,就要同时考虑发行收入和广告收入。

不过,从报纸的生产流程看,内容产品与广告产品(广告资源)两者是一种前后关系,即先有内容产品的生产、发布(销售及服务),产生吸引力和影响力,拥有了读者群之后,即产生了一定数量的注意力资源,才有广告产品的形成与销售。因而内容产品的质量和销售服务情况,直接制约着广告产品的数量和质量。报纸只有先把内容产品做好了,拥有了一定数量的读者,才能吸引到相应的广告客户。换言之,报纸能否获得广告以及获得广告的数量,主要取决于内容产品的质量及其吸引力,因为报纸内容产品对广告客户的吸引力,取决于其所拥有的广告资源的数量和质量,即广告客户关注的报纸发行量所反映出的受众注意力资源(特别是目标受众的注意力资源),它实际上规定了报纸广告的投放量和单位广告的价格。

---

① 金碚:《报业经济学》,北京:经济管理出版社,2002年,第24~25页。

一般而言,报纸读者的规模与其广告收入之间成正比例关系。从表面上看,多数报纸的主要收入和利润均来源于企业、商家等广告客户,但深入分析其内在联系,不难发现,报纸内容产品才是这根经济利益链条的关键环节。传媒产品的"二次销售"理论阐明了报纸内容产品的决定作用。

如前所述,广告产品(即注意力资源)的形成,其前提条件就是首先要能使社会上广大的人群成为传媒的受众,如报刊的读者、广播的听众和电视的观众等,报纸等传媒传播的各种信息即内容产品具有吸引力,形成了一定的影响,聚集了相当数量的受众,才能吸引广告客户,从而出售广告产品,产生相应的经济效益。如果报纸等传媒的内容产品没有吸引力,聚集的受众很少,就很难吸引广告客户,广告产品从何而来?

在报纸产品独特的赢利模式中,报纸内容产品与广告产品的相互关系是辩证的统一。一份报纸想要赢利,首先必须做好内容产品,要尽可能多地采集和制作高质量的新信息,挖掘和凸现其价值,用人们喜闻乐见的方式传播出去,以吸引众多的信息消费者即报纸读者。只有当报纸的内容好看、实用、有吸引力,能够较好地满足人们多方面的信息需求,逐步在社会公众中形成公信力、影响力和权威性,产生良好的社会效益后,才会受到市场的青睐,在赢得众多读者的同时,也吸引大量的广告客户,获得相应的经济回报。

由于现在绝大多数报纸都是采用负定价的运营模式,即报纸的销售收入远远低于生产发行的成本,其亏损部分只能由广告收入来弥补,所以报纸的广告市场份额对于其自身的生存发展至关重要。广告收入高的报纸,其经济状况通常好于广告收入低的报纸,用于发展的资金也会相对充裕,这有利于报纸吸纳更多优秀人才,不断更新设备,进一步提高内容产品的质量,并有可能获得更多的广告资源,由此形成良性循环。正因如此,如何处理好报纸两种产品及其面对的两个市场的关系,对于报纸市场竞争力的培育与提升至关重要。

读者消费的是报纸的内容,报纸内容和发行地区的差异性决定了读者的数量和类型,可以说是一定内容和地区的报纸形成了细分化市场中的一定量的读者群。这个读者群可以成为某种广告的受众群,对于广告客户具有一定的价值。于是,广告客户就可以通过购买报纸广告版面的方式,获得广告受众接触广告信息的时间。问题是,读者群接触了报纸上的广告信息并不等于对广告客户就一定具有实际的价值,即一定可以实现广告客户促销产品的目的。如果读者对广告客户发布的广告信息完全没有兴趣,广告客户购买的报纸广告版面就成为没有实际效用的东西。作为广告受众的读者群只有对广告客户发布的广告内容具有兴趣并产生购买欲望,才能最终实现广告客户发布广告信息的目的。所以,一份报纸的两类消费者越具有兴趣相关性,报纸就越能够同时满足两类消费者的实际需求,报纸的价值实现程度就可能越高。[①]

为什么现在报纸专刊专版的地位如此重要?因为它们面向市场,针对广告客户的需要,采集和撰写能够吸引消费者和潜在消费者"眼球"的信息内容,制作成读者喜闻乐见的版面,这已成为报纸获得广告的主要手段之一,故而有不少报纸都是让副总编抓专刊专版。报业的高层管理者和经营者只有既熟悉内容产品的生产,又了解发行和广告等营销环节的运作状况,才能胸有全局,统筹安排,以期获取最佳的传播效果和经济效益。

综上所述,报纸这种精神产品的特殊性决定了其赢利模式的特殊性,报纸所生产的两种主要产品(内容产品与广告产品)存在着相互依赖、共生共荣的关系,前者是后者生成的前提和基础,后者是前者赢利的重要手段和扩大再生产的保障,两种产品缺一不可。如果只是盯住其中一种,却忽略另一种,反而不利于报纸的生存发展。换句话说,报纸的赢利模式就是依靠读者市场来赢得广告市场,而读者直接面对和接触的是报纸内容——其所需要的各类新信息。在新闻传播实践中,越是优秀的报纸,信息产品的质量就越高,满足社会公众需求的能力就越强,由此产生的社会效益和经济效益往往也好于同行,成为更具竞争力的强势媒体,倘若形成一种良性循环,它便获得了可持续发展的原动力。

当然,在报业实践中也有例外的情况:有的报纸内容产品做得不错,却叫好不叫座,发行量虽然上去了,可是广告资源似乎并不多(吸引不了广告客户),因而经济状况反倒不如内容产品逊色于自己的某些报纸。作为报业的高层管理者和经营者,要深入思考个中原因,采取相应的对策,努力适应两个市场的需要,以提高自身的经济效益。

三、报纸社会角色与两个效益之关系探讨

从报业发展和报纸演变的历史看,早期报纸的基本类型可分为两大类:一类主要出于宣传目的及相关需要创办出版的报纸,这类报纸以政党报为代表,包括各种机构、团体以及政党组织出版的机关报等;另一类则以满足市场和读

---

① 金碚:《报业经济学》,北京:经济管理出版社,2002年,第13~14页。

者需要为手段,以赢利为主要目的而创办出版的报纸,这类报纸以大众化报纸(西方早期又称"便士报")为代表,包括现当代各种参与市场竞争、注重经济效益的报纸。

政党、机构及其组织等创办出版的机关报不以赢利为目的,注重发挥报纸的宣传说服等功能作用,社会角色定位为政党组织的"喉舌"或宣传工具,其办报的资金大都由所属政党机构团体组织提供,因而不需通过市场竞争来求得其生存发展,甚至完全不必考虑经济效益问题。

大众化报纸和其他市场化报纸恰恰相反,它们从诞生之日起就力图有别于政党机关报,以淡化政治色彩、强调经济自立、标榜客观公正为特征,其社会角色定位依据编辑方针的不同而各异:精英类报纸自诩为社会良知且富于批判精神,强调其公共性、公益性和理性等特性;通俗类报纸则扮演市民读者的良师益友,突出可读性、趣味性、娱乐性、服务性等特性。虽然存在种种差异,但它们也有共同之处,即都是市场经济的产物,要遵循新闻规律和经济规律参与竞争,通过满足市场和消费者需要来寻求自身经济利益的最大化,其商业性特征与其他企业(公司)相似,不同之处是其所具有的意识形态属性及社会公器的功能作用。

政党报纸在近代报坛上曾一度盛行,但随着大众化报纸的兴起,西方资本主义国家的政党报纸日渐式微,在有的国家中已难觅踪影。而各种市场化报纸(包括大众化报纸、精英报纸等)则成为当代报业发展的主流,报刊业作为一项产业在西方发达国家也比较成熟了,商业化程度很高,市场运作也较为规范。

对于走向市场参与竞争的报纸而言,报纸社会角色扮演中存在的基本矛盾,就是如何处理好公共利益与自身利益这二者的关系问题,或者说是如何兼顾社会效益与经济效益,力求达到二者统一的问题。虽然从理论上说,二者的关系本来应当是不矛盾的,媒体只要有了好的社会效益,就理应带来好的经济效益,二者互为因果,相辅相成。可是现实情况并非如此简单。

报纸等媒体具有二重性,使其常常在公共利益与自身利益的博弈中权衡利弊,在不同的价值取向面前(倾向社会效益或是经济效益)作出困难的抉择。特别是在市场化、商业化浪潮的冲击下,这些矛盾更为凸显。报纸等传媒如何才能保持客观公正,恪守职业道德,真正履行其"社会公器"的义务和责任,日益成为一个令人担忧的严重问题。

回顾西方国家报业发展的历史,报纸社会角色失衡的例子比比皆是。其中最典型的个案莫过于19世纪末期在美国报界盛极一时的"黄色新闻"大战。

当时的大众化报纸为了追逐更多的利润，想尽办法扩大发行量：报人以极度夸张甚至捏造情节的手法，大肆渲染刺激性新闻，精心制作耸人听闻的标题吸引公众眼球，尤其热衷于煽情报道（包括色情和暴力犯罪等方面的内容）。其中的代表人物是"声名显赫"的赫斯特，他的《纽约新闻报》在炮制"黄色新闻"方面更是达到了登峰造极的地步，该报的发行量一度是美国报纸之最。

然而好景不长，违背规律必然要受到惩罚。赫斯特的种种恶行引起了全国的公愤，最终为美国社会所唾弃，公众在人群汇集的场所悬挂赫斯特被吊死的模拟像，并广泛抵制《纽约新闻报》。迫于压力，赫斯特不得不将报名改为《纽约美国人报》，但该报还是一蹶不振，迅速走向衰落。这就是报纸社会角色失衡、行为失范所带来的严重后果。赫斯特为了赢得竞争，把报纸当成赚钱机器，见利忘义，以虚夸的方式传播大量不实信息，污染社会环境。为了谋求私利而无视应尽的责任，他忘记了报纸作为"社会公器"必须履行的职责，突破了职业道德底线，最终害人害己。

类似的沉戟折沙案例屡见不鲜。2011年发生的一起轰动案件，就是传媒大亨默多克旗下一份具有168年历史的英国《世界新闻报》，其雇员的窃听丑闻（包括对失踪女孩、恐怖袭击受害者、阵亡英军士兵家属的语音信箱以及诸多名人等所进行的窃听）被曝光后，引发了公众的愤怒。迫于社会各方压力，该报于2011年7月10日关门大吉。由此可见，即使是西方资本主义国家的商业报纸，也不能违背新闻规律，报纸在追求经济效益的同时，还必须讲求社会效益，即在二者的平衡中寻求发展。

当然，西方报纸自觉承担社会责任、兼顾两个效益且办得成功的实例也很多。美国的《纽约时报》就是这样一份百年大报。该报自1896年改版后，以其对报纸社会角色的深刻理解，秉承专业主义的办报理念和对社会公众负责任的态度，制定并一以贯之地执行其编辑方针，坚持客观公正的立场，提供真实准确的信息，因而成为报界的典范，不仅为美国主流社会和精英阶层所推崇，而且为自身赢得了世界性声誉。作为全球最有影响力、公信力和权威性的品牌日报之一，《纽约时报》能够历经一个多世纪而不衰，靠的就是注重社会效益以赢得公众和市场，从而获得持续的竞争优势，产生良好的经济效益。所以，兼顾两个效益并达到二者统一，是报纸创立品牌、获得可持续发展的一条正道。

西方报纸的记者编辑们出于社会责任感和对新闻理想的追求，倡导新闻专业主义，恪守职业道德，努力排除来自各个方面因素的干扰（包括权力机构的干预和商业利益的诱惑等），竭力维护报纸良好的社会形象。这种执著的追求无疑为报纸的社会效益奠定了坚实的基础。而为达到此目的，有的报纸甚至采用了某些"极端"的做法。"在传统上,报纸的独立功能是很重要的角色,它依赖于宪法对出版自由的保障,它强调公众的利益,扮演一个有时是批评企业、政府或是其他利益集团的角色。尽管在报纸的编辑和商业部门间存在长期的紧张关系,但大报纸的传统是平衡两者,同时保持编辑部门的独立性。在该行业'教会和政府分开'是很为人知的,也许最典型的是《芝加哥论坛报》,直到 80 年代,它还保留着总部的编辑人员和非编辑人员使用不同的电梯"。①

《芝加哥论坛报》的做法固然有点"极端",但是,美国等西方国家的新闻媒体强调立场独立性的观点,还是被业界所广泛认同。许多新闻工作者都以新闻专业主义为准则,规范自己的传播行为,追求既定的职业理想,抵制超越原则的权力机构干预和有损公共利益的各种商业诱惑。然而,在市场经济发达的商业社会中,追求利润最大化的本能冲动,必然引发报社采编人员与从事广告经营人员的矛盾,而其根源则是报纸社会效益与经济效益二者之间的矛盾。它折射出人们对报纸社会角色的不同理解,以及由此形成的价值取向上的差异。

  报社中"教堂"和"国家"的分离最终导致的结果是报纸的编辑部与广告经营部势不两立。记者总觉得商业将玷污他们的名声,而另一方面广告经营部的工作人员又觉得采编人员太不现实,太自以为是。虽说他们的态度不像采编人员那样明显地采取敌对情绪,但他们很容易滋长这种情绪。其结果是双方都不接受对方的工作目标和价值,即使对于报纸的成功来说双方的价值都是不可或缺的。②

  记者向来对经营之事很谨慎,因为他们觉得自己是无权无势的普通百姓的代言人(顺便提一句,这也是赢得大量读者的一个有效办法,多数读者肯定会觉得受委屈)。然而不管报纸的根本目的是什么,不管它是迫于追求发行量还是追求一种更高尚的信念,对全体编辑人员来说,报纸吸引了许多人,是因为人们觉得报纸不同于其他的经营项目,报纸有一种精神,有一个灵魂。因此,当他们听到出版商公开地、毫不害臊地大谈成本和利润时,他们自然会感到很不舒服。大多数记者和编辑是从另一个角度来看这个问题的。他们认为赢利不是报纸的根本目标,社会效益才是

---

① [美]戴维·贝赞可、戴维·德雷诺夫、马克·尚利:《公司战略经济学》,北京:北京大学出版社,1999 年,第 610 页;转引自:金碚《报业经济学》,北京:经济管理出版社,2002 年,第 186 页。

② [美]戴维·富勒:《新闻的价值——信息时代的新思考》,陈莉萍译,北京:新华出版社,1998 年,第 219 页。

报纸的目的。①

然而理想与现实总是有距离的。美国等西方国家的报业实践表明,在高度商业化的环境中,报纸等媒体不可能独善其身。虽然资本主义国家中的多数报纸都标榜客观公正,为社会和公众服务,强调其公信力,但是很多时候却难以真正做到。因为从本质上看,资本主义国家的报纸存在着无法解决的矛盾:这就是媒体的私人所有(即所有权归资产拥有者)与媒体自身所具有的特性(必须面向社会服务大众和公共利益)这二者之间,不可避免地会发生利益冲突,并导致媒体的社会角色失衡。一方面,作为新闻传媒,报纸的生存发展及其功能作用的发挥,须臾离不开社会公众,而且要尽可能地满足其需要,为其提供各种信息服务,同时还要代表社会良知,发表意见,监督政府官员和权力机构等,以履行好自己的职责;另一方面,资本的本性就是要增值,所以,追求利润的最大化是其商业利益所在,也是报纸所有者通常作出的选择。尤其是当报纸的商业利益与社会公共利益二者发生矛盾冲突的时候,利益取舍的天平往往会向报纸所有者的私利这一方倾斜。

坚持不让广告商介入这一原则说起来容易但执行起来是很难的。大家都知道一旦广告商认为报纸上登了有损他们利益的报道,他们惩罚报纸最简单的方法是从报社中抽出数百万美元的业务。如果刊物的规模原来就不大,经济资助的来源就较窄,那么这种惩罚是很痛苦的(设想一下,假如一份由化妆品工业资助的专业刊物提出严禁使用动物做实验,指责这种行为惨无人道,那么我们能想象出该刊物可能面临的困境和麻烦)。然而即使是一些大报纸,要想坚持并加强报纸中"教堂"和"国家"之分的根本宗旨,也会出现麻烦和痛苦的。②

对于大部分经济来源都依靠广告收入的报业而言,报纸的编辑方针、报道和言论要想完全不受广告客户的影响(特别是与报纸有着密切业务关系的大客户),几乎是不可能的。在资本主义制度下,多数报纸为私人所有(实行股份制的报业集团公司旗下的报纸本质上仍然属于私有财产),投资人创办报刊或是组建报业集团(公司),主要目的在于赢利,以及为自身的其他利益需要服

---

① [美]戴维·富勒:《新闻的价值——信息时代的新思考》,陈莉萍译,北京:新华出版社,1998年,第205页。
② [美]戴维·富勒:《新闻的价值——信息时代的新思考》,陈莉萍译,北京:新华出版社,1998年,第207页。

务。然而新闻媒介又是关系到千家万户的社会公器,人们需要通过它获取新信息、发表不同的意见观点,进而理智而有效地从事各项社会活动。于是,报纸的私人所有和媒介职能作用的社会公共性之间的矛盾,就成为报纸难以逾越的障碍,它在利益攸关的问题上立场态度难以真正客观公正,这是无法解决的深层次矛盾。

由此看来,在许多情况下所谓客观公正无非是报纸所有者为获取经济利益和其他利益的一个幌子,在它后面总是有利益集团的身影——利用报纸来挣钱与谋利。这同商人所说的"顾客是上帝"并无两样,目的在于招徕更多的顾客;如果有利于赚钱,有利于他们的利益需要,就给公众"施舍"一点这样的"权利";反之,就可以不予理会。①

正如美国学者阿特休尔所比喻的那样:"新闻媒介好比吹笛手,而给吹笛手乐曲定调的是那些付钱给吹笛手的人",因为"新闻媒介的内容直接关系到给新闻媒介提供资金来源者的利益"。② 美国评论家雷蒙德·威廉斯就曾指出:"新闻媒介只要在商业体系中运行,就不可能对社会负责。"他认为,"不管如何,最终赚钱的欲望总是胜过发表不失偏颇而有益于社会的消息的意念"。③

虽然这些观点未免有些走极端,却很深刻。不过,在一般情况下,即使西方国家的商业报纸也不能不兼顾两个效益,努力寻求二者的平衡。因为报纸等大众传媒的本质属性决定了其生存发展的内在规律:倘若传媒不能够发挥其所具有的社会公器的功能作用,不讲公德,缺乏公信力,必然会丧失自身存在的价值,从而被社会和公众所唾弃。所以,在谋求自身经济利益的同时,传媒也要尽力为社会和公众利益服务。这是一条已经被传媒业发展的实践和历史所证实了的基本规律。违背规律的传媒或许能一时获利,但终将自食恶果。

但即使明白这一道理,实践中仍有媒体见利忘义,以身试法,前面提到的赫斯特的《纽约新闻报》和默多克旗下的《世界新闻报》就是实例。正因如此,西方国家普遍都制定了相关的新闻法,规范和监督媒体的行为,确保其履行应尽的责任,维护社会和公众的利益。美国除《宪法》中"第一修正案"的相关规定外,还有《反诽谤法》、《版权法》等法律、法规;法国除《宪法》有所规定外,还

---

① 张允若:《西方社会责任新闻理论评析》,载《新闻大学》,1991年夏季号;参见"中国新闻传播学评论"网(CJR),http://www.cjr.com.cn
② [美]赫伯特·阿特休尔:《权力的媒介》,北京:华夏出版社,1989年,第287页。
③ [美]赫伯特·阿特休尔:《权力的媒介》,北京:华夏出版社,1989年,第287页。

有《出版自由法》等。20世纪40年代在美国兴起的社会责任论,就是直接针对新闻传媒(当时以报刊业为主)种种不讲社会道德、一味追逐商业利益的行为和不良倾向所造成的危害提出的。这些法律、法规的制定以及社会责任论等理念的提出,表明西方国家同样也把报刊的社会效益放在十分重要的位置上,只是由于多数报刊均为私人占有,在报刊商业利益与社会责任两者发生矛盾冲突时,往往会出现社会责任缺失的现象。因为资本追求效益实现利润最大化的本性,锁定了西方国家大多数报刊经营者的最终目标。这是资本主义制度下市场法则所决定了的,是不以人们的主观意志为转移的客观规律。

事实上,除了商业利益方面的困扰之外,来自权势和政治因素等方面的干扰也是报纸难以避免的,特别是涉及当政者的利益和一些敏感问题时,更是如此。

与西方资本主义国家的报业发展状况迥异,中国特殊的国情使得政党类报纸长盛不衰,政党报纸在各个历史时期的报业结构中均占据重要地位。新中国成立后,党报的主导地位得到进一步强化。各种民间私营报纸(包括民营报、同人报和其他商业报纸)在近代和现代报业发展的高峰期,曾经出现过不同程度的繁荣景象,然而,在新中国诞生后,这类报纸由于不能适应变化了的环境,有的相继停办,有的则在实行公私合营的社会主义改造后实际上变成了公营报纸(如新中国成立后在大陆继续出版发行的《文汇报》《大公报》《新民报晚刊》《光明日报》《新闻日报》)。换言之,真正意义上的大众化报纸(即以赢利为主要目的的商业报纸)在当时大陆境内已绝迹。虽然也有一些面向市民、注重可读性的报纸已具有大众化报纸的雏形,但其性质和管理机制仍与党报和机关报相差无几(如《北京晚报》《羊城晚报》等),"文化大革命"期间则全部停刊。原有的党政机关报在"文革"期间也脱离了正常的运行轨迹,许多报纸沦为政治斗争的工具。

在计划经济体制下出版的各级党报(含部门机构的机关报),基本都是吃"皇粮",事业发展与物质上的一切需求,都由国家和政府财政计划拨款补贴,根本不用考虑经济效益。那时候,报纸只强调社会效益,常挂在报人嘴边的一句话"办报不能算经济账,要算政治账",就是这种思想的集中体现。只要政治上不出事,就可以把报纸一直办下去。

改革开放之后,我国确立了以经济建设为中心和改革开放的国策,报纸开始讲求经济效益和重视经营管理,特别是在实行社会主义市场经济后,被推向市场的报纸必须依靠自身的实力求得生存和发展,报纸经营与管理及经济效益更成为重中之重。但是,党报主要作为党和政府的宣传舆论工具,这一性质并未改变。

随着改革的不断深化,国内报业结构发生了重大变化,作为主流媒体的各级党报,其办报经费依靠政府财政拨款的数额逐年减少,有的则已实施"断奶"。国内"准市场化报纸"(包括都市报、晚报等以市民为主要读者对象的报纸均属于此类报纸)尚处于成长期,多数地区的报业市场发育还不够充分,报纸的市场化程度也不高,同时缺乏相应的法律法规和成熟的管理制度,所以市场运作仍不够规范,报纸的社会角色与其对自身利益的追求,二者之间的矛盾冲突日益显现。

一方面,作为新闻传媒的报纸,它肩负着极为重要的政治使命,即作为党和政府的"喉舌"、舆论导向的利器,同时也是人民大众的"喉舌"和"社会公器",履行着上情下达和下情上达等信息沟通与协调的职能,通过报道新闻、反映舆论、普及知识、提供娱乐、传承文化等信息传播活动,满足社会公众的各种信息需求,在推动中国的现代化建设、民主化进程及构建和谐社会等诸多方面,发挥着不可替代的重要作用,故而它必须注重社会效益。

另一方面,报纸等新闻传媒又作为"准企业"被推向市场,实行企业化运作,即走上了自主经营、自负盈亏、自我积累、自我发展的市场化、产业化的道路,因而具有一般企业的属性,必须讲求经济效益,在市场竞争中也要追求利润的最大化。在两个效益的博弈中孰轻孰重,从理论上看似乎不成问题,可是操作中却又颇费思量,因为要舍弃实际利益并非易事。

如果从"喉舌"和"社会公器"的角色定位来审视报纸等新闻传媒,它无疑应当谋求公共利益,代表社会良知,遵守职业道德规范(客观、公正、不偏不倚、不以公权力谋求私利等),在社会转型期的背景下,国内的新闻媒体更肩负重要历史使命,因而必须遵守宣传纪律,坚持正确的舆论导向,顾全大局,维护社会稳定……总之一句话,就是报纸等媒体要把社会效益放在第一位。

如果从市场竞争的主体即"企业化经营"者的角色定位审视报纸等新闻传媒,它同别的企业一样,有着自身的利益追求,特别是在竞争日趋激烈的市场环境中,假如报纸经营管理不善,经济效益不好,就难以生存下去。所以,报纸为了生存发展,就应当遵循市场规律,要想方设法赢利,而不能做亏本买卖。换句话说,报纸在市场经济条件下既要追求自身的经济利益,又要履行"社会公器"的职责,即在赚钱和理想二者之间努力寻求平衡点。

在商业化浪潮的冲击下,部分报纸出现了以牺牲社会效益来谋求经济利益的不良倾向,被称为新闻界的"四大公害"的"有偿新闻、虚假报道、低俗之风、不良广告"等问题此起彼伏,不断涌现,且有愈演愈烈之势;为了在市场竞争中获胜,某些报纸采用一些不正当的手段,导致恶性竞争频频发生;一部分党报的发行量和影响力下降,有被边缘化的趋势;主流新闻弱化,新闻报道娱乐化等等。这些问题引起了上至领导下至民众的广泛关注,也为业界和学界人士高度重视。

处于转型期的中国社会,报纸的社会角色变化和呈现出的现实矛盾,使业界、学界不能不认真思考和深入研究相关问题:社会转型期报纸究竟应当扮演怎样的社会角色?其承担的社会责任与其追求的现实利益有何矛盾?如何寻找二者的平衡点以利于报纸自身发展和社会目标的更好实现?这些问题都是国内的报业组织(报纸、期刊、报业集团等)必须正视并作出正确选择的实际问题。

随着新闻传媒由单一的宣传工具向作为信息传播者和商品生产者等多元化的角色转变,新闻传媒的娱乐功能、服务功能日益凸显,加之市场生存的压力,使得新闻媒介陷入了作为党的喉舌、社会公器、市场主体等不同社会角色的博弈和困惑之中。在多重角色的博弈过程中,新闻传媒一旦突破维系平衡的基本准则,剑走偏锋之下的角色失衡和行为失范即成为必然。时下,在新闻传播活动中屡禁不止的有偿新闻、虚假新闻、新闻侵权、恶意炒作、内容低俗化等诸多问题,究其根源,就是新闻传媒及其从业者在追求现实利益时,忽略甚而忘记了其本应承担的社会责任,或是在二者发生矛盾冲突时,不能摆正关系,见利忘义,导致新闻报道及媒介组织的公信力受到严重损害。

尽管从总体上说,角色失衡和行为失范的媒体及其从业者仍属少数,但是,其影响恶劣,危害极大,且有蔓延之势。所以,这类问题已引起各方的高度重视,业界、学界也对此进行了反思,并从理论上做过一些探讨。

传统的新闻理论认为,社会主义国家的报纸不存在两个效益相对立的矛盾,即便市场经济条件下实行"事业单位,企业化管理",许多学者在论述这一问题时,依旧认为二者是不矛盾的。比如,有论者称"新闻传媒的社会效益和经济效益的统一是市场竞争的内在必然要求"。[1] "社会效益同经济效益的完美统一和良性互动是市场经济的内在必然要求。新闻传媒完全可以凭借良好的社会效益获得最大的经济效益"。[2] 这些论述从学理上说固然有其合理的

---

[1] 吴海荣:《试论新闻传媒社会效益与经济效益的辩证统一》,载《广西大学学报(哲学社会科学版)》,1996年第5期,第70~74页。

[2] 陈勇:《试论新闻传媒的经济效益与社会效益》,载《四川师范学院学报(哲学社会科学版)》,2002年第4期,第59~61页。

一面,可是,在大量相反的事实屡屡发生的情况下,其阐述的道理又难免显得苍白而缺乏说服力。

我们不应回避矛盾,而应当直面现实。尽管国内报业的主管部门(从中宣部到各级党委宣传部、从国家新闻出版总署到省市新闻出版局)都明确规定报纸等新闻媒体必须把社会效益放在第一位,然而,报业实践中媒体对经济效益的追逐还是对这一规定形成了冲击。打"擦边球"甚至突破底线的事情时有发生。

因为对于很多报业组织而言,经济效益是硬指标,利润的高低很容易量化,如果收入减少了,就会直接影响单位人员的福利,甚至危及报纸的生存发展;而社会效益则是软指标,只要没有出重大政治事故,被称为"四大公害"等的违纪违规行为,其所造成的负面影响很难量化,况且利弊得失从短期来看,可能还是利大于弊(因为违纪违规行为大都与现实的商业利益有关联)。

与此同时,对于社会效益的评价标准也存在模糊性和不一致性。例如,报纸的政治属性(意识形态属性)使得国内政党类报纸的基本功能仍以宣传为主,在满足各级权力机构(包括党政机关和各种职能部门)宣传需要的同时,尽可能地满足读者的信息需求,这是对大部分党委(政府和各级机构)机关报的要求。而其他类型的报业组织其社会效益的评价标准也是大同小异。每当各级权力机构的宣传需要与一般社会读者的信息需求发生矛盾冲突时,政党类报纸的基本属性使之必然向前者倾斜(对可能不利于权力机构的突发事件、敏感问题的相关报道和言论加以限制,而受众的知情权和信息需求被损害),这些做法在国内报纸已成惯例,即使是走向市场以市民为主要读者对象的报纸(包括名称各异的都市报、晚报等以市场为导向的报纸),也都遵守这一行规,偶有突破则冒着被批评甚至遭惩罚的风险。在这样的背景下,敢于承担风险、大胆报道真相,为维护公众和社会利益而得罪某些利益集团、冒犯权力机构的媒体及其从业者,尽管容易得到广大读者的认同和市场青睐,但难免被视为"添乱者"而划入另类,其官方评价往往不高。相反,不愿意承担风险的报纸(多为机关报)让读者不满意,其市场认同度也随之降低,经济效益下滑。然而,从官方的角度评价这些报纸,则属于"帮忙不添乱"的好报纸。在这样的现实语境中,国内报纸扮演的社会角色颇为尴尬,媒体从业者在新闻传播实践中也时常陷于两难抉择的困境中。

在报业发展的历史进程中,报纸的社会效益与经济效益二者通常是相互依存的一对矛盾体,表面上看它们时常处于对立的状态,但是,从长远看,这二者又是统一的。这种对立统一关系既左右着报纸的社会角色定位和编辑方针,也体现在其采、写、编、评等具体的新闻传播活动和报业经营实践之中。

前已论及,在报业发展史上各类报纸的种种表现及其各不相同的命运表明,报纸的生存发展是有其内在规律的,遵循规律者走向成功坦途,违背规律者难逃败北厄运。尽管报纸实践在不断发展变化,可蕴含在其中的规律则是相对稳定的,并且不以人们主观意志为转移地发挥着其独特的作用。

明智的报人洞悉其中奥秘,遵循办报的基本原则和内在规律,妥善处理两个效益的关系,使报纸既能够较好地履行其社会责任与义务,又可获得丰厚的经济回报,实现了报纸的良性循环与可持续发展。但是,有的报人或是不了解报纸两个效益的辩证关系,或是未能把握好尺度,导致报纸角色失衡现象发生,令自己及其所办的报纸陷于某种困境;更有甚者,利令智昏,在追求利润最大化的过程中突破职业道德底线,罔顾报纸应尽的责任,违背了社会公德,直至众叛亲离,声誉扫地,公信力完全丧失,使报纸走上绝路。无论在国外新闻界还是国内新闻界,这种情况都曾发生过,其经验教训应当成为镜鉴。

中国社会正处于转型期,媒介生态环境特别是读者需求发生了根本性变化,包括党报在内的各类报纸也必然要作出相应的调整,才能适应已经变化了的客观环境,满足读者多元化的需求,进而发挥自身的功能作用,产生良好的社会效益和经济效益。在市场经济条件下,报纸能否拥有忠实的读者群和占有较大的市场份额,这不仅直接关系到报纸的经济效益,而且影响到它的社会效益,没有一定数量的读者,就没有足够的影响力,正确引导舆论的目的也会落空。

"没有读者,没有市场,就没有阵地可言、更没有导向可言",[①]时任南方日报社社长、报业传媒集团公司董事长的范以锦先生这样评价当下的报纸。这段话虽然简短朴实,却十分深刻,且击中要害。他一语道出了社会主义市场经济条件下报纸角色的真谛。

事实上,不仅国内在一线拼搏的报业高管对报纸发展的新趋势有了新的认识,而且中国的最高领导层,对包括报纸在内的传媒及其所属的文化产业,其认识也在不断深化,两个效益辩证关系的论述多次出现在有关领导人的讲话和文章中。

中共中央政治局常委李长春同志在2003年6月27日发表的《在文化体制改革试点工作会议上的讲话》中就指出:"在社会主义市场经济条件下,文化产品的生产和传播,绝大部分都要进入市场,遵循市场规则,通过商品交换,转换为群众的消费。也就是说,只有把文化产品变成商品,变为广大群众的消

---

① 范以锦:《南方报业战略》,广州:南方日报出版社,2005年,第234页。

费,才能最大限度地实现文化的宣传教育功能,强化它的意识形态属性,达到以优秀作品鼓舞人的目的。就这个意义讲,文化产品的意识形态属性与产业属性是紧密相连的,占领市场和占领意识形态阵地是统一的,社会效益和经济效益是一致的。"

李长春同志于2010年在第12期《求是》杂志上又发表了题为《正确认识和处理文化建设发展中的若干重大关系　努力探索中国特色社会主义文化发展道路》的文章,该文全面阐述了当前文化建设发展中需要正确认识和处理的"两种属性"和"两个效益"的关系,要求始终把社会效益放在首位,并努力做到社会效益与经济效益有机统一。

李长春同志指出,在社会主义市场经济条件下,文化产品既有教育人民、引导社会的意识形态属性,也有通过市场交换获取经济利益、实现再生产的商品属性、产业属性、经济属性。在"两种属性"中,意识形态属性是文化产品的特殊性,商品、产业、经济属性是文化产品的普遍性。不能因为文化产品具有商品的一般属性,就忽视其意识形态的特殊属性;也不能因为文化产品具有意识形态的特殊属性,就排斥其商品的一般属性,而是要把两者统一起来。

正确把握"两种属性"的关系,要求我们必须正确认识和处理"两个效益"即社会效益与经济效益的关系。不论是公益性文化事业,还是经营性文化产业,都要突出以文化育人的功能。每个国家、每个民族、每个人都要有精神支撑,因此要充分发挥文化陶冶情操、凝聚力量、提振信心、鼓舞士气的重要功能。公益性文化事业、经营性文化产业,只是文化形式的差别、载体的不同,而承载的精神即文化的灵魂应是一致的,那就是必须以传播社会主义先进文化为己任。因此,文化建设必须坚持社会主义先进文化前进方向,把社会效益摆在首位。发展公益性文化事业,就是要追求社会效益的最大化,不搞产业化,但也要在内部引入激励机制,改善服务。发展经营性文化产业,就是要在把社会效益放在首位的前提下,努力实现社会效益与经济效益的有机统一,当经济效益同社会效益发生冲突时,经济效益要服从社会效益。

李长春同志上述讲话内容,无疑是运用马克思主义的立场、观点,对传媒等文化产业发展的内在规律作出的权威解释,它也是报纸等新闻媒体在实践中应当遵循的基本原则。特别是党报等主流媒体,在社会转型期更应当自觉地发挥中流砥柱的作用,以社会主义核心价值理念指导其新闻传播实践,既要以先进文化和积极向上的精神鼓舞和激励人们,引领社会潮流,又要长袖善舞,有效占有一定的市场份额,在产生良好社会效益的同时,获取较好的经济效益,促进中国报业朝着预期的现代化正确方向转型。

第四章

报业竞争与发展问题的宏观审视

分析了报业的基本属性及其特点、报纸产品的特殊性及主要赢利模式,以及报纸社会角色与两个效益之关系等问题后,我们可以进一步讨论报业领域的竞争与发展问题了。要想深入研究报业组织的竞争力与核心竞争力等问题,首先必须弄清一些与之相关的基本概念;同时应当对目前国内报业市场的竞争主体、竞争状况、发展趋势等问题有一个大体了解,并联系现实的媒介生态环境,考察其对报业发展的影响与制约作用。在这样的基础上,才能更有针对性地探究报业组织竞争力特别是报业集团核心竞争力等更为复杂的问题。下面,就从廓清基本概念入手。

一、对几个核心概念的解读辨析

谈到报业领域的竞争与发展问题,总是离不开"竞争力"、"核心竞争力"和"竞争优势"等几个使用频率极高的关键词。然而在现实语境中,人们对这几个关键词的理解,总是存在某些差异。而且对核心概念的不同解读,往往又会影响研究取向,甚至有可能导致研究步入歧途。因此,我们有必要从这几个关键词的词义解读和辨析入手,进一步明确研究对象及其适应的范围。

近十余年来,关于报业领域的竞争与发展问题研究,逐渐成为业界、学界关注的焦点,其研究内容涉及报业组织(含党报、都市报、专业报、报业集团及报业传媒集团等)的竞争实践和发展思路,具体包括报业组织的资源优化配置、体制机制改革、人员素质的提高、竞争策略和发展战略的制定、发展路径的选择等等。这些经营与管理方面的问题,大都同报业组织所拥有的竞争优势,以及如何增强其竞争力,认识、培育和提升核心竞争力等密切相关,于是,"竞争优势"、"竞争力"、"核心竞争力"等概念也频繁出现在人们的视线中,逐渐成为相关研究领域中的三个关键词。

从已经发表和出版的有关论著中不难发现,这三个概念出现的频率极高,且颇受各类作者青睐,但是又常常被随意使用,故而也就变成最容易混淆和产生歧义的概念。不言而喻,要深入探讨报业领域的竞争与发展问题,显然绕不开这几个相互关联的基本概念。只有使用的概念规范严谨,所要讨论的问题层次分明,才不至于把一些容易混淆的研究对象搅在一起,作出似是而非的判断和结论。所以,明晰概念就是必不可少的一项工作。

"竞争力"、"核心竞争力"、"竞争优势"这三个同竞争与发展问题密切相关的概念,是一组从经济学和管理学等学科引进借鉴过来的概念,它们也是探讨企业的竞争与发展战略问题的基本概念,在经济学、管理学的各种论著中,经常出现其身影。

与此同时,我们注意到在不少讨论报业领域竞争与发展问题的文章或著作中,"竞争力"、"核心竞争力"、"竞争优势"三个词语,属于关联性很高且经常被相互替换使用的概念。因此,很有必要对其含义以及相互关系作一仔细辨析。

"竞争力"、"核心竞争力"、"竞争优势"这三个术语之所以容易被混淆,就在于其词义所具有的相似性和关联性。作为探讨竞争性市场中企业生存发展之道的常用词,它们的边界模糊,彼此间难免存在着一定程度的交叉关系,因而往往是你中有我、我中有你,很难将其截然分开。但是仔细斟酌考量,其区别还是存在的。下面先从"竞争力"这一概念切入,解读其含义,然后分别解读"核心竞争力"、"竞争优势"的含义,再对三个词语之异同作一比较辨析。

"竞争力"作为学术用语,是一个内涵复杂的概念。然而,自20世纪90年代以来,"竞争力"一词被人们广泛运用于各种领域和场合之中,逐渐成为一个耳熟能详的常用词。现实生活中多数人在使用"竞争力"一词时,并不会深究其复杂含义,往往不假思索,张口就说,带有很大的随意性。"竞争力"由此也变成了一个多义词,即在不同的现实语境中,其往往具有不同含义,这是一个无法改变的既成事实。

比如,从宏观层面研究产业竞争关系的时候,竞争力通常是指一国的某一产业与其他国家同一产业之间进行比较具有的竞争优势;从中观或微观层面研究与企业竞争相关的问题时,竞争力主要指不同企业之间的生产效率、获取收益的能力及水平,或者是对其综合实力比较得出的认识。

又如，在更为具体的层面讨论产品的竞争关系时，"竞争力"的含义则变成不同企业生产的同类产品（或服务）之间进行比较的结果，即指其是否由于某些特殊素质或价格（成本）因素而具有竞争优势。

至于在日常生活或工作中，人们使用"竞争力"一词来评价某个人及其具有某种能力或某方面的优势时，那已经不是真正意义上的学术用语，而是一个用于表达判断的普通名词或形容词。显而易见，虽然是同一语词，可是在不同的语境中，"竞争力"的含义相去甚远。

不过，从专业术语即严格意义上的学术概念考量，在探讨经济学或管理学的相关问题时，"竞争力"一词通常所指向的是企业这一层面的问题，即企业竞争力。国内外学者对"企业竞争力"所下的定义，以及各种对其内涵的解读，可谓不胜枚举。在有关竞争力研究的各类论著中，众多的专家学者从不同角度审视思考"竞争力"的复杂含义，作出了不尽相同的解读。请看如下一些实例：

科恩指出："一个企业有竞争力，是指这个企业能够在建立和保持市场地位的同时获得利润的能力。"[①]

石原正太郎认为："竞争力是企业在公平、自由的市场上保持长期的、稳定的优势的能力。"[②]

管理学家伊夫·多兹对"竞争力"的解释是，"技能、系统、资产和价值观联系起来，产生可以预测的高水平特殊工作业绩，这种特殊工作产生一种相对于竞争对手的优势，并为顾客提供宝贵的功能。因而竞争力是综合性的工作业绩，使资源结合起来造就卓越的竞争位势"。[③]

管理大师迈克尔·波特尽管没有直接给"企业竞争力"下定义，但是，他在多部影响广泛的有关竞争与战略的理论著作中，都间接涉及对其内涵的理解和阐释。例如，由他提出的"五力模型"（包括买方的议价能力、供应商的议价能力、新进入者的威胁、替代产品或服务的威胁以及现有竞争者之间的竞争），就是用于分析产业和企业竞争力的基本理论框架，它为我们更好地认识影响企业竞争力形成的各要素和制定战略，提供了可资借鉴的方法。"了解这些竞

---

① 转引自梅宪宾：《企业家与能力及能力资本》，北京：中共中央党校出版社，2006年，第25页。
② 转引自梅宪宾：《企业家与能力及能力资本》，北京：中共中央党校出版社，2006年，第25页。
③ ［美］伊夫·多兹：《管理核心竞争力以求公司更新：走向一个核心竞争力管理理论》，载《核心能力战略》，大连：东北财经大学出版社，2003年，第68页。

争压力的基本来源,可为企业提供战略与行动的基础"。① "《竞争战略》指明了一个公司如何能更有效地竞争以便加强其在市场上的地位"。② 他还对不同层面的竞争力的本质作出了解读。他在再版的《竞争论》中明确指出:"实际上,竞争力来源于生产效率,地域的企业正是利用这一效率生产出有价值的产品和服务。"③

与国外学者较为概括和简洁的表述相比,国内许多学者的解读似乎更为具体和繁杂些。例如,徐希燕认为:"企业竞争力是蕴涵于企业内部的,与竞争对手相比较而存在的、融合了企业各种能力(领导力、创新力、文化力、营销力、生产力、品牌力等)总和的一种能力。企业竞争力的强弱应该是直接体现为企业在单位时间里人均利润的增长率。具有竞争力的企业,其利润必须以加速度增长,这种加速度就是单位时间里人均利润的增长率。"④

王中丙把"企业竞争力"概括为"企业在市场竞争中为了实现经营目标,采取有效的手段和经营策略参与竞争,相对于其他竞争对手所表现出来的生存能力和持续发展能力。其实质是指企业在产品设计、生产、销售等经营活动领域以及在产品的价格、质量、服务和满足消费者需求方面所具有的竞争优势"。⑤

管理学博士张金昌认为,竞争力是一个可以从多角度加以观察研究的对象。如果从相互比较的角度看,"竞争力是竞争主体的某种优势,它可能是投入要素方面的,有可能是竞争过程中的行为优势,也有可能是投入产出的效率(生产率)优势,还有可能是竞争主体所处的环境方面的优势;从竞争主体自身来看,竞争力是他的某种能力的表现,这种能力可能是赢利能力,也可能是组织能力,还有可能是销售能力;从竞争过程来看,竞争力是竞争主体发挥自己能力,将自己能力变成实际收益的一个过程,也是对竞争对象的吸引力;从竞争结果来看,竞争力最终是要反映在其获得的收益的大小上,是一种获取收益的能力或水平"。⑥

---

① [美]迈克尔·波特:《竞争论》,高登第、李明轩译,北京:中信出版社,2003年,第5页。
② [美]迈克尔·波特:《竞争战略》,陈小悦译,北京:华夏出版社,1997年,"作者前言"第2页。
③ [美]迈克尔·波特:《竞争论》,刘宁、高登第、李明轩译,北京:中信出版社,2009年,"导言"第10页。
④ 转引自梅宪宾:《企业家与能力及能力资本》,北京:中共中央党校出版社,2006年,第26~27页。
⑤ 王中丙:《企业差别竞争力》,北京:中国社会科学出版社,2006年,第4~5页。
⑥ 张金昌:《国际竞争力评价的理论和方法》,北京:经济科学出版社,2002年,第34~36页。

研究竞争力经济学的专家、中国社科院工业经济研究所金碚研究员指出，"在市场经济中，竞争力最直观地表现为一个企业能够比其他企业更有效地向消费者(或者市场)提供产品或者服务，并且能够获得自身发展的能力或者综合素质。而所谓'更有效地'是指，以更低的价格或者消费者更满意的质量持续地生产和销售；所谓'获得自身发展'是指，企业能够实现经济上长期的良性循环，具有持续的良好业绩，从而成为长久生存和不断壮大的强势企业。因此，在竞争力评估中，基本的竞争力显示性指标有两个：第一：市场占有率；第二：赢利率。前者反映企业在多大程度上为市场所接受，后者反映企业自身发展的基本条件"。[①]

在论述竞争力研究所涉及的不同对象和范围时，金碚认为，"竞争力研究的对象可以是国家、产业、企业等，因而有国家竞争力、产业竞争力、企业竞争力等不同的概念。在国际学术界，对国家竞争力的认识存在很大的分歧，有的学者甚至认为根本不具有现实重要性，是一个毫无意义的概念。而对于企业竞争力则经济界和企业界具有基本一致的意见，即认为企业竞争力对于企业的生存和发展具有决定性的意义，企业竞争力研究是一个值得高度重视的研究领域"。[②]

从以上所列举的有关"竞争力"的定义及其解读中，我们不难发现，虽然专家学者们的表述存在某些差异，但是，实质内容还是比较接近的，即把竞争力落脚点放在与企业的生存发展息息相关的各种能力、资源(包括有形和无形的资源)或是综合素质上面，并指出它是企业竞争优势赖以形成及获得较好收益的根本。

换句话说，这些有关"竞争力"定义及其内涵的解读，大都围绕竞争与价值创造这个核心问题，试图阐明企业竞争优势形成的依据和获得持续增长的根源，即要找出影响企业生存发展的主要因素并阐明其作用。

正因如此，从学术意义上对"竞争力"这一概念的理解阐释，应将之限定于一定范畴内。如"企业竞争力"这一概念的内涵是从市场竞争或发展战略的角度审视一个企业的实力(包括企业所拥有的资源、能力或综合素质等)及其所产生的效益。

从国内目前普遍的关注点看，对"竞争力"的探讨似乎侧重于企业凭借其实力所产生的效益，即市场占有率和赢利率等显性指标的获得与评价。而在

---

① 金碚：《竞争力经济学》，广州：广东经济出版社，2003年，第8页。
② 金碚：《竞争力经济学》，广州：广东经济出版社，2003年，第19页。

国外,许多专家学者的关注点,更多地指向企业发展战略问题,由于在认识上的差异和研究路径的不同,西方有关此领域的研究还形成了不同的学术流派。

例如,根据对企业竞争优势形成的原因的不同认识来解读"企业竞争力",产生了注重外生因素和注重内生因素的不同流派,前者强调企业的竞争优势主要来自企业外部,即市场环境的因素起决定作用,后者则更为强调企业内部因素特别是能力(知识、技能)对于竞争优势形成的决定意义和作用。前者即企业成长外生论,其最具代表性和最有影响力的学派及其观点,当数迈克尔·波特的竞争战略理论(本书在第二章已有介绍,此处从略);后者即企业成长内生论,"是在对主流的战略理论的反叛中成长起来的理论流派,其基本思想就是将企业研究的目光由企业外部转向企业内部,解析被经济学家视作生产函数的企业'黑箱',从企业内部寻找企业可持续发展的根源"。[①]

此外,也有一些战略理论强调内外部因素的综合影响,认为二者的作用不可偏废。这一流派的研究者在关注内生因素的同时,也注意到外在条件的不可或缺性,从而形成了两者融合的综合素质论。正如有学者归纳道:"如果从企业成长动力的源泉来看,流派纷呈的现代企业理论主要可分为外生论、内生论以及综合影响论等三大方面。"[②]

企业成长内生论在多年的理论研究中也产生了不同的派别,其中核心竞争力理论就是近些年来受到高度关注的一种学派观点(本书在第二章中已详细介绍)。事实上,"核心竞争力"这个概念的出现,与国外学者关于企业竞争力研究中注重内生因素的观点(尤其是能力学派)密切相关,因而"核心竞争力"(核心能力)这一概念,也较多地出现在注重企业成长内生因素的研究者的论著之中。

无论是在实践中还是从理论研究上考量,"企业竞争力"与"核心竞争力"(核心能力)二者的关系都非常密切。从内涵看,"竞争力"与"核心竞争力"是两个既有联系又有区别的概念。"竞争力"一词通常泛指企业在竞争性市场中所具有的比较优势和各种能力,而且侧重企业综合实力的市场表现。衡量一家企业是否有竞争力及竞争力的大小强弱,主要看其在竞争性市场中所具有的赢利能力及生存发展能力。所以,一些学者认为企业竞争力也就是企业的综合素质和能力,它主要体现在其产生的经济效益中,金碚关于竞争力的论述就是如此。

---

① 李品媛:《企业核心竞争力——理论与实证分析》,北京:经济科学出版社,2003年,第7页。
② 李品媛:《企业核心竞争力——理论与实证分析》,北京:经济科学出版社,2003年,第31页。

在比较"竞争力"与"核心能力"（核心竞争力）的异同时，金碚指出，"竞争力的特点是：决定和影响企业竞争力的大多数因素在各企业之间具有可比较性和很大程度的可计量性，企业竞争力研究的努力方向之一就是力图将企业竞争力因素尽可能地进行量化，从而进行企业间的比较。而且，竞争力因素具有一定程度的可交易性（或可竞争性），即企业竞争力的许多因素是可以通过市场过程获得的，或者通过模仿其他企业而形成。核心能力则通常是指企业所具有的不可交易（不可竞争）和不可模仿的独特的优势因素。核心能力往往是难以直接比较和难以进行直接计量的，每个企业都或多或少具有一定的竞争力（否则就不可能在市场竞争中生存），但未必有自己的核心能力"。[①]经过如此简明扼要的比较勾勒，"核心竞争力"的内在特性已呼之欲出。让我们对其基本特性作进一步的考究。

许多学者在论述"核心竞争力"特征时，都不约而同地强调指出其具有独特性、不可替代性以及难以模仿等重要特点。这说明大家都认同这些特点。也就是说，那些具有核心竞争力的企业，其具体要素的构成往往不尽相同（从一般意义上看其关键因素仍有某种共性），因而，它们之间通常是难以直接进行比较的。同时，核心竞争力的构成要素许多是内隐的，是相辅相成地融为一体共同发挥作用、产生效益的，具有综合性、整体性的特点，所以也是难以直接计量的。而其中占据企业核心地位、起支撑作用的某些要素和能力（诸如核心理念、核心人才、核心技能、核心产品、创新能力等），是企业更深层次和更为本质的东西，也是生成企业价值的关键（或者说是企业价值创造的源泉），且对于优秀企业较长时期地拥有竞争优势、进而实现可持续发展，起着举足轻重的作用。

"企业竞争力"与"核心竞争力"这种既有联系又有区别的特殊关系，通过以上辨析已经大体清楚了。两相比较不难看出，"企业竞争力"的构成因素较为广泛，而"核心竞争力"的构成要素则相对集中，在构成企业竞争力的各种因素中，只有一部分是构成企业特质的关键因素，这些关键因素才是核心竞争力的构成要素。另外，一般企业虽然拥有各自的优势和一定的竞争力，但未必具有核心竞争力，只有那些具有独特竞争力且能够持续获得良好业绩，从而成为本行业强势企业（甚至是龙头老大）的佼佼者，才有可能在长期的发展过程中逐渐形成自身的核心竞争力。换言之，拥有核心竞争力的优秀企业毕竟是少数，大多数企业的竞争力并非核心竞争力。这样看来，"核心竞争力"与"竞争

---

① 金碚：《竞争力经济学》，广州：广东经济出版社，2003年，第26页。

力"似乎还是不难区分的。

然而，由于"企业核心能力和企业竞争力在企业发展中可能会有共同的表现，即能够持续地比其他竞争对手更好、更有效率地向市场提供产品或者服务，并获得经济收益"。① 因此，两者在某种程度上存在着交叉现象，现实中又很难将其截然分开。不过，在理论研究中这两个概念仍是可以区分的："竞争力"泛指能够为企业带来竞争优势的各种素质能力，其构成因素带有普遍性（共性的东西较多），故而能为一般企业所拥有，而且其外显的主要评价指标能够进行直接计量和比较（两个基本的显示性指标：一个是市场占有率，另一个是赢利率）；"核心竞争力"通常专指某些优秀企业特有的素质能力，构成的关键因素少而集中，其所具有的独特性、不可复制性、模糊性和内隐性，也使之难以量化。故而拥有核心竞争力的各种不同企业之间，是无法进行简单的直接比较的（这也反证了试图建立核心竞争力指标评价体系的徒劳及其所存在的认识误区）。另外，核心竞争力应能够长期起作用，其某些关键构成要素往往不是针对当下的市场竞争，而是指向未来，着眼于企业的可持续发展，这与竞争力的一般构成要素有着明显的差异。

与前两者相比，"竞争优势"则是一个更为宽泛的概念，其所描述和评价的对象非常广泛，凡是竞争对手之间进行比较产生的差距，对超出者即竞争优胜的一方似乎都适用。企业竞争优势的获得，既有可能是低廉的人力资源成本，也有可能是垄断性的物质资源，还有可能是出色的生产技术、营销策略、产品创新及市场开拓等各方面的能力，因而"竞争优势"一词所反映的内容，既可以是能力或资源的差距，也可以是市场份额、生产效率或赢利水平等各个方面的差距。

另外，任何局部个别的因素，或是整体的综合的因素，都有可能使企业获得其竞争优势（某方面的竞争优势或是综合性的竞争优势），所以，既可以从局部、个别要素的角度进行分析考察，也可以从总体上将竞争对手（企业或是产业甚至是不同国家区域的产业）进行比较，从而部分地或是全面地认识评价其所具有的竞争优势。

简而言之，"竞争优势"这一词汇，可以用来描述、评价对象及竞争对手多方面的内容，从微观到宏观，从局部到整体，不受任何限制。此外，有关比较的对象及其范围大小诸方面，"竞争优势"一词的使用也不受限制，反映和评说的对象可以大到国家、地区、产业，小到企业、产品、个人，可谓无所不包。"竞争

---

① 金碚：《竞争力经济学》，广州：广东经济出版社，2003年，第26页。

优势"这一概念所具有的包容性，使许多学者在探讨市场竞争、发展战略及企业经营与管理其他问题时，或者是解释"竞争力"、"核心竞争力"等相关概念时，常常会使用它。故而在"竞争力"、"核心竞争力"与"竞争优势"这三个词语之间，形成了如影随形的密切关系。

倘若从适应范围来审视这三个概念，"竞争优势"一词所受到的限制较小，适用范围也最广；"核心竞争力"一词受到的限制较大，适用范围相对狭小；"竞争力"一词则居于两者之间。不过，如前所述，现实生活中人们使用这些词语时，往往带有很大的随意性，即使在某些学术论著的表述中，对这三个概念存在的差异也未必那么在意，三个词语之间相互混用的情况并不少见。这也是造成有关核心竞争力问题研究及其成果中话语系统紊乱的一个重要原因。

作为目的性很强的课题研究，既要求做到概念严谨，也需要准确定位，以便集中力量研究主要的问题，寻求重点突破。本课题的主要研究范围是报业领域的竞争与发展问题，其对象聚焦于报业集团，着重探讨其改革创新的实践同核心竞争力的培育与提升二者之间的内在联系，因而所进行的研究大都围绕与之密切相关的问题来展开。

从我国报业发展的实际出发，报业市场的竞争主体是报纸(期刊)、报业集团等报业组织，它们多数已经作为"准企业"进入市场参与竞争，其所遇到的许多问题都与企业相似，因此，研究报业竞争与发展问题，必须高度关注报业组织这一层面的竞争与发展问题。同时，研究报业组织竞争力与核心竞争力问题，所涉及的基本问题同企业竞争力与核心竞争力研究的基本问题具有很多相似性(当然也有不少特殊性，这正是本项研究要设法突破的难点)。此外，从各个国家和地区的报纸产业发展实践看，其区域性特征十分明显，以报纸为主业的报业集团的生存与发展问题，较少涉及跨越国度的全球市场竞争。

有鉴于此，本书所探讨的报业领域竞争与发展问题中涉及的几个基本概念，即"竞争力"、"核心竞争力"、"竞争优势"等，如果没有特别说明，均是在企业(即报业组织)这一层次和范畴内使用的概念。基于同一理由，国内外有关企业竞争力与核心竞争力问题的研究成果，对于本项目的研究(报业领域的改革创新、竞争与发展、报业组织竞争力特别是报业集团核心竞争力问题的研究)具有积极的借鉴意义和重要的参考价值。

总之，探讨报业领域的竞争与发展问题，离不开考察和研究各类报业组织和相关机构(含独立经营的报纸、期刊及报社、期刊社等，以及由多个报纸、期刊、网络和新媒体等组成的报业集团、传媒集团等)的生存发展历史、现状及趋势，特别是对其取得竞争优势的各种因素和获得可持续增长的关键要素，开展深入细致的研究。在明确了主要研究对象,弄清了上述三个关键词的基本内涵及其相互关系后,我们继续借鉴和运用相关的理论知识,进一步探讨报业领域内的竞争与发展问题。

二、国内报业市场竞争主体分析

就中国报业发展的现实状况而言,国内报业组织大都是作为"准企业"进入市场参与竞争的,即它们还不是完全意义上的企业,所进行的竞争也不是完全意义上的市场竞争。但是,这些报业组织在报业市场的竞争是一种客观存在,它们通过参与竞争来获得自身的生存与发展,已成为无法回避的现实问题。与此同时,报业组织所具有的特殊性,即精神产品的意识形态属性,使其在参与市场竞争时还具有不同于其他企业的一面。因此,研究报业领域的竞争力问题,就不能不对报业组织竞争力的特殊性进行分析,以求对其竞争力的构成及特点有一个透彻的了解。在研究报业领域和报业组织的竞争力问题之前,必须对现阶段国内报业组织的构成有一个清晰的认识。

1. 国内报业的现实构成状况分析

根据新闻出版总署对2010年全国新闻出版业基本情况的统计,2010年全国共出版报纸1939种,平均期印数21437.68万份,总印数452.14亿份,总印张2148.03亿印张,定价总金额367.67亿元。其中,全国性报纸227种,平均期印数3044.39万份,总印数69.53亿份,总印张231.69亿印张;占报纸总品种11.70%,总印数15.38%,总印张10.79%。省级报纸825种,平均期印数12741.66万份,总印数239.41亿份,总印张1225.29亿印张;占报纸总品种42.55%,总印数52.95%,总印张57.04%。地、市级报纸871种,平均期印数5617.19万份,总印数142.22亿份,总印张688.95亿印张;占报纸总品种44.92%,总印数31.46%,总印张32.07%。县级报纸16种,平均期印数34.43万份,总印数0.98亿份,总印张2.10亿印张;占报纸总品种0.83%,总印数0.22%,总印张0.10%。[①] 全国报业现实构成状况数据分析如下图:

---

① 资料来源于新闻出版总署2011年9月7日公布的《2010年全国新闻出版业基本情况》,网址:http://www.gapp.gov.cn/cms/html/21/1392/201109/723330.html。

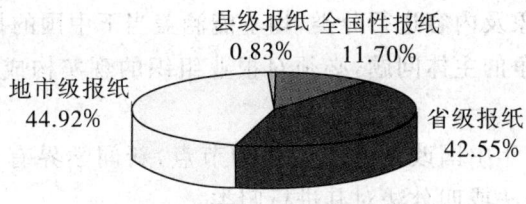

图一：2010年报纸总品种比例

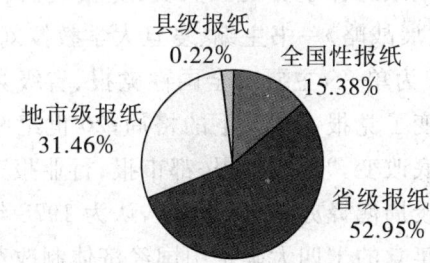

图二：2010年报纸总印数比例

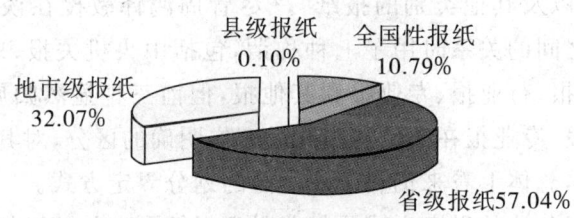

图三：2010年报纸总印张比例

在新闻出版总署的统计方法中，除按发行范围分类之外，还以报纸的服务对象及内容进行区分，将目前的1939种报纸分为综合报纸和专业报纸。其中，综合报纸806种，平均期印数9490.51万份，总印数313.81亿份，总印张1800.67亿印张；占报纸总品种41.57%，总印数69.41%，总印张83.83%。专业报纸1133种，平均期印数11947.17万份，总印数138.33亿份，总印张347.36亿印张；占报纸总品种58.43%，总印数30.59%，总印张16.17%。

新闻出版总署每年有关报业总品种、总印数、总印张的统计可以准确地显示中国报业出版的规模与层次，为"中国日报出版规模连续9年位居世界首位"[①]的结论提供相应的数据支撑，而有关综合报纸和专业报纸的分类，则体现了当前乃至未来报纸产业总体规划的基调。然而，无论是以报纸发行范围

---

① 参见新闻出版总署署长柳斌杰在2010年1月14日召开的全国新闻出版工作会议上提供的信息。

还是报纸服务对象及内容进行分类,均不能涵盖当下中国的报纸形态和结构。要想研究报业竞争的主体问题,必须对报业组织的现实构成状况进行更有针对性的分析。

如果以1978年中国改革开放元年为节点,新闻学界有关报纸形态的界定,主要通过三分法或四分法对其进行归类。

三分法认为我国报纸总体上分为三大类:党报(机关报)、都市报(晚报)、行业报。《中国报业发展战略》一书主编、复旦大学教授刘海贵指出,改革开放以前,我国报业结构较为单一,主要由全国性党报、省级党报构成;20世纪80年代,行业报兴起,改变了党报一统天下的格局;20世纪90年代,都市报的崛起使报业结构发生彻底改变,"形成党报、都市报、行业报三分天下的格局"。[①]

中国传媒大学教授周鸿铎亦持类似观点,认为1978年党的十一届三中全会以来,特别是1992年党的十四大确定中国经济体制改革目标为市场经济模式后,"不仅都市报(包括晚报)得到了长足发展,而且新创立了许多行业性报纸、专业性报纸以及其他类别的报纸"。[②]尽管周鸿铎教授在谈到实现转制后全国各类报纸之间的关系时用了七种称谓,包括中央机关报、地方机关报、其他机关报、都市报、行业报、专业报和其他报,但前三种显然归属于党报(机关报)一类,行业报、专业报在其论述中并没有作明确的区分,对其他报纸界定亦语焉不详,因此,总体上看来仍属于三分法的划分界定方式。

四分法比三分法的界定方式更加着眼于报纸形态的演进轨迹。在主张四分法的学者看来,对中国的报纸结构进行界定,应当考量到中国近代报刊创办以来的历史沿革,特别是新时期的发展变化,包括文化模式、办报传统的影响等。因此,1978年改革开放以后至今,中国的报纸形态主要应该是四种类型:党报(机关报)、晚报、都市报、专业报(行业报)或者是日报、晚报、都市报、专业报。

例如,复旦大学教授孙玮在《现代中国的大众书写——都市报的生成、发展与转折》一书中认为,日报、晚报、都市报以及专业报的划分可以反映自1978年以来中国报纸发展的基本状态。[③]

再如,暨南大学教授董天策亦赞同将晚报与都市报分列开来。在《中国报

---

① 刘海贵:《中国报业发展战略》,上海:上海人民出版社,2006年,第4页。
② 周鸿铎:《报业产业经营与管理》,北京:经济管理出版社,2005年,第3~4页。
③ 孙玮:《现代中国的大众书写——都市报的生成、发展与转折》,上海:复旦大学出版社,2006年,第28~29页。

纸类型的历史发展》一文中,他认为目前依旧存在的报纸类型包括用以宣传政党的政治主张、方针政策和思想观念的(党报)机关报;每天下午或傍晚出版,熔短、广、软与日报的大、重、硬于一炉的晚报;报道某方面专门性业务活动的专业报及由社会行业组织主办并且直接为本行业服务的行业报;创办于中心城市,以核心市区的各阶层市民为读者对象,以报道都市生活为特色的都市报。①

然而,无论是孙玮还是董天策,在论及晚报与都市报的差异时,均指向传统意义的晚报,而不是当下与都市报并驾齐驱的新型晚报。在孙玮看来,传统意义的晚报是日报的补充,是供人们茶余饭后消遣用的,体现赵超构所认定的"软些、软些、再软些"的编辑风格。从现代性的意义讲,晚报填充了大众文化极度匮乏的空缺,使之形成了超越机关报的明显优势,即以市民文化为主向。而与都市报相比,传统晚报的软性化令其不能成为严格意义上的新闻传媒。②

董天策教授在论及晚报的类型意义方面,首先追溯了20世纪二三十年代《世界晚报》(北京)、《新天津晚报》(天津)、《大美晚报》(上海)、《大晚报》(上海)、《华美晚报》(上海)、《新民报晚刊》(上海)的创刊历程,并将初期晚报潮的文化特性延伸到20世纪50年代后期和60年代初期先后创办的《羊城晚报》、《北京晚报》、《天津晚报》以及由《新民报晚刊》更名的《新民晚报》等多家晚报,由此总结出传统晚报的三大特征:其一,新闻报道别开生面,突出新闻的时效性、趣味性、接近性。其二,信息服务贴近生活,做读者衣食住行的参谋。其三,文艺副刊格外突出。③

尽管在报纸形态的界定方面,坚守四分法的学者有来自于历史沉积的学理溯源,但是从当下的社会情境考虑,他们也承认晚报与都市报的边界日益模糊。

孙玮教授即明确表示,"新型晚报也属于都市类报纸",并进一步指出,发行于城市,一些以早报、晨报、商报等名称命名的报纸都可归入都市报。董天策教授也谈到了20世纪八九十年代崛起的以《扬子晚报》、《钱江晚报》、《深圳晚报》、《武汉晚报》为代表的新一代晚报,其在定位及内容方面与都市报具有

---

① 董天策:《中国报纸类型的历史发展》,载《西南民族大学学报》(人文社科版),2005年第4期,第254~257页。
② 孙玮:《现代中国的大众书写——都市报的生成、发展与转折》,上海:复旦大学出版社,2006年,第30~31页。
③ 董天策:《中国报纸类型的历史发展》,载《西南民族大学学报》(人文社科版),2005年第4期,第254~257页。

趋同性，并将一批未冠以"都市报"之名的报纸，如成都的《成都商报》、西安的《华商报》、郑州的《大河报》、长沙的《潇湘晨报》等并入20世纪90年代中后期的都市报热潮中的同类。

如是看来，在确定现阶段中国报纸的形态或类型方面，三分法和四分法并无本质上的差异。本课题因更多探讨国内报业市场的现状及发展走势，出于分析市场竞争主体的需要，倾向于以三分法划定当今中国报纸类型，其三种类型分别是：党报（含各种机关报）、都市类报纸（传统晚报和新型晚报、都市报及其同类）①、专业报（行业报）。其划分理由如下：

第一，这三种类型报纸在定位上有明显差异。

"定位"思想是由美国广告专家杰克·特劳特于1969年最早提出的。1972年，他又与艾尔·里斯合作，在美国《广告时代》发表了名为《定位时代》的系列文章，认为我们进入了产品和公司形象的重要时代，其间最重要的是根据潜在顾客的需求在他们的心目中创造出一个位置，把产品定位在未来潜在顾客的心目中。②"定位"理论创建以来影响甚大，美国营销学会于2001年评选有史以来对该学会影响最大的观念，"定位"理论一举击败劳斯·瑞夫斯的USP理论、大卫·奥格威的品牌形象理论、迈克尔·波特的竞争价值链理论，夺得魁首。按照杰克·特劳特与艾尔·里斯的解释，定位对象可以是一件商品、一项服务、一家公司、一家机构，甚至是一个人。报纸作为主要提供信息服务的大众传播媒介，其从业者及机构组织日渐以企业形态步入市场参与竞争，合理定位是各种类型的报纸找准自身位置，扮演好其角色，进而获得更快发展的必要前提。

改革开放后，随着国内报业市场的发展，其结构也发生了相应的变化。特别是在20世纪90年代中期社会主义市场经济确立之后，各类报纸市场化的发展势头日趋明显。各级党报（机关报）自被卷入激烈的市场竞争中后，虽然呈现出相对低迷的状态，但在竞争中也形成了逐渐清晰的定位：做主流和权威的报纸。例如，国内省级党报改革的"领头羊"——南方报业传媒集团原总编

---

① 都市类报纸包括传统晚报和新型晚报、都市报及名称各异性质相同的这一类报纸，它们以城市居民为主要读者对象，秉承以市场为导向、以读者和广告客户为中心的办报理念，注重可读性、服务性，且大都采用市场化的管理体制和运行机制，以追求经济利益最大化为明确目标的新型报纸。由于参与市场竞争，遵循经济规律，因而被业界统称为市场化报纸。

② 何云景、李哲：《市场营销学不同定位概念区分标准与相互关系分析》，载《现代商贸工业》，2009年第7期，第105~106页。

辑杨兴锋(现为南方报业传媒集团公司董事长)提出,"党报的自身特色恰恰在于权威性、公信力,在于时政新闻、经济新闻和权威的政策解读"。①因此,《南方日报》作为广东省委机关报,被定位为广东报业市场第一份以高端读者为对象的权威政经大报、主流严肃大报,并提出"高度决定影响力"的品牌口号。又如,于2009年7月1日完成历史上第13次改扩版的《人民日报》也明确提出,除了继续充当"党和人民的喉舌"、"联系政府与民众的桥梁"和"世界观察和了解中国的窗口",还要实现"努力提高国内国际传播能力,建设国际一流媒体"的目标,保持主流、权威、准确、鲜明等内容特色。②

比之党报(机关报)高端、严肃、权威的定位方向,都市类报纸则明确定位为"市民报"。如同孙旭培教授所言,一份真正走进家庭的报纸,至少要具备两个基本特征:一是平民化的品位和风格,二是报纸的价位低。③被誉为中国"都市报之父"的《华西都市报》创办者席文举,指出都市报的基本特征即市民生活报,"要以市民生活为中心展开政治、经济、社会生活各个领域的报道"。④梁衡认为,"都市报实际上是一种新的城市的文化综合报,它不同于机关报、行业报","是我国综合性日报中的一个新的报种"。⑤艾风认为,"都市报可以归类为新型的综合性城市报纸,都市报在传统晚报的软新闻的基础上,又结合了一定的硬新闻"。⑥时下,市民报的这一定位已为大多数都市类报纸所认可。如《燕赵都市报》的"为市井人家办报,让平民百姓爱读"、《楚天都市报》"帮市民之所需,解市民之所难"和《羊城晚报》"我家的报"等办报理念,显然都是立足市民的。

不同于党报(机关报)、都市类报纸的综合气质,专业报(行业报)从创建之初便力主"专业"品性。早在1931年8月创刊于江西瑞金的《健康报》就已奠定了专业报的办报方向:首先立足于本专业、本行业,继而面向全社会。新中

---

① 杨兴锋:《由〈南方日报〉看党报的新定位》,载《采写编》,2005年第4期,第7~9页。
② 王君超:《以改版破解党报之困——〈人民日报〉"七一"改版的学理分析》,载《新闻与写作》,2009年第8期,第8~10页。
③ 孙旭培、孙茗:《走进家庭的报纸——试论都市报的特征与特色》,载《传媒观察》,2001年第4期,第22~23页。
④ 庄向阳:《席文举:都市报使中国成为报纸大国》,载《晶报》,2008年11月6日A15版。
⑤ 梁衡:《一只生龙活虎的方面军》,见中国记协国内部编:《都市报现象研究》,北京:新华出版社,1998年,第18页。
⑥ 王时廖:《领导专家评说"都市报现象"——全国"市场经济与都市报发展"研讨会座谈纪要之尹韵公〈聚焦华西都市报〉》,北京:中国社会科学出版社,2000年,第14页。

国成立以后，《人民铁道》报、《人民邮电》报等13家专业报的创办，巩固了此类报纸的路径依赖，即由国务院各部委按照行业机关报的模式创办，并直接服务于本部委的业务工作。专业报（行业报）由此带上了鲜明的计划经济色彩。1977年以后，专业报迎来第二次创办高潮，截至1985年，全国已有专业性报纸1600多家，占当时全国报纸总数的70%以上。① 到了2009年，专业报依旧存留1131种，占报纸总品种58.39%。比之1985年，专业报总数虽有所下降，但其构成却发生了显著变化：一大批高度市场化的专业报，如《足球报》、《精品购物指南》、《证券时报》、《中国证券报》、《经济观察报》、《21世纪经济报道》等在20世纪90年代之后陆续跻身专业报市场，替这一计划经济色彩浓厚的报纸形态注入了市场元素。如上所述，复杂的历史原因与纷繁的品类构成使得专业报（行业报）的共性定位变得异常艰难，只能从专业的字表作出大致的判断，即专业报的存在是为了提供专业（行业）信息、解读专业（行业）政策、报道专业（行业）动态、普及专业知识等。

第二，这三种类型报纸有不同的读者群体。

1990年，美国未来学家阿尔温·托夫勒在《权利的转移》中预言："面向社会公众的信息传播渠道数量倍增，而新闻传播媒介的服务对象逐步从广泛的整体大众，分化为各具特殊兴趣和利益的群体。"② 前推5年，日本"博报堂"出版的《分众的诞生》已经提出"划一性"为基础的大众社会正向个别化、差异化的小型群体转变。

如果说上述观点还处于概念化阶段，2006年，美国学者安德森在《连线》杂志抛出的"长尾"理论则将分众问题提升到更高的认识层面。长尾理论认为，只要存储和流通的渠道足够大，需求不旺或销量不佳的产品共同占据的市场份额，就可以和那些数量不多的热卖品所占据的市场份额相匹敌。

当然，长尾效应的形成必须有三个前提：①热卖品向NICHE（利基）市场转变；②建立在富足经济的基础上；③要由许许多多小市场聚合成一个大市场。关于利基市场，复旦大学学者朱春阳的解释是，通过提供特定的高附加值的产品和服务，满足当前或潜在的特殊细分消费群体的需求。③

长尾理论提及的利基市场反应在新闻传播领域，即分众市场。时下，无论

---

① 董天策：《中国报纸类型的历史发展》，载《西南民族大学学报》（人文社科版），2005年第4期，第254～257页。
② 转引自徐耀魁：《西方新闻理论评析》，北京：新华出版社，1998年，第79页。
③ 朱春阳：《现代传媒集团成长理论与策略》，上海：上海人民出版社，2008年，第245页。

是学界还是业界,都承认分众时代的来临。它的标志化景象是:一方面新媒介介入传播领域,通过营造沟通平台,方便用户从事个性化搜索、论坛化交流、手工化生产,从而形成一个个基于互联网的分众圈子;另一方面,后工业社会的来临也带来了传统媒介受众本身的变化。后工业社会的首要特征是生产力(技术)取代生产关系(财产)成为社会的轴心;产业结构发生重大变化,服务领域兴起并逐渐占据社会主导地位,知识在社会中的重要性显著提升;白领职业社会地位提高,"新中产阶级"崛起。如丹尼尔·贝尔所述,伴随这一社会结构的变化,消费社会来临,消费关系已经取代生产关系成为社会关系的首要类型。① 中国虽未达到完全意义的富足经济,可是人民生活水平已经有了显著提高,购买力持续上升。在此背景下,作为消费者的读者群体自然产生分化,呈现出兴趣和需求的多元化。原本被所有报纸形态所追捧的大众市场逐渐变成少数热卖报纸的逐利空间,绝大多数党报(机关报)因与市场脱节,只能重新定位自己的读者目标,而希冀扩大生存边界的专业(行业)报受制于社会结构与技术市场的双重变化,只能在自我领域深耕细作。国内报纸的"分众时代"已悄然到来。

目前国内报业市场的读者分众化趋势明显,除《广州日报》、《北京青年报》等少数党报(机关报)与如日中天的都市类报纸分割了大众市场外,绝大多数的党报(机关报)自觉地进行了读者细分。像《南方日报》将自己的读者群体圈定为"各级领导者、决策者,各层面的管理者、投资者、经营者和研究者",②认为他们是整个报业市场中的高端读者,对经济、文化走势具有高度的影响力。与之相似,《北京日报》强调舆论导向的主导性、权威性;重大国内外新闻的全息性、及时性;思想观点、价值观的正确性、深刻性,无疑也在强化读者的高端品味。

尽管党报(机关报)在新一轮改版定位中所走的高端路线和分众策略不断遭受来自各方的质疑,甚至被指斥为"精英化",但是在市场竞争日趋激烈的当下,精准地掌握自己的核心读者无疑是立足的首要前提。在这样的大背景下,影响有影响力的人,已经成为众多媒体的共识。如果党报(机关报)在市场细分中能够真正抓住高端读者,并施加有效的影响,这不啻是其重新定位的成功。

当党报(机关报)日益走向严肃、权威的高级报纸行列,占有报业市场绝大

---

① 吕方:《在媒体"分众时代"保卫公共领域》,载《青年记者》,2008年第11期,第12~14页。
② 杨兴锋:《由〈南方日报〉看党报的新定位》,载《采写编》,2005年第4期,第7~9页。

多数份额的都市类报纸,正带领中国步入行为制度与模式的现代性阶段。不断提高的都市化程度是现代性的显要特征。致力于城市化研究的西美尔一针见血地指出了现代性的痼疾——致命的生命感觉的萎缩。西美尔认为,货币给现代生活装上了一个无法停转的轮子,产生了现代生活中的骚动不安和狂热不休,但在个人灵魂的深处,"却是对生命本身的无聊感"。[①] 在此过程中,大众传媒所带来的超现实或曰拟态环境,建构了消费社会中既自由又孤寂的人。虽然承担大众传媒角色的不只是都市类报纸(更遭诟病的是电视和网络),但因对美国大众报刊时期煽情主义泛滥的历史印象,及当下以默多克为代表的小报干预主义蔓延全球的恐慌,中国的都市类报纸不可避免地被戴上了与消费主义共谋的帽子。一切皆因都市类报纸的读者定位于城市中的最大群体——以平民百姓为主体的市民。显然,媒介批评者仅仅看到都市类报纸在争取大众过程中出现的某些低俗现象,在忽略政治制度与时空差异的论述中并举都市类报纸与西方大众化报纸的某些相似之处。但在现实生活中,都市类报纸的积极作用不容抹杀。诚如学者陈卫星、刘宏所言,都市类报纸发挥了特有的大众传播功能,即打破不同社会结构价值和情感的界线,扮演建构社会共识的角色;推动建立都市社会经济秩序和生活秩序的文明水平;借助充分的信息流通和舆论监督,为社会问题的解决提供必要的舆论基础和社会心理准备。[②]

现代性本身就是矛盾的,都市类报纸自然无法逃离社会转型的矛盾。兴起于20世纪90年代的都市报,以及不断与都市报消除定位边界的传统晚报和新型晚报,正是在推进现代性的世俗化与构建市民的自我认同意识中交错前行,逐渐汇合成当代中国报业最具变革性的一股力量。

比之党报和都市类报纸,专业报则是实至名归的小众媒体。其中《精品购物指南》《申江购物导报》《广播电视报》等少部分文化消费服务类报纸当属例外。如同党报(机关报)一样,专业报的生存同样受到了主打大众策略的都市类报纸的冲击,与此同时,专业报自身还面临同业者的恶性竞争。截至2009年,全国依旧保有专业报纸1131种,占报纸总品种58.39%。而且专业报同质化现象非常严重。以经济类报刊为例,参照慧聪邓白氏研究对于财经类报纸的广告额监测数据,不难看出同类报刊竞争之惨烈(数据分析参见表

[①] [英]西美尔:《金钱、性别、现代生活风格》,刘晓枫编,顾仁明译,上海:学林出版社,2000年,第8页。
[②] 陈卫星、刘宏:《解析都市报的传播空间》,《媒介文化》第一辑,成都:四川大学出版社,2001年10月。

4-1,表 4-2)。

表 4-1　2009 年 10 月财经类报纸广告占有量前 10 强[①]

排名	媒体名称	市场份额
1	21 世纪经济报道	22.15%
2	第一财经日报	15.15%
3	经济观察报	9.81%
4	中国经营报	7.82%
5	证券时报	5.75%
6	中国证券报	5.07%
7	金融时报	4.57%
8	国际商报	4.36%
9	华夏时报	4.03%
10	中华工商时报	2.75%

表 4-2　2010 年 9 月财经类报纸广告占有量前 10 强[②]

排名	媒体名称	市场份额
1	21 世纪经济报道	25.21%
2	第一财经日报	21.85%
3	经济观察报	11.07%
4	中国经营报	6.96%
5	中国证券报	4.75%
6	证券时报	4.37%
7	理财周报	3.50%
8	华夏时报	3.26%
9	每日经济新闻	2.42%
10	中国经济导报	1.89%

对比表 4-1 和表 4-2 的数据可知，不到一年时间，国内较有影响力的财经类报纸广告份额就发生了明显的变化。出于经济复苏的考虑，虽然大多数财经类报纸的广告占有量出现了提升，但是，《国际商报》和资历甚老的《中华工商时报》被挤出前 10 行列，创办时间不长的《理财周报》借助南方报业传媒集团平台占据了第 7 名的位置，《中国经济导报》也跻身第 10 名，但份额仅占有 1.89%。未列入排行榜的更多经济类报刊，其生存困境可想而知。因此，明确自己的读者定位，以便进一步占有细分市场，是专业报的必然选择。

---

① 数据摘自慧聪邓白氏研究 2009 年 10 月《中国报刊广告市场(月度)研究报告》。
② 数据摘自慧聪邓白氏研究 2010 年 9 月《中国报刊广告市场(月度)研究报告》。

以最近几年一直蝉联广告占有份额之冠的《21世纪经济报道》为例,该报在读者定位方面可圈可点。创刊之前,《21世纪经济报道》就以重资购买了AC尼尔森公司的调查数据,确定报纸的目标受众是中国经济和社会最具决策影响力的群体。读者群中年龄在31~55岁的占82%,拥有高等教育学历的占70%,拥有顶级头衔(董事长、总裁、政府高级官员)的占7%,专业人士占42%。在其后的报纸实践中,《21世纪经济报道》通过掌控目标读者群体及衍生市场达成了错位经营的目的。这张报纸的成功佐证了专业报纸小众定位的读者策略,也是专业报纸区分党报、都市类报纸,在"长尾"中占有一席之地的必要路径。

2. 国内报业市场竞争主体分析

确定了国内报业的现实构成即报纸的基本形态及其归类之后,拟从经济视角分析哪些类型的报纸参与了报业市场竞争,以及在竞争中呈现怎样的作用。结合中国经济社会发展与报纸产业的现实情况看,不同类型的报纸呈现出不同的经济特征。虽然总体说来,党报(机关报)、都市类报纸(晚报)、专业报(行业报)这三种类型报纸都不同程度地参与了报业市场竞争,但是,分析国内报纸市场化程度的具体情况,不难发现都市类报纸(晚报)的市场化程度较高,而党报(机关报)大都是不完全地参与市场竞争,专业报(行业报)则出现明显的分化态势。

倘若按照报纸的市场化程度来划分报业市场的竞争主体,可以大致分成如下几种类型:①基本采用市场化方式运作的报刊;②不完全进入市场但又部分参与竞争的报刊;③具有强烈的公共性、公益性、宣传性的非市场化报刊。上述三类报纸(期刊)的界限并非泾渭分明,存在某些交叉现象,如《广州日报》是党报,同时又是采用市场化方式运作的市场化程度较高的报纸,《北京青年报》应属于共青团机关报,但基本采用市场化方式运作,类似的情况不少,这里就不一一展开了。下面从报业市场竞争主体的角度,对上述三种类型的报纸情况,分别作出具体的说明和评析:

(1)基本采用市场化方式运作的报纸、期刊。这类报刊还可细分为综合性都市类报纸(含各类都市报和晚报等),时政综合类报纸(如《环球时报》、《参考消息》、《南方周末》等),部分党报和机关报(如《广州日报》等),及部分专业报(如《21世纪经济报道》等财经类报纸、《精品购物指南》等文化消费类报纸)。其中,综合性都市类报纸(晚报)占据了报业市场的绝大部分份额。

这类报纸(期刊)经济上独立核算,自主经营、自负盈亏,在遵守四项基本原则、不违背法律法规和宣传纪律的前提下,以争夺市场份额、追求利润最大化为主要目标。尽管也要承担一定的宣传任务和相应的社会责任,即讲求社会效益,但是,经济效益是其生死攸关的命脉,为了自身的生存发展必须赢利。因此,其进入市场参与竞争的驱动力很强,基本按照市场规律来管理和运作,这与国内一般信息类、知识类企业的运作方式十分相似,被业界人士称为"市场化报刊"。

要厘清报刊的市场化运作,必须将报业视为产业而非单纯的意识形态事业。按照中国传媒大学教授周鸿铎的理解,中国报业的产业化过程经历了"事业单位、企业化管理"、"事业"与"产业"并重、报业集团化等多个阶段。①

1978年,自《人民日报》等8家新闻单位提出"事业单位、企业化管理"的办报要求获得通过,中国报业便开始了一个新的征程,一些报纸通过"企业化"获得经济上的收入。中国媒体在1979年恢复刊登广告,率先吃螃蟹的是上海的《解放日报》,在当年的1月28日,分别在二、三版刊登了两则通栏广告。同年3月15日,《文汇报》刊出瑞士雷达表的广告,成为第一家刊登外商广告的报纸。在自办发行方面,据唐绪军统计,1985年,河南的《洛阳日报》率先宣布脱离邮局,开始自办发行,报纸投递时间比邮发快2个小时;发行成本只需原来的18%;发行量年增长率超过10%。到了1986年,中国已有6家报社自办发行,1987年增加到9家,到1988年1月,《天津日报》等16家报社紧跟潮流,其中《天津日报》成为全国第一家自办发行的省级报纸。1990年,《广州日报》开始自办发行,掀起广州报界"三国演义"第一幕。②而率先将"事业管理,企业化经营"落实到管理层面的是《羊城晚报》。20世纪90年代,该报实施社长领导下的总编辑、总经理分工负责制,这一模式后来被很多报社仿效,《羊城晚报》也被列为那一时期体制探索的典型。

如果说这些尝试仅仅是产业化初期"摸着石头过河"的产物,那么报业真正走向产业化的驱动力,则是财政的彻底"断奶"。有学者认为,所谓报业产业化,是指作为"意识形态的媒介"向"产业经营的媒介"的转变,报业产业化的根本原因是社会控制力量对媒介控制力量的削弱,报社作为经济实体的角色得到确认。③彻底断供财政补贴可以说是行政控制对报业的本质削弱。国家规定,从20世纪80年代后期起,新办报刊一律实行独立核算、自负盈亏,不再享有财政补贴。那些新创办的非机关报甚至可以完全实行"自筹资金、自主经

---

① 周鸿铎等:《报业产业经营与管理》,北京:经济管理出版社,2005年,第11~12页。
② 唐绪军:《报业经济与报业经营》,北京:新华出版社,1999年,第259~263页。
③ 刘海贵:《中国报业发展战略》,上海:上海人民出版社,2006年,第33页。

营、自负盈亏、照章纳税、自我发展"的企业化路径,①从那时候起,报业的产业化才真正开始:20世纪80年代的办报热潮,80年代中期以来的自办发行、多种经营,90年代初的扩版热潮,90年代中期的都市报崛起,90年代中后期至今的报业集团化趋势,以及随之出现的报业资本运作,构成了当代中国报业产业化运作不断展开和深化的标志。②

目前国内报业产业化运作最为成功的当属综合性都市类报纸(晚报),因而其占据了报业市场的绝大部分份额。按照《华西都市报》创始人席文举的说法,都市报的出现,使整个报业市场化了。市场化的主要表现有两个方面:一是报纸内容按读者需要来报道,报纸面貌发生了变化;二是报纸变成了自愿购买的商品,一下子出现了一个自费市场,以前除了晚报有一点自费市场,大都由单位拿钱订报。"都市报使中国一下子成了报纸大国。中国人的城市生活离不开报纸了,这就是都市报的功劳。按照世界报业协会公布的最新数据,中国报纸的日发行量已经突破1亿份,超过日本,位居世界第一,其中主要还是自费读者"。③有学者将都市报的市场培育上升到理论高度,认为"都市报创造了一批崭新的读者,他们接近于真正意义上的大众",并因此"使得新闻以本来的意义生长在大众的日常生活中"。④

"都市报"这一称谓产生于20世纪90年代,第一张冠以"都市报"之名出版的报纸是1993年8月1日创刊的《贵州都市报》,然而该报只是周报,由于地偏一隅,实力弱小,它在报业同行中并没有引起广泛的注意。最早对国内报业形成冲击波且产生较大影响的都市报,是1995年1月在四川成都创办的《华西都市报》。当时晚报在中国内地普遍走红,而且在报业竞争中处于优势地位,一些省级党报为了改变日益被动的局面,摆脱经济困窘的处境,开拓新的市场,纷纷筹办不同于主报的新型报纸。报业主管机构新闻出版总署在审批新创办的报纸时,因不同意一个城市存在两张称谓同为"晚报"的报纸(《四川日报》本想创办一张晚报与《成都晚报》竞争),于是一个新称谓"都市报"应运而生。其后许多省级党报新创办的子报也仿而效之,报业市场出现了一批以"都市报"命名的新型报纸,这就是狭义的都市报。当然,这些新型报纸除了

---

① 魏永征:《传媒的事业属性与发展空间》,载《中国记者》,2002年第4期,第19~21页。
② 刘海贵:《中国报业发展战略》,上海:上海人民出版社,2006年,第37页。
③ 庄向阳:《席文举:都市报使中国成为报纸大国》,载《晶报》,2008年11月6日A15版。
④ 孙玮:《现代中国的大众书写——都市报的生成、发展与转折》,上海:复旦大学出版社,2006年,第32页。

采用"××都市报"的称谓之外,有的以"××晨报"、"××早报"、"××时报"、"××商报"等命名。

尽管称谓不同,可是基本特征相似,运作模式大同小异。这类报纸就其本质特征而言,就是以城市居民为主要对象,秉承以市场为导向、以读者和广告客户为中心的办报理念,注重可读性、服务性,采用市场化的管理体制和运行机制,以追求经济利益最大化为明确目标的新型报纸。所以,这类报纸也被业界统称为"市场化报纸"或"体制外报纸"。

《华西都市报》创办所获得的巨大成功,引发了一股都市报旋风,此后不久,武汉的《楚天都市报》、广州的《南方都市报》、福州的《海峡都市报》、南昌的《江南都市报》、长沙的《三湘都市报》、石家庄的《燕赵都市报》、乌鲁木齐的《新疆都市报》、青岛的《半岛都市报》等一批都市报相继跟进;还有许多未冠以"都市报"之名的都市报,如成都的《成都商报》、西安的《华商报》、郑州的《大河报》、长沙的《潇湘晨报》、杭州的《都市快报》、上海的《新闻晨报》、北京的《京华时报》、《新京报》、《北京娱乐信报》(2007年转型为地铁报)、广州的《新快报》、深圳的《晶报》等,如雨后春笋不断涌现,它们共同奏响了跨世纪的都市类报纸进行曲。

自2000年起,都市类报纸就以绝对优势成为中国报业市场份额的最大占有者,打破了被传统晚报垄断多年的报业市场格局。① 当时在北京、上海、广州、成都等地,晚报的市场均遭到都市报的全面阻击。例如,《北京晚报》广告收入1997年是2亿多,2000年达到4.9亿,虽然绝对数量有所增加,但是相比之下,《北京青年报》同期的广告收入却由1.1亿增加到了6.4亿,差距显而易见。又如,上海的《新民晚报》虽然继续称霸市场,但发行量和广告收入均受到像《新闻晨报》、《东方早报》等后起都市类报纸的分流和挤压,呈现下滑的趋势。而在广州报业市场,《羊城晚报》受到《广州日报》和《南方都市报》的挤压冲击,失去以往霸主地位。在南京,有"晚报王"之誉的《扬子晚报》也不再一枝独秀,《现代快报》对其形成了强烈的冲击。在成都,1994年广告收入曾进入全国报纸十强的《成都晚报》在《华西都市报》和《成都商报》夹击下呈直线衰落之势。② 自此,传统晚报纷纷转型,而新创办的晚报与都市报的边界日益模糊,形成了当下中国都市报与新老晚报并驾齐驱的新局面。

---

① 秦俭:《世纪之交的我国报业广告市场》,载《中国报业》,2001年第1、2合期,第112~113页。
② 董天策、谢影月、丰帆:《晚报的现状与发展态势》,载《传媒》,2004年第7期,第20~21页。

在这场都市类报纸的大合唱中,也不乏其他种类报纸的身影,如《参考消息》、《环球时报》、《南方周末》等时政类报刊(还包括像《广州日报》、《北京青年报》等少数党报、机关报);另外,《精品购物指南》、《申江服务导报》等消费服务类报纸以及部分地市的《广播电视报》、《体坛周报》、《电脑报》等专业(行业)报纸,也在市场竞争中发挥着重要作用,这里不再一一陈述。

需要说明的是,中国启动市场化运作的报刊与资本主义社会制度中的私营报刊,仍然存在性质上的差别。后者作为商业性传媒,包括个人独资的传媒企业公司和董事会控股的合资股份制传媒公司等,均属于私营企业;而前者从隶属关系和报纸性质等方面看,仍为国有控股性质的企业,其中一部分仍然具有事业单位的合法身份。正因如此,即使是国内市场化程度较高的报纸,也还不是完全意义上的市场竞争主体,报业体制机制改革中遇到的许多困难和障碍,大都也源自于目前所实行的"事业单位,企业化管理"这一具有中国特色的传媒运作规制。

(2)不完全进入市场但又部分参与竞争的报刊。这类报刊主要在计划经济时代产生,由数量众多的各级党报(机关报)及专业报(行业报)组成,它们尝试进入市场,但大都难以实施完全的市场化运作。中国社会东西部经济文化发展的不平衡,使得不同区域的传媒生态存在较大差异,而生存于其间的党报(机关报)、专业报(行业报)在市场化方面也出现巨大落差。总体而言,东部沿海经济发达地区的报纸市场化程度比较高,而西部欠发达地区的报纸市场化程度相对较低。

在市场经济大潮的冲击下,各级党报(机关报)均不同程度地受到影响:有的主动出击,采用市场化运作的方式参与竞争,成为市场竞争的主体,并获得了骄人的业绩,像广州市委机关报《广州日报》就是其中的佼佼者;但是,大多数党报(机关报)则是被动地卷入了激烈的报业市场竞争之中,由于体制机制方面的制约,其活力远逊色于实施市场化运营的都市类报纸,呈现出相对低迷的状态。不过,经过一段时期的探索,不少党报推出了一系列的改革创新举措,在报业市场竞争中逐渐形成了清晰的定位——做主流和权威的报纸,保持并提升其影响力,从而获得较好的经济效益。其中一部分党报(机关报)还作为主报组建报业集团,旗下拥有系列子报子刊,通过集团化的发展扩大党报的影响力,增强党报的经济实力,确保党报在新闻宣传中的地位。当然,在集团化的实践中也出现了某些不良的倾向,比较典型的就是"子报走市场,机关报守阵地"的模式,实际上就是"子报养主报",党报(机关报)由于缺乏竞争力,不直接面向市场参与竞争,因而不是市场竞争的主体;其子报则实施市场化运作,获取的利润与主报分享。这种制度设计使得主报对子报在经济上的依赖性越来越强,其自身的生存发展能力和影响力却日渐式微。

如何在新形势下找准党报(机关报)的位置,在报业市场中实施差异化竞争,成为细分市场中的竞争主体,获取相应的经济回报,进而提升自身的市场竞争力和社会影响力,这是一个必须高度重视和深入探讨的现实问题。

专业报(行业报)曾经是中国报业市场的奇葩。新中国成立初期,《人民铁道》报、《人民邮电》报、《铁道兵报》(《中国铁道建筑报》前身)、《冶金报》、《人民公路报》、《人民航运报》(《中国交通报》前身)的相继创办,开辟了中国报业的新领域。此后数十年间,行业报由少到多,从弱变强,并见证了新中国的发展历史。历代领导人向来重视行业报的发展,据中国产业报协会会长曹恒武回忆,"毛泽东主席曾亲自为人民铁道报、人民邮电报和铁道兵报题写了报头;周恩来总理为冶金报题写了报头。邓小平同志为金融时报、中国教育报、国际商报,陈云同志为中国化工报、中国工商报,江泽民同志为中国特产报、中国质量报、中国船舶报、中国测绘报题写报头或题词;李鹏同志为中国电力报、中国水利报、中国气象报题写了报头或题词"。① 目前,行业报(专业报)覆盖了金融、财税、商贸、交通、农林、国防、军工、信息、科技、文卫等60多个部门与行业,约三分之一的行业报由中央国务院各部委、局、办主管主办,三分之二由各大行业协会和中央特大型国有企业集团公司主管主办。据中国产业报协会统计,行业报期发行量达700余万份,读者群2亿以上,年广告营业额在40亿元左右,新闻从业人员上万人。

年广告额40亿元,似乎不是个小数字,然而相对于行业报的总体数量,这个数字就显得有些尴尬了。按照新闻出版总署的统计,2010年我国共有专业报纸1133种,占报纸总数(1939种)的58.43%。如果将40亿分解到每张专业报上,就变成了一个很小的数字,这个结果还没有考虑到一些完全进入市场化运作的报纸所作出的贡献。如果再对比其在每年中国报纸广告总额中所占份额,就愈发显示出行业报生存的尴尬。根据慧聪邓白氏研究统计,2009年中国报纸广告总额为900亿元,行业报所占份额不过是4.4%。

当然,在融入市场的改革创新实践中,也有一些行业报取得了不错的业绩。中国高新技术产业导报社在1999年所建网站基础上,于2004年建立了

---

① 曹恒武:《行业报——经济报道的中坚力量》,原载中国产业报协会网,转引自中国经济网 http://www.ce.cn/xwzx/gnsz/gdxw/200911/19/t20091119_20462010.shtml,2009年11月19日。

高新技术产业的综合网站"中国创新网",并成立了中高新创科技发展有限公司,摆脱了体制束缚,取得了一定的收益;中国黄金报社主办的"中国黄金网"从2004年开办"全球贵金属实时行情短信服务",当年就实现赢利,截至2009年底,该报社数字信息产业收入达到报社总收入的10%;中国税务报社主办的"中国税网"以税务咨询为主,2004年创建当年就自收自支,2009年收入达到1400多万元;中国石化报社创建"中国石化团购网",整合全国百万石化员工的分散购买力,建立"厂商直销联盟",2007年与一汽大众合作,为石化员工购买一汽大众汽车6202台,为石化员工节省购车费1241万元,为报社创收120万元。其后,"中国石化团购网"又与海尔、太平洋保险等知名厂商合作,实现销售额8亿元,达到了既为行业员工服务,又为企业服务,同时增加报社收入的目标。①

行业报中的佼佼者瞄准了更高的目标,通过转企改制成立集团公司,以锐意改革的精神力图"建立起与传媒产业发展趋势要求相适应的、着眼于未来的现代企业制度,以制度创新实现报社发展的跃升",②《中国电力报》就是其中的一个典型。

中国电力报社自2002年开始改革,至今已近10年。它从原先依托电力行业风调雨顺过日子,到伴随电力体制改革被推向市场打拼,特别是2006年提出了"三步走"的发展战略,明确了"立足电力行业,缔造现代传媒"的战略目标和工作思路,启动深化改革方案,成为我国行业报中率先进行体制机制改革的报业单位之一。"如今已由'单一媒体'成长为完整的'媒体链',包括报、网、刊、台、社等门类,截至2011年6月底,报社在全国范围内已拥有15家子公司、2家分公司和47个记者站,年销售收入由2005年的3000万元提高到2010年的2亿元,年净利润由10万元提高到2135万元,资产由3000万元增加到近5亿元。其中,净资产达到了2.58亿元。报纸发行量年年稳步增长,由5年前的14万份提高到了18万份。其经营范围除传媒业务迅速壮大外,还广泛涉及文化演艺、艺术投资、酒店管理、地产贸易等多种领域,构建起了专业文化传媒集团的基本框架"。③ 难能可贵的是,《中国电力报》转企改制组建

---

① 霍立峰:《新媒体冲击下的行业报发展之路》,载《今传媒》,2010年第10期,第99~100页。
② 张晓燕:《向大型专业文化传媒集团冲刺——访中国电力报社总编辑白俭成》,载《中国报业》,2011年第12期,第18~21页。
③ 张晓燕:《向大型专业文化传媒集团冲刺——访中国电力报社总编辑白俭成》,载《中国报业》,2011年第12期,第18~21页。

中电传媒有限股份公司,实现华丽转身的改革中,没有让一名职工下岗。雄心勃勃的中电传媒有限股份公司还积极争取上市,"借力资本市场,谋求更大发展",此举"不仅具有里程碑的意义,而且对中国行业报的发展也是一个极大的鼓舞和促进"。①

然而,从行业报的总体发展态势来看,大多数行业报正面临何去何从的生存困境。曾经风光无限的行业报何以变得如此落魄?刘世松从四个方面解析了这个疑问:一是缺乏品牌影响力,二是缺乏强有力的发行推广措施,三是基本没能展开舆论监督,四是自身体制弊端较多,人员活力不足,思想保守,创新不足。②

全国报纸出版业"十一五"发展纲要(2006—2010年)指出了当前报业结构的不足,认为:"形成于计划经济时代的新闻出版业,受'小而全、大而全'和攀比思想的影响,各地区产业同构化严重,造成企业规模偏小,布局分散,区域市场分割,资源无法合理流动和有效开发利用,难以形成规模经济效益和集约化经营效益,阻碍了新闻出版大市场的形成和新闻出版专业化分工。"

按照新闻出版总署的规划,到"十一五"末期,确定转制为企业的报刊社要完成由事业向企业的体制转换,真正成为自主经营、自负盈亏、自我约束、自我发展的市场竞争主体。要引导中小报刊社走"小而专"的道路,以专业化服务取得市场地位。

截至2009年,全国共有188种报刊以调整、兼并、重组、停办等方式退出。其中,被列为推进报刊退出机制试点工作的辽宁省先后停办4种期刊8种报纸,涉及安置人员242人,处理债务5000余万元。4刊8报分别是:辽宁报业传媒集团主管主办的《辽宁农民报》《市场与消费》,辽宁汽车贸易集团有限责任公司主办、辽宁省装备集团主管的《辽宁汽车》,沈阳日报报业集团主管主办的《沈阳今报》《都市青年报》,大连日报社主管主办的《北方体育报》,大连出版社主办、大连市委宣传部主管的《中外服装》,中共辽宁税务高等专科学校委员会主管主办的《辽宁税专报》,辽宁税务高等专科学校主办、辽宁省国家税务局主管的《辽宁税务高等专科学校学报》,抚顺日报社主管主办的《故事报》,葫芦岛电台主管主办的《葫芦岛广播电视报》,本溪日报社主管主办的《青年知识报》。

---

① 张晓燕:《向大型专业文化传媒集团冲刺——访中国电力报社总编辑白俭成》,载《中国报业》,2011年第12期,第18~21页。
② 刘世松:《提升行业报竞争力的三个途径》,载《青年记者》,2008年第9期,第87~88页。

上述12家报刊或经营不善、长期亏损、负债严重;或市场生存能力弱化,发行量少;或发展空间狭小,经济效益逐年下滑;或按规定已不具备继续出版资质条件,存在严重出版安全隐患;或整改验收不合格,未通过报刊年度核验。其中,行业报数量占50%。

另一报刊退出试点地的河北省也对3种报刊予以退出停办。江西、福建、广西、内蒙古等地也结合当地报刊实际开展了报刊退出的相关工作。在"十二五"期间报刊新一轮洗牌中,报纸尤其是行业报的优胜劣汰将更为迅速。

(3) 具有强烈公共性、公益性、宣传性的非市场化报刊。这类报刊得到党政机关或其他机构的资助,不以赢利为主要目的,所以基本不进入零售市场,虽然也有订阅发行和经营方面的收入,但大部分报纸(期刊)的经济效益都不理想,有的甚至难以为继,需要由参与市场竞争且经济效益较好的子报接济,以便能够继续履行其社会责任等使命。如前所述,目前国内有相当数量的党报(机关报)就属于此类报刊。另外,某些负有特殊功能的报纸,比如,面向农村广大基层干部和农民读者的农村报,以及大企业的机关报等,都是以其公共性、公益性、宣传性为主要目的,属于非市场化报刊。

在现有的政治体制和经济社会环境中,公共性、公益性、宣传性报刊的重要性是毋庸置疑的。目前,一些偏远地区或欠发达地区的党报(机关报)依旧享受着国家财政补贴;而绝大多数的党报(机关报)则部分地依靠子报创造的利润生存,其主要使命和社会角色仍然是党和政府的"喉舌",在完成自身新闻宣传与舆论引导任务的同时,也监管督促子报的办报思想,防止其背离政治宣传的大方向,发生舆论导向的偏差或错误。正是在这样的大背景下,"公益性报纸"的概念也已经出现在新闻出版总署报纸结构调整的总体规划中。

2008年国家新闻出版总署副署长李东东在论及推进报业科学发展工作思路时表明,要进一步深化体制机制改革,培育报业市场经营和公共服务两大主体。要深化公益性报纸出版单位改革,培育报业公共服务主体。大力构建符合科学发展观要求的公共服务体系,解决报业当前面临的城乡区域发展不均衡、农村公共文化服务体系建设长期投入不足等问题,保障人民群众的基本文化权益,使报业发展成果惠及广大人民群众。①

综上所述,在当今国内的报业市场,都市类报纸(含晚报)担当着最为重要的竞争主体角色,与之角逐的是极少数的党报(机关报)以及专业报。其他尚

---

① 选自李东东在2008年12月9日举行的"继往开来科学发展——改革开放三十年新闻事业回顾与展望"座谈会上的讲话。

未参与市场竞争或基本与市场化运作无缘的报刊则处于相对边缘化的地位,它们是否甘愿承受坐冷板凳的角色?是否在报业转型剧烈洗牌过程中感到岌岌可危?是否在新媒体的冲击面前束手无策、无可奈何?回答是否定的。

在媒介融合的新语境中,报业面临前所未有的新形势和新矛盾,内忧外患的生存环境使其不能安于现状,而必须重新审视自身的条件和发展空间,未雨绸缪、重新规划。无论是党报(机关报)还是处境尴尬的专业报(行业报),甚至于是目前占据绝对优势的都市类报纸,都需要从战略高度研究现实与趋势,为着自身的生存发展走改革创新之路。况且,当今中国报业竞争平台不再是单打独斗式的报纸的长袖善舞,而是集团化和融媒体进程中的报业组织实力角逐,大量涌现的各类报业集团(传媒集团)八仙过海,各显神通,竞争之激烈前所未有。的确,对于整个报业市场来说,这是最坏的时代,也是最好的时代,挑战与机遇并存。

3. 国内报业组织竞争主体的改革路径分析

在我国报业改革发展进程中,提高报业的竞争力,最重要的一步是形成市场竞争主体。既然要竞争,首先遇到的问题就是竞争主体的性质是什么,如果竞争主体的地位都不具备,就谈不上有效竞争。

在改革发展路径上,我国报业制度的创新是先确立竞争导向,暂不考虑产权放开,然后逐步进入产权导向的进程。所谓竞争导向,是指先加强这个产业的竞争性,通过竞争来提高效率。我国的国有企业改革基本上沿着这一路径进行,即先以竞争的方式来提高企业竞争力,并且在竞争中进行制度选择,最后进行彻底的产权改革。但是,具有意识形态属性的报业改革明显滞后于其他国有企业改革。

金碚认为,报业和其他产业不一样,当它具有比较强的竞争力的时候,它才能够比较好地处理各个相关利益者之间的关系,才能处理好和投资者、广告客户的关系。如果竞争力很弱,迫于商业利益可能会扭曲它的行为。[①] 这也使得改革开放初期的报业组织,依然保留在事业单位的框架内,虽然不具备完全的市场竞争主体资格,但仍然能够从事企业化经营活动,并在报业竞争中成长壮大。

对于报业来说,市场竞争主体地位之所以重要,是因为如果竞争主体行为还未合理化,报业组织"究竟要干什么"、"究竟能干什么"的问题就不明确,因

---

① 徐昙:《金碚:主体地位不具备就谈不上有效竞争》,载《中国经营报》,2004年6月21日。

而报业经营也就无法更多地遵循经济规律,无法合理地进行投资融资等市场行为,无法有效地实现规模经济和范围经济。即使已经在组织形式上成立了报业集团,未必就意味着相应地也取得了市场竞争主体的资格。

原南方日报社社长、南方报业传媒集团公司董事长范以锦认为,报业集团化发展有几个阶段,分别是机关报报办集团的初级阶段、报业集团办报的中级阶段、传媒集团报刊产业化战略运营的高级阶段。不同的发展阶段有不同的集团结构需求和资产联结方式,不同的市场分类方法,因而也就存在着不同层次的竞争主体。要推动集团化从初级阶段向高级阶段发展,报业集团就必须为所属媒体的成长和发展创造更大价值!这是集团以资产为纽带构建报业市场主体的原则和标准,也是推动报业集团化发展的责任与追求。[①]

从单一报纸进入机关报报办集团,始于1996年1月。以广州日报报业集团成立为开端,国内陆续组建的报业集团已经从2000年底以前的26家,发展到2009年底的49家(这里指已在新闻出版总署注册的报业集团,不包括未在新闻出版总署注册而由地方政府机构批准成立的数量不少的报业集团)。

在报办集团时期,由于机关报和子报子刊之间更多的是业务的联结,缺乏资产特别是产权的纽带,不直接面对市场的机关报不是竞争主体,报办集团所辖的子报子刊也不可能是完整的市场主体。

在这一时期,出现的一种趋向是进一步弱化主报(母报)的市场地位,靠子报的利润补贴主报,结果出现了很多问题。有的报办集团,仍然充当着母报和子报的中介角色,其对母报的一个重大作用就在于调配子报的利润。这种制度设计使母报对子报在经济上的依赖性越来越强,是"子报走市场,机关报守阵地"思想的体现,实际上没有把机关报当作报业市场竞争的主体,而是通过集团化的形式使机关报以最小的代价获得最大的回报。组建报办集团的第一个目虽然是提高机关报的质量,但是对集团而言,获得利润过于容易降低了改革母报的诱因,使大胆创新面对竞争的目的成为多余。所以,报办集团不但无益于机关报的长远发展,也不利于子报子刊的导向把握和健康成长。对于子报子刊而言,集团往往只是被当作政治风险的挡箭牌。这是因为,尽管子报子刊都是集团出资创办的,集团是子报子刊资产的拥有者和控制者,但如果集团只能作为子报子刊的利润管理中心,不断地提取子报子刊创造的利润去填补母报、其他亏损媒体或历史的窟窿,不但会极大地打击子报子刊创新发展的

---

① 范以锦:《构建报刊媒体集团化运营的市场主体》,载《新闻战线》,2006年第5期,第24~28页。

积极性,还容易使子报子刊对集团和母报产生敌对情绪。这种被动局面的出现,主要在于集团不作为和母报在市场竞争中的懦弱。①

在这种情况下,必须寻求更有效的路径来解决不断深化的集团内部的矛盾,必须通过机制的创新增强集团所有成员的造血能力。范以锦先生所概括的第二个阶段出现了:由报业集团来办报(这也是其所提出的多品牌战略的发展路径)。

2001年元旦,《21世纪经济报道》创刊,这是南方报业传媒集团打造的一份财经周报,上海复星实业股份有限公司投入1500万参股资金。2002年,《21世纪经济报道》创造了第二年就实现赢利的奇迹。2003年,该报广告营业额超亿元,并于同年成立21世纪报系。盖洛普进行的市场调查显示,该报的发行量、影响力和阅读率等几项关键指标都稳居国内同类报纸第一位。南方报业传媒集团通过集团办报的方式,先后孵化出多个子报子刊乃至报系(详情在第九章展开)。

2001年5月28日,《京华时报》在北京诞生,该报是由人民日报社和上市公司北大青鸟共同投资创办的,总投资额达到9000万元,是当时启动资金最多的一张新报。作为国内最高级别的党报,《人民日报》虽然没有挂牌组建报业集团,但实际上却具有报业集团的规模和实力(除了主报及其海外版,还先后创办了《市场报》、《讽刺与幽默》、《环球时报》、《证券时报》、《健康时报》、《京华时报》、《中国汽车报》、《国际金融报》、《江南时报》和《新闻战线》、《京华周刊》(前身为《大地》)、《时代潮》、《人民论坛》、《人民文摘》等报纸期刊和人民网),而《京华时报》无疑是市场化运作的产物。两年后,光明日报报业集团与南方日报报业集团联合创办的《新京报》又在北京问世。有关《新京报》和《京华时报》的详情将在第十章有专门的介绍,此处不赘述。

事实上,伴随着国内报业集团的成长历程,集团办报的模式也遍布东西南北:如东部江苏省的新华日报报业集团旗下有《扬子晚报》、《服务导报》、《南京晨报》、《江苏经济报》、《扬子经济时报》、《宿迁日报》、《昆山日报》和《传媒观察》、《党的生活》等多家报刊。西北的华商传媒集团旗下除核心媒体《华商报》外,先后还创办(合办)了长春的《新文化报》、重庆的《重庆时报》、沈阳的《华商晨报》,它们在各自所处的区域占据主导地位;集团另有《大众生活报》、《消费者导报》、《南非华人报》等三份周报和《钱经》、《名仕》、《淑媛》、《大众文摘》、

① 范以锦:《构建报刊媒体集团化运营的市场主体》,载《新闻战线》,2006年第5期,第24~28页。

《汽车自驾游》等五份杂志。深圳报业集团除了主报《深圳特区报》外,还有《深圳商报》、《深圳晚报》、《晶报》、《深圳都市报》、《汽车导报》和《特区教育》、《中外房地产导报》、《游遍天下》、《本色生活》等多份报刊。

中国各家报业集团通过创办新报、兼并已有报纸迅速扩大规模,做到了"量"的扩大,但随之而来的问题是,传媒适应环境的能力并未显著增强。在扩张过程中创办或兼并的子报有的无法适应市场竞争,反过来拖了集团的后腿。此时,席卷全球的报业"寒冬论"以及新媒体的强势冲击,要求报业集团必须寻求新的增长点,拓宽业务范围,创新发展路径,以有效地抵抗可能袭来的风险,进一步做强做大做长久,于是传媒集团应运而生。

2004年成立的牡丹江新闻传媒集团是一个样板,这个并不起眼的东北边陲地级市的传媒集团,创造了很多全国第一:第一个实现广电集团与报业集团的重组,第一个实现政企政事分开。但是,对于国内大多数报业集团来说,牡丹江新闻传媒集团的成功仅仅是孤例,报刊与广电之间的行业壁垒暗示这条路不容易走通。中国报业的未来之路必须借鉴国外报团的经验,通过进入资本市场,加快资产资本化、资本证券化、产权多元化进程,即多方融资实施资本运作的模式。

《成都商报》借壳上市,北青传媒香港上市,成为报业的先行先试者;《广州日报》控股粤传媒,解放日报报业集团借新华传媒上市,浙报传媒集团借壳ST白猫上市(后更名为"浙报传媒"),则是报业传媒集团通过资本市场融资扩张的新一轮角逐。

前已提及,国内报纸等新闻传媒及其产业归属文化产业,是在新世纪之后。因为新中国一向重视意识形态领域的宣传和舆论导向的控制,尤其对较为敏感的新闻报道、各种言论和涉及思想文化的传播内容,监管较严,将其视为精神文明和政治宣传的阵地,视为国家的血脉和灵魂,民族凝聚力、创造力的重要源泉,也是国家软实力的集中体现。正是考虑到其对维护国家形象和社会稳定等方面所具有的重要作用,一直把它作为意识形态性质的事业来建设和发展,与产业无缘。随着社会主义市场经济的逐步确立,传媒业市场化产业化的趋势日益明显,国内从中央到地方各级主管部门顺应这一发展趋势,也认同了传媒业的产业性质。

2003年中宣部下发《关于文化体制改革的决定》,第一批试点单位就包括多家新闻传媒集团。目前我国传媒产业已经被统一划归到文化产业。

2010年7月,胡锦涛总书记在中央政治局第二十二次集体学习时,提出了"顺应时代要求深化文化体制改革,推动社会主义文化大发展大繁荣",此时距离十六大作出深化文化体制改革、发展文化事业、文化产业的战略部署已有8年时间。此间,文化市场的概念得以确立,"文化产业"一词被正式写入中央文件,而我国第一部文化产业专项规划——《文化产业振兴规划》也由国务院常务会议审议通过。这是继钢铁、汽车、纺织等十大产业振兴规划后出台的又一重要产业振兴规划,标志着文化产业已上升为国家战略性产业。而"十二五"规划则首次提出将把文化产业作为支柱性产业。

所谓支柱性产业,是国家根据产业现状、发展和变化趋势,为取得最大的产业经济效益,并为使国民经济协调、快速发展而制定的。其特征包括:大规模支出,在GDP中占有较大比重。一般来说,占比达到5%以上才可称为支柱性产业。

2009年,文化产业占中国GDP约为2.5%,如按2015年占GDP达5%计算,未来5年复合增速必须达到37%,超过过去5年大多数工业行业复合增速,较其本身增速也将提高15个百分点左右。因此,金融界人士认为,这一纲要性政策对于现阶段的文化产业而言,是要求其实现跨越式发展。党的十七届六中全会《关于深化文化体制改革、推动社会主义文化大发展大繁荣的若干重大问题的决定》,作为我国文化产业发展的指导性重大战略决策,无疑成为实现此目标的助推器。

但是,纵观近些年的新闻体制改革,改革的重点往往集中在经营性资源上,即与新闻、宣传无关的非核心事务上,如社会服务类、大众娱乐类、专业类报刊或节目从现在的事业体制中分离出来,而对于综合类或时政类报纸,仅仅限于扩大其经济功能,如允许建立报业集团、传媒集团,但在属性上,中宣部仍然强调:"报纸不是一般意义上的产业,是一个特殊的产业,是具有政治性、意识形态的特殊产业",[1]依旧执行"事业单位,企业化管理"的双重体制。与此同时,党中央在强调加强文化体制改革的时候也一再声明,无论是公益性文化事业,还是经营性文化产业,只是文化形式的差别、载体的不同,而承载的精神即文化的灵魂是一致的,就是传播社会主义先进文化,要始终把社会效益放在首位。落实到实际行动,新闻出版总署在进一步的报刊转制活动中,首先摸底的依旧是9000多种非时政类报刊,目前已有1069家登记或转制为企业法人。这样的改革路径和前进步伐,同"十二五"规划所提出的文化产业跨越式发展的要求,显然存在差距。

在众多金融机构看来,文化产业尤其是传媒业成为国家的成熟支柱产业,

---

[1] 刘海贵:《中国报业发展战略》,上海:上海人民出版社,2006年,第31页。

已被许多国家、地区的发展历史所证明。2007年美国娱乐传媒产业总支出为8762.9亿美元,占其当年GDP的6.3%。2005年日本文化内容产业总产值达到250115亿日元,占GDP比重达到6.2%。而从中国方面来看,2009年中国传媒产业的总产值是4907.96亿元,占我国同期GDP的1.464%;2009年末传媒类上市公司共17家,占A股总市值的比例仅有0.505%。无论是GDP中的占比,还是股票市值占比,均远低于发达国家。因此,随着文化消费的不断升级和产业的一系列积极变化,文化产业崛起之势将继续增强。

当然,上市并非报业进行资本运作的唯一手段。多家传媒集团正尝试通过各种途径达到做强做大的目的。南方日报报业集团在向传媒集团转型过程中,积极探索跨地域跨媒体跨行业发展,颇有斩获。在跨地域发展方面,南方日报报业集团2003年和光明日报报业集团合作在北京创办《新京报》,《新京报》很快成为一份有影响的都市报,并在不久后实现赢利,南方日报报业集团与光明日报报业集团按所占股份每年分成。[①] 2007年该集团又与云南出版集团合办并控股《云南信息报》。同时在省内与广东省肇庆市委合办《西江日报》,并将这一模式复制到梅州等地。其跨地域发展的成功经验就是寻求双赢乃至多赢的目标,即先派人带去先进的办报理念,协助改版和改善经营,提升品牌影响力,作为第二主管主办单位,在广告存量不变时不分成,增量后超额部分两家分。这就打消了合作方的顾虑,使之能够真正受益。而这种合作模式也具有可持续性。在跨媒体发展方面,一是跟中央电视台经济频道进行了深入的合作,二是抓住了廊坊网进行整合资源,建立新型媒体,形成创新的统一传播平台。在跨行业经营方面,通过发挥品牌传播优势,尝试多渠道跨行业的延伸业务经营,在运务、物流、房地产方面有了新的发展。在主业方面,南方报业传媒集团目前已经形成12报8刊5网站1出版社的规模。浙报传媒集团的扩张速度也是异常迅速,据《证券日报》报道,浙报传媒现拥有独资、控股的一级子公司28家、二级子公司31家,旗下报刊、手机报共28家。除传媒类产业,集团业务还涉及资本运营、印务、物流、贸易、高新技术、房地产、物业管理等领域。2009年集团总资产达到31亿元,净资产20亿元,实现营业总收入26.2亿元,利润2.5亿元。[②]

从单一报纸的孤军奋战到报业集团的组建再到传媒集团的高速扩张,这

---

① 从2011年9月3日起,《新京报》由原来的光明日报报业集团主管,光明日报报业集团和南方报业传媒集团主办,两家合股经营改为由北京市委宣传部主管主办。
② 郑大红:《浙报传媒欲成"白猫"新主人 品牌归属成疑》,载《证券日报》,2010年11月1日。

一条报业组织竞争主体的变革之路并非一帆风顺。

从2003年开始的文化体制改革,本应为解决报业市场的主体地位问题提供一个契机,然而事情的进展并不尽如人意。同是在新闻出版业领域,截至2010年,绝大多数事业型图书出版机构都已经或基本完成了转企改制这一重大和根本性的变革。但是,在报业领域特别是其主体——时政类综合报纸转企仍在试水中。

虽然在不断深化改革的过程中,报业已经实现了较高程度的市场化,制度创新的条件对于大多数报业组织来讲也已具备了。如果现代企业制度成为报业市场主体的组织形式,法人治理结构将接过"事业单位、企业化管理"的接力棒,成为下一轮报业发展的驱动器。可是,报业体制机制改革的情况显然要复杂得多,特别是时政类报纸由于具有新闻宣传、舆论导向等功能,其强烈的意识形态属性和敏感性,使得体制改革步履维艰,阻力重重。从恢复报纸广告经营到发行体制改革,从行政主导的报业集团化到部分报业控股公司的上市融资,迄今国内报业的改革无一不是围绕市场化生存而进行的"边缘突破"。各大报业集团着力实施的"采编与经营两分开"的部分剥离,已将这种"边缘突破式"的增量改革推至极致,但困扰和制约我国报业集团发展的产权制度改革等深层次问题并没有得到解决。"整体转制式"的存量改革因此而成为各大报业集团无法回避的现实。①

目前媒体的发展还没有进入有效竞争的阶段,市场机制也不够健全。可以说,如果整体的转企改制不完成,对整个报业来讲,报业市场竞争主体的地位就无法较彻底地实现。②与此同时,转企改制不仅涉及体制问题,也涉及各家报社的具体运作。对于各个报业组织来讲,提高竞争力,尤其是培育与提升核心竞争力,没有完全相同的道路和方法。核心竞争力的本质属性是其独特性和不可替代性,因而报业组织要通过差异化竞争,形成与众不同的独特竞争力。在报业改革转轨时期,对不同报社或报业集团来说,就是要探寻并找到最适合于自己的发展道路,以便最大限度地确立和发挥其竞争优势。市场离不开竞争,作为市场竞争主体(或准竞争主体)的党报、都市类报纸、专业报及报业集团、传媒集团,如何在报业市场中取得和保持竞争优势,拓展各自的发展空间,增强自身的综合实力,从而获得可持续发展,这是市场竞争的参与者都

---

① 罗书俊:《我国报业集团改革的现实困境与路径选择》,载《社会科学家》,2010年第3期,第121~123页。
② 朱学东、高江川:《转制:主体之美》,载《传媒》,2004年第8期,第8~13页。

必须认真思考和直面的现实问题。

近些年来,有关报业如何增强其竞争力,认识、培育和提升其核心竞争力等问题,逐渐成为业界、学界关注的焦点。那么,报业领域竞争力问题的研究对象是什么?报业组织竞争力有何特性?影响和制约报业组织竞争力的主要因素又是什么?首先必须正确认识和理解这些问题,才能进一步探讨和回答报业集团核心竞争力的相关问题。所以,这里拟先对国内的报业市场竞争状况作一回溯,找出问题症结之所在。

三、报业市场竞争现状透视

中国报业市场是在社会转型期逐渐形成的。所谓转型,在社会学家看来,是现代性获得和展开的过程,其中掺杂都市化、公共性和消费文化等许多脉络,而其中的任何一个分支,媒体都会起到不可替代的作用。正是由于国内都市化进程的不断提速,媒体生存发展所依赖的都市受众群体才会不断扩大,而数量庞大的市民受众则需要媒体提供信息交流和公共讨论的平台,其中,最迎合大众的公共话语,自然是民生问题和以娱乐化为基调的趣闻,这也是消费文化的本质特征。

在现代性的获得和展开过程中,媒体和媒体之间更多是竞争关系,如同美国大众化报纸时期普利策与赫斯特之间的激烈竞争,折腾出来了一个叫"黄色新闻"的怪胎,与此同时,对民生福祉的关注也成为那一阶段亮丽的风景,对人的利益、权利、尊严和生命的尊重让普利策青史留名。中国的现代性进程与此也有某些相似之处。正如凌志军所说,当代中国"最引人入胜的地方,不是在于她的轰轰烈烈,而是在于她的平淡从容;不是在于她的崇高伟大精神,而是在于她开始关注普通人的需要;不是在于她的伟人风范和英雄辈出,而是在于一代新人已经长大,他们完全没有经历这个国家的过去,眼睛里面只有未来。对变革的期待取代了对历史的崇拜,进而成为我们国家的主流"。[①]

因此,评判大众媒体在现代化进程中的是非功过,仅停留在"批判"其负面影响和消极作用是有失公允的,在探讨大众媒体尤其是报纸恶性竞争导致的不良现象的同时,也要坦承它们在社会变革中的积极作用。

1. 报业竞争的正面意义

如前所述,随着中国社会体制由计划经济向市场经济的转型,中国报业也

---

① 凌志军:《变化——1992—2002年中国实录》,北京:中国社会科学出版社,2003年,第1页。

发生了深刻的变化,计划经济体制下靠全额拨款生存的报纸和期刊,绝大多数都被推向了市场,过去根本不用考虑经济效益的这些报纸期刊,感受到了"断奶"后的生存危机,开始在报业市场的大风大浪中学习游泳,其中的成功者尝到了市场竞争的甜头。

由于历史的原因,20世纪80年代中国报业的市场化程度仍然较低,其行业垄断性特征突出,一些报纸(期刊)抓住机遇,在市场经济的大潮中搏击,获利颇丰,迅速增强了自身的综合实力,当时的报业曾被誉为"最后一个暴利行业"。随着国内报业的迅猛发展,进入报业市场的竞争主体(或准竞争主体)越来越多,特别是20世纪90年代都市类报纸的异军突起,使中国报业进入发展的高峰期,1996年报纸总数曾达到2163种,报纸之间竞争的激烈程度由此不断升级。在此过程中,一些报纸不断调整办报理念,拓展办报内容,更新报道视角,谋划竞争策略,并引发同业间的模仿跟进以及独出心裁的标新立异,从而推动了报纸行业的整体进步。其具体表现如下:

读者意识的确立。传播学一直把受众研究作为重点,并产生许多经典论断。如20世纪初至30年代,"魔弹论"、"皮下注射论"盛行,将受众视为理所当然的传播接受者。20世纪40至60年代,生成"有限效果论",认为受众是顽固的,因此信息传播效果有限。其后的"使用与满足"理论从受众角度出发,认为受众能基于社会和心理根源的需求使用媒介,并部分地实现需求。

在这些传播学理论输入本土之前,中国的新闻理论及其实践者基本奉行的是"我写你看"、"我说你听"的单向度宣传理念和报道模式,这和改革开放之前,媒体浓重的宣传本位意识是对应的。而纵览全球报业,强化"读者"需求是报纸成功的关键。享誉全球的《纽约时报》创刊初期曾凭借一份指南开拓市场,这份指南列出了外地来纽约采购货物的人员名单,在此基础上,扩大了金融、法律、政府的相关报道;28年前的《今日美国》则依靠图、表迅速崛起,尤其是它的气象预报专版,用10种不同颜色标出了全美从华氏10度以下到100度的气温,成为全世界同质版面的模板。而今天的报纸,又以"参与式新闻"的样式,将与读者的距离更加扁平化。例如《华尔街日报》增设了"灵通读者"栏目,从杂志、博客、电视、广播等渠道精选具有深度和见解的新闻,开发新闻的双向传播模式。

中国的报纸直到融入市场参与竞争后,才意识到读者是报纸立足的生命线,而"二次售卖"理论所论及的读者资源的占有率,迫使许多报社不得不改变办报思路。几乎所有报纸不约而同地将读者置于"上帝"的位置。如1998年5月,《南方日报》在题为《伟业催人奋进》的社论中表示:要"加大新闻改革的力度,努力实现权威性、指导性与可读性、服务性相结合,新闻价值与宣传价值相结合,行家叫好与读者叫好相结合,把南方日报及其系列报办成既坚持正确的舆论导向,又生动活泼、为群众所喜闻乐见的报纸"。①同城的《羊城晚报》也在同时期提出,将加强贴近群众、贴近生活,服务性、可读性俱佳的报道,要使读者对晚报的阅读率增大,使晚报的可读性增强。

与南方同行的办报理念相呼应,《哈尔滨日报》打出坚持读者本位,实现新闻"四化"的口号,即"政务报道大众化、经济报道社会化、典型报道新闻化、理论宣传通俗化"。事实上,遍布全国各地在市场竞争中搏杀的都市类报纸,均旗帜鲜明地定位为市民报,这标志着读者意识在国内报业中的全面确立。

舆论监督的自觉。新闻媒介的舆论监督是指代表社会公众对权力运作尤其是政治权力和市场权力滥用导致的腐败进行的监督。对于舆论监督颇有研究的展江教授将新世纪以来国内舆论监督的发展历程划分为五个阶段:电视主导的舆论监督(2001—2002),调查性报道独领风骚(2003—2004.8),时评的崛起(2004.9—2006),调查性报道触底反弹(2007—2008.4),信息公开势如潮涌(2008.5至今)。②

五个阶段当中,报纸在与电视、网络竞争的过程中,不断呈现惊世之作,如《中国青年报》曝光山西繁峙矿难瞒报事件(2002)、《华商报》报道延安夫妻看黄碟被警察拘留事件(2002)、《中国经济时报》揭开北京出租车业垄断黑幕(2002)、《南方都市报》披露被收容致死的大学生孙志刚案(2003)、《北京青年报》追踪河南平舆系列杀人案(2004)、《中国经济时报》报道河北定州大企业与村民冲突命案(2005)、《生活报》拷问马志新在看守所被打致死案内幕(2006)、《华商报》揭露陕西平利交警队瞒报交通事故问题(2006)、《东方早报》等媒体披露三鹿奶粉事件(2008)……展江认为,在舆论监督发展进程中除了调查性报道之外,都市报和时政类报刊评论版面与互联网交相辉映,吸引了社会各界尤其是思想界的有识之士,他们对公共权力和公共政策进行理性和批判性的审视,活跃了社会公共性和舆论环境,并推进了公众参与和实施舆论监督。

谈到报纸对舆论监督的推进,暨南大学蔡铭泽教授曾以文本分析的方式予以证实。他以1999年11月至12月的《羊城晚报》为例,统计出两个月内该

---

① 蔡铭泽:《读者本位——羊城报业新天地》,载《新闻记者》,2000年第3期,第18~20页。
② 展江:《舆论监督在中国的发展历程》,人人网 http://blog.renren.com/share/253689924/1129679289 源地址:http://blog.renren.com/GetEntry.do?id=423821436&owner=250237888

报共发表批评报道近 70 篇,从涉及的对象看,既有高职务的腐败官员,也有作风粗暴的基层干部。与此同时,《羊城晚报》还把舆论监督视角投向社会基层,替弱势群体伸张正义。蔡教授认为无论从数量还是监督的方向看,上述做法都反映了新闻媒介进行舆论监督时的自觉意识和独立自主的立场态度。①

报道视域的扩容。有学者至今难以理解中国严肃报纸的风向标《南方周末》2005 年以来的头条选题倾向。先是 2005 年 9 月 8 日刊载《一场虚拟世界的反歧视大战》,继而是《发廊女生前日记怆平生》,彻底颠覆了《南方周末》以政经等主流议题为主打的精英报纸形象。其实,这是一个认识的误区。将网络事件和社会新闻纳入选题视野是一个信号,意味着《南方周末》捕捉到了社会转型中各类值得关注的现实矛盾,即人们不断增长的物质生活需求与公共服务滞缓二者之间的矛盾,并运用典型案例予以历史性的呈现。如果说,《一场虚拟世界的反歧视大战》还处于一种对穷人遭遇歧视问题的朦胧提示,那么,以苟丽为主角的《发廊女生前日记怆平生》则呈现出明确的媒体主张:关注穷人,关注穷人经济学。其后,无论是乡村代课教师报道,还是《平时是"天使"、周末是"魔鬼"》,都在文字之后承载了媒体责任:"让受害者得到宽慰,让害人者饱受煎熬。"

《南方周末》的转型实则也代表了部分报纸报道视域的转变。长期以来盘踞报纸版面的"大"而"显"的模式正被越来越多的微内容与微人物所取代。

微内容作为一种概念最早由 Jakob Nielsen 提出,指一小段包含元数据的文本。自从出现了 Blog 之后,微内容的定义加以放大,可以是:一则 Blog、一条评论、一幅图片、收藏的书签、喜好的电影、音乐、书籍列表等等。微内容的开发与聚合研究已成为传播学的前沿领域,美国新闻业研究所(American Press Institute)属下的"媒体中心"(The Media Center)于 2003 年 7 月出版的研究报告《We Media:受众如何塑造新闻和信息的未来》提到,"到 2021 年,50% 的新闻将由公众提供",这一预言大致描述了微内容的未来影响力。

微内容是由人来生成的,生成这些元数据及被这些元数据所记录的普通人即微人物。当然,微和显是相对的,名人、明星不在此列。自《新快报》浓墨重彩报道"木子美"之后,媒体的人物报道领域出现了一个转向,更多的微人物浮出水面。以往报道普通人往往是"由事及人",现在的很多报道是"由人及事",从标题上可见一斑,如"史上最牛的女秘书"、"史上最牛的钉子户"等等。随着上述转向,越来越多的普通人伴随着和他们相关的微内容进入了公众视

---

① 蔡铭泽:《读者本位——羊城报业新天地》,载《新闻记者》,2000 年第 3 期,第 18~20 页。

野,诸如胡戈、芙蓉姐姐、杨丽娟、王斌余、周"老虎"等等。①

发生在中国部分严肃报纸上的这一转向,原因固然很多,而其中社会转型期公众利益诉求和受众阅读兴趣的多元化,无疑是一个重要因素。激烈的市场竞争要求媒体必须满足乃至迎合多数读者的需求变化。这种趋势并非国内报纸独有,早在三十多年前,传媒大亨默多克就在纽约展开了被称为干预主义的小报策略:不断制造社会名人、准名人和过气名人,只要关于名人,哪怕是最不起眼的个人生活细节也会变成重磅新闻。此一痼疾如今也在中国新闻界扎下了根,并衍生为媒体的审丑本能。但是,也要辩证地看待这一转向,即与弊端并存的,是"微"对"巨"的胜利:普通人的命运已然同所谓的大人物站在了一起,这何尝不是历史的进步。

生存空间的开拓。美国《财富》杂志的一项调查显示,美国约有62%的企业寿命不超过5年,只有2%的企业寿命超过50岁。到了1983年,1970年评选出来的《财富》500强企业已有三分之一销声匿迹。②这一调查说明,再大再强的企业都可能遭遇"成长天花板"。要想在剧烈的市场变动中做强、做大、做长久,必须提升抗风险能力。学者朱春阳认为,传媒集团化是抵御风险的必要途径,并总结出三种利于传媒集团成长的模式:以竞争为主导、以合作为主导、以规模为主导。回顾报业市场的竞争历程,无论是在都市类报纸(晚报)单打独斗阶段,还是报业集团办报、传媒集团全面出击拓展阶段,竞争所引发的生存之战都为中国报业发展史储存了大量的优秀案例。

首先是以竞争为主导的模式,可以分成三种类型:成本领先模式、差异化模式、目标集聚模式。《广州日报》的崛起除了凭借创新一马当先之外,成本领先模式也发挥了重要作用。《广州日报》1993年发行量为51万份,广告收入1.85亿元;1994年发行量降到36.8万份,广告收入却突破3.06亿元。③低发行量和高回报的反差会将《广州日报》变成高诱惑低门槛的弱防御市场。④ 于是,《广州日报》着手扩大发行量,1999年超过100万份,2000年超过《羊城晚报》,2003年发行量达到160万份。发行量越大意味着复制成本越低,也就更加安全。

---

① 郑宇丹:《自媒体、微人物、网络信源》,选自《深度阳光》,北京:中国传媒大学出版社,2008年,第170~171页。
② 赵波:《企业五层次成长理论探究》,载《理论探讨》,2005年第4期,第83~85页。
③ 曹鹏:《中国报业集团发展研究》,北京:新华出版社,1999年,第181页。
④ 朱春阳:《现代传媒集团成长理论与策略》,上海:上海人民出版社,2008年,第68页。

而广州报业市场的后起之秀《南方都市报》则是凭借差异化模式和目标集聚模式实施市场突破的。差异化首先体现在内容的不同。在新闻同质化不可避免的情况下,《南方都市报》不仅以标新立异的新闻报道和特色鲜明的专刊专版吸引眼球,而且推出强势的时评版,聘请行家里手开设专栏,与竞争对手《广州日报》及《羊城晚报》的内容形成反差,既提升了舆论引导水平,也打造出了独家特色。在开拓发行市场方面,《南方都市报》将目标集聚在新移民身上,先是在移民城市深圳迅速打开销路,继而在广州新移民中建立影响。清晰的目标定位,无疑是《南方都市报》能够在竞争激烈的报业市场中脱颖而出的重要原因之一。

以合作为主导的成长模式强调建立战略联盟。2001年出版的美国《财富》杂志数据显示,从1996年到1999年,美国年收入在20亿美元的大企业,平均每家构建了138个战略联盟关系。①我国的报业联盟最早出现在2001年,西北五省区的《三秦都市报》、《兰州晨报》、《新消息报》、《西海都市报》、《新疆都市报》等组建了互动联盟,在报道、广告、发行诸方面展开合作。光明日报报业集团与南方日报报业集团合办《新京报》则是一种风险共担、利益共享的新式联盟。2004年《第一财经日报》的诞生标志着跨地区、跨媒体合作的开始,这张报纸由上海文广新闻传媒集团、广州日报报业集团、北京青年报社共同投资,成为我国首张由广电部门与报业集团共办的报纸,显示出报业竞合的新景象。

以规模为主导的成长模式体现出以扩张图存的方略,浙报传媒集团的多元化扩张模式最为典型。2009年,浙报传媒与阿里巴巴签订战略合作协议推出淘宝天下周刊后,又与央视财经频道签署战略合作协议,将触角延伸至电视,并出资绝对控股红旗出版社有限公司。与此同时,组建新公司专门经营户外大屏幕LED,与视频新闻结合起来,而借ST白猫上市的运作也紧锣密鼓地进行,一个业务经营多元化的传媒集团新版图已悄然扩容。

创新能力的提升。面向市场的报纸媒体之间的竞争在不断加剧,而网络和新媒体的崛起,则使报业感受到了前所未有的压力和冲击。报纸正经历着有史以来最恶劣的"气候","Newsosaur"是时下美国报界对纸质报纸的流行称呼,这一新造词是news和dinosaur的合写,意为"新闻恐龙",反映出纸媒现实生存环境之艰难。报纸既要应对同业竞争,又要接受来自新媒体的挑战,适宜生存的一定是最被需要的。在报业衰亡论甚嚣尘上的今天,报界并不是

---

① 朱春阳:《现代传媒集团成长理论与策略》,上海:上海人民出版社,2008年,第68页。

坐以待毙,而是纷纷在内涵和外延上自我创新,提升自身的品牌影响力。

请看实例:《武汉晚报》创新其传统活动"姻缘会",加入传统文化新元素,推出"2009年武汉青年端午姻缘会"和"寻找真爱2009武汉青年国庆姻缘会",通过冠名、赞助、现场活动等多种形式,使得2009年《武汉晚报》姻缘会销售收入创下新纪录,达到300多万元;《辽沈晚报》先后推出房产消费两大主题策划"幸福行动"、"信心胜金·暖心之旅",整合近100家商企,打造100万豪礼,持续50多天,近100户商家参加了本次消费活动;《都市快报》推出"温暖2009春季大型房产主题活动",吸引了25000余位读者参加活动,成交金额近3亿元,同时吸引了房产商的广告投放;《潇湘晨报》2009年3月第八届读者节主体活动之"一报千金购物节",将价值近千万元的20多个品类消费抵用券,随报纸发送到读者手中;《长沙晚报》亦在读者节期间联合美的空调、苏宁电器、新一佳超市等家电、食品、餐饮和酒类多个领域多个商家,推出"周末如意购"特惠购物活动,连连送出实惠"感恩券";为了应对新媒体的冲击,《重庆商报》与腾讯公司联手推出"腾讯·大渝网",形成即时通讯+互联网传播+平面传播的叠加组合,被评为2006报网互动十大经典案例;《南方都市报》旗下的奥一网与母报实施"网络问政"的互动,并将互动从网络延伸到与政府高级官员的直接对话,影响巨大,并收获了2010年中国新闻奖的新闻名专栏奖;《解放日报》在2006年推出4i新媒体发展计划,拟通过i—news(手机报)、i—mook(电子杂志)、i—paper(电子报纸)、i—street(公共新闻视频)开展传统媒体与新媒体的互动,目前已收获成果。该集团携手上海易狄欧电子科技有限公司开发的首款基于电子墨水技术的"亦墨(Yeahmo)"世博版电子阅读器已于2010年5月亮相上海……

报业竞争的推动作用不仅体现在办报理念、经营模式等方面的变化,在提供信息、促进社会经济发展、塑造大众自我认知能力、加快社会民主化进程等方面,均可以窥见报界努力的印迹。然而,我们也必须承认,在由计划经济体制向市场经济体制过渡转轨进程中,走向市场的报纸其两重属性所产生的矛盾日益凸显,反竞争力量和非市场性竞争力量在顽强地发挥作用,并且干扰和阻碍着报业市场的健康发展;社会主义市场经济还处在探索和创建阶段,许多法律法规尚不够健全,在这样的大背景下形成的报业市场,既不够成熟也不够规范,其间所进行的报业竞争,未能完全走上正轨,无序竞争现象相当普遍,恶性竞争时有发生。这些现实问题值得关注和认真研究解决。

2. 报业竞争的负面影响

统计数据显示,20世纪90年代中期,国内平均每三天就诞生一种新报纸,报业市场竞争者的不断加入,使竞争日趋激烈,曾经的"暴利"变成了"微利"。与此同时,各种新问题不断涌现,由于报业竞争的地域性特点,报纸过于集中的区域同质化现象在所难免,报业结构不均衡及布局不合理等问题也暴露无遗。

中心城市报业竞争异常激烈。在全国各地中心城市,同城报业竞争相当激烈。有人总结了报业十大"战区",包括北京、上海、广州、重庆、成都、武汉、郑州、天津、西安、南京。在北京,《北京青年报》、《北京晚报》、《北京娱乐信报》、《京华时报》、《新京报》、《北京晨报》、《法制晚报》、《劳动午报》、《华夏时报》等同属都市类报纸间的竞争持续多年,直到2007年以后才形成当前的格局。洗牌后的结果是《华夏时报》转为全国发行的财经类周刊,《北京娱乐信报》变为免费地铁报,《竞报》由日报变为周报,《劳动午报》则重回机关报。目前北京报业市场最常出现的5家都市类报纸中,《北京青年报》发行主打早报征订市场,其零售仅占5%;《京华时报》主打早报零售市场;《新京报》征订零售两不误,其卖点被认为是言论和高端信息,面向高校师生、知识阶层和白领;《北京晚报》主打晚报市场,以普通市民读者为主要对象,《法制晚报》与之竞争这一市场。看似竞争态势已然趋缓,但按北青传媒股份有限公司董事长张延平的说法,明面上的恶性竞争已经潜藏到私下的拼杀,即从折扣赠品等发行大战和报纸间的相互攻讦转移到广告等一般读者不太容易接触到的领域。"北京有些报纸的广告折扣甚至是刊例价的一折"。①

在成都,现已形成两大报业集团——四川日报报业集团和成都日报报业集团两军对垒的局面。《成都商报》和《成都晚报》同属成都日报报业集团,二者的广告量一度占据了成都地区广告量排名前五报纸总和的62%;而《华西都市报》、《天府早报》和《城市购物导报》同属四川日报报业集团,三者广告量占据了成都地区广告量排名前五报纸总和的38%。成都日报报业集团和四川日报报业集团在成都地区的竞争从来没有停止过,且愈演愈烈。②

除了主要中心城市,珠三角、长三角等经济圈外,其他地市级城市和中西部广大乡村地区,报业竞争较为缓和。部分经济欠发达地区、民族地区,机关报甚至还依赖财政的补贴。也有些较为偏激的论点认为,中国报业的竞争仍

---

① 罗婷:《透视北京报业新媒体布局》,载《中国记者》,2010年第8期,第51～53页。
② 周勇:《报业竞争状况与发展趋势——以成都地区为例》,载《经营管理者》,2008年第15期,第176页。

处于没有实质竞争的低级阶段。①

报业同质化竞争和低水平竞争现象严重。第一章已论及，报业的同质化现象主要体现在两个方面：一是内容同质化；二是运营模式同质化。内容同质化其主要特点是报纸之间非常相似，市场定位、内容产品、版面编排都有很多相同之处。内容同质化使得许多报纸的可替代性很强，多数报业组织没有形成自己独特的价值创造点，没有形成自己独有的、别人难以模仿的专有性能力，也就无法形成和长久保持其竞争优势，从而产生了许多消极的后果。比如，挤在同一个报业市场，忽视了对其他发展空间的开拓，造成了报业资源配置的不合理，导致无效传播和资源浪费。运营模式同质化则主要表现为报业经营模式单一，对广告的依赖严重，发行手段相似，运营方式雷同等。内容产品与运营模式的同质化，使得国内报业市场尤其是报业比较发达的中心城市的报业竞争，变得相当激烈以至近于残酷，并导致了许多无序竞争、恶性竞争的乱象丛生。

国内报业市场无序竞争的一个突出表现，就是此起彼伏的价格大战。报纸的内容产品与经营模式的"同质化"，必然在事实上削弱个体报纸的竞争力，为了取得更好的市场地位，有的报纸采用了价格大战等恶性竞争手段。其具体表现就是报纸之间在发行、广告经营方面竞相压价，采用各种手段不惜工本地限制竞争对手的发展。但是价格竞争往往导致报社经营利润的下降、摊薄，直至无利可图，有时甚至处于"负经营"的状态。这样的竞争是不可能持久的，因为饮鸩止渴式的恶性竞争只会令参与者两败俱伤，它显然不利于报业的健康和可持续发展。尽管如此，近些年来国内报业市场中由价格大战引发的恶性竞争还是时有所闻。

例如，20世纪90年代后期，四川的报业市场继《华西都市报》创刊并取得成功之后的一年多时间内，又新涌现出4家都市报，于是，一场价格大战在这些报纸之间激烈展开：《四川青年报》周末20版大派送；《天府早报》在3个月内每天免费赠送20万份报纸，另外，只需花人民币10元就可订到1个月的报纸，而且服务周到，附赠报箱一个；当时0.5元买到2份或3份报纸也不足为奇。到2001年4月成都调整报业结构时，两份套卖的《蜀报》与《商务早报》仍只售0.5元。这种"自杀式"的竞争，其结果是四川报业市场整体受伤。

又如，1999年5月8日，以美国为首的北约轰炸中国驻南斯拉夫使馆，翌日，《江苏商报》（江苏供销合作总社所属的一份行业报）以此为契机改版上市，

---

① 苏文洋：《中国报业：竞争尚未开始，还有媒体输氧》，载《新闻与写作》，2007年第6期，第4～5页。

4开16版,只售0.2元,以震撼价格拉开了南京报纸价格大战的帷幕。一时间,"两毛钱"的报纸搅翻一池春水。10月12日,新华社江苏分社主办的《现代经济报》改版并易名为《现代快报》,四开16版,以0.1元酬宾。同月,南京各报纷纷改版、降价,为了推销报纸不惜以死相拼。12月1日,《南京日报》改版,从对开8版增加至对开12版,部分彩印,售价0.5元,且实行买一送一的策略(买一份《南京日报》送一份0.4元的子报《金陵晚报》)。12月4日,《金陵晚报》刊出消息,"订一年报纸(144元),返还144元的礼品",订报不要钱,把南京的报价降至新的低位。与此同时,《经济早报》也推出类似举措。12月8日,《新华日报》所属《每日侨报》改版,对开8版,全部彩印,推介价0.1元,竞争矛头直指《现代快报》。该报同时推出买一份《服务导报》送一份《每日侨报》,拉动《服务导报》的销售。而新版的《现代快报》面市的第一天,报纸日发行量增加至改版前的3倍,第二天又上升了12%;到12月初,该报日发行量已达到近30万份,成为南京早报市场的新霸主。南京报业市场的这次价格大战持续时间长(从1999年3月到2000年2月),竞争的力度、广度和深度也是前所未有的。特别是如此众多的低价报纸现象,及其0、0.1、0.2、0.3、0.4、0.5元的价格竞争格局,在中国报界是罕见的。①

2005年9月,新闻出版总署组织力量,对南京、成都、西安等10个报业市场相对活跃的城市进行调查之后认为,报刊发行秩序混乱的现象相当普遍。其主要表现可归结为三个方面:一是低价倾销。在一些城市,几十个版面、成本2~3元的报纸售价仅0.5元,甚至只卖0.3元、0.1元;有的报社采用订一赠一、加版而不加价等方式,变相降价。二是赠品促销。赠品价码越来越高,一般情况下,0.5元一份的报纸送赠品高达1.5元。三是发布虚假信息。为吸引读者特别是广告客户,提高自身在报业市场中的地位,一些报纸就在发行量和广告营业额上大做文章,虚报发行数字和谎报经营业绩,欺骗读者和误导广告客户,以种种不正当的手段与对手展开竞争。②

另外,各报之间广告价格的无序竞争也相当突出。虽然国内报业市场的广告定价有其相应的标准,但是明码标价之下却有各自实施的"暗箱操作",为

---

① 董天策:《解析中国报业竞争的现实进程》,载香港《中国传媒报告》,2003年第2期,第95~105页。
② 相关内容参见2005年9月12日《人民日报》,2005年9月20日、10月28日新加坡《联合早报》,2005年10月18日《南方日报》,2005年9月22日《经济参考报》,2005年8月27日《证券时报》和2005年10月24日《中国新闻出版报》。

吸引广告客户所给出的超低折扣,以及随广告附送的"软文"等,手法层出不穷;而在各报刊登的广告中,其价格差距也大得离谱,最高者 10 多万元一版,而最低者已跌破 2000 元一版。报业广告的恶性竞争,还使得"广告新闻"或"新闻广告"充斥版面,各报为了自身的经济利益以新闻报道的形式发布广告,继而向发布"新闻"的企业收取费用,结果自然是加剧了"有偿新闻"的泛滥,导致报纸的信誉度降低。

报业市场中发行、广告大战等过度竞争手段,使报纸背负沉重的经营负担,并且降低了其公信力和美誉度。近年来类似的恶性竞争实例在报业竞争中可谓俯拾即是,它反映出国内报业市场的不成熟、不规范,同时也缺乏有效的行业约束。前述成都、南京等地报纸价格大战,都是在行政力量介入干预后才宣告结束。

报业竞争缺乏行业监督机制。这是导致国内报业市场无序竞争的一个极为重要的因素。市场经济本应是法制经济,但是,由于中国社会还处于转型期,社会主义市场经济也处于初级阶段,在这样的大环境中产生的报业市场,及其所进行的报业竞争,必然是不够规范的。加之众所周知的原因,目前国内传媒业的法律法规尚不够健全,报纸等新闻出版行业缺乏必要和有效的监督机制,致使报纸行业的无序竞争有恃无恐。其中最具代表性的无序竞争就是报业数据的虚报现象。

时下国内的报纸发行量和广告收入基本是不可信的,这已经是公开的秘密。各报公开宣称的发行量一般都要打个对折,才比较接近真实的发行数。一位报业集团领军人物曾直言不讳地指出,"从某些区域的实际情况来看,当前报业市场中形成了'0.5 系数'潜规则,就是说如果判断一家报纸的准确发行量或是广告实际收入,就在它的自我宣传数据上打个对折。报业数据的虚假和浮夸,使报业市场缺少必需的商业文明环境,严重影响了我国报业的健康发展"。[①]这种虚报报业数据(特别是报纸发行量)的情况如果不改变,将会使报业市场无序竞争的局面加剧,甚至导致劣币逐良币的逆淘汰恶果出现,这对中国报业的可持续发展无疑是致命的隐患。

在西方报业市场上,行业监督机制经过一百多年的发展已相当成熟。美国发行量审计局是一家报业市场监测机构,成立于 1914 年。它制定有关发行数的相关规章是国际上较为通行的一种报刊发行量认证制度,也称为 ABC (Audit Bureau of Circulations)制度,得到世界许多国家的承认。另一种在世

---

① 戴玉庆:《中国报业急需报业文明》,载《广州日报》,2006 年 12 月 25 日 A6 版。

界范围得到认可的发行数审计制度称为BPA即"国际媒体认证公司"(Business of Performing Audit),成立于1931年,1998年改为现名,也是国际公认的媒体发行认证机构。

为进一步提升中国出版物的公信力,国家新闻出版总署作为行业发展的重要管理机构,成立了"国新出版物发行数据调查中心",组织对全国的晚报、都市报发行数据进行监测和核查,但是机制尚不成熟。

国内报业市场一方面普遍存在着上述的无序竞争乃至"过度"竞争现象,另一方面又存在着严重的反竞争力量:行政区域的条块分割和地方保护主义使报纸行业地区壁垒森严,而多数党报所蕴含着的非市场性竞争因素(目前多数党报作为思想宣传的重要读物主要由单位公费订阅,这种情况仍未改变),则使得国内报业市场中的竞争主体具有不同的性质,呈现出不同的特点和形态。

不同区域不同报业组织发展不平衡。在日趋激烈的竞争之下,不同地区、不同市场地位的报纸,其绩效和发展势头呈现出较大的差异,即使同一个报业集团内的不同种类的报纸期刊,由于面对不尽相同的竞争对手参与市场竞争,其竞争力的表现形态和收益状况也就不尽相同甚至大相径庭。

比如,同处于珠三角地区,深圳报业市场就与广州报业市场有很大的差异;而同是西部地区,甘肃的报业与四川的报业,差异也非常明显。

目前国内报业市场竞争的局面可以用纷繁复杂、混沌无序来形容。由于报业组织即报业竞争主体具有多样性、复杂性的特点,报业领域内竞争力的表现形态也具有多样性、复杂性和模糊性的特点,因而对报业组织竞争力的理解认识和分析解读,也相应地变得复杂和困难了许多。

如前所述,国内报业集团的组建,一个主要动机就是为了"治散"、"治滥",便于管理,同时也是希望推动报业的健康快速发展,使之走上现代企业的规范化、法制化的正确轨道。

我们有理由相信,随着我国社会主义市场经济的逐步成熟和规范化、法制化,国内报业市场也会逐渐走向成熟,报业竞争必将趋于规范化、法制化。跑马圈地、抢滩占点式的粗放型竞争已成为过去,统筹规划、精耕细作的集约型运营和竞争模式正在形成,这是国内报业市场发展的大趋势,它也标志着报业竞争已由初级阶段向中高级阶段过渡转型。在报业变革转型的新阶段,报业组织亟须认真思考和组织实施新的发展规划,包括从发展战略到竞争策略的路径选择和统筹安排。

四、报业组织参与竞争的战略及策略

目前,我国报业发展已进入战略转型期,即由粗放式发展向集约型经营模式转变。以往报纸等媒体惯用的跑马圈地式的粗放经营模式已难以为继,提高市场占有率的规模化成本越来越大,报业市场也从原来的供不应求变成了供过于求,而报纸的赢利状况则由暴利时代进入了微利时代。在这种情况下,报业组织(含报纸、期刊及报业集团)发展路径的选择,已成为关系到能否持续拥有竞争优势,进而获得可持续发展的关键问题。报业组织要想选择正确的发展路径,就离不开统筹规划,包括制订和实施正确可行的发展战略和竞争策略。

1. 战略与策略

战略原是军事名词,《辞海》中"战略"一词有两种释义,一是"对战争全局的筹划和指导。它依据敌对双方军事、政治、经济、地理等因素,照顾战争全局的各方面、各阶段之间的关系,规定军事力量的准备和运用";二是"泛指重大的、带全局性或决定全局的谋划"。① 在西方,战略一词英文是 strategy,源于希腊文 stratagia,意思是做将军的艺术和科学。《简明不列颠百科全书》认为:"战略是在战争中利用军事手段达到战争目的的科学和艺术。"

将战略这一概念运用到企业管理只有几十年的时间,20 世纪 60 年代,美国管理学者安索夫最先在《企业战略论》一书中论述了企业战略和经营战略问题,从而使战略开始成为管理学中经常使用的一种具有科学性的概念。

被誉为现代营销学之父的科特勒博士为"战略"所下的定义为:"战略是旨在构建并向目标市场传递持续、独特价值观念的粘合剂",② 显然其定义强调了战略与确定目标之间的紧密联系。

当代战略管理大师迈克尔·波特从企业竞争的角度指出"竞争性战略就是要做到与众不同。它要求企业家精心挑选一组不同的经营活动来表达一种独特的价值理念"。③ 波特的定义似乎更注重战略与独特的价值理念的内在联系。从广义上说,管理学中的战略一般是指"定义和确定目标以及组织随环

---

① 《辞海》(缩印本),北京:商务印书馆,1979 年,第 1351 页。
② [美]科特勒:《科特勒精选营销辞典》,俞利军译,北京:机械工业出版社,2004 年,第 15 页。
③ 转引自刘守英:《战略:45 位战略家谈如何建立核心竞争力》,北京:中国发展出版社,2002 年,第 7 页。

境变化的范围广泛的计划"。①

探讨报业组织的发展战略问题,必然涉及另一个术语——策略,因为战略与策略的关系十分密切,因而有必要弄清策略与战略之间的联系与区别。

"策略指为实现战略任务而采取的手段,战略和策略的关系反映全局与局部、长远利益和当前利益之间的辩证关系,它们既是有区别的,又是一致的"。②

从企业(报业组织)参与市场竞争,求生存、谋发展的角度审视,战略通常指关系企业(报业组织)发展目标的带全局性的筹划和指导,它根据企业(报业组织)各方面现有条件确定发展愿景,制订规划和奋斗目标,统筹各个方面、各发展阶段之间的关系,规定具体的策略并付诸实施。策略主要指市场竞争中技术层面的对策、手段和技巧等,它是战略赖以形成的基础。战略是由一个个具体的策略体现出来的,战略对策略起指导和制约作用;与此同时,战略的实现又有赖于策略的顺利实施和有效执行。

不过,战略与策略之间并不存在绝对的界限。在时间方面,并不一定是周期长的决策就是战略,周期短的决策就不是战略,尤其是现代社会科技发展迅速,技术转化速度加快,产品生命周期缩短,企业(报业组织)经营环境和市场竞争的不确定因素增多,战略的周期也在相应地缩短。另外在空间方面,成功的策略会随着企业(报业组织)的发展被逐步确定下来,从而成为集团发展的一种固定性决策,这样的策略实际上已经是一种战略,通过归纳与总结把它上升到理论的高度,就成为足以指导企业(报业组织)中长期发展的战略思想。

现行的很多策略都有过渡性、中间性、转换性的特点,正因如此,进行动态战略管理就显得更加重要,这种模式强调战略管理是一个动态和连续的过程,既包括处理具体问题的战略或一次性的战略决策,也包括逐步改进决策和战略而形成的循环模式。这强调了企业(报业组织)在大方向明确的前提下,必须不断地调整具体的步伐与节奏,并从这种高速发展中寻找机会和资源。

妥善地处理全局与局部、长远利益和当前利益之间的辩证关系,是企业(报业组织)制订和实施正确可行的发展战略及策略,有效参与市场竞争的关键。

---

① 孟卫东、张卫国、龙勇:《战略管理——创建持续竞争优势》,北京:科学出版社,2004年,第3页。
② 《辞海》(缩印本),北京:商务印书馆,1979年,第1352页。

2. 制订与实施战略及策略的意义

国内报业组织作为"准企业"参与市场竞争,在经历了多年的市场化运作后,对报业市场的内在规律有了较多的认识,对发展战略的重要意义和现实价值也有了一定的自觉意识。其中一些在市场竞争中奋力拼搏勇于探索的报业组织特别是报业集团,已经逐步形成了自己的中长期发展战略,制定了相对明确的规划。

报业组织的发展战略,是指在市场经济条件下,报业组织为了实现自身长期的生存和发展,做出的一系列带有全局性和长远性的谋划与方略,是制定本组织业务层战略和职能战略的依据。[①] 以往国内报业组织最初的发展战略更多地体现为一种自发行为,尤其是高层领导个人对战略决策的直觉和认知,不过,经过多年来在报业市场的摸爬滚打,特别是组建报业集团后,随着规模的不断扩大,在由报办集团向集团办报转型发展的现阶段,许多报业管理层人士都已具有自觉的战略意识,并逐步探索推进所在报业(传媒)集团的发展战略系统和中长期规划。

战略对于报业组织长期拥有竞争优势和获得可持续发展意义重大。从宏观的层面说,成功的战略能够帮助报业组织规避风险、整合资源,实现跨越式的发展。过去很多报业组织的发展过多地依靠领导者的个人素质和经验,这与开车类似,具有较高个人素质和办报经验的领导者就好比一个经验丰富和技术高超的司机,但如果面临更复杂的路况,战略就如同地图甚至是 GPS,能够减少行车风险,少走弯路,从而更快更安全地行驶和抵达目的地。

另外,战略对于当前报业组织的健康发展更具有一种不可替代的重要作用。随着媒体"跑马圈地"时代的结束,报业市场的马太效应日渐显露,进入门槛也会越来越高,资源的集中化程度随之加剧,领先者的优势将愈发明显,而落后者的竞争力则日渐式微。对于已具有相当实力的报业组织来说,如果能够制定正确的战略并得到有效的执行,就有望不断扩大竞争优势,确立和巩固其领先地位,为参与更大范围的市场竞争、获得可持续发展奠定坚实的基础。

从微观的层面说,制订了明确的发展战略,形成了一个被报业组织内部广泛接受和认可的战略愿景,有助于取得组织成员精神追求上的认同及战略目标上的共识,从而使组织内的不同群体认识到彼此的共同利益,并自觉地使自己的行为服从于组织的整体利益,自觉为其服务。同时,明晰的战略目标为衡

---

① 高守建、冀鲁:《战略决定生死——浅谈报业集团发展战略》,载《青年记者》,2006 年第 23 期,第 48~49 页。

量和评价各个业务单位的组织绩效提供了相对客观的坐标。报业组织特别是报业集团下属的各单位的远景规划、人才战略、重大资本运作等,应服从于集团的总体规划,并建构共同的价值链,把组织内部不同的业务单元团结在一起,营造集团总体优势。

3. 报业组织制订与实施战略及策略的依据

报业组织制订和实施正确可行的发展战略及策略,其目的是为了有效地参与市场竞争,获取尽可能好的社会效益和经济效益,进而实现其做强做大做长久的发展目标。那么,报业组织制订和实施正确可行的发展战略及策略是什么呢?这就需要对报业组织参与竞争时的具体环境和条件作出实事求是的分析,根据内部条件和外部环境的发展变化,作出相应的决策。这涉及报业组织参与竞争的内在动因、已有条件以及外部压力、环境变化等相关因素。

"报业竞争是指两个或两个以上报业组织或与其他报业相关的组织在一定范围内,为了实现自身的特定利益和目标不断角逐、较量的活动和过程。报业组织参与竞争的动因是内在动力、外部压力共同持续作用的结果。内在动力就是报业组织的利益激励。报业组织的利益往往不是单一的,而是由相互联系的不同利益形成的一个利益结构。产生外在压力的原因在于资源的稀缺性。在资源稀缺的环境中,能够满足媒介组织需求的资源总量是有限的。这意味着一个报业组织的利益追求,势必影响其他媒介组织尤其是其他报业组织的资源获取和利益追求的实现。报业组织之间提供的产品和服务的可替代性,导致对各类资源的争夺,从而在客观上对参与竞争的其他主体产生压力。"[1]刘年辉博士的这段论述,大体揭示了报业竞争的内涵及其主要动因。在这段论述中所提到的报业组织,就是指参与报业市场竞争的主体,包括独立经营的报纸、期刊及其机构(如报社、期刊社等),以及由多个报纸、期刊等媒体及相关机构组成的报业集团。

报业竞争用语言表述似乎并不复杂,然而中国报业市场竞争的现实情况,显然要比经过理论抽象作出的表述复杂得多。特别是在市场经济尚不成熟、相关法律法规还不够健全的情况下,国内报业组织的市场竞争策略与发展战略等问题,以及其现实表现无疑要错综复杂得多。

报业组织参与竞争的动因中的内在动力(或者说利益激励),是与其生存发展相辅相成的各种利益的集合体,它集中体现于报业组织所能够获取和产

---

[1] 刘年辉:《报业核心竞争力:理论与案例》,北京:中国广播电视出版社,2006年,第21页。

生的经济效益和社会效益两个方面。其中经济效益主要指赢利能力(也就是生产效率即投入产出比),目前多数报业组织的赢利以广告收入和发行收入为主,因而评价报业组织经济效益的指标,也是以考察其广告收入和发行收入及获得的利润为主,通过对相关数据的量化分析,可以大体了解其经济效益;社会效益则主要指报业组织在其从事的信息传播活动(特别是新闻信息传播)所产生的社会效果,它涉及报纸、期刊、网站等媒体通过所采集、制作和传播的各类信息取得的效果(如质量的高低、是否有吸引力、社会影响的大小与好坏、社会对报业组织的评价是积极的还是消极的等等),由于精神产品的内容质量及其产生的传播效果难以量化,所以,对其评估的方式具有模糊性。不过,只要认真考察报业组织的核心产品(包括其所提供的服务)的质量和吸引力,以及在此基础上形成的报业组织的公信力、影响力、权威性、品牌美誉度等反映社会效益的综合指标,再通过同类(报业组织)之间进行的比较,就可以得出大体符合实际的认识和判断。

报业组织参与竞争的动因中的外部压力,主要来自竞争对手(包括现实和潜在的竞争对手),特别是在同一报业市场内形成竞争关系的其他报业组织。如果一个区域内报业是高度垄断的,此间的报刊没有现实的竞争对手,也就较少感受到生存压力,因为不存在竞争关系。但并不排除仍有潜在的竞争对手,即未来可能进入此区域内参与报业竞争的挑战者。另外,此区域内其他传媒(如广播、电视、网络等)的产品及其服务,在满足受众对新闻报道、新闻言论、娱乐消遣和广告服务等信息需求上倘若具有较高的可替代性,同样会给报业组织带来某种程度的压力。各种传媒之间为了争夺相同的资源(如市场受众即注意力资源、广告资源等),获取相似的利益,必然形成相互依存的竞争关系,这种竞争关系错综复杂,其具体表现形式也是多种多样的。

比如,报纸采编业务方面的比拼竞争好戏,每天都在各报之间上演。这方面的竞争常常体现为各报对独家新闻和特色报道的拼抢争夺、版面编排和标题制作的刻意求新、撰写发表言论时对独家观点的努力发掘和独到见解的执著追求等,各报围绕业务活动所进行的角逐,可以说是殚精竭虑、挖空心思,竞争对手之间斗智斗勇、各出高招。在报业发达的中心城市,同城多报之间展开的业务竞争甚至到了白热化程度,其目的就是吸引读者的"眼球",扩大报纸的发行量,占有更多的市场份额,在获取良好社会效益的同时,也能获得尽量多的经济回报。

再如,报业组织在吸引优秀人才方面开展的竞争,这些年也是此起彼伏。各报为了提高报纸内容产品的质量,开拓更为广阔的市场,不同的报业组织之间展开了优秀人才的争夺战；或以高薪为筹码，吸引聘用"大腕""名角"；或通过提职加薪和委以重任等方式"挖人"。至于经营方面的能人，更是各报青睐的紧缺人才。因为在激烈的报业市场竞争中，这些高手能人可以通过有效的运作方法，提升报业组织的竞争力，为其带来丰厚的经济回报。

报业组织相互之间的竞争最直观、最惨烈的表现，莫过于各报之间的发行大战。每逢岁末报刊征订时节，各报之间开展的发行大战，可谓是硝烟弥漫、如火如荼，为了吸引读者订户而进行的各种宣传、策划和促销活动，也是花样翻新，妙招迭出……这些活动集中体现出竞争的排他性——为了在同一市场争夺相同的资源，各家媒体都是不遗余力，甚至不惜血本。

除了报业同行之间的竞争之外，还有来自其他种类传媒组织的竞争压力，其中既有受众广泛、老少咸宜的强势传统媒体——电视，也有新世纪崛起的以网络为核心的新媒体，后者在与传统媒体的争夺博弈中，攻城拔寨，已经对报业形成了巨大的冲击，这让不少业界、学界人士为纸质媒介的发展前景而忧心忡忡。

报业的生存发展离不开其所处的外部环境即媒介生态环境。当前的媒介生态环境与过去相比，无疑已经发生了巨大的变化。不仅同三十年前即改革开放之初的媒介生态环境有天壤之别，就是与十年前乃至五年前相比，其所发生的变革也是深刻而迅猛的。对报业生存发展影响最大的媒介生态环境因素，首推数字化信息技术革命。

20世纪八九十年代，互联网逐步从科学工作者使用的工具变为普通受众眼中快捷、海量的新型媒体。新世纪以来，互联网技术在世界范围内迅速得到了普及，随之崛起的新媒体极大地改变了传统媒体的生态版图，报业所面临的生存环境和发展空间因此发生了巨大的倾覆。

以互联网为代表的数字革命，造成了信息以比特方式的汇流，数字化生存是当今几乎所有媒体的必然形态。就报业而言，早已告别了光与火、纸与笔等传统生产方式，进入数字化网络化时代。事实上，眼下各类媒体内容都已经数字化，数字出版、数字广播、数字电视、数字音乐，都是在数字平台上运行的内容产品。

数字媒体平台不仅可以使信息、娱乐和广告传播变成个人化的、参与式的、亲密的、移动的、可测的，而且可以搭载人类文明的所有创造物，可以延续传统媒体的生命。在这样的大趋势下，传统报业的发展战略从整体上看，必须向数字报业和媒介融合转型。尽管报业组织各自的生存条件不同，转型的次序和速度有先后和快慢之分，但转型与融合却是未来报业发展的必由之路。

对报业发展产生重要影响的还有经济因素。如果说新媒体的崛起,使"纸媒骆驼"加速跌倒,而金融危机则是"压倒骆驼的最后一根稻草"。2007～2009年席卷全球的金融风暴,使美国和西欧许多发达国家的报业遭受了沉重打击。美国最大的报业集团甘奈特,在过去两年里裁减了 1/5 的工作人员,总共减少了 8000 多个工作岗位。美国的许多报纸不但裁减了驻外国首都的记者人数,甚至还减少了派驻首都华盛顿的记者。第二大报业集团论坛公司向美国法庭申请破产保护,成为金融危机以来美国大型报业集团首例申请破产保护的案件。这是一家已有 161 年发展史的公司,总资产额为 76 亿美元,负债达 129 亿美元。2009 年,另一家具有百年历史的美国名报《基督教科学箴言报》停止纸质出版,改出网络版。这些现象都说明了报业对经济环境的高度依赖。

自 20 世纪 90 年代以来,美国因"新经济"的蓬勃发展,宏观一直处于强势增长中,直至次贷危机引发金融风暴前的十多年间,报纸产业逐步发展到其巅峰,而后增速开始下降甚至停滞,所以在金融危机到来前显得分外脆弱。

中国报业尽管没有受到金融危机的直接冲击,但由于世界经济的一体化程度的加深,国内的许多行业仍然受到西方金融危机的辐射,并不可避免地影响到了广告的投放力度。另外,如前所述,在 2005 年前后,我国报业进入了"拐点",报业已不再可能重现此前粗放式的高歌猛进发展态势。

此外,还有很多其他因素在塑造着报业的生态环境。例如我国的城市化进程,城市群和经济区、经济带的出现,新一代受众的成长及其消费习惯的变化,人们流动性和交往能力的增强,文化产业的兴起,国家经济体制改革的逐步深入……诸如此类的复杂因素,这些无不对报业的未来走势产生深刻的影响。

对于报业的现状与未来,业界和学术界中不乏争论和分歧。有人认为报业"寒冬论"属危言耸听,有人则言之凿凿。中国人民大学教授陈力丹认为,现在我们报业所遇到的困难在很大程度上是自身原因造成的,如果笼统地把困难之根源归咎于与新媒体的竞争,那只能说是报业在为自身竞争不力推卸责任,寻找借口。与之相呼应的是,北京日报报业集团负责人梅宁华也认为,报业劲敌是自己而不是新媒体。他认为,报业市场竞争加剧是经济体制转型的结果,报道不到位、经营不到位、管理不到位等成为共性的问题。过去报纸的种类少,这是报业收入快速增长的主要原因。现在报纸总量增多,分食广告蛋糕的报纸也就增多了。因此,有的报纸收入滑坡、发行量下降,这是管理体制转型造成的。而报业困境是包括发行大战、广告大战等恶性同行竞争的恶果。①

当然,报业生态环境的变化并不都是负面的和颠覆性的。新媒体技术虽然给传统报业的发展带来了巨大冲击,但在这种最初的不适与恐慌渐趋平复之后,人们对甚嚣尘上的报纸"消亡论"、"寒冬论"等的认知已日渐冷静,整个报业正在以一种更为理性和更具前瞻性的思维高度重新定位今后的发展之路。

在媒介融合以及"全媒体"的新语境下,传统媒体的经营发展并非身无长物,一无是处。与新媒体相比,报纸的强大公信力正在作为其核心竞争力而日益得到彰显。在全媒体时代,报业运营的关键是扬长避短,依据内容为王这种构成核心竞争力的要素来完成现代性的转型,使自身跃升到一个崭新的"新时代"。②

4. 报业组织战略创新的目标:培育与提升核心竞争力

竞争优势的持久性是报业组织生存和发展的根本。然而市场环境瞬息万变,由于受众需求的变化、竞争对手的模仿和跟进、政策的调整以及新技术所带来的新媒体的冲击等因素,基于单项创新而产生的竞争优势,必然会随着时间的推移经历一个从形成、维持到侵蚀乃至消失的周期过程。而且这种周期随着传媒市场竞争的日趋激烈而不断缩短,已有竞争优势正以日渐加快的速度被新的竞争优势侵蚀掉。事实上,在这种激烈竞争的动态环境下,仅仅依靠先发优势和制造模仿障碍这类隔绝机制,是无法保持报业组织竞争优势的持久性的。

有远见卓识和持续竞争力的报业组织,总是随着市场竞争环境的变化而不断进行改革创新,通过适应需求的变化培育新的竞争优势,保证在原有的竞争优势被侵蚀之前,产生新的支撑报业组织经济赢利性的竞争优势。因为只有不断创新才是不可模仿、不可复制和难以超越的。

从某种意义上说,报业组织根据外部环境与自身条件的变化,不断适应市场需求进行改革创新特别是战略创新,是其培育和提升核心竞争力的关键。

从报业集团的层面来看,持续创新的最突出表现就是报业集团在动态复杂的竞争环境中作出的一连串正确的战略决策和发展路径选择,即持续的战

---

① 转引自章宏法:《透视中国报业竞争的三大误区》,载《传媒观察》,2007年第9期,第10~11页。
② 赵允芳:《全媒体时代的报业核心竞争力解读》,载《传媒观察》,2008年第12期,第43~45页。

略创新。报业集团竞争力的形成和更替与战略创新紧密相连,战略创新是一个以核心竞争力为中心的系统工程,报业集团的战略创新极大地丰富和推进着我国报业的改革发展进程,因而报业集团发展战略创新是研究核心竞争力必执之"牛耳"。

对于大多数报业集团及旗下的市场型报纸来说,在白热化竞争格局和多元化传播语境下,提高报业集团综合实力和整体竞争力的根本,是全力打造报业组织的核心竞争力,一方面要提高报业产品的质量,把报业市场的业务做到极致;另一方面要开拓新的市场,寻找新的经济增长点,以主业为依托,经营业务多元化。

具体到报纸而言,其"本"是新闻内容,其"源"是读者的忠诚度。报纸的核心产品作为其核心竞争力的构成要素,应当实施内容精品化策略,集中体现为不遗余力地提高新闻的采编能力,包括对新闻独特的认识和理解力、判断力和解读方式,以及从内容到形式的创新能力,也包括对读者和广告客户需求的准确的把握能力。要以优质的信息产品及服务不断提高报纸的吸引力、公信力、影响力,培育和形成不可替代的报纸品牌,赢得广大读者和市场,持续地拥有竞争力。

具体到报社而言,在经营活动中可以实施多种竞争策略。如总成本领先策略、聚焦化策略、差异化策略、品牌化策略等;具体到报业集团而言,还有经营集约化策略、管理企业化策略等。

国内报业在竞争策略方面,奇招迭出,不乏市场化经营的成功典范。所有标新立异的策略选择,都是为了提高自身公信力、影响力、权威性和品牌美誉度,以此争夺受众的注意力资源、扩大发行量,以及在此基础上赢得广告资源、占有更多的市场份额。不过,在发展战略方面,目前可圈可点的成功案例还不多。在国内众多的报业组织中,南方报业传媒集团实施的多品牌战略,可以说是较为成功的一例(本书在第九章的相关内容中将对此案例作具体的分析解读)。

不必讳言,从总体上看,目前国内报业组织在战略方面仍然显得较为薄弱,究其原因,主要表现在两个方面:

一是热衷短期行为,急功近利。或是追涨杀跌,或为竞争态势所迫,纵然有战略规划也未必能很好执行,因而难以从长计议,把握自己的未来。前述国内多个城市在 1998~2001 年之间的报业价格大战、网络"烧钱运动"都是明证。最终或者依靠当地政府之手"保价托市",或者硝烟散尽各奔东西,战略管理手段的意义似乎不大。

二是游离于市场之外,经营战略无从谈起。这种情况随着主流的中央级、省级大报市场化的加深,已逐渐减少。但是在中西部地区及地市级媒体中仍然存在。

当下的报业市场环境变幻莫测且竞争激烈,战略决策正是要求我们认清主流和支流,把握行业发展的主要趋势,针对竞争对手的战略,做出准确判断和抉择,以保证报业组织的各个组成部分能够同心协力,在较长的时期内沿着正确决策的方向稳步前行,从而获得或保持其竞争优势。正如船队在大海里跟风浪搏斗一样,战略就是选择正确的航线、团结船队的所有成员共同努力,从而获得生存和胜利。

报业组织发展战略的形成和最终制定,有一个思路形成和逐渐明晰的过程。且往往需要在实践过程中进行调整,使之更符合外部环境和自身条件的发展变化,进而达到预期的目标。所以,明确自身的奋斗目标,形成报业组织的共同愿景,同时研究和把握外部环境的变化,是制定和实施科学可行的战略及策略的前提。

从核心竞争力的角度来看,报业组织只有明确了共同愿景,形成全体组织成员认同的核心价值观,才能明晰并努力实现自己的战略目标,也才有可能既不随波逐流,又不置身于市场之外,把握好各种发展机遇,更好、更自觉、更有效地实施各种竞争策略,持续地拥有竞争优势,培育和提升自身的核心能力。

总之,报业组织制定长期发展战略和短期竞争策略,要善于抓住关键环节,自觉地围绕培育和提升自身核心竞争力这个中心,妥善地处理稳定与发展、继承与创新,全局与局部、长远利益和当前利益之间的关系,统筹安排、合理规划,突出重点、兼顾各方,优化资源配置,使之能够协调发展,从而实现可持续发展的目标。

第五章 报业竞争力构成要素的微观分析

如前所述,竞争力这一概念主要指在竞争性市场中企业组织生存发展的能力。一个企业组织凭借所拥有的各种资源、能力形成自身的竞争优势,能够比其他企业更有效地向消费者(或市场)提供产品或者服务,带来超出平均水平的收益,从而获得持续的发展,这种能力或者综合素质就是竞争力。报业组织的竞争力也是如此。参与市场竞争的报业组织,要想获得自身的生存和发展,就必须具备一定的竞争力,其竞争力又是由一些要素构成的。因此,分析报业组织的竞争力就应当从其构成要素入手。

就国内报业市场的现状而言,作为竞争主体("准企业")的报业组织(独立经营的报纸、期刊以及由多家报刊组成的报业集团等),其竞争力的构成要素可以大体归为两大类:资源类构成要素和能力类构成要素。

资源类构成要素包括内部资源构成要素和外部资源构成要素,其中内部资源构成要素主要有:信息资源、物质资源、财力资源、人力资源、组织资源、品牌资源等;外部资源构成要素主要有:社会资本、读者资源、广告资源,以及同报业组织生存发展有着密切关系的传媒生态环境即环境资源等。

能力类构成要素包括多种能力:采编业务能力、市场营销能力、资本运作的能力、战略管理能力(含决策能力、洞察预见能力、防范风险能力等)、协调运用各种资源的能力、企业文化的凝聚力以及组织的学习与创新能力等等。

以上所列举的报业组织的资源与能力诸要素,在报业组织运作实践中并不是彼此相分离的孤立存在,而是紧密相连、相辅相成地融为一体,共同发挥作用、产生效益的;同时需要指出的是,报业组织的资源与能力在运作实践中是动态的而非静态的,这里把它们以静态的方式列出并分别予以介绍,只是为了研究和论述的方便。因而,在对各类要素作一简要说明之后,会接着从报业组织凭借各种构成要素所形成的合力如何发挥作用、产生效益,最终形成自身竞争优势的综合性层面,对竞争力问题作进一步探讨。下面就先从资源类要素的简介入手,依次对各类要素及其所形成的竞争力展开讨论。

一、内部资源构成要素

报业组织的竞争力实际上就是凭借其特有的资源和能力,经过合理配置,开展各种相关业务,使之转化为一种能够有效参与市场竞争并为自身带来收益(包括社会效益和经济效益)的综合素质与能力。其中资源是形成竞争力的基础。

所谓资源,就是在一定历史条件下被人类开发利用以提高自身福利水平或生存能力的、具有某种稀缺性、受社会环境约束的各种环境要素或事物的总称。资源能够生产有经济价值的产品,例如木材、矿石等产品就是利用森林、矿山等自然资源生产的。资源有三个特点:有用性、计量性、能用于生产其他资源。最初的管理学有关竞争力理论的研究中,对于竞争力的主流的解释是:不同企业组织之间效益的不同,是来源于资源的不同。关于资源基础的竞争力研究认为,A 企业之所以比 B 企业成功是因为 A 企业比 B 企业拥有更有效的资源。[①]

报业资源结构是报业本身所拥有的一些独特的资源,它使报业经济有着区别于其他产业经济的活动特点。从某种程度上说,报业经营的整个核心,就是如何挖掘和最大限度地利用报业资源,将其转变为实际的经济效益和社会效益。就一个报业组织而言,既有内部资源,又有外部资源。我们首先分析报业组织的内部资源,它包括信息资源、物质资源、财力资源、人力资源、组织资源、品牌资源。

1. 信息资源

这是报业资源中最重要的资源构成,是报业得以存在的前提。报业组织的主要工作总是围绕信息来展开的,信息的采集、加工和传播对于报业的生存

[①] Barney, J. B. (1991): Firm Resources and Sustained Competitive Advantage. In: Journal of Management, 17, No. 1: 99 – 120. 以及 Hunt, S. D. (2000): A General Theory of Competition. Thousand Oaks: Sage.

发展有着特殊重要的意义。报业组织如果不掌握和传播信息，它也就没有存在的必要了。报业的整个生产过程也是围绕着信息的采集、生产、加工和传播来运作的，是否能够获取和生产大量的各类新信息，并且以读者喜闻乐见的方式传播出去，满足社会对信息的需求，这无疑是衡量报业组织工作质量好坏的一项重要指标，也是其竞争力强弱的一个评价标准。

报业组织必须高度重视自身机构和从业者所传播的信息内容，同时要把握好信息传播的时机、方法和形式，以获取最佳的传播效果。报业组织经济效益和社会效益的好坏，通常与其信息传播工作的效率高低、质量优劣息息相关，因此，信息的采集、生产、加工和传播是报业组织的主业，信息资源则是报业资源中的重中之重。

2. 物质资源

传统报纸是印刷制品，它的生产需要有一定的办公场地、印刷设备，还要耗费一定的原材料和能源动力；需要有一定的采集设备作为技术保障，如通讯器械、交通工具、照相机、录音机、电脑等。这种需要同其他企业的物质生产需要颇为相似。报业组织的物质资源大致有：①生产设备，如办公室、印刷厂、计算机网络、激光照排等专业设备，报纸生产的工艺特性能够大体反映出报业组织的设备机械化、自动化及其先进程度，也能够反映报业组织的发展水平；②原材料供应，如纸张、油墨、硅材料等，由原材料消耗程度和定额就能够反映出报业组织的产能；③报业组织的能源供应，如电力、水、油、气等，由能源的消耗程度和定额也能够反映出报业组织的生产规模与经济实力。充足的物质资源可以为报业组织的正常运转和扩大再生产提供物质保证，相反，如果物质资源短缺，则会制约其生产规模和扩张速度，甚至会影响其正常运转，导致报业组织停产、破产等严重后果。物质资源是报业组织综合实力的重要组成部分，也是其竞争力赖以形成的物质基础。

3. 财力资源

从经济学的角度考量，资本是企业最基本的要素之一。对于报业组织而言，财力资源即资本也是其竞争力构成要素之一。近几年，进入传媒市场的门槛越来越高。以各地主流报纸投资创办子报所需资金为例："1994 年 11 月《华西都市报》试刊时，仅用了 100 万元投资便打开了一片市场；到了 2001 年 1 月《京华时报》创刊，投资方已经需要注入 5000 万元资金了；而同在 2001 年，

《经济观察报》创刊时,投资方用了8500万元来启动。"[1]

资金投入如此快速地攀升,说明报业已成为一种高投入的产业,它同时也反映出国内报业竞争的激烈程度。财力资源是报业组织赖以生存发展不可或缺的重要资源,没有资金周转,报业组织的各项业务活动就无法正常开展,甚至无法维持生计,遑论扩大再生产了。尤其是在经济不景气(如近年来席卷全球的金融风暴及其所造成的许多地区、行业资金流通不畅等问题)、资金流动周转环境欠佳的现实条件下,财力资源的重要性更为凸显。

强有力的资金支持在今后甚至很长一段时期内,必将成为报业组织在激烈的竞争中获胜的核心要素。这既是新创办的报刊进入传媒市场的必要门槛,也是已有的报刊、报业集团等报业组织迎接新的挑战者必备的条件。雄厚的资金储备对于报业组织的长期竞争和持续发展,有着不容忽视的支撑作用。

报业组织必须遵循市场规律,合理有效地配置其资金,对生产经营的全过程进行财务核算和监控,通过理性的投资,增强报业产品的市场竞争力。只有这样,报业组织才能有效地提高自身的管理水平和整体素质,在激烈的市场竞争中立于不败之地。充足的财力资源和资金储备,使报业组织能够在市场中寻找和捕捉到更多的投资机会,实施多元化经营,规避因过于依赖单一经济来源(即广告收入)所构成的潜在风险。资金实力是报业组织综合实力的一个重要标志,也是其保持竞争优势进而获得可持续发展不可或缺的关键因素。

4. 人力资源

作为知识和信息密集型的产业,报业组织最基础也是最重要的资源就是人才——传媒的生产、经营过程是一个把人类精神创造物质化、社会化的过程,而这个过程始终离不开人的创造。所以,优质的人力资源结构是报业组织赖以生存发展不可或缺的要素,也是报业组织持续拥有竞争优势、实现可持续发展的基础资源。报业组织是团体协同劳动的企业组织,专业分工涉及面广,从目前国内报业组织人力资源的构成看,主要涉及如下五个方面,即主要可以归为五类:①报业组织的领导者、管理者,如报业集团的董事会董事长、总编辑、总经理,报纸(期刊)社的社长、总编、总经理等;②新闻传播采编业务人才,如记者、编辑、评论员等;③报业经营和销售等人才,如市场营销人才和报刊发行人员等;④工程技术人员,如设备维护及维修技术人员、印刷厂工人等;⑤报业机构其他相关人员,如会计、档案保管员、后勤和保卫人员等。其中报业组

---

[1] 吴学云:《浅谈媒体核心竞争力开发的现状及意义》,载《广告大观(媒介版)》,2006年第4期,第55～57页。

织的核心人才对于其竞争力的形成,发挥着至关重要的作用。

人才是最宝贵的社会资源,是能动性最强的生产力要素,报业组织人力资源是其参与市场竞争不可或缺的核心战略资源。一个报业组织纵使文化理念和管理体制多么领先,若没有人才认真彻底地贯彻执行,这种理念上的领先就不会转化为现实的竞争力。可以说,报业组织竞争力最终取决于人才的执行能力,取决于人才的创造能力及其能力的发挥,人才是影响企业竞争力形成最直接、最核心的要素。事实上,报业组织之间的较量,归根结底主要是人才及其综合素质的较量。

报业组织竞争力与核心竞争力的打造和培育,其关键在于重视人才的培养和使用。它包括员工个人的知识技能水平、组织内员工的整体素质与知识技能结构,这是报业组织竞争力得以形成的基础。江泽民同志早在1996年9月26日视察人民日报社时就指出:"新闻事业能不能办好,关键在于有没有一支高素质的新闻队伍。"人才对报业组织竞争力起全面渗透和决定作用。人才是"经济发展的核心",是其他所有类型资本发挥作用的基础。报业组织发展的速度和规模,必须与人才储备的加强与巩固成正比,否则必将阻碍自身的发展与壮大。

报业组织作为典型的知识型组织,最重要的竞争力元素就存在于组织内各级人才尤其是优秀人才的头脑(含知识结构、思维方式和行为准则等)里面。报业组织拥有的报刊、网站等媒体的采编、发行、广告营销等业务环节,以及领导层面的管理、规划、控制职能,都是靠组织所拥有的人才来进行操作实施的。报业组织的人才储备是保障或制约其发展战略实施的重要条件,人才储备充足,事业的发展才有保障。报业组织竞争与其他领域的竞争一样,市场竞争的背后是人才的素质能力的竞争。人的素质直接影响媒体产品的质量,影响市场拓展的决策和成效。人才优势是最重要的竞争优势,报业人才及其智慧的合理配置与有效发挥,能够培育出优秀的报纸期刊等主业产品,还会形成强大的磁场,以其有号召力的品牌与影响力吸引和留住人才,进而创造更多的优质品牌媒体,增强和提升所在报业组织(含报业集团等)的竞争力。

5. 组织资源

组织资源也称组织资本,目前,对组织资本概念的理解和解读存在不同观点。如有人认为,组织资本是依赖特定的组织和社会交往模式,通过长期组织学习和工作实践积累形成的、存在于个体、团队和组织之间,企业员工共同创造的编码化或部分编码化的组织共享知识(技术知识、管理知识等)、能力和价值观。① 也有人认为,"组织资本是一种能够协调组织活动,激励劳动者的无形资产,这种资产和组织的其他资源紧密结合,能够激发组织的活力和形成组织的活力,从而使组织获得更好的收益"。② 还有的研究者认为,组织资本是"深深植根于报业组织关系之中,不依赖于组织个体而存在的,用以报业组织协调和激励,从而提高效率、降低成本、获取能力的基础性生产要素。这种生产要素既包括人力资本的有机整合,也包括诱致和支撑人力资本整合的组织环境、制度和结构等因素。因此,组织资本既是人力资本,又是非人力资本,它是人力资本和人力资本、人力资本与非人力资本的结合"。③ 尽管各家说法不同,但对于组织资本(组织资源)的重要性还是有共识的。

从报业组织的特性出发,其组织资源大致包括能够协调组织活动、激励劳动者的规章制度、组织机构、企业文化等,它是诸多元素的集合。一个希望拥有持续竞争力的报业组织,必定需要建立现代企业管理制度,而且要高度重视企业文化建设,力求提炼和培育优质企业价值观系统,其核心要素即企业基本价值观如果能够为组织的全体员工认同,且在日常的生产、生活中得到有效的贯彻执行,必将转化为一种巨大的精神力量,进而为报业组织创造物质财富提供难以估量的驱动力。报业组织要提高自身竞争力,就需要通过内部资源整合,使诸要素实现优化组合,资源合理配置,以达到规模经营和集约化经营的目标。整合就是要理顺内部关系,使各类资源在保持一定独立性的同时得以共享。报业组织内部资源整合与量的扩张无关,而以质的提高为第一要义。

6. 品牌资源

品牌资源可以从品牌资产的角度理解,以戴维·阿克的品牌资产五星模型为参照,报业品牌资源可分为品牌知名度、品质认知度、品牌联想、品牌忠诚度和其他品牌资产(渠道、商标、专利权等)。具体到报业组织的品牌资源,公信力、影响力是两项不可忽视的指标。报纸品牌资源各个因素环环相扣,一般从知名度开始,再逐层进入品质认知、品牌联想(符合报业组织规划的品牌形象)、品牌忠诚。一般认为品牌忠诚度是品牌营销的核心所在,但是它的形成往往与其他几个因素相关联,不过这种关系有时比较模糊。

---

① 冯丹龙:《论企业组织资本增长过程中的知识共享机制》,载《对外经济贸易大学学报(国际商务版)》,2006年第3期,第81~84页。

② 翁君奕:《企业组织资本:组织激励与协调的分析》,转引自刘年辉:《报业核心竞争力:理论与案例》,北京:中国广播电视出版社,2006年,第76页。

③ 刘年辉:《报业核心竞争力:理论与案例》,北京:中国广播电视出版社,2006年,第77页。

报业组织的品牌资源一般首先来自于单个报纸品牌。品牌资源的获取来源于品牌创建的过程,包括办报理念、确定读者群和广告商,以及定位等在内的品牌规划,然后到品牌传播、品牌营销,再到系统的品牌维护和管理。在这个过程中,具有差异性并为读者带有附加值的报纸品牌将会在知名度、美誉度、忠诚度等方面形成自己品牌资源。

独特的报纸品牌资源有助于报纸的可持续发展,对报业组织的经济、战略和管理三方面都有不可替代的作用。在经济上,优质品牌资源可为报纸带来不俗的发行量和高额利润的广告收入,不仅能为报业组织带来丰厚的资金储存,也为未来的收入提供保障;在战略上,品牌资源一方面可以使报业组织在市场上形成一定的入门壁垒,维护自己的竞争地位,另一方面可使报社与相关的组织如发行公司、印刷公司(如果与报社分开)及白报纸销售企业保持良好的战略合作关系。此外,知名报纸品牌也可使其在劳动力市场上吸引人才和精英加入;在管理上,优异的品牌资源不仅能通过品牌延伸获得自我增值和发展,还为报业组织提供了进一步发展成为集团公司的良好基础。

如果从品牌发挥作用的角度看,它又离不开消费者,同外部环境的关系似乎也很密切,特别是在传播和营销过程中,品牌美誉度对消费者产生的影响不容低估。所以,不能孤立地把品牌仅仅当作内部资源对待。关于媒体的品牌美誉度问题,本章将在第七小节中(媒体的公信力、影响力与品牌美誉度)展开论述。

二、外部资源构成要素

报业组织的外部资源主要包括社会资本、读者资源、广告资源、报业生态环境资源等相关因素。

1. 社会资本

社会资本指为实现工具性或情感性的目的,透过社会网络所动员的资源或能力的总和。美国社会学家詹姆斯·科尔曼(James Coleman)认为,"社会资本是一种由相互关系,相互信任的网络产生的,能使个人或者集体行为都能产生便利的一种资源"。[①] 不过,关于社会资本这一概念,也有各种不同的理解和解释。比如,法国社会学家皮埃尔·布尔迪厄认为,"社会资本是一种通

---

① Portes, A. (1998). Social Capital: its origins and applications in modern sociology Annual Review of Sociology, 24, 1~24.

过对持久性的、大家共同熟悉、得到公认的,而且是体制化关系的网络的占有而获取的实际的或潜在的资源的集合体"。① 我国社会学者边燕杰、丘海雄在《企业的社会资本及其功效》一文中认为,"社会资本是行动主体与社会的联系,以及通过这种联系摄取稀缺资源的能力"。②

对于报业组织而言,其作为社会大系统中的子系统,担负着重要的信息传播、舆论引导与沟通、服务等职责,它通过对各种新闻信息和公众意见(社会舆论)的采集、制作和传播活动,与社会各界包括读者、政府、广告商、供应商、银行以及各行各业的机构组织等,形成各种各样的关系。报业组织在传播活动和事业发展过程中所产生的广泛联系,及其形成的公信力、影响力、职业规范、服务精神以及遍布社会的网络,这些都会使报业组织获得别的组织难以得到的便利性,这些便利性能够有效地提升报业组织竞争力。

报业组织认真履行社会责任,遵守职业道德规范,强化同社会各界的联系,构建联盟网络,最终将会得到包括受众、广告商等利益相关者和政府机构的信任、尊重和支持,并产生强大和稳固的规模化影响力。这种影响力能够转化为媒体的市场份额、收入来源和竞争利器。换句话说,报业组织的社会资本可以直接或间接地转化为经济效益与社会效益,而且这种长期积累形成的社会资本具有独特性,别的竞争者难以通过简单的模仿来获取。

2. 读者资源

指报纸的读者,这是报业活动中最有价值的资源之一。因为报纸消费者(包括显在与潜在的消费者)的数量与质量,反映出报纸的社会影响力和公信力,它还直接决定了报纸对广告客户吸引力的大小。报纸通过为读者提供信息服务,产生社会影响力,并获得相应的读者资源和广告资源。读者资源满足了报业经营的两种需求:一是报纸的销售收入;二是报纸的传播效能与影响力(注意力资源)。因此,读者资源是报业经营活动的基础。

报业组织的竞争力首先是通过其采集、生产、加工和传播信息的能力体现出来的。信息发布后从读者方面得到的信息回馈,可以客观反映出报业组织影响力及传播效果。所以,传播效果是衡量报业组织影响力水平的尺度,同时

---

① 包亚明译:《文化资本与社会炼金——布尔迪厄访谈录》,上海:上海人民出版社,1997年,第189页。转引自刘年辉:《报业核心竞争力:理论与案例》,北京:中国广播电视出版社,2006年,第128页。

② 边燕杰、丘海雄:《企业的社会资本及其功效》,载《中国社会科学》,2000年第2期,第87~99页。

传播效果又需要通过报业组织拥有的读者资源来体现。影响读者的广度和深度与报业组织影响力大小成正比。一个报业组织能够影响的读者质量也可反映该报业组织影响力的深度。通常在评估报业组织价值的时候，必然会涉及对读者资源的评价。

评价读者资源可以从读者数量与质量两方面衡量。其中衡量读者数量的指标包括三个层面：①覆盖人口数——报业组织覆盖范围内的受众总数，这是衡量读者数量的第一个层面，它体现了报业组织可能形成的影响力的大小以及影响力发展的潜力。②读者人口数——报业组织所影响到的读者数量，这是衡量读者数量的第二个层面，其作用是可以反映现实的报业组织影响力的大小。③有效阅读率——衡量读者数量的核心层次就是有效阅读率，报业组织的产品——报纸（期刊）所拥有的读者数量，可以通过报刊订阅数量和零售数量之和体现出来，但这还不能够准确地反映有效阅读率。

例如，许多企事业单位由公费订阅的报纸，认真阅读的读者未必很多，其有效阅读率自然相对低一些；与之相比，自费订阅及消费者在零售摊上购买的报纸，读者目的性较强，有效阅读率也就比较高。对报业组织而言，这部分人属于有效读者，在他们身上体现了报业组织实质性的影响效果。有效阅读率可以显示报业组织已经形成的影响力的大小，但是，还不能掌握读者质量的具体情况。

考察读者质量的参照系主要有两个：一个是文化程度；另一个就是购买力。读者的文化程度是读者价值的重要体现。文化程度越高的读者，有关报业组织的评价就越能形成社会主流意见。一个报业组织所影响的读者文化程度越高，往往也就说明其具有的影响力越大。购买力是影响力所具有的商业价值的集中体现。因为读者的购买力是广告效果最终实现的必要条件，广告效果是报业组织影响力的重要组成部分和评价标准。一般而言，报业组织拥有的读者购买力越强，广告宣传奏效的可能性就越大，其经济效益也相对明显并易于测量，其广告效应体现出的报业组织影响力自然就大。因此，衡量报业组织竞争力的强弱，读者资源的数量与质量是其中一项重要指标，而且读者的数量与质量的高低，还直接规定和制约着媒体可利用的广告资源的能力。

3. 广告资源

广告资源是报纸商品属性的独特体现方式，没有广告资源，报纸就难以从市场获得充足的经济来源，也就不会有现代报业。现代报业的产业化经营主要就是建立在广告经营基础之上的。报纸的广告资源是整个报业经济腾飞的翅膀，广告客户是报业组织的重要合作伙伴。广告收入作为报业组织主要的资金来源之一,关乎报业组织的生存发展,能否吸引广告客户并保持与之合作,是报业经营能否获得成功的一个关键环节。同时,广告也是报业组织传播内容的重要组成部分。

报业组织所发布的广告,不仅能够带来经济收益,还会对自身传播环境造成一定影响,其中广告主的实力通常是评估报业组织实力的重要依据。对报纸广告资源产生重要影响的因素主要有三个:一是报纸的影响力;二是报纸所在地经济发展的状况;三是竞争对手的实力。

(1)报纸的影响力。报纸的影响力是报纸整体质量的综合体现,也是决定报纸广告资源数量多少、质量高低的决定性因素。报纸影响力和报社的信息传播能力、经营能力以及经营模式等密切相关。一般而言,影响力大的报纸采编人员的水平通常很高,但如果经营能力不强,也未必能把潜在的广告资源转化为实际的广告收入。例如,国内有许多党政机关报的记者编辑水平很高,采集传播信息的能力很强,其社会影响力应当不低,然而,从广告收入看,除了少数几家报纸名列前茅外,多数党政机关报的状况欠佳。可见报纸影响力与其广告收入还不能直接挂钩。

(2)报纸所在地经济发展的状况。当前,报业中跨地域办报仍有许多准入壁垒,报业组织大多以其所在地的区域范围为基点办报,这就决定了其广告资源通常也以一定的区域范围为基础。总体说来,经济发达地区的市场化程度较高,企业参与市场竞争的需求使其对广告的依赖性也较强,因而报纸广告资源也相对丰富,不仅广告客户众多,且其经济实力较强;而经济欠发达和落后地区的报纸,由于所在区域经济发展滞后,其需要且能够用于媒体广告的资金数量有限,报纸广告资源也相对匮乏,与发达地区报纸的广告资源相比,落差巨大。

(3)竞争对手的实力。一定区域内,广告资源的总量是有限的,报业组织所能获取的广告资源,要受多种因素的制约。因为报纸不但要与同类媒体竞争,还要与广播、电视、网络和新媒体等其他种类媒体竞争,这些媒体共同瓜分有限的广告资源,而广告客户分摊到各种媒体的广告经费是有一定限度的,如果存在强大的竞争对手,可替代的信息产品众多,报业组织的广告资源获取量必然受到影响,其与广告客户讨价还价的能力也就随之降低,广告收入无形会减少很多。从目前的传媒经济发展状况看,广告资源仍然是各类媒体争夺的焦点,报业组织不仅要与传统媒体比拼,还要面对来自网络和新媒体咄咄逼人的挑战,可谓压力巨大,举步维艰。因此,未来发展的路径恐怕需要改变,即从单一依赖广告资源的赢利模式,向实施多元化业务经营的赢利模式转化,依靠业务创新走出一条可持续发展的新路子来。

4.报业环境资源

这是报业所依存的经济社会环境为报业组织传播活动所提供的资源,具体包括政策环境资源、经济环境资源、文化环境资源。报业组织从事经营活动在很大程度上受到其所在地区各方面条件的影响和制约。诸如执政党、国家和地方政府针对新闻报道和宣传工作的各项政策法规,其赋予报业组织从事经营活动的范围与政策空间,等等。不同地区的报业组织所获得的各种政策空间是不同的,它直接推动或制约着报业组织的经营活动。

长期以来,中国的新闻媒体大都具有事业、企业双重属性,其作为党的宣传喉舌与舆论工具的功能和作用,使得报业组织在国内的发展必定要受政策的限制与保护,也必须适应政策的调整变化。在当前和今后很长一个时期内,国家政策仍然会直接干预报业组织的发展规模、业务范围和资本筹集运作的方式等等,以强化和维护国家的文化主权,这对各类报业组织的生存发展都有着重大的影响。

另外,报业组织所在的各个地区的经济环境和文化环境也存在明显的差异。比如,东南沿海地区的经济比较发达,人们的思想观念相对开放一些,物质消费水平较高,购买力强,文化生活更加丰富,这种经济文化环境为报业组织提供了比其他地区更好的发展空间,也为报纸等媒体提供了更丰富的经济、文化报道的素材,它还促使报业组织具有更强的竞争意识,更具活力,同时更加开放也更富于创新精神。这些因素叠加起来,无疑有利于报业组织竞争力的不断提升。

报业组织的内部和外部各种资源要素的有机结合,共同构成了其资源体系,为报业组织参与市场竞争创造了必要条件。不过,上述资源要素还需与报业组织的能力要素融合在一起,才能最终形成竞争力并发挥应有的作用。

前已提及,战略管理学说中的竞争力理论研究,除了"资源说",还有"能力说",如果说"资源说"强调异质的"资源","能力说"则强调异质的"能力"。实际上,企业组织在成长过程中资源与能力是密不可分的,"资源说"与"能力说"只是由于观察思考问题的角度不同,故而侧重强调其中的某些要素罢了。

从能力学派的视角考察企业成长动力的源泉,以及思考其发展路径,其主要内容就是如何最大限度地培育和发展企业独特的战略资源,以及优化配置这种战略资源的独特能力,由此形成自身独特的竞争力,以实现可持续发展的目标。

企业组织能力的培育与提升离不开一定的资源要素;同理,资源要素也必须通过企业组织能力的运用与作用的发挥,才能真正产生效益,成为实实在在的市场竞争力,并为消费者创造价值(即提供优质商品或服务),为自身带来相应的回报,综合实力也得到不断的提升。因此,在分析报业组织竞争力的构成要素时,还须对其能力构成要素进行必要的分析。

如前所述,报业组织的能力构成要素包括多种能力,如采编业务能力、市场营销能力、资本运作能力、战略管理能力(含决策能力、洞察预见能力、防范风险能力等)、协调与运用各种资源的能力、学习与创新的能力等。由于报业组织的能力需要在其传播活动和经营活动中才能具体地得以展现,因而分析报业组织的能力构成要素,不应脱离其传播活动和经营活动的实践。

下面就从参与市场竞争的能力与水平,企业管理的能力与水平,采编业务能力与产品的吸引力,企业文化与创新能力,媒体公信力、影响力与品牌美誉度等方面,分别展开论述。

三、参与市场竞争的能力与水平

一个企业组织的竞争力,必须在市场竞争中体现出来。所谓市场竞争,包含两个方面:其一,在竞争性的市场环境里,企业从各自的利益出发,为取得较好的产销条件、获得更多的市场资源而参与竞争;其二,通过竞争,实现企业的优胜劣汰,进而实现生产要素的优化配置。企业市场竞争的能力是指根据市场环境和自身资源条件,通过努力在参与竞争的市场中获得比较优势,创造顾客价值,达成互利交换,实现企业及相关利益方预期目标的能力。

报业组织参与市场竞争的能力和水平的衡量标准,主要表现在其所占的市场份额、赢利能力以及对新市场的开拓能力三个方面,这三个方面其实反映了报业组织的经营能力与水平。

市场份额指的是一个企业的销售量(或销售额)在市场同类产品中所占的比重。它直接反映出消费者和用户对企业所提供的商品和服务的满足程度,表明企业的商品(服务)在市场上所处的地位。市场份额越高,说明企业经营能力、竞争能力越强。市场份额根据不同市场范围有4种测算方法:①总体市场份额。这是指一个企业的销售量(额)在整个行业中所占的比重。②目标市场份额。是指一个企业的销售量(额)在其目标市场,即所服务的市场中所占的比重。一个企业的目标市场的范围小于或等于整个行业的服务市场,因而它的目标市场份额总是大于它在总体市场中的份额。③相对于3个最大竞争者的市场份额。这是指一个企业的销售量和市场上最大的3个竞争者的销售总量之比。比如,一家企业的市场份额是30%,3个最大竞争者的市场份额分别为20%、10%、10%,则该企业的相对市场份额就是30%÷40%=75%;假如4家企业各占25%,则该企业的相对市场份额为33%。一般说来,一家企业拥有33%以上的相对市场份额,就表明它在这一市场中具有一定实力。④相对于最大竞争者的市场份额。指一家企业的销售量与市场上最大竞争者的销售量之比。若高于100%,表明该企业是这一市场的领袖。

对于报业组织而言,市场份额也称报纸市场占有率,指报纸在与同行竞争中所占有的市场份额。一般用于确定报纸在区域报业市场所处的地位与竞争能力。通常是以一定的区域作为统计范围的,其计算方法同"某报相对发行率"。

国内的报业组织过去经常谈的是导向,而不谈市场,实际上导向与市场并不矛盾。随着报业的逐步市场化,那种由一两家报业组织独占市场的格局早已被打破,特别是一些市场化程度较高的报纸出现后,以其较强的竞争力挤占了原来的报业市场。因此,如果报业组织不重视市场,无视消费者(包括读者和广告客户)的需求,最终也会丢失阵地。

赢利能力是指企业资金增值的能力,通常表现为企业收益数额的大小与水平的高低。赢利能力指标主要包括营业利润率、成本费用利润率、盈余现金保障倍数、总资产报酬率、净资产收益率和资本收益率六项。在考核企业业绩的实务中,上市公司经常采用每股收益、每股股利、市盈率、每股净资产等指标评价其赢利能力。如果是在一个充分竞争的产业中,或者是在一个在向更具竞争性的市场结构变化的产业中,赢利能力就可以在很大程度上反映企业的竞争力,甚至可以说,具有持续赢利能力是企业竞争力的最重要标志之一。正因如此,大多数研究竞争与竞争力的专家学者都高度重视市场竞争中的企业竞争力,而且他们大都将赢利能力与竞争力或竞争优势视为密切相关的概念。战略管理大师迈克尔·波特在其名著《竞争优势》中,就将竞争优势描述为"企业获取超出资本成本的平均投资收益率的能力"。① 由于波特强调的是长期赢利能力而非短期赢利能力,故而他认为企业竞争力可以用企业投资项目的内部收益率或者长期平均的净资产收益率来衡量。换言之,波特所说的企业竞争优势是指企业长期的净资产收益率高于社会及行业平均水平;或者企业投资项目的内部收益率高于社会平均水平及行业基准水平。

报业组织的赢利能力与竞争能力也密切相关,尽管历届中国报业竞争力

---

① [美]迈克尔·波特:《竞争优势》,北京:华夏出版社,1997年,第4页。

监测报告及其所依据的评价指标体系有所变化,但基础能力指数仍是其最重要的监测指标之一。报纸监测指标体系中的效益指标,包括利税总额、全员劳动效率等,这些实际上是赢利能力的指标表现。对报业组织而言,赢利能力是衡量经济效益好坏的重要指标之一,因此,也是体现其竞争力强弱的一个重要参照系。

2005年中国报业被部分业界、学界专家称为遭遇"拐点"或"寒流",其重要依据就是报业组织的利润普遍下滑。2005年底在北京召开的全国新闻出版局长会议上,新闻出版总署副署长石峰同志在报业集团小组的讨论会上,就谈到我国的报业单位必须认真抓好内部管理,提高赢利水平的问题。他指出,一些报业单位,家大业大了,管理不到位,用钱大手大脚,不注意节约。这也是利润率不高的重要原因之一。① 因此,报业组织要想拥有持久的竞争力,须臾不能忽视自身的赢利水平,而且要想方设法提高其赢利能力。

市场开拓能力又称市场开发能力。它包括两个方面内容:一是给产品寻找新的细分市场;二是企业为老产品寻找新的用途,在传统市场上发掘、吸引新的消费者,扩大产品的销售量。市场开拓是市场战略的一种,企业市场战略的要旨就是尽可能地集中有限的资源于最重要的机会,以提高销售量和持久的竞争优势,市场战略的形成往往有一个不断调适的过程。② 因而市场开拓能力也需要在市场竞争和市场战略形成过程中不断提升和拓展。

作为市场战略中的一种,市场开拓能力与企业组织的市场竞争力密切相关。目前,国内报业经济已变成买方市场,在同一地域中经常有几份甚至十几份报纸并存,竞争不可避免,有的报业市场的竞争甚至已达到白热化程度。许多报纸的定位大体相同,常常是一份报纸产生一个新的成功栏目,其他报纸纷纷"克隆",相互效仿的结果是同质化。为争夺有限的资源,占有更多的市场份额,价格大战时有发生,完全不顾报纸成本与收入的背离,最后导致几败俱伤。这种趋势使得报业总量"过剩",但报业产品的供给却成为无效供给,无法满足受众真实需求,难以形成报业的区域竞争优势。另外,许多报业组织因为没有市场而处于困境,究其原因,在于找不到正确的市场切入点与市场定位。竞争要求报业组织找准其受众,了解各自的需求,生产与市场需求相适应的内容产

---

① 转引自钟广明:《关于"寒冬"、"拐点"之我见》,载《中国报业》,2006年4期,第7~9页。
② UK govt businesslink marketing strategy guide; Marketing strategy Australian administration small business guide. [Baker, Michael] (2008); The Strategic Marketing Plan Audit, Cambridge Strategy Publications, p3.

品。这对媒体的经营者提出了很高的关注市场的要求。针对上述情况,采取市场细分战略,无疑成为在报业竞争中取得优势地位的一种明智选择。

在报业竞争中采取市场细分战略,是指根据受众之间需求的差异性,把一个整体市场划分为若干个分市场,从中选择自己目标市场的方法。下面以广州报业市场为例略作评析。广州日报报业集团在开拓市场方面就采用了市场细分战略:一方面占领主要市场,其主报《广州日报》多年来在广州地区所占市场份额始终保持第一的地位,其单份报纸的发行量和广告收入不仅在广州报业市场称霸,而且在国内报业中也雄踞榜首。在巩固原有主报、旗报的基础上,集团还改造、调整了原有报纸,并收购、创建新报,开发新的报业经济增长点;把准市场脉搏,开拓新市场,紧扣时效与质量两个根本点,提高报纸的吸引力;在竞争中当仁不让,跟进对手补己之短,不断壮大实力。如为了弥补文化娱乐新闻的欠缺,争夺读者群,增设了娱乐新闻专版,并开设专刊、连载、艺圈广角、读书、文化5个文艺副刊,幅面、气势、质量等显示出综合大报的强势。在占领市场的竞争策略方面,除扫楼、低价促销等方法外,集团还建立了自动售报点和连锁店,连锁店采取自营、联营和委办特许店等多种形式,统一装修、统一配货,既是报纸的零售点,零售报的批发点,又是全年报纸的订阅点,还代理分类广告,成为集团报纸扩大发行量和社会融资的有效办法,这也为集团节省了大笔宣传费用,树立了品牌形象,取得了较好社会效益。

在采用市场细分战略开拓新市场方面,南方报业传媒集团实施的多品牌战略也可圈可点,几乎在每一个细分市场中都可以看到该集团的强势媒体(有不少还是处于第一)。有关其多品牌战略的形成过程,以及在实践中不断开拓创新,并得以升华的相关内容,本书将在第九章中详细介绍评析,此处不赘述。

羊城晚报报业集团在这方面经受了市场的考验。以文体、粤港信息、连载等显著特色驰名全国的《羊城晚报》,创办后一直居于不可替代的优势地位。虽然近十年来在报业竞争中受到同城报纸的挤压,昔日风光不再,但该报针对报业竞争环境新的变化及新特点,在民生新闻、软新闻、副刊和报纸的时效性等方面,进行了一系列的改革创新,采取了多种应变措施,如提早出报时间以增强时效,创建子报《新快报》,抢先推出全彩色大型综合性日报,收缩战线实现了重大的战略转移;进军互联网,创办了《羊城晚报》名下的网络报纸,并与他人联手经营网络公司……尽管这些举措的长期效果还有待时间的检验,不过,羊城晚报报业集团能够主动适应外部环境的变化,依据自身固有的竞争优势,不失时机地跟进市场,以大胆创新精神开拓新市场,为集团建设发展赢得时间、争取主动,体现出其所具有的市场竞争能力。从广东三家报业集团的表现不难发现,经过多年的历练和比拼,国内报业组织的市场竞争能力已经达到一定的水平。然而,与国外成熟的报业集团(公司)相比,仍然存在不小的差距。

报业组织要增强在报业市场中的竞争能力,就要成为真正的市场竞争主体,而这又需要相应的生存条件和竞争环境。如让权力退出报刊经营,前几年中央已决定,为了减轻基层和农民的负担,在全国开展党政部门报刊的治理整顿,在中央的直接领导下,这项工作已经取得重要的阶段性成果,其中很重要的一个成果,就是报刊业的经营与权力实现脱钩、实现分离,这是竞争主体真正走向市场非常重要的一环。另外,还要完善相关的法律法规即竞争的规则,只有在法律法规较为健全下形成的竞争规则,才能够让报业组织公平合理地开展竞争,进而不断提升其市场竞争能力。国内报业组织所需要的正是这样一种报业生态环境,否则就会陷于一种无序竞争的恶劣环境中,甚至出现"劣币"逐"良币"的逆淘汰。

四、企业管理的能力与水平

我国的报业组织很早就提出了"事业单位性质,企业化管理"的口号,但是,从目前国内报业的管理水平看,多数报业组织的管理水平与现代企业存在差距。报业的企业管理能力与水平,是衡量报业组织绩效的一项重要指标。特别是组建报业集团之后,如何完善现代企业制度,提高企业管理的能力与水平,已经成为报业组织提升其竞争力的必由之路。换言之,企业管理的能力与水平,既是反映报业组织成熟程度的一个重要标志,也是衡量其竞争力的一个构成要素。

所谓企业管理(Business Management),是对企业的生产经营活动进行组织、计划、指挥、监督和调节等一系列职能的总称。中国的报业组织管理走过了一条漫长的变革之路。从20世纪50至60年代的计划体制下的事业单位事业管理,到1978年后开始实行的"事业单位,企业化管理",再到1988年政策允许报业组织开展多种经营,然后发展到报业组织成为独立法人,经济上独立自主、自负盈亏、自我约束、自我发展。20世纪90年代中期,中国报业组织进入了"采编和经营两个轮子一起转"的发展新阶段。良性的经营管理是报业组织发展背后的纲纪,一个报业组织能长久地、健康地、持续运作并获得自身发展,其人员可以变换,技术设备等可以更替,只要有一个好的管理运行机制,就从整体上是一部上了轨道的机车,运转协调,可以一直顺利地前行,可以实现正常的新陈代谢。

然而中国仍有很多报业组织由于管理体制的僵化落后，陷于人才流失、内部矛盾突出、团队失和、资金匮乏的泥潭中无法自拔。为此，报业组织要从三方面实施突破：建立完善的现代企业制度、主报与子报协调发展、实行信息化管理。

1. 建立完善的现代企业制度

我国近十多年来组建的几十家报业集团是在传统报业基础上发展起来的，主要从事新闻信息产品生产和提供新闻信息服务，是文化产业的重要组成部分。如今，面向市场、依法经营、自我发展、做大做强、提高核心竞争力，已成为试点报业集团经营管理的自觉行动。试点报业集团虽然在集团化道路上迈出了一大步，但仍然面临政企分开、管办分离，调整内部结构，转换经营机制，改变发展方式，逐步建立现代企业制度等一系列深化改革问题。因为报业组织要真正实现可持续发展，就必须建立完善的现代企业制度。

报业组织在建立完善的现代企业制度时应坚持以下原则：一是采编、经营两权分离，使报业组织的双重属性在运行机制上得到明确、清晰的体现。二是明晰产权。要明确媒体产权主体为国有资产，通过国有资产管理局授权，以资本为纽带，建立现代企业制度的媒体企业。媒体管理者代表党委宣传部和国有资产管理局经营媒体，将媒体变为"自主经营、自负盈亏、自我约束、自我发展"的法人实体和市场主体。三是建立公司治理结构。没有公司治理结构，就没有现代企业。其实质是要解决因所有权和经营权分离而产生的委托代理问题，它是规范委托代理各方之间关系的一种制度安排，以及由此而形成的企业组织结构、体制或制度，其目标是要使企业组织能够做到权责分明，各司其职，激励和制衡机制并存。

在建立完善的现代企业制度上，国内有些报业组织已走在前面，如杭州日报报业集团以产权制度为突破口，2005年12月注册成立杭报集团公司，并先后组建了集团全资或控股公司36家，构建起以集团公司为核心、一报一公司和经营部门全部企业化的二级企业法人治理结构，实行集团对战略目标、舆论导向、集团资源、干部人事、价值理念统一管理，各下属单位自主经营、自我发展的统分结合的管理模式。在组建和重组子公司时，该集团努力做到投资主体多元化：杭州网络传媒有限公司引入了杭州广电集团的资金，还分别引入民间资本组建了e时代周报社有限公司和浙江盛元印务有限公司。为调动经营管理骨干的积极性，公司还让经营班子及自然人入股。2008年杭报集团提出的转型升级战略目标是：从报业集团走向现代传媒集团，成为文化产业战略投资者。

2. 主报与子报协调发展

国内报业组织特别是报业集团存在着主报和子报发展不平衡、内部媒体关系不够协调的严重问题。要分析这一问题，不妨先比较一下我国报业集团与企业集团的差异。

典型的企业集团的发展历程是，先存在母公司，由母公司通过投资或购买的方式形成子公司，关联公司或参股公司，从而形成由多家子公司组成的企业集团。

而我国的报业集团大都是政府行为和市场力量共同作用的结果，在报业集团的内部母报没有建立现代企业制度，后来合并进来的子报大都带有行政推动的色彩，与母报不存在以产权为纽带的现代意义的母子公司关系，即主要是行政隶属关系。这就直接导致了集团与子报子刊和经营实体缺少统一的产权关系，也使集团管理机构缺少基于产权的权力基础。在社会主义市场经济的转型期，报业集团的管理机构依赖由传统行政权力维系下的治理权威日趋递减，集团管理控制随之弱化。

与此同时，报业集团内部的集权和分权缺乏科学性，从我国报业集团运行现状来看，由于许多报业集团还处于不成熟的发展阶段，因此，在处理集团内部集权和分权的关系方面，存在着过于集权与过于分权的两种极端。过于集权就是在集团的名义下，把许多属于成员单位的权力都集中到集团总部，这种过多集权现象的产生并非偶然，它与集团形成的行政化力量有很大的关联性。报业集团组建本身是行政力量推动的产物，组建之后内部的集权也不是出于经营效率的考虑，而是出于行政需要，甚至是条块之间争夺的需要。另外一种是过于分权的现象，有的报业集团大多是当初为了凑足申报成立集团所要求的子报子刊和经营实体的数量，临时集结而成，所以其集团内部的各子报子刊的关系松散，各自为政，集团总部只担当信息收集与传递的角色。①

这样一种混乱的局面既不能形成奖优罚劣的机制，又阻碍了报业集团各报刊协调发展。为此，报业集团在报刊结构宏观调整的过程中，要重新对各报刊进行正确定位，根据子报子刊自身的特性、优势，实行错位竞争、提升竞争力。报业的集团化发展，必然要考虑集团的规模效益和整体竞争力。党报和子报子刊进行合理分工，尽可能多地覆盖细分市场，形成协作优势和整体竞争力。

---

① 陈江：《制约我国报业集团发展的内外部因素及对策研究》，复旦大学硕士学位论文，万方数据库，第21页。

国内报业这方面做得比较成功是南方报业传媒集团。在认真分析了其自身的特点基础上,确定了主报《南方日报》新的目标读者群:领导者和各方面的决策者,包括公务员和各层面的管理者、决策者、经营者、研究者等。以这些各层次的读者为主,再兼顾其他层次的读者。根据主要的读者群提出了办报质量要求,即要办有高度、有影响力的报纸,以主流新闻适应政府官员和管理者为主的政经大报。集团还打造出《南方都市报》,使其面向广州、深圳乃至整个珠江三角洲,以城市市民为核心读者群。这就与主报《南方日报》形成了互补的关系。而《南方农村报》则是直接办给农民看的基层报纸。主打全国市场的则有《南方周末》,知识分子是其主要读者群,兼顾各阶层人群,其已成为覆盖全国的经营性品牌报纸;《21世纪经济报道》以政经、产经新闻报道和反映政府决策及产业走势见长,以经济金融人士以及经济研究者为读者群。此外,《城市画报》、《名牌》杂志等也有各自的定位和目标读者。2003年南方报业传媒集团还与光明日报报业集团联手打造《新京报》,高起点进入北京市场。由于南方报业传媒集团有效整合了其报刊资源,优化报刊结构,以有序高效的管理延伸报业产业链和价值链,提高了整个集团的竞争力。

3. 信息化管理

报业组织要进行现代管理,就要进行重新整合,管理流程重新整合的突破口,在于进行信息化管理,这是早已被国际国内企业界无数案例证实了的必由之路,是实现新的跨越式发展的重要机遇。就报业组织而言,包括财务、资金、技术、物资、人力资源,以及采编平台、稿库分类、信息传递、印刷工艺、网站建设等在内的,由内部向外部扩散的全方位管理流程,只有依靠信息化的应用管理才能实现。而这一全方位的管理流程,又是构成竞争力的软要件(硬要件指拥有自主知识产权的先进技术和产品,目前我国还不多),所以,信息化管理既是管理流程重新整合的突破口,也是提高竞争力的关键。现代信息管理是一种从一个或者多个信息的来源和渠道收集,然后传递到一个或者多个受众处。随着计算机的发展,信息管理从过去的纸张管理发展到网络管理,并且成为一种非常之有力的资源。信息管理是一个组织处理信息的能力,是一个组织管理中的核心能力,因此,组织设计的策略必须瞄准提高信息的处理能力。

在中国报业中广州日报报业集团在信息管理的应用上拥有多项第一,并且其信息化应用水平一直在全国报业同行中处于领先水平。它于1999年到2002年初实施的"广州日报新闻业务综合管理及公众信息服务平台"便是其中之一。"广州日报新闻业务综合管理及公众信息服务平台"是集团新闻业务综合管理、公共信息发布和客户服务的系统平台。它实现了从新闻采编、组版到报纸出版发行、广告销售、企业管理、网上媒体、电子商务以及公众服务全过程的一体化、信息化,规范了企业的生产、管理和公众客户服务,提高了企业的生产和服务效率。该系统平台的完成和投入运行,无论是在技术的先进性、管理的规范性以及体制的创新性上均有较大突破。该系统平台提供了一种全新的工作流程机制,使报社业务调整与拓展变得极为容易,从而为报社更好地适应新闻出版行业的发展,实现集团从传统的以生产为中心的管理模式向以客户服务为中心的管理模式的转变,并为采编及版面生产的高效、管理的规范以及为实现发行管理的改革和突破提供了强有力的技术支持。

依靠这一平台,广州日报报业集团得以向三个目标迈进:第一,逐步建立集新闻采编、组版、报纸出版发行、广告销售、企业管理、网上媒体、电子商务以及公众信息服务的全过程一体化的先进的工作及信息服务平台;第二,全面以信息技术履行传统的报业生产流程、经营管理以及传播手段,使报业集团在生产速度、工作效率、经营管理以及公众信息服务上全面提升,整合内部资源,发展电子商务,并实现从以印刷媒介为主的传统信息业向跨媒体现代数字化的传媒业转变;第三,以最快的速度、最多样的媒介,向人民群众传达党的方针政策以及国内政治、经济、体育、文化、娱乐等新闻信息,取得了经济效益和社会效益的双丰收。[①]

报业组织要有效地提高企业管理的能力与水平,就必须建立完善的现代企业制度,建立健全各项规章制度,并严格照章办事,同时运用现代信息技术,实施信息化管理,遵循企业的内在规律,使之沿着现代企业的正确道路协调发展。

五、采编业务能力与产品的吸引力

报业组织采编业务能力泛指记者、编辑、评论员等新闻从业人员的采、写、编、评和报道的策划、运作等各项业务能力,即采集制作和传播新闻信息的能力,简称采编能力。它包括对新闻、言论和各类新信息等诸多内容产品的独特理解力、判断力,以及采集、加工和传播等处理信息的能力,它是对受众需求(含读者和广告客户等市场需求)的准确把握力,也是对新闻传播活动内在规律的熟悉了解和自觉运用其开展新闻传播活动的能力。报业核心产品的内容

[①] 叶文平:《报业技术发展和系统建设的典范——广州日报报业集团建立新闻业务综合管理及公众信息平台》,载《中国报业》,2002年第11期,第66~68页。

质量,最能集中地反映出这种能力与水平的高低,而内容产品具有的吸引力,直接与媒体的影响力和市场占有率挂钩。

报业组织以报纸(期刊)等主要产品的采编出版为基础,以提供各类新信息满足读者的需求为己任。因而其主业是以报刊采编为核心,以报刊发行、报刊广告、报刊印刷以及新闻网站、信息服务等增值业务为基本结构,也就是说,报刊采编是报业组织的主业,广告、发行、印刷等是报业组织的辅业。正因如此,核心产品(服务)的质量如何,是衡量报业组织竞争力的重要尺度之一。

前已提及,报业作为传媒产业,既有一般产业的属性,又有意识形态的特殊属性;它既是进入市场的商品,要追求经济效益,又是精神产品和宣传思想阵地,要讲求社会效益。报业产品具有的这种二重性,要求报业组织必须兼顾社会效益和经济效益。尤其在社会主义中国,高度重视传媒的舆论导向,因此,要把社会效益放在首位,同时注重经营管理,力求实现社会效益与经济效益二者的统一,这是报业组织的努力方向,它决定了报业组织的竞争力构成要素有别于其他企业,其采编业务能力与产品(服务)质量注定占据重要的地位。那么报业的核心产品究竟是什么?

先来看核心产品这一概念的内涵。任何一个产品都可以由三层构成,最里层的是核心产品,第二层是外围产品,第三层是外延产品。核心产品是指向顾客提供的产品的基本效用或利益。核心产品也就是顾客真正要购买的利益,即产品的使用价值。例如,对于洗衣机产品的需求,消费者要购买的是其洗涤功能的"方便、快捷、干净";对于电影院服务的需求,消费者要购买的是其所提供的精神食粮特别是娱乐。再来看一些业界、学界人士对核心产品概念的解读。如姜永武等认为核心产品是指产品的基本效用(功能)与利益,也就是产品能满足消费者最基本的需要,使消费者得到最基本的受益。其实质就是产品的使用价值,使人能够得到某种好处。如汽车能载客运货,电视能收看新闻和文艺节目,提供信息服务和娱乐等。消费者购买产品的基本目的是为了使用,从中得到某种受益。如果这起码的条件不存在,人们就不会花钱买产品。① 易建华等认为,核心产品是指的核心利益和服务,有形产品指商标、质量、式样和特色,延伸产品指包装、售后服务、保证和信贷等。这三个层次的产

---

① 姜永武、王淑清:《产品整体观念的作用及其运用》,载《吉林省经济管理干部学院学报》,1994年第3期,第37页。

品形成不同的产品价值或效用。①

与其他产业的产品有所不同,由于报业产品属于二次销售,其外围产品的表现形式相对模糊,但是其核心产品还是明确的。就报纸而言,以报道为主要载体的新闻信息和以言论为主要载体的意见信息,是其信息中最重要的两类,即核心产品;报纸等新闻媒体正是凭借其生产和传播这两类核心产品的看家本领,形成社会影响,吸引读者和广告客户,产生相应的社会效益和经济效益。因此,生产和传播这两类核心产品并提供相应服务的能力,也就是其采编业务能力,以及由此产生的内容产品所具有的吸引力(包括对读者和广告客户的吸引力),直接与媒体的影响力和市场占有率挂钩,与报业组织竞争力的形成有着密切的关系,因而是最基本的构成要素。报纸等新闻媒体正是凭借生产和传播这两类核心产品的能力,为广大受众提供信息服务,形成社会影响,吸引目标读者和广告客户,产生社会效益和经济效益的。所以,报业组织必须高度重视其核心产品的采集、制作和传播,并不断提高其能力和水平。

例如,能够产生较大社会影响的独家新闻、以独特视角解读事实的深度报道,以及发表独家观点、阐述独到见解的言论等,都体现出报业组织及其成员(包括可利用的各种社会资源,如编外的评论员和时评作者、新闻报道的通讯员等)的采编能力及其内容产品的吸引力。

核心产品是报纸组织竞争力形成的基石,优质新闻报道和言论是报纸(期刊)创立品牌赢得竞争的利器,在新的语境和传媒生态环境中,报纸言论具有独特的价值和作用,高水平专栏作家和评论家是报纸言论可持续发展的一个关键因素。从内容为王的角度审视报业组织竞争力的构成及可持续发展问题,核心产品质量及其吸引力无疑是最关键的问题。

所以,以市场为导向进一步完善核心产品的质量,提高其使用价值,以产业化思路和观念不断增强核心产品的吸引力和竞争力,这才是赢得竞争、立于不败之地的关键。报业组织要努力使自己赖以生存和发展的核心产品——报纸及相关的内容产品,真正能够适应读者需求的新变化,以独具特色的品质进入买方市场,形成独特的竞争力,才能有效地推动报业组织的市场化、产业化的进程。

在新闻竞争日趋激烈的今天,报业组织对核心产品的开发能力作为其竞争力的重要组成部分,正受到越来越多的关注和重视。这种开发能力一方面

---

① 易建华:《基于同类产品间效用差异的购买决策模型》,载《江苏商论》,2004年第10期,第40～42页。

决定了其新闻传播的社会效果,另一方面也决定了核心产品的市场占有率。因此,无论从采编业务角度还是报业经营的角度看,对核心产品的开发研究都是非常必要的。

喻国明教授认为,"新闻传媒每日每时都面临着两种判断:一是事实判断,二是价值判断。事实判断的结果是将新闻事件写清楚、写准确、写全面、写系统。而价值判断的结果则是将各种相关的资讯实现深度的分析、整合,并在此基础上提供意见、解释、见解和见识……在传播市场所提供的资讯量已经出现'过剩'的情况下,优秀新闻人的价值就在于为受众整合、梳理看似杂乱无章的资讯,为人们提供有序而冷静的观察与分析。信息时代人们需要新闻,但更需要对新闻的解读。而专业的视角、专业的分析工具与方法,将帮助受众更加真切地了解这个世界的真相。所谓强势传媒社会影响力的大小已经不再是看谁拥有更多勤奋的编辑记者,而是看谁对于资讯的分析整合能力强。谁对于资讯的分析整合能力强,谁就拥有更多的社会'话语权'及传媒影响力"。[①]

要持续地提供符合市场需要的产品与服务,并能在某些方面优于竞争对手,从而获得自身的竞争优势和可持续发展能力,离不开内容产品的创新。内容创新包括寻找新的突破口,差异化竞争自然成为首选的竞争策略。以富于个性化的独特新闻视角,在清楚、准确、及时、全面、系统地传递新闻资讯的同时,为读者提供可资借鉴的理性分析和价值判断,这是在资讯过剩、注意力短缺的现实环境中,报业组织提升竞争力的有效途径之一。

内容创新还需要特别加以关注的就是各类报纸评论。评论是思想的旗帜,是报纸的灵魂。通过评论传递新思想,通过评论认识新事物,通过评论明辨是非,通过评论反映、影响社会舆论和广大受众。当你的评论所传递的新思想、新观点能够为人们所理解和认同,成为判断社会现象、把握未来趋势的依据,能够影响受众的认知和选择及行为决策,你的影响力就会随之提升;当看你的言论已成为读者每天的必选项目时,受众对你的精神依赖程度肯定增加;当流言四起、群众困惑之时,你的言论能够拨云见日、释疑解惑,不仅为受众廓清思路、免除困扰,而且提升了受众的认识层次,你的公信力、权威性自然尽在其中了。

在报纸的第一次销售完成之时,第二次的销售平台必然会加高和延伸。可以毫不夸张地说,报纸的强势言论有助于提升其内容产品的竞争力。比如,通过分析和解读新闻事实信息,实现对内容产品的深度开发,提高其社会关注

[①] 喻国明:《传媒影响力》,广州:南方日报出版社,2003年,第36页。

度,吸引更多的"眼球",创造出新的"卖点"。作为意见信息载体的各类言论,已经成为传媒之间竞争的一个焦点,它也是报纸等传统媒体应对新媒体挑战的重要手段,同时又是提升媒体影响力进而增强竞争力的重要手段之一。

内容创新还要高度重视对经济生活服务类信息的采集和精耕细作,通过对衣、食、住、行等微内容的系统、科学、有序、到位的归纳和整理,为读者提供更细致周到、体贴入微的服务。报纸内容产品的贴近性、实用性是增强其吸引力的有效手段,也是提高报业组织的亲和力,进而形成品牌忠诚的一个重要方法。

要持续地提供符合市场需要的产品与服务,并能在某些方面优于竞争对手,从而获得自身的竞争优势和可持续发展能力,就离不开新闻策划。新闻策划有广义与狭义之分。广义的新闻策划包括媒体自身策划和新闻报道策划两方面内容。狭义的新闻策划专指新闻报道的策划与组织协调运作方式。从策划的层面来看,媒体策划属于总体策划,包括确定媒体的编辑方针,设计媒体的总体规模和内部结构,设计媒体的各个局部。新闻报道策划则包括确定各阶段的报道选题并规划新闻报道活动,即对报道什么和怎么报道的思考与设想。新闻策划是媒介及其产品生成过程中不可或缺的环节。[①]

敏锐的头脑和深刻的洞察力,是作出准确的事实判断和提供理性的价值判断的前提条件,微观信息资源的拥有和宏观大局的把握,有利于把重要的新闻报道做得更加深入,而其中新闻策划无疑发挥着越来越重要的作用。策划是编辑个体和报纸团队的创造性劳动,包括材料的编写组合和刊发的时机选择——其视角的独家和资料的整合等方面都具有不可复制的特性,用这一强势打造话语制高点,是主流媒体应当持之以恒、不懈努力的目标。近年来,新闻策划已经不再是新鲜的话题,包括报业组织在内的许多新闻媒体都使出浑身解数,以创新精神大胆探索,勇于实践,优秀的策划和成功案例亦不鲜见。

总之,采编业务能力是报业组织的核心能力,报业核心产品的质量优劣及其服务水平的高低,均受制于它。因而报业组织及其成员应当不断提高自身的素质能力,以其过硬的业务本领创造性地开展工作,以适应新形势的变化,更加贴近现实和民众,努力提供更具吸引力、亲和力的优质产品,更好地满足社会和受众多元化的信息需求,真正履行其社会责任,从而使其在报业市场竞争中保持竞争优势,进而获得可持续的发展。

---

① 方毅华:《关于新闻策划若干问题的思考》,载《新闻传播学前沿》,北京:北京广播学院出版社,2004年,第205页。

六、企业文化与创新能力

　　企业组织的文化对于该企业竞争力的形成,特别是持续竞争力的拥有,发挥着不可替代的重要作用。对于报业组织而言,一个为全体员工认同并体现在日常工作和各项活动中的优质企业文化,其所产生的巨大精神力量,以及由此可能创造出来的有形和无形的财富,是难以估量的。但过去很长一个时期,国内的报业组织较少提及企业文化,这从一个侧面反映出对其重要地位和作用还缺乏足够的认识。近些年来情况有了改变,许多报业组织开始重视并且积极建设自身的企业文化,以此增强团队的凝聚力和创新能力,更好地推动事业的发展。企业文化也叫"组织文化",首先对其开展研究并取得成果的是西方学者。

　　1979年,学者安德鲁·佩蒂格鲁(Andrew Pettigrew)在《管理科学季刊》(Administrative Science Quarterly)上所发表的《组织文化研究》一文中,最早提出了"组织文化"这一概念。随后哈佛商学院和麻省理工学院的一批教授拉开了"组织文化"(企业文化)研究风潮的序幕,出版了不少影响广泛的著作,如威廉·大内(Ouchi)的《Z理论》(1981)、迪尔和肯尼迪(Deal & Kennedy)的《企业文化》(1982)以及彼得斯和沃特曼合著的《追求卓越》(2001)等,掀起了企业文化("组织文化")研究的热潮。

　　20世纪80年代,企业文化的研究以探讨基本理论为主,如企业文化的概念、要素、类型以及企业文化与企业管理各方面的关系等。进入20世纪90年代,企业文化研究出现了四个走向:一是企业文化基本理论的深入研究;二是企业文化与企业效益、企业发展的应用研究;三是关于企业文化测量的研究;四是关于企业文化的诊断和评估的研究。然而关于企业文化的概念,却见仁见智,理论界有许多不同的认识和表述。国外学者的代表性论述如下:

　　美国学者科特和赫斯克特认为,企业文化通常"是指一个企业中各个部门(至少是企业高层管理者们)所共同拥有的那些企业价值观念和经营实践行为"。[1]

　　威廉·大内认为,"一个公司的文化由其传统和风气所构成。此外,文化还包含一个公司的价值观,如进取性、守势、灵活性——即确定活动、意见和行

---

[1] [美]约翰·P.科特、詹姆斯·L.赫斯克特:《企业文化与经营业绩》,李小涛译,北京:中国人民大学出版社,2009年,第6页。

为模式的价值观"。①

迪尔和肯尼迪认为,企业文化是由五个因素组成的系统,其中价值观、英雄人物、习俗仪式、文化网络是其四个必要因素,而企业环境则"是形成企业文化唯一的而且又是最大的影响因素",因此,理解企业文化的重要性就是通过"构建价值体系、创造英雄人物、规定礼仪和仪式以及认可文化网络的优势,公司塑造了自己的独特身份"。②

卡梅隆和奎因在其《组织文化诊断与变革》中,没有明确给出组织文化的定义,但是,从相关的论述里可以了解其基本观点。如他们认为,组织文化反映的是"组织中理所当然的价值观、隐藏的前提、预期的希望、集体的智慧,以及简单的定义。它表示:'这里的事情都进行得怎样了?'""一个组织的文化通常通过价值取向、占主导地位的领导风格、语言和符号、日常程序和成功的定义来体现这个组织的独特性"。③

国内理论界和企业界关于企业文化的研究虽然起步稍晚,但是,对企业文化的不同界定和表述却是多姿多彩,罗长海曾经归纳出36种定义,这里仅列举几则有代表性的观点:

企业文化是一种从事经济活动的组织之中形成的组织文化,它所包含的价值观念、行为准则等意识形态和物质形态均为该组织成员所共同认可。广义的企业文化是指企业物质文化、行为文化、制度文化、精神文化的总和;狭义的企业文化是指以企业价值观为核心的企业意识形态。④

企业文化,是指在一定社会历史条件下,企业在物质生产过程中形成的具有本企业特点的文化观念、文化形式和行为模式,以及与之相适应的制度和组织机构,体现了企业及其成员的价值准则、经营哲学、精神道德、行为规范、共同信念及凝聚力。⑤

企业文化是社会文化一定程度的缩影,是企业在建立和发展过程中逐步

---

① [美]威廉·大内:《Z理论》,孙耀君、王祖融译,北京:中国社会科学出版社,1984年,第169页。
② [美]特伦斯·迪尔、艾伦·肯尼迪:《企业文化——企业生活中的礼仪与仪式》,李原、孙健敏译,北京:中国人民大学出版社,2008年,第13～14页。
③ [美]金·S.卡梅隆、罗伯特·E.奎因:《组织文化诊断与变革》,谢晓龙译,北京:中国人民大学出版社,2006年,第12～13页。
④ 刘光明:《企业文化》,北京:经济管理出版社,2002年,第8页。
⑤ 华磊:《新世纪中国企业文化》,北京:企业管理出版社,2000年,第5页;中国企业文化研究会编:《企业文化简明手册》,北京:企业管理出版社,2002年,第2页。

形成并且日趋稳定下来的企业行为规范、道德准则、社会信念和企业风俗,即在此基础上生成的企业经营意识、经营指导思想、经营战略等;企业文化包括三种基本形态:观念文化形态、物质文化形态和制度文化形态;企业文化的功能赖以发挥的关键,在于企业生产经营中生成的社会群体文化氛围和心理环境。①

由中国企业文化促进会编写的《2006—2020 中国企业文化建设发展规划纲要》认为:企业文化有广义和狭义之分。广义的企业文化通常是指企业物质文化、制度文化、精神文化、行为文化和环境文化的综合与统一。狭义的企业文化,通常是指企业的精神文化,即企业在长期生产经营实践中逐渐形成的企业价值观、理念、愿景、精神、道德、习惯、风尚等的综合与统一。②报业组织企业文化所要探讨的主要是后者,即狭义的企业文化涵盖的内容。

考察以上所列举的中外学者关于企业文化的论述,可以发现关于企业文化的定义既有共同点,也存在明显的差异。其共同点表现在二者均强调价值观在企业文化中的核心地位,因为价值观反映了企业的理想信念,是指导员工和企业行为的哲学,因而也是企业文化的核心。其不同点则表现为外国学者的界定表述多为狭义的企业文化定义,其内涵狭窄且单一,既不包括厂房、设备、产品之类的外显的物质性因素,也不包括泛化的文化内容,如科学技术知识等,更不包括行政性的、务必强制执行的规章制度;而中国学者的企业文化定义往往包罗万象,似乎与企业相关的一切(包括精神层面和物质层面的内容)都可纳入企业文化。

应该说,这种对企业文化的认识差异是由多种原因造成的。首先,两者依据的文化定义不同,西方企业文化所依据的是狭义的文化定义,偏重于文化的精神层面,而我国学者依据的则是广义的文化定义,且偏重于文化的物质表征。其次,两者的企业文化建设的出发点不同,西方的企业文化强调企业具有的价值观是其核心,在企业价值观的指引下,其他物质的、有形的东西才具有企业文化的意义;而我国学者至少认为,可以通过对外在的有形的物质投入,以及规章制度、企业标识等的形塑,模仿优秀的企业文化。第三,西方学者的企业文化研究理论代表了管理模式的转型,即企业文化建设是"一种'管理实

---

① 陈佳贵:《企业管理学大辞典》,北京:经济科学出版社,2000 年,第 38 页。
② 中国企业文化促进会:《2006—2020 中国企业文化建设发展规划纲要》,北京:中央编译出版社,2006 年,第 2~3 页。

践'和'管理思潮',有其必然性,是现代企业管理科学逻辑发展的必然结果"。①

中国企业的市场化进程步伐虽快,但整体上与西方的企业管理模式仍有一段差距。尽管长远来看,中国的企业文化建设也会转型,即不断适应现代企业管理模式发展的客观需要,这是企业现代化的必由之路。可是,从现阶段看,相对于价值观和经营理念等无形的、内隐的意识形态性质的企业文化要素而言,物质的、有形的东西不仅容易模仿,也在一定程度上反映出某些企业所独具的文化特征。因此,物质外显的东西被作为要素纳入企业文化建设,也符合中国特殊语境中的现实需要,具有一定的积极意义。

不过,本书还是倾向于不宜把企业文化的范围无限扩大,即主要限定在精神文化层面,认为企业文化就是一家企业在其成长过程中所形成的某种文化观念和历史传统,即在特定历史条件和环境中所形成的价值观,特别是核心理念(含核心价值观和共同愿景),它作为一家企业的信仰,是指导员工和企业行为的哲学,它体现在其价值准则、道德风尚、行为规范、思维方式、经营之道及员工的凝聚力、向心力等方方面面。企业文化的核心与灵魂是其核心理念,一种能够为全体员工认同的核心理念,对增强企业组织的凝聚力、向心力和创造力等方面,具有不容低估的积极作用,因而也被视为企业兴旺发达的不竭原动力。

拥有优质企业文化的报业组织,既可以增强团队的凝聚力,也有助于提高创新能力。在影响企业创新的诸多因素中,文化可以说是影响创新的最重要因素,它代表着企业的潜在假设、价值观,以及对员工该做什么、不该做什么等的基本看法。过于严谨而僵化的文化,显然很难孕育出创新的果实。当前中国报业发展已进入"创新"制胜的阶段,报业组织要想提高创新能力,离不开优质企业文化。

首先,优质企业文化有助于创建学习型组织,这是报业组织提高创新能力的必要前提。在知识经济时代,知识正取代资本成为企业成功的首要因素。而崇尚知识是新时代企业组织及其从业者的基本素质和要求,知识资本也成为企业成长的关键性资源。在这种背景下,企业组织要想持续发展,仅仅依靠企业领导者的个人素质和聪明才智,已经不能保证企业的进步和发展,未来真正出色的企业,是那些能够使全体成员齐心协力发挥聪明才智并有能力不断

---

① 罗长海、林坚:《企业文化要义》,北京:清华大学出版社,2003年,第43页。

学习的企业。①

当代企业的竞争,特别是像报业组织这类技术和人才高度集中的企业组织之间的竞争,从某种意义上说就是知识、智力的竞争,而企业组织的生存发展需要强化知识管理,使员工能够更好地开发、利用和共享知识,而自觉学习则是获得知识的最佳途径。优质的报业企业文化有助于创建学习型组织,并引导组织成员改变传统的学习观念,树立"学习无处不在,工作就是学习,学习就是工作"的理念,坚持在工作中学习,并能结合实际工作和社会需求进行有针对性的学习。学习型组织中员工的这种学习能力,有利于员工思维方式的再造和创造性才能的培养,能够有效地提高员工在复杂多变的现实环境中的预见力、洞察力、判断力和解决问题、突破难点的创新能力,即创造性地开展工作的能力。

其次,优质企业文化能够为创新营造一种良好的企业内部环境。环境的好坏直接影响人的创造力和工作热情,最终影响企业产品。优质企业文化可以为报业组织营造良好的工作环境,使人们有理想、有抱负、有事业追求,热爱本职工作,将个人目标与企业目标有机结合起来,以精益求精的敬业精神和一丝不苟的负责态度,高质量地完成各项工作,充分发挥自己的主观能动性和创造性。环境影响人,环境改变人,倘若形成人人都有创新愿望的局面,报业组织就会朝气蓬勃、充满活力,且以其标新立异的理念和不同凡响的产品,不断提高信息传播的质量,赢得受众的青睐,占有更多的市场份额,获得可持续发展的优势。

优质企业文化的重要标志之一,是员工带着极大的热情和责任心开展工作。员工们都有一种使自身现实生存状态不断趋于理想化的努力与冲动,如果我们的媒体能营造这样一种工作氛围,让记者编辑感觉到自己是报纸的主人,对报社的发展有发言权,自己的努力能够得到公正的肯定,自己的建议能够得到足够的重视,被当作报社真正的一员,而非只是被视为供稿者,他们就会愿意把自己的智慧才干发挥出来,这种激励用金钱是不能够替代的。②

当这种个人的期待与企业的价值理念相一致,员工的敬业精神就会提高,并通过勤奋工作的物化显现出来——创作出有竞争力的新闻产品。另一方

---

① [美]迈克尔·J.马奎特:《创建学习型组织5要素》,邱昭良译,北京:机械工业出版社,2003年,第17页。
② 郑京湘:《企业文化建设:媒体发展中"看不见的含量"》,载《新闻与写作》,2005年第5期,第23～26页。

面,如果这种文化环境能让他们感受到自己是在做与众不同的报纸,感觉到自己的产品对社会对读者另有深意,有一种特别的价值,他们就会产生一种职业荣誉感和自豪感。职业归属感越强,聪明才智就越能尽情施展。将工作与自我价值的实现紧密结合在一起,将个人目标与企业目标统一起来,就能达到一种理想的工作状态。

优质企业文化在"组织内创造和保持一种宽松信任的氛围,让员工自由讨论,畅所欲言,鼓励创新,允许失败,能充分满足员工强烈的求知欲、与他人分享知识、帮助他人的快乐",①这有利于发挥传媒组织宝贵的创造潜能和激励功能。现代企业竞争是人才的竞争,实际上是人的智慧才能和向心力的竞争。企业文化不可能消灭问题,但能够调动并激发员工的积极性、主动性,能不断激活人们的"心智模式",能够把他们潜在的智慧和能力开发出来,这就是激励机制或推动力。

最后,优质企业文化推崇"创造力","创新"成为优质企业文化的基本内核。

在知识经济和信息化程度不断提高的背景下,企业文化已不同于工业经济中传统企业文化模式,"变革与创新正成为企业的常态和文化要素",主要体现在三个方面:变革与创新的危机感加强;创新全方位展开,形成推动企业持续发展的动力;战略和组织更加富有弹性,变革与创新成为一种企业文化。②

报业属于知识密集型产业,在当前激烈的报业竞争中,特别是媒介融合、报业转型的新语境下,更需要报业组织及员工充分发挥其聪明才智,不断提高创新能力。谁善于进行知识创新、技术创新,谁就有可能掌握报业经济发展的主动权。报业组织作为面向市场的企业,其产品要能够满足社会和受众不断发展变化的新需求,企业文化建设也应体现并强调创新的价值取向和要求,即把培养"创新"意识作为报业企业文化建设的一个要旨。

报业组织在企业文化建设中要想增强其创新性,应做到:第一,营造创新的环境氛围。要使企业处于一个开放的系统中,能接纳各种新思想、新观念和行为方式,能容许抵触和冲突的暂时存在。第二,培育员工的创新意识。要使

---

① 国秋华:《基于组织资本建构传媒企业核心竞争力》,载《现代传播》,2010年第5期,第146~147页。
② 黄津孚、王建军:《企业管理现代化的六大趋势》,载《福建论坛(人文社会科学版)》,2010年第3期,第14~19页。

员工认识到创新对于企业发展的重要性并具有创新的潜意识。第三,技术创新。① 无论是思想观念方面的创新,还是业务技能方面的创新,都能够促进报业组织自身的良性发展,增强其综合实力和市场竞争力,并为其可持续发展提供原动力。

在瞬息万变的市场中,报业组织不可能依靠某一个或某几个品牌一劳永逸地占据优势地位。读者的阅读水平在提高,阅读趣味在变化,而且传播技术的迅猛发展,往往也会对传媒生态和市场的走势造成显在或潜在的影响。报业组织企业文化建设需要与时俱进,不断更新观念、改善心智模式和创新行为方式,同时注重对企业文化中的消极或劣质的文化元素予以甄别并淘汰,使优质文化元素成为其主流和遗传基因,使积极向上、富于进取的创新精神能够成为企业文化的主宰和灵魂。

七、公信力、影响力与品牌美誉度

报业组织竞争力还有一个不容忽略的构成要素,就是媒介的信誉,它大致包括媒介及其所从属的机构如报社、期刊社和报业集团等报业组织的公信力、影响力与品牌美誉度。这几者有其内在联系,但也有一定的区分度。其共同之处,就是都与社会对报业组织的评价相关,即作为社会公器的报业组织,以其所具有的专业素养和独特的业务能力等,服务社会而赢得的良好评价。比如,媒体所报道的新闻、发表的言论等内容产品,不仅质量都很高,而且能很好地履行社会公器的义务和责任,立场态度方面客观公正、不偏不倚,实事求是、坚持真理,维护正义、抑恶扬善,体现社会良知,因而得到社会公众的信任、信赖,具备了良好的信誉,并在同行中享有很高的威望,成为公认的著名品牌媒体。

不言而喻,报业组织的公信力、影响力和品牌美誉度都与组织及其成员自身的专业素质能力息息相关,以其为社会公众提供的服务质量为基础,故而离不开社会公众的认知与评价,主要评价指标体系是间接量化而不是直接量化的。这种间接量化的竞争力因素,通常采取读者问卷等方法进行计量和统计分析。此外,报业组织的公信力、影响力和品牌美誉度的测评,还可以通过对某些特殊人群如专家学者、业界同行的访谈调查等方式进行。近些年来,业

---

① 孟范香、王枫:《提升报业集团企业文化建设的对策研究》,载《中国市场》,2010年第15期,第77~78页。

界、学界在媒体竞争力构成要素的评价体系和研究方法等方面,均有一些理论探索与实践创新。

例如,在中国经营报企业竞争力监测体系中,将这类调查数据综合为"人气指数"。"人气指数"反映了企业在社会公众中的知名度、认同度和美誉度。在企业组织竞争力综合指数中加入"人气指数"这一因素,不仅可以拓展企业竞争力监测的深度和广度,避免单纯使用财务数据或者单凭主观评价等方法带来的片面性,而且对测度那些影响企业竞争力强弱的分析性指标也有着重要的意义。

从传媒产业的特性出发,把报业组织的公信力、影响力与品牌美誉度作为其竞争力的构成要素,进行深入的分析比较,既具有一定的理论创新意义,又符合中国传媒的现实情况。目前国内关于媒介(含报业组织)公信力、影响力、品牌美誉度等相关问题的研究,已有不少成果,这里先借鉴这些成果对上述几个概念的含义作出必要解读,然后进一步探讨其与报业组织竞争力的内在联系。

1. 媒介公信力

在美国,大众媒介公信力研究已经有八十多年的历史,主要是依寻着实证研究的道路进行的。其中有两个重要的先行者:一是 Mitchelly V. Charnley 在 20 世纪 30 年代对报纸报道的准确性研究中开始提出公信力问题,二是耶鲁大学的 Hovlad 研究团队在 20 世纪 50 年代开展的消息来源可信度作为说服性传播的一个影响因素的研究。自从 Hovlad 的研究之后,大众媒介公信力逐渐成了大众传媒学的一个重要研究领域。[1]

在英语中,与大众媒介公信力相对应的词汇是 credibility。美国传播学者对于 credibility 的理解经历了两个阶段。最早是属性说,即把大众媒介公信力视为是媒介本身的一种属性,其核心是媒介的"信用"问题,研究的重心落在媒介造成社会信任的种种特质上。二是关系说。后来的学者们发现,前者对于公信力的理解虽然和 credibility 的原意比较接近,但越来越多的理论和实证研究表明,公信力不仅仅是媒介的一种属性,更多的是媒介与受众之间的的一种关系。这样就将媒介公信力(credibility)视为是一种传播过程的产物,其研究重心便开始由媒介自身转向对受众

---

[1] 喻国明主编、张洪忠著:《大众媒介公信力理论研究》,北京:人民出版社,2006 年,(代序)第 1 页。

的研究。① 这是媒介公信力(credibility)研究的一项重要发展——从受众与媒介相互关系的角度来研究,将其置于关系范畴的视野下,这便极大地拓宽了公信力(credibility)研究的社会内涵,提升了理论对于丰富的传媒实践的解释力和把握力。②

20世纪90年代有关大众媒介公信力的探讨在大陆逐渐出现,但是理论研究十分薄弱。其表现之一就是"缺乏对大众传媒公信力的明确界定"。③ 而美国等西方国家的相关理论研究成果,由于社会制度、媒介性质、文化背景等的不同,其对于中国媒介公信力未必适用。不过,近些年媒介公信力已经成为国内学界、业界关注的一个热点问题,有的专家学者还进行了专题性研究,并作出了各自的解读。

对以往国内外学者的相关研究及其对媒介公信力的认识与解读,喻国明教授的两位博士生张洪忠、靳一在其著作中(即修改完善的博士论文)进行过较为全面系统的梳理,并提出了一些独到见解,现选取有关内容转述如下:④

张洪忠的著作中对前人有关研究的概述主要涉及美国的研究、我国港台地区的研究和我国大陆的研究。关于美国的研究,除了前边引文曾提及的内容外,还从总体上作出归纳:"经过几十年的不断研究,在媒介公信力的测量、判断维度的研究等方面都有了长足发展。虽然不同学者的研究因为条件的变化和方法的不同而有不同的研究结果,但在基本的研究范式上形成了一致。如基本认可公信力概念是受众的认知,媒介公信力测量比较的几种方法的使用与改进等。"⑤

---

① 靳一:《大众媒介公信力测评研究》,北京:人民出版社,2006年,(代序)第3~4页。原文加注释注明英文原著出处:参看 Jacobson, H. K. (1969): Mass media bilivability, a study of receive. judgments. Joumalism Quarterli ,46(1) ,20~28.
② 靳一:《大众媒介公信力测评研究》北京:人民出版社,2006年,(代序)第4页。
③ 廖圣清、李晓静、张国良:《中国大陆大众传媒公信力的实证研究》,载《新闻大学》,2005春季号。
④ 张洪忠、靳一两人在攻读博士学位的同时都参与了导师喻国明主持的教育部哲学社会科学研究重大课题攻关项目"中国大众媒介的传播效果与公信力研究",且以之为博士学位论文选题开展了专题研究,完成了各自的博士论文即后来出版的两本专著:喻国明主编、张洪忠著的《大众媒介公信力理论研究》;喻国明主编、靳一著的《大众媒介公信力测评研究》;其中前者侧重对基础理论的探讨,后者侧重建构符合中国国情的评测体系。关于媒介公信力的概念界定、发展演变历史、对其含义的不同理解以及形成的复杂原因等,两者均在其著作中作出了有深度的论述与解读。欲进一步了解详细内容,可以查阅其原著。
⑤ 喻国明主编、张洪忠著:《大众媒介公信力理论研究》,北京:人民出版社,2006年,第7页。

美国学者对于媒介公信力的研究基本上包括四个方面的内容：测量与比较媒介公信力、探讨媒介公信力的判断维度、分析影响媒介公信力的因素、媒介公信力对传播效果的影响。①

关于我国港台地区的公信力研究，他认为"基本上是传承美国的研究范式和研究方法，主要在一些微观变量上展开了实证研究，有了一些有价值的结果。但研究相对比较琐碎，还没有建立在自身文化基础上的理论发现"。②

至于我国大陆的研究，他认为"最近几年公信力这一概念才逐渐在我国大陆的新闻传播学术界有较多的提及，虽然从20世纪80年代中后期以来就有个别的调查数据涉及这一问题，但总体上对于公信力的研究还停留在一种简单的论述层面上，没有专题上的深入研究。在基础理论的研究上，尚未有较深入的、成体系的探讨"。③

在对研究现状进行分析比较之后，他进一步指出，"美国学者的研究主要是在微观层面进行的，对于具体变量关系已经有了很深入的探讨，研究方法逐渐完善。我国港台学者也是与美国学者的研究一脉相传。但美国学者和我国港台学者的这种微观层面的研究过分集中，缺少一些宏观视野层面上的探讨……很少有借鉴社会学等学科关于这一问题的研究理论、研究成果和研究视角，限制了研究主题的学术思维扩展与理论高度"。④ 正是针对此缺陷，张洪忠希望在自己的专题研究中能够取得一些新的突破（具体研究内容此处从略）。

通过对媒介公信力研究发展演变历史与现状的梳理，并对相关概念进行辨析之后，张洪忠作出了自己关于媒介公信力的界定与解读："媒介公信力概念的逻辑起点是信任"；"媒介公信力就是在公众与媒介的相互关系中，媒介赢得公众信任的能力。从媒介方面来看它的内容就是媒介的信用情况，信用是媒介公信力的评价内容。这种评价是通过公众的认知来形成判断……即媒

---

① 喻国明主编、张洪忠著：《大众媒介公信力理论研究》，北京：人民出版社，2006年，见第7页，原文加脚注：我国台湾政治大学的罗文辉等认为是前三项，没有归纳对传播效果的影响，参见罗文辉、陈世敏（1993）：《新闻媒介可信度之研究》，台北"国科会专题研究报告"。

② 喻国明主编、张洪忠著：《大众媒介公信力理论研究》，北京：人民出版社，2006年，见第7页，原文加脚注：参见我国台湾的罗文辉、王旭、彭云等，香港的钟庭耀、苏钥机、陈韬文等的研究。

③ 喻国明主编、张洪忠著：《大众媒介公信力理论研究》，北京：人民出版社，2006年，第7～8页。

④ 喻国明主编、张洪忠著：《大众媒介公信力理论研究》，北京：人民出版社，2006年，第8页。

公信力属于公众的一种主观行为"。① "媒介公信力的外延包括这么几个部分：媒介总体公信力、媒介渠道公信力、消息来源公信力、媒介组织机构公信力、新闻从业人员公信力"。② 并且指出，"媒介公信力是在传播过程中建立起来的，是传播过程的产物……媒介公信力是上一个传播活动的结果，并影响着下一个传播活动的进行"。③

靳一的著作对前人在此领域的相关研究的回顾分析似乎更为细致全面，关于媒介公信力(可信度)的复杂性及其产生的原因也作了深入的探讨。她强调指出："在对国内外媒介公信力研究的回顾过程中，首先发现的一个突出问题就是对公信力概念理解和使用的混杂……任何研究的基础应该明确所研究对象的内涵，如果缺乏概念的清晰界定，则研究对象处于模糊不清的境地，所引起的必然结果就是不同学者的研究无法形成有效的沟通和延续，并引发无谓的争论和研究资源的浪费。媒介公信力(可信度)的研究正存在此问题，因而在很长一段时期内徘徊在现象表层，无法进入更为深入的理论层面。此外，更值得注意的问题是，美国之外的媒介信任问题研究(比如台湾)，有将美国的可信度(公信力)研究成果直接应用于本土研究的趋向，而忽视了媒介公信力本身很可能是一个同本国社会文化特征密切相关的概念。"④ "'媒介公信力'(Public Trust of Media,简称 PTM)是一个既简单又复杂的概念。即使是普通民众第一次听到'媒介公信力'概念，也大多能理解就是'相不相信媒介'的意思。但研究一旦深入到'信任'概念的学理层面，媒介公信力概念就显得非常微妙和复杂。哲学、伦理学、心理学、社会学、经济学等等学科对'信任'问题从不同视角提出了许多见解。而且媒介公信力的概念内涵很大程度上与社会文化背景相关联，不同国家的社会环境、媒介体制、新闻价值观、文化传统等都会影响人们思考媒介公信力的方式。"⑤ 为此，靳一专门结合社会历史背景对可信度(公信力)研究的历史演进作了较为详实的文献探讨，在弄清其来龙去脉的基础上，对几个核心概念进行了辨析，进而指出"对媒介公信力(可信度)概念的理解至今并没有完全统一，相关研究的不断深入带来了概念的深入和扩展，而概念的深化和演进与公信力影响因素的研究有着密切的关系"。⑥

---

① 喻国明主编、张洪忠著：《大众媒介公信力理论研究》，北京：人民出版社，2006年，第37页。
② 喻国明主编、张洪忠著：《大众媒介公信力理论研究》，北京：人民出版社，2006年，第37页。
③ 喻国明主编、张洪忠著：《大众媒介公信力理论研究》，北京：人民出版社，2006年，第38页。
④ 喻国明主编、张洪忠著：《大众媒介公信力理论研究》，北京：人民出版社，2006年，第3页。
⑤ 喻国明主编、张洪忠著：《大众媒介公信力理论研究》，北京：人民出版社，2006年，第8页。
⑥ 喻国明主编、张洪忠著：《大众媒介公信力理论研究》，北京：人民出版社，2006年，第77页。

在分析探讨了各种研究取向及其复杂因素之后,靳一对媒介公信力(可信度)的内涵作出了概括:"媒介公信力的本质含义就是:公众对于大众媒介的社会期待被落实情况所引起的公众心理感知和评价,公众的这种感知和评价也是媒介获取公众信任的能力和素质的体现。简单地说,大众媒介公信力就是公众对大众媒介的社会期待与媒介实际表现之间契合程度在公众心理上的反映。"①

不言而喻,切入角度和研究侧重点的不同,使得对大众媒介公信力概念的界定和解读方式必然有所不同,国内业界、学界的专家学者所给出的定义也充分说明了这一点。请看如下几种表述:

佘文斌在《公信力——传媒竞争的重要砝码》一文中提到"传媒的公信力是指传媒在长期发展过程中形成的,在社会受众中的信誉度、权威性和影响力"。②

李忠昌在《试论大众传媒的公信力》中认为,"媒介的公信力就是媒介通过长期地向受众提供真实、可信、权威、高尚的传播产品,在受众心目中建立起来的诚实守信、公正、正派的信任度和影响力"。③

何国平在《论媒介公信力的生成与维系》中将"媒介公信力"定义为"负有社会责任的传者,通过大众传播媒介提供客观、全面、及时、权威的信息,并得到社会的普遍认同"。④

郑保卫、唐远清在《试论新闻传媒的公信力》中所下的定义为"新闻传媒的公信力是新闻传媒能够获得受众信任的能力,反映了新闻传媒以新闻报道为主体的信息产品被受众认可、信任乃至赞美的程度"。⑤

邓涛在《解读媒介公信力》一文中,转述了原人民网总裁、范长江新闻奖获得者何家正的观点:公信力是实实在在的过程的积累,需要一定时间……公信力系传媒在长期发展过程中形成的,在社会和受众中的信誉度、权威性和影响力,也是传媒内在品格的综合反映。邓涛在文中着重探讨了传媒公信力形成

---

① 喻国明主编、张洪忠著:《大众媒介公信力理论研究》,北京:人民出版社,2006年,第100、101页。
② 佘文斌:《公信力——传媒竞争的重要砝码》,载《新闻战线》,2002年第5期,第32~33页。
③ 李忠昌:《试论大众传媒的公信力》,载《西安建筑科技大学学报(社会科学版)》,2003年第1期,第59~61页。
④ 何国平:《论媒介公信力的生成与维系》,载《新闻与传播研究》,2004年第2期,第79~82页。
⑤ 郑保卫、唐远清:《试论新闻传媒的公信力》,载《新闻爱好者》,2004年第3期,第9~11页。

的依据及其重要作用,指出"媒介公信力即传媒和传媒内容在受众心中的信任度和权威性,它是传媒争取受众的最大法宝,是传媒业最大的无形资产"。①

众多专家学者尽管对定义的表述不尽相同,但是,对大众媒介公信力在现实社会中的重要地位和作用还是有共识的。另外,随着这一领域相关研究的深入,许多学者都倾向于从关系的角度认识和解读媒介公信力的本质及其现实意义。

如前面提到的喻国明教授及其两位博士生的研究就是如此。江作苏、梁锋在《媒介公信力研究概述》一文中也指出,"传媒公信力不仅仅是传媒的客观属性,也是一个因公众而异的变量,具有公信力所具有的主客体二重性,即在社会公共生活中受众和新闻媒介机构在新闻传播活动中表现出的一对关于公开、公平、客观、正义、效率、人道、责任的相互作用力——信任力和责任力。媒介公信力包含以人为本、内容真实、导向正确、形式亲和四个方面"。②

显然,国内不少专家学者的研究取向已经发生变化,即跳出以往就事论事的窠臼,将媒介公信力放到社会大系统中加以审视解读,并且联系新闻传播活动的实际进行更具针对性的理论探讨,同时开展了一些实证研究,以揭示其更加真实具体的现状,使研究成果更具现实指导意义。

虽然目前国内有关传媒公信力的实证研究相对匮乏,但从已有的调查及分析评价看,报业组织的情况不容乐观。2002年,廖圣清、李晓静、张国良针对传统媒介的公信力在全国范围内做过调研,调研在全国33个省(市)中,按照人均GDP水平随机选取分别代表中国东部、中部和西部三个地区的9个省(市),然后在每个省(市)按照人均GDP水平随机抽取高、中、低水平县级城市(区)各一个,再采用分层随机抽样在每个城市先抽取9个居(镇/村)委会,最后采用等距抽样在每个居(镇/村)委会抽取9名居民,共获得2835名居民为本次研究的调查样本。调研结果显示:中国大众传媒公信力水平偏低……电视的公信力略高于广播、报纸,报纸公信力的低下更应引起我们的重视。③

2005年,喻国明、张洪忠在进行"中国大众媒介的传播效果与公信力研究"时发现:①无论在城市或农村,电视的相对公信力都是最高的,有八成左右的比例。其次是报纸和网络新闻,广播的相对公信力较低。②不同城市区域

---

① 邓涛:《解读媒介公信力》,载《新闻前哨》,2007年第11期,第32～33页。
② 江作苏、梁锋:《媒介公信力研究概述》,载《新闻战线》,2009年第12期,第53～55页。
③ 廖圣清、李晓静、张国良:《中国大陆大众传媒公信力的实证研究》,载《新闻大学》,2005年春季号,第19～27页。

的相对公信力:电视、报纸、网络新闻在各个区域都居于前三位。③特大型城市电视的相对公信力明显低于大型城市和中型城市,而在报纸和网络新闻的相对公信力上则相反。④绝对公信力方面,电视绝对公信力最高,报纸居第二位。①

然而现实情况更为复杂,有学者根据李良荣关于"中国的媒体分为党的喉舌的新闻媒体,和非党的喉舌的新闻媒体"②的论述,认为中国报业公信力的研究存在两套话语系统。这两套话语系统,使受众对两类媒体公信力的认识出现分化甚至对立的情况,也使两类媒体关于公信力的言说其侧重点有所不同。

比如,靳一调查发现,牵涉媒体与政府之间关系的题项都不同程度地出现了意见的对立或分歧。③于丹等学者也发现:我国媒介公信力在重大公共卫生事件中呈现一种"双峰"现象——要么信任官方媒体,要么什么都不信,我国城市居民对官方报道的怀疑和信任已经构成一定的对等规模。④

上述有关的调查研究从一个侧面反映出,国内报业组织的公信力与公众期待存在一定差距,而某些关于重大事件特别是敏感问题的报道与言论,许多报纸的表现欠佳,至于牵涉到自身经济利益的各类信息传播方面,现状更是令人担忧。这些问题直接导致了报业组织的公众认同度下降,公信力的评价偏低。

有学者指出,公信力,是一家勇担责任的媒体的生存根基,追求公信力的媒体,必将赢得信誉。⑤媒介公信力决定着报业组织等媒体舆论引导的实际效果,也制约着媒介功能作用能否正常发挥。拥有较高公信力的媒体,往往能以其真实、全面、客观公正的报道,产生良好的社会效应。因此,维护和提升公信力是报纸充分发挥舆论引导作用,进而影响和推动社会进程的重要手段,这

---

① 喻国明、张洪忠:《中国大众传播渠道的公信力评测——中国大众媒介公信力调查评测报告系列》,载《国际新闻界》,2007年第5期,第29~34页。
② 李良荣:《论中国新闻媒体的双轨制——再论中国新闻媒体的双重性》,http://academic.mediachina.net/article.php? id=3409
③ 靳一:《中国大众媒介公信力影响因素分析》,载《国际新闻界》,2006年第9期,第60页。
④ 于丹、张洪忠、杨东菊:《我国官方传播渠道在重大公共事件中的公信力研究》,载《国际新闻界》,2010年第6期,第91~98页。
⑤ 刘守华:《公信力、引导力、影响力,三个力量撑起勇担责任的扬子品牌》,载《新闻战线》,2008年第9期,第7~8页。

也是衡量一张报纸的受众亲和力、市场竞争力和社会影响力的重要指标。[①]

公信力决定了媒体对社会公众(正面的)影响力,这一点正成为业界的广泛共识。培育和提升报业组织的公信力绝非易事,需要组织成员长期艰苦的努力。从社会实践看,包括媒体在内的企业组织公信力又是十分脆弱的,需悉心呵护。这方面的教训多多,值得报业组织引以为戒。

例如,国内企业因为产品质量而导致公信力缺失的事件时有发生,其中食品行业的安全问题最为突出。自新世纪以来,食品行业发生的恶性事件接连不断:2001年南京冠生园用陈年饼馅制作月饼,致使这家百年老店遭遇信任危机,并危及全国多家冠生园系列企业声誉;2003年浙江发现用死猪肉浸泡农药敌敌畏制成的金华火腿,使已有一千两百年历史被称为"世界火腿之冠"的著名品牌,也几乎因这起恶性事件毁于一旦;2008年爆发的乳制品业的"三聚氰胺"事件,更是使得辛辛苦苦创立的众多乳制品企业的公信力荡然无存,时至今日,有许多消费者情愿花高价购买进口奶粉而不想再担风险,不少乳制品企业因产品滞销而濒临倒闭。至于新闻传播行业中由于虚假报道、虚假广告、有偿新闻等违背职业道德的行为,尽管其产生的负面影响和造成的危害不像食品等物质产品那么直观,但是精神上的"三聚氰胺"不仅对责任人及其所在媒体的公信力会造成危害,同时也给整个传媒业抹了黑,使社会公众对其缺乏信任感。这对于作为"社会公器"的报纸等媒体来说,对其未来的生存发展有可能是致命的威胁,因为缺乏公信力的传媒终将难逃厄运,公信力丧失殆尽之日,便是其寿终正寝之时。

从学理上探讨媒介公信力,能够帮助报业组织及从业者更好地认识其本质,了解其在报业生存发展中所处的重要地位,这无疑有利于提高从业者自身的专业素养,以及遵循新闻规律开展传播活动的自觉意识,使报纸等媒体的功能作用得到更好的发挥,进而增强其竞争力。

2. 传媒影响力

从词义看影响是指"对别人的思想或行动起作用;对人或事所起的作用"。[②] 关于传媒影响力,喻国明教授的解读在国内产生了广泛的影响:"所谓影响力(Inflence)是指'文化活动者以一种自己喜爱的方式左右他人行为的能力'。其实,更本质地看,影响力是一种控制能力,这种控制能力表现为影响力

[①] 吕解生:《坚持社会责任感 提升媒体公信力》,载《报业理论》,2010年第9期,第48~49页。

[②] 参见《现代汉语词典》,北京:商务印书馆,1996年,第1512页。

的发出者对于影响力的收受者在其认知、倾向、意见、态度和信仰以及外表行为等方面合目的性的控制作用。传媒影响力是通过信息传播过程实现的。其影响力的发生势必建立在收受者关注、接触的基础上,所以传媒影响力从内涵上看,是由'吸引注意(媒介及媒介内容的接触)'和'引起合目的性的变化(认知、情感、意志行为等的受动性改变)'两大基本的部分构成的。"①

"传媒影响力的本质是什么？我认为,就是它作为资讯传播渠道而对其受众的社会认知、社会判断、社会决策及相关的社会行为所打上的属于自己的那种'渠道烙印'。这种'渠道烙印'大致可以分为两个基本的方面：一是传媒的物质技术属性(如广播、电视、报纸、杂志作为不同类型的传播渠道在传播资讯时所打上的各自的物质技术烙印,并由此产生的对于人们认知、社会判断和社会行为的影响);一是传媒的社会能动属性(如传媒通过其对于资讯的选择、处理、解读及整合分析等等在传播资讯时所打上的各自的社会能动性的烙印,并由此产生的对于人们认知、社会判断和社会行为的影响)……一般来说,人们在利用任何一种媒介获知信息时,都不可避免地或多或少地要打上其所依赖的媒介在上述两个方面的'渠道烙印'。"②

在分析和解读传媒产业本质时,他指出,"传媒作为一项产业的市场价值在于,它能够在多大程度上保持它对于其目标受众的影响,并且这种对于受众的影响力能够在多大程度上进一步地影响社会进程、影响社会决策、影响市场消费和人们的社会行为"。③此外,他还对传媒影响力的发生机制作了进一步的论述,即主要从传媒在三个环节上的资源配置和运作模式问题探讨了其影响力的发生和建构：一是接触环节——吸引注意的关键在于媒介内容和形式的极致化操作;二是保持环节——构筑受众对于媒介的行为忠诚度和情感忠诚度;三是影响力的提升环节——选择最具社会行动能力的人群、占据最重要的市场制高点、按照社会实践的"问题单"的优先顺序定制自己的产品。④

把传媒产业的本质解读为"影响力"经济,令人耳目一新。但是,现实生活中传媒对社会公众的影响是纷繁糅杂的,其中既有积极的影响,也有消极的影响;既有宏观方面的影响,也有微观方面的影响;既有短期的只对当下起作用的影响,也有长期的能够持续发生作用的影响。而且各种影响可能是相互交

---

① 喻国明:《传媒影响力》,广州:南方日报出版社,2003年,第3~4页。
② 喻国明:《传媒影响力》,广州:南方日报出版社,2003年,第3~4页。
③ 喻国明:《传媒影响力》,广州:南方日报出版社,2003年,第6页。
④ 喻国明:《传媒影响力》,广州:南方日报出版社,2003年,第7~12页。

又进而融合在一起,共同发挥作用的,由此形成的传媒影响力,其内涵也是丰富和复杂的。

与此同时,传媒受众的构成并非铁板一块,而是十分复杂并且不断变化的。不同阶层、不同职业、不同年龄乃至不同性格爱好的受众,由于受到各种因素的影响与制约,往往会产生不尽相同的需求,这对其信息接收行为方式也必然产生相应的影响。因而,面对不同的受众,同一传媒传播的相同资讯,很可能会起到不同的作用。换言之,传媒对其构成复杂的受众所具有的影响力,恐怕也只能用千差万别来形容了。所以,关于传媒影响力的衡量测算是困难的,不宜轻下判断,需联系传媒及其受众的实际情况,具体问题具体分析。

例如,投资理财是时下许多生活宽裕的家庭和个人的一种现实需求,注重服务性的传媒(包括报纸、广播电视、网络和新媒体等)通常都会尽其所能地提供股市行情的证券、基金以及其他投资项目的最新信息和相关的分析解读,这对于涉足股票债券等投资理财的人来说,无疑具有重要的实用价值和指导意义,倘若提供的信息及时准确,作出的分析与解读针对性强,能够帮助投资者的资产增值,其公信力和影响力必然也会与日俱增。譬如,香港《信报》"投资者日记"的原主笔曹仁超(真名曹志明,被誉为"股神"),他所提供的财经资讯分析和香港的股市评述极具公信力,其影响力已经超越港岛,受到大陆许多投资者追捧。然而,对那些既不炒股又不购买基金期货的受众来说,这些颇具权威性的资讯,却无异于冗余信息,其所产生的影响力也大致为零。

又如,有关时尚方面和娱乐圈的最新信息,对于追求时髦或寻求娱乐资讯的人来说,颇具吸引力,因为引导时尚新潮流的新理念,以及娱乐圈具有号召力的明星对这类人而言,具有"重大"的价值和意义,传媒如果能够及时提供各种新锐的信息和观念,满足这些读者的需求,其影响力必然随之提升。但是,对于那些古板守旧的人来说,时尚信息、娱乐圈的逸闻趣事只是些花里胡哨的东西,并无实用价值,甚至认为那是商家与传媒合谋误导消费者的伎俩,因而可能对之不闻不问,更有甚者则嗤之以鼻,其所能产生的影响力也就可想而知了。

虽然目前多数报纸都实施厚报和分众化的市场竞争策略,可以分别满足不同读者的需求,可是订购、阅读同一份报纸的不同读者,由于大都是各取所需,报纸对其产生影响的内容各不相同,所形成的影响力很难用同一的尺度来衡量测算。

另外,从新闻传播实践看,传媒影响力既有积极的一面,也有消极的一面。比如,前面提到的香港《信报》"投资者日记",因其提供的投资理财资讯以及关于香港股市的分析评述持论客观,意见中肯,使相关读者受益匪浅,其所产生的影响力无疑是积极的,有许多读者正是为了看相关专栏文章才购阅该报。然而,时下也有某些心术不正的"股评黑嘴",凭借"名气"忽悠读者,甚至出于私利而误导欺骗投资者,其所发出的"噪音"及产生的影响力必定是负面的。

再如,有社会责任感的传媒在从事新闻传播活动时,既努力满足受众的需要,也注重传播内容的品位及其可能产生的社会影响,自觉地提供内容健康、有益于社会文明进步的信息产品,其产生的影响力也是正面的,能够引导受众积极向上,进而推动社会向前发展。而某些传媒在提供各类信息时,一味地迎合受众,呈现出明显的低俗化倾向,甚至传播色情、暴力等不良信息,成为诲淫诲盗的"教唆犯"。西方报刊业中诸如普利策与赫斯特之间的"黄色新闻"大战,美国著名的色情杂志《花花公子》等,就是如此。这些传媒虽然具有影响力,但是,其传播的不良信息所产生的社会影响是负面的,因而影响力越大,产生的消极作用越大。

国内目前通行的关于传媒影响力的解读,似乎有一个预设的前提——只认定其具有积极的一面,即可以有效地帮助报业组织等传媒提高知名度及其竞争力,而对消极的一面很少提及。这显然有以偏概全之嫌。所以,传媒的积极影响力的发挥,或者说其对于社会公众的正向作用,应当建立在传媒的公信力基础之上。

从宏观方面考察,传媒通过所传播的各类事实信息、意见信息、娱乐信息和实用信息(也包含广告等商业信息)等,达到监测环境、沟通情况、反映舆情、提供娱乐、繁荣经济、促进社会发展等预期目的,在提供多方面信息服务的同时,也对社会和公众产生了多方面的影响。其中既有积极的影响,也有消极的影响。

从微观方面考察,不同传媒产生影响力的方式和作用往往各不相同:有的以时政要闻担纲,有的以新闻言论见长,有的以铁肩担道义的舆论监督著称,有的则以轻松活泼乃至八卦的娱乐信息争宠……不同的定位,使众多媒体的风格各不相同,其赖以形成影响力的依据也就各异;即使是同一个传媒,它所传播的各类信息,产生的影响力常常并不均等;况且相同的信息对于不同的受众群体,其所产生的影响力也存在差别,有的甚至大相径庭。

此外,从传播的社会效果及其对受众产生的影响看,传媒影响力还可以分为短期效应与长期效应。短期效应相对外显,诸如某些重大报道或策划产生的轰动效应,以及各种业务创新所带来的吸引"眼球"的效能等等,大都属于短期效应。在港台地区对传媒的这种效应有一个颇为形象的词——"吸金力",

即媒体及其从业者对受众和市场的吸引力、号召力所产生的经济效益，其评价侧重商业价值或是市场价值，也就是当下的影响力。这是产品（包括资讯产品）过剩和注意力短缺时代传媒竞争日趋激烈的产物，众多传媒在市场竞争中难免急功近利，特别是对商业利益的追逐，使其更加注重短期效应。而长期效应则较为内隐，其作用和影响往往是潜移默化的，有些影响也许在当下人们感受不到，或是不够显著，但是，从长时段看不难发现其巨大的影响力，即其产生的影响是深刻而深远的。像《纽约时报》、BBC等世界著名品牌媒体，其所奉行的传播理念和秉持的标准，对于受众的影响力就是长期和潜移默化的，这与某些哗众取宠的媒体凭借"轰动"的"噱头"所产生的短期效应，不可同日而语。当然，长期效应与短期效应也许并没有一个泾渭分明的界限，在传播实践中两者可能交叉存在，且共同发挥作用。

总之，传媒影响力是一个复杂而又不易把握的模糊概念，它与公信力有某些相似之处，人们似乎仅凭直觉就能作出大致的判断，可是深究下去，就会发现它的内涵丰富，构成因素复杂，很难作出明确的界定和透彻的解读。

虽然喻国明教授对于传媒影响力的论述和解读有些过于笼统，其观点也过于理想化，因而存在争议在所难免（如有论者认为用"注意力经济"理论解释传媒经济更为合理和贴切）。但是"影响力"经济作为一家之言，其在国内业界、学界产生的巨大影响是有目共睹的，"影响力"作为衡量传媒市场竞争力的一个要素，已经得到国内众多业界人士的认同，自觉不自觉地成为衡量报纸等传媒生存状态的一项重要指标，而且还体现在报纸等传媒的市场运作之中。

3. 品牌美誉度

品牌包括名称、徽标、口号和关联产品或服务的设计企划等诸多有形和无形的要素。品牌所涵盖的领域，包括商誉、产品、企业文化以及整体营运的管理。因此，品牌并不是单薄的象征，它是一家企业总体竞争力或企业竞争力的总和。品牌不仅包括"名称"、"徽标"，还扩及系列的平面视觉体系以及立体视觉体系。但在现实中，一般将其窄化为围绕着产品或服务的系列意识与预期，即成为一种抽象的形象标志，甚至还有将品牌与特定商标画上等号的。然而，透过表层外显直观可感的种种形象及其光环，审视品牌的深层构成要素，实际蕴含着企业文化在人们意识中所形成的认知、评价及其影响力。

从品牌发展的历史与现状看，吸引全球消费者的超级大品牌通常需具备三大共性:信任感、独特的专业性、品牌延伸范围较为合理。① 行销管理大师 Philip Kotler 说:品牌的意义在于企业的骄傲与优势,当公司成立之后,品牌力就因为服务或品质,形成无形的商业定位。

而媒体品牌"是媒体的整体识别标志,是此媒体区别于彼媒体的重要手段,是彰显自身核心竞争力的关键因素"。② 媒体品牌建设的关键在于形成品牌资源,报业品牌资源的获得则来源于品牌创建的过程,包括形成办报理念、确定其市场定位(含读者群和广告商),以及从品牌规划到品牌传播、品牌营销,然后到系统的品牌维护和管理。在这个过程当中,具有差异性并为读者带来附加值的报纸品牌,将会在美誉度、忠诚度等方面形成自己的品牌资源。可以说,品牌资源的核心价值就在于品牌的美誉度和忠诚度。它是衡量消费者态度的一项重要指标,这种态度会影响乃至左右着其消费行为。

所谓媒体的品牌美誉度,是指媒体及其产品在公众心目中形成的声誉美好的程度,它是衡量一个媒体品牌形象的重要标志,也是一个媒体品牌重要的组成部分。③ 品牌美誉度可以体现出消费者对品牌持有喜好、积极和正面的评价,而这些评价又来源于消费者对该品牌所具有的专业程度、可信度、性价比和吸引力等的评判。与品牌美誉度密切相关的另一个概念是品牌忠诚度。一般认为,品牌忠诚度包括两个方面的内容:行为忠诚度和情感忠诚度。行为忠诚度是指消费者持续地购买某一品牌产品的行为,情感忠诚度则指消费者对品牌产生信任、依赖、归属感甚至执著的深层情感。从指向维度来看,品牌美誉度是态度论观点,品牌忠诚度既是态度衡量指标,也是行为衡量指标,态度衡量范围上品牌忠诚度则是涵盖了品牌美誉度的。而从两个概念与使用经验的关系看,品牌美誉度有可能来自消费者自身的使用经验,也有可能是没有使用经验之下由人际传播或大众传播导致;而品牌忠诚度作为更深层次的情感,直接而且主要来源于使用经验。因此,品牌美誉度是作为品牌忠诚度的必要但不充分条件而存在的。

要想形成和提升报业品牌资源,首先必须建立和维持受众的忠诚度,即通过打造著名品牌培养起一批忠诚度很高的受众,使其产品能够成为人们不可或缺的认识社会、判断社会的基本资讯的"源泉",形成品牌的美誉度,而品牌

---

① 李欣:《西方传媒新秩序》,广州:南方日报出版社,2008年,第100页。
② 王铮:《在探索和实践中形成核心竞争力——〈经济观察报〉特点解析》,载《新闻战线》,2004年第2期,第54~56页。
③ 薛可、余明阳:《媒体品牌》,上海:上海交通大学出版社,2009年,第10页。

美誉度又可以形成新的忠诚度,从而构建一个良性循环的品牌资源。

《今日美国》资深记者凯文·曼妮(Kevin Maney,1997)在其著作《大媒体潮》中预测,21世纪的媒介品牌将成为激烈的战场,无论是同类媒介品牌之间的竞争,还是新兴媒介品牌对传统媒介品牌资源的争夺,都将会使媒介市场更加不平静。媒介市场竞争已经成为品牌的较量。报业品牌时代的到来,预示着报业将在人才较量、资本比拼、规模抗衡、价值体现方面上演竞争大战……只有强势品牌才能产生强势影响力,并在市场竞争中形成良性循环,以维系和焕发旺盛的生命力。[①]

时下的中国报业早已由卖方市场步入买方市场,而跑马圈地式的抢滩占点也已经结束,报业发展由粗放式向集约型转变,品牌竞争则是其中的一个重要标志。

优质的报业品牌资源有助于报纸等媒体的可持续发展,对报业组织的经济、战略和管理三方面,都发挥着不可替代的积极作用。经济上,品牌资源可为报纸带来可观的发行量和相应的广告收入,其获得的超额利润不仅能为报业组织带来丰厚的资金储存,也为未来的收入提供保证;战略上,品牌资源既可以帮助报业组织在市场上形成一定的准入壁垒,维护自己的竞争地位,又可使报社与相关的组织诸如发行公司、印刷公司(指与报社分开者)以及白报纸销售企业保持良好的战略合作关系,此外,也可使报业组织在劳动力市场上吸引人才和精英加入;管理上,优异的品牌资源不仅能够通过品牌延伸获得自我增值和发展,还可以为报业组织进一步成长为集团公司奠定坚实的基础。

目前报业品牌竞争其方式可谓多种多样,比如,较为新颖的整合营销战略,其核心就是要在读者心目中树立强势品牌形象,构筑产品在市场上的牢固地位,使读者认同乃至推崇,达到长期占领市场的战略目标,它属于报业的高层次竞争。整合营销的运作方式灵活多样,现今的报业组织往往通过独特的创意来扩大品牌的社会影响力,提升品牌形象及其美誉度。

例如,2002年《广州日报》将广州至北京的T15/16次列车冠名为"广州日报号",成为中国第一个为铁路列车冠名的报业集团;同年,天津日报报业集团与中国新华航空公司联手,将一架波音737客机冠名为"天津日报号",开创了媒体与航空运输产业合作的先河;2005年解放日报报业集团策划的《解放日报"神六"纪念特刊》随神舟六号载人航天飞船成功发射,成为世界上第一份进

[①] 卢剑利:《中国传媒业进入品牌价值竞争时代》,载"价值中国网〈新兴产业〉IT/互联网",2007年6月25日。

入太空的中文报纸。这一个个案例表明,中国报业(传媒)集团的运作已出现一些质的飞跃:从单一的产品竞争转向品牌竞争,从经营产品向经营品牌的多种创意、创新模式转型。

　　报业组织的公信力、影响力和品牌美誉度这三者的关系十分密切,从上述的分析解读中可以得知,公信力是前提和基础,没有公信力的媒体就失去了其存在的价值,不讲公信力的媒体迟早会被社会和公众唾弃。而只有基于公信力的影响力才有生命力,且其影响才是正面和积极的,并体现出媒体作为"社会公器"的责任与价值。媒体公信力越强,影响力越大,社会受众对其的信赖感和评价越高,于是就形成了品牌美誉度和品牌忠诚,有了品牌美誉度和品牌忠诚,就能够赢得市场竞争,再去创造更大的价值,由此形成良性循环。传媒的公信力、影响力及品牌美誉度这三者是相辅相成的,同时拥有它们也是报业组织及各种传媒梦寐以求的一种理想境界,因为从某种意义上说,这是传媒基业长青的保证,传媒凭借三者能够持久地拥有竞争优势,做强做大做长久,即获得可持续的发展。

　　以公信力、影响力和品牌美誉度著称的《纽约时报》就是一个成功的典范,三者作为其核心竞争力的构成要素,对《纽约时报》(集团公司)的成长壮大,以及其所铸就的百年辉煌业绩,均发挥了不可替代的积极作用(关于《纽约时报》的竞争力与核心竞争力构成要素的解读将在第十二章有专节介绍)。

第六章 报业集团核心竞争力的构成要素

要发掘并阐明报业集团核心竞争力的构成要素,诚非易事。不过,我们可以借鉴一些相关理论,特别是著名的战略管理理论,形成一个大致的要素架构,并结合报业组织自身的特性,对各类构成要素(或者说关键因素)分别进行有一定深度的剖析,阐明我们对报业集团核心竞争力的基本认识。

一、报业集团核心竞争力构成要素的框架

"核心竞争力"(或"核心能力")这一理论,虽然自普拉哈拉德和哈梅尔提出以来,在国内外引起强烈反响并引发众多研究,但关于何谓"核心竞争力",至今仍众说纷纭,不少人甚至把核心竞争力与巴尼(J. Barney)等人的资源基础观(Resource—Based View)[①]混淆。除了基本定义之外,核心竞争力的特征、要素、结构、发展过程等,也都有着众多不尽相同甚至互相矛盾的论述。

而这一理论风潮的开创者——普拉哈拉德和哈梅尔,虽然开启了探讨核心竞争力的"潘多拉"盒子,但他们却没有再提出足够权威、足以平息相关理论争议的成熟论点。虽然在《竞争大未来》一书中也曾提到"接近市场能力"、"流

---

① Barney, J. B. (1991): Firm Resources and Sustained Competitive Advantage. In: Journal of Management, 17, No. 1; pp99~120.

程相关能力"、"功能相关能力"等不同的核心竞争力类型,①但划分仍然较为笼统,且对于应该如何识别与强化企业的核心竞争力,论述较为模糊。其结果是许多学者都试图从自己的角度来诠释"核心竞争力"这一概念,甚或只是在谈论自己感兴趣的管理话题,如知识、战略、人力资源、创新、组织变革等等,赶潮流似地套用上一个"核心竞争力"的名称,其实背后所谈的不一定真正属于核心竞争力理论所关注的范畴。

总之,关于核心竞争力的识别以及构成要素,目前还缺乏足够权威、能够为人们所广泛认同的论点。此外,报业集团的经营模式具有特殊性,与一般非传媒行业的企业并不完全相同,这也为报业集团核心竞争力的归纳增添了困难。

本书第二章中曾经对有关核心竞争力理论研究的主要观点作过梳理,其中也有不少学者对核心竞争力的构成要素进行过论述。例如邓修权等人采用元分析(meta-analysis)方式分析了过去探讨核心能力的文献,发现各类论文、著作中提出的主要核心能力构成要素共有 31 种之多,②其中认同度最高的要素是"技术",其后依次是协调运用资源能力、研究和开发能力、企业文化、知识、创新能力、响应能力、营销能力等。如再作概括,这些要素又可归并为两大类:一是"资源类构成要素",下分"软资源类"和"硬资源类"两个小类;另一类是"能力类构成要素",下分"经营管理能力类"、"技术创新能力类"和"其他能力类"三个小类。这个基本分类法可供我们探讨报业集团核心竞争力时作为参照标准。

在传媒核心竞争力的论述方面,同样呈现出百花齐放但却缺乏统一口径的混乱局面,如第二章综述列举的各家之言,有的认为传媒组织核心竞争力是信息处理能力,③有的认为是新闻人才,④也有的说是权威性、导向性和社会影

---

① [美]加里·哈梅尔、CK.普拉哈拉德:《竞争大未来》,王振西译,北京:昆仑出版社,1998年。
② 邓修权:《核心能力构成要素的调查分析——基于中国期刊全文数据库》,载《科研管理》,2003 年第 2 期,第 109~115 页。
③ 禹建强:《试论报业的核心竞争力》,载《新闻与写作》,2002 年第 8 期,第 3~5 页。
④ 李希光:《报业新论——什么是报纸的核心竞争力?》,载《中国报业》,2005 年第 3 期,第51~54 页。

响力,①还有称之为品牌号召力或社会公信力,②等等。把所有传媒的核心竞争力都归结在一种能力或资源上,显然犯了以偏概全的毛病,毕竟从普拉哈拉德和哈梅尔等人的基础理论来看,核心竞争力必须是独特的、难以模仿和难以替代的,如果所有传媒都可以建构出同样的核心能力,这种能力显然就不会是"核心"竞争力了。此外,在以往学者的论述中,有不少把资源说和能力说混同为核心竞争力,甚至把某些报道的形式、特性、属性等,也等同于报业核心竞争力,这些模糊认识和偏颇观点,凸显了核心竞争力理论研究现状的众说纷纭和混沌无序。

我们认为,每个成功组织的核心竞争力都是独特而难以模仿的,这种能力的形成深深烙印着组织发展的轨迹与环境的影响。因而,一厢情愿地想要找出某些放诸四海而皆准的核心竞争力标准,很可能是吃力不讨好的事;然而,通过理论和案例的探讨,找出一些较常出现的、在核心竞争力构成中起到关键作用的要素,对于梳理相关理论、为报业发展提供对策建议,是必要的举措。此外,我们也必须谨记,核心竞争力是具有整体性和综合性的,它的各项构成要素之间往往互相联结、相辅相成,形成一个密不可分的整体。因而在阐述核心竞争力的构成要素过程中,必须保持清醒的认识:虽然这些要素可以被一一列举出来,但是并不代表通过单一要素的模仿或深化,就能够建构起另一个具备核心竞争力的组织,因为唯有所有要素统合起来形成有机的整体,才能真正维系长久的组织优势。

既然普拉哈拉德和哈梅尔的论述没能给我们更多细节,而国内外其他学者的核心竞争力观点又过于驳杂,彼此间缺乏内在的一致性,因此,不妨把目光转向其他有名的战略管理理论,从中寻找核心竞争力构成要素的线索。有两种理论是十分具有参考价值的,分别是波特的价值链分析模型,以及麦肯锡的7S模型。

1. 迈克尔·波特价值链分析模型

我们首先可以从波特的价值链分析模型中(参见图6-1),吸取借鉴有助于寻找报业核心竞争力要素的理论养分。此模型是由美国哈佛商学院著名战略学家迈克尔·波特在其《竞争优势》一书中提出的(即"价值链分析法"),他把企业内外价值增加的活动分为基本活动和支持性活动,基本活动涉及企业

---

① 沈庆生:《论党报核心竞争力》,载《城市党报研究》,2004年第5期,第16~20页。
② 王首程:《报业的核心能力及其特征》,载《广州大学学报(社会科学版)》,2004年第3卷第9期,第21~27页。

生产、销售、进料后勤、发货后勤、售后服务。支持性活动涉及人事、财务、计划、研究与开发、采购等,基本活动和支持性活动构成企业的价值链。①

不同企业参与的价值活动中,并不是每个环节都创造价值,实际上只有某些特定的价值活动才真正创造价值,这些真正创造价值的经营活动,就是价值链上的"战略环节"。企业要保持的竞争优势,实际上就是企业在价值链某些特定的战略环节上的优势。运用价值链的分析方法来确定核心竞争力构成要素,就是要求企业密切关注组织的资源状态,要求企业特别关注和培养在价值链上的关键环节获得重要的竞争能力,以形成和巩固企业在行业内的竞争优势。企业的优势既可以来源于价值活动所涉及的市场范围的调整,也可来源于企业间协调或整合运用价值链所带来的最优化效益。

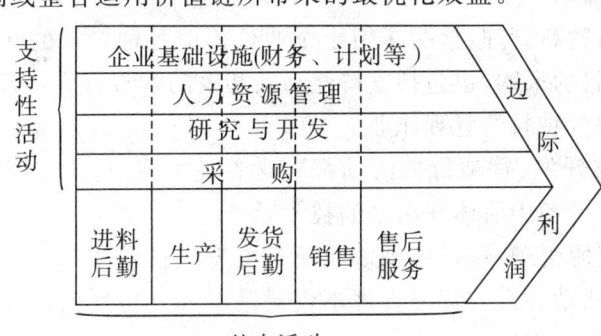

图 6-1 波特的价值链基本模型(Michael Porter's Value Chain Model)

价值链列示了总价值、价值创造活动和利润之间的关系。价值活动是企业所从事的物质上和技术上的界限分明的各项活动,这些活动是企业创造对买方有价值的产品的基石。利润是总价值与从事各种价值活动的总成本之差。

价值活动分为两大类:基本活动和支持性活动。基本活动是涉及产品的物质创造及其销售、转移买方和售后服务的各种活动。支持性活动是辅助基本活动,并通过提供采购投入、技术、人力资源以及各种公司范围的职能支持基本活动。

一般而言,任何产业竞争中能够直接创造价值的各种基本活动有五种类型:

(1)进料后勤:与接收、存储和分配相关联的各种活动,如原材料搬运、仓储、库存控制、车辆调度和向供应商退货。

---

① [美]迈克尔·波特:《竞争优势》,陈小悦译,北京:华夏出版社,2005年,第37页。

(2)生产作业:与将投入转化为最终产品形式相关的各种活动,如机械加工、包装、组装、设备维护、检测等。

(3)发货后勤:与集中、存储和将产品发送给买方有关的各种活动,如产成品库存管理、原材料搬运、送货车辆调度等。

(4)销售:与提供买方购买产品的方式和引导它们进行购买相关的各种活动,如广告、促销、销售队伍、渠道建设等。

(5)服务:与提供服务以增加或保持产品价值有关的各种活动,如安装、维修、培训、零部件供应等。

此外,在基本活动之外,还有一些组织活动可以间接地创造或提高价值,被称为支持性活动,也可以被分为四种基本类型:

(1)采购与物料管理:指购买用于企业价值链各种投入的活动,采购既包括企业生产原料的采购,也包括支持性活动相关的购买行为,如研发设备的购买等;另外亦包含物料的管理作业。

(2)研究与开发:每项价值活动都包含着技术成分,无论是技术诀窍、程序,还是在工艺设备中所体现出来的技术。

(3)人力资源管理:包括各种涉及所有类型人员的招聘、雇佣、培训、开发和报酬等各种活动。人力资源管理不仅对基本和支持性活动起到辅助作用,而且支撑着整个价值链。

(4)企业基础制度:企业基础制度支撑了企业的价值链条。如:会计制度、行政流程等。

波特的理论始终聚焦在"竞争"这一议题上,他认为竞争优势的获取,与价值活动密切相关。对企业价值链进行分析的目的在于分析公司运行的哪个环节具有优势,可以真正提高客户价值或降低生产成本。想要识别一种能够提高价值的活动,关键问题则在于:是否可以在降低成本的同时维持价值(收入)不变;是否可以在提高价值的同时保持成本不变;是否可以在降低工序投入的同时保持成本收入不变;更为重要的是,企业是否可以同时满足上述这三个条件。

价值链的框架是将链条从基础材料到最终用户分解为独立工序,以理解成本行为和差异来源。通过分析每道工序系统的成本、收入和价值,业务部门可以获得成本差异、累计优势。

事实上,价值链一旦建立起来,就会非常有助于准确地分析价值链各个环节所增加的价值。价值链的应用不仅仅局限于企业内部。随着互联网的应用和普及,竞争的日益激烈,企业之间组合价值链联盟的趋势也越来越明显,从而产生了所谓的价值系统(Value System)或价值网络(Value Network)分析。在产业价值系统分析的框架下,企业更加关心自己核心能力的建设和发展,更注重整个价值链中的一个或几个环节,如研发、生产、物流等环节。

虽然从本质上看,波特的理论聚焦于战略定位及竞争优势获取,而普拉哈拉德与哈梅尔的核心竞争力理论则强调组织自身能力的发展,故而从某些层面看,核心竞争力理论可以说是为了推翻波特的体系而出现的,因此,两者的理论逻辑大不相同。然而纵观价值链分析的内容,不难发现,波特也并非只关心环境中的竞争来源和战略态势,他同样也提出了发掘组织内部有价值活动的重要性,因为唯有能在某些环节上超越对手(主要通过提高收益或降低成本两种途径),才有可能维系企业的竞争优势。因此价值链上的各种价值活动,如果经过良好的整合与联结,完全可以用来建构企业的核心竞争力。

事实上,价值链分析中的一些活动,如销售、服务、人力资源、研发等,早已出现在许多探讨核心竞争力的学者的著作中,可见"价值活动"与核心竞争力要素之间,存在一定的关联性。正因如此,本书在探讨报业集团核心竞争力时,将会参考、借鉴价值链分析的相关内容。

2. 麦肯锡 7S 模型

另一个对了解报业核心竞争力要素十分有助益的理论,是麦肯锡的 7S 模型。

20 世纪七八十年代,美国人饱受经济不景气、失业的苦恼,听够了有关日本企业成功经营的艺术等各种说法,同时也在努力寻找着适合于本国企业发展振兴的法宝。托马斯·J.彼得斯(Thomas J. Peters)和罗伯特·H.沃特曼(Robert H. Waterman),两位斯坦福大学的管理硕士、长期服务于美国著名的麦肯锡管理顾问公司的学者,访问了美国历史悠久、最优秀的 62 家大公司,又以获利能力和成长的速度为准则,挑出了 43 家杰出的模范公司,其中包括 IBM、德州仪器、惠普、麦当劳、柯达、杜邦等各行业中的翘楚。他们对这些企业展开深入调查,并与商学院的教授进行讨论,以麦肯锡顾问公司研究中心设计的企业组织七要素(简称 7S 模型①)为研究的框架(参见图 6-2),总结了这些成功企业的一些共同特点,写出了《追求卓越——美国优秀企业的管理圣经》(简称《追求卓越》)一书,使众多的美国企业重新找回了失落的信心。②《追求卓越》一书也成为上世纪最有影响力的管理学著作之一,在《福布斯》评

---

① 金仕达:《麦肯锡 7S 模型》,载《中国电子商情》,2001 年第 11 期,第 58 页。
② [美]彼得斯、沃特曼:《追求卓越》,胡玮珊译,北京:中信出版社,2007 年,第 8 页。

选的20世纪最具影响力的工商书籍中,此书排名第一。

7S模型指出了企业在发展过程中必须全面地考虑各方面的情况,包括结构(Structure)、制度(Systems)、风格(Style)、员工(Staff)、技能(Skills)、战略(Strategy)、共同价值观(Shared Values)。也就是说,企业仅具有明确的战略和深思熟虑的行动计划是远远不够的,因为企业还有可能会在战略执行过程中出现失误。因此,战略只是其中的一个要素。

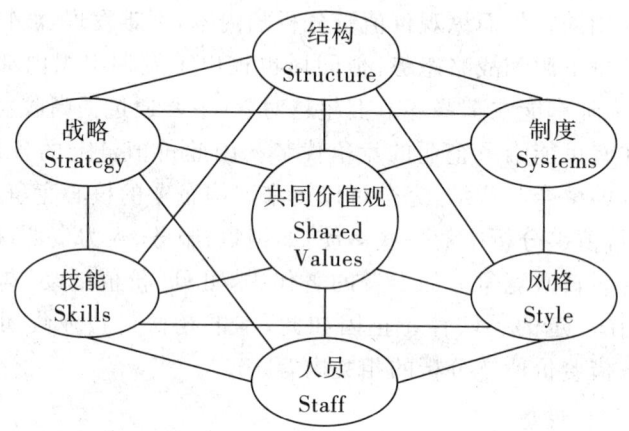

图6-2 麦肯锡7S模型(Mckinsey 7S Model)

在麦肯锡7S模型中,战略、结构和制度被认为是企业成功的"硬件",风格、人员、技能和共同价值观被认为是企业成功经营的"软件"。该模型显然是在提醒世界各国的经理们,软件和硬件同样重要。两位学者指出,各公司长期以来所忽略的人性,如非理性、固执、直觉、喜欢非正式的组织等等,其实都可以加以管理,这与各公司的成败息息相关,绝不能忽略。两位学者在《追求卓越》一书中还对构成7S模型的"硬件"、"软件"各要素,分别作出了解读,现转述如下。

硬件要素包含战略、结构和制度三者:

(1)战略(Strategy)

战略是企业根据内外环境及可取得资源的情况,为求得企业生存和长期稳定地发展,对企业发展目标、达到目标的途径和手段的总体谋划,它是企业经营思想的集中体现,是一系列战略决策的结果,同时又是制定企业规划和计划的基础。企业战略这一管理理论是上世纪50年代到60年代,由发达国家的企业经营者在社会经济、技术、产品和市场竞争的推动下,以及总结自己的经营管理实践经验的基础上建立起来的。1947年美国企业中制定发展战略的只有20%,1970年已经达到了100%。在美国进行的一项调查表明,有

90%以上的企业家认为企业经营过程中最占时间、最为重要、最为困难的就是制定战略规划。可见,战略已成为企业取得成功的重要因素,企业的经营也已进入了"战略制胜"时代。

(2)结构(Structure)

战略需要健全的组织结构来保证和实施。组织结构是企业的组织意义和组织机制赖以生存的基础,它是企业组织的构成形式,即企业的目标、协同、人员、职位、相互关系、信息等组织要素的有效排列组合方式,也就是将企业的目标、任务分解到职位,再把职位综合到部门,由众多的部门组成垂直的权利系统和水平分工协作系统的一个有机的整体。组织结构是为战略实施服务的,不同的战略需要不同的组织结构与之对应,组织结构必须与战略相协调。如通用电气公司,在20世纪50年代末期,执行的是简单的事业部制,但那时企业已经开始从事大规模经营的战略。到了20世纪60年代,该公司的销售额大幅度提高,而行政管理却跟不上,造成多种经营失控,影响了利润的增长。在20世纪70年代初,该企业重新设计了组织结构,采用了战略经营单位结构,使行政管理滞后的问题得到解决,妥善地控制了多种经营,利润也相应得到提高。由此看出,企业组织结构一定要适应实施企业战略的需要,它是企业战略贯彻实施的组织保证。另外,彼得斯和沃特曼在研究中还发现,简单明了是美国成功企业的组织特点,在这些企业中上层的管理人员尤其少,常常可以见到不足100个管理人员的公司在经营上百亿美元的业务。

(3)制度(Systems)

企业的发展和战略实施需要完善的制度作为保证,而实际上各项制度又是企业精神和战略思想的具体体现。所以,在战略实施过程中,应制定与战略思想相一致的制度体系,要防止制度的不配套、不协调,更要避免背离战略的制度出现。具有创新精神的3M公司的创新制度就是成功一例。在3M,一个人只要参加了新产品创新事业的开发工作,他在公司里的职位和薪酬,就会随着产品的成绩而改变,即使开始他只是一个生产一线的工程师,如果产品打入市场,就可以提升为产品工程师,如果产品的年销售额达到500万美元时,他就可以跃升为产品线经理。这种制度极大地激发了员工创新的积极性,从而促进了企业的发展。

软件要素包含风格、共同价值观、员工、技能等等。

(1)风格(Style)

彼得斯和沃特曼两位学者发现,杰出企业大多呈现出既中央集权又地方分权的、宽严相济的管理风格,他们一方面让生产部门和产品开发部门独立自主,而另一方面又固执地遵守着几种流传久远的价值观。也就是说,个性化的企业领导风格及管理风格,对于整个企业的运作以及绩效有着显著的影响。

(2)共同价值观(Shared Values)

由于战略是企业发展的指导思想,只有企业的所有员工都领会了这种思想,并用其指导实际行动,战略才能得到成功的实施。因此,战略研究不能只停留在企业高层管理者和战略研究人员这一个层次上,而应该让执行战略的所有人员都能够了解企业的整个战略意图。企业成员共同的价值观念具有导向、约束、凝聚、激励及辐射作用,可以激发全体员工的热情,统一企业成员的意志和欲望,齐心协力地为实现企业的战略目标而努力。这就需要企业在准备战略实施时,要通过各种手段进行宣传,使企业的所有成员都能够理解它、掌握它,并且用它来指导自己的行动。日本在经济管理方面的一个重要经验,就是注重沟通领导层和执行层的思想,使得领导层制定的战略能够顺利地、迅速地付诸实施。

(3)员工(Staff)

战略实施还需要充分的人力准备,有时战略实施的成败,取决于有无适合的人员去实施。实践证明,人力准备是战略实施的关键。所以,企业在做好组织设计的同时,应当注意配备符合战略思想需要的员工队伍,将他们培训好,分配给他们适当的工作,并加强宣传教育,使企业各层次人员都树立起与企业的战略相适应的思想观念和工作作风。如麦当劳的员工都十分有礼貌地提供微笑服务;IBM的销售工程师技术水平都很高,可以帮助顾客解决技术上的难题;迪斯尼的员工生活态度都十分积极乐观,他们自己能够在工作中找到快乐,所以也能够为顾客带来欢乐。人力资源的招聘、留任、激励和培养,是一项庞大、复杂和艰巨的组织工作,需要下大气力才能做好。

(4)技能(Skills)

在执行公司战略时,需要员工掌握一定的技能,这有赖于严格、系统的培训。松下电器创始人松下幸之助认为,每个人都要经过严格的训练,才能成为优秀的人才,譬如在运动场上驰骋的健将们大显身手,但他们惊人的体质和技术,不是凭空而来的,是长期在生理和精神上严格训练的结果。如果不接受训练,一个人即使有非常好的天赋资质,也可能无从发掘和施展。这里的技能主要是指员工的能力,但也包括组织的创新能力、研发能力、适应能力等。

7S模型是判断成功企业的标志,也是衡量一家企业成熟度、稳定性、发展潜力等方面的分析框架。根据彼得斯和沃特曼的观点,7个因素必须保持一致和协调,如果只有其中几个因素到位,而其他因素表现不佳,或是硬件因素和软件因素之间不协调、互相矛盾,都会损害企业的竞争力。因此,在企业发展过程中,要全面考虑企业的整体情况,只有在软硬两方面7个要素能够很好地沟通和协调的情况下,企业才能获得成功。

通过以上的分析解读可以看出,相较于价值链模型,麦肯锡7S模型的内涵其实与核心竞争力理论更加接近。因为核心竞争力理论十分重视通过自身能力的积累来确保长久的成功,而能力(资源)诸要素又是相互关联的一个整体;7S模型归纳出7个最重要的组织因素,且认为这7个因素的配合与协调,是使公司具有长期生存和发展能力的本钱。两者具有共通之处,从某些角度审视,7S模型还更加具体,可操作性也更强些。

3. 报业集团核心竞争力基本要素的提出

综合价值链模型和麦肯锡7S模型,我们试图归纳出一些有可能成为核心竞争力要素的潜在因子,再参考其他学者对核心竞争力理论的探讨,我们认为报业集团的核心竞争力有可能包含以下重要因素:

(1)企业文化:也就是7S模型中的"共同价值观"。

(2)核心人才:价值链模型中的支持性活动,同时也是7S模型中的"人员"。

(3)组织结构:属于价值链模型中的"企业基础设施",也包含7S中的"结构"和"制度"。

(4)创新能力:价值链模型中的"研究与开发"活动,7S模型的"技能"一项也包含创新能力。

(5)领导力:7S模型中的"管理"。

(6)生产能力:价值链模型中的"生产"活动。

(7)流通渠道:价值链模型中的"进料后勤"和"发货后勤"等活动。

(8)营销力:涵盖价值链模型中的"销售"和"售后服务"两阶段,另外也包含一般所说的品牌力。

这些能力是否符合核心竞争力的特征呢?先从普拉哈拉德和哈梅尔所定义的三大识别要素:用户价值、独特性、延展性来考察。用户价值意味着这项能力能够真正为客户创造价值,具备对客户的吸引力;独特性意味着其能力不容易被竞争对手所模仿和复制;延展性则代表这项能力不仅适用于当前的市场领域,也有助于企业快速建立起在新行业或新产品上的竞争优势。从这三项指标来看,我们所归纳的八项能力,显然是符合核心竞争力理论的基本要求的。

若是从莫汉·坦普(Mahen Tampoe)的检验标准来看(在第二章中有详

尽的阐释),企业的核心竞争力需要满足以下12项标准:第一,是企业生存之本;第二,无形;第三,难以模仿;第四,企业独有;第五,是技能、资源和流程的组合;第六,可持续性;第七,整体性;第八,对核心产品乃至最终产品至关重要;第九,对企业战略愿景的执行至关重要;第十,对企业的战略决策至关重要;第十一,有市场前景、商业价值高;第十二,数量有限。① 这12项指标对核心竞争力的检验提出了严格的要求。我们定义的八大要素中,企业文化、创新能力、人力资源等要素几乎已经是所有学者都公认的重要能力,应当能够符合这12项要求。至于剩下的要素,我们将在下面的论述中加以检验。下表是八大核心竞争力构成要素的简要定义(表6－1);随后将分别对各要素作进一步的分析论证。

表6－1　报业集团核心竞争力八大要素

核心竞争力要素	简　要　定　义
企业文化	企业组织全体员工在长期发展过程中培育形成并共同遵守的最高目标、价值观念、基本信念和行为规范等,也就是报业集团等组织在特定环境中形成的核心理念及其沟通呈现机制,它对于引导、激励和凝聚员工以实现共同愿景,发挥着重要的作用。
核心人才	具备高素质的、能良好地实践公司使命和战略目标的人员,也包括与之相配套的让优秀人才脱颖而出的人员招聘、甄选、培育、发展、激励等机制。
组织结构	良好的组织结构、工作安排以及相关制度规范,能够支持战略的实施。
创新能力	不断在产品、服务、作业流程等方面改革创新,持续超越对手的能力。
领导力	领导层的判断力、洞察力、想象力、决策力和影响、凝聚、协调和激励员工的能力。
生产能力	提供高质量的产品或服务以满足受众(含读者和广告客户)各种需求的能力。
流通渠道	比对手更快速有效地到达受众(含读者和广告客户)的手段和能力。
营销力	实施差异化竞争、开拓市场、塑造品牌价值和顾客忠诚的能力。

二、报业集团核心竞争力构成要素解读

在报业组织(报纸、报业集团等)核心竞争力的八大构成要素中,最具长远意义和最深层的构成要素当数企业文化。培育优质的企业文化是形成与提升

---

① Mahen Tampoe: Exploiting the core competencies of your organisation, Long Range Planning, 1994, 27(4): pp66～77.

核心竞争力的必要前提,也是实现可持续发展的动力源泉。优质的企业文化作为核心竞争力的构成要素,积累蕴藏在整个报业组织之中,渗透到组织的每个成员内心深处,并持续地发挥其不可替代的作用。而优质企业文化的综合性与不可复制性,也为构建独特的、不可模仿的核心竞争力奠定了坚实的基础。

正因如此,我们把企业文化列为报业集团核心竞争力构成要素中的第一项,同时也可能是最关键的要素。因为企业文化本身就具有整合性、内隐性和延伸性,对于员工有着导向作用、规范作用、凝聚作用和激励作用,[1]这些特性使得企业文化能够起到统合其他要素的功能,而且它是在报业组织长期的生存发展过程中逐步形成与完善的,是独一无二的,几乎不可能被模仿,所以,它也当仁不让地成为报业核心竞争力的"神经中枢"(也被比喻为"遗传基因")。下面,我们就从企业文化开始,对报业集团的核心竞争力各构成要素,分别作出相应的解读。

1. 企业文化

前已提及,首先对"企业文化"(或"组织文化")开展研究并取得成果的是西方学者。自从1979年安德鲁·佩蒂格鲁(Andrew Pettigrew)在《管理科学季刊》上发表《组织文化研究》一文提出"组织文化"这一概念后,[2]哈佛商学院和麻省理工学院的一批教授拉开了组织文化(企业文化)研究风潮的序幕,并出版了不少影响广泛的著作,如威廉·大内(Ouchi)的《Z理论》[3]、迪尔和肯尼迪(Deal & Kennedy)的《企业文化》[4]以及彼得斯和沃特曼的《追求卓越》[5]等,形成一股企业文化研究的热潮。

20世纪90年代之前有关企业文化的研究以探讨基本理论为主;进入90年代之后企业文化研究出现了四种走向:一是企业文化基本理论的深入研究;二是企业文化与企业效益、企业发展的应用研究;三是关于企业文化测量的研

---

[1] 张德:《组织行为学》,北京:高等教育出版社,2008年,第295~297页。
[2] Andrew M. Pettigrew: On Studying Organizational Cultures, on 《Administrative Science Quarterly》, 1979, 24(4): pp570~581.
[3] [美]威廉.大内:《Z理论》,孙耀君、王祖融译,北京:中国社会科学出版社,1984年。
[4] [美]特伦斯·迪尔、艾伦·肯尼迪:《企业文化——企业生活中的礼仪与仪式》,李原、孙健敏译,北京:中国人民大学出版社,2008年。
[5] [美]彼得斯、沃特曼:《追求卓越》,胡玮珊译,北京:中信出版社,2007年。

究；四是关于企业文化的诊断和评估的研究。①

自从企业文化理念被引入国内业界、学界之后，其研究迅速成为一个热点，而企业文化的定义也百花齐放、见仁见智（详见第五章第六节）。

通过考察各种定义可以发现，诸多企业文化定义都包含着某些共同的要素，其中第一要素为企业价值观，特别是核心理念（包括核心价值观和共同愿景）；第二要素为企业价值观的内部沟通和呈现机制及其所发挥的作用等。此外，企业所处的环境这一因素，在塑造企业文化的过程中也起着至关重要的作用，因为企业组织所处的特定环境，决定了它应该怎么做才能取得成功，它直接影响了企业核心理念的形成。

从本质上看，企业文化是一种意识形态，即主要属于观念形态的东西。但是，从企业生存发展的实践看，发挥作用的企业文化其构成又包括内隐部分和外显部分，内隐部分是以价值观为核心的观念文化或者说精神文化，而外显部分则包括企业文化各种外在的表现形式，如企业标志、沟通方式、呈现机制等。

综合中外各种观点，笔者倾向于认为，企业文化是企业在其成长过程中培育形成的某种价值观念和传统，即在特定社会历史条件和环境中从事商品生产和经营活动所持有的理想信念、价值观念和行为准则，是以价值观为核心的一种意识形态。企业文化的核心是价值观，特别是其核心理念，它作为企业价值观的灵魂，是企业的信仰，也是指导员工和企业行为的哲学。能够为全体员工所认同的核心理念，对于增强企业组织的凝聚力、向心力和创造力具有不容低估的积极作用，因而也被视为企业兴旺发达的不竭原动力。

企业的核心理念由核心价值观和共同愿景构成。核心理念是企业组织的基本理念和信仰，也是企业文化的内核。共同愿景则是"'建造一个心智地图'，以描绘一个组织在未来某个时间看起来是什么模样"。②核心理念既为企业界定了"成功"这一概念的具体内容，也建立了组织内部的成就标准，同时还为企业的长远发展设定了目标，并提供了强大的精神动力。核心理念借以传递并实现沟通的文化传播网络和呈现机制，主要包括英雄人物、领导风格、文化网络、礼仪和仪式等要素，其作为企业文化的外显部分，是内隐的精神文化的载体。

企业文化对经营的重要性，已经得到公认。早在20世纪80年代，彼得斯

---

① 王玉芹：《组织文化类型、文化强度与组织绩效关系的研究》，清华大学人力资源与组织行为学系博士论文，2007年，第12～13页。
② ［美］米歇尔·罗伯特：《新战略性思考》，林宜萱译，北京：东方出版社，2009年，第47页。

和沃特曼写出《追求卓越》这一经典著作时,就强调共同价值观对企业成功的重要性。后来科特和赫斯克特(Kotter & Heskett)在对1987至1991年间200多家企业的文化和经营状况进行实证研究后,发现强力型、策略合理型和灵活型的文化会对企业长期经营绩效产生显著影响。[①] 而丹尼森(Denison)的研究也证明了企业文化会直接影响经营绩效。[②]

国内学者张德把企业管理的主要思潮分为三个时期:1910年之前是"经验管理时代",当时并不认为管理是可以科学化的,企业经营全凭经验和经营者的直觉;1911年泰勒出版《科学管理原理》这一划时代巨著后,则进入了"科学管理时代",认为通过科学方法可以提高生产力、改善经营绩效;1980年之后,人们意识到纯粹的科学管理难以保证企业的成功,而必须诉诸如文化、价值观、凝聚力等软性的要素,从而进入了"文化管理时代"。[③]

由于企业文化对企业的生存发展起着重要的支撑作用,举凡世界上成功的企业集团(公司),都有优秀的企业文化。事实上,中外发展良好的报业集团、传媒集团(公司),也都有其独特的优质企业文化,有真正为其员工认同、信奉和实践的核心价值观。

以BBC为例,瑞士学者金—尚克尔曼曾针对英国BBC的文化进行过深入研究,通过在BBC组织内的大量访谈和观察,他发现除了众所周知的愿景和使命外,BBC员工心中还有几个核心的文化基本假设:[④]

(1)BBC是与众不同的。政府的补助和公共服务的身份,使得BBC的员工对于公共广播电视怀有强烈的使命感。

(2)BBC是业界第一的。BBC对新闻、美术和技术能力皆有着极高的标准;BBC的员工运用独特且具创意性的技能,制作出世界第一的广播电视内容。

(3)BBC是英国生活方式的一部分。BBC不仅是广播电视集团,更在英国人的生活中扮演着独一无二的角色,是英国"国家结构"的一部分。

(4)BBC有捍卫优良传统的使命。

---

① Kotter, J. P., Heskett, J. L. Corporate culture and performance [M]. NY: Simon and Schuster, 1992.
② Denison, D. R. Bringing corporate culture to the bottom line [J]. Organizational Dynamics, 1984, 12: pp4~22
③ 张德、吴剑平:《企业文化与CI策划》,北京:清华大学出版社,2000年,第34页。
④ Kung-Shankleman, L. Inside the BBC and CNN: managing media organisations. London: Routledge, 2000.

这些文化假设实际上构成了为BBC员工所认同的核心价值观,使得每位员工都以身为BBC的一员为荣,即使管理者不以严格的制度来约束,员工仍然会自觉、自发地去生产高质量、高品位的节目,并且持续地提升自我,希冀真正能够达到BBC企业文化所追求的"与众不同"、"业界第一"的目标。正如BBC一位员工所说的:"能在这样一个深具优良传统的组织工作,我觉得是一项殊荣,因为这个组织长期以来一直制作着世界上最好的广播与电视节目……即使竞争者不断急起直追,我们还是能够打败世界上众多的竞争者。"可以说,尽管BBC的成功有其时代背景,也有包含政府支持、正确的战略规划、高素质的人员等因素的影响,但其中强势的、员工高度认同的企业文化无疑起到了关键作用,是优质企业文化在凝聚员工的心智,引导组织及员工的努力方向,不断地激发其创新精神和工作激情,并使BBC持续创造出有口皆碑的一流新闻传播内容产品,赢得了世界顶级传媒的声誉。

价值观是企业文化的基石,而核心价值观则是企业组织的基本理念和信仰。"它是一个企业所信奉的、倡导的、员工共同持有并在实践中真正实行的价值理念。这种价值理念应当成为一种相当持久的信念、一种渗透于日常决策中的思想方法和道德规范。以此为出发点,形成对企业建设和发展问题的基本看法、基本主张,形成员工群体共同信奉的理性原则和是非评判标准。从这个意义上说,它是企业人格化的产物,是企业的图腾。它不是拿来炫耀的某种招牌或口号,而是企业真正信奉的东西,是信仰,是使命;它不是某种秘而不宣的单向默契和心理暗示,而是在企业中公开昭示并大力倡导的理性化信条;它不是企业领导人的个人信念和主张,也不仅是几个高层管理者的约定和共识,而是全体员工共同的精神追求;它不是放在抽屉里束之高阁的一纸空文,而是在企业中真正实践着、落实着的价值理念。它体现在每个员工的自觉意识上,是企业建设的灵魂"。①对员工而言,核心价值观既是一种理想信念和精神追求,又是组织内部的成就标准。它不仅界定了"成功"这一概念的具体内容,而且为员工指明了前进的方向。

国内报业组织作为"准企业",建设企业文化是其题中应有之义,核心价值观作为企业文化的灵魂,也必然是报业企业文化的支柱。所以,高度重视对核心价值观的提炼、传播与共享,无疑是报业集团企业文化建设最重要的任务之一。

---

① 吴海民:《吴海民·媒体木桶系列圆环之三:媒体企业文化塑造》,人民网,2006年10月8日;http://media.people.com.cn/GB/22100/71143/71144/4890666.html

在我国,对报业集团企业文化进行的专题研究目前较少,特别是有关的实证研究,几乎还付之阙如。从国内已有的相关论著看,范以锦所撰《南方报业战略》在论述报业组织企业文化与其核心竞争力二者的关系方面,可谓见解独到且颇具新意:"一张成功的报纸,一家成功的报业集团,它的企业文化必定有自己的独到之处,神奇之处……如果说南方报业的企业文化有什么特点,那就是更加包容,更加理性,更加注重创新开拓。宽松和谐的内部关系,激发了南方报人对事业执著的理想和狂热的激情,在一个开放式的氛围里,一个开放式的平台上,强烈的社会责任感与专业精神得到最大限度的激活与迸发。这样一个充满活力的内在机制和精神气质,使事业的发展、个人的发展形成良性互动,造就了一个个独树一帜的品牌媒体,造就了一个个有着鲜明个性的职业报人,造就了南方报业独特的企业文化。"①

在阐述南方报业传媒集团企业文化形成的历史渊源和"文化基因"时,他进一步指出,"南方报业是从有56年历史的南方日报发展衍生而来的,南方日报的前身中有香港《华商报》的影子。从根基上看,注定了她的眼光从来都是开放的,务实的。而广东这个地域上的南方,历来的办报环境都有着独到的优势……这其中的血脉延续,实际是有规律可循的,这些基因深埋在南方报人的骨子里,浸淫在南方报人的呼吸里。解开了南方报人的代代相传的文化密码,就会真正明白'品牌媒体创新力量'的全部含义"。②"品牌媒体创新力量"是范以锦先生在实践基础上对南方报业传媒集团核心竞争力的独特认知和高度概括,他的这段论述,深刻揭示了南方报业传媒集团历史传承的企业文化在其中的重要功能和作用,他还联系集团实施的多品牌战略,对其功能作用作了进一步的阐释:"而一个充满活力和生命力的报业集团,它的内在能量,是从组织架构上看不出来的,而是要看它企业文化内在的价值链。正是这种'价值链'的共同价值观,把报业集团企业文化的各个要素环环相扣,相互依存,相互补充,相互促进,终端反过来又可作用于始点,以良性循环不断推动报业集团的事业螺旋式上升。"③由此可见,企业文化与南方报业传媒集团核心竞争力的形成与提升,二者之间有着何等重要和密切的内在联系。

从实证研究方面的成果看,陈致中针对台湾《联合报》的定量研究有一定的说服力,该项成果表明,当员工高度认同其组织的文化价值观时,会对传媒

---

① 范以锦:《南方报业战略》,广州:南方日报出版社,2005年,第310~311页。
② 范以锦:《南方报业战略》,广州:南方日报出版社,2005年,第314~315页。
③ 范以锦:《南方报业战略》,广州:南方日报出版社,2005年,第315页。

组织有较高的组织承诺（归属感、投入感与忠诚感），并且离职意向也较低。这足以说明一种强势的、员工高度认同的文化，是传媒核心竞争力的一个关键。①因为员工高度认同传媒组织的文化，才能够产生向心力和职业归属感，以高度自觉的敬业精神和勤奋不懈怠的工作态度做好本职工作，充分发挥其聪明才智和潜能，创造良好的业绩，留住员工并且吸引更多的优秀人才加盟。这对于人才密集型的企业——报纸、报业集团等传媒组织而言，乃是获得可持续发展至关重要的一环。

从总体上看，目前国内有关传媒企业文化的研究成果相对匮乏，然而，中国报业组织在其发展实践中，却积累了相当丰富的建构企业文化的经验，提供了不少可资借鉴的鲜活案例，其中的佼佼者对其企业文化也形成了独到的认识。

比如，南方报业传媒集团将自己的企业文化归纳为四个主题词："担当"、"创新"、"包容"、"卓越"。"担当"意指媒体必须担当起包括新闻、政治、社会、文化和经济等五个方面的社会责任。具体内容是：新闻方面要为每一篇报道的真实性负责；政治方面要掌握社会的话语权，要对自己所传播的舆论、意见和观点负起政治责任；社会方面要将社会效益放在第一位，对自己所传播内容的社会影响负责；文化方面要传承民族优秀文化和传统，对引导信息文化发展方向负责；经济方面要履行自身的经济责任，包括依法经营，构建企业文明，保护员工合法权益等等。"创新"对于南方报业传媒集团来说，不仅意味着产品创新、营销创新和经营创新，还包括组织创新、制度创新乃至对品牌媒体群运筹帷幄的产业创新。"包容"则反映了南方报业传媒集团的和谐观，它包括三个层次的含义：其一是把握正确的导向和积极探索之间的平衡；其二，强调文化的多样性与和谐；其三，强调多品牌、多元化发展的战略异同。而"卓越"既是一种境界，也是一种姿态，要求南方报业传媒集团的员工积极进取，不断超越自我。②

如果说南方报业传媒集团企业文化中蕴含着深厚的历史积淀和"文化基因"传承，并体现出一种多品牌、多元化组织结构下的开放包容及向心力凝聚力的协调关系，那么一报独大的强势媒体或报业集团，其企业文化则呈现出组

---

① 陈致中：《报社员工组织文化认同度及其影响之研究》，载《国际新闻界》，2010年第5期，第84~87页。

② 杨兴锋：《媒体企业文化与社会责任》，在首届传媒领军人物年会暨第三届中国传媒创新年会上的讲话，2008年1月17日。

织中员工对于自身(报纸或报业集团)的高度认同感和自豪感,它折射出组织内部价值观的同一与自信。

例如,国内报业集团中的先行者——广州日报报业集团,其主报《广州日报》是一路领跑、气势如虹的强势品牌媒体,"追求最出色的新闻"这句话每天都印在该报头版报头位置,它可以说是对该报核心价值观的高度概括,体现出一种职业理想和追求,且透露出某种自信,该报前任社长戴玉庆在谈到其办报理念与品牌发展路径时指出,这句话的延伸就是"办读者最喜欢的报纸"。①而《广州日报》十余年来在广州报业市场乃至全国单份报纸中均保持着多项第一,正是该报员工对这一办报理念及其核心价值观高度认同与认真贯彻执行的回报,他们也完全有理由为之感到自豪。该报另一句广告语"塑造最具公信力媒体"表达的办报理念,同样体现出这种职业理想和追求,也充满着职业传媒人的自信和自豪感。

与历史悠久的报纸相比,北京的《京华时报》②显然属于小字辈,前任社长吴海民对此颇有自知之明,他对报纸企业文化的理解和诠释别具一格:"对《京华时报》以及所有创新媒体来说,企业文化建设都是一个长期的过程……像《京华时报》这样另起炉灶的创新媒体,没有自己沿袭下来的传统,也没有组织文化上的历史积淀,要想重新形成一套全新的企业文化体系,就是一个全新的课题。"③因此,《京华时报》所设定的企业文化的关键词是"认同感",即包括对战略选择的认同和制度安排的认同,也包括对经营活动中一些原则的认同。在全体员工对核心价值高度认同的基础上,才有《京华时报》建"一流队伍,办一流报纸,创一流效益"的"使命"感,才有"百年京华"的长远发展目标,才有"真诚、团结、实干、创新"的行为规范。一份新创办的报纸能有这样明晰而务实的办报理念,对企业文化建设有如此自觉的意识,的确难能可贵,它在强手林立、竞争激烈的京城报业市场中,能够奋力拼杀且站稳脚跟,甚至后来居上,绝非偶然。

分析南方报业传媒集团、《广州日报》、《京华时报》等强势报业组织(报业集团或报纸),不难发现,清晰明了的核心理念所构成的企业文化,是推动其不断前进的基石。目前中国表现较为出色的报纸或报业集团,大都拥有其员工

---

① 金雁等:《都市报业品牌经营》,北京:中国人民大学出版社,2008年,第58页。
② 2011年9月初,《京华时报》改由北京市委宣传部主管主办。
③ 吴海民:《吴海民·媒体木桶系列圆环之三:媒体企业文化塑造》,人民网,2006年10月8日,http://media.people.com.cn/GB/22100/71143/71144/4890666.html

高度认同的企业文化及核心理念,《广州日报》的"追求最出色的新闻"、《南方周末》的"正义、良知、爱心、理性"等,既体现出媒体面对社会的责任担当,也聚合了媒体人共同的愿景和使命,其中充盈着强烈的自尊、自信和开拓创新的进取精神。

不必讳言,中国报业在由传统的计划经济体制下的事业单位,逐步地向具有现代企业制度的报业组织转型的过程中,保守的企业文化依旧较为强势,能够在改革大潮中脱胎换骨的毕竟是凤毛麟角,绝大多数的报业组织还未能形成与市场机制相匹配的企业文化。这样的局面是难以适应迅速发展变化着的媒体环境的。

当前,国内报业走向市场的步伐在不断加快,报纸等传统媒体又处于转型变革期,报业集团面临的市场竞争千变万化,不仅报纸产业内部存在激烈的竞争,而且报业与广播、电视、互联网和新媒体等媒体间也存在着不同程度的竞争,而中国传媒业发展已进入"媒介融合"背景下的"传媒集团"竞争时代,跨媒体、跨地域、跨行业等产业化经营,也已成为传媒集团发展的新趋势。如何在激烈的市场竞争中保持竞争优势,获得可持续的发展,这是时下报业集团最关心的问题。

对于包括报业集团在内的企业组织而言,能否健康地成长乃至基业长青,企业文化不是最直接的因素,却是最持久的决定性因素,因而,对于任重道远的国内报业集团来说,要以打造"百年大报"的战略眼光和职业理想追求,悉心地培育和呵护自己的优质企业文化,增强团队的凝聚力,提高报业组织的创新能力,从而在迅猛变化的媒介环境中保有持久的竞争优势,获得可持续的发展,实现其共同愿景中的宏伟蓝图。

2. 核心人才

"21世纪最重要的是人才",这是一句耳熟能详的广告语。早在50多年前,管理学大师彼得·德鲁克就把人视为一种独特的资源,[①]而且他认为人力资源拥有当前其他资源所没有的素质,即"协调能力、融合能力、判断力和想象力"。

随着企业经营环境日益复杂多变,协调、融合和判断的能力愈来愈显得重要,因此,许多学者都断言:人力资源将成为比其他资源更加重要的关键资源。

广义上的人力资源,指的是能够推动整个经济和社会发展的劳动者的能

---

① [美]彼得·德鲁克:《管理的实践》,北京:机械工业出版社,2009年,第291页。

力,即处在劳动年龄的已直接投入建设和尚未投入建设的人口的能力。① 而一般所谈论的人力资源或人才,则是指组织内部能够创造价值、实施战略,指导或协助其团队完成任务,进而实现预期目标的人员。迈克尔·波特在探讨国家竞争优势时,曾经把一个国家的资源和禀赋分成"初级资源"和"高级资源",其中普通的劳动力只算是初级资源,而具备技术、创新能力、适应能力和协调能力的高级人才,则是真正对提升国家竞争力有帮助的高级资源。②

  美国钢铁大王卡内基的墓碑上刻着:"一位知道选用比他本人能力更强的人来为他工作的人,安息在这里。"他还说过,即使将我所有工厂、设备、市场和资金全部夺去,但只要保留我的技术人员和组织人员,四年后我将仍然是"钢铁大王"。可见卡内基已经把人才视为组织最重要的资产。可口可乐公司曾声称"我们的主业是培养人才,饮料只是副业"。松下电器的创始人在被问到"松下是什么样的公司"时总是回答:"松下电器是制造人才的公司,顺带做电器生意。"还有诸如IBM、惠普、戴尔等一大批世界知名的企业,都是把"以人为本"作为企业的信条与核心价值观。由此可见,人才的确是现代企业最重要的资产,也是竞争力乃至核心竞争力的主要源泉。

  人才相对于其他的组织内部资源,具有十分独特的地位。因为组织事实上是由人所组成的,所有的战略、目标、方案、制度等,都必须由人来实践,而一切的硬件资源,也都需要由人来操控。可以说,人才在所有资源中起到了主导、协调和整合的作用,没有了人才,其他一切资源都只能成为摆设。无怪乎"管理大师"德鲁克提出了他的天才的管理理念"人是资源,而不是成本"。③ 遗憾的是,很多企业虽然学会了把"以人为本"或"人是最重要的资产"当作宣传口号,但在具体的实践中,却没有体现出尊重人才和发挥员工独创性的实质性措施,人才的关键作用未能得到应有发挥。许多企业对留才、育才较为吝啬,每年用于培训发展的预算少得可怜,也没有建立系统化的员工发展和生涯规划途径,结果导致员工的能力和水平很难有效地提升,工作绩效长进不大,对企业的向心力低,离职率居高不下,造成很多无形的资源如知识、技术、组织能力等等,往往随着员工特别是核心人才的流动而不断流失的严重后果。

---

① 张德:《人力资源开发与管理》,北京:清华大学出版社,2001年,第1页。
② [美]迈克尔·波特:《国家竞争优势》,李明轩、邱如美译,北京:华夏出版社,2002年,第72～73页。
③ [美]杰克·贝蒂:《大师的轨迹——探索德鲁克的世界》,北京:机械工业出版社,2006年,第71页。

在传媒方面,也有学者提出新闻人才是传媒的核心竞争力。① 这虽然属于以偏概全的认识,但人才作为其构成要素,则是毫无疑义的。事实上,由于传媒的核心业务在于内容的生产,能否生产出高质量、符合受众口味和社会要求的内容,很大程度上取决于人才的能力、水平以及数量。同时,传媒运作中的许多相关知识属于"隐性知识"(tacit knowledge),是只可意会而难以言传,即无法完全通过明确的语言或符号加以传递的知识,而隐性知识只能是由"人"这个载体所拥有和传承。因此,对传媒而言,人才的重要性甚至超过了其他大多数行业。

报业集团人才队伍的建设不仅仅指采编人才,同时还包括策划、广告、发行等经营管理人才。曾担任南方报业传媒集团掌门人的范以锦在谈到报业组织的成功之道与人才两者之间的关系时,就多次明确指出,要运作一份成功报纸(事实上也包括报业集团等报业组织),"需要三种人才形成的合力:一是具备复合型的知识和能力、擅长报业运营的领军人物,二是通晓新闻规律、擅长办报的采编人才,三是具有敏锐市场意识、擅长营销的经营人才。这三种人抱成团,组成一个创新团队,就会发挥出强大的办报和运营能力,使报纸焕发出强势的市场竞争力"。②

从国内报业发展的实践看,的确如此。报业组织特别是其高管有上述三种人才的协调运作,其所组成的团队就会充满活力,并形成强势的领导和运作班子,使报业组织(报纸、报业集团)具备较强的市场竞争力,其成功的几率也会比较高。而其中第一种人才也就是既懂得办报又懂得经营管理的复合型人才,尤其重要。"一把手,最好是复合型人才,如果不是复合型人才,他最好是善于用人的人才"。③ 也就是说,报业组织的一把手最好是具备复合型的知识和能力、擅长报业运营的领军人物,倘若尚未具备这样的素质,至少也应当知人善任,把能力强的人用到关键岗位上去。如果再有品牌优势和资本优势,加上团队的创新优势,该报业组织就具备了拥有核心竞争力的极大可能性。

不言而喻,报业集团的高层领导是至关重要的,他们要协调各个方面的关系,要在运作报业集团的每个重要环节上正确地决策,尤其是遇到一些事关报业组织发展前途的重大决策、重要问题或矛盾纠结,需要妥善处理时,更是对

---

① 李希光:《报业新论——什么是报纸的核心竞争力?》,载《中国报业》,2005年第3期,第51~54页。
② 范以锦:《南方报业战略》,广州:南方日报出版社,2005年,第360页。
③ 金雁等著:《都市报业品牌经营》,北京:中国人民大学出版社,2008年,第54页。

高层领导的智慧、勇气和化解矛盾的能力与艺术的考验。在不确定因素日益增多的现实环境中,这种对高层领导决策水平和执政能力的考验已成为一种常态。因此,报业集团领军人物的智慧能力和领导艺术,对于引导报业组织健康成长,增强员工的凝聚力和创造力,形成持续竞争优势并产生良好的效益,无疑起到了关键性作用。

卓越的企业领袖才有希望造就卓越的企业,"企业领袖必须培养独创性思维和深邃的洞察力,建立独特、清晰、可实现的愿景,并将其渗透到企业运营的每一个方面,让它成为企业所有经营活动的行动纲领……"[1]"伟大的企业之所以成功,是因为企业的领袖能够看到别人看不到的东西,提出别人提不出的问题,然后制定自己的方针,将洞察力与策略相结合,描绘出具有鲜明特色的发展蓝图。"[2]"企业的生死存亡就在于企业领袖所做的每个决定"。[3]

有一个目光远大而又脚踏实地的杰出的领导班子,才能够有效带领组织员工在多变的市场环境中认清形势,找准目标,把握机遇,克服困难,不断引导报业组织走向兴旺发达的成功坦途。

对报业集团来说,如何吸纳人才、稳定人才队伍、开发人才潜能和激励人才创新,如何形成人才优势,创造和提升媒体的竞争优势,这是每个报业集团必须认真对待和长期关注的一个问题,因为这个问题处理得好与坏,很大程度上决定了报业集团的前途和命运,可谓生死攸关。缺乏核心人才的报业组织,自然也就无法形成自身的核心竞争力。

每一家全球知名的传媒企业,对于人才的培育、发展和激励都十分重视。例如,《时代周刊》为了实现其"告知人们真相"的使命,对于采编人员的选拔和培育极为重视,所有记者编辑,大到新闻的企划、选题、采访,小到用字遣词,都是严格遵循《时代周刊》的模式。由于长期深耕于某个专业领域,许多《时代周刊》的记者编辑都被认为是该领域的专家和权威人士。

再如,全球知名的科学、地理和探险类刊物——《国家地理杂志》,是重视人才的典型。对于《国家地理杂志》的记者而言,写报道并不仅是动动笔、按按快门这么简单。因为《国家地理杂志》报道议题的特殊性,它的报道经常是在极端的环境中完成的,它的记者需要跟着探险队一起上山峰、下海底、深入沙漠的古老遗迹,甚至在炮声隆隆的战场上出生入死。唯有身历其境,才能出色

---

[1] 布坎南:《眼界——公司命运的决定力量》,北京:中国纺织出版社,2005年,第1页。
[2] 布坎南:《眼界——公司命运的决定力量》,北京:中国纺织出版社,2005年,"前言"第2页。
[3] 布坎南:《眼界——公司命运的决定力量》,北京:中国纺织出版社,2005年,第81页。

完成其使命,写出震撼人心的文字和提供极具视觉冲击力的摄影作品。因此,《国家地理杂志》的记者可以说人人都是第一流的探险家、摄影专家和科学家。而在这些记者成名成家的光环背后,是传媒组织对其成员的大量前期投入。

号称中国报业的"黄埔军校"的南方报业传媒集团,为中国报业培养了许多优秀人才。考察南方报业组织招聘录用机制,可以发现其不拘一格、广纳人才的文化理念,它为员工内部流动提供的"良性自由流动空间",体现出南方报业传媒集团的"以人为本"的文化理念,而追求人才流动的"泉涌效应"人才观背后,则彰显了其"担当、创新、包容、卓越"为核心理念的"南方文化"。环境造就人才,人才反过来又会对其所在的组织环境产生积极的影响,从而形成一种良性循环。

广州日报报业集团也十分重视人才的储备与培养。从1995年开始,该集团每年都有计划地到全国各地著名的高等院校,招聘高素质的人才,涵盖专业包括新闻、中文、经济、法律、金融、会计、电脑、自动化、建筑、外经等,其中不乏硕士、博士。从1998年开始,集团每年派出6至8名优秀人才到国外攻读学位或做访问学者,并与美国密苏里新闻学院签订协议,每年还派出若干名优秀员工赴美攻读硕士学位。密苏里新闻学院也定期派教授到广州日报报业集团讲学。在实施自办发行后,为了建设高效优质的自办发行网络,报业集团每年还要选派一批发行站站长以上的骨干到日本朝日新闻等报社跟班学习。[①] 该报业集团出色的业绩背后,有着其独特的人才理念和用人之道。

总之,人才既是报业组织运作的核心资源,又是隐性知识的承载者以及一切其他资源的调度者和整合者,对于任何企业来说,人才都是其构成核心竞争力的关键要素。对传媒而言,核心竞争力的形成归根结底还是离不开人才的核心能力,报业集团必须运用卓越的人力资源管理措施,激励和吸引更多优秀的人才,利用多元化和具有灵活性的创新机制,使人才将其知识和才能最大限度地发挥出来,让人才与集团一道健康成长、共同进步,相得益彰地培育和提升其核心竞争力。

3.组织结构

如何建立良好的、有助于战略实施的组织结构,一向是管理学研究的核心问题之一。在管理学中,组织意味着"拥有共同目标的人群集合",因此小到只有三五人的团队,大到人员以百万计的各国政府,都算是组织的一种。而组织

---

① 何向芹:《人才战略:报业经营与发展的制高点》,载《新闻战线》,2000年第8期,第24~27页。

结构意味着组织当中各部分间的特定关系形式,如何通过调节人员间、部门间的关系和指挥链,发挥最好的沟通和协调效果,从而实现组织的目标,就是组织结构所要探讨的重点。

报业集团的市场化、产业化要朝着现代企业的方向发展,其在组织结构上就必须通过深化改革,建立真正意义上的现代企业管理制度,以适应自身发展的需要和迅速变化的市场需求,抓住稍纵即逝的机遇,为集团做强做大开拓新市场,寻求新的增长点,以高效的组织结构和科学的管理制度创造良好的业绩。

自从钱德勒(A. D. Chandler)在1962年提出"结构追随战略"[①]的说法后,组织结构与企业战略的密切关系就受到学者的重视。1979年邓肯(R. Duncan)指出组织结构是一种由组织内众多任务、技术、人力等单元所组成的互动和协调模式,其主要功能在于确保组织目的的实现。他还指出,对于管理者而言,组织结构有两个主要选择:职能式的组织和分权式的组织(也称事业部式的组织)。而有效的组织设计,则有赖于对内、外部环境特性的观察,其中内部环境包含组织的目标、管理者的学历及技能、组织技术含量与部门互赖性等。而外部环境则包含顾客、供货商、竞争者、技术变化乃至于社会政治等变量。[②]

尽管不同学者对战略和组织结构的关系有不同认知,但大体上都同意组织结构主要有"集权式"和"分权式"两种。其中集权式组织较适合简单而静态的环境,它主要借着明确而正式的部门划分、纵向为主的沟通,以及把决策权集中到高层而得以实现。分权式的组织则正好相反,借着设立许多拥有高度自主权的部门(通常是围绕不同市场、产品或项目而建立),将决策权分散到较低的层级中;它的优点是决策所需的信息相对较少,对环境的反应快速,而且各部门容易产生新的创意或想法;但缺点则是许多稀缺性的资源难以有效配置到各部门,同时各部门间的沟通和整合较为困难。

除了这两种典型的组织结构外,还有许多选择性的组织模式可以完善组织结构、加强横向的联系与整合。例如各部门的联络人、任务小组(Task Force)、矩阵式组织,乃至于最新的网络式组织或虚拟组织等。这些组织模式都是建立在"集权式—分权式"古典组织结构的基础上,利用各种方式强化组

[①] Chandler, A. D. Strategy and Structure. Cambridge, MA: MIT Press, 1962.
[②] Duncan, R. What is the Right Organization Structure? Decision Tree Analysis Provides the Answer. Organizational Dynamics, 1979(4):pp59~79.

织结构中的沟通与整合能力,或是进一步提高对环境的适应力。

例如,矩阵式组织在传统职能式组织的基础上设立项目经理,围绕某一类产品或特殊市场,集中组织内现有的人力和物力来达到最大效能;而网络式组织则是在信息技术(IT)的辅助下,将组织内非核心的职能外包,借由和众多外界单位建立联系,以减少成本、进一步集中组织资源,以及增强对环境变迁的适应能力。

现今的竞争环境愈来愈重视无形资产——知识的蓄积和运用,许多组织也因此更加重视知识资产的管理,在这样的环境中,组织结构本身也应因知识经济的到来而发生变化。格兰特(Grant)认为,在知识经济时代,组织结构的设计不能仅以传统的生产要素或产品、工作流程来思考,而应把知识作为核心资源,亦即组织必须首先了解知识的本质与特性后,再决定组织结构中决策权的集中程度,以达到充分支持组织知识创造与利用的目的。①

关于知识型的组织,我国台湾学者宋琼玲认为,知识组织是一种为了促使或实现主观知识的客观化及客观知识的主观化,而对知识客体所进行的整理、加工、引导、揭示、控制等一系列的组织化过程及方法。② 知识管理著名学者野中郁次郎(Nonaka)和竹内弘高(Takeuchi)则认为,知识经济时代的组织,最基本的要求是提供处理信息的基本结构,使员工重复且持续地获得、创造、探索及累积新知识。③ 莱伯维兹(Liebowiz)和贝克曼(Beckman)认为,一个知识型组织结构应该具有以下特性:

(1)自我管理的结构(Self-directed and Management):知识型组织不应是机械式的官僚型组织,而应该是由活泼、自主、充分分享且富于创造力的自主团队所主导,员工由于得到充分授权及掌握丰富知识,因此可以有效地自我管理。

(2)高弹性与适应力的结构(High Flexibility and Adaptability):知识型组织必须能因外部环境的变化,比对手更快速地改变经营模式和战略来适应本身的竞争环境;而组织欲达到此目标,必须拥有灵活的网络型团队结构,以及快速吸收新知识的能力。

---

① Grant, R. M. Toward a Knowledge-Based Theory of the Firm. Strategic Management Journal, 2002, 17, Winter Specially Issue: 109~122.
② 宋琼玲:《从知识组织的面向探讨图书馆资讯服务》,"中央图书馆台湾分馆馆刊",2002,8(1):29~37.
③ Nonaka, I., Takeuchi H:《创新求胜——智价企业论》,杨子江、王美音译,台北:远流出版事业股份有限公司,1995年.

(3)IT充分支持创新(Innovative IT－enabled)：是指知识型组织必须善用IT来支持组织的创新，如知识的创造、储存、分享、移转等，以协助达成团队的知识分享与能力资源。

(4)主动积极与未来观(Proactive and Futurist)：知识型组织必须具有主动、冒险、积极的创业家精神，并且是一个新典范的创造者、新产品流程的创造者，以及具备领导产业的雄心和能力，而非只是消极的跟随者。[①]

那么，什么样的组织能够符合知识型组织结构的要求呢？目前尚无定论。但可以肯定的是，近20年来两种主要的组织结构发展趋势，都与知识型组织密切相关。这两种趋势是：组织扁平化和组织网络化。

组织扁平化是指组织有计划地减少人员的一种现象，通常是企业为了改善组织效率及效能，所采取持续性减少员工人数的一种方法。

组织扁平化背后的基本思想是"一个组织的管理层次愈少愈好"，这点在无数的案例中都得到了证实，因为组织层次越多，意味着信息从组织最基层传到最高层要花越多的时间，反之亦然；同时，过多组织层次所增加的中层经理人员，也平添了沟通、协调和执行战略的成本，这使得企业很难在第一时间对市场变化作出反应。《追求卓越》的作者彼得斯和沃特曼早在20世纪80年代初期就预测沃尔玛将会击败西尔斯百货，从而成为全美零售业的霸主，因为一个有12个层次的公司是无法与一个只有3个层次的公司竞争的。同理，日本丰田汽车只有4个基本的管理层级，而美国通用汽车在当时则有多达16个管理层级，一般认为，这是丰田的竞争力远高于通用的主因之一。

值得注意的是，减少组织层级并不能够只是简单地把原来三个人做的事丢给一个人做，这是20世纪90年代组织再造(organization reengineering)风潮时，许多企业所犯的错误。纯粹减少人力而没有对工作流程、职位安排进行重新设计，只会加大人员的不满，导致低向心力和高离职率。

减少组织层级意味着必须提高管理幅度(management span，指一个管理者直接指挥的人数)，这也意味着必须给予员工更大程度的授权及自主性，使员工更能掌握自己的任务、工作更丰富且富有意义，从而提高员工自我管理的能力。此外，还必须通过作业流程的改善，减少不必要的审批和文件传递环节，善于用现代信息技术提升组织内沟通、协调和知识转移的效率。而这些做法都与知识型组织的要求密切相关；可以说，知识型的组织必然是扁平的，而

---

① Liebowitz, J., Beckman, T. Knowledge Organizations: What Every Manager Should Know [M]. St. Lucie Press, 1998.

公司在减少组织层级的过程中,如果做法是正确的,必然也会逐渐往知识型组织的方向迈进。

网络化组织(Network Organization)是指一种非传统的组织形式,组织的结构不再是严谨的金字塔形,而是由各个事业单位、小组或中心之间联结成松散的网状结构,彼此具备较高的独立性和自主性,新的商机一旦出现,可以随时把新的单位整合到网络中,市场发生变化时也能够快速调整网络的形状和规模,是极富有弹性的组织。①

古典的管理理论强调生产效率和规模经济,为了取得最佳的生产规模,企业必须尽可能通过纵向和横向一体化,使得整个价值创造流程都在自己的组织范畴内完成,从而造就了许多动辄数万、数十万人的企业帝国。然而到了20世纪80年代,环境的快速变化以及消费者个性化需求的兴起,使得这些庞然大物再也难以重现以往的辉煌,因为它们规模过于庞大、反应迟缓,对于消费者需求的改变很难快速跟进,也无法及时抓住新的商机。相反,在生物技术、软件、网络等高新科技产业,未来将是中小企业的天下,它们靠着战略联盟、合纵连横,每家企业负责价值链的一小部分,在自己的这部分做到局部的规模经济,彼此形成一个个松散却又富有弹性的网络,从而抢占新市场。

一般所谈论的网络化组织多指外部网络化组织,即不同企业之间以合同关系形成的网络,由于每家企业都能把自己负责的一小块业务做到最好,因此整个网络能获得较高的效率,同时又保有网络本身的适应力和创新能力。但是,在实践中还有一种内部网络化组织。这种组织的内部指挥链不像传统金字塔式结构那样严谨,而是以较为有机、松散而灵活的方式互相联结,每个组织单元具有较高的独立性,能够快速对市场作出反应,单元与单元之间往往既是合作又是竞争的关系,通过这种灵活的内部网络化联系形式,使得整个组织的资源配置能够最优化。

已知的世界上最成功的内部网络化组织可能是3M。这家公司(全称是明尼苏达矿业及机器制造公司)以创新能力闻名,百年历史中开发出5万多种新产品,领域涵盖了化工、电子、电气、通信、交通、医疗、建筑、商业和家庭消费品等,世界上有50%的人每天直接或间接地接触到3M的产品。3M在2005年被评为全球最具创新精神的20家公司之一。

3M的创新能力与其内部创业机制有关,实质是一种内部网络化的组织

---

① 李晓华:《产业组织的垂直解体与网络化》,载《中国工业经济》,2005年第7期,第28~35页。

设置。① 3M鼓励每个人开发新产品,公司有名的"15%规则"允许每个技术人员至多可用15%的时间来"干私活",即搞个人感兴趣的工作方案,不管这些方案是否直接有利于公司。当产生一个有创意、有潜力的构思时,3M公司会组织一个由该构思的开发者以及来自生产、销售、营销和法律部门的志愿者组成的风险小组。该小组负责培育产品,使产品从初始构想发展到商用化阶段,他们可以在公司任何一个分部要求资助,只要产品构想能通过专家小组的检验;小组成员会始终和产品待在一起,直到它成功或失败,然后再回到各自原先的岗位上。有些风险小组在使一个构思成功之前尝试了3次或4次。

每年,3M公司都会把"进步奖"授予那些新产品开发后3年内在美国销售额达200万美元或者在全世界销售额达400万美元的风险小组。随着新产品的开发和市场化,成员的职位也会不断提升。比如开始创新时是一位基础工程师,当他创造的产品进入市场,他就变成了一位产品工程师,当产品销售额达到100万美元,他的职称、薪金都变了。当销售额达到2000万美元时,他已成了"产品系列工程经理"。在达到5000万美元时,就成立一个独立产品部门,他也成了部门的开发经理。也就是说,3M的组织结构并不是传统的职能式、事业部式或矩阵式,而是一种不断分化、衍生和组合的网络状结构,每年都会有许多风险小组产生,它们彼此竞争资源,但有时又保持合作的关系,持续地把一个个的新点子(新试验)推动扶植和延伸下去,直到成为营销全球的新产品。总之,3M令人惊异的创新能力,就来自这种灵活的组织结构,以及与之相伴的企业文化、管理风格和激励措施。

许多全球化的大型传媒集团,也都采用了较为宽松的网络化组织结构。例如,新闻集团(News Corporation)为了保证下属媒体生产出来的内容能够符合当地受众的需求,早已形成一套全球性的网络架构。新闻集团的领导人默多克(Rupert Murdoch)说过:"新闻集团是一个宽松的网络(loose network)。一直以来,我信任当地的主管们能够顺利运作。他们应该能够自行解决问题,当地主管就是真正的老板,而不是一切听命于我。"②新闻集团在内容生产上,始终强调地方化,大量雇用、培养当地人员;甚至连各地组织的控制和决策制度都是十分灵活和相对自主的,只要能够保证整个集团获利,新闻集团允许下属子公司采取不同的运作方式、组织设计和工作安排。同时,先进

---

① 王群:《3M公司产品创新机制分析》,对外经济贸易大学硕士论文,2002年。
② Kung-Shankleman, L. Inside the BBC and CNN: managing, media organisations [M]. London: Routledge, 2000.

的信息技术又保证知识能够在全球子公司之间迅速流通。这样一套宽严并济、全球化和地方化并重的组织结构和制度安排,使得新闻集团成为全球领先的传媒霸主。

中国的报业集团也一直在不断调整各自的组织结构,以适应日趋激烈的市场竞争。如组建于2001年的新华日报报业集团坚持采取"宜统则统、宜分则分、统分适度"①的原则来定位集团与子报子公司的关系,避免因集团管理链条过长减慢决策速度,即倾向于组织扁平化管理。而在核定人员编制的问题上,该集团的管理又倾向于弹性的网络化。比如在部门主任与员工之间实行双向选择。选择部主任的员工数不足该部门编制半数的,部主任自然解聘。双向选择中未被聘用的正式职工,一部分由子报自己安置,一部分进入集团人才交流中心。人才交流中心的主要职能是,吸纳各部门、各单位在内部综合改革过程中部分未被聘用的各类人才,帮助他们在集团内外寻找新的岗位,开发新的就业渠道。这种弹性管理方式打破了过去员工只能进不能出的"铁饭碗"模式,提高了组织结构的工作效率。2005年组建的重庆日报报业集团也在尝试组织结构的创新。组建集团当年,即成立了重庆日报报业集团产业有限责任公司,与报业集团之间的关系是两块牌子一套班子,具备事业、企业两种属性。集团和各媒体的经营性资产剥离出来,组建母子公司体制,对具备条件的子公司进行股份制改造。母公司成为一个资本运作平台,子公司成为独立核算、自负盈亏、自主经营的市场主体。这样,各子公司就不吃大锅饭了,真正建立起以资产为纽带、激励与约束机制完备的现代报业集团架构。②

4. 创新能力

"创新行动赋予资源一种新的能力,使它能够创造财富"。③ 西方的创新概念其起源可追溯到1912年美籍经济学家熊彼特的《经济发展理论》,他在书中提出:创新是指把一种新的生产要素和生产条件的"新结合"引入生产体系,或者说是建立新的"生产函数"。它包括四种情况:引入一种新产品,引入一种新的生产方法,开辟一个新的市场,获得原材料或半成品的一种新的供应来

---

① 周正荣:《构建统分适度富有活力的报业集团管理架构》,载《中国记者》,2003年第8期,第12~14页。
② 陈国权:《探索报业集团组织结构创新》,载《中国记者》,2008年第6期,第70~72页。
③ [美]彼得·杜拉克:《创新与企业家精神》,彭志华译,海口:海南出版社,2000年,第17页。

源。①熊彼特的创新概念涵盖范围很广,涉及技术性变化的创新及非技术性变化的组织创新。

1962年,伊诺思(J. L. Enos)在其《石油加工业中的发明与创新》一文中首次直接明确地对技术创新下定义,"技术创新是几种行为综合的结果,这些行为包括发明的选择、资本投入保证、组织建立、制定计划、招用工人和开辟市场等"。②伊诺思是从行为集合的角度对技术创新下定义的。

而首次从创新时序过程角度来定义技术创新的林恩认为,技术创新是"始于对技术的商业潜力的认识而终于将其完全转化为商业化产品的整个行为过程"。美国国家科学基金会(NSF)也在同一个时期,将创新定义为"技术创新是将新的或改进的产品、过程或服务引入市场"。③

20世纪前半叶,管理的重点在效率以及规模,只要能够比别人更快更好地生产出产品,就能够获得超额的利润;在20世纪二三十年代,福特汽车曾以单一的黑色轿车独领风骚十多年,亨利·福特还发下"顾客想要什么样的车并不重要,我只要生产黑色T型车就好"的狂言。然而随着时代的变迁,消费者的需求也发生了变化,他们开始期望更多元化、更能符合个性化需求的产品,加上全球化、信息化、知识化等趋势,使得创新变得越来越重要,福特本人在晚年就曾感叹:"不创新,就灭亡。"这一趋势在20世纪后半叶至新世纪以来尤其明显。

《追求卓越》一书中列举的美国成功企业,如今超过半数已衰落,甚至破产。20世纪80年代红极一时的王安电脑,早已不复存在,甚至连IBM这样的电脑巨头,在20世纪90年代初也曾因为没有抓住个人电脑的发展新趋势,而濒临破产边缘。像诺基亚、惠普等业界巨擘,都因创新不足而黯然败退。

2011年8月,Google以约125亿美元收购摩托罗拉。Google成立于1998年,而摩托罗拉创立于1928年。同样是2011年,苹果公司取代诺基亚公司成为全球第一大手机生产商。苹果公司2007年才推出第一款手机iphone,而诺基亚公司早在1982年就生产移动电话。

---

① [美]熊彼特(Schumpter, J. A.):《经济发展理论》,何畏译,北京:商务印书馆,1990年,第73～74页。
② Enos, J. L. Invention and Innovation in the Petroleum Refining Industry. *In The Rate and Direction of Inventive Activity: Economic and Social Factors.* [M] National Bureau of Economic Research, 1962, pp299～322.
③ 牛莲芳、费良杰、庞娟:《有关技术创新的文献综述》,载《甘肃科技》,2006年第9期,第16～18页。

另一个更为典型的案例是曾经在摄影、胶卷领域独步全球的一代霸主、美国伊士曼柯达公司,这家百年老店曾经是行业绝对的龙头老大,却因为在创新浪潮中没有"赶上趟",于2012年1月19日申请破产保护,面临被淘汰的厄运。

反之,微软、Google、苹果等企业,因为其不断创新,快速地成长为一代霸主。可以说在这个发展变化迅猛的时代,创新未必就会成功,但不创新,就只能落伍直至走向灭亡。

管理大师德鲁克指出:"创新的行动就是赋予资源以创造财富的新能力。事实上,创新创造出新资源⋯⋯凡是能改变已有资源的财富创新潜力的行为,就是创新。"[①]因此,企业创新能力就是企业在市场中将企业要素资源进行有效的内在变革,从而提高其内在素质,驱动企业获得更多的与其他竞争对手的差异性的能力,这种差异性最终表现为企业在市场上所能获得的竞争优势。如今,创新早已是企业战略管理的核心议题之一,波特的价值链模型中把"研究与开发"视为重要的支持性活动,而麦肯锡7S模型中的"技能"事实上也包含着创新能力。

传媒自然也不例外,传媒的核心价值在内容,而内容如果不能持续创新,就无法留住受众(包括吸引眼球和产生情感心灵共鸣来抓住受众)。此外,传媒受科技变迁的影响极大,从早年的广播、电视对平面媒体的冲击,接着是有线电视、录影机、卫星电视对广电业的影响,到如今网络媒介、手机媒介对所有传统媒体的冲击,可以说科技在不断改变着大众传播的面貌,如果传统媒介不能通过创新不断适应变化了的环境,设法用最有效的方式把内容传递给受众,那么迟早也会面临衰落的局面。关于如何提升创新能力,目前众说纷纭。一般认为有几个因素会影响到创新能力的发展:

(1)文化:文化可以说是影响创新的最重要因素。前已提及,文化代表着组织的潜在假设、价值观,以及对员工该做什么、不该做什么的看法。过于严谨而僵化的文化,显然很难孕育出创新的果实。最有助于创新的组织文化,应该是开放、外向型的文化,而非封闭、保守型的文化;应是更加灵活、能适应变化、充满活力的文化,而非一味求稳的、因循守旧的文化;扁平化而非等级化管理的文化。企业文化中还应强调持续学习和不断适应新变化的理念。企业文化如果想在支持和鼓励创新中起到关键作用,就必须着力将文化的作用和影响渗透至企业战略的各个层面,如员工、政策、企业行为、激励机制、企业的语

---

① [美]彼得·杜拉克:《创新与企业家精神》,彭志华译,海口:海南出版社,2000年,第17页。

言和系统架构等等。

（2）领导风格：企业的领导者在推动创新方面起着至关重要的作用，而其中领导者的风格又直接决定着企业创新能力的强弱。因为领导风格往往塑造了企业的组织文化和气氛。"企业领袖的不同愿景，造就了他们所带领企业的不同……一位优秀的企业领袖可以创造愿景，并且为企业描绘出方向清晰的版图。要清晰，但不要太过复杂或野心太大"。[1]"让企业的所有人共同参与愿景的构建是十分重要的，这会改变最后的结果……企业领袖必须持续不断地与员工沟通自己的愿景，因为员工很多记忆不是永恒的。沟通，就是让员工了解'如何'让愿景变为现实，'如何'构建愿景的网络，以及'如何'让每个员工、每个部门都认同这个愿景。员工们想发挥出自己的潜力，被大家认同，并感觉他们所做的是真正重要的有价值的事情"。[2]那些卓有成效的企业领导者往往会提供创新的方向，且建构有利于创新的组织文化和氛围，鼓励个人的高度主动性，推行有效的多功能团队的协作融合和开拓创新，以确保员工能够以最佳状态投入工作，创造佳绩。关于报业集团高层领导的能力及其重要作用的内容，前已论及，此处不再重复。

（3）员工的学习能力：不断学习和充电的员工构成了企业创新能力的根基。企业必须要有一个持续进行的培训项目来鼓励员工，让他们充分意识到拥有创新思维不仅对于整个企业的发展前途至关重要，而且对其个人的成长与成功也意义重大。美国《财富》杂志曾指出，未来最成功的公司，将是那些基于学习型组织的公司。壳牌石油公司企划总监德格认为，唯一持久的竞争优势，或许就是具备比你的竞争对手学习得更快的能力。随着现代科技的突飞猛进，知识的更新速度越来越快，人们需要通过持续不断的学习来掌握新科技、适应新变化，迎接知识经济所带来的挑战。以传播新知识、新变化、新思想、新观念等为己任的传媒从业者，更需要通过持续不断的学习充电来提高自己的素质和能力，真正成为无愧于这个伟大变革时代的弄潮儿。员工自觉树立起终身学习的意识，就会使报业组织焕发出勃勃生机，充满活力与创新精神。

（4）创新的结构与机制：企业的组织结构必须扁平、灵活且有较强的适应能力，在工作流程、薪酬和考核体系等方面，也必须体现对创新的高度重视。

---

[1] 布坎南：《眼界——公司命运的决定力量》，北京：中国纺织出版社，2005年，第1页、第9页。
[2] 布坎南：《眼界——公司命运的决定力量》，北京：中国纺织出版社，2005年，第10页。

以前面提过的 3M 公司为例，它的创新能力显然不是凭空获得的。文化方面，3M 的文化非常突出对创新的重视，强调从失败中学习，鼓励员工勇于提出新的想法，哪怕这些想法未必能立刻创造效益。在管理风格方面，尊重个人的尊严和价值，鼓励员工各施所长，提供一种公平的、有挑战性的、没有偏见的、大家分工协作式的工作环境。尊重个人权利，领导经常与员工进行坦诚的交流，主管和经理要对手下员工的表现与发展负责。制度方面，每年约有 7% 的销售额是用于投资产品的研究和开发，为一般公司的两倍；而 15% 的时间可以"干私活"的规定，内部网络化的组织结构，以及员工的考核、晋升与创新直接挂钩等机制，也都为创新提供了极好的保障。3M 的宣言是"成为世界上最具创新力的公司"，这则宣言深植在员工心中，每个员工都在这样的制度和氛围下成为勇于挑战、善于思考、不怕失败的开拓创新人才。这使得 3M 的创新能力如泉涌般永不枯竭。①

值得注意的是，对企业而言，创新必须是为企业的整体目标和利益服务的。或者说，无论是产品创新、技术创新或市场创新，最终必须要使得企业的效益能够提高，即为企业创造新的价值，否则创新就没有真正的价值。以战略管理之父安索夫（I. Ansoff）的话来讲，产品开发或市场开发的目的，都是为了提高企业整体的综效（synergy）。

以目前全世界最大的金融数据和商业信息服务公司——彭博资讯（Bloomberg）为例，这家由现任纽约市市长麦可·彭博创立于 1982 年的数据公司，目前它的数据终端机在全球有超过 26 万的用户，此外还有一家新闻通讯社——彭博社（Bloomberg News），在全球约有 150 家分社、2000 名记者、每天为 350 家媒体提供超过 4000 则新闻；它还有一家每天以七种语言播出节目的电视台；2009 年，彭博资讯收购了著名的《商业周刊》。②

彭博资讯可以说是在创新能力方面出类拔萃的公司，从原始的数据终端机业务，到后来在个人电脑时代推出数据终端软件、在线交易平台、数据网站等，同时又大力进军传媒的其他领域，如今已经是横跨报纸、杂志、电视、网络、通讯社的综合性传媒集团。值得注意的是，彭博资讯的创新很有针对性，目的是为了巩固它在金融数据市场上的领先地位。

麦可·彭博曾说："彭博资讯是一家提供客户所需信息的企业，不论他们

---

① 王群：《3M 公司产品创新机制分析》，对外经济贸易大学硕士论文，2002 年。
② ［美］敦格（Tungate, M）：《媒体巨擘——全球二十大媒体品牌的行销策略》，王乃纯译，台北：台北沃尔文化，2005 年，第 353 页。

要的信息是什么,在何时、何地需要信息,我们都可以满足他们。"他还明确表示,进军新闻产业事实上绝大部分是为了推广彭博资讯的数据服务。"我们的目的不只是搜集和传递新闻,而是以我们的新闻处理能力,为彭博数据终端机的分析和运算能力作宣传。这使得新闻更有可读性,而我们也可以出租更多的终端机"。由此可见,彭博资讯的扩张并不是无的放矢,而是紧紧围绕着其核心业务,为了获取综合效益而进行的创新。

创新并非一蹴而就,它需要组织文化、领导能力、管理风格、制度以及员工能力等方面的配合。能够持续不断地创新,而且能够与传媒核心价值紧密相连的创新能力,是传媒核心竞争力的重要构成因子和不竭动力的源泉。

在国内报业集团中也不乏凭借创新获得成功的案例,广州日报报业集团就是典型的个例。广州日报报业集团的创新过程有三个特点:探索性、累积性和集体性。①如避开当年竞争对手在晚报市场上的领先地位,摸索出符合广州市民生活习惯的"早茶"战略是《广州日报》出奇制胜的重要手段;拓展国际化的视野,累积本土化经验,创办报业连锁店,引进国外报纸的多版组模式,率先推行广告代理制等,是《广州日报》与竞争对手拉开距离的重要途径;整合不同岗位员工的知识、技能,最先提出"数字化记者",设立新闻行业第一家企业博士后工作站等,体现出《广州日报》集体层面的系统性创新。正是通过一系列的改革创新举措,使集团捕捉到了跨越式发展的良机,以创新赢得先机,以创新领跑市场,实现了其做强做大的愿景。创新无疑是广州日报报业集团培育、形成与提升核心竞争力的一个不可或缺的要素(该集团以创新赢得先机的详情,参见第九章)。

5. 领导力

领导力可以被形容为一系列行为的组合,而这些行为将会激励人们跟随领导去要去的地方,不是简单的服从。美国学者特瑞(Terry,2002)把领导定义为"影响人们自愿努力以达成群体目标的行动",②而格鲁克(Glueck,1969)则定义为"领导是一种人际行为,借以获得员工们达成目标的承诺"。③ 根据对领导的定义,我们会看到它存在于我们的周围,在管理层,在课堂,在球场,

---

① 梁建中、刘年辉:《广州日报:创新型报业集团》,载《中国报业》,2006年第5期,第13~16页,转37页。
② Terry, L. D. Leadership of public bureaucracies . NY: M. E. Sharpe, 2002.
③ Glueck, W. F. Organization change in business and government. Academy of Management Journal, 1969, 12(4):pp439~449.

在政府,在军队,在上市跨国公司,在小公司直到一个小家庭,我们都可以在各个层次、各个领域看到领导力,它是我们做好每一件事的核心。一个头衔或职务不能自动创造一个领导。如果说管理者的权力主要来自组织结构所赋予的正式职权,领导者的权力则来自个人的影响力;管理者在既有框架内解决问题,而领导者则目光远大,经常是变革的推动者。

20世纪伟大的历史学家房龙(Hendrik Willem van Loon)曾经如此评价拿破仑的领导能力:"拿破仑是一位最伟大的演员,而整个欧洲大陆都是他施展才华的舞台。无论在任何时候、任何情形下,他总能精确地做出最能打动观众的姿态,他总能说出最能触动听众的言辞。无论是在埃及的荒漠,站在狮身人面像和金字塔前,还是在露水润湿的意大利草原上对着士兵们演讲,他的姿态、他的言语都一样富有感染力。无论在怎样的困境,他都是控制者,牢牢把握着局势。"[1]这几乎可以说是对领导者以及领导气质最精彩的阐述。

不过在中国,"领导"一词一般只会跟组织的最高层联系在一起。但在现代管理学中,"领导力"却是无处不在的,任何层级的管理者都需要某些程度的领导力,只要有影响他人、激励他人的需求,那么领导力就是一种有价值的能力。

关于领导力的研究,经历了许多时期。最早的学者相信领导能力是天生的,因此热衷于探讨优秀领导者所具有的特质;当学者们发现根本无法把所有领导者的素质都归纳完全后,开始转而探讨领导者的行为模式(关注任务、关注人,或是两者兼备);在权变主义的思潮出现后,又有了领导研究的权变观点,即探讨在不同情境下,如不同的任务、上下级关系、部属成熟度之下,领导者的行为有哪些差异。

近年来,最受瞩目的领导能力观点,莫过于变革型领导。变革型领导(Transformational Leadership)一词最早出现在彭斯(Burns)所著的《领导论》(Leadership)一书。彭斯认为,领导是一种领导者与部属之间相互影响的关系的演进过程,领导者与员工共同致力于才智激发(Stimulation)与心灵鼓舞(Inspiration)来带动组织变革,透过此一历程,领导者与部属的工作动机与合作道德得以提升,同时也能促进组织社会系统的改变与组织体制的变革。[2]

随后,巴斯(Bass)指出,变革型领导是指成员对领导者具有信任、尊重、忠诚等感觉,领导者透过改变成员的价值与信念、开发其潜能、给予信心等方式

---

[1] [美]房龙:《人类的故事》,北京:北京出版社,1999年,第331页。
[2] Burns, J. M. Leadership . New York, NY: Harper & Row. 1978.

来提高成员对组织目标的承诺,并产生意愿与动机,为组织付出个人期望外的努力。关于变革型领导者的人格特质方面,巴斯指出,变革型领导者所具有的重要特质包括以下几项:在面临危机时能保持冷静和幽默感,在压力及关键时刻能够维持恒心与毅力、能够尽责、保持情绪稳定等。[1]

巴斯(Bass)和阿沃利奥(Avolio)还具体分析出变革型领导的四维度:[2]

(1)心灵的鼓舞(Inspirational motivation):变革型领导者必须先揭示一个能够结合组织发展与个人成长的未来愿景,使这个共同的愿景或组织目标能成为员工工作动机的源头,赋予个人工作行为较为深刻的行动意义。

(2)理想化的影响力(Idealized influence):能使他人产生信任、崇拜和跟随的行为。它包括领导者成为下属行为的典范,得到下属认同、尊重和信任。

(3)个性化的关怀(Individualized consideration):变革型领导同时关注工作与人员两个面向,但更重要的是针对人员性情、能力的个别差异,关怀其思想与行为的改变。

(4)才智的激发(Intellectual stimulation):变革型领导者的职责,在于建立一种能激发组织上下才智互动的创造过程。透过彼此意见的交换、脑力的激荡与思考观念的多元化,组织能够应付诡谲多变的环境。

由此可见,所有历史上有名的领导者,基本上都可以被归类为变革型领导者,他们运用自己的个人魅力,塑造出美好的愿景,并且有效地激励和关怀部属,从而让部属愿意跟着领导者一起赴汤蹈火。变革型领导能力已经被认为是影响组织效能的重要指标,近年来西方进行了大量的实证研究,发现变革型领导与"组织效能或组织绩效、单位凝聚力、组织承诺等变量具有显著相关"。[3] 国内学者的研究也表明,变革型领导与"员工满意度"、[4]"领导有效性"、[5]"组织承诺与离职意向"[6]等变量显著相关。

---

[1] Bass, B. M. Leadership and Performance Beyond Expectations. New York: Free Press. 1985.
[2] Bass, B., Avolio, B. Improving organization effectiveness through transformational leadership. Thousand Oaks, CA: Sage Publications, 1994.
[3] Geyer, A. L., Steyrer, J. M. Transformational leadership and objective performance in bank. Applied Psychology: An International Review, 1998(47):pp397~420.
[4] 李超平、田宝、时勘:《变革型领导与员工工作态度:心理授权的中介作用》,载《心理学报》,2006年第2期,第297~307页。
[5] 李超平、时勘:《变革型领导与领导有效性之间关系的研究》,载《心理科学》,2003年第1期,第115~117页。
[6] 陈致中、张德:《中国背景下变革型领导、组织承诺与离职意向关系研究》,载《当代经济科学》,2010年第1期,第9~15页。

领导力和战略的关系更是密切。熊彼特（J. A. Schumpeter）等人认为，公司的战略经常是无法诉诸文字、用正式的制度和规范来具体化的，它往往是存在于企业领导者的心中。① 领导者通过经验和直觉来预见组织的未来，再根据愿景组织员工、累积资源、抓住机会，最后逐渐建立起战略优势。从这个角度看，战略能力很大程度上取决于领导者的能力。②

在传媒领域也不乏优秀领导者一手建立起整个传媒帝国的例子。新闻集团的领导者默多克就是一位伟大的领导者，他凭借依据自己的直觉抓住机遇的能力以及永不放弃的精神，把澳大利亚一家小报《新闻报》短短三四十年间发展成横跨欧、美、亚、澳几大洲，涉足报业、广播、电视、电影等领域的庞大传媒集团。20世纪80年代担任《周日泰晤士报》编辑的尼尔（Andrew Neil）曾经这样形容过默多克的影响力："鲁伯特（默多克）有着神奇的本领，即使他不在该处，也仿佛是他亲临现场一样。当我没有听到他的消息时，他的影子仍然在我心里，使得我不敢懈怠。当我们实际交谈时，他总是让我知道他喜欢什么、不喜欢什么。这便是他人格特质中的强势之处，无论他离你有多远，都迫使你不得不小心翼翼地把他的观点纳入考虑。"③ 在新闻集团相对松散的全球网络架构组织下，默多克个人的魅力、影响力，以及洞悉一切的特质，无疑是引导整个集团能够乘风破浪驶向成功彼岸的罗盘和重要动力。

与其他核心竞争力要素不同的是，领导力似乎属于一种相对个人的特质，因此很多人会担心，一旦现在的领导者离去，整个组织就会失去方向。然而现代领导学研究表明，领导能力在很大程度上是可以学习的，目前许多全球化大企业热衷的领导力开发（Leadership Development）以及接班人计划（Succession Planning）就是为了维系组织的领导力。

中国的报业集团在领导力的培育方面有自己的特殊性。绝大多数报业集团都是以党报为核心组建的，且其行政级别在集团内最高，所以，集团最高层的领导任命并非集团内部自下而上的自我选择，而是由更高级别的党组织直接委派或提拔。国内报业组织不存在西方家族报纸一届任期十几年甚至几十年的情况，故而维持领导风格的稳定与统一，包括愿景与相关战略的延续性，是一项艰巨的任务。

---

① [美]熊彼特（Schumpter, J. A.）:《经济发展理论》，何畏译，北京：商务印书馆，1990年。
② [美]亨利·明茨伯格:《战略历程——纵览战略管理学派》，刘瑞红译，北京：机械工业出版社，2001年，第101页。
③ Neil, A. Full disclosure. London: Macmillan, 1997.

鉴于此种情况,有学者提出,中国报业集团应该培育的并非个人的领导能力,而是领导集体的共有规范,这些规范包括"政治家的素质、新闻行家的水准、企业家的眼光"。① 按照中国人民大学新闻学教授陈力丹的说法,今天的报业竞争在一定程度上表现为领导集体驾驭市场能力的竞争。如果领导者只想着自己的退路,没有或没能执行长远的建设思路,这样的报业集团是不可能走远的。至于如何形成强有力的报业集团领导班子,前边有关核心人才的内容中已有比较详细的论述,此处不再重复。总之,领导力是报业核心竞争力的一个关键要素,而组织当中领导力的开发、培育和维系,更是保持组织竞争力的关键。

6. 生产能力

在任何组织中,产品(或服务)的生产都是整个组织的核心活动。创新必须落实在生产流程中,营销和渠道方面的建设,如果没有高质量的产品,也纯粹就是空谈;文化、结构、领导、人才等方面的努力,也都需要作用在持续地提高和精进生产能力方面。因此可以说,生产能力是组织核心竞争力中一个最容易被人忽略,但又无比重要的因素。这里提到的生产能力,并不只是量的提升或者规模经济方面。更为重要的是,产品或服务的质量必须得到保证,必须能满足顾客的需求,同时应因顾客口味的改变而不断作出革新。

在波特的战略规划体系中,"成本领导"战略或者"差异化"战略都不只是字面上看来那么简单。成本领导战略意味着从生产、运输、销售等每一个环节,都要取得对手难以模仿的成本优势,而且不能因为低成本而降低了产品的质量,要在顾客心中塑造"高性价比"的印象。差异化战略更是必须以顾客需求为核心,生产出与竞争对手有差别的、消费者能够认同的产品。没有充分考虑消费者需求的产品创新,只不过是生产者一厢情愿的头脑发热而已。②

产品的差异化以及质量,经常可以是竞争优势的主要来源。例如以偏执和控制欲著称的苹果电脑 CEO 乔布斯(Steve Jobs)对产品设计和工艺的看法一向与众不同,不仅要求所有产品都要有时尚精品一样精致的外观和完美的质感,而且他对产品所有细节的要求近乎苛刻,甚至电脑、手机内部的电路,都在乔布斯的要求下设计得极度美观。乔布斯甚至声称他并不需要关心顾客在想什么,因为"我就是最挑剔的顾客"。③ 苹果第一代电脑没有任何扩充接口,产品的自由度和扩展空间也远比不上其他公司的产品,但那工艺品般的外观以及流畅的

---

① 陈力丹:《报业改革面临的问题》,载《当代传播》,2004 年第 5 期,第 4~8 页。
② [美]迈克尔.波特:《竞争优势》,陈小悦译,北京:华夏出版社,1997 年,第 8 页。
③ [美]利安德.卡尼:《贾伯斯在想什么?》,高子梅译,台北:脸谱出版社,2008 年,第 62 页。

操作体验却吸引了无数的铁杆支持者;后来的 iPad 音乐播放器也是如此,这款与时尚完美结合的播放器,目前占据了全世界 MP3 播放器 80% 以上的市场。2007 年推出 iPhone,苹果公司曾经被无数人质疑是否有能力生产手机,结果这款如同艺术品一般的手机带来极度绚丽的画面以及顺畅的操作界面,一瞬间改变了整个手机行业的竞争格局,导致传统手机巨头摩托罗拉的衰落,连业界老大诺基亚的智能手机市场占有率也在 iPhone 冲击下,下跌了 40% 之多。苹果公司的成功当然是众多因素共同作用的结果,乔布斯的领导能力、良好的企业文化、创新能力,以及扁平化的组织结构都是成功因素,但苹果公司反传统的、能够抓住顾客口味的设计以及推出全新产品的生产能力,则是其中的关键。

对传媒而言,内容生产永远是最重要的环节,没有内容就没有传媒;而在新科技的冲击下,也唯有继续维持高质量、能满足受众需求的内容生产,才有可能维系传统媒体的竞争力。所有能够长期维持竞争优势的传媒品牌,无不在其内容生产方面独树一帜。例如《国家地理杂志》百年来坚持探索、创新和教育的精神,在内容质量上的精益求精,对摄影技术的钻研更是独步全球,完美地把这个世界的方方面面呈现在读者眼前。前任总编辑比尔·艾伦骄傲地声称《国家地理杂志》是反映整个时代的时间胶囊",①所言不虚。正是这样对内容质量近乎苛刻的要求,才使得《国家地理杂志》成为举世闻名的顶级传媒,而且是历经百年仍然辉煌的业界常青树。

从数量方面看,中国的报纸或报业集团的生产能力是无可争议的,因为中国已保持报纸日销量"世界第一"多年。然而,在产品的质量方面,却备受诟病:新闻内容的同质化、新闻的娱乐化现象相当普遍,新闻造假屡见不鲜,报纸公信力遭遇前所未有的信任危机。

如何解决这些发展中的问题,中国人民大学新闻学教授陈力丹给出的药方是,报纸所生产的内容应力求"人无我有,人有我优,人优我廉(降低产品的成本),人廉我畅(产品市场的销售网络),人畅我强(强大的市场营销手段和能力),人强我忠(客户对产品的忠诚度、品牌的力量)"。②

中国的报业组织(报纸、报业集团)只有盯住产品质量这个矛盾的主要方面,才能逐步转变发展方式,以高质量的内容产品及其生产能力跻身世界著名大报(集团公司)的行列,获得与之相抗衡的资本和能力,同时要在新媒体的冲

---

① [美]敦格(Tungate,M):《媒体巨擘——全球二十大媒体品牌的行销策略》,王乃纯译,台北:台北沃尔文化,2005 年,第 256 页。
② 陈力丹:《报业改革面临的问题》,载《当代传播》,2004 年第 5 期,第 4~8 页。

击下扎稳营盘并勇于创新,不断拓宽发展的空间,才能创造报业一个又一个新辉煌。

7. 流通渠道

流通渠道(channel 或 distribution channel)是指产品或服务在从生产者向消费者转移的过程中,取得这种产品和服务的所有权或帮助所有权转移的所有企业或个人。通俗地说,流通渠道就是指产品从生产厂商转移到消费者手中的过程。而广义上的流通渠道还包含了进货渠道和后勤渠道,也就是波特价值链模型中的"进料后勤"和"采购"等环节。

流通渠道在现今的企业经营中是不可或缺的一环,因为随着市场经济的演进,生产者和消费者或用户之间的空间、时间分离程度愈来愈大,为了让货品能有效、迅速地到达消费者手中,必然需要在流通渠道方面下工夫。

按照流通渠道当中的环节多寡,一般可以分为直接渠道和间接渠道。直接渠道是指没有中间商参与,产品由制造商直接销售给用户,例如上门推销、网络直销等;直接渠道在工业品上的应用更广,优点是厂商可以更好地掌握消费者需求,提高对整个价值链的控制权,缺点则是销售方面的投入成本较大,而且范围受到限制。间接渠道是指整个商品流通的过程中有其他厂商或个人参与,又可以分为一层渠道(生产商—零售商—客户)、二层渠道(生产商—中间商或批发商—零售商—客户)以及三层渠道等。一般而言,流通渠道中的环节越多,成本就越高,而且生产厂商对整个价值链的掌控程度也越低。[①]

在过去,由于生产厂商难以直接接触到广大的消费者,同时也难以顾及在各个城市、各个市场上的物流、仓储、零售、市场调研等不同方面的需求,因此,不得不把流通渠道的某些环节委托给其他专业机构或个人来负责,使得流通渠道的层次越来越多。然而,信息技术的发展,重新使得直接掌握消费者和市场脉动、减少流通渠道层次成为可能。

例如,知名的网络书店亚马逊(Amazon.com),由于网络销售平台大幅减少了仓储、物流和店面成本,把流通渠道层次从原本的二至三层降至一层,同时还可以近乎无限制地添加商品的品项和分类,这使得亚马逊最终击败了老对手——全美最大的连锁实体书店巴诺(Barnes & Noble),并成为世界零售市场的有力竞争者。

又如,中国的淘宝网也是互联网流通渠道商的翘楚,它直接把无数的买家

---

① 黄俊英:《行销学的世界》,台北:台北天下文化出版社,2007年,第273页。

和卖家联结在同一个平台上,"只有你想不到,没有你买不到"的庞大商机,使得淘宝网成为中国电子商务业的霸主,上过淘宝网的人数几乎占全体中国网民人口的三分之一,在电子商务零售市场,淘宝占了 71.7%的市场份额;就单日网站浏览人数而言,淘宝如今甚至超越了 eBay 和亚马逊,成为全世界电子商务零售业的新巨头。

对传媒而言,流通渠道也是一个应当充分利用而且可以优化,从而获得竞争优势的环节。例如《广州日报》在 1990 年成为中国首批自办发行的报纸之一,通过自办发行提高了对整个流通渠道以及市场的把握能力,相对于许多当时主要依靠邮政系统发行的其他报纸,《广州日报》就取得了发行上的优势。又如全美第一大报《今日美国》(USA Today),这份于 1982 年创刊的日报,在当时全美几乎都是一城一报,且绝大多数报纸发行主要依靠订户的情况下,很难在传统的渠道上打破僵局。《今日美国》从流通渠道入手,别出心裁地投入巨资开发自动售报机系统,售报机摆放在机场、火车站等商务旅客必经的地点,从而牢牢抓住了商务旅客这批尚未被满足的读者,而售报机本身也是极为有效的营销和宣传手段,其结果是《今日美国》大获成功,成为后来居上的新锐(美国发行量最大的报纸)。①

在金融海啸和网络媒介的冲击下,传统报纸面临着发行和广告双双下滑的局面,许多报纸也设法从流通渠道方面来突破困境。例如美国第四大报团——媒介新闻集团(Media News Group)旗下的《洛杉矶日报》(The Los Angeles Daily News)从 2009 年开始尝试一种"个人化报纸"的流通渠道方案。《洛杉矶日报》研发出一种新式的打印机,安装在订户家中,订户在选取自己想要阅读的版面和专题后,这种"个人化"的报纸就会自动在读者家里打印出来,不再需要人送报,而且比起传统几十个版面的报纸节省了大量的纸张和油墨费用。读者可以只看自己想看的内容,广告商也可以更有针对性地刊登广告。尽管这项流通渠道创新才刚刚开始,其前景还不明朗,但至少可以看出传统报业在流通渠道创新上的努力。②

当下,加紧新技术嵌入研究,拓宽供给渠道,已成为全世界报业的共同命题。以《纽约时报》为例。2007 年,《纽约时报》牵手微软发布报纸的数字版产品 Times Reader,同年悄然在主网站推出了 Blogrunner 服务:通过网络爬虫

---

① 支庭荣:《媒介管理》,广州:暨南大学出版社,2004 年,第 86～87 页。
② TIM ARANGO, Could Customized Newspapers Bring Readers Back? On The New York Times, 2009/3/8.

和编辑共同查找新闻并为新闻排名形式,为用户提供定制服务。而在Google的可视化新闻搜索里,也可以见到《纽约时报》的页面缩略预览图。当然,2010年推出的苹果iPad更是以《纽约时报》的页面来做广告。实际上,应该说是《纽约时报》借助iPad在做广告。《纽约时报》的种种举措无不印证了报业转型的一个关键词——新媒体嵌入。

中国报业近些年来在此领域也有不少开拓创新之举,诸如解放日报报业集团的4i战略,成都传媒集团增资全搜索网站,《南方都市报》、《东方早报》等嵌入苹果iPad,均显示出报业组织(报纸、报业集团)对新的流通渠道的高度重视。伴随着媒介融合的大趋势,传统报业的转型变革也迫在眉睫,报纸从单一媒体、单一品种的运作转为多媒体、全媒体的运作,形成全介质的传播能力、建立全媒体的生产能力和提高全方位的经营能力,这种新业态必然对流通渠道提出新的更高的要求——流通渠道将进一步拓展为全方位的信息集成、销售和多功能的服务平台。不过,毕竟报纸的核心价值在于内容,而流通渠道则是让内容及其提供的服务能够以快捷、方便、有效的模式和方法,传递到有需要的受众手中。因而,报业组织在网络和新媒体时代想要继续生存而且获得更好的发展,就必须在流通渠道上不断地创新与优化,因为强大的流通渠道将使报业成为更具亲和力的竞争者,通过更加贴近读者的方式,满足其个性化的需求,从而使自己立于不败之地。国内许多报业集团和旗下的媒体都在为寻求突破、培育新的增长点而努力。

8. 营销力

营销(marketing)是关于企业如何发现、创造和交付价值,以满足一定目标市场的需求,同时获取利润的学科。营销学用来辨识未被满足的需要,定义、量度目标市场的规模和利润潜力,找到最适合企业进入的市场细分和适合该细分的市场供给品。国内业界经常把营销和销售混淆,认为营销不外就是把商品卖出去而已;可是实际上,营销的内涵要丰富和广泛得多,它涉及如何找出顾客心中的渴望、如何利用企业的生产和经营能力来满足这种渴望,以便使买卖双方实现双赢的一切过程。

美国营销协会(AMA)把营销定义为:一种理念、商品或服务的构想、定价、推广和分配的过程,用以创造交换,以满足个人和组织的目标。学者们对营销也有各种各样的定义,但最精要的恐怕还要数管理大师德鲁克所说的:"营销的目的,在使销售成为多余。"因为通过有效的营销过程,企业能够真正了解消费者,提供合乎其需要的产品或服务,这时消费者自然会被吸引过来,而产品或服务本身已经自然行使了销售功能。①

营销的出现,经历了好几次观念变革。在20世纪初期以前,企业竞争的焦点在产品或服务的质量,只要能生产出高质量的商品,几乎不需要担心东西卖不出去;20世纪30年代,大萧条使得整个社会一夕间进入供过于求的局面,为了销售商品,企业必须努力地把东西推销出去,这时的营销是一种"推"的哲学,是先有商品,再想办法把它卖出去的过程。到了20世纪50年代以后,消费者需求的分化以及竞争的加剧,使得纯粹的推销已经难以完成企业的目标,从而催生了现代意义上的、顾客导向的营销观念,这是一种"拉"的哲学,是先了解顾客的需求,然后针对需求提供适合的商品、服务和营销方案,从而让商品或服务能够顺利地被顾客所购买。②

因此,营销能力的核心不是广告、促销、试用品或者折扣券,也不仅是有名的4P营销组合(产品、定价、渠道、促销)。营销能力的根源来自对顾客的了解,然后把自己的产品提供给最需要的顾客。在现代营销中,企业和顾客不再是对立的关系,而是双赢的关系:顾客获得了他所需要的商品,企业从中获得利润。所以,整个营销工作中最重要的程序就是市场的细分、锁定和定位,亦即STP(Segmentation－Targeting－Positioning,市场细分—市场选择—市场定位)程序。

首先,在市场细分阶段,企业需要将整个市场按照某些标准(例如地理区隔、人口变量、心理特征等)加以划分;北京的读者显然不同于上海或广州的读者,而少不更事的追星族和老成持重的中老年读者在阅读需求方面也是大相径庭的。

其次,在市场选择阶段,企业需要决定是把整个市场当作毫无差别的单一市场(如几十年前福特做T型车那样),还是针对不同细分市场提供不同的产品或营销方案(例如在华北、华中、华南区同时开展业务,但是各地提供的产品类别和销售手法有所区别),抑或是选择只在某个特定的区隔市场,进行集中的营销(如《经济学家》、《国家地理杂志》、《商业周刊》等专业化杂志所做的那样)。

最后,在市场定位阶段,企业要定义自己的产品或服务在消费者心中的位置,明确自己的独特卖点,与同一市场上的竞争者有所差异,从而让产品对顾客

---

① [美]菲利普·科特勒(Philip kotler):《营销管理学》,方世荣译,台北:东华书局,2003年,第11页。
② 黄俊英:《行销学的世界》,台北:台北天下文化出版社,2003年,第42~44页。

产生足够的吸引力。如南方报业传媒集团的几份报纸,定位就有所不同:《南方日报》的"高度决定影响力"、《南方周末》的"深入成就深度"、《南方都市报》的"办中国最好的报纸";再如,HBO 的定位:"这里不是电视,这里是 HBO",等等。它们都是用独特的定位来塑造自己在顾客心目中的独特形象,以"不一样"的感觉使得顾客对产品产生兴趣,产生认同感,进而购买产品。而差异化与独特性也是塑造品牌的基础,因此我们所说的营销能力,包含着品牌的号召力和影响力。

信息技术的发展使得个性化营销(personalized marketing)成为现实。前面提到的亚马逊书店就是其中翘楚;顾客在亚马逊购书或注册后,就会不时收到来自亚马逊的邮件,包含了订单反馈、书籍推荐以及意见交流。这是因为亚马逊拥有领先的客户数据库,一旦顾客与亚马逊在网上有了接触,亚马逊便会竭尽全力以合理的方式获取顾客的个人数据,接着将这些数据归类分档,根据不同的特质,分割出细致的客户群。

比如,某个顾客是个历史迷,则亚马逊会向其发送关于历史书籍的电子邮件,邮件里会列出一些介绍最新的历史书籍的链接。当然,亚马逊深知现在的网民对垃圾邮件的憎恶,也明白虚拟空间中人们同样不信任广告,因此,在发给顾客的私人邮件,先会小心翼翼地征求顾客的意见,询问他们是否愿意收到这类邮件,同时也非常注重频率,绝不过多地向顾客发送邮件,最为上心的,是它会将邮件的推销意味设计得很淡薄,做得更像是咨询或者购物的指南而不是广告。由于私人邮件中的信息促销意味很淡薄,或者说很隐晦,且信息的针对性又很强,所以,大部分顾客都不反感亚马逊的邮件,甚至总是被吊起一探究竟的好奇心,于是便点击了链接,亚马逊也就完成了整个营销的过程。

基于数据库的个性化营销,是亚马逊成功的关键之一。通过精确掌握顾客的需求和喜好,亚马逊用很低的成本就把充分的营销信息发送到顾客电脑上,而当顾客点击链接的刹那,整个营销过程的主动性就从亚马逊转移到顾客那一方去了,顾客感觉到极高的自主权,并且不会因为这种广告和营销模式而受到困扰。如今,许多企业都开始运用网络进行个性化营销工作,对传媒来说,利用数据库来精确掌握受众的喜好,从而提供个性化的内容给受众,一方面可让受众满意,另一方面更容易吸引广告主,而传媒自身也可以用较少的花费获得更大的回报。

传媒业其实也不是只有先进的技术才能创造营销效果。以财经新闻、政治经济观点和深度分析闻名于世的英国《经济学家》(The Economist)杂志,至今最主要的营销手段仍然是广告海报。这份创刊于 1843 年的杂志,目前发行量超过 90 万份,在 7 个国家印刷,其中有五分之四的发行量来自英国本土之外;它对政治和经济局势的分析、观点和言论,在世界上有极大的影响力。《经济学家》留给读者印象最深的就是其红底白字的醒目标志,它以红白两色为基础(后来也加入了黑色、绿色等色调),从 1986 年开始,制作出一系列经典而脍炙人口的广告海报,简洁的广告词,鲜明而颇具冲击力的对比色,使这些广告总能抓住现有和潜在读者的注意力(参见图 6—3)。《经济学家》杂志的广告非常好地和它本身的定位及品牌形象结合在一起,这是一份办给商务精英人士看的刊物,醒目的红白颜色能够很快抓住人们的眼球,而广告标语也总是锁定商务人士所关心的特质:好奇心、潮流、智慧、远见……作为通常最不容易吸引注意力的街头海报广告,《经济学家》的广告却取得了惊人的成功:在广告推出期间,有超过 40%的目标受众作出了回应,广告平均每年使《经济学家》的零售量增加 2.4%,订户则增加 5.7%,而它花在广告上的支出每年还不到 100 万英镑。①

图 6—3 《经济学家》杂志广告案例

当然,并不是广告海报本身造就了《经济学家》营销的成功,而是它自身内容优势、品牌价值和精确的定位,加上富有创意和魅力的广告设计,这些因素共同起作用,才铸就了它如今的辉煌。正如《经济学家》的品牌营销经理所言:"《经济学家》本身就是一份资产,如果你去检视这个品牌和产品,你会发现它们非常的一致。所有在这份刊物上出现的文章,本身就是一种营销:严谨、独立、率性,并且具有国际观。"其中自然也包括独特的广告海报在营销方面发挥的影响力。

对报业集团而言,一般至少要在两个方面进行营销:把内容销售给受众,

---

① [美]敦格(Tungate, M):《媒体巨擘——全球二十大媒体品牌的行销策略》,王乃纯译,台北:台北沃尔文化,2005 年,第 313~314 页。

把广告版面(实质上代表受众的注意力)销售给广告客户。无论哪一方面,都需要准确把握市场的脉动以及顾客的需求,同时不断优化自身的产品和品牌价值;因为当报业集团(旗下的报纸期刊等)能够用最合适的方式,把最合适的内容传递到最合适的人手上时,其营销能力就能达到了最大化。

三、报业集团核心竞争力构成要素的合力作用

核心竞争力构成要素的归纳,是十分困难的工作。特别当涉及的领域是报纸产业中的报业集团时,由于传媒不同于一般工商企业的属性、使命、生产流程和赢利模式等,使得归纳的困难程度又有所增加。不过,我们仍然通过相关的理论探讨和案例分析,归纳出了报业集团核心竞争力的八大构成要素。

虽然每个组织的核心竞争力从理论上说都是独一无二的,而且具有模糊性、综合性以及难以分解等特性,但是,这八个要素都可以成为核心竞争力的来源。同时,一家成功的报业集团,它的核心竞争力必然包含着这八大要素。如果对其作出更具概括性的表述,还可以把这些要素归类为"硬性要素"和"软性要素"两大类(如下图所示)。

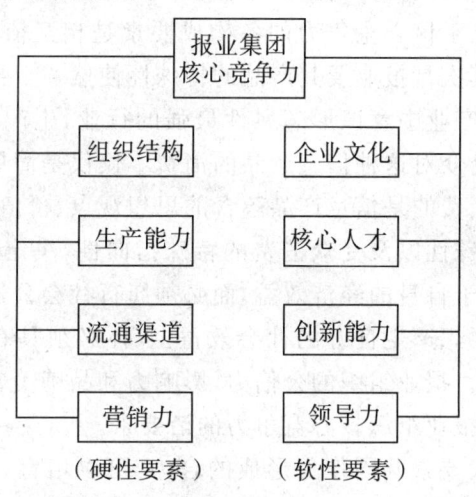

图6-4 报业集团核心竞争力构成图

在这八个要素中,硬性要素相对外显,且与组织结构或价值流程直接相关联;而软性要素相对内隐,属于组织潜在的价值观、氛围、能力、人才素质等方面。报业组织(媒体、报业集团等)所具有的上述素质能力融汇在一起,形成合力,就能够获得持续的竞争优势,长期有效地产生社会效益和经济效益。

前已论及,报业组织以其特有的公信力、影响力、品牌美誉度和品牌忠诚,

赢得受众（包括社会读者和广告客户）的信赖,保有和提升其市场竞争力。这些素质和能力是需要经年累月的长期积淀才得以形成,是某家报业组织独有的,即具有独特性和不可替代性,因而是难以模仿和不易被超越的,由此便可以培育、形成和不断提升报业集团的核心竞争力。

过去国内业界、学界对报业组织竞争力构成中的硬性和显性要素关注较多,对隐性和软性要素则不够重视。然而,这两方面的要素互相关联、互相支持,共同组成一套完整的素质能力体系,没有任何要素可以偏废,就像生物体的组成一样,任何一个器官及部位都具有其独特的功能作用,即不可替代的重要性,唯其所有部位良好地融合为一个整体,才能发挥应有的作用。当然,对其中某些薄弱环节,还是可以通过一定的倾斜措施和机制安排来加以强化和优化的。

应该说,上述八大要素是构成报业集团核心竞争力的关键,任何报业集团在培育自身核心竞争力时,都可以围绕八大要素分析考察本集团的优势和不足,在此种意义上,八大要素具有普适性,它是一个寻找核心竞争力要素的坐标体系。不过,核心竞争力毕竟是独一无二、难以模仿和难以替代的,不可能单纯地通过模仿其他公司的文化、人才、创新等八大要素,就复制别人的成功。其中的原因,首先在于核心竞争力的各构成要素是相互依存、融为一体,而后合力作用的结果,其次是报业及其产品的特殊性使然。

报业作为文化产业中意识形态属性最强的行业,生产的产品是承载意识形态的信息产品,受众对这种信息产品的消费不仅仅是简单的信息消费,从某种意义上说,受众消费的是信息产品蕴含的思想观点、价值取向等精神文化内容。报业产品的特殊性以及受众消费的特殊指向性,决定了报业组织追求的终极目标不能仅限于自身的经济效益,而必须履行社会公器的职责,要把社会效益放在首位,而要想产生良好的社会效益,媒体必须具有相应的公信力、影响力和品牌美誉度。报业组织的公信力、影响力和品牌美誉度的形成与提升,又离不开上述构成报业组织核心竞争力的诸要素。

如前所述,八大要素共同作用形成的合力,可以培育、形成和提升报业集团核心竞争力,取得较好的经济效益;同样的,它对报业集团能否产生良好的社会效益也起着关键性作用。而产生良好社会效益的报业组织,其公信力、影响力和品牌美誉度就会随之增强,这无疑有助于培育、形成和提升报业集团核心竞争力。

这样的表述不是在玩文字游戏,而是对其辩证关系作出的必要解读。从一定意义上说,报业组织的公信力、影响力和品牌美誉度,其实就是该组织（报纸、报业集团)的核心竞争力在社会效益方面的具体体现,而所获取的经济效益又与其产生的社会效益唇齿相依,二者甚至可以说是一枚硬币的两面,它们融为一体,共同形成了报业核心竞争力。而且传媒的公信力、影响力和品牌美誉度的获得,并非一蹴而就,而是需要日积月累、悉心呵护和不断提升的。报业组织成为知名品牌媒体之后,又可运用品牌效应拓展市场和延伸影响力,这些强势品牌所具有的独特性、延展性和不可替代性,能够有效帮助其保有和提升持续竞争力,这也恰好与核心竞争力的特征相符。

事实上,许多传媒(集团公司)孜孜不倦为之奋斗的目标和梦寐以求的愿景,不正是能够成为公信力、影响力强大且深为社会受众尊敬喜爱的一流品牌媒体和传媒集团吗?《纽约时报》能够成为享誉全球的百年大报,同八大要素的合力所产生的社会效益、经济效益密不可分,也与其多年形成的公信力、影响力和品牌美誉度紧密相连。这不啻是最高形态的报业核心竞争力吗?组建历史相对短暂的华语传媒凤凰卫视,能够在不长的成长历程中屡创佳绩,取得巨大的成功,显然离不开其对公信力、影响力和品牌美誉度的不懈努力与追求,由此也构成了其独有的核心竞争力。

因此,有远见和抱负的报业组织,需要对上述八大要素予以高度关注,以之为着力点,不断提升媒体的公信力、影响力和品牌美誉度,在产生良好社会效益的同时,也能够取得良好的经济效益,在具备一定综合实力的基础上,悉心培育、形成和提升报业核心竞争力,为实现各自做大做强的宏伟目标提供不竭动力。

第七章 报业集团核心竞争力缺失原因分析

国内组建的一批报业集团在市场化、产业化道路上经历十多年的磨砺洗礼,取得令人瞩目的业绩,但也存在一些问题,遭遇了发展的瓶颈,同时积累了不少宝贵的经验和教训。不可否认的是,目前报业集团市场化道路仍存在诸多掣肘,体制机制方面仍有悬而未决的问题。由于我国报业体制改革选择的是渐进式改革道路,导致了容易见效的改革基本完成,当改革步入深水区,体制机制问题凸显,并成为制约报业发展的首要因素。诸如报业集团公司法人身份的尴尬;"翻牌公司"现象的普遍存在;资源难以整合而未能优化配置;主报与子报的关系不顺、集团的发展战略缺失或滞后等,其根源大都出在体制机制上。与之相关的其他问题还有不少,具体表现涉及许多方面。这些先后浮出水面的问题,都严重地影响着报业集团综合实力的进一步提升,对于培育集团竞争力特别是核心竞争力极为不利。下面就对导致国内报业集团核心竞争力缺失的诸多原因,进行条分缕析的评说。

一、报业管理体制机制对报业集团发展的掣肘

国内报业集团要做强做大做长久,就必须适应市场经济的内在要求,即坚定不移地走市场化的发展道路。这需要通过深化改革,逐步建立起现代企业制度,不断增强综合实力,培育与提升其核心竞争力。然而,目前国内报业制定和实施的许多政策,特别是报业管理体制机制中的突出问题,已成为制约报业集团改革创新和持续健康发展的最大障碍。

1. 报业集团的改革创新受到管理体制的制约

在报业集团市场化的进程中,现行的报业管理体制对其产生了不容低估的制约作用。由于目前我国报业仍属于高度管制行业,且实施的是行政许可式的管理方式,在这种政策环境中,报业和传媒企业的发展困难重重,面临很多制约因素。具体表现为过细过严的报业监管、管理法规的相对滞后、报业集团内部管理结构的失衡等等,这些问题的存在,无疑阻碍了报业集团及其旗下的子媒体健康和可持续地发展,而且也是深化改革、进行体制机制创新的拦路虎。

首先,报业监管过细过严。长期以来,国内的报业管理者的基本管理理念和管理态度都是立足于"管制",而不是保障和支持,对报业管理的态度以禁止性和义务性为主,限制过严、过细,有时处理过重。这种"为了管死,而不是为了管活"的消极管理方式,使得很多报纸缺乏活力,尤其是以机关报为代表的报纸,由于失去了宽松的成长环境,许多记者在从事新闻报道活动时不敢放手,难以在专业水平的提高上集中精力,报业组织随之陷入一种僵化呆板的状态。而随着报业经营活动的不断开展,管理部门对报业资产的使用权、干部人事的任免权、资产的收益分配权和经营管理权等自主权益,也进行严格的控制,致使报业组织缺乏自主权和创新意识,机构衙门化及官僚作风现象严重,进而导致其效率低下、成本过高,这必然对报纸(期刊)及其组成的报业集团的可持续发展构成威胁。

其次,管理法规相对滞后。2005年之前我国报刊管理主要依据的仍是多年前制定的《报纸管理暂行条例》和《期刊管理暂行条例》。这两个条例对报刊业的经营活动作出了许多限制,如不准异地办报、不准记者站搞经营、不准业外资本进入、不准搞地方版等。这些规定都是用来管理事业单位的,这种主要依靠行政手段进行管理的方式,与我国报业集团市场化运作、产业化经营和企业化管理的现实需要已经很不相适应。虽然2005年12月1日,新闻出版总署颁布了《报纸出版管理规定》、《期刊出版管理规定》,废除了以往的暂行条例,但是,新颁布的规定中提出的四大监管制度,仍有很多条例是急就章,未能完全回答报刊业体制改革中普遍关注的一些问题。例如,目前我国不少报业集团的子报子刊已经开始从非营利性组织向营利性组织转变,因此,原来针对事业单位的管理法规和针对企业单位的管理法规都不能完全适应转变当中的中国报业的管理。① 另外,落后的管理法规呼唤"新闻法"的出台。上世纪90年代中后期,我国开始启动"新闻法"的起草工作,新闻出版总署、中国社会科学院新闻研究所新闻法规研究室等多个起草小组同时起草"新闻法"草案,然而时至今日,该法仍未出台。② 市场经济是法治经济,健康有序的市场秩序是一个产业健康和可持续发展的必要前提。可以毫不夸张地说,法律法规不健全导致目前报业市场秩序混乱,并严重地影响了中国报业的可持续发展。

最后,报业集团内部管理结构失衡。中国报业经过多年的发展,已经积累了大量的资产,然而现行的报业管理体制却没有明确这些国有资产的代表者和管理者,即没有对这些国有资产的代表者和管理者作出明确定义,且相关的产权关系和治理结构也并未规范清楚。而报业集团的考核和监督也基本都是在报社领导层进行,这使得报业集团的所有者、经营者和监督者三位一体,形成了利益的内部一致性,由于所有者与监督者的缺位,报社领导层的责任心和进取心只能靠党性和人格力量来保证。③ 这显然不符合市场经济的法治精神和现代企业管理的制度化要求。

2. 企业法人身份缺失使其难成真正市场主体

国内报业集团在市场化道路上步履蹒跚、负重前行,很大程度上是由于企业法人身份的缺失,这使其难以成为真正的市场主体,因而在市场竞争中也难以放开手脚,以争取获得更好的效益。

报业集团市场化的前提条件,应首先明确报业组织的法律地位的身份属性,然而我国的报社却在应归属于事业单位法人还是企业单位法人的问题上纠缠不清。我国的单位的法人身份分为国家机关法人、事业单位法人和企业单位法人。事业单位指那些由行政部门领导,从事科教文卫及社会福利等服务行业的机构,1984年《关于国务院各部门直属单位事业单位编制管理的实行方法(讨论稿)》中对其表述为:"凡是为国家创造或改善生产条件,从事为国民经济、人民文化生活、增进社会福利等服务活动,不是以为国家积累资金为直接目的的单位,可定为事业单位,使用事业编制。"

国家统计局、人事部、劳动部、国家计委联合颁发的《关于在劳动计划和统计中分企业、事业、机关单位的暂行规定》(统制字〔1990〕304号)中规定:"从

---

① 张殿元:《中国报业传媒体制创新》,广州:南方日报出版社,2007年,第148～149页。
② 方琦、肖红英:《我国报业产业化发展管理面临的矛盾和对策》,载《社会科学研究》,2004年第3期,第154～156页。
③ 张殿元:《中国报业传媒体制创新》,广州:南方日报出版社,2007年,第3页。

事教育、文化艺术和广播电影电视事业"的单位属于事业单位编制序列。事业单位不以赢利(或积累资本)为直接目的,其工作成果与价值不直接或主要不表现为可以估量的物质形态或货币形态。于是,事业单位法人所从事的应当是纯公益性质的活动,一般不参与生产经营活动。而企业法人则是指由行政部门领导的,从事具体物质生产的,为国家直接创造利润和积累资金的独立机构。[①]

1979年,经中央有关部门批准,由《人民日报》等首都主要报纸率先实施的试行"事业单位、企业化管理"政策,目前已经成为中国报业现行的基本运行制度,中国报业在产业发展的初期是以"双重角色"的身份进入市场的。

按照有关方面的规定,国内目前组建的传媒集团中,报业集团、广播电视集团绝大多数仍属事业单位性质,而出版集团、发行集团和电影集团则进行了企业化改制,成为企业法人。按理,报业集团应该是事业单位法人的联合体,然而,报社"事业单位,企业化管理"的模糊地位,则使得报业集团"身份不明",在究竟是从属于"企业单位法人"的联合体还是"事业单位法人"的联合体之间游移而陷入困境。这种法人身份的尴尬处境,使报业集团难以成为真正的市场主体,影响了其更加有效地开展报业经营活动,由此产生的弊端也是显而易见的:

首先,如果承认报社是"企业单位法人",那么,就必须名正言顺地赋予其经营者以合法地位和权利,特别是企业的经营自主权;如果认为报社是"事业单位法人",那就要拨付其充足的"事业经费",不应让其自食其力或限期"断奶"。而现在的状况是,报社既不是真正意义上的"企业单位法人",也不是真正意义上的"事业单位法人"。这样往往使报业集团(报社的联合体)的内部管理和外部管理陷入两难的境地,从而出现管理的真空和缺位。比如,按事业单位的性质,报业集团应当把社会利益放在第一位(因为是财政拨款);而按照企业管理的原则,报业集团应该有独立自主经营权和追求单位特殊利益的权利(因自负盈亏,有维持组织生存的压力)。问题不仅在于这两种利益之间常常发生矛盾,还在于有一些报业组织利用这个矛盾,为自己应负的责任寻找托词,结果有可能导致两种利益都落空。

其次,"事业单位"和"企业化管理"是两个性质完全不同的概念,由于是"事业单位"的性质,决定了报社的行政氛围、管理环境和工作模式,且制约着报纸经营的运作和走向。而"企业化管理"和市场竞争的客观需要,却要求报

---

① 周翼虎、杨晓民:《中国单位制度》,北京:中国经济出版社,2000年,第39页。

社成为真正的市场主体,按照市场经济的内在规律办事。这两者之间的矛盾,使得报业集团在战略运营和内部管理方面,都有无所适从的困惑感。

第三,按我国《公司法》和国家资产管理有关规定,资产只能授权给企业法人单位——集团公司,并进行工商登记。这个规定意味着,依照法律关系而言,资产不能被授权给报业集团,因为报业集团只是一个多法人的联合体,本身并不是市场主体,也不是企业法人,不能够进行工商登记。这就导致报业集团在产权明晰、国有资产的授权经营上遭遇困境。

在现有制度之下,我国相继组建了 49 家报业集团(即经中宣部和新闻出版总署批准组建的报业集团,地方政府批准成立的不在此列),其中不乏成绩斐然者,但相当多的报业集团组建后实际上成了"翻牌公司",具体表现在三个方面:

其一,体制和机制上没有发生根本性的"化学变化"。所谓化学变化,指的是报业集团化的建设必须打破原有的组织链条,在市场这只"看不见的手"的推动下,以资源互补、功能叠加的方式实现报业资源的重新配置,从而达到"1+1>2"的综效(Synergy),显示出新的生机和活力。然而目前有不少报业集团整合子报子刊的时候,靠的是行政手段,把这些报刊捏合到一起,只出现"物理变化",集团各单位之间不能有效协作,在统一的战略框架下实现优化资源的分配和利用,因而难以产生很好的效益,也不能适应集团发展的要求。相对于境外的报业集团(传媒公司)而言,我国报业集团的差距其实并不仅仅在于其规模的弱小,更为重要的是,我国的报业集团在其资本运营、资源整合、产业扩张等方面,均存在着相当大的差距。

其二,没有建立起现代企业制度和科学合理的法人治理结构。尽管一些报业集团也模拟现代法人治理结构规范了内部组织机构,但是,在国有产权制度没有进行根本性改革的情况下,这种治理结构虽不同于传统治理结构,却与现代法人治理结构相距甚远,未能起到真正的有效监督和平衡权力等作用。目前,国内的绝大多数报业企业实行的是"事业单位,企业化运作",囿于外部管制因素的影响,绝大多数报业组织尚未建立起完善的现代企业制度。由于企业管理水平低,市场效益也比较差,进而导致报业企业活力不够,发展后劲不足,不具有可持续性。多数报业集团(传媒集团)挂牌之前与挂牌之后的集团体制、经营机制、报纸质量、广告收入和发行量等方面,并未发生实质性的变化。在制度方面,特别是在集团产权制度及公司治理方面都存在诸多问题。

其三,多数报业集团的核心企业与子企业没有建立规范的产权关系,核心企业的主导地位没有确立,综合协调功能不强。由于缺乏产权纽带,集分权掌握不好,有的集团公司集权过多,统得过死,影响了成员企业的积极性,而有的传媒集团则分权过多,难以发挥集团的优势。① 因此,有关领导指出,"这次集团化战略改革没有解决体制和机制上的问题,结果大多数都成了行政捏合的公司,翻牌公司,本质没有什么变化,不适应当前市场竞争的需要"。②

3. 报业资源配置中计划经济的"阴魂不散"

优化资源配置以获取最佳经济效益,这是市场竞争的必然要求,也是组建报业集团的初衷之一。可是,目前国内报业集团的多数报刊在其运作中,所采取的资源配置方式,仍然带有浓厚的计划经济色彩,这必然给参与市场竞争的报业集团及其麾下的媒体(包括报纸、期刊和网络等媒介组织),带来消极的影响。

与计划经济体制相匹配的资源配置是以行政权力配置资源为实质,以区域划分、系统划分为其基本特点的,建立在这种管理模式上的资源配置,不可避免地使我国报业形成严格的区域壁垒和部门壁垒。区域壁垒和部门壁垒是一把"双刃剑",虽然在一定程度上明确了产权,但同时束缚了产权交易,限制了其进一步市场化、产业化发展的空间和可能。在报业缺乏"出生"自由的现行政策之下,由规制所带来的传媒垄断租金(包括可能的经济效益和扩大影响力的需要)成为地方和部门争夺的目标。

我国报业经济发展至今,产品市场已经相对发达,并且出现了同质化竞争等"市场失灵"现象,导致了"市场配置低效率"。因此,实施集团化("做大")是解决这一问题的可行途径。从制度安排的角度来看,报业集团化在一定程度上取消了"市场"这一宏观层次的资源配置方式,将外部竞争内部化,这会在某些方面损害市场运行竞争机制所带来的效率,但却可能在其他方面提升生产效率和创新能力。另外,报业集团"做大"就是为了扩大经营规模,降低交易成本,从而达到规模经济,在"做大"的基础上"做强",进而实现资源配置的最优化。

可是,我们以往对报业集团的规模经济存在误解,以为实现规模经济的主要途径就是产业扩张和资产重组,就是多办子报,搞多元经营,就是要打造报业的航空母舰,这一认识上的误区,导致很多报业集团在组建的过程中,没有充分从资源的整合角度考虑,致使组建报业集团后的资源优势并没有融合生

---

① 王文:《产业化、市场化、报业集团》,载《当代传播》,2000 年第 1 期,第 12~15 页。
② 《新闻出版总署副署长柳斌杰谈新闻出版改革》,http://www.southcn.com/news/china/china04/xwgg/zjt/200312181283.htm

长,其整合优势没能得到实质性发挥,结果报业集团虽然做大了,却没有做强。此外,过度的集团合并和扩张反而容易使报业集团的组织结构趋于复杂,内部信息流通越来越困难,其直接后果就是管理费用上升,资源配置效率降低,效益反而不佳。

4. 主报子报关系不顺制约集团内部协调发展

根据新闻出版总署组建报业集团文件的第一条规定"(报业集团)除主报外,应拥有4种以上的子报子刊",因而国内报业集团是主报与子报的联合体。同时,按照其规定"组建报业集团必须以党报为龙头",即主报是报业集团中的核心报纸,是一个报系的龙头和顶梁柱。但作为报业集团的联合体之一,子报的社会效益和经济效益同样不能忽视,因此,主报与子报应该在报业集团的框架下协调发展,互为补充,构成一个完整的现代企业组织。

经济学家认为,企业从市场与组织之间的关系出发,考虑"交易成本"大小而决定企业的便捷、决定企业的集团化发展。企业集团能够替代一部分市场功能,降低集团内企业之间的交易成本。而管理学家则认为:企业组织结构变迁应服从战略变动,战略的演变是对环境变化的反应。企业的集团化是企业在动态环境下组织资源、创新发展和维护市场竞争力的结果。在企业内部进行业务组合设计,可以进一步改善母公司对资源的配置和目标设计,更好地提高资源配置的科学性和整体的使用效率。由此看来,能否理顺主报与子报的关系,这直接关系到报业集团能否高效协调地运转,以便适应市场变化、应对各种挑战,更好地获得发展。

目前,有一种意见认为,党报由于其喉舌地位和性质,决定了它不能像企业那样把利润最大化作为自己的目标,也不能像其他报纸那样有比较好的广告效益(即理想的经济效益),因此,应该把主要精力放在办好子报上,依靠子报创收,以子报养主报。南方报业传媒集团原董事长范以锦曾就此发表过精辟见解:"有的地方出现机关报的困境之后,提出'子报养主报'的口号……这就存在着报办集团这一初级阶段的普遍困惑和缺陷:集团对下属媒体的控制主要体现在行政上更换领导班子、财务上调整二级核算指标,实际上就是管理和控制,很难产生集团整体价值的创造……时至今日,有的报办集团,仍然充当着母报和子报的中介角色,它对母报的一个重大作用就在于调配子报的利润。这种制度设计使母报对子报在经济上的依赖性越来越强,是'子报走市场,机关报守阵地'思想的体现,实际上没有把机关报当作报业市场竞争的主体,而是通过集团化的形式使机关报以最小的代价获得最大的回报。报办集团组建的第一个目的虽然是提高机关报的质量,但是轻易的利润来源使大胆创新面对竞争的目的成为多此一举。所以,报办集团不但无益于机关报的长远发展,也不利于子报子刊的导向把握和健康成长。对于子报子刊而言,集团往往只是被当作政治风险的挡箭牌。"①这段关于畸形的报业集团主报与子报关系的评说,可谓切中要害,道出了其中潜伏的深刻危机。

另外,目前国内还存在一种"主报一家独大,子报要死不活"的状况,或者是报业集团经济上依赖于集团的一两张报纸,其他报刊的赢利能力大都不强,即处于微利甚至亏损状态。例如,广州日报报业集团旗下有14家系列的子报子刊,规模可谓蔚为壮观,然而其子报子刊同主报的实力相比却异常悬殊,虽然集团已组建十多年,可是这种情况并没有什么明显改观,一旦市场出现动荡,作为集团主要经济来源的《广州日报》如果受到较大冲击,整个集团就有可能陷入困境。

类似的情况普遍存在:诸如湖南日报报业集团依靠《三湘都市报》,四川日报报业集团依赖《华西都市报》,辽宁日报报业集团依赖《辽沈晚报》,河南日报报业集团依赖《大河报》等等。这些报业集团内部组合的基本格局,均为一份都市类"明星"报纸加多份"瘦狗"报纸,没有形成多点优势支撑的产品结构,也缺少具有良好成长性的报纸(期刊)作为集团未来发展的新增长点和保障。

一个缺乏强势媒体和核心主报的报业集团就没有灵魂没有方向,而只有一个强势媒体或主报效益,缺乏系列子报刊综合效益的报业集团,也同样存在潜在的风险,因为它无法从容应对突然发生的市场变故。

国内报业集团如何理顺其内部关系,实现旗下的主报、子报等多份报刊媒体有序协调地发展,使之相得益彰,为报业集团综合实力的不断增强作出应有贡献,并培育和提升其核心竞争力,减少和规避可能对其生存发展构成威胁的各种潜在风险,这无疑是需要认真思考和妥善解决的紧迫问题。

二、报业集团的发展战略滞后

所谓报业集团的发展战略,是指报业集团在分析外部环境和内部资源现状及其变化趋势的基础上,为自身在较长时期内的竞争与发展制定的总体目标,以及与之相适应的实施方案和计划。它为集团设定且应用于集团整体。报业集团发展战略的主要职能,是根据未来市场环境变化可能带来的机遇和风险的预测,制定和选择发展的重点业务方向和创新模式,保证报业组织各个

---

① 范以锦:《南方报业战略》,广州:南方日报出版社,2005年,第232~233页。

方面的协调统一,以提高报业集团的整体效益和综合实力,实现集团愿景和可持续发展的目标。

现代企业管理中有如下几种关系:战略决定体制,体制决定机制,机制决定活力,活力决定效益,效益决定发展。在这几种关系中,战略处于起点,起着决定性的作用,决定着企业管理的其他几个方面。如果企业战略不正确,其他方面做得越好,企业的损失就越大。正如寓言"南辕北辙"里所讲的一样,如果出现了方向性的错误,速度越快,效率越高,那它离正确的战略目标反而越远。

20世纪60年代,美国管理学家安索夫在其所著《企业战略论》一书中首次提出公司战略概念、战略管理概念、企业竞争优势概念、战略规划的系统理论以及把战略管理与混乱环境联系起来的权变理论。他认为,企业战略要关注企业外部环境和企业内部条件,特别要关心企业生产的产品构成和销售市场,以决定企业应当做什么以及能否做那些东西,强调环境条件、企业自身能力与战略之间的互动。后来,针对企业战略问题,众多的管理学家发表了各种意见、观点,尽管见解存在着许多差异,但是,共同点则是都认为,企业战略是企业为了自己的生存和发展,利用内部优势,把握外部机会,对事关企业全局的长远重大利益所进行的谋划。现代企业管理理论逐渐形成一个共识:每个企业都应该有自己的发展战略,企业必须以其未来为基点,为赢得持久竞争优势而作出事关全局的重大策划和谋略。

在传统的计划经济体制和宣传体制下,国内报业组织很少考虑报业经营方面的问题,多数报社没有自己的发展战略,在实行市场经济之后,原有的僵化惯性思维以及市场驾驭能力、创新能力等的严重不足,使很多报业组织难以对市场的现状、潜力、政策发展和未来趋势有清晰的认识,因而无法形成合理有效的战略思维。而报业集团普遍缺乏战略意识,则导致集团及其属下的报业组织发展往往误入歧途。有学者指出,国内传媒集团(报业集团)缺乏战略意识的主要表现有:①普遍缺乏战略管理的相关部门。而战略必须由单独的部门来负责制定和执行,传媒集团由于长期以来缺乏战略意识,又加上对战略管理不重视,因此很少单独设立相关部门,目前只有少数集团设立了战略运营和研究部门。②普遍缺乏对传媒业整体发展趋势的分析和把握。传媒集团的管理者往往囿于已有的知识和经验,对新的传播技术和新媒介以及传媒业的整体发展趋势缺乏必要关注,甚至漠视。③战略规划的前期工作不足,导致战略难以科学合理。④很多传媒集团战略没有分解和细化,悬在半空,难以落地。⑤很多传媒集团的战略缺乏保障条件。⑥缺乏系统科学的战略调整。①

简而言之,报业集团发展战略缺失或滞后可以归结为三个方面:其一是缺乏战略意识和长远规划;其二是短期行为的局限性严重影响了报业的可持续发展;其三是缺乏核心战略。

1. 报业集团缺乏战略意识和长远规划

这归因于我国报业过去一直属于事业单位,由国家垄断经营。在计划经济年代,宣传是传媒首要的也几乎是唯一的功能,报业做好了宣传工作就等于做好了一切工作。至于报业的业务开支、运转费用,国家可以从财政中划拨。在这样的环境里报业没有市场竞争压力,也没有经受挫折,可以心安理得地享受由政府提供的一切福利,在此种状况下,报业可以说根本不需要考虑发展战略问题。

改革开放以后,我国很多行业逐步解除了国家垄断,走向了市场,但报业的改革却相对滞后。由于意识形态功能强,直到今天国家对报业还是控制经营。而为了治散治滥,采用行政手段组建报业集团,人为地规定生产要素的流向。随着市场经济深入发展和中国加入WTO,报业也进一步走向市场,并进行管理模式的改革,希望通过增强核心竞争力来促进报业的发展。从报业的发展历史可以看出,我国的报业是缺乏长远发展战略的,有的只是短期的调整与适应,这样一种状况当然有很多原因,其中最主要的因素前已提及,由于报纸等媒体的意识形态功能的敏感性,特别是在维护社会稳定方面的舆论导向作用,导致国内的报业改革是一种不敢触及体制和意识形态的边缘改革。另外,理论上的匮乏也使我们局限于"摸着石头过河",走一步看一步。但是,从全球的媒介发展历史和未来趋势看,缺乏长远战略眼光的改革探索,胜算并不大。

2. 报业集团存在诸多短期行为

所谓短期行为,是指作为经济活动主体的报业集团以获得近期的、短暂的、自身的利益为动机而进行的经济行为,但是这些经济行为只能在相对短的时间内获得利益,对社会成员、对企业长远发展和社会环境均有较大的危害和影响。因目前国内报业集团的管理人员往往只关注其在任时的发行量、广告量、利润总额、宣传效益等工作业绩(这通常是作为其管理水平的考核指标),而对集团的长远发展有重要作用的资产增长率、品牌价值等则较少考虑,甚至

---

① 郭全中:《传媒管理的缺失和误区》,载《青年记者》,2007年第20期,第9~11页。

可以置之不顾。

短期行为的普遍存在,缘于我国的报业集团隶属于一定的上级主管部门,对经营管理人员都是采取任期制和委派制,这种制度导致了报业经营管理人员追求短期效益最大化,往往缺乏长远规划,而且一朝"天子"一朝"臣",一人一个思路……很难形成政策的延续性。短期行为严重阻碍了传媒集团的科学决策及其可持续发展。而一旦出现些许失误,集团决策人员为了保住自己的官位,往往就会采取"蜗牛战术"收缩,以静待变,不求有功,但求无过。

管理决策人员的成长也需要适宜的环境,很多成功者也都是经历过无数失败才逐步锻炼出来的,但是,在国内现有的环境下往往容不得失败。一失败就被罚下场换人,其结果有可能是新人由于缺乏必备的经验而再次出现新的失误。如此,自然也难以成就真正能够经得起风浪、经验丰富的管理人才。国内报业集团没有建立起现代股份公司的法人治理结构,致使报业集团的资产管理处于真空状态,因此,对报业集团的资产的保值、增值也就无从谈起。这些因素都使得短期行为成为现存体制机制下的必然产物。

3. 报业集团缺乏核心战略

所谓核心战略,是指以核心能力的培育和提升为主导来选择与建构报业集团的战略,报业集团的核心战略受制于外部环境的判断和内部资源的认识这两方面因素。我国近年来组建了大量的报业集团,其表现主要为一种外部整合,而这种外部整合很容易使得"外部竞争内部化",突出的表现就是集团内部媒介的结构和定位不够合理和准确,从而导致"内耗性竞争"。目前这种现象在报业集团中已经不同程度地存在,可以肯定的是,随着我国报业外部整合与扩张的深入展开,这一问题将会更加突出地表现出来。要解决这一问题,就是要建构媒介的核心战略,即通过辨别和培育自己的核心竞争力来带动整体竞争力的提升,从而使各种竞争力因素得到有效的整合。①

国内报业发展战略滞后问题,许多学者是有共识的。早在2003年喻国明教授就指出:"对于现阶段的传媒产业的操作来说,解决战略问题(即解决在哪做,做什么的问题)远比解决战术问题(即解决如何做的问题)要重要得多。因为战术问题的解决仅仅有助于局部操作的精细化,而战略问题的解决则意味

---

① 丁和根:《传媒竞争力——中国媒体发展核心方略》,上海:复旦大学出版社,2005年,第132~133页。

着能否敏感地、有效地抓住现实格局的变化所带来的重大发展机遇。"①

综上,我国报业集团发展战略的缺失与滞后,已对其健康和可持续发展构成严重的负面影响,它同时也反映出集团核心竞争力的缺失。

三、报业集团资本运营的两难

现今的报业门槛越来越高,作为一种高投入、高回报的产业,经营需要达到一定的规模,才能获得相应的回报,而规模的形成主要依赖资金的支持。当前,西方国家的报业集团(传媒公司)所拥有的资金,一般都在几十亿、数百亿美元甚至更多。正因如此,西方大型传媒集团显示出了明显的规模效益,其经营涉及的领域十分广泛,包括新闻信息产业和非信息产业,许多传媒集团(公司)经营的空间范围更是跨越国界,达到了全球大公司的规模,经济回报自然也极为可观。积极扩大社会融资渠道,放宽市场准入,形成投资主体多元化,这是美国传媒业一条十分重要的成功之道。借助贸易自由化潮流,美国传媒产业已经取得了向全球输出的主导权,而且正在从资金、技术、信息等要素的全球自由流动中受益。在传媒产品制作中,立足于全球市场需求并引领潮流,牢牢把握住海外销售市场,输出美国的文化价值观,通过影响人们的观念来进一步培育消费市场,这已成为美国发展传媒产业的法则。即便是区域性较强的报纸及其集团(公司),在运用融资渠道扩大经营范围和产生规模效益等方面,也具备了现代企业的基本特征,实现了经营管理的现代化。

相比之下,我国报业集团在资金规模上就大大小于前者了。就已成立的报业集团而言,其资金规模最多也不过百亿人民币,年收入最高不过几十亿人民币,有的甚至仅有数亿人民币的收入,其经营涉及的领域、范围也很狭窄。目前国内报业集团融资渠道单一,大多数报业集团资金来源主要靠自身有限的赢利积累。根据中国现行的新闻政策,报业集团也可以经营其他的行业,如商业零售、旅游观光、房地产等,但其他行业的资本涉足报业的渠道眼下还不畅通。一方面因为国内的传统观念认为报纸是宣传工具,必须坚持政治家办报,有人担心引入社会资金办报,就会影响党对新闻舆论的控制;另一方面,社会资本即使对投资报业感兴趣,也心存疑虑,担心传媒业本身存在的政治风险和体制障碍导致血本无归。因此,国内报业集团主要采取单纯依靠内部积累、

---

① 喻国明:《中国传媒业:洗牌、模式与规则再造》,载《论媒介经济与传媒集团化发展》(论文集),北京:中国人民大学出版社,2003年,第26页。

自身滚动发展的传统生产经营方式,这使得报业的扩大再生产难以得到其他行业资本的支持,从而制约了报业集团的规模及其扩张的速度。

《中国媒体投资报告 2001》所引述的相关调查表明,自 1995 年以来,中国媒体投资的主体从政府转变为媒体自身投资为主,目前媒体自有资金的投入占行业投资的大头,业外资金只占 2%,资金紧缺的媒体高达 82%。[①] 这是国家对报业的投融资政策长期限制的结果。又据 2001 年在北京召开的一次媒介经营与产业化高级研讨会对与会媒体负责人进行的调查,媒介资金91%来自于自身经营,而自身经营又主要依靠广告收入,这就导致资金严重短缺,影响规模效益,限制了报业集团的发展。近年来情况虽然有所改变,但基本矛盾依旧。

如前所述,我国报业已进入"大投入,大产出"、"小投入,不产出"的阶段,行业的进入门槛越来越高。因而报业面临的一个必然选择是进入资本市场,最大限度地筹集和盘活资金,实现超常规跨越式发展,形成大规模的多媒体、跨媒体报业集团,巩固和加强在舆论领域的主导地位。报业集团资本运作包括两个方面:一个是集团内部的资本融资,一个是集团利用资本进行外部扩张。传媒进入集团化发展阶段,资本运作将成为报业集团主要的经营运作与发展模式。而资本运作首先要解决报业集团在发展过程中的融资问题。报业集团要想实现超常规扩张,必须通过融资来满足媒体及其业务发展对资本的巨大渴求,同时通过融资在资本市场上使资本增值。融资不仅可以促进传媒资本在更大范围的重组,吸收大量外部资本进入产业,使产业的资源配置更具开放性和活力,而且通过资本市场进行产权交易,可节省大量资金需求,减少交易费用,以更低的成本实现传媒产业的重组,并增强传媒产业的抗风险能力。

但是,国内对传媒的融资活动仍顾虑重重,担心融资活动的无序会干扰舆论导向,影响意识形态的安全。基于国家安全和社会稳定的考虑,我国报业集团在开放程度和进入原则上仍有一些政策性的限制,加上相关的政策法规还不太完善或不很明确,对业外资本来说这块"禁地"很容易"踩雷";媒介的核心领导者是由行政权力而不是资本权力来决定的。因此,资本对于报业核心领导者的影响相当有限。以往的一些案例显示,注入媒体的外部资金只能是债权债务关系,业外资本注资到传媒只能叫借贷关系,不可能享受股东权益。

---

① 转引自申乐莹:《加入世贸组织与中国制度创新》,载《全球化视野:传媒产业经济比较研究》,金冠军、郑涵主编,上海:学林出版社,2003 年,第 472 页。

1999年10月21日《中国新闻出版报》在头版头条位置披露了一条重要新闻：国家机关事务管理局、财政部和新闻出版总署在给中国社会科学院《关于〈中国经营报〉和〈精品购物指南〉报社的产权界定的批复》中明确指出：中国所有报刊社都是国有资产。中国现行出版法规和规章明确规定，中国报刊创办实行许可证制度，报刊社的主办单位是法定的创办投资人；中国目前的报刊社均为全民所有制单位；报刊创办时，个人或集体自筹启动资金按债权债务关系处理。

由于媒体产业的特殊性，中国目前还没有就系统外资金进入媒体而制定相关的法律法规，现有政策对于媒体经营中能做的和不能做的也没有明文规定，因而媒体投资中各项合作协议本身难以具备相应的法律保护。一旦发生违约情况，投资者无法有效保护自身利益。而且与一般产业不一样，媒体投资方不能拥有媒体的品牌。如果投资合作出现问题，投资者最后可能一无所获，面临巨大的政策上的潜在风险。

进入21世纪之后，我国传媒业的融资政策有了一些松动，如2001年初，在全国宣传部长会议上，中央主管领导对新闻出版、广播影视业进一步改革提出了"四个创新"：宏观管理机制创新、微观领域结构创新、市场组织体系创新、投融资体制创新。要求试点集团着重在实现多渠道利用社会资金方面取得进展，在确保国有经济在出版产业主体地位，确保专有出版社、三审终审权的前提下，试点集团可以吸收国有资本、非国有资本参股经营。

2001年，中央"17号文件"出台，对媒体公司的上市和融资政策进一步开放，传媒企业上市后，其治理结构在根本上形成共同治理格局，经理人对股东负责，拥有无可置疑的剩余控制权。2002年，"两办"转发了《中央宣传部、新闻出版总署关于进一步加强和改进出版工作的若干意见》，再次强调要开辟安全有效的融资渠道，提高资本运作效率。根据国家文化体制改革的精神，允许建立跨地域、跨媒体的大型报业集团。

2003年12月31日，国务院颁发《文化体制改革试点中支持文化产业发展的规定》和《文化体制改革试点中经营性文化事业单位转制为企业的规定》两个重要文件，相关内容阐明："党报、党刊、电台、电视台等重要新闻传媒经营部分剥离转制为企业，在确保国家绝对控股的前提下，允许吸收社会资本；国有发行集团、转制为企业的科技类报刊和出版单位，在原国有投资主体控股的前提下，允许吸收国内其他社会资本投资；广播电视传输网络公司在广电系统国有资本控股的前提下，经批准可吸收国有资本和民营资本。鼓励、支持、引导社会资本以股份制、民营等形式，兴办影视制作、放映、演艺、娱乐、发行、会展、中介服务等文化企业,并享受同国有文化企业同等待遇。"随后的"新闻出版总署关于印发《关于贯彻落实〈关于深化新闻出版广播影视业改革的若干意见〉的实施细则》的通知"则打破了传媒投资的只允许"国有资本"进入的限制,认同"各类资本"都可以参与传媒经营,拓宽了传媒投融资渠道。《关于深化新闻出版广播影视业改革的若干意见》的出台,标志着国家第一次承认了新闻媒体有条件引入业外资本的合法性。文件进一步明确了要积极推进媒介集团化改革,组建跨地区、多媒体大型新闻集团的目标,对比较敏感的传媒业融资、媒体与外资合作、跨媒体发展等问题都作了具体规定,充分显示了中央深化传媒业改革的决心。

2004年,中国报业采取多种渠道积极吸纳外来资金。当年初,时任新闻出版总署副署长的石锋在接受记者采访时说,将进一步扩大报刊社之间通过重组、联合、并购进行跨地域办报办刊的试点,进行报纸创办地方版的试点。报刊社的编辑出版部门不对外融资,必要时可吸纳系统内资金,事业单位(未转制报刊社)的经营部分剥离后改制为企业的,在确保国有控股的前提下,经批准可以吸纳社会资本。之后,新闻出版总署在发布的《关于进一步规范新闻出版单位出版合作和融资行为的通知》中进一步提出,在社会主义市场经济条件下,国家对新闻出版单位实行企业准入和特殊产品准入制度,就是赋予了新闻出版单位特殊的生产、经营权和相应的责任。已经转制的新闻出版企业和事业单位分离出来的报刊社所办企业在对外合作和融资活动中,必须确保国有资本的主导地位,必须确保新闻出版单位在合作和融资中实现国有资产的保值增值,一系列政策的出台,使我国报业改革迈出了具有突破意义的关键步伐。①

政策放宽后,业界也迈出了融资的新步伐。2004年6月1日,创刊已53年的《中国青年报》从8个版增加到12个版,据悉,北大青鸟注入1亿元资金,促成《中国青年报》这次改版扩版,为此,《中国青年报》成立了中青报业传媒发展有限公司,其中,中国青年报社占该公司股份的60%,北大青鸟则占公司股份的40%。

与此相呼应,各地先后推出融资新举措:浙江日报报业集团所属的《新民生报》与"养生堂"有限公司合资经营;南京日报报业集团与湖南岳阳林纸集团合作,成立"集团日报传媒发展有限公司",引入价值6000万元的新闻纸,支撑

---

① 崔保国:《2004年中国报业发展报告》,载《2004—2005中国传媒产业发展报告》,北京:社会科学文献出版社,2005年,第83~101页。

《南京日报》的改版和扩版;长江日报报业集团与上海激动集团合作,注册资本3000万元,成立湖北省第一家合资传媒公司——武汉晨报传媒有限公司。

2004年7月,新闻出版总署批准赛迪经纬公司和中电报公司成为《中国计算机报》、《通信产业报》、《中国电子报》等4报2刊的共同主办单位,使得国有资本控股的赛迪传媒间接拥有了上述媒体的出版权,实质上成为中国第一家真正的传媒上市公司。以北青传媒有限公司在香港联合交易所正式挂牌上市为标志,我国报业融资渠道进一步拓宽,这些融资新政已经且还将对我国报业的改革发展产生深远的影响。

然而,作为利用业外资本的重要手段之一的报业上市面对的一个问题是关联交易过大。关联交易,是指公司或是附属公司与其关联人(又称关联方)之间所进行的任何交易事项,按照目前相关的政策,我国报业企业只能通过剥离报业的经营性资产组建而成,内容编辑出版这一块继续按事业性质管理,不能进入企业,报业企业不能整体上市,于是出现大量的关联交易。

2007年7月30日,证监会发行审核委员会作出批复,准许广州日报社旗下广东九州阳光传媒股份有限公司(简称九阳传媒)在A股首发上市。九阳传媒招股书显示,其主营业务与实际控股大股东广州日报社有很大关联,包括承接广州日报社十余家子报子刊的印刷业务、代理广州日报社部分专栏广告,以及经营大洋文化连锁店等。而对于我国上市公司来说,其从股市中圈钱后,很容易与母公司发生关联交易,将股市融资以关联交易形式转化到母公司,从而稀释上市公司的利润,转移上市公司的资产,进而损害上市公司和其他小股东的利益,为此证监会是非常注重监控上市公司的关联交易的。为了降低关联交易,满足证监会的上市要求,这几年九阳传媒多方开拓广州日报社以外的印刷及广告代理业务,减少对广州日报社的依赖性,重组时,九阳传媒公司关联交易的比例在60%左右,而2004年这一比例是42%,2005年是39%,到了2006年,根据公司的年报,公司关联交易收入总额1.03亿元,占主营业务收入比例已降至30.46%。九阳传媒不断地降低关联交易,才使得其能在内地主板上市。①

关于上市公司的关联交易问题,证监会虽然取消了硬性规定的条款,但

---

① 广东九州阳光传媒股份有限公司(粤传媒)2011年10月19日发布公告宣称,重大资产重组获证监会有条件通过,从10月20日起复牌。粤传媒的实际控制人广州日报社拟通过广州传媒控股有限公司,将下属传媒类优质经营性资产整体注入其控制的上市公司粤传媒,实现广州日报社传媒类主营业务的上市。

是，目前把报业的资产分为采编、经营两个部分，只允许经营性资产上市，也并不是一个好办法，因为这就人为地割裂了报业生产的产品链，也不符合证监会对上市公司"业务流程比较完整"的基本要求。报业机构最有价值的部分就是采编业务，广告、发行等经营性资产在很大程度上要依附于采编业务。简单地把内容生产等剥离后上市，一方面难以对投资者产生足够的吸引力，另一方面也影响到上市公司建立透明、公开的现代企业制度，最终不利于报业上市公司的长远发展。

另外，在引入业外资本后，由于资本的逐利性，媒体对利润的追逐成为不能忽视的问题。为了降低投资风险，资本进入报业后，总是试图将报业的所有环节和因素加以系统整合，以期尽快赢得投资回报。但现实的情况是，报业目前仍是受到严格限制的产业，两种运行机制同时在不同的环节起作用，编辑方针与经营目标、社会效益和经济效益、事业性质与公司化运作等都可能产生冲突。

更成问题的是，利用了业外资本后，虽然报业集团一下子增加了很多资金，但是这些资金做什么投资又成为问题。例如，北青传媒上市融资后却找不到明确的投资方向。《北京青年报》原来的发展战略是要打造跨媒体平台，北青传媒的上市也为其带来了近9亿元的融资，可为这个战略提供有力支撑。然而上市后，北青传媒却没有较大的收购动作，只是获得内地一份休闲时尚杂志51％的股权，并且不声不响地收购了千龙网。到2005年底，北青传媒才只动用了238.3万港元，这说明其上市时并未确定投资方案，或原投资方案被否决，以致巨额融资未能及时使用。由于没有良好的项目投资，又遭遇国家宏观调控以及报业"寒冬"等多种因素影响，上市后的北青传媒业绩不上反下。2005年8月12日北青传媒发布赢利预警公告。公告称，由于受国家宏观调控政策影响，公司主要收入来源的房地产广告收入下降，中期业绩将受重大不利影响。公告发布之后，北青传媒股价一路走低，跌破发行价，至最低点13.5港元。2005年8月26日，北青传媒公布截至6月底的半年业绩，上半年净利润17万元人民币，较上年同期的6630.9万元大降99.74％；其营业收入总计为3.683亿元，较上年同期的5.138亿元下跌28.32％。而据知情者透露，实际情况要比这些数字反映的糟糕得多。如果不是预先将严重亏损的《第一财经日报》剥离给了报社，北青传媒的经营业绩更是惨不忍睹。

资本运营既包括筹资，又包括投资，筹资成本的低廉以及便利，是资本运营的首要条件，但是资本运营光靠筹资不行，还要有良好收益率的投资项目，否则一旦拥有大量资金却没法有效投资赢利，只能是增加报业集团的成本费用而已。上市融资对于国内许多报业集团来说,的确像一道"两难选择题"。一方面,发展需要大量资金,而捉襟见肘的资金储备常常令集团感到困扰,不少规划设想难以实施;另一方面,上市融资并不是"天上掉下的馅饼",如果缺乏适合的投资项目和真正懂行且善于经营的人才,到账的资金犹如"烫手的山芋",不仅不能够带来预期的可观利润,反而成了沉重的负担,甚至变为报业集团发展的绊脚石。资本运营是现代企业做强做大的一条捷径,也是报业集团借助社会资金加快发展的必由之路,但如何解决融资后出现的一些关键问题,包括投资项目的选择,以及找到能够委以重任的经营管理人才等,无疑是困扰国内众多报业组织的难题。

四、报业集团核心人才的匮乏

人才是报业集团核心竞争力的基本构成要素。报业作为知识密集型的产业,报业集团的生存发展和市场运作所需要的知识和技能,都离不开各类人才,尤其是核心人才。人才也是报业组织中最基础和最活跃的要素,只有通过有效的人才管理和激励机制,尽可能地维系各类人才特别是核心人才的忠诚,使其终身留在报业集团内勤奋工作,充分发挥其聪明才智,在为报业集团创造物质财富的同时,也能够为塑造报业集团的优质企业文化和良好品牌形象作出其独特的贡献。因为维系核心人才以及其他人才的忠诚感,并且使他们得以人尽其才地发挥作用,对优质企业文化的形成至关重要。同时,这对报业集团把旗下人才转化为别的媒体难以获得和难以模仿的专用性的人力资本,形成独特的竞争优势,培育和提升其核心竞争力,也具有不容低估的作用。

特别是在不确定因素日益增多,市场竞争日趋激烈的现实环境中,报业集团要想获得自身的可持续发展,不仅需要高素质的人才队伍,而且其人才结构也应符合市场经济条件下报业发展的客观需要。然而,目前国内报业集团的人才结构现状却不能令人满意。从其人才构成看,具有如下特点:

一是采编人才相对丰富,经营管理人才相对匮乏;二是传统的管理人才相对富裕,熟悉市场化运作的现代化管理人才严重短缺,如现代化的战略决策人员、高级财务管理人员、高级投融资人才都极度匮乏;三是传统的传媒领袖很多,而真正的企业家类型的传媒领袖尚未成为主流。

显而易见,国内报业集团的人才结构现状不能适应集团化发展的需要,一些具有市场观念的核心人才紧缺,特别是高级经营管理人才即熟谙市场规律、善于开拓的高管人才及多元化业务人才更是紧缺。有关调查显示,目前国内共有5000多家新闻媒体,从业人员达55万人,但是真正懂得媒体经营管理的人才却不到1%,而作为领军人物的媒体管理精英更是少之又少。①

报业集团之所以缺乏这方面的人才,无疑与中国传媒管理体制上的特殊性有着密切联系,传媒经营管理者主要由新闻主管部门直接任免,很长时间里,存在重政治素养和业务素质,轻管理才能和经营才能的缺陷。报业集团核心人才紧缺,还与报业集团人才激励机制、决策机制以及执行机制的运转不够灵活相关。

核心人才难以得到有效的选拔与使用,其矛盾主要源自目前报业集团的制度和体制的瓶颈,缺乏西方发达国家现代企业(传媒集团)中的职业经理人制度。所谓职业经理人,就是指在所有权和经营权相分离的基础上,全面负责企业经营管理,对企业法人财产拥有经营权和管理权,承担法人财产的保值增值责任,以经营管理为职业的人。对中国传媒业而言,媒体职业经理人的概念则要特殊和宽泛一些。长期以来,国内传媒一直定位于"事业单位,企业化管理"的体制框架下,产业竞争和利润获取还不完全是其发展的驱动力。因此,有中国特色的传媒职业经理人和西方也不尽相同,即既要胜任传媒产业领域专业性很强的经营管理工作,也要谙熟新闻业务,还须善于从国情出发,实现传媒社会效益和经济效益的最大化。国内身兼数任的传媒高管与一般企业职业经理人显然不可同日而语。

另外,我国传媒职业经理人缺乏适宜其生长的"土壤",其中一个关键就是难以获得合理授权。所谓授权,就是要让传媒职业经理人得到相对独立运用这些资源的权利,这是发挥职业经理人作用的必要前提。一个合理完善的授权机制,可以极大地激发传媒职业经理人的创造性,这是报业集团成长不可或缺的推动力量。目前国内报业集团的授权机制多数仍不够透明,根源在于产权不明晰,过分强调党委集体领导,法人治理结构并没有真正建立起来,而董事会又大多形同虚设。

从采编人才队伍看,报业集团中采、写、编、评的顶尖人才同样匮乏。国内在报业领域内有号召力的名记者并不多,享有声望的专栏作家、名评论员也是屈指可数。而报业的核心产品——报纸内容质量的高低,在很大程度上依赖于采、写、编、评核心人才的水平,没有高素质、高水平的记者、编辑和评论员,就没有高质量的报纸。

以报纸的评论版为例,新世纪以来,国内报纸的评论发展势头迅猛,评论

---

① 万辉:《市场急盼媒体 CEO》,载《职业》,2003年第10期,第37~39页。

版已经成为许多报纸的一个"卖点",因而也是争夺的焦点。由于近年来现实生活中的矛盾纷纭复杂,国际风云变幻,国内楼市、股市、社保、环保、医改、教改、食品安全、交通设施等各行各业各个领域内,都出现了一些令人忧心且万众瞩目的社会"热点"问题,急需能够对之作出深度分析解释的权威评论。但我国目前资深专业评论员匮乏,真正评说到位、读后解渴的评论文章数量有限,相反,报纸上大量登载的是"快餐化"、"模式化"而缺乏深度和个性风格的言论。滥竽充数的"时评"一度遭人诟病,也引起了业界、学界专家学者的深思。报纸言论的尴尬现状昭示我们,采取有效方法,发掘和培养优秀的专职评论员和专栏作家,已是一项刻不容缓的任务。同理,名记者、名编辑等核心采编人才队伍的培养,也应当制定长远规划,因为这是提高报纸内容产品质量,维护品牌声誉,确保其获得长期竞争优势和可持续发展的关键。

  报业集团核心人才的匮乏,深究其原因,还与目前报业集团人事制度改革的两难相关。首先,在人才的输入和输出方面,报业集团还没有形成一种能让人才自由流动的机制。在进人机制上,仍旧是按照原有事业单位的进人指标来安排,而不是根据报业集团的实际需要来进人。报业集团所采用的传统事业单位人事管理制度,本质上是"身份管理",以统一的等级作为身份的表现物,这使报业集团出现"人满为患,想要的来不了,不想要的不走"等问题。正是由于缺少一种合理的退出机制,一些正式编制的员工,即使不符合岗位的需要,也仍然占据着工作岗位。这几年,有些报业集团在人力资源管理上实行了"新人新机制、老人老办法"的举措,这一体制虽然对"新人"推行了竞争机制的改革创新,但是,对报业集团中大量的"老人"却没有什么好的办法。尽管有个别报业集团在内部开始试行"合同加聘任制",可是《劳动法》只适用于企业,事业单位的劳动合同制并未受法律保护,于是,这项改革也就难以彻底。

  其次,在使用人才方面,报业集团也缺乏一种使优秀人才脱颖而出的机制。报业集团的"官本位"现象对人才的使用带来阻滞。《文汇报》原编委、新闻界老前辈全一毛认为"'官本位'对新闻人才成长很不利",著名新闻学者陈崇山也指出:"'官本位'抑制了新闻人才的成长,从而阻碍了新闻事业的发展……目前新闻职务评聘干扰很大,视不同单位而定,风气好的(单位)能凭业务能力评聘,而很多单位能评上高级职称的是单位头头。我曾对1993年以前获新闻高级职称(正高)的人作过统计:有(人)从事新闻工作仅一年就被评为高级编辑的,因(为)他是总编辑。而现在不少总编辑是行政干部调过来的,并不懂新闻业务。"①另外,由于报业集团中党报作为母报,行政级别比子报要高,于是在党报干好的人员可以到子报去担任领导,而子报的记者、编辑要到党报工作可谓"难于上青天",这使得子报与党报人员的人才使用既不平等,也不合理,这样一种状况使得报业集团内部的子报子刊的领导干部没级别的闹级别,有级别的却"高不成低不就",一些办报人才甚至由于级别限制而不去本来适合他的报刊,主办机关常常因"工作需要",把自己的干部安排到集团,这些人不懂业务,却因"级别到了"而身居高位。

最后,在人员的工资分配方面,现在企业的工资制度早已废弃了当年的国家统一标准,由企业根据效益和市场工资来自主决定和调节,不过报业集团的工资分配仍然参照事业单位1993年开始实行的"专业技术职务登记工资制",以统一的等级标准决定工资,这种分配方式显然不利于形成报业集团的内部激励机制,也不适应报业组织工作的高强度与其所有强势媒体高利润的收入分配。虽然目前已有一些报业集团进行了改革,采取绩效考核等办法来加大奖金的比例,但是,如果不从根本的制度体系上废除等级标准工资制,那么,集团还是很难利用经济杠杆来达到其激励和调动人员积极性的目的。

总之,报业集团核心人才对于其核心竞争力的培育和提升至关重要,而最为关键的是要留住和吸引各类人才,形成让优秀人才脱颖而出的环境氛围,这些都有赖于报业集团的人事制度和体制机制方面的改革创新。

五、报业集团内部协调发展的困惑

报业集团的内部管理也存在不少问题。首先,在发行上,同一报业集团的党报可以依靠政策扶持和行政命令来保障发行,由各级党政机关或其他单位的公费来订阅。有调查数据统计显示,绝大多数省级党报的发行量依靠公费征订,其平均比例为省级党报发行量的90%以上。2003年,新闻出版总署办公厅发布了《关于落实中办、国办〈关于进一步治理党政部门报刊散滥和利用职权发行,减轻基层和农民负担的通知〉的实施细则》,在治理利用职权发行的同时,强调确保《人民日报》、省级党报、地市级党报等各级党报的订阅,这实际上以政策的形式进一步扩展党报的公费订阅空间。相反,都市类报纸的发行主要依靠自费订阅,一般都市类报纸的自费订阅率达到90%以上。而在广告客户眼中,个人订户的商业价值最高,其次是报摊零售读者,最低的则是公费

---

① 转引自钮海津:《媒体组织结构与传媒人特点及管理原理》,http://nhj2.blogchina.com/。

订户。党报凭借行政力量获得的发行量无法直接转化为吸引广告的市场力量,甚至产生相反的力量。因为党报已有行政力量保证发行,所以很难有追求个人订阅和零售市场的内在驱动力,这又进一步导致发行市场与广告市场的矛盾冲突。

报业集团还存在着子报子刊发展不平衡的严重问题。要分析这一问题,不妨比较一下我国报业集团与企业集团的差异。典型的企业集团其发展历程是,先有母公司,再由母公司通过投资或购买的方式拓展子公司、关联公司或参股公司,从而形成由多家子公司组成的企业集团。然而国内报业集团却是政府行为和市场力量共同作用的结果,在报业集团内部,母报没有建立现代企业制度,合并进来的子报大多带有行政推动的色彩,与母报不存在以产权为纽带的现代意义的母子公司关系,更多的是行政隶属关系。这些因素直接导致报业集团与子报子刊和经营实体缺少统一的产权关系,从而使集团管理机构缺少基于产权的权力基础,在社会主义市场经济的转型期,集团管理机构所依赖的由传统行政权力维系下的治理权威日趋弱化,这也使得报业集团的管理控制弱化。

另外,报业集团内部的集权和分权缺乏科学性。从我国报业集团运行现状看,由于许多报业集团还处于不成熟的发展阶段,因而在处理集团内部集权和分权的关系方面,存在着过于集权与过于分权的两种极端倾向。过于集权就是在集团的名义下,把许多属于成员单位的权力都集中到集团总部,这种过于集权现象的产生并非偶然,而是与集团形成的行政化力量具有很大的相关性,集团的组建本身是行政力量推动的产物,组建之后内部的集权又不是出于经营效率的考虑,而是出于行政需要,甚至是条块之间争夺的需要。与之相对的则是过于分权的现象,有的报业集团大多是当初为了凑足申报成立集团所要求的子报子刊和经营实体的数量,临时集结而成,所以其集团内部的各子报子刊的关系松散,各自为政,集团总部只担当信息收集与传递的角色。①

从产权、治理、集权与分权这些维度看,正是由于报业集团很难统一及协调好母报与子报刊之间的关系,结果使得很多报业集团虽然拥有若干个子报和刊物,但是集团内部真正赚钱的也只有一两家,其他的或是亏本,或朝不保夕、度日如年,结果必然导致集团内部"穷吃富"、"斗地主",亏本的、不赚钱的子报只要会哭,喝奶是不愁的。赚钱的子报成了众矢之的,你赚了一个亿,别

---

① 陈江:《制约我国报业集团发展的内外部因素及对策研究》,复旦大学硕士学位论文,万方数据库,第21页。

人说你应该赚两个亿,你赚了两个亿,别人会说你应该赚三个亿,你赚得越多,别人对你的指责会越多,日子会越难过。这样一种混乱的局面既不能形成奖优罚劣的机制,又阻碍了报业集团旗下各报的协调发展。

更为严峻的是,我国的报业缺乏真正的退出机制,差的死不了。现在国内的报刊管理实际上刊号是稀缺资源,不会有哪家报社或是期刊社自己申请退出市场,刊号的所有者即便什么都不投入,只要手里面掌握着刊号,就可以在市场通过交换获取利润。我国一般一家报刊单位有员工多则几百人,少则几十人,如果这家单位退出后,员工到哪里去,吃饭的问题如何解决,都将成为一个大问题。东南沿海某省的一家都市报长期资不抵债,而且导向出现严重问题,被当地党委宣传部门和新闻出版行政管理部门短时间内给予两次警告,但是他们却不能给予第三次警告了。为什么呢?当地新闻出版管理部门的同志透露:根据2000年中宣部和新闻出版总署联合发布的《关于建立违纪违规报刊警告制度的意见》,对一年内受到三次警告的报刊,由新闻出版总署给予停业整顿的行政处罚,违纪违规报刊停业整顿结束后,如再发生违纪违规问题,出现严重导向错误,由新闻出版总署撤销该报刊的刊号。所以,该市的相关领导已经打过招呼,要求不要给予第三次警告了。如果报纸刊号撤销,省里减少一张报纸不说,报社下岗人员安排和债务处理问题都让人头疼。

其实这种情况不但在各省市存在,在各个部委也都存在。目前中央各个部委几乎都有本系统的报纸,不管这张报纸发行量多么小、每年亏损多少钱,各部委都不会轻易同意撤销这张报纸。因为它不仅能传递本系统的声音,也是安排干部的地方。经济效益好的报社还是部委的"小金库",逢年过节发些福利全靠这张报纸。由于类似的情况普遍存在,因而尽管新闻出版管理部门制定过很多有关报刊结构调整和优化布局等方面的指导意见,但实施起来难度大,且收效不佳。

我国现行的报业机制使得优势媒体难以真正做大做强,这是因为做大做强的必要条件之一,就是报业组织(报纸、报业集团等)需要实施跨媒体、跨行业、跨地区经营,然而目前国内在这方面存在着太多阻碍因素。世界传媒集团的发展经验表明,传媒集团在做强做大的发展进程中,都离不开跨媒体、跨行业、跨地区的经营模式。如时代华纳、默多克的新闻集团等,都是拥有诸多世界知名媒体的大型跨媒体集团(公司)。而美国报业集团(公司)的经营范围,大都涵盖书报刊、广播、电视、电影等多种媒体。甘奈特公司的总裁兼《今日美国》发行人汤姆·科利(Tom Curley)认为,仅仅将印刷报纸做强做大还不够,要向跨媒体方向发展,要在网络、电视等媒体上做强做大。日本的朝日新闻社,其主业是报纸,但其副业电视、广播、网站、手机短信息等新闻业务也快速增长,甚至还深度介入了会展行业。

反观国内传媒业,自1996年以来以报业集团为先导出现的传媒集团化热潮,大都是依赖单一传播方式的媒体而组建的,其共同特征是合并"同类项",产业化的特征并不明显。报业集团归报业集团,广播电视集团归广播电视集团,业务范围一般都不越雷池一步,这种情况尽管近几年有所改变,但总体上还是延续着以传播方式来划分和构建媒介集团的基本模式,它显然不利于我国报业(传媒)集团的发展。《传媒》杂志在2007年10月对国内数家大型报业(传媒)集团的调研结果也表明,经过"多跨型"的整合与重组,各报业(传媒)集团都获得了社会效益与经济效益的双丰收。

但是各报业(传媒)集团在"跨"的过程中,一方面由于触及了长期形成的行业壁垒和行政界线,都不同程度地感受到了来自于旧有体制与机制的阻力。之所以难以跨媒体、跨行业、跨地区经营,还是一些深层次的问题在起作用。

例如,由于报纸的特殊属性及其管理体制的限制,我国形成了以行政区划为特征的报纸市场屏障。尽管某些全国性报纸的受众市场所受壁垒影响较小,但其尚未找到本地化和培育相对独立的区域性经营的成功模式,在地方上不具备竞争优势。像人民日报社创办的《人民日报》华南版以及华东版,显然都难以与当地的报纸抗衡。

另一方面,城市报纸、区域性报纸到异地扩张,通常都会遇到极大的困难。如2001年,《辽宁日报》准备把子报《北方晨报》拿到鞍山去办,结果遭到了《鞍山日报》的抵制,在省委书记的干预下计划夭折。《中国青年报》想做大规模,向外扩张,欲兼并一省级青年报,该报社同意,却被其上级主管领导拒绝。①

跨媒体经营指在报业、广电之外的经营,现有政策明文或非明文规定广播台不准办电视台,电视台不准办广播台,报纸、通讯社不准办广播台、电视台。按照我国的传媒政策,我国实行按不同媒体分属管理的体制。不同介质、不同形态的媒体管理部门有着严格的划分。由于不同媒体的运行规律、行业标准各不相同,管理部门在管理政策上也是楚河汉界,泾渭分明。报纸和广电要互跨领域发展的成本、效率都存在问题。在目前情况下,虽然国内有电视台承办报纸的个案,但是仍然属于小概率事件。尽管各大报业集团正在积极实施"数字报业"战略,但无论是传播形态,还是商业模式均未成熟,短期内难以担当主流媒体的重任。相反,以互联网为核心的新媒体正在蚕食传统媒体的领地,并

---

① 刘波:《做强中国报刊业的思考》,载《国际新闻界》,2002年第6期,第7~10页。

且深刻地影响和改变着媒体的竞争格局,报业增长总体趋缓已成为业内共识。要扭转报业发展的被动局面,就必须想方设法迈过跨媒体经营这道坎。可是障碍重重,谈何容易!

另外,跨地区的经营还会牵涉到与当地新闻媒体在信息资源、市场资源以及人才资源等多方面的竞争,关系不好处理。与此同时,我国传媒业实行的是多头管理、行业所属、部门所有、条块分割的四级办报台体制,在这种体制下必然形成一些"条块"和"壁垒"。从国家级管理机构讲,党的中央宣传部门负责宣传内容和舆论导向,新闻出版总署负责报刊和音像图书的出版管理,广电总局负责广播电影电视事业的管理,教育部负责教育电视管理,外宣办(国务院新闻办)负责对外宣传和互联网宣传管理,文化部负责文化艺术娱乐业管理,信息产业部、国家工商行政管理局等负责相关产业的行政管理。省、地、县也大致参照上述模式按行政区划多头管理,分别在各自的区域和系统内办报办台,实行大而全、小而全的"准封闭式"发展和管理。

长期以来受媒介管理体制的影响,我国媒介条块分割,形成了森严的行政壁垒和区域市场封锁,媒介资源无法通过市场实现优化配置。所谓条块,从"条"的方面来说,就是按照国家的行政系统组织来进行,强调纵向的"归口管理";从"块"的方面来说,就是强调各级地方党委和政府的属地管理。这种条块限制,使得跨媒体的经营很难进行,也使一些实力雄厚的媒介无法向外扩张,因为任何跨地区、跨部门的活动和行为,都是对主管单位属地管辖权的一种"侵犯"。①

正是长期以来我国政府明确规定广电和电信相互之间不得涉足业务,也不鼓励广电与报业集团之间的相互投资行为,使得众多传媒集团纷纷投资于与主业不甚相关的房地产、宾馆、酒店等业务,这种跨行业经营充满着不确定的风险。早在20世纪80年代末90年代初,全国有不少媒介也曾尝试开展跨行业的多元化经营,但由于经验不足,介入了一个又一个陌生的领域,结果投资的分散不仅没有收到规模经营的效果,反而陷入多种经营多头亏损的泥潭,累及主业的发展。报业发展的历史经验表明,在实施多元化经营时不仅要从产业的特点出发,优先考虑从事与主业相关的业务,而且要有真正懂行的能人担纲。前已论及,国内的报业集团恰恰最缺的就是这方面的领军人才。

从20世纪90年代以来的世界兼并大潮我们可以看出,跨行业的交叉重

---

① 林如鹏:《跨媒体、跨地区、跨行业——中国媒介集团做大做强的必由之路》,载《新闻大学》,2002年冬季号,第45~50页。

组是世界媒介产业的发展趋势,不仅信息产业同传统产业加快兼并联合,而且信息产业的三"巨头"——网络、电信和以电视为主的媒介业也在不断地相互渗透和融合,其强大的发展潜力又吸附了更多的行业加入,资源配置更加合理,竞争优势更加明显。这种整合对我们具有深刻的启示:在世界性的资本重组过程中,整合电讯、媒介、文化、出版、娱乐、体育等各种资源,组建综合性的媒介文化产业集团,应该尽快提上我们的议事日程。目前国内已启动"三网融合"的改革试点探索,这对于报业集团来说,又将面临新的更加强大的竞争对手。

六、报业集团创新能力的不足

持续不断地创新是核心竞争力的精髓。报业集团要培育和提升自身的核心竞争力,必须通过持续创新不断增强其竞争力。创新的要义是"企业家对生产要素的重新组合"。报业集团的创新涉及多个领域,包括技术与业务创新、组织机制创新、经营模式创新等。技术创新是指由新技术带来的新产品与新工艺的开发。当今传媒业结构正在发生剧变,变化最大的就是传统报刊业增长放慢与新媒体的快速增长。新媒体的迅猛发展已将中国报业推向了历史性的变革关头,朝着数字化、全媒体转型已成为大势所趋,报业要想成功实现转型,思想观念更新、经营模式和技术创新等方面,无疑是关键。然而,我国的传媒业以往用于研究与开发方面的投入严重不足。

"据有关部门统计,1997年,我国原广播电影电视部的电视科研经费总额约4019万元人民币,而日本NHK的节目和技术调研费用年1.6亿美元左右,法国仅公共电视机构的视听研究费用支出在1996年即达1.073亿美元"。[1] 虽然这是多年前的广播电视的数据,但是,管中窥豹,可见一斑。这种情况在国内传媒业其实是相当普遍的。同为大众传媒的报业,其用于科研的经费也是十分有限的,而过去不少报业组织的研究机构,常常是安置老弱职工的处所。正因如此,我国报业组织的技术创新步伐较为缓慢,报业ERP(企业资源计划)技术、信息仓库、信息资源的整合等,舍得为之投入的报业组织并不多。在网络和新媒体环境下,报业创新除了资金不足,还面临熟练掌握新技术、适应新媒介生态语境下运作的人才匮乏的窘境,这无疑也拖了报业转型的

---

[1] 徐东华:《我国文化影视产业发展与重组思路》,见刘玉珠、金一伟主编:《WTO与中国文化产业》,北京:文化艺术出版社,2001年,第101页。

后腿,因为缺乏这些关键人才,即使有好的战略规划也难以实施。

报业集团的组织机制创新是其产品创新的制度保障,然而,我国报业集团其组织机制创新能力缺乏。现有的组织机制多数还是沿袭了事业单位的内向型"金字塔"式的科层制。这样一种组织结构是指"人们处于不同的等级序列,最高层逐渐控制人数递增的下层,权力中心是一元化的,整个系统的经济决策,主要是由最高层作出。最高层以下各个层次的组织构造和权力分布,一般由系统内部的分工要求所规定,至于由谁来占据这些职位,则取决于上级。系统内的权力结构呈倒'金字塔'形,权力自上而下逐级递减"。① 这样一种制度设计,无疑加剧了同一报业集团内人员的不平等,也不利于营造民主宽松的环境氛围,虽然它适合上层领导的管理需要,但却压制了下层人员的积极性,使得拥有权力的上层领导对创新这一制度缺乏积极性,而下层虽具有创新积极性,却没有权力去改变它。

"在动态的社会经济环境中,要保持持续的竞争优势,组织的知识和能力必须能够持续地自我发展、自我更新,否则,报业组织无法实现可持续发展,获得的竞争优势也会在短期内丧失"。② 对此各方应当高度重视,并自觉加快改革创新的步伐。由于内外客观条件和多种因素的制约,国内多数报业组织整体上的自我更新能力还相当匮乏,包括报业集团的创新具有某些特征(也可以说是弱点),主要表现为同质创新多,异质创新少;边缘创新多,核心创新少。

对报业组织来说,同质创新一般体现在改善报纸的报道内容、报道形式和版面编排,满足读者某种既有的、明显的需求,以及改善报业的经营管理等方面的创新。概而言之,同质创新比拼的是以更低的价格提供相同服务,或是以同等的价格提供更好的服务,是在同一跑道上比对手跑得更快。而异质创新则是指报业组织超越原有的价值创造模式,更新既有的市场和产品观念,突破报业发展常规的创新,即在满足读者潜在的需求或拓展新需求和新市场等方面,能另辟蹊径,标新立异。异质创新是创造一种新的价值,是开辟一条新跑道,让自己抢先进入跑道,率先起跑,从而领先对手。③

至于边缘创新多,核心创新少,这也是现阶段报业组织在改革创新方面颇具中国特色的突出表现。"处于我国特定的政治、经济环境的报业组织,受既

---

① 胡飞雄:《企业组织结构研究》,上海:立信会计出版社,1996年,第34页。
② 刘年辉:《报业核心竞争力:理论与案例》,北京:中国广播电视出版社,2006年,第236页。
③ 刘年辉:《报业核心竞争力:理论与案例》,北京:中国广播电视出版社,2006年,第237～241页。

定新闻观念和新闻政策、产业政策的限制,其创新主要集中在相对边缘的领域。因为我国新闻事业的本质属性决定了报业核心的价值取向是当好党和人民的'喉舌',为社会发展和经济改革提供良好的舆论环境和精神支持。因此,我国报业组织的创新只能是在保证这一核心原则的前提下进行,创新就集中发生在与此原则距离较远的边缘地带"。[1]

例如,国内报业经营管理方面的改革创新举措大都不是首先出现在党政机关报等传统主流报纸(它们通常也是报业集团的主报)当中,而是由子报子刊(多为都市类报纸和非时政类杂志)推出,因为后者过去在主管部门心目中的地位和重要性显然远不如前者,有的甚至被当成另类受到歧视或被边缘化(现在情况有所改观)。又如,报纸内容产品的创新大都集中在经济、体育、娱乐等领域的新闻和言论当中,而时政新闻特别是大事要闻、敏感问题的报道和言论则仍然管得较严,变化不大。换言之,越是涉及报业内容生产和经营管理核心与敏感地带的东西,受到的限制就越多,创新的空间也就越小;越是远离报业核心与敏感问题的领域,其受到的限制就越少,创新的空间也相对大些。正因如此,"边缘突破"成为国内报业乃至整个传媒业改革创新的一大特点。

报业集团创新能力的缺乏,究其原因还是归结于其建制仍沿袭了传统的事业单位模式,实际上是沿袭了事业单位的内向型"金字塔"式行政管理模式,即使有变化也是一种简单叠加式的功能组合的模式。这种模式的内部管理体制、组织结构、运行机制等与现代企业的要求相去甚远,具体表现为体制不顺、机制不活、管理不科学,因而直接导致了创新能力不强。此外,人才结构的缺陷(前面提到的高层次的经营管理人才缺乏,尤其是高素质的复合型的管理人才和营销人才缺乏,以及新媒体技术人才、战略管理人才和金融管理人才等的相对匮乏),这也导致了报业集团开拓创新的能力受到限制。

我国的报刊业属于社会主义市场经济条件下国有报业体制,对报业经营的要求是兼顾社会效益和经济效益。新闻体制规定了市场准入的基本资质,并且作为构成报刊市场进入与退出壁垒的重要组成部分,而较高的市场进入与退出壁垒,则意味着创新投资的更高风险,这也在一定程度上影响了报业集团及其所属报刊的积极性,从而削弱了其创新力。

---

[1] 刘年辉:《报业核心竞争力:理论与案例》,北京:中国广播电视出版社,2006年,第239页。

七、国内报业集团的短板:企业文化的薄弱

前已论及,优质企业文化对于报业集团的持久竞争优势的获得和可持续发展目标的实现,有着极为重要的作用。因为企业文化对于企业竞争力的形成,特别是持续竞争力的拥有,发挥着不可替代的积极作用。报业组织企业文化的基石是企业价值观,其内核是核心理念(含核心价值观和共同愿景),它作为企业的信仰和灵魂,集中反映了企业的精神文化,并体现在其价值准则、道德风尚、行为规范、思维方式、经营之道、员工的凝聚力、向心力和创造力等方方面面。

优质企业文化是企业良性发展的内在驱动力,是其保有持久竞争优势的软性要素。所以,建设优质的企业文化是培育和提升报业集团核心竞争力的基础,也是实现可持续发展的动力源泉。然而,由于种种原因,目前国内报业集团的企业文化建设存在一定的滞后性,甚至呈现出相对薄弱的态势,其中包括报业生存的社会环境、企业文化要素当中的核心价值观及其沟通呈现机制等方面,都有某些薄弱环节。如果让这种状况延续下去,将会成为制约报业集团可持续发展的短板。下面对这些问题分别进行评析。

1. 社会环境导致企业文化建设相对滞后

企业的生存发展总是离不开特定的环境,企业文化建设也必须面对其所处的环境。企业经营面临的现实环境可分为两个层次,即宏观环境和微观环境。宏观环境主要指企业所处的政治、经济、文化、社会、法律、科学技术和自然等环境,这是形成企业文化共性的一个因素。微观环境则是指由企业内部因素、供应商、中介机构、顾客、竞争对手、社会公众等组成的具象环境形态。

企业文化形成过程中,企业所处的环境是十分重要的一个影响因素。它既是决定企业能否成功的必要条件,也是塑造企业文化至关重要的决定性因素,不同的企业生存和发展环境会产生不同的企业文化。这个关于企业文化建设的命题,对任何进行企业文化建设的组织都是适用的。因为报业作为一种产业,进入市场参与竞争,其企业文化建设必然受到报业组织所处的特定环境的影响。

从某种意义上说,企业所处环境对企业文化的形成发展起到了决定性作用。我国报业集团企业文化建设的相对滞后,正好说明了企业环境对企业文化的决定作用。这里试从传媒的"非产业性问题"来探讨企业环境的重要性。

所谓"非产业性问题",就是指报业发展过程中出现的令报业无法成为独

立产业的问题。理论上说,我国传媒在被确认为具有双重属性(即事业属性和产业属性)后,传媒作为一种产业应无疑问,采用企业管理也属必然,报业改革获得了初步的成功。然而,随着报业改革向纵深推进,影响报业组织特别是报业集团可持续发展的"非产业性问题"形成的"硬伤"也日益凸显。刘海贵教授主编的《中国报业发展战略》一书中,归纳了"产权残缺"、"委托人残缺"、"集团内部管理体制不规范、组织结构不科学"、"缺乏有效的激励和约束机制"、"管理层的自利行为"、"集团功能开发受抑"等"非产业性问题"。① "非产业性问题"所呈现出的矛盾表明:中国的报业管理体制不能保证企业完全成为一种产业,或者说"事业性质,企业化管理"的内在矛盾性,严重影响了当前媒介产业的独立性,这是就报业组织面临的宏观社会环境。

既然报业组织尚且不能成为一种独立的企业,即还不能作为完全的市场主体参与竞争,那么作为新兴"管理模式"的"企业文化"建设也就必然受到影响。况且国内现行的报业体制设定,高层领导要由上级组织部门任命,报业企业经常出现一人"兴废"导致一报兴废的现象,企业文化缺乏应有的延续性,这使一些正在形成中的优良传统没有得到很好的继承与发扬光大。因此,报业的企业文化建设相对滞后,甚至缺乏严格意义上的成熟"企业文化",也就不足为奇了。"非产业性问题"等现实语境带来的困惑,也导致国内有相当一部分报业组织在建设企业文化时,往往偏重物质文化和制度文化等表层或外显的内容,对于企业文化的内核即精神文化特别是核心价值观,反而不够上心(恐怕也有些力不从心)。

2. 报业集团企业文化建设对核心价值观的忽略

如前所述,价值观特别是核心理念,是一个企业组织的基本理念和信仰,是企业文化的灵魂。因为核心理念(包括核心价值观和共同愿景)既为企业界定了"成功"这一概念的具体内容,建立了组织内部的成就标准,也为企业长远发展设定了目标,为员工指明了前进的方向。核心价值观作为核心理念的精髓,既是一种理想信念和精神追求,又是组织内部的成就标准。它作为企业文化的灵魂,也必然是报业企业文化的支柱。所以,高度重视核心价值观的提炼、传递与共享,无疑是报业集团企业文化建设最重要的任务之一。

然而,现实中由于企业文化属于报业组织竞争力的软性构成要素,发挥作用的方式同那些外显的硬性构成要素相比,具有内隐和潜移默化的特点,因而

---

① 刘海贵:《中国报业发展战略》,上海:上海人民出版社,2006年,第24~25页。

似乎仍未能得到应有的重视。这也导致报业组织企业文化建设的相对滞后，特别是在核心价值观的提炼、传递与共享方面，常常缺乏自觉意识，其具体表现如下：

其一，从新闻传媒的企业文化建设现实情况看，我国报业组织（含报业集团）中真正形成了属于本组织的独特企业文化，且为全体员工高度认同的基本价值观，即已经成为一种相当持久的信念、一种渗透于日常决策中的思想方法和道德规范的核心价值观念的，尚不多见。由此延伸出的对企业建设和发展问题的基本看法、基本主张，以及形成员工群体共同信奉的理性原则和是非评判标准等，这一系列具有标志性的元素，往往也就难觅踪影。而报业组织人才的高流动性也从一个侧面说明了企业核心价值观的缺乏。当前，我国媒体从业人员的流动性加大，"一些大众报纸人员的年流动率达到30%"。[1] 造成这种高流动性的因素固然很多，但是，报业组织企业文化建设滞后和核心价值观的缺失，无疑是其中的一个因素。

优秀的企业文化追求核心价值观的认同，其所具有的凝聚力能够让员工安心工作、乐于奉献，并将本职工作与理想及事业追求结合起来，这种核心理念能够吸引各种人才涌向组织，从而降低人员的流动性，尤其是核心人才的流动性。

审视一些高度重视企业文化建设且拥有核心价值理念的传媒组织（公司），其优秀人才的流动性相对较低。像美国品牌大报《纽约时报》、《华盛顿邮报》等报纸的人才特别是核心员工，流动性比其他媒体就低很多。珍妮特·鲁宾逊曾指出"正是由于'相互尊重'的企业文化，《纽约时报》的员工流动率非常低"。[2]

又如，组建历史虽然并不长，却高度重视企业文化建设的华人传媒组织凤凰卫视，由于具有尊重员工的创新精神、追求职业理想、倡导客观公正的报道原则等核心价值理念，因而其凝聚力很强，不仅原有的人才队伍相对稳定，而且不断吸引各方优秀人才加盟，事业发展也蒸蒸日上。

与之相反，报业组织如果缺乏核心价值观，容易一味追求短期效益，其员工则沦为实现利润的工具，这必然导致凝聚力、向心力的式微，人才流失也就难以避免。从报业发展的长远规划和可持续目标看，离开了文化认同的企业

---

[1] 陈力丹：《提升职业精神 以自律求自由》，载《青年记者》，2006年第11期，第23～25页。
[2] ［英］马克·唐盖特：《国际传媒巨擘品牌成长实录》，许怡勤等译，北京：中国水利水电出版社，2007年，第93页。

管理体制和用人机制,会动摇事业的根基。没有理想和信念的支撑,员工失去了事业追求,凝聚力、向心力和创新精神从何而来?其结果必将导致人才流失和事业衰败。

其二,国内报业组织(传媒集团)在总结其工作业绩、制定发展战略和未来规划时,对涉及各种具体业务层面的内容高度重视,如采编、发行以及经营管理等方面的内容,屡屡被提及,但却很少涉及企业文化方面的内容,或是未能自觉地从战略层面把企业文化建设与其他具体实务放在同等重要的地位。

例如,王永亮编著的《传媒方家——高层权威解读传媒》(中国传媒大学出版社,2006)、《传媒精神:高层权威解读传媒》(中国传媒大学出版社,2005)、《传媒榜样》(中国传媒大学出版社,2006)等三本著述中,共有13位报业集团的社长(董事长)分别从党报创新、党报听潮、报界群雄的角度论述了各自报业集团的成功经验,但是,其中只有南方报业传媒集团的范以锦、天津日报报业集团的张建星、河北日报报业集团的赵曙光等三位报业掌门人,明确提出了要重视和加强企业文化建设问题,其所占的比例明显偏低。

当然,国内有少数报业集团的高管不仅重视报业企业文化问题,且明确表述了企业文化建设在打造报业核心竞争力中的独特作用,并提出了报业集团的核心价值观问题,即把企业文化建设上升到更高的战略层面,同时能够深入到其实质与核心,从而体现出一种高度的自觉意识。比如,范以锦在《南方报业战略》、张建星在《传媒的运营时代——从媒体经营到经营媒体30讲》、《京华时报》原社长吴海民在"媒体木桶系列"等论著里面,都明确表达了企业文化对于打造报业核心竞争力的重要作用。再如,南方报业传媒集团党委书记、社长、董事长杨兴锋对集团的企业文化建设也相当重视,其所提炼和阐述的核心价值观(即"担当、创新、包容、卓越"这8个关键词),体现出他在推动南方报业传媒集团的企业文化建设方面的高度自觉和良苦用心。

不过从总体上看,国内报业集团的高层领导对于企业文化建设所具有的极端重要性仍然认识不足,特别是在提炼与形成员工认同的核心价值观方面,自觉性不够,甚至有意无意地忽略了。报业组织作为文化产业中的一员,其主业报纸等媒体承担着传播主流价值观的社会责任,其信息产品蕴含的思想观点、价值取向必然会在某种程度上对社会受众产生影响。这决定了报业组织追求的终极目标绝不能仅限于自身利益,而首先需要履行社会责任。这种社会责任与新闻专业主义的追求密不可分,因而报业企业文化的核心价值观也应当体现出其职业追求。这一方面需要国内新闻传播业界倡导和践行的"三贴近"、"走转改"等行业性观念转变和评价标准的推动,另一方面报业组织也要根据自身特点,结合其核心理念、共同愿景等要素,精心提炼概括,使之真正成为广大员工认同的基本价值观。

3. 对"以人为本"企业文化理念的误解误用

企业文化是企业组织内员工广泛认同的、内容丰富的价值观体系,其中核心价值观是灵魂,"以人为本"的价值理念则是基础。因为只有真正尊重员工,发挥员工的积极性和创造性,企业才能兴旺发达。前已论及,报业发展最重要的因素就是人才特别是核心人才。所以,人应当是报业企业文化建设的出发点和归宿,这也是优质企业文化得以形成、发展的重要保证。

当前中国报业组织都承认人才的重要性,也都从理论上强调以人为本。可是在报业发展实践中所表现出来的人才理念,以及现行的报业体制机制中反映出的种种问题,说明"以人为本"的企业文化理念并没有真正被理解和落到实处。

例如,一些报业组织简单地将竞争上岗、优胜劣汰的用人政策等同于"以人为本"的文化理念。在此观念的误导下,报业组织内部工作环境和氛围趋于恶化,许多员工追求短期效益,疲于奔命,沦为"新闻民工"。再如,有的报社向员工摊派报纸的创收任务,甚至采用"末位淘汰"的方式给员工施压。这显然与优质企业文化所具有的宽容、包容精神格格不入,也与以人为本的价值理念背道而驰。

当然,建立在优质企业文化基础上的竞争淘汰机制,能够有效地激励员工的上进心和工作热情,增强报业组织的活力与竞争力,它反映了一种积极进取的企业文化理念。传媒大亨默多克的新闻集团崇尚一种进取性很强的企业文化。其高级管理者不需要遵守什么繁文缛节,而要快速地作决定,作最有力的决定。默多克曾说过:"我允许我的经理人因为做事而犯错误,我最不能允许的是没有决定。"同样的,新闻集团旗下的星空传媒对普通员工提出了三个要求:第一,要有效率;第二,要有创造力;第三,要有良好的工作态度,不断挖掘自身的潜力。不难看出,这种企业文化为进入集团的员工提供了充分的发展空间,对员工既宽容,又提出了很高的要求。这为新闻集团的下属媒体的地方化运作提供了有利条件,从而为新闻集团成为享誉世界的传媒霸主提供了精神支柱和智力支持。

凤凰卫视的用人机制与其具有异曲同工之妙。在"高调做事,低调做人"理念的指引下,用人机制也体现出强烈的人文精神。建立在以人为本基础上的企业文化和核心价值观,为员工提供了良好的个人发展空间,并通过英雄人物的榜样力量,激发员工的积极性和创造性,从而为快速发展营造出理想的环境氛围。

　　报业集团等传媒组织中知识分子精英荟萃,英雄的存在对于追求个人价值的实现尤其重要。因此,在确立核心价值观的前提下,为优秀人才提供生存和发展的自由空间,并树立起榜样和英雄的标杆,意义重大。美国《华盛顿邮报》报道水门事件的鲍勃·伍德沃德和卡尔·伯恩斯坦,凤凰卫视的卢宇光、闾丘露薇等,都是所在媒体的英雄,都为媒体的品牌、文化理念带来了深远影响。只有在尊重人、激励人奋发向上的基础上,竞争淘汰机制才是真正的"以人为本"。

　　正如刘长乐所说:"每个人都有实现价值的渴望和梦想,中国的读书人尤其有参与国家建设、为民族兴衰效力的责任感和精神诉求,这是儒家文化的影响,修身齐家治国平天下。只要你给他空间,他都有一股愿意不计辛劳地为理想奋斗的劲儿。"[1]正是由于深谙此道,凤凰卫视创造了华语电视的一个个奇迹。国内的报业集团要想做强做大做长久,就需要培育和形成自身的优质企业文化。

　　"以人为本"是企业文化建设的前提,在此基础上,提炼与形成企业文化的核心价值观,以增强报业集团及其麾下媒体的凝聚力、向心力,通过为员工提供个人发展的良好环境氛围和空间,并以组织内英雄人物的榜样力量,不断地激发员工的积极性和创造性,这样才能保持竞争优势,进而培育与提升其核心竞争力。

　　总而言之,核心竞争力的缺失是目前国内报业集团的软肋。上述原因分析是针对我国大多数报业集团的现状来展开的,着重于普遍存在的弊端,至于具体到每一家报业集团,除了共性的问题即普遍存在的弊端之外,还有各自更为具体的一些原因,本书将在(下)案例篇的有关个案中另行讨论,这里就不赘述。

---

[1] [美]默多克、刘长乐:《东西论剑:东西方传媒大亨的对话》,北京:北京出版社,2005年,第170页。

第八章 培育与提升报业核心竞争力的对策

中国传媒业正处于大变革时期,外部大环境动荡变化,自然也会给报业发展带来某些不确定因素。由于传媒生态环境的变化,特别是网络和新媒体的崛起,给报纸等传统媒体带来巨大的冲击和挑战。不过,挑战与机遇并存,报业发展也处于转型变革的十字路口,只要自身善于通过不断的改革创新,把握住各种稍纵即逝的机遇,就能趋利避害、变危为机。中国报业集团经过十多年的探索实践,虽然取得了一定的成绩,可是,相较于西方发达国家的报业集团(公司),国内报业集团规模小、实力弱,处于发展水平较低的未成熟阶段,制约我国传媒业发展的制度化因素一时也难以破解。因此,只有从战略高度认真审视和思考中国报业的未来走势,在体制机制等方面大胆地进行改革创新,实现发展方式的转变,并在管理上逐步实施现代企业制度,报业(传媒)集团才能够形成和提升其核心竞争力,进而实现做强做大做优和做长久的可持续发展目标。

一、报业体制改革与机制创新

尽管我国报业近些年来在体制机制方面已经取得了一定的突破,但是,总体说来,体制机制创新仍然远远滞后于报业发展实践,满足不了报业组织市场化、产业化的现实需要,并已成为报业进一步深化改革、开拓创新的首要制约因素。因而报业体制机制问题,已经成为当前制约其科学发展的首要问题。报业(传媒)集团要想寻求新的突破,首先也需要从报业体制改革与机制创新方面入手做文章。

1. 借鉴发达国家传媒管理体制的经验

审视西方发达国家传媒业的管理体制现状,总结借鉴其成功经验,以便遵循报业发展的内在规律,思考解决国内报业体制机制的具体问题,明确改革创新的方向,推动其转型变革的进程,实现报业的科学发展,这不失为一个明智的选择。为此,我们不妨先把视线从国内投向国外。

国外发达国家传媒业管理体制的主要特点有:①对传媒业采取以宏观管理为主的监管方式。英美等国通过出台相应制度、法规和控制新闻源,对传媒企业进行宏观管理。例如,为了维护新闻自由、避免新闻垄断,美国法律规定同一家传媒企业不能在同一个地方同时拥有报纸媒体和广电媒体。②传媒企业普遍建立了现代企业制度,成为真正的市场主体。英美发达国家传媒企业的出资人制度和发行人制度健全,是真正"自主经营、自负盈亏"的市场主体。③完全把传媒业视为一种产业来发展,并制定了相应的产业政策和发展战略。④建立起规范的市场准入和退出机制。没有刊号和书号的限制,只要满足相应的出版企业的条件就可以进行出版物的出版和经营,如果经营困难或资不抵债,就会破产或者退出市场。⑤传媒集团大多是上市公司,一些大型传媒集团旗下甚至有若干家上市公司,直接融资渠道便利。⑥已形成全国统一、有序竞争的传媒业大市场。⑦形成了规范的中介组织机构,例如 ABC(报刊稽核局)。

尽管社会制度不同,体制存在差异,但中外报业在产业属性上还是大体相同。因此,西方发达国家传媒业管理体制及其成功经验,还是可以作为我国报业集团体制改革的参照系的。

2. 在现有体制和政策下实施自主创新

如前所述,报业体制机制问题已经成为制约整个报业发展的首要问题,可是体制问题是一个极其复杂的系统,绝不是一朝一夕或一招一式就能彻底解决的,需要一个长期的过程。而且应该看到,报业集团在现有体制下仍然可以通过自我机制创新,为集团做强做大提供动力支持。

首先,报业单位仍可以通过自主创新取得快速发展。我国继续处于经济发展和社会转型全面进步时期,报业仍有较大的发展空间,即使体制问题暂时得不到解决,报业通过发挥自己的积极性、主动性和创造性,依然可以逐步实现其做强做大做优的可持续发展目标。从现实情况看,在大致相同的体制环境下有的报业组织经营困难甚至入不敷出,而有的却红红火火、蒸蒸日上。后者像广州日报报业集团、南方报业传媒集团、浙江报业传媒集团、杭州日报报业集团以及华商传媒集团等,就是如此。

例如,南方报业传媒集团因应集团内外部形势的发展变化,实施"龙生龙,凤生凤"的多品牌战略,以准确的市场定位,进行差异化竞争,成功打造出系列品牌媒体,且多个媒体在其细分市场中都排名第一,提升了集团的综合实力,被业界、学界誉为中国报业中"报业结构最合理、读者覆盖面最全面、综合运营能力最强"①的报业传媒集团。目前集团审时度势,顺应报业转型需要,制定了新的发展战略,正朝着大型现代全媒体集团的目标迈进。

又如,地处经济社会发展相对落后的西部省份陕西的华商传媒集团(该集团主报为《华商报》,旗下有多家子报子刊和网络媒体),在高素质领导班子的带领下创新体制机制,凭借较早觉醒的战略意识,形成了一套成熟的管理经验和运营模式,尝试跨地域办报取得了令同行艳羡的不俗业绩,集团也获得了跨越式发展。众多报业组织的成功实践雄辩证明:在报业体制羁绊尚存的不利条件下,只要勇于和善于开拓创新,制定出适宜的发展战略,且运营模式得当,机会无处不在。

其次,报业单位仍可以通过解决内部体制问题释放生产力。体制问题分为外部管理体制和内部管理体制,对于报业集团而言,虽然很难改变外部管理体制,但是完全有能力建立健全内部管理体制,以此提高效率,增强自身竞争力。

比如,报业集团可以通过建立科学合理的母子公司管理体制,以清晰界定母公司和各子报刊网之间责、权、利,并建立起"物质激励和精神激励并重、长期激励和短期激励有机结合"的激励约束机制,使集团发展目标成为各个子报刊网内生的发展目标。南方报业传媒集团和浙江报业传媒集团这方面已经积累了不少宝贵的经验。

再如,报业组织可以通过改革内部薪酬制度、用工机制等体制和机制问题,来解放和释放生产力。在这些方面,南方报业传媒集团很早就实行了全员竞聘制度,并建立起职业技术发展通道,构建了人尽其才、才尽其用的用人制度,为报业组织的发展源源不断地输送各类高层次的人才。

再次,对于体制的不同理解会有不同的发展空间。关于体制的理解有两种:一是体制和政策规定允许的才去做,只要没有允许的就不去做;二是体制和政策规定没有明令禁止的都可以去做。两种理解无疑有着重大差别,后者

---

① 范以锦:《南方报业战略》,广州:南方日报出版社,2005年,第223页。

的发展空间无疑比前者大得多。思想解放的传媒企业不断创新,采取各种新措施去拓展市场空间,取得了不错的业绩。像强势媒体的跨区域合作,都市类报纸和经济类报纸的蓬勃发展,国外媒体的中文版及国外电视台的落地,新浪、搜狐、网易等网络媒体的兴起,传统媒体和新媒体的不断融合及全媒体战略的实施等等。这些新的业态和新媒体的发展,在一定程度上都是思想观念解放后改革创新的产物,是超越现有体制和政策规定允许的范围所获得的发展。如果墨守成规,只是按照允许的要求去做,那么就根本不可能出现上述变化,取得如此大的发展乃至变革。

最后,报业的"倒逼式改革"将促进体制问题的逐步解决。从国有企业改革的实践和成功经验看,我国的改革采取的是"摸着石头过河"的方式,即先试点、后推广。实际上也是一种由企业和地方先取得经验,然后在全国范围内进行推广的"倒逼式改革"。改革开放以来,我国国有企业改革的利润留成、利润包干、两步利改税、承包制、建立现代企业制度、股份制、国有企业上市、公司治理结构的完善、国有资产出资人制度等改革措施,基本上都是先有试点的成功,然后再推而广之。传媒业的改革也必将是"倒逼式改革"。所以,传媒业自身要大胆改革创新,不断积累和创造经验,而成功的经验会得到各方的认同,并逐步推进传媒业的体制改革。

3.抓住深化文化体制改革契机,加快创新步伐

2009年以来,我国文化产业政策进入突破期,国务院及有关部门先后出台了《文化产业振兴规划》、《关于进一步推进新闻出版体制改革的指导意见》、报刊退出机制相关规定、对党报党刊发行收入和印刷收入免征增值税、《关于金融支持文化出口的指导意见》等文件和政策,这些新政措施的出台,表明传媒业的外部管理体制改革在不断深化和发展,这就为报业的"跨地区"、"跨媒体"经营提供了政策支持,它同时预示了体制改革将是包括报业集团在内的传媒业下一步改革的重点。由于这几份文件和所出台的政策措施指明了传媒业今后改革发展的方向,故将其中的相关内容摘要转述如下。

首先,《文化产业振兴规划》的发布,主旨是鼓励传媒业进一步做大做强。2009年9月,国务院出台了《文化产业振兴规划》,提出要做好八项重点工作,其中有多项内容与传媒业改革发展密切相关:如①加快发展文化创意、影视制作、出版发行、印刷复制、广告、演艺娱乐、文化会展、数字内容和动漫等重点文化产业。②充分调动社会各方面力量,加快推进具有重大示范效应和产业拉动作用的重大项目。③推动跨地区、跨行业联合或重组,培育骨干文化企业……⑦积极发展移动多媒体广播电视、网络广播影视、手机广播电视等新兴

文化业态,推动文化产业升级。⑧落实鼓励和支持文化产品与服务出口的政策,扩大对外文化贸易。

《文化产业振兴规划》中还明确提到要"深化文化体制改革","通过深化文化体制改革,进一步解放和发展文化生产力,激发全社会的文化创造活力。要紧紧抓住转企改制、重塑市场主体这个中心环节,加快推进出版发行单位转企改制和兼并重组,加快电影制片、发行、放映单位和文艺院团转企改制,抓好党报党刊发行体制和广播电视节目制播分离改革。大力推动行政管理体制改革和政府职能转变,建立统一高效的文化市场综合执法机构"。①

其次,新闻出版总署出台《关于进一步推进新闻出版体制改革的指导意见》,也是要为加快体制机制改革保驾护航。该文件明确指出推进新闻出版体制改革的目标任务是:"全面完成经营性新闻出版单位转制任务,建立现代企业制度,在企业内形成有效率、有活力、有竞争力的微观运行机制;推动跨媒体、跨地区、跨行业、跨所有制的战略重组,开拓融资渠道,培育一批大型骨干出版传媒企业,打造新型市场主体和战略投资者;通过增加投入、转换机制、增强活力、改善服务,建立以政府为主导、以公益性单位为主体的新闻出版公共服务体系,使人民群众基本文化权益得到更好保障;加快新闻出版传播渠道建设,推进连锁经营、物流配送、电子商务,规范出版产品物流基地建设,形成统一开放、竞争有序、健康繁荣的现代出版物市场体系。"②

《关于进一步推进新闻出版体制改革的指导意见》提出进一步推进新闻出版体制改革的主要任务有:推进公益性新闻出版单位体制改革,构建新闻出版公共服务体系。研究制定公益性报刊基本标准,适时公布公益性报刊名单。推动经营性新闻出版单位转制,重塑市场主体。制定经营性报刊转制方案,推动经营性报刊出版单位逐步实行转制……推进联合重组,加快培育出版传媒骨干企业和战略投资者。鼓励和支持拥有多家新闻出版单位的地方、中央部门和单位整合出版资源,组建出版传媒集团公司。鼓励和支持业务相近、资源相通的新闻出版单位,按照优势互补、自愿结合的原则,跨地区、跨部门组建出版传媒集团公司……鼓励和支持社会资本特别是国有大型企业参与出版传媒企业的股份制改造。积极支持条件成熟的出版传媒企业,特别是跨地区的出

---

① 《文化产业振兴规划》,http://news.xinhuanet.com/politics/2009-09/26/content_12114302_5.htm
② 《关于进一步推进新闻出版体制改革的指导意见》,http://www.chinanews.com.cn/gn/news/2009/04-06/1633452.shtml

版传媒企业上市融资。在三到五年内,培育出六七家资产超过百亿、销售超过百亿的国内一流、国际知名的大型出版传媒企业。

继续深化发行体制改革,推动发行渠道资源整合。巩固印刷复制业改革成果,大力提升印刷复制业的科技含量,促进珠三角、长三角和环渤海等特色印刷产业带建设,振兴东部印刷产业,扶持中西部印刷产业的开发与崛起。大力推进新闻出版产业升级和结构调整。大力发展数字出版、网络出版、手机出版等新业态,努力占领新闻出版业发展的制高点。加快实现由传统媒体为主向传统媒体与新兴媒体融合发展的转变,打造主流媒体在新闻出版多元传播格局中的强势地位。积极鼓励和支持新闻出版单位运用高新技术和先进适用技术改造传统生产方式和基础设施,有计划、有步骤地构建覆盖广泛、技术先进的新闻出版传播渠道……加快推进现代出版物市场体系建设。打破按部门、按行政区划和行政级次分配新闻出版资源和产品的传统体制,打破条块分割、地区封锁、城乡分离的市场格局,加强资本、产权、信息、技术、人才等新闻出版生产要素市场建设,实现生产要素合理流动和资源优化配置。在充分利用系统内国有资本的同时,开辟安全有效的新闻出版业融资渠道,有效地吸纳系统外社会资本和境外资本,实现以资本扩张带动业务扩张、规模扩张和效益扩张。①

指导意见还列出了进一步推进新闻出版体制改革的政策保障,主要内容有:①落实新闻出版体制改革相关配套政策;②制定和实施出版资源向出版传媒企业倾斜的政策……支持大型出版传媒企业在异地建立有出版权的分支机构,鼓励其实现跨地区经营。对真正转制到位的出版单位放开出版范围、书号、刊号等,支持其发展;③保护合法的跨地区经营活动。对于出版传媒企业合法的跨地区经营活动,不得以任何形式进行地区封锁,不得滥用行政权力,限制其进入本地市场经营;④允许条件成熟的出版传媒企业经过批准,探索实行股权激励机制的试点。②

第三,报刊退出机制新规则已逐步完善。2008年,报刊退出机制在辽宁、河北两省启动试点后,辽宁省先后停办12家报刊,河北省也有3种报刊退出市场。2009年2月召开的全国报刊管理工作会议,对报刊退出问题给出了具

---

① 《关于进一步推进新闻出版体制改革的指导意见》,http://www.chinanews.com.cn/gn/news/2009/04—06/1633452.shtml。
② 《关于进一步推进新闻出版体制改革的指导意见》,http://www.chinanews.com.cn/gn/news/2009/04—06/1633452.shtml。

体的时间表及其操作思路。截至 2009 年 10 月,辽宁共退出报刊 12 种,涉及安置人员 242 人,处理债务 5000 余万元;河北退出报刊 3 种,涉及安置人员 52 人,处理债务 420 万元。① 2010 年 4 月 7 日,新闻出版总署在辽宁沈阳召开全国报刊退出机制试点工作经验交流会,进一步探讨了报刊退出机制。与会者认为,作为构建依法行政、科学有效的报刊管理体系的主要内容之一,报刊退出机制将综合运用市场、法律、行政等手段,形成报刊优胜劣汰、违规出局的长效管理制度。报刊退出机制的建立和实施,将有利于解决报刊格局存在的小、散、滥问题,优化结构,净化市场,提高出版质量和发展能力。

第四,下发通知规定党报党刊发行收入和印刷收入免征增值税。为了进一步推动文化体制改革,财政部于 2009 年 4 月就经营性文化事业单位转制为企业的税收政策问题下发了通知。该通知规定,经营性文化事业单位转制为企业,自转制注册之日起免征企业所得税。由财政部门拨付事业经费的文化单位转制为企业,自转制注册之日起对其自用房产免征房产税。党报党刊将其发行、印刷业务及相应的经营性资产剥离组建的文化企业,自注册之日起所取得的党报党刊发行收入和印刷收入免征增值税。对经营性文化事业单位转制中资产评估增值涉及的企业所得税,以及资产划转或转让涉及的增值税、营业税、城建税等给予适当的优惠政策,具体优惠政策由财政部、国家税务总局根据转制方案确定。通知执行期限为 2009 年 1 月 1 日至 2013 年 12 月 31 日。通知所适用的经营性文化事业单位,是指从事新闻出版、广播影视和文化艺术的事业单位;转制包括文化事业单位整体转为企业和文化事业单位中经营部分剥离转为企业。

第五,《关于金融支持文化出口的指导意见》(以下简称《意见》)对新闻出版单位拓展海外市场予以金融支持。2009 年 5 月,商务部会同有关部门出台了《意见》,按照"各部门组织推荐,进出口银行独立审贷"的原则,充分发挥各自优势,共同搭建文化、金融合作平台,以支持文化企业和项目"走出去"。该《意见》要求各相关部门加强协调配合,综合采取金融措施,以支持符合条件的文化企业和项目出口。

更令人瞩目的是,2011 年 3 月 16 日正式发布的《中华人民共和国国民经济和社会发展第十二个五年规划纲要》(即"十二五规划")强调"转变发展方

---

① 《以改革创新精神加快建立报刊退出机制》,柳斌杰在全国报刊退出机制试点工作经验交流会上发表的书面讲话,http://media.people.com.cn/GB/22114/45733/191524/11679542.html.

式,开创科学发展新局面",其中特别谈到要"深化文化体制机制改革"、"深入推进经营性文化单位转企改制,建立现代企业制度";其后,十七届六中全会《关于深化文化体制改革、推动社会主义文化大发展大繁荣的若干重大问题的决定》中,明确提出建设社会主义文化强国的宏伟目标和战略任务,这对于文化产业的重要组成部分的报业集团等传媒组织,无疑也是一个难得的体制机制改革创新、实现跨越式发展的契机。

综上所述,从宏观方面看,新出台的文件以及各项政策措施表明,党中央和国家主管部门已高度重视传媒产业的体制机制改革与创新问题,努力为其营造有利于深化改革、开拓创新的环境和氛围。这就为报业集团在体制机制方面的改革创新提供了外部条件。当然,改革是一项循序渐进的系统工程,不可能一步到位,因而要求报业集团必须坚定信心,要敢于突破旧框框,首先通过内部管理体制的自主创新,加快报业市场化、产业化的步伐,即由内部做起,形成倒逼机制,以进一步推动外部体制改革的进程。

二、经营体制的改革创新

国内现有的几十家报业集团发展并不均衡。从业已取得的成功经验看,发展态势良好的报业集团对经营体制实施改革创新,尽可能做到适度集权、合理分权,从而实现有效的集团化管理;同时,注重对采编、经营和管理各项业务统筹兼顾,实现了采编业务与经营业务的良性互动。

1.明确责任中心,实现有效的集团化管理

集权是统一经营的需要,分权则是灵活应变经营的需要。为了保证报业集团的有效管理,促使各部门协调一致地开展工作,必须有一定的集权。而适度分权,掌握好"统"与"分"的平衡点,最大限度地调动各个部门、各子报刊的积极性,则是帮助集团及其麾下的报业组织高效运转、协调发展的必要措施和管理艺术。

首先,要形成集团内部认同的价值理念和统一的行为准则与规范。报业实行集团化管理,其管理的难度和管理协调成本加大。为确保报业集团执行力的有效性以提升竞争力,就必须采取各种措施保证集团在决策和制度方面的权威性。而实现这一目标的有效途径就是形成共同的价值观和统一的行为准则与规范。在自上而下不断强化政治意识与大局意识、产业意识与市场意识的同时,为了使整个集团运营做到有章可循、照章办事、令行禁止,必须建立和完善符合现代企业制度要求的管理规范,使整个集团逐步纳入制度化、规范

化、科学化的运营轨道。

其次,统一报业集团财务管理制度。随着市场竞争的日趋激烈,提高报业的财务资金管理水平,加快报业财务创新的要求日益迫切。因为报业集团发展趋势是以报为主、多业并举的新格局,广告、发行、印刷以及其他各项经营活动都离不开财务管理,规范统一的财务管理制度其重要性凸显。为此,应注意几点:①母公司应在国家统一会计制度的基础上,制定统一的、可操作性强的集团财务会计制度实施细则,规范子公司重要财务决策的审批程序和处理程序,以提高各子公司财务报表的可靠性与可比性。②加强在资金管理、筹资管理、预算管理方面的集权管理。由于资金管理是财务管理的中心,报业集团应实行"结算中心制",以母公司名义在银行开立基本结算户,再分别以广告、发行、印刷等各子公司的名义在该总户头上设立分户,由总户控制各子公司分户。母公司要规定子公司所需资金不得擅自向外筹集,必须在集团内部筹集。在预算管理方面,母公司应根据报业集团发展规划确定的目标,将各项指标分解下达给各子公司,子公司根据母公司下达的各项指标和本单位具体情况编制本年度预算,上报母公司审批,母公司对各子公司的预算拥有最终决定权。③对广告、发行、印刷等子公司的财务部门实行集中监控。子公司的财务负责人可以由母公司直接委派,列为母公司财务部门的编制,人事、工资关系在母公司,负责子公司的财务管理工作,参与子公司的经营决策,严格执行母公司财务制度,并接受母公司的考评。④要统一银行账户管理。针对目前我国企业集团出现的子公司私自在银行开户截留资金的问题,母公司应加强对子公司的开户控制,子公司在银行开户须经母公司审批备案。

再次,要适度分权,充分调动各级人员的积极性、主动性和创造性。集权是统一目标经营的需要,分权则是灵活应变经营的需要。分权的关键在于通过授权给子公司,使其更具活力;而子公司的发展壮大,则为整个报业集团规模的壮大和整体实力的增强作出各自的贡献。要对子公司实行资产授权经营,在对子公司实行资金产权评估的基础上,以产权为纽带,将各自的责、权、利及奖惩条款等加以明确,对子公司实行资产授权经营,确立子公司的市场竞争主体地位。与此同时,在子公司层面,实行集团宏观调控下的自主经营、自负盈亏、自我约束、自我发展的公司化经营机制,子公司享有集团宏观调控下的用人自主权、分配自主权、机构设置自主权、费用审批权、职务聘任权、发行广告自主权等权利。

当前报业的集团化管理,最难解决的是集团总部与子公司的管理模式问题。在报业集团的组织设计中,要按照"指挥统一、合理集权与分权"的原则,掌握好"统"与"分"的管理艺术。统分结合管理模式属于半集权型管理模式，它集中了分权和集权两种模式的优点，其特点是相对集权、适当放权。只有合理划分集团公司与下属子公司之间的权限和责任，才能真正实现"控之有序、分之有度"的集团化管理，实现集团合力与活力的有机结合、质量与效率的高度统一，进而保障集团整体高效、协调运作，实现经济效益与社会效益的双丰收。

最后，科学合理划分责任中心。责任中心是指有一个或者多个明确的任务，并由一名具体领导者对结果承担责任的工作单元。每一个责任中心既有投入又有产出，投入的是人力、物力、财力，产出的是产品、服务、管理、研究成果等。责任中心大体可分为三类，即成本中心、利润中心和投资中心。成本中心的产出大都难以精确衡量或不需精确计算，但是，投入可以精确衡量，所以，对其投入要严加控制。一般来说，纯粹生产部门、管理和服务部门通常是成本中心。利润中心的投入和产出都可以衡量，要把投入和产出进行比较。有比较完整产品或者服务流程的单元可以作为利润中心。投资中心的任务衡量主要是投资回报的高低。对投资中心的任务衡量是最完整、全面的，因为投资回报包含了所有的投入和产出的综合结果。因此，一个独立法人往往是投资中心。但应该注意的是，在企业集团中，不是独立法人的业务单元也可以成为投资中心，如以业务归类的事业部。同样，独立法人也可以不成为投资中心而成为母公司的利润中心甚至成本中心，在通常情况下，子公司的投资权限都要受到一定的限制。就普遍情况看，职能部门、实体部通常是成本中心，事业部、分公司通常是利润中心，独资的子公司、绝对控股子公司、相对控股子公司和参股公司通常是投资中心。当然，责任中心的划分也不是绝对的，有些事业部也具有很大的投资权限。

报业集团在责任中心的划分上还存在诸多问题，主要表现在如下几点：一是责任中心划分不当，一些子报刊应当划为利润中心却被划为成本中心，一些职能部门应当划为成本中心，却被赋予利润中心的地位。如果成本中心被划分为利润中心，他们就会滥用手中的资源来换取利润，导致集团的资源被贱卖；二是对利润中心过于重视，而对成本中心不重视。很多报业集团都是依据为集团所贡献的利润来决定其奖惩和升迁，在这种情况下，很多只能成为成本中心的部门就想方设法把自己变为利润中心，导致自身定位紊乱。

为了做到适度集权、合理分权，实现有效的集团化管理，报业集团在确定其集分权的程度时，需主要考虑以下因素：

（1）集团的产业和产品结构。集团产业单一、产品品种较少，下属单位专业化程度高的,可发挥集权优势,对生产经营实行全过程控制并保持高效率;反之,涉足多种产业且产品门类较多的集团,母公司不易获取决策所需信息,管理难度大,通常下属单位的分权程度高,母公司集权程度低。对于业务范围既有党报、都市报、专业性报纸,又有期刊、网络等媒体的报业集团就要多分权,而对于只有一类报纸的报业集团就可以多集权。

(2)下属单位产品业务的关联度。集团生产连续性强,工艺分工联系紧密,下属单位的产品有上下游关系,需要母公司统一计划协调的,母公司集权程度高;反之,生产连续性要求不高,产品关联度不高的集团,母公司集权程度可低些。

(3)集团的规模。集团规模大,下属单位多,管理工作和内部关系复杂,需要设置的部门多,集中决策效率不易提高,且容易失误,母公司集权程度不宜过高;反之,集团规模不大,下属单位数量不多,内部关系简单,决策涉及面小,母公司易于处理和掌握管理,母公司集权程度可以高一些。

(4)集团的地域分布。下属单位所处地域广而且跨地区、跨国界的,母公司不易直接管理,集中决策成本偏高,赋予所属单位权限较多,母公司集权程度较低;反之,母公司集权程度可较高。

(5)决策的重要性。重大决策母公司集权,例如企业发展战略,与资产变动有关的对外投资、购并、改制、融资、担保等;一般日常经营的决策向下属单位分权,例如生产、供应、销售、内部人力资源配置、薪酬奖惩等。

(6)下属单位管理者的素质、管理艺术及作风。对管理者素质高、业绩好的单位,母公司放权的顾虑少,下属单位的分权程度高;反之,下属单位的分权程度低,母公司集权程度高。

(7)公司管理传统和历史状况。这是从现实考虑的一个因素,由于我国不少集团公司是先有儿子、后有老子,组建集团后除必须统一集权管理的,如果改变传统管理模式必要性不大时,一般可维持原状。

此外,集权、分权要有利于实现集团总任务和目标,符合集团发展战略的要求。因为战略是决定集团生存和发展的首要问题,关系着集团的全局和长远利益,对集团的最终成就起着决定性的作用;同时,应谋求集团整体效益最大化,要规避集团内部的同业竞争,防止出现同一集团内部的媒体的受众、广告主、编辑方针完全一致,导致集团稀缺资源的重复配置,造成资源的浪费;集团内部业务单元应是"竞合关系",应科学合理划分责任中心。

适度集权、合理分权的目标是理顺其内部关系,实现有效的集团化管理,以使各所属单位部门特别是各子报刊(子公司)能够更好地共享资源,协调发展,使报业集团的综合实力不断增强,并培育和提升其核心竞争力。

2. 构建和谐的采编、经营关系,实现二者良性互动

前面的内容中(第三章第二节)曾论及,报纸产品的特殊性决定了其赢利模式也具有特殊性,它是采用"二次售卖"的方式来获取全部收入的。报纸第一次售卖的客户是读者,第二次售卖的客户是广告主。报纸要想赢利,首先必须做好内容产品,要尽可能多地采集和制作高质量的新信息,挖掘和凸显其价值,并且用人们喜闻乐见的方式传播出去,吸引尽可能多的信息消费者即报纸读者。只有当报纸的内容好看、实用、有吸引力,能够较好地满足人们多方面的信息需求,逐步在社会公众中形成公信力、影响力和权威性,产生良好的社会效益后,才会受到市场的青睐,在赢得众多读者、扩大发行量的同时,也能够吸引大量的广告客户,从而获得更多的经济回报。

采编人员通过创造性的劳动(采写、编辑等环节的工作),使新闻产品形成了独特的价值,再通过完善的发行渠道和特定的信息载体——报纸等传播媒介,把新闻产品传递给受众,并得到发行收入,从而完成了第一次销售。

报纸通过高质量的新闻信息和有效发行,能够获得目标受众的认可,并逐渐对其形成品牌忠诚,报纸就具有自身独特的公信力、影响力和品牌美誉度,也就具备了相应的"注意力资源"即广告产品,同时也显示出所具有的传播能力,因而能够对广告客户产生吸引力,使其购买报纸版面刊登其广告,这就是第二次售卖。广告主看重的是报纸对社会读者(潜在的消费者)的吸引力,以及报纸所具备的公信力、影响力和品牌美誉度。正因如此,报纸的市场具有二重性,即要面向发行和广告两个市场,满足两种不同客户的需要,才能获得理想的社会效益和经济效益。

如前所述,在报纸产品独特的赢利模式中,其所生产和售卖的两种主要产品——内容产品与广告产品,存在着相互依赖、共生共荣的关系,前者(内容产品)是后者(广告产品)生成的前提和基础,后者是前者赢利的重要手段和扩大再生产的保障,两种产品缺一不可。如果只是盯住其中一种,却忽略另一种,反而不利于报纸的生存发展。所以,构建和谐的采编、经营关系,实现二者良性互动,是报业经营与管理的重要环节,也是其获取佳绩的必由之路。这就要求报纸企业对采编业务和经营管理业务必须予以同样的高度重视。

然而在现今的报业市场中,很多报纸似乎没有意识到报纸"二次售卖"这一特殊性,不按照报纸自身的规律来运作,导致定位不准、采编与经营失衡等现象。

比如,很多报纸在定位时不够注重市场调查,不了解目标读者的真实需

求,采取的是采编导向。采编人员根据自身所认为的读者需求来确定报纸的定位,其采写和制作的新闻产品大都是以"我"为主,即自认为读者需求和他们所提供的新闻产品是完全吻合的。这种仅凭主观臆断、缺乏市场调查的报纸定位,难免会变成一厢情愿的"自娱自乐"。纵观当今不少的报纸内容,都是采编导向的产物。在以往报纸数量不多的情况下,这种操作模式还能维持下去,但是当今竞争激烈的传媒市场已明显供过于求,如果不重视了解受众的真实需求,就会失去市场。

又如,某些报纸虽然注意到要尽量满足读者的需求,即强调以读者为本位,可是却忽视广告主的需求。其结果往往是"叫好不卖座",从报纸的定位来说,就是缺乏市场观念,即商品意识不强。常常看到很多报纸新闻产品做得很好,但却没有认清广告主的需求,更谈不上从开拓消费需求的角度满足广告主了。如果报纸品牌单纯依靠发行就能赚钱,那么不考虑广告主的要求也没有太大的影响,可是,现在绝大多数报纸都是采用负定价的运营模式,即报纸的销售收入远低于生产发行的成本,亏损部分只能由广告收入来弥补,报纸的广告市场份额占有量对于报纸来说,可谓生死攸关。

因此,如何处理好报纸两种产品及其面对的两个市场之关系,以获取"二次售卖"效益的最大化,这不仅能增强报纸等媒体的市场竞争力,而且对于培育与提升整个报业集团的核心竞争力,都具有不容低估的意义和作用。

报纸的"二次售卖"特性是报业发展的一条客观规律,它要求报业组织必须同时关注两个市场,并尽可能地满足两种需求,因而要尊重市场规律,构建和谐的采编业务和经营管理业务。只有兼顾二者,同样重视采编业务和经营管理业务,通过构建和谐的报纸采编和经营管理的互动关系,才能最终实现报纸、报业集团的可持续发展。从经营管理的角度考虑,报业集团须努力做到以下几点:

(1)报纸品牌必须从客户角度来定位和运营。报纸品牌的客户包括读者和广告主两类客户,报纸品牌首先要对客户的需求进行认真调研,准确把握客户的需求,并根据客户的需求来倒推报纸品牌的定位和编辑方针。同时还应根据读者和广告主的需求来决定采编风格和广告策划特点,力争达到"既叫好又卖座"的预期目标。尤其是对于处于"利基市场"的以广告为主要收入来源的报纸品牌,更要以广告主的需求来合理确定报纸品牌的受众,进而根据报纸品牌受众的需求来确定报纸品牌的定位、编辑方针和内容,并采取有效的发行渠道实现精准发行。

(2)实现采编、发行、经营和管理之间的良性互动。报纸品牌的成功需要采编、发行、经营和管理协同发展:采编要能提供满足读者需求的内容;发行既要实现有效发行,又要了解读者的特点和需求,并将信息反馈给其他部门;经营不仅要把报纸品牌的潜在价值转化为现实的效益,还要调研广告主对受众和广告策划的要求,再将其反馈给其他部门;管理是整个企业运作的平台,因而要强化管理环节,只有管理水平提高了,才能实现企业的良性运作。报纸必须从整体、综合和战略高度认识到四者之间良性互动的重要性和必要性,努力实现采编、发行、经营和管理四者之间的良性互动,并使这种互动形成制度,实现制度化互动。这样,报业集团及其麾下的媒体都能遵循市场规律运作,就能够保证报纸产品的市场定位准确,而且能够真正满足客户的需求,产生良好的社会效益和经济效益。

(3)在管理层要同时配备高素质的采编、发行、经营和管理团队。报纸的运营是项复杂的系统性工程,要求管理团队必须对采编、发行、经营和管理业务都能驾轻就熟,因此,该团队必须同时具备这几类人才。国内报业组织多年来形成了"重采编轻经营无管理"的现状,很多报纸品牌不重视经营和管理,或者没有合适的经营管理人才来运筹帷幄。因而高度重视经营和管理人才的配备,是报业集团进一步适应市场化、产业化的竞争需要,谋求更好更快发展的一条捷径。

三、人才管理机制的改革创新

报业作为知识和人才密集型的特殊产业,其最主要的资产是品牌、人力资源等无形资产,人力资源作为报纸等媒体发展的生命线,在其成长壮大中起着至关重要的作用。报业(传媒)集团的人力资源管理有其自身的特殊性,主要体现为既有"可激励而不可压榨"的知识型人力资源,又有普通型的体力型员工,这就对报业的人力资源管理提出了更高的要求。

1. 报业人事管理制度弊端多多,亟须深化改革

我国报业集团大多采用"事业单位,企业化管理"的运作模式,导致报业集团的人力资源管理仍是沿袭传统的人事管理方法,难以适应市场化竞争的需要和新形势下媒体发展的新要求,由此必然产生许多问题,主要体现在以下 8 个方面:

(1)在思想观念上,还是把人力资源看作成本,而未把人力资源当成资本,更多是注重人力资源的约束,而轻视人力资源的激励,难以实现人力资源的增值。

(2)在管理方式上,采取的依然是传统的人事处的管理方式,尚未完全转变为现代化的人力资源管理方式,即主要注重对行政上级的对接和干部人事的调配升迁管理等事项。

(3)在人才发展战略上,缺乏统一的规划和管理,基本上没有战略概念,这就导致在人力资源管理上,缺乏长远规划和战略眼光,而且不够重视人才储备,与现代企业的人力资源管理存在较大差距。

(4)在人才使用上,重采编轻经营管理,且结构失衡,采编人才较为充足,经营管理人才缺乏,尤其是高层次、高素质的复合型的管理人才和营销人才缺乏。

(5)在晋升机制上,缺乏子公司管理层和高层次经营管理人员的晋升通道,由于报业(传媒)集团多是以党报、党刊和党台为核心来组建的,集团领导多是从这些单位提拔和任命的,子公司的管理层很难进入集团的领导层;同时,由于传媒业属于意识形态领域,集团领导多是采编出身,高层次经营管理人才也很难进入集团领导高层,这挫伤了子公司的管理层和高层次经营管理人才的积极性、主动性和创造性。

(6)在集团和各子公司人力资源管理部门的责、权、利界定上,统得过多过死和失控现象同时并存,影响了集团及下属单位的积极性、主动性和创造性的发挥。

(7)在企业文化建设方面,官本位盛行,真正的优质企业文化尚未形成。

(8)具体的管理制度不够健全,规范的管理制度缺乏,如培训制度、考核制度、激励约束制度、职业发展规划制度和岗位说明书等,大都没有或不完善,且劳动用工形式多样,不利于统一管理。

上述有关人力资源管理的弊端,普遍存在于国内报业(传媒)集团的人事制度之中,并已成为制约报业转变发展方式,以及在管理上逐步实施现代企业制度等方面的严重障碍。因此,必须通过人事制度的改革,实施人力资源的管理机制创新,使报业(传媒)集团真正获得独特的人才优势,进而转化为持续的竞争优势,为形成和提升其核心竞争力提供人才保障和智力支持。

2. 加快人才机制创新,为报业发展打下坚实基础

第一,要转变观念,在"以人为本"理念的指引下真正把人力资源当成资本而非成本。只有解决了思想认识上的问题,才能提高人才机制改革创新的自觉性,增强实施人才战略的紧迫感,并以战略眼光创新人才引进、培养和使用新机制。

应根据报业(传媒)集团的整体发展战略及其对人力资源的要求,制定出科学合理的人力资源发展战略规划。战略是导向,必须制定出切实可行的人才发展战略,并努力营造让优秀人才脱颖而出的环境氛围,尽量做到"人尽其才,才尽其用",同时制定长远规划和进行必要的人才储备,使集团的人才培养和队伍建设能真正落到实处,取得实实在在的效果,为其下一步的科学发展打下坚实的基础。

第二,适应报业市场化、产业化的客观需要,更多地吸引子报刊管理层和高层次经营管理人才进入集团领导班子。报业(传媒)集团领导班子作为最高领导机构,负责制定集团的重大决策和决定集团的重大事项。而对于走向市场的报业(传媒)集团来说,其重大决策将越来越多地涉及经营、管理等事务。为适应这种变化,一方面要求现有的集团领导多学习经营管理知识,另一方面要求吸收更多的经营管理人才进入集团领导班子,以加强集团决策的科学化。此外,在当前市场化和职业化的发展趋势下,如果没有让经营管理人才和子报刊的管理层进入领导班子的发展通道,势必大大打击他们的工作热情和激情,使他们丧失积极性、主动性和创造性,不利于集团的长远发展。

国外先进的大型报业(传媒)集团的成功经验表明,经营管理人才对于集团的发展起着不可替代的重要作用。因此,国内报业(传媒)集团应当改变以往重采编轻经营管理的思维定势,加大对高层次经营管理人才的选拔培养力度,通过外部引进和内部培养的方式,给他们提供更多的锻炼机会并委以重任,促使其更快地成长成熟起来,为集团今后扩大规模和拓展经营范围,实施跨媒体、跨区域和跨行业发展,做好组织上和专业人才方面的准备。

第三,改革和完善薪酬制度和机制,建立起科学合理的经营者激励约束机制。作为公司法人治理机制的核心,经营者激励约束机制对于激发其积极性、主动性和创造性起着举足轻重的作用,因此,亟须建立起科学合理的激励约束机制。这需要充分借鉴和吸收国内外先进企业的经验,并结合报业(传媒)集团自身的实际情况,改革和完善不适应集团进一步发展需要的薪酬分配制度,打破薪酬分配中的平均主义现象,建立起奖优罚劣、奖勤罚懒的激励约束制度,使员工的薪酬真正和其工作的性质和绩效挂钩,尤其是要建立起能激发骨干员工积极性、创造性的激励制度。经营者激励约束机制可分为对集团层面的管理层和对各子报刊经营者两个层面。由于传媒企业属于意识形态范畴,有其特殊性,所以,应根据现有的相关政策,本着精神激励和物质激励并重、长期激励和短期激励相结合的原则,积极稳妥地逐步建立健全经营者激励约束机制,不可操之过急,避免引发新矛盾。

第四,建立起技术职业发展通道,解决技术队伍行政化问题。当前,国内的报业（传媒）集团由于受到事业单位人事管理制度惯性的影响，一定程度上存在技术队伍行政化的倾向，这不仅会浪费纯粹的技术型人才，而且会导致管理水平低下，严重制约企业的快速发展。因此，亟须建立技术职业发展通道来解决专业技术人才的职业发展问题。要充分发挥技术职业发展通道的应有作用，必须做好两个方面的工作：一是应把管理通道和技术通道完全分割；二是打破"铁饭碗"和平均主义，构建能上能下的制度。国内有的报业（传媒）集团已经进行了改革创新探索，并且初见成效。如南方报业传媒集团在整个集团内部都建立起了技术职业发展通道：记者系列建立起了普通记者、资深记者和高级记者的职业发展通道，编辑系列建立起了普通编辑、资深编辑和高级编辑的职业发展通道。高级记者和高级编辑可以拿到较高的收入和享受较高的社会地位和荣誉感。这些举措值得其他报业（传媒）集团学习和借鉴。

第五，要注重对人才的全面培养，完善个人的职业发展规划，改善人才结构。对急需的紧缺人才，要舍得花大本钱引进，为集团实现跨越式发展提供智力支持。目前很多报业（传媒）集团虽然储备了大量的人才，但是，在竞争激烈和新媒体快速发展的今天，计划往往赶不上变化，很多类型的人才亟须引进。这些人才主要包括高层次经营管理人才、熟悉资本市场运作的人才、熟悉新媒体的运作及其经营管理的高层次人才、熟悉新旧媒体融合的高层次人才和熟悉传媒业发展趋势的战略管理人才等等。

前已论及，报业的发展正处于转型期的关节点上，报业（传媒）集团的未来发展方向在于实现跨媒体、跨区域和跨空间的转型，实现从媒体运营到资本运营的转变，实现经营规模的迅速扩张。挑战与机遇并存，要想抓住稍纵即逝的发展机遇，在新一轮竞争中立于不败之地，就离不开复合型高素质人才的支撑。这就要求报业（传媒）集团具备相应数量的高层次经营管理人才、资本市场运作人才和新媒体人才。好钢要用在刀刃上，不仅要及时引进高层次紧缺人才，同时也要建立健全人才培养和使用的平台与机制，促进员工的全面发展，特别是核心人才的健康快速成长。报业（传媒）集团需要根据自身的整体发展战略，实施人力资源的选拔招聘制度、培训使用和科学合理的激励约束机制等，还需要建立起人尽其才、才尽其用的优质企业文化。通过科学界定集团及其各子报刊人力资源管理部门的责、权、利，在集团人力资源中心的规划指导下，形成多方合力，以充分发挥集团化人力资源的整体优势。

四、采编业务(报业产品)的创新

对于报业集团来说,报业产品是开拓市场、赢得竞争的基础,没有高质量的产品,即使经营能力再强,也难以打开局面,更无法实现报业的可持续发展目标。因此,报业集团在其发展进程中,必须高度重视采编业务的创新,并投入大量的人力物力支持旗下媒体做好内容产品。作为采集制作和传播报纸内容产品的关键环节,采编业务是项复杂的系统工程,它包括编辑理念、板块设置、新闻采写与新闻操作手法、版面设计等各个方面。因此,采编业务的创新也具有综合性特点,需要方方面面的相互配合、协同作战。以下对其分而述之,只是出于论述的方便。

1. 编辑理念的创新

采编业务创新的关键,就是要在遵循新闻传播规律的前提下,不断创新自身的编辑理念,适时地调整编辑方针,使之能够真正满足变化着的市场和读者需求。尤其是在报业竞争日趋激烈、报纸内容产品"同质化"现象十分严重的当下,更需要新闻工作者敢于坚持自己独特的编辑理念和个性追求,勇于开拓,善于创新,以其差异化的高质量新闻产品,吸引和赢得市场和读者的青睐,使报纸在众多的竞争对手中脱颖而出。

在新的媒介生态环境中,报纸编辑理念越来越注重策划,"编辑成为策划时代的主力军,编辑不仅要关心内容和文字,而且还要关心报刊的经营、生存和发展。实际上,策划编辑又是报刊的生产者和经营者"。①《北京晚报》总编辑肖培就明确提出:报纸竞争已经进入编辑的时代。在机遇与挑战并存的网络时代,在同源新闻充斥的信息社会,编辑注定会在都市报竞争中大有作为。编辑担负着设计新闻产品的信息规模、结构和外在形象的任务,既是新闻报道活动的策划者和组织者,同时又是新闻产品的形象设计师。

不言而喻,走向市场的媒体要想赢得竞争,就必须密切关注受众的需求变化,把握市场动态和发展新趋势,以标新立异的编辑理念,策划出为读者喜闻乐见的特色新闻产品,实现差异化竞争,使报纸具有某种不可替代性,进而产生品牌效应,保持和提升报纸的竞争力。

国内众多的报业集团在这方面进行了有益的探索,编辑理念创新很有特

---

① 张丽枫:《策划时代编辑主体功能和作用的转型》,载《传媒》,2009年第3期,第69~70页。

色、取得了相当程度成功的南方报业传媒集团,其旗下的各报刊所体现出的先进编辑理念,许多已经转化成品牌理念。比如,《南方日报》"高度决定影响力"的品牌理念,以高质量的主流新闻和深度报道铸就高品位的大报风范,并且以此塑造其"权威"个性;《南方周末》"记录时代进程"的品牌理念,与全国读者共同分享其生存的智慧、发展的愿景,新闻和时评以纵深见长,以其独特的视角捕捉要闻和解读社会热点,赢得了读者的尊重;《南方都市报》以"办中国最好的报纸"作为其品牌理念,拒绝平庸、追求卓越,它以深入都市生活、引领现代时尚潮流、关注和追踪经济热点、快速反映大众焦点为己任,在"传播消息,提供资讯,引导消费,服务生活"方面有口皆碑,其彰显社会责任,舆论监督与建言献策并重的评论更是独树一帜;《21世纪经济报道》确立的"新闻创造价值"的品牌理念,以及所提出"与加入WTO的中国一起成长"、"代表积极的、向上生长的力量"等不同凡响的口号,这份与新世纪同时诞生的大型财经类周报的独特定位与编辑理念,即以分析国际形势、透视中国经济、观察行业动态、引导良性发展为目的,立足于国际通行的经济法规,及时有效地反映世界经济格局的变化,跟踪报道中国企业界的动态与发展,在实操中其报道以深度取胜,深度解读新闻,从而打造出一份高品质的经济类媒体。各具特色的编辑理念所孕育出的品牌媒体,使南方报业传媒集团的多品牌战略得以顺利实施,集团发展顺风顺水。

事实上,新时期以来特别是进入新世纪后,中国报业的很多报纸及其所属的报业集团都意识到,只有不断创新编辑理念,才能有力推动报纸业务的改革创新,并产生良好的媒体品牌效应。

2. 板块设置的创新

一份报纸能否吸引读者,扩大其市场份额,在很大程度上取决于它的板块设置和题材内容所表现出的吸引力。因为板块是报纸的编辑理念和传播思想的外在体现,从中可使读者领略报纸的品质、特色以至风格。板块名称既是对文章的内容和形式的概括与提示,也反映出其基本宗旨和传播观念,在吸引读者的注意和兴趣方面,发挥着不容低估的作用。同时,板块设置及其内容还可以引导作者的投稿取向。要使一份报纸的质量上一个新台阶,首先应从板块设置入手。板块设置的创新要体现独特的编辑理念和媒体的个性风格,尽可能地做到特色鲜明。

特色是一份报纸赢得竞争的撒手锏。在信息过剩、传播渠道众多、竞争激烈的现实语境中,没有特色的报纸必定缺乏竞争力,且存在意义不大。板块设置上的特色既指时代特色也指个性特色。时代特色是一定时代的精神对报纸板块设置的影响使然。因此,报纸板块设置中反映时代的精神是对所有报纸的共同要求,而个性特色是根据报纸各自的编辑方针和读者定位有意识地培植一些特色板块。

例如,新世纪以来,中国社会转型发生的急剧变化,使得各种问题纷至沓来,而伴随着公民素质的提高及主体意识的增强,人们的维权意识和参与公共事务的意愿也随之增强,多种利益诉求使报纸评论受到前所未有的关注。《南方都市报》敏锐地察觉到这一社会受众的新需求,在全国都市报中率先设置了评论板块,并且坚持每天发表一篇社论,开国内报纸时评版风气之先。其后,该报又在评论版的基础上设置了众论、个论和来论板块,新近还设置了网眼板块和深度周刊板块。正是由于独具特色,《南方都市报》评论已经创出品牌,成为该报在报业市场竞争中最具影响力的板块。无独有偶,在国内报界,《南方周末》的新闻评论版也颇负盛名,是该报的一大看点。

再如,《新华日报》的"讲坛"专版,专门摘登国内外高校和科研机构专家学者的精彩演讲,有的文章特地采用了新闻报道的形式,选题注重通俗、实用、有新意,整个板块可读、易读、耐读;"人文"专刊则注重挖掘展示江苏的文化资源,以全新视角审思江苏的人文脉络、人文精神,给读者以丰厚的精神滋养;"网眼"则专事筛选网络热点议题及网民评议,经编辑整合后刊登。这是《新华日报》顺应时代潮流,把握读者需求,以创新精神设置特色板块结出的硕果。

3. 新闻报道的创新

新闻报道创新是采编业务创新的核心。无论传播科技和传播渠道如何变化,新闻报道作为新闻媒体最主要的信息产品,仍然是其安身立命之本,"内容为王"这一铁律,永远不会过时。新闻报道的质量和水平高低,直接影响着报纸的社会影响力和市场竞争力。只有创新报道业务,才能提高舆论引导力,巩固和扩展其核心读者群,培育和提升报业核心竞争力。新闻报道创新要打破常规思维和思维定势,不断提高新闻报道的时效与质量,在报道的高度、深度与广度方面占得先机。新闻报道的提速、提质、提效,应当成为报业报道创新的三大路标。①

经济社会的发展、科学技术的进步和传播方式的改变,使报业的生存与发展越来越依靠受众的认可。因此,新闻报道创新必须在坚持正确舆论导向的前提下,强化受众意识,坚持"三贴近"原则,围绕社会热点和焦点,依据受众心

---

① 杨冰:《金融危机背景下的报业创新发展策略》,载《青年记者》,2009年6月下,第75~76页。

理采制新闻,高度关注民生新闻,满足受众获取多方面信息的需求。在媒体竞争空前激烈的当下,媒体的"独家新闻"已成为稀缺产品,新闻报道的同质化促使报纸的内容竞争步入"观点时代"、"深度时代"。因此,新闻报道创新还要求报道以新闻观点和观点新闻寻求高度的突破,以调查新闻和新闻调查寻求深度的突破。"时评热"表明"观点时代"的来临,"深度报道"、"调查性报道"、"精确报道"等的盛行,则表明新闻报道也在向"深度"开掘和拓展。新闻报道的创新要以受众为本位,抓住人们求新、求深、求异的现实需求,不仅快捷及时地采集传播各种新闻信息,而且敢于标新立异,追求报道深度,展示独特视角,以创新精神不断提升报道质量,在吸引读者的同时,巩固和拓展市场,保持和增强报纸的竞争力。

《南方周末》的调查性报道和深度报道、《南方都市报》的评论和网眼、《新华日报》的"记者专栏"等,都是新闻报道创新的典范。《新华日报》还在舆论监督报道方面实施创新,2009年下半年推出"漫说快评"专栏,以漫画加点评的形式,针对最新发生的社会现象,以夸张的形象和辛辣的笔调,切中时弊,痛下针砭,较好体现了"社会守望者"的责任担当,颇受读者欢迎。这一创新不仅彰显了党报的时代性,也说明党报能以其特有的高度与深度,及时跟进社会热点现象,通过其更具贴近性的报道与评论,赢得读者的青睐与信赖。

报道创新要以受众为本位,也反映在方便读者阅读和获取信息方面。近些年国内报纸纷纷设立导读版,就是读者意识增强的标志。以竞争最为激烈的广州报业市场为例,《广州日报》、《南方日报》、《羊城晚报》、《南方都市报》、《新快报》、《信息时报》均设立了导读栏或导读专版,引领了报纸首页创新的新潮流。早在1997年《南方都市报》由周报改版为日报后,就将第一版全部用作导读,将重要的、能引起读者关注的新闻制作成短消息。从2001年1月开始,短消息彻底从《南方都市报》头版退出,A1版变为纯粹的导读版。2006年10月10日,《南方都市报》又一次改版,不仅将A1叠封面作为导读版,还将A3版用于刊登新闻速览,采用"图文+标题"及提要式导读的方式,向读者推介各叠、各特刊的精华内容,从而形成独树一帜的双导读版。

与《南方都市报》的导读创新相媲美,其他市场化报纸也经历了从导读栏到导读版的推进过程。其中,《广州日报》的动作最大,其推出报纸"导读与索引"的创新举措,对党报头版的变革起到了某种示范作用。

2006年9月8日,《广州日报》率先启动相对独立于主报的单张两个版面的"导读与索引",并在繁华闹市向读者赠阅。同年10月3日,《广州日报》又尝试将"导读与索引"版与主报连体印刷,在原来的头版之前设置全彩印刷的

"导读和索引"专页,版序定为封一、封二。封一导读版借鉴了新闻网站首页的样式,按新闻板块和信息分类为框架,采用图片和标题相搭配的形式,把报纸内页的精彩内容提炼出来,帮助读者了解当天的重要新闻;封二则办成"今日速读",将新闻标题、内容提示与新闻图片相结合,让读者在极短的时间内对当日报纸内容有个整体的概观。与此同时,《广州日报》还保留了原有的一版形式,继续刊登重要的指导性新闻,维护党报的权威性。① 倘若从更深层面考量,《广州日报》此举可以视为党报走市场的改革创新探索。

长期以来,国内党委机关报的头版内容通常比较沉闷,这是一个不争的事实,也是为读者所诟病的老大难问题。报纸总编对此既头痛又无奈。因为头版的许多新闻内容,都与重要领导同志的各种活动和讲话相关,并且经常以会议报道形式出现,即使篇幅很长也不大好动。这样一来,头版的新闻条数和信息量必然受到制约,可读性随之下降。有的报纸总编为了打破头版的沉闷格局,可以说是煞费苦心,但是却难有作为。如何改变党报的老面孔,提高其吸引力,这是许多党报工作者一直在认真思考和力图解决的一道难题。广东的报人迎难而上,以创新的举措破解了这道难题。继《广州日报》推出"导读与索引"版之后,广东省委机关报《南方日报》也于2009年推出封面版"导读索引与解读",不仅突出当日报纸的要闻,还对其中的重点、亮点和卖点作出精当的解读。作为引领省级党报改革创新潮流的"领头羊",《南方日报》一直没有停下探索的脚步,近年来先后历经8次改版,在版式、板块、内容、经营等方面都在不断变革,开风气之先,"导读索引与解读"就是各项创新举措中值得称道的一项,即迈出的勇敢一步。

4. 版面设计的创新

版面是报纸的脸面,它既是内在品质的外化形态,又是吸引读者的重要手段。在竞争异常激烈的现实媒介生态环境中,版面设计的优劣直接影响报纸的销售。因此,各家报纸越来越重视版面的经营,有的还设立了视觉中心,有专门的美术编辑进行包装。不重版式的报纸,就像人不修边幅一样,给人以粗俗之感。相反,经过精心设计包装的报纸版面,光彩夺目,引人入胜。所以版面创新愈益受重视。

版式设计的高级标准就三个字:"神、魂、韵"兼备。"神"是指整个版上的亮点,可以是内容,可以是标题,也可以是图片。"魂"是编辑的思想。有些版

---

① 汤南:《广州报纸导读开创报业竞争新境界》,载《传媒观察》,2008年第8期,第19~21页。

面看起来就像散了架一样,这是编辑的思想没有融入版面中,只是凑版面而已。"韵"就是整个版面的韵律。音乐、诗歌都需要节奏,其实版面也有节奏,即哪些版面要突出,要强化。强化的手段,比如标题加厚、字体加大、照片放大、加框处理和配言论、链接等等。版面的最高境界应达到"神、魂、韵"的结合。①

20世纪90年代,在都市报第二次改版浪潮中,《北京青年报》推出"厚题薄文大照片",突出黑白灰的对比,强化视觉冲击力,以达到吸引读者眼球的目的。世纪之交,第三次改版浪潮中出现的《京华时报》"图片+导读"模式、《南方都市报》倒6字模式等,使得更多的视觉元素活跃在报纸版面上。② 今天,"视觉时代"讲求的是版面整体视觉传达效果。过去的报纸重在编辑文字,今后的报纸重在编辑版面。编辑不仅要对版面上的新闻资源进行整合和优化,而且必须注重新闻在版面上的展示方式。③

一张报纸的版面风格和所形成的相对稳定的"封面识别系统",体现了一定历史时期报纸的潮流和气质,也是报业品牌形象的外在表现。如今报业竞争已进入品牌竞争阶段,版面编辑的作用显得至关重要,因为它能够通过视觉形象强化报纸个性风格,对于推介和提升报业品牌有着不可替代的积极作用,是一种有效和独特的竞争手段。西安《华商报》浓眉大眼的版式风格,就构建了《华商报》的视觉品牌。另外,报纸的竞争还在于版式,版式的竞争在于编辑。《南方日报》采取国际化报型,即美国《纽约时报》等国际知名主流报纸近似黄金分割比(长宽比例为0.6225,680毫米宽)的报型,比国内传统大报通用的对开报型(760毫米宽)显得瘦长,一般叫"窄报"。2002年《南方日报》将新报型改为720毫米宽(2007年10月26日,《南方日报》进一步瘦身为680毫米宽),在外形上显得更挺拔、美观,是中国第一家选用"黄金报型"的党报。各种版面创新的实例还有很多,在此不一一列出。

五、报业集团发展战略的创新

如前所述,国内报业过去很长一个时期对发展战略缺乏自觉意识,因而报业经营管理人员往往注重追求短期效益最大化,缺乏长远规划。然而企业战

---

① 谢婧:《报纸编辑的编版理念》,载《新闻前哨》,2009年第8期,第65~66页。
② 王晋华:《经营好报纸的头版》,载《新闻采编》,2006年第5期,第15~16页。
③ 郝婷:《同质化下都市报的"编辑时代"》,载《青年记者》,2009年9月中,第29~30页。

略如果不正确,出现了方向性的错误,拓展速度越快、效率越高,就越容易产生"南辕北辙"的结果,即离预期的战略目标反而会更远。这必然给企业造成巨大的损失。从改革开放以来国内报业发展的历程看,报业组织"南辕北辙"的情况时有发生。

报业集团组建后,伴随着其市场化、产业化步伐的不断加快,以及报业竞争的日趋激烈,有关报业的发展战略问题受到了越来越多的关注。特别是由于当前经济形势千变万化,各种影响媒体发展的不确定因素愈益增多,业界、学界对媒介的发展战略问题比以往更加重视,如何提高管理水平,增强决策的科学性被提上议事日程。因为正确的决策源自完善的战略管理,而有否自觉的战略意识和睿智的战略眼光,对报业(传媒)集团等企业组织的健康成长意义重大,甚至直接关系到报纸等媒体的生死存亡。所以,必须从全局的高度认真审视报业(传媒)集团战略管理等方面存在的矛盾与问题,提出一些有针对性的改革创新措施,为报业组织特别是报业(传媒)集团的健康和可持续发展提供智力支持。

1. 报业(传媒)集团战略管理存在的主要误区

第一,普遍缺乏战略管理的相关部门。战略必须由单独的部门来负责制定和执行,但是报业(传媒)集团由于长期以来缺乏战略意识,又加上对战略管理不重视,因此,很少单独设立战略管理的相关部门。在这方面,南方报业传媒集团以其一贯的"敢为天下先"的创新精神,不仅早在2004年就成立了战略运营部,更是由集团一把手亲自兼任战略运营部主任,体现了对战略管理的高度重视,其所实施的科学战略也给集团带来了累累硕果。

第二,普遍缺乏对传媒业整体发展趋势的分析和把握,导致出现战略性失误。囿于以前知识和经验的限制,报业(传媒)集团对新的传播技术和新的媒介以及传媒业的整体发展趋势缺乏关注,甚至漠视,这也导致其战略决策上的短视。例如,在十多年前,当网络媒体刚开始兴起的时候,处于繁荣期的传统媒体没有意识到网络媒体将给传媒业带来的巨大机遇和挑战,如果传统媒体尤其是纸质媒体在那个时候能够深刻把握网络媒体的发展趋势,并采取以资源换股权的合作方式(当时传统媒体人士普遍认为网络媒体没有发展前景,采取的方式是把自己的内容资源出售给网络媒体,甚至无偿提供给网络媒体,结果是传统媒体的草养大了网络媒体的狼),那么现在就是皆大欢喜的局面了。当前,移动媒体给传统媒体带来的挑战将比网络媒体更甚更快,如果传统媒体不能把握住移动媒体大发展的这次历史机遇,其有可能陷入万劫不复的深渊。再例如,在20世纪80年代末90年代初的岁月里,《羊城晚报》可以说独占鳌头,独领广州报业风骚,其影响力不仅在省内首屈一指,且遍及全国,广告量遥遥领先于其他竞争对手。但是随着经济社会的不断发展,人们生活节奏的不断加快,早报市场开始成为报业市场的主流。而《羊城晚报》没有抓住这次战略性机遇,没有顺应这种时代潮流进入早报市场,仍然固守晚报市场这个越来越小的蛋糕,把早报这个具有很好发展前景的大市场拱手让给竞争对手——《广州日报》和《南方都市报》。这次战略上的重大失误,导致《羊城晚报》节节败退,先是被《广州日报》远远抛在身后,后又被新生的《南方都市报》赶上。更为令人痛心的是,即便到了全世界的晚报市场都在衰退,很多晚报纷纷改弦易辙变成早报或是早出报(如《钱江晚报》虽然还是保留晚报的名称,但是性质已经是彻头彻尾的早报,早晨7点多就上摊;《北京晚报》的出版时间也大大提前等)的大趋势下,《羊城晚报》依然以其晚报情结固守晚报市场。《羊城晚报》如果不能审时度势改变战略,那么其最终命运实在不容乐观!

第三,战略规划的前期工作不足,导致战略难以科学合理。很多报业(传媒)集团也开始逐渐重视自己的战略规划,但是对战略规划的前期准备工作明显不足。主要表现在:收集信息缺乏针对性,对影响战略的相关信息的有效收集和整理不够;对传媒业目前的内外部环境分析不够到位,如对文化体制改革的趋向、新兴媒体的影响、文化资产的改革和管理等方面的认识,都还不够深入;缺乏对自身能力的准确认识,例如,很多报业(传媒)集团经不起外部利益的诱惑,纷纷实施过度多元化战略,殊不知由于其本身就缺乏多元化的人才,棒棒军岂能打得过正规军,大多落得个惨败的结局。

第四,很多报业(传媒)集团的战略只是一句空洞的口号,没有分解、细化和量化的具体方案。国内很多报业(传媒)集团提出了极其宏伟的战略目标和口号,但是,并没有对战略目标进行分解、量化和细化,导致战略悬在半空,难以落地,无法实施。例如,有的报业(传媒)集团提出的愿景和战略目标似乎很宏伟诱人(如百年某某),却没有把战略目标分解成50年、20年、15年、10年到5年等时段,即真正具有可行性的分战略目标。此外,很多报业(传媒)集团没有对战略目标进行量化,没有量化的目标同样是很难实施的。例如,某一报业(传媒)集团提出了在10年内赶超某一国际传媒集团的宏伟战略目标,但是,并没有分析10年后这一国际传媒集团的各项指标将达到什么水平(如总收入额、广告收入额、发行收入额以及利润额等等),所以,其战略目标实际上没有办法量化,自然也很难分解成具体的阶段性目标,当然也就无法真正实施(即缺乏可操作性)。

最后,缺乏系统科学的战略管理。前已论及,战略必须与外部环境相适应,同内部条件相匹配。因此,在战略制定和实施后,还需要根据外部和内部的环境条件变化不断调整战略,并对战略的执行和实施情况及时跟踪,这些都需要具备系统完善的全过程的战略管理能力。从目前的情况看,大多数报业(传媒)集团缺乏系统的战略管理。一方面,很多报业(传媒)集团虽然制定了战略规划,却把它束之高阁;另一方面,战略规划一成不变,不能随着外部环境的变化而作出相应的调整。科学的管理方法是当战略一旦制定出来,还需要制定详细的战略实施计划及提供各种保障条件,以实现战略的落地和实施。另外,如果战略目标过高、缺乏相关能力或者没有后续的实施计划,战略也就没有实际意义(很难落地和实施)。这些都是集团战略目标的制定者必须通盘考虑并作出统筹安排的。

2.集团战略选择应注意的关键问题

当前,随着政策、市场环境的变化以及新媒体的兴起,我国传媒业已经步入重大转型变革期。在这期间,制定符合主客观实际的行之有效的发展战略、拟定科学合理的配套措施,和落实到位的战略执行力,无疑成为报业(传媒)集团致胜于千里之外的核心竞争力要素。制定发展战略作为一项复杂的系统性工程,任务艰巨、周期性长,并且需要适时调整,因而报业(传媒)集团须花大力气、下大决心。就报业组织而言,在制定发展战略时要研究如下关键问题:

第一,进行外部环境和行业趋势分析。要重点分析读者人群和阅读趋势、国家整体经济形势、区域市场竞争情况、媒体业的分行业发展现状与趋势、传媒产业政策以及主要竞争对手等。当前在传媒业产业政策方面,媒体跨行业、跨媒介发展,以及逐步形成全国统一的、有序竞争的传媒业大市场等方面已经形成共识;在区域市场方面,北京、上海、广东是三大传媒业大市场。目前,北京、上海和广州等中心城市的传媒业市场相对成熟,天津、重庆等直辖市以及全国各省会等大城市的传媒业市场也较为发达,宁波、温州、苏州、青岛、东莞、佛山等次级中心城市的传媒业市场正处于快速发展期;在媒体业的分行业方面,网络媒体已确立主流媒体的地位,其主要标志的历史节点 2008 年已经到来:新浪 2008 年的广告收入为 2.585 亿美元,营业收入为 3.696 亿美元(折合成人民币超过 20 亿元),已经接近我国单张报纸广告收入最高的《广州日报》(其 2008 年广告刊例价收入为 22.06 亿元);腾讯 2008 年营业收入为 10.468 亿美元,网易为 4.36 亿美元,其利润总额和利润率远远超过平面媒体。而移动媒体更是借助奥运会一鸣惊人,显示出巨大的发展潜力。网络新媒体无疑已成为报业等传统媒体的主要竞争对手。

第二,对自身核心竞争力构成要素进行分析。按照业务进行划分,报业

（传媒）集团的核心能力可以分为内容生产能力、经营能力、管理能力、深层次业务拓展能力以及把上述能力集合为一体的综合能力。国际上成功的大型传媒集团在上述能力上尤其是综合能力方面，都有各自的特色和过人之处。报业（传媒）集团在制定发展战略时，必须对自身核心竞争力要素进行认真分析：在采编方面，定位和编辑方针是否准确；在财务方面，资金实力、现金流能力、财务管理能力和水平如何；在人力资源方面，人才的知识结构是否合理，采编人才、经营人才和管理人才等是否相得益彰；在组织结构方面，现有的组织结构是否运作顺畅，能否在一定程度上满足未来发展战略的需要；在多元化经营上，是否具备多元化经营的能力。只有把自身的核心竞争力和外部的市场机会二者有机结合起来，才能制定出科学合理的发展战略。

第三，作战略定位分析。在战略定位上是选择内容提供商、内容服务商、产品提供商，还是信息服务商？内容提供商主要致力于提供原创的内容咨询，如新华社等通讯社；内容服务商不仅提供生产内容，而且通过报纸和广电等媒介把信息资讯传递到读者和受众手中，传统平面媒体的定位多属于此；产品提供商则把媒体当成一种完善的产品来做，多采取生产导向而很少采取市场导向，国内一些比较成功的媒体属于此定位；信息服务商不仅自身生产内容和资讯，而且综合各类信息和资讯，以市场和读者为导向，为读者和受众提供差异化、个性化的深层次信息服务，并在管理中引入客户关系管理理念，全方位做好信息服务工作。从介入媒介形态来看，我国的报业（传媒）集团都是介入一种或者两种媒介形态，而很少有介入全媒介。而国外发达国家的大型传媒集团多是全业务运营，介入了所有的媒介形态。借鉴国外传媒集团的先进经验，我国的报业（传媒）集团应积极实施跨区域、跨媒介、跨空间战略，成为全媒介信息服务商。

第四，作市场定位和读者定位分析。在市场定位方面，要清醒认识到自身的能力并结合媒体自身的发展规律，确定是在全球范围内参与竞争，还是在全国市场抑或是在某一区域市场内参与竞争。在读者定位方面，由于当前媒体市场分众化趋势越来越明显，因此，报业（传媒）集团就要明晰是集中服务于部分读者即部分媒体市场，还是通过多种细分市场媒介形态的组合，服务于所有读者即所有媒体市场。

第五，必须处理好继续发展和整合的关系。当前，我国传媒业尚处于初级发展阶段，在绝大多数次中心城市，传统和新兴媒体还处于跑马圈地阶段，因此，报业（传媒）集团要想做强做大做优，必须不断扩张和发展。但是随着规模的扩大，报业（传媒）集团应由粗放型的发展模式转变为集约型的发展模式，尤其是在拓展网络媒体、移动媒体等需要大量资源的新媒体方面,更需要整合集团的资源、举集团之力来发展。在进行整合时,也必须清醒认识到,由于我国传媒业长期自我封闭,市场化的时间短,市场化的程度弱,成熟完善的传媒业外部市场尚未形成,因此,在整合时要以效率和市场为导向,同时还要在集团内部引入一定的竞争机制,当然,这种竞争机制会以一定的资源重复建设为代价。

第六,必须处理好传统媒体与新媒体的关系。当前,很多传统媒体从业人员看到传统媒体日渐式微而新媒体蓬勃发展,认为集团扩张不应该再进入传统媒体,而应该全力进入新媒体。持这种观点的人一方面没有看到在次中心城市市场,传统媒体还有一定成长空间,另一方面没有认清传统媒体和新媒体之间的关系。报业(传媒)集团要真正成为一流的全媒介信息服务商,就必须掌控足够的信息源,而且需要继续发挥自身现有的优势,在次中心城市市场复制目前的成功模式,尽可能多地掌控信息来源,增强综合实力,只有在此基础上,才能为新媒体的发展提供足够资源支持和信息支持。

第七,科学界定主营业务、非主营业务和新兴业务。任何集团的资源都是有限的,能力也是有偏重的,因此,报业(传媒)集团必须根据自身的资源和能力确定自身的主营业务和非主营业务,并根据传媒业的未来发展趋势,确立集团的新兴业务,为集团的可持续发展培养新的业务增值点。对于报业(传媒)集团来说,其主营业务一般是报纸、印刷业务,非主营业务为出版社等出版业务,新兴业务应是网络媒体和移动媒体等发展前景良好的新兴媒体。

第八,进行相关多元化还是非相关多元化的战略选择。目前,报业(传媒)集团在多元化方面,既有非相关多元化的成功案例,也有相关多元化的成功案例。由于传媒业相对封闭和落后,缺乏完全市场化的企业制度和市场化的专业人才,传媒集团在实施非相关多元化战略时一定要慎之又慎。

一般来说,在传媒业市场竞争相对不激烈、媒体在当地享有的各种优势资源较多、自身资金实力较强而没有好的传媒业新项目的情况下,实施非相关多元化成功的可能性更大。例如,很多报业(传媒)集团进军房地产业和酒店业。当然,成功地实施非相关多元化,其关键在于充分利用市场化人才和市场机制。如在传媒市场竞争相对激烈、没有较多的行政资源可以享受、自身资金实力又不强的情况下,报业(传媒)集团就应充分发挥自身的核心竞争力,实施相关多元化战略。

第九,兼顾当前效益与长远利益。由于国内报业体制和人事管理与考核评价体系等方面的原因,加之报业市场竞争的日趋激烈乃至白热化,使许多报业（传媒）集团及其旗下的媒体在处理当前效益与长远利益问题上，有些顾此失彼。报业的经营管理者大都把主要精力放在当前的竞争策略方面，难以腾出更多的时间和精力去考虑长远的发展战略与规划。特别是当前传媒生态急剧变化，报业面临转型节点，诸多不确定因素容易让人陷入迷茫与困惑之中，只顾盯住眼前的利益，对于未来则关注不够，甚至为了短期效益而损害了长远利益，这显然不利于报业的可持续发展。因此，妥善处理短期效益与长远利益的关系，以创新精神选择正确的发展路径，无疑是摆在报业高管面前的一项紧迫而艰巨的战略决策任务。

六、发展战略创新的路径选择

传媒生态的剧变使得报纸等传统媒体的发展走向愈发扑朔迷离。随着新技术的不断涌现，传统媒体的外部环境也发生了相应的变化，先前的非竞争对手纷纷加入战团，其所采取的各种营销手段和竞争策略，对报业形成巨大冲击。特别是在经济形势瞬息万变、不确定因素日益增多的现实语境中，国内报业的生存环境发生了深刻变化，报业竞争从单一结构、单一区域的单一竞争进入了复合结构、跨区域的竞争，并且从单一形态向多种媒介的融合竞争状态转变。不少报业集团为适应这一变化，开始尝试实施全媒体战略。它实际上昭示了报业转型的大趋势，因而也是战略创新的一条最佳路径选择。

1. 顺应发展潮流，实施全媒体战略

以往的报业主业是报纸，竞争主要是报纸与报纸的竞争。随着传播技术迅猛发展，新的传播媒介和新的传播渠道不断涌现，中国报业竞争已经从单一的报业竞争转变为多媒介的竞争。报业发展出现一些新特点，主要体现在如下几个方面：

一是为了应对网络媒体带来的巨大挑战和抓住发展新机遇，现有的报业组织纷纷采取各种措施进入网络媒体。绝大多数报业集团都创办了自己的网站，有的集团所创办的网络媒体多达数个。众多的报业（传媒）集团已由单纯的报社联合体转变为"N报N刊N网站"的媒体结构。

二是随着中产阶级的兴起，时尚和休闲类杂志出现快速增长势头，很多报业集团为了抓住这一巨大商机，纷纷创办新杂志尤其是纯粹商业化杂志。例如，《南方周末》于2003年创办了《名牌》杂志，开启男性杂志精英化进程；《南方都市报》于2006年推出以"娱乐不在别处，生活就是看法"为理念的《南都娱乐周刊》和《南都周刊》；《新京报》于2010年创办了"聚焦明星、名人、名流，关

注文化、娱乐、经济、体育、科技等不同领域的公众人物"的"面向主流社会的高端人物杂志"《名汇 FAMOUS》和《房地产世界》杂志;《京华时报》则整合了原《大地》杂志,于 2011 年发行《京华周刊》,定位为新闻类综合性刊物。

三是报业组织突破原有的窠臼,尝试跨媒介经营。已有多家报业集团和电视媒体、广电媒体开展合作,逐步实施多媒体运营和新格局建构。比如,南方报业传媒集团旗下的 21 世纪报系与中央人民广播电台经济之声频道携手,双方开始在新闻资源共享、市场活动开发、广告经营等方面进行深度合作;《南方都市报》则进军珠江电影频道,推出《南都视点·花港观娱》栏目,真正实现了跨媒介经营。

四是一些地方组建了跨媒介的传媒集团,目前主要有四川的成都传媒集团、广东的佛山传媒集团和黑龙江省的牡丹江传媒集团。广东省惠州市也在积极调研和分析,希望通过整合报业、广电、网络以及有线电视网络来组建跨媒介的传媒集团。

随着新媒体对传统媒体的冲击愈演愈烈,报业经营从粗放型向深层次开发的集约型转变已是大势所趋,全媒体战略也逐渐成为报业集团的首选。2009 年 4 月,新闻出版总署出台了《关于进一步推进新闻出版体制改革的指导意见》,指出要鼓励和扶持优势传媒集团实施跨区域和跨媒体扩张,这也为优质报业实施全媒体战略指明了方向。

全媒体战略实施的首要问题在于抢占尽可能多的信息源,近几年的报业实践正朝着上述方向努力。如《南方都市报》业已形成了包括主报(《南方都市报》)、《南都周刊》、《风尚周报》、奥一网、凯迪网、手机报、移动终端阅读器、广播电视节目(与广东电台新闻台合作的南都视点·直播广东)、户外 LED 联播网、2+8 大珠三角(含港澳)城市日报群等信息源的复合结构;《南方周末》也正在致力于向产业链上下游拓展,该报已与最大的电子图书版权经营商"盛大文学"达成合资意向,以图书策划的方式对信息和现有资源进行深度挖掘,同时与南方电视台达成合作意向,拟推出"南方周末时事 60 分"节目,其与国新办外文局的合作项目也正处于筹备阶段,二者拟合作开发新型电子资讯服务。

在全媒体战略的驱动下,中国的报业集团正依据自身条件形成四种全媒体布局模式,①现对其特点分别作一简介。

第一种,网站主导模式。有了报纸办网站、报网互动的触网经历之后,报

---

① 马涛:《报刊集团全媒体布局的四大模式》,载《广告大观·媒介版》,2010 年第 6 期,第 27~30 页。

业逐渐认识到，在web3.0时代，只生产和发布内容还不够，必须拓展业务，让报纸网站实现互动和增值服务。一些报业集团正是以此为逻辑起点，让报纸网站替代报纸成为全媒体运营的主轴。例如，人民网作为人民日报报系机构旗下以新闻为主的大型网上信息交互平台，目前已获得信息网络传播视听节目许可证、广播电视节目制作经营许可证和3G手机视听节目内容服务许可证，正着力打造多媒体原创互动体系，包含人民电视、人民播客、人民掘客和手机人民网、手机强坛、手机电视、手机报、手机短信等新媒体服务。① 又如，羊城晚报报业集团的数字化转型也是以网站为龙头。根据《广东省建设文化强省规划纲要（2011—2020）》推动重点传媒集团实施全媒体战略的方针，羊城晚报报业集团展开"八纵一横"的全媒体布局。所谓"八纵"分别是以推出《网络版羊城晚报》为龙头，以建设SNS（社交网）社区为重点，全力做强金羊网；以植入IM即时通讯工具为契机，以完善圈子功能为核心，大力发展"金羊微博"；以抢占手机客户端为目标，以在线互动为先导，推出跨媒体的"羊城手机社区"；以TOGO自游网为基础，以展示服务为特点，打造广州最大的旅游服务超市——途歌；以合办亚运手机报为动力，以导入视频播报为拐点，全面创新手机报；以新闻合作为纽带，以品牌价值为依托，尽快创办羊城网络电视；以亲子教育为特色，以个性化服务为主旨，构建"接力亲子"、"校园羊达人"两种全媒体读物；以售卖日用品为方向，以"超市价送到家"为口号，着力创办"羊城网上商城"。一横则是成立广东网络联盟，来自广东各地的网盟成员将进行联合采访、流量互换、技术支撑、业务代理等各种合作。②

第二种，媒体集群模式。报业（传媒）集团及其旗下多家媒体为适应数字化时代新形势的需要，以集群聚合等方式推进全媒体战略。一些富有远见的报业组织（报纸、报业传媒集团等）既注重发挥原有的媒体优势，又积极拓展其产品的生存空间和新市场，以其核心能力、核心产品形成的竞争力及品牌效应，在新的项目和业务中延伸其传播力、影响力，并创造新的价值，以不断增强自身的综合实力。例如，南方报业传媒集团就是通过旗下不同媒体形态的聚合、不同媒体品牌的聚合以及不同业务单元的聚合，推动报业向全媒体集团转型。③ 该集团组建以来，依托"龙生龙，凤生凤"的多品牌发展战略，以优质报纸的品牌为龙头，孵化出众多媒介新品种，除了其主报《南方日报》外，已经形

---

① 摘自人民网简介，http://www.people.com.cn/GB/50142/50458/index.html。
② 曾革楠：《〈羊城晚报〉数字化战略促报业转型》，载《中国新闻出版报》，2010年12月3日。
③ 刘菲：《杨兴锋：南方报业的聚合战略》，载《新闻与写作》，2011年第4期，第49页。

成三个子报系列:南方周末报系、南方都市报报系、21世纪报系,并在报系的基础上进一步延伸信息服务终端。不过,集团及其旗下的媒体并没有就此止步,而是在原有的裂变式发展模式基础上,进一步提出和实施聚合战略,希冀通过新的聚变式发展,走出一条与原来裂变式发展模式相关但却不同的发展道路,以获得更好更优的发展动能和效益,进而实现向全媒体传媒集团的转型。国内报业(传媒)集团中明确提出聚合战略的虽然不多,但在实践中采用集群聚合方式拓展业务,推进报业向全媒体转型的却不少。

第三种,流程再造模式。传统媒体进入新媒体,如果要进行根本性的变革,必须进行流程再造。变革既牵扯到采编流程,也包含经营管理流程。2008年初,国家新闻出版总署全面启动了"全媒体数字采编发布系统工程",确定南方报业传媒集团、烟台日报传媒集团等单位为报纸全媒体出版领域应用示范单位,进行数字复合出版的研发和试点。目前,烟台日报传媒集团已经形成了"全媒体记者+新闻中心的独立运作+报纸网站手机移动终端户外视频各窗口的联播"的全媒体布局结构。其"全媒体数字采编发布系统"包括待编稿库、历史资料库和成品库三个数据库,实现了用户管理、内容管理、线索管理、选题管理、任务管理和数据库管理的统一。宁波日报报业集团数字报业技术平台更进一步,将管理流程纳入平台,支撑集团复合型出版业务(报纸、数字报、网络、流媒体)以及主体经营业务、内部管理业务、对外客户服务业务,实现了对数字内容管理、分销和增值的一体化运作。① 作为南方报业传媒集团的全媒体试点单位,《南方都市报》的南都全媒体信息集成中心一期工程已于2011年底试运行。该项目于2010年起与上海阿耳法信息技术有限公司合作,这一信息集成中心承载线索、素材、生产加工、传播、营销、运营在内的南都全媒体事业的完整运营模式。在2011年年底试运行之后,于2012年1月正式上线,全部三期工程将在2012年内完成。

第四种,资本联合模式。囿于政策壁垒,中国的报业集团无法在资本层面上进行所有权或股份的并购,只能在业务层面的联合、协作上寻找出路。如现阶段浙江日报报业集团在多元化经营方面引人注目,除了与阿里巴巴签订合作协议,推出了时尚生活类周刊《淘宝天下》之外,还与中央电视台财经频道签署了战略合作协议,将触角延伸至电视。与此同时,组建新公司发展户外媒体,专门经营户外大屏幕LED,并与视频新闻结合起来,近期,还出资绝对控

---

① 马涛:《报刊集团全媒体布局的四大模式》,载《广告大观·媒介版》,2010年第6期,第27~30页。

股红旗出版社有限公司。国内许多报业组织（报纸、报业传媒集团等）都进行了类似的联合、协作方面的探索，有的已初见成效。

综上所述，国内各报业集团在尝试实施全媒体战略方面已经取得一些进展，但是，必须承认，在传媒生态剧变的大背景下，初现成效不能放大为已经成功，报业的全媒体实践依旧处于摸索与试验阶段。传统报业如何在全媒体的探索中继续保持其经年形成的核心价值与竞争优势，如何能够在转型变革的进程中依然坚守自身的独有特色，这是报业组织（包括报纸、报业集团）乃至整个报业在今后必须直面和持续思考的重要命题。

2. 把握核心要素，拓展内容经济平台

根据美国报纸发行量审核局（Audit Bureau of Circulations）2010年4月26日公布的数据，在截至3月31日的过去一年里，美国报纸发行量同比急剧下降9%，25家最大的报纸中仅有《华尔街日报》的平日刊发行量上涨，而这直接受益于41.4万名付费电子用户的订阅。① 无怪乎传媒大亨默多克希望将媒体带回"发行人"的时代——靠卖内容赚钱而不是卖读者赚钱。

靠"内容"获取更大的经济收益似乎长时间被人们忽略了。在应付新媒体的挑战过程中，报纸经营者们更多倾向于低价策略乃至免费，但它们真的是报纸的"救星"吗？默多克的做法或许提醒我们是时候变换一下思路了。

全球报业正在经历着从平面媒体到全媒体的数字化转型，中国报业亦深深地卷入这场变革之中。内容经济视角的嵌入，有望成为提升报业（传媒）集团核心竞争力的助推器，而围绕内容经济形成的产销平台，可以为报业发展提供如下实践路径。

第一，是内容融资策略。 内容融资予以报业（传媒）集团两重身份。一是作为融资方，通过向内容投资者提供合理报偿获取内容这一"知本"，二是作为天使投资人，对富含兴趣的内容创作者提供专业指导。在美国，天使投资市场是一个巨大的、隐蔽的市场：每年发生的70多万笔投资交易和560亿美元交易额中，天使投资约占300亿美元。苹果、谷歌、Facebook等企业就是靠天使投资起步的。与其他融投资行为不同，天使投资的最大优点是，其为创业者提供的不仅仅是资金，还提供技术顾问、管理顾问、公关顾问甚至对创业者手把手的指导。这对于经验不足的创业者来说，提供以上的扶持显然比资金更重要。

---

① 《鲁伯特·默多克要与〈纽约时报〉决一死战》，载《第一财经时报》，2010年5月22日。

报业(传媒)集团如果能将天使投资策略合理应用,也就打通了最为庞大的信息资源获取渠道,这对于提升报业(传媒)集团的整体竞争力,获取独家报道内容,展开差异化竞争,势必起到事半功倍的作用。南方报业传媒集团旗下的《南方都市报》正在进行这方面的尝试。该报于2009年7月20日推出的"鲜橙空间"就是一个内容融资渠道。用户经过注册之后,就有了一个专门的个人主页,可与其他在此注册的网友进行互动,也可以自行发布消息和创建新闻专题。为了便于与网友互动和提供内容指导,南都的数百名采编都在南都网建立了自己的鲜橙空间。网友可以在线与名编名记、专栏作家沟通,也可以进入总编的鲜橙空间浏览当天的新闻阅评,与总编对话。《南方都市报》多年来一直跻身中国最有影响力的报纸行列,和它的新闻内容的独家、新闻视点的独到息息相关。而取材于读者、服务于用户的理念,无疑又为这张报纸市场竞争力的提升加了分。

第二,是内容生产策略。报业(传媒)集团要充分认识到规模化汇聚的"G—I—C"(即集团Group—产业整合Integrated—联合大企业Conglomerated的缩写)模式,这是当今媒介发展的必然趋势。Grouping阶段主要指独立法人实体的融合,是从独立媒体组织走向复合媒体组织的过程,比如说报业(传媒)集团的组建;Integrated阶段是指产业链上具有良好的业务关系或业务关联的组织之间或业务上的结合,像默多克媒体帝国的构建;Conglomerated阶段,指的是联合大企业,美国五家著名的出版集团宣布将携手成立一个全新的合资数字出版公司,搭建一个工业标准的"数字报亭",即属于联合大企业阶段。

国内的报业(传媒)集团也在开展这方面的尝试。例如,辽宁日报报业集团整合抚顺、本溪、辽阳、阜新、营口、盘锦等市报业资源,开展深层次战略合作。在此基础上,斥资建设辽宁中部城市群报业信息资源共享平台,实现新闻内容的一次生产、多次出版、多渠道发布、统一检索、循环使用。

除加强外部联合之外,报业(传媒)集团还要注重内容生产环节的分众策略。分众化走势和现代市场营销中的细分理论一脉相承。市场细分理论的指导思想和精髓是不再将所有消费者作为企业产品销售的对象,原因是顾客群体人数太多,而他们的购买需求又各不相同。为了能够与无处不在的竞争者角逐抗衡,公司需要确定最有效的细分市场。例如,纽约1频道是个24小时全新闻频道,其目标受众是纽约5个区的观众。频道每隔30分钟播报一次新闻,每10分钟一次播天气预报。由于细分市场相对集中,这家1992年才诞生的地方频道,目前已有240万有线订户。

对于中国报业(传媒)集团来说,实施数字化转型过程中也应遵循世界范围内的企业联合以及市场细分原则,走出"全媒体"就是"全媒介"的误区。要充分认识到"全媒体"并非意味着拥有所有的媒介形式,而是要将自身的核心内容通过合作、嵌入等多种形式融入全媒介之中。南方周末报系执行总编辑向熹的全媒体设想颇具前瞻性,在他看来,《南方周末》的全媒体蓝图有三个指向:其一,不做"全媒介",而做"全媒介的内容提供商";其二,不做媒介形态上的"全",而做空间上的"全"、内容形态上的"全"、影响力上的"全";其三,不以经营能力,而是以内容生产能力与品牌影响力为途径走向"全"。①

第三,是内容定价策略。市场研究公司 Forrester 研究显示,大多数美国消费者不会付费阅读网络新闻。针对这一趋势化需求,有着182年历史的《伦敦标准晚报》自2010年10月12日起改为免费报,在地铁站、火车站等人流众多的地点发送。类似做法在中国也相继出现,如《北京娱乐信报》2007年11月27日由都市报转型为免费派发的地铁报;文汇新民联合报业集团也在《上海星期三》原班底基础上打造出《新民地铁报》,于2009年12月18日开始免费派发。免费报纸策略的核心是针对付费报纸发行量不断下降的趋势,通过免费策略赢得新读者群,尤其是付费报纸流失的年轻读者。甘尼特公司、纽约时报公司、华盛顿邮报公司、论坛报公司、奈特里德公司,这些美国最大的报业公司都先后推出了自己的免费报纸,但目前谁也不能预测赢利还需要多长时间。同样让全球报业困惑不已的还有在线免费阅读问题。

显然,曾经推出网络内容全免费的《纽约时报》不愿意再等下去了,它已从2011年3月28日起开始实施网络阅读收费业务,用户每月付费15美元就可以无限访问在线网站。在此之前,美国的1456份日报中,只有《华尔街日报》这一家全国性报纸和40家规模较小的日报实行网络版全收费。不过,眼下最成功的依旧是《华尔街日报》。截至2007年11月,《华尔街日报》收费网站的用户已突破100万大关。《纽约时报》结束网络版免费阅读模式,实则受到了《华尔街日报》的影响。在2009年4月,包括赫斯特报业、《时代》杂志在内的多家媒体都曾考虑对其在线新闻信息服务收取费用,但尚未实施。国内多家报纸也曾发出过类似的动议,迄今仍难以达成共识,实施更是遥遥无期。

一方面是纸质媒体遭遇生存困境,通过免费报纸吸引客户;另一方面是大报大刊纷纷终结免费在线阅读,竞相收费。哪一种模式更适合于发展中的中国报业(传媒)集团?这是一个很难回答的问题。有分析师认为,收费内容应

---

① 向熹:《南方周末的"全媒体"设想》,载《南方传媒研究》,2010年第23辑,第27~30页。

当具有三个要素：①不可或缺且口碑佳；②内容为独家且有读者对此深感兴趣；③能为用户增加效率或赚钱。这三个要素与其说用来判断网络阅读收费依据，还不如将之作为报纸定价策略的支撑点。

第四，是内容供给策略。 除了打造基于媒介融合的全媒体概念之外，加紧对新技术嵌入研究，拓宽供给渠道，也是全世界报业的共同命题。以《纽约时报》为例，2007年，《纽约时报》牵手微软发布报纸的数字版产品Times Reader，同年悄然在主网站推出了Blogrunner服务：通过网络爬虫和编辑共同查找新闻并为新闻排名形式，为用户提供定制服务。而在google的可视化新闻搜索里，也可以见到《纽约时报》的页面缩略预览图。当然，2010年推出的苹果ipad更是以《纽约时报》的页面来做广告。《纽约时报》的种种举措无不印证了报业转型的一个关键词——新媒体嵌入。

中国报业也一直以此为努力方向，解放日报报业集团的4i战略、成都传媒集团增资全搜索网站均是可圈可点的嵌入方略。值得提及的是，《人民日报》也已成功嵌入苹果ipad，显示出党报阵营对新媒体的高度重视。然而，在人力、技术、资本等多重因素制约下，媒介融合及新媒体嵌入进程呈现出明显的地域失衡。而在报业（传媒）集团的发行渠道方面，也体现出另外一种形态的失衡——孤岛现象。报业竞争越来越集中在几个经济文化高度发达的中心城市，而在偏远省份、二级城市、大都市城郊以及广袤的农村地区，不仅鲜有报业竞争，甚至少有报纸选择。近些年来，虽然呈现出一定程度的破局趋势，如以苏州、无锡、东莞、温州、烟台、佛山、鞍山等为代表的地市报异军突起，但总体迹象表明，以中心城市报纸恶性竞争为特征的孤岛现象依然难以消除，类似于美国的社区报模式尚未形成。

美国是世界上第一个拥有社区报的国家，社区报已有300多年的历史。据2009年美国行业组织IPA对全美125家不同大小的报社所做调查显示，销量低于1.5万份的社区报，在截至2008年的5年内，广告总收益平均上升了2.5%，其中分类广告收入贡献最大，平均升幅达23%，而同期销量高于8万份的报纸其广告总收入则下跌了25%。

美国报业的经验值得中国报业（传媒）集团的重视，在渠道嵌入发展方向上有某些可供借鉴的举措。处于转型发展进程中的国内众多的二级城市、星星点点的县域及正在形成的社区媒体等，有望成为报业竞争的下一轮新增长点。

第五，是内容消费策略。 2009年5月，默多克的新闻集团宣布，计划推出针对《华尔街日报》网站个别文章和高级订阅内容的微支付，此举被同行《金融时报》称为"新闻业竞相寻找更好在线商业模式的里程碑之举"。其实,"微支付"并非新鲜概念,它早已被苹果 itunes、qq 空间广泛运用。在一些专业网站,如中国知网,学术文章也被标价成每篇、每页的小额数字,零星售出。比之商业网站的小额支付,报业领域的"微支付"与其说重在支付,不如说为何支付。内容依旧是微支付的重要依托。正如前文所指出,在版权得不到保护的情况下,在线收费实为奢谈,"微支付"自然过于前卫,但并非没有实施的希望。关键是报纸拿出怎样的内容吸引读者自愿购买。《华尔街日报》部分地解决了这一问题,《纽约时报》正在设法解决。这无疑也是中国报业迟早都要直面的一个现实问题。

七、以优质企业文化培育与提升核心竞争力

企业文化是企业生存和发展的"元气",优质企业文化是推动企业改革创新的动力之源。企业文化是在特定的社会环境中形成的价值观,是引导员工和企业行为的主导思想。报业组织的企业文化也是在特定环境中形成的,其价值观特别是核心理念(核心价值观和共同愿景),以及在此基础上形成的价值准则、道德风尚、行为规范、思维方式、经营之道等,对员工凝聚力、向心力的形成和强化,对组织创新能力的提升以及事业的兴旺发达等,均具有不容低估的重要作用。

报业作为文化产业中的特殊"企业",以采集、制作、传播各种新信息服务社会和公众,作为社会公器的"媒体必须担当起包括新闻、政治、社会、文化和经济五个方面的社会责任"。[①] 特别是在社会主义市场经济条件下,报纸等媒体既要坚持正确的导向,又要获取尽可能多的经济回报,即必须在追求两个效益中找准平衡点。因此,在报业企业的核心理念指引下形成的价值准则、道德风尚、行为规范以及经营之道等,就越发体现出不可替代的独特功能和作用。

不言而喻,以提供精神产品与服务为其主业的报业组织(报纸、传媒集团),自身首先应当在精神文化方面走在前头,即代表先进文化的前进方向。所以,其建设优质企业文化也是报业组织(报纸、传媒集团)的题中应有之义。而核心价值观作为企业文化的灵魂,则是报业企业文化建设的重中之重。要高度重视报业组织核心价值观的提炼、传递与共享,因为它是优质企业文化赖

---

① 杨兴锋:《媒体企业文化与社会责任》,首届传媒领军人物年会暨第三届中国传媒创新年会上的讲话,2008 年 1 月 17 日。

以形成的基础。中外发展良好的报业组织(传媒集团)大都有为其员工认同、信奉和实践的核心价值观,并围绕它形成各自的优质企业文化。

优质企业文化不但能够促进报业(传媒)集团的管理体制机制创新,也是完善和建立现代企业制度的前提条件。与此同时,它还是形成与提升报业(传媒)集团核心竞争力的必要条件。企业文化的核心理念,蕴藏在组织及员工的思想观念里,渗透到整个企业组织(报纸、报业集团等)各项日常活动中,能够促进员工更加积极向上、勇于创新,成为其持久竞争优势的源泉和可持续发展的内在驱动力。优质企业文化所具有的不可复制性,能够帮助报业组织(报纸、传媒集团)形成自身独特、不可替代和难以模仿的核心竞争力,从而实现可持续发展的目标。拥有优质企业文化的报业(传媒)集团,也为自身发展提供了不竭的原动力。从优质企业文化发挥的具体作用来看,它表现在如下几个方面:为报业核心竞争力奠定基础;增强报业组织的凝聚力、向心力;拓展组织员工的创新能力;帮助报业组织营造和谐理想的工作环境;不断地提升报业品牌价值。

1. 优质企业文化为报业核心竞争力奠定基础

管理学家德鲁克说:"在管理中越是利用一个社会的文化传统,则这种管理的成效也就越大。"①同样地,在报业(传媒)集团核心竞争力的形成过程中,企业文化也发挥着重要的基础作用。没有企业文化,就谈不上核心竞争力;没有优质企业文化,企业核心竞争力就难以真正形成并会受到局限。拉法和佐罗认为,"企业核心竞争力不仅存在于企业的业务操作子系统中,而且存在于企业的文化系统中,根植于复杂的人与人以及人与环境的关系中"。② 因而企业核心竞争力的培育和形成,离不开积累蕴藏在企业文化中的核心价值观,它渗透到整个组织中并持续发挥着作用,在组织内达成共识并为组织成员深刻理解,从而转化为指导行动的准则。优质企业文化为塑造独特而不可模仿的报业(传媒)集团核心竞争力提供了重要的精神基础。

企业文化尤其是精神文化决定了核心竞争力的价值取向和立足点,并保障了核心竞争力的连续性。恰恰是先进的企业文化所形成的竞争力,是最强大而且是难以模仿的竞争力。植根于优质企业文化中的核心竞争力,其所产生的凝聚力、创造力等精神力量,可以转化为物质财富,其所具有的持续竞争

---

① 蒋敏元、刘敬山、孙敏:《论企业核心竞争力的形成机理》,载《北方经济》,2006年第2期,第52页。
② 魏江:《企业核心能力的内涵与本质》,载《管理工程学报》,1999年第1期,第54页。

优势是不可替代、不可复制的,因而也是最可宝贵的。如果没有形成一种积极向上的优质企业文化,报业组织对内往往缺乏凝聚力,对外则难以提升其品牌形象。

从某种意义上说,企业文化是企业的大脑和潜意识,是企业凝聚力与活力的源泉。缺乏优质企业文化的支撑,报业很难做大做强做长久。因为没有精神支柱,缺乏理想与信念,也就等于没有灵魂,员工都只想着眼前利益,一旦遇到困难便会变成一盘散沙。所以,优质企业文化是指引企业长期发展的明灯。"企业文化或许不能直接解决赢利不赢利的问题,但它是解决核心竞争力是否持续这一问题的唯一方法和最终答案。"①报业集团要想成为长寿企业(公司),获得持续竞争力,拥有真正意义上的核心竞争力,就必须形成自身的优质企业文化。因为前已提及,报业组织的公信力、影响力、品牌美誉度等核心竞争力的构成要素,都需要适宜其生长的优质企业文化土壤。

2. 以优质企业文化增强组织的凝聚力向心力

诺思认为,文化作为秩序的伦理基础,是一种"意识形态","意识形态是人力资本",它能推动媒体的创新和进取精神。同时,媒体的企业文化也展示了媒体的管理方式、用人策略,可以吸引众多人才。②与其说媒体的竞争是内容的竞争,毋宁说是媒体人才的竞争。世界许多知名媒体的发展历史证明了这一事实:谁能用优秀的独特的文化吸引最多最优秀的媒体人才,谁就能在日趋激烈的传媒竞争中稳操胜券。拥有优质企业文化的报业组织,往往具有较强的凝聚力向心力,整个团队拥有同一精神支柱和职业追求,各方的价值体系得以融合,经营管理者与普通员工的感情紧密度高,富于团队精神和协作精神,能主动将自己的行为与团体的荣誉融为一体,这样的报业组织迸发出的团队力量,成功的概率自然也大。而其所具有的亲和力、吸引力,可以帮助报业组织留住和吸引优秀人才,并通过优秀人才的榜样示范作用,增强其感召力,以吸纳更多的追随者。

传媒业本身是一个具有无限创意和特殊魅力的行业,追求职业理想以及个人价值的实现,是报纸等传媒从业者勤奋工作的内在驱动力。我国新闻史上,历来就有"报人"与"报魂"的说法。为理想献身的许多优秀新闻工作者能建功立业,很重要的一条就是新闻传媒业本身也凝结了超越个人意志的时代气息。优质企业文化对优秀人才的吸引力、感召力,可以为媒体提供一个永不

---

① 姜国祥:《核心竞争力》,北京:中国商业出版社,2004年,第39页。
② 林颖:《媒体背后:不容忽视的企业文化》,载《东南传播》,2005年第4期,第13~15页。

枯竭的优秀人才的"源泉"。前面提及,陈致中针对台湾《联合报》的定量研究证明,当员工高度认同组织的文化价值观时,会对传媒组织有较高的组织承诺(归属感、投入感与忠诚感),并且离职意向也较低。① 这表明一种优质的、员工高度认同的企业文化,是报业核心竞争力的重要构成因素。

有学者指出:"企业文化是通过观念的整合,达到行为的整合;通过对个体的引导、规范,达到群体的统一、和谐;通过思想的共鸣,达到力量的凝聚;通过精神的内化,达到物质的扩张;通过内部的创新,达到外部的共生。"②这些内外联系也说明,优质企业文化对于培育和提升报业核心竞争力的关键作用。

3. 以优质企业文化拓展组织员工的创新能力

如前所述,在影响企业创新的诸多因素中,文化可以说是影响创新的最重要因素,它代表着企业的潜在假设、价值观,以及对员工该做什么、不该做什么的看法。而过于严谨僵化的企业文化,显然很难孕育出创新的果实。优质企业文化则有助于拓展报业组织及其员工的创新能力。

默多克新闻集团的"企业家文化"高度推崇"创造力",按照新闻集团旗下星空传媒集团(中国)副总裁李映红的说法,传媒公司人才必须有创造力,思维方式不要受限制。我们这里最不欢迎的语言就是"不可能"。世界上的事情没有什么不可能的,有的事情今天不可能,未必明天也不可能。所以,我们需要那些能把想法变成现实的人,有创造力、开拓力,有胆量,有想象力。③

报业是知识密集型产业,同时又是需要创意与创新的行业,标新立异是报业竞争的利器。优质企业文化有利于调动报业员工的主观能动性和创造力,特别是在当前,报业正处于转型变革时期,更加需要勇于开拓、不断创新的进取精神。

前已提及,在知识经济时代,谁善于进行知识创新、技术创新,谁就有可能掌握报业经济发展的主动权。由于知识经济时代的知识生产的爆炸性,必然要求知识传播的巨量与快速;同时,传播技术日新月异,这在客观上为传媒业大发展提供了有利的社会条件。而快速发展的传媒企业需要建立学习型组

---

① 陈致中:《报社员工组织文化认同度及其影响之研究》,载《国际新闻界》,2010年第5期,第84~87页。
② 张石森、欧阳云:《哈佛模式管理全集——哈佛MBA核心竞争力全书》,北京:远方出版社,2003年,第138页。
③ 《李映红谈传媒巨头的企业文化和财务管理》,http://www.people.com.cn/GB/14677/21963/22065/1920935.html。

织,这是知识经济时代的普遍现象和必然要求。对于以生产和传播各种新知识、新观念为己任的报业组织而言,更要成为模范的学习型组织。

比如,加强员工的培训,为其提供终身学习的各种条件,从业务技能、知识储备、思想观念到企业战略、规章制度、文化导向等方面,都要鼓励和支持员工拓展学识和能力,通过多种途径不断提高素质,成为各个领域的专家型传媒人才:既具有某学科的专业知识素养,又具有敏锐的新闻判断力和娴熟的传播技巧,即能够胜任新语境下高效从事信息传播活动的复合型人才;以及熟悉网络和新媒体运作方式,深谙市场竞争内在规律,长袖善舞,能够为报业组织创造财富的经营管理人才等等。

当今社会各种矛盾问题错综复杂,不确定因素日益增多,面对令人困惑不已的现实环境,报纸等新闻传媒不仅要能快速地传播各领域的新闻事实、发展动态,还必须对一些事态及其趋势作出到位的解读,这无疑对从业人员提出了更高的要求——知识面的广泛性与相关领域的专业性。而处于转型变革中的传统媒体,又面临许多新技术、新观念的挑战,报业组织及其从业者需要通过学习,了解把握传媒业的新技术、新业态,才能把握发展的机遇。优质企业文化利于学习型组织的形成,其催人上进的良好氛围也在不断激励员工不甘落后,通过学习更新知识,提高修养,拓展自己的业务能力和创新能力。

4. 以优质企业文化营造和谐理想的工作环境

创新力的激发与适宜的工作环境氛围密切相关。优质企业文化可以帮助报业组织营造一个理想的工作环境,使员工在较为宽松和谐的氛围中开展各项工作,并且将所从事的业务与自我价值的实现有机联系起来,将个人的发展目标与企业的发展目标尽可能地统一起来,进而提高企业的认同感与归属感,充分发挥员工的主观能动性和创造力,最终形成人人都忠于职守、爱岗敬业、积极上进、勇于开拓、大胆创新的可喜局面,使得报业集团及其所属媒体焕发出勃勃生机,获得可持续发展的强大优势。

优质企业文化的显著标志之一,就是员工带着极大的热情和责任心工作。其员工们都有一种使自身现实生存状态不断趋于理想化的努力与冲动。正如前边提到过:如果我们的媒体能营造这样一个工作氛围,让记者编辑感觉到自己对报社的发展有发言权,自己的努力能够得到公正的肯定,自己的建议能够得到足够的重视,被当作是报社真正的一员,而非只是谋生的手段,只是被视为供稿者,他们就会愿意把自己的智慧才干发挥出来,这种激励用金钱是不能够替代的。①

当这种个人的期待与企业的价值理念相一致,员工的敬业度就会提高,并且通过勤奋的工作物化显现出来——创作出具有竞争力的新闻产品。另一方面,如果这种文化环境能让他们感受到自己是在做与众不同的报纸,感觉到自己报社的产品对社会对读者另有深意,有一种特别的价值,他们就会产生一种职业荣誉感和自豪感。职业归属感越强,其聪明才智就越能尽情施展。将工作与自我的认同融为一体,使个人奋斗目标与企业愿景相一致,就能达到一种理想的工作状态。

5. 以优质企业文化提升报业集团的品牌价值

企业文化决定品牌,因为那里有一种看不见的含量,它决定着我们的生活质量和做事差异,同样决定着办报的质量和差异。② 媒体品牌所表达和传递的是附着在新闻产品上的一种新闻人的价值观、理念和精神。每一个成功的媒体品牌,无不是媒体、产品与读者三方之间的关系的总和,是一种以情感、内容、企业文化等构成主线的多点认同。优质企业文化可帮助报业集团打造高品位的独一无二的报业品牌。因为优质企业文化"是不易被别人模仿的,也不可能轻易地移植,可以维持较长的时间,因而可以使组织的竞争优势得以延续"。③

品牌首先是一种文化,说她是文化,因为她是企业文化的最高的体现。④ 作为媒体的终端产品,报纸是企业文化的物化形式和外现,表面上报纸是通过贩卖媒介载体上的资讯,吸引受众注意;然而从更深层次上审思,媒体所发挥的功能作用的真正力量来自于自身灵魂——企业文化。报纸好看与否、耐读与否、销量多少、社会影响力如何,无不与它背后的企业文化有着直接而深厚的内在联系。

报业市场"刀光剑影",风云变幻,各报之间、新闻人与新闻人之间比拼的也正是这种"看不见的含量"——报纸背后的人的功力及其企业文化内涵。同

---

① 郑京湘:《企业文化建设:媒体发展中"看不见的含量"》,载《新闻与写作》,2005年第5期,第23~26页。
② 郑京湘:《企业文化建设:媒体发展中"看不见的含量"》,载《新闻与写作》,2005年第5期,第23~26页。
③ Jay B. Barney, Organizational Culture: Can It Be A Source of Sustained Competitive Advantage?, Academy of Management Review, Vol. 11, 1986(3): pp656~665.
④ 王永亮、徐蕾:《刘长乐:凤凰凌霄汉,不知足者亦常乐》,中国新闻研究中心,http://www.cddc.net/cnnews/xwjy/200909/8762.html。

类报纸之间,同城媒体之间,不同的办报理念、文化背景、人文素质、价值观等,由于企业文化氛围不同,办报的风格亦有不同(这里不涉及报纸的市场定位以及差异化竞争等问题)。有的更擅长重大新闻的策划报道,注重和强调媒体自身的责任感、使命感,在重大历史事件的节点上,常有意识策划一些重大选题;有的个性鲜明、视角独特,敢于针砭时弊,有较强的参与介入意识和追问到底的韧性;有的注重服务性、贴近性,平民化程度较高;有的文化品位不俗,字里行间,蕴藏着现实批判锋芒;有的特色平平,就事论事、缺乏观点,人有我有,浅尝辄止;也有的以民众的低级趣味为市场,格调不高。[①]

报纸等传媒如若没有深厚的文化底蕴为根基,就难以承担起教化醒世的社会责任,更难以形成独树一帜的风格,成为闻名遐迩的品牌媒体。优质企业文化在报业品牌建设中所起到的潜移默化的作用,似乎看不见、摸不着,但实质上却是具有决定意义的一种长效功能,其内在力量和作用是不可替代也是不可或缺的。

总之,报业组织培育形成优质的企业文化,具有重要的现实功能作用,并会产生积极而深远的影响,因为它不仅能够有效地提升报业组织的创新能力,使其获得可持续发展的原动力,而且能够帮助报业组织营造出一个理想的工作环境,增强员工的凝聚力、向心力,这无疑是培育和形成核心竞争力的重要且不可或缺的基础。

[①] 郑京湘:《企业文化建设:媒体发展中"看不见的含量"》,载《新闻与写作》,2005年第5期,第23~26页。

（下）案例篇

审视报业集团的发展路径，研究其核心竞争力培育、形成的相关条件和关键环节，就必须深入考察中国报业集团的成长历程，要特别关注不同区域报业集团自组建以来的改革创新实践，找出其中与核心竞争力的构成密切相关的要素，并通过有说服力的事实来解读二者之间的内在联系。正是出于此目的，课题组成员耗费了大量的时间、精力和财力，在全国范围内对数十家报业集团当中最具代表性的个案进行了深入细致的调研访谈，广泛地搜集第一手材料，理论联系实际地分析和思考其取得成功和遭遇挫折的各种复杂原因，在此基础上进一步归纳总结出具有普遍指导意义的经验与教训，并力求上升到理性认识的高度，揭示其内在规律，为今后国内报业集团有效地培育与提升核心竞争力，做强做大做长久，实现可持续发展的目标，提供理论依据和智力支持。

以下我们将以案例分析的方式，对不同区域颇具代表性的报业集团及其独特的成长路径作出分析解读，努力从其成长历程中找出对于培育、形成和提升核心竞争力起关键作用的各种要素，并通过这种分析解读，得出一些带规律性的认识；而这些典型案例作为我国报业集团发展的坐标，相信它们也能够为当前和今后的报业实践提供有参考价值的新信息、新思路，特别是在报业集团实施改革创新与可持续发展战略方面，能够起到拓宽视野、启迪思维和正确作出路径选择的积极作用。

第九章

广东四家报业集团的案例分析

在中国现有的数十家报业集团中,广东四家报业集团的发展模式和改革创新实践,值得高度关注和认真研究。因为新时期以来,广东报业一直走在全国报业的前列,创造了多个国内报业的第一:例如,1996年中国第一家报业集团在这里诞生,而且最早一批获准组建的12家报业集团中,广东就占了三家,即广州日报报业集团、南方日报报业集团、羊城晚报报业集团,加上后来组建的深圳报业集团,广东成为国内报业集团最多、最集中的省份;再如,国内发行量最大的地方性综合日报和发行量最大的周报也在这里产生,它既是国内竞争最为激烈的报业市场,同时也是报纸广告份额最多的市场之一,而《广州日报》作为单份报纸广告收入排名第一已达十多年之久……

正因如此,课题组在深入研究中国报业集团发展现状,实地考察最具代表性的报业集团个案时,理所当然地把广东四家报业集团作为开展调查研究的首选。由于地利之便,我们进行了多次深度访谈,多方收集到其改革创新方面的第一手资料,这为进一步研究创造了良好条件。作为国内报业最发达的区域之一,广东既是国内报业集团的发源地和聚集地,也是改革创新的"桥头堡"。而四家报业集团中最先组建的广州日报报业集团,以创新赢得发展先机,十多年来,在市场经济的风浪中搏击前行,一路领跑,成为中国报业集团的"领头羊"。

一、广州日报报业集团:改革创新赢得发展先机

研究中国报业集团的发展路径,广州日报报业集团无疑是一个值得认真考察的经典个案。广州日报报业集团自组建以来,其发展一直令世人瞩目。

从当初的一家市级党报,跃升为国内报业集团的"领头羊",它在采编、经营、管理、技术设备更新和集团化运作等各个方面,锐意进取,勇于开拓,走在了国内报业改革创新实践的最前列,被誉为当代中国报业发展史上的奇迹。

让我们先从历史的维度审视《广州日报》和广州日报报业集团的发展历程,然后对其如何在报业市场获得和保持竞争优势,努力培育、形成其核心竞争力的改革创新实践,进行有针对性的考察研究,以便理论联系实际地思考和探究报业集团核心竞争力的构成要素问题。

1. 面向市场的报纸改革

广州日报报业集团为何能取得今日的辉煌?追寻其成长壮大的足迹,很重要的一点就是创新赢得发展先机,紧紧围绕社会受众和市场的需要,通过不断推出引领潮流的创新举措,增强和提升综合实力,把自身逐步打造成强势报业品牌,实现做大做强的发展战略目标。回顾其发展历程,我们或许能够从诸多改革创新的具体实践中窥见成功的秘诀。让我们先回到20世纪80年代,从广东报业市场的风云变幻中考察、探究该报崛起的玄机。

改革开放给广东经济发展带来了生机和活力,而经济发展为广东报业的繁荣奠定了良好的物质基础。粉碎"四人帮"后的拨乱反正,使新闻界的复苏快马加鞭。春风得意马蹄疾,于1980年2月15日复刊的《羊城晚报》首先奏响了广东报业新闻改革的序曲。该报复刊后在新闻报道方面进行了大胆的改革与探索,不论是新闻报道的题材内容,还是报道技巧、编辑业务等表现形式方面,该报都有许多改革创新的亮点,赢得了读者和同行的口碑。《羊城晚报》在短短几年的时间内以其脍炙人口的内容产品和新颖独特的个性风格很快风靡大江南北,成为国内外知名的报纸品牌,并成为当时发行量最大的省级报纸,当仁不让地坐上广东报业市场老大的第一把交椅。经过数年的苦心经营,该报已拥有广泛的社会影响力和雄厚的经济实力。

受《羊城晚报》复刊走俏的冲击,《广州日报》的发行量明显下降,1981年日均发行只有18.7万份,比1979年下降了38.89%。市场的失利在广州日报社内引起强烈震动,新闻改革的紧迫感与日俱增。报社内许多人都清楚地看到,在报业竞争的激流中要站稳脚跟,报纸除了要坚持政治家办报,尽量办得让省市领导满意之外,还要让群众满意,使读者愿意自己掏钱订阅和购买报纸。市场竞争的压力和读者意识的觉醒,使《广州日报》的办报观念在逐步改变,这就是党报不仅要加强指导性、搞好中心工作报道,扮演好机关报的角色,还必须注意贴近读者,扩大报道面,增强可读性。即党报也要面向市场,牢固树立起读者观念。

在注重市场的办报观念引领下,《广州日报》提出了新闻改革总的指导思想:在面向基层、面向群众的方针指引下,进一步提高宣传报道的质量,适当调整版面,扩大报道面;加强宣传报道的地方性、知识性、趣味性,力求把报纸办得更活,更具可读性,以适应多层次读者的需要。该报拓展业务的探索多管齐下,一方面通过改革专刊、专栏扩展报道对象,丰富版面内容;另一方面摸索宣传报道如何适应改革开放和商品经济发展的形势,从局限于本地区的封闭办报模式,改变为冲破行政区域的界限、适当扩大报道范围的开放办报模式。

1981年,报社提出了"立足广州地区,适当兼顾省内中等城市和省外与广州有密切经济联系的城镇"的报道方针;1983年春,报社先后在深圳市、佛山市、珠海市、厦门市等多个城市发展通讯员,开展经济特区和珠三角地区的报道工作。1985年10月,珠海记者站成立;同年12月,上海记者站成立。就是在当年,报社编委会制定了16个字的办报方针:立足广州,服务珠江,面向全国,走向海外。于是,《广州日报》主打广州报业市场、辐射珠三角经济区的发展战略已初步明晰,这一改革思路体现了报社领导强烈的市场意识和颇具远见卓识的战略眼光。

上述一系列的改革措施取得了初步的成果,从1982年开始,报纸发行量逐年回升,到1986年,平均日发行量回升到27.3万份,比1981年增长46%。[①]

《广州日报》在办好主报的同时,还努力扩大规模,陆续复办或创办了一系列报刊。如1980年1月创办了《足球》,1984年11月创办《老人报》、《广州文摘报》等多份子报刊,逐渐成为初具规模的报业联合体。

2. 引领潮流的报业创新

但是,发展的道路并不平坦,在中心城市广州的报业市场竞争格局中,当时《广州日报》只是相对弱小的老三。《羊城晚报》20世纪80年代中期独领风骚,成为拥有雄厚综合实力的品牌报纸。与此同时,《南方日报》作为省级党委机关报拥有人才优势和行政级别优势,其权威性、公信力强,不仅在读者心目中享有较高的声望,而且在发行方面也得到更多的行政支持和拥有渠道便利。处于劣势之下的《广州日报》只有采取非常规措施,改变现有格局,着力培育打造自己的品牌,才能实现跨越式发展,进而转弱为强。

正是由于具备了创新求变的自觉意识,《广州日报》先后实施了一系列行

---

① 谢烽:《竞争的强大推动力》,载《新闻战线》,1998年第6期,第22页。

之有效的创新举措,通过创新改变了广州报业市场原有的竞争格局,从落后的老三一跃成为市场的老大,并一路顺风,成为市场的领跑者。

《广州日报》在报业创新理念的指引下,先后在许多方面实施了具体的改革创新举措,从竞争策略到发展战略都有不少独创之处,因而引领了报业发展的新潮流。这里仅举该报实施的两项重大创新策略——扩版增张和自办发行,管中窥豹,解读其以创新赢得发展先机,以创新改变报业市场格局,以创新打造强势品牌媒体的成功之道。

扩版增张,是《广州日报》采取的一项影响全局的创新举措。通过扩版,增加了报纸的篇幅和信息容量,以此拉开了改变广州报业市场竞争格局的序幕。《广州日报》敏锐地把握住了新形势下报纸发展的新趋势,通过率先发起的多次扩版增张,不断扩大报纸的资讯总量,满足了社会日益增长的信息需求。它不仅适应了读者的信息需求,尽量让每一个年龄段、每一个层次的读者都能在《广州日报》上找到自己想看的内容,而且满足了商家和企业的需要,为市场经济条件下快速发展的企业和商家提供了传播商业信息、刊载各种广告的版面空间。

1987年1月1日,《广州日报》在全国省市党报中率先扩版(由对开4版改为对开8版),成为国内综合性日报中敢于"吃螃蟹"的第一家报纸。这是当代中国报业发展史上一个具有划时代意义的创举,犹如给国内报业投下了一枚重型"炸弹"。《广州日报》此次扩版影响深远,它拉开了广东报业全面竞争的序幕,不仅为《广州日报》日后争得中国报业"领头羊"的显赫地位奠定了基础,而且启动了国内报业快速发展的按钮;而多版厚报时代的来临,又在某种程度上改变了读者的读报方式,适应了现代社会对信息传播的新要求:"快速"和"高效"。

对《广州日报》1987年的这次扩版创新,应当将其放在社会主义市场经济条件下国内报业发展新趋势的背景当中加以考察和透视。

新中国报业自1949年直到20世纪70年代末80年代初,综合性日报4个版的格局可谓是"三十年不变"。1978年党的十一届三中全会以后,经济社会的改革形势为报纸等传媒带来了空前的发展机遇,报业像其他各项事业一样,具有冲破原有种种旧的束缚、实现跨越式发展的可能。在这个阶段中,报纸不仅数量由少到多,报业结构也发生了重大变化。社会主义市场经济的初步建立,使报业步入了蓬勃发展的黄金时期。但是,以往报业形成的旧格局,严重束缚和制约着报纸发展的规模和速度。其中综合性日报4个版的有限版面,同迅速发展变化的现实社会对信息传播的新需求二者之间,已经很不相适应。报纸的扩版增张已是大势所趋,只是冲破旧格局需要敢为天下先的胆略。分析新时期开始萌发的报纸扩版增张的深层原因,不难发现它主要源自报纸自身发展的内在驱动力,同时也是外部因素促进催化的结果。

不言而喻,报纸扩版增张首先是新闻媒介竞争的产物。20世纪80年代以降,随着国内新闻事业的空前繁荣和快速发展,新闻竞争日趋激烈。尤其是广电传媒在20世纪80年代取得了辉煌的成就,报纸在新闻传播的时效性方面很难与之匹敌。因而加强报纸的解读功能,以"深"取胜,成为报纸与广电传媒竞争的"撒手锏"。各报重视新闻报道内容和形式的改革创新,强化深度报道,增加新闻背景材料的分量,注重报道内容的分析性和前瞻性,推出了组合报道、系列报道等多种新颖的报道方式,而上述各类报道所需篇幅则占据了越来越多的版面空间,供需矛盾突出,新闻改革的现实在呼唤报纸的跨越式发展,扩版增张、加大信息容量已是报纸紧迫的内在需求。

报纸扩版增张还是我国商品经济蓬勃发展的客观需要。随着国内经济体制改革的不断深入,商品经济发展迅猛,生产厂家和商家的竞争意识也日益增强,宣传商品开辟市场离不开传媒广告,而广告投放量的增加,又直接导致了对报纸版面需求量的增大。此时,报纸在印刷排版技术方面的改造已初见成效,报业的生产能力大幅度提高,它也为报纸的扩版增张提供了可靠的技术基础。

报纸渴望加快发展的内在驱动力加之日趋成熟的内外部条件,呼唤着变革和有识之士的应时之举。《广州日报》审时度势,抓住有利时机,以改革创新精神做了第一个"吃螃蟹"的赢家。

1987年《广州日报》以市场为导向的扩版一举成功,扩版当年发行量略有上升,广告收入则成倍增长;第二年日发行量增至33.7万份,比扩版之前的1986年增长23.44%,创造了该报历史最高纪录。[①] 有了第一次扩版的成功经验,该报又于1992年元旦起每天出版对开12版,实施了第二次扩版增张。此后,该报还根据市场和自身的需要,实施了多次扩版增张,通过这种创新手段有效地促进了发行量和广告收入的增长,在满足社会需要的同时,也产生了良好的经济效益。

新华社主办的《瞭望》周刊对《广州日报》扩版增张的创新给予了很高的评价,称赞《广州日报》是扩版大潮中先行一步的"探索者和探路尖兵",将扩版后的《广州日报》比喻为"超级市场",不同年龄、不同性别、不同职业、不同层次、

---

① 谢烽:《竞争的强大推动力》,载《新闻战线》,1998年第6期,第23页。

不同爱好的读者,都可以找到自己想看的东西。对《广州日报》的再扩版,《瞭望》周刊再次撰文指出:"为适应商品经济大潮和对内对外的需要,《广州日报》率先在中国的数千种报纸中成为第一家有十二版的日报。"文章还充分肯定了《广州日报》的第一次扩版:"《广州日报》由最初的四版改成了八版,解决了'机关报'不如'非机关报',日报不如晚报的问题,改变了过去机关报只是在机关看的问题,使得《广州日报》长驱直入,走进了普通人的家庭。"①这一评价无疑是中肯的。事实上,继《广州日报》之后,国内又有多家报纸扩版增张,逐渐形成了一股潮流。由此可见,报纸扩版符合中国报业发展的客观需要,所以这一创新举措很快在业界风行,并达成共识。

扩版增张的创新举措牵一发而动全身,它带动了整个报业的跨越式发展,其中报纸广告的收入就实现了较大幅度的增长。从广告经营的角度审视,改革开放后广东经济发展一直处于全国的前列,这就为报纸广告的快速增长奠定了坚实的经济基础。然而报纸版面过少势必与广告资源扩张形成矛盾,报纸扩版也就成为缓解这种潜在矛盾的必要手段。但是,在上世纪80年代中期能够清醒地洞察这种潜在商机,即具备了市场经济头脑而且又先行一步的,只有《广州日报》。因此,《广州日报》1987年率先从四版扩为八版,以创新赢得了发展先机,为该报随后的起飞起到了至关重要的作用。

在扩版的同时,《广州日报》还注重保证内容有"看头",其编辑方针稳健,面向大众,力求通俗,不哗众取宠,不走偏锋,以扎实、全面、及时、详尽的新闻报道以及各类资讯赢得读者。《广州日报》十分注意将政府的会议新闻用百姓的语言来表述以贴近读者;追求报道的现场感和鲜活味,是国内较早对大型采访报道舍得大投入的报纸。如1994年报社决定派采访组对京九铁路进行全程采访,拨出资金25万元,共发表了60多篇报道,在业界引起极大反响。1995年该报又推出了"中国边贸大扫描",投入30位记者分成8个小组,花费达50万元。当时对于一个市级(副省级)媒体来说,这的确称得上是气度不凡的大手笔。

通过扩版和提高版面内容质量来满足读者需要,且扩版不提价,这对于讲求实惠的百姓来说真是投其所好。此举为《广州日报》赢得了读者的口碑,同时又挣得了广告商家的白银,"好看又实惠"的品牌就这样树立起来了。

如果从发展战略的高度回顾和审视《广州日报》扩版增张的举措,应将之归结为一次成功的破坏性创新,它有效地改变了区域报业市场原来的竞争格

---

① 《广州日报》,2002年12月1日特刊第38版。

局,通过制定新的游戏规则,使《广州日报》处于领跑的优势地位,并使得竞争对手陷于被动应战和被重新洗牌的劣势地位。创新为《广州日报》的发展赢得了先机。

"自办发行",是《广州日报》以创新赢得发展先机的又一成功策略,也是与扩版增张相辅相成的必要举措。两者的结合,使该报把市场竞争的主动权牢牢掌握在自己手中。事实上,日后广州日报报业集团的腾飞在很大程度上就是得益于其"自办发行"赢得的主动权。

《广州日报》走向市场后很快意识到,报纸发行工作滞后是制约报业发展的一块"短板"。特别是实施扩版增张之后,报纸发行工作量加大,依靠邮发矛盾突出。自1990年元月起,《广州日报》大胆迈出自办发行步子,成立属于自己的发行公司,提出"出好报不如出早报"的理念,成为广东地区第一家打破传统的邮局订阅方式,实施自办发行的报纸。围绕"出早报"、比速度的发行竞争,该报又先后推出了一系列创新举措。

在计划经济色彩还较浓厚的上世纪80年代,报纸都是依靠邮局派发。但是《广州日报》敢于撇开"邮老大",自己组建发行队伍,这在当时也是冒了一定风险的。邮局送报环节多,且各报都经邮局送,国有企业的拖拉作风,致使报纸投递效率低下,许多订户等报纸送到手中时往往已是太阳晒屁股了。而自办发行则大大提高了《广州日报》的投递效率,当邮局还没开门的时候,报摊、茶楼就可以买到《广州日报》。有喝早茶习惯的广州市民在茶楼"一份早报、一盅两件、边饮边看",无疑增添了不少乐趣。而在广大读者的心目中,人勤报早自然又多了几分亲近感,一则打动人心的广告语"广州日报比太阳更早",把一个极富个性特点与市场亲和力的全新报纸品牌形象,鲜明地烘托和凸显出来了。

自办发行需要强大的发行网络,《广州日报》通过创新闯出了一条路子,成功组建了实用高效的发行网络。该报发行网络主要由三大块构成。一是连锁店网络。学习日本专卖店经验,在国内首创报业连锁店的新模式。这些专卖店就像是媒体覆盖范围的市场触角与根须,一方面把报业组织生产的商品与服务推向社会,另一方面把市场最新的信息收集反馈回来。该报已在广州和珠三角各地建立了150多家连锁店,并且所有连锁店都实现了计算机联网,为报纸收订、投递、品牌推广发挥了重要作用。二是投递网络。广州日报报业集团的发行公司有3000多名专职投递员,拥有150多辆运输车,形成由集团直接指挥的庞大运输投递网络。三是订户资料网络。《广州日报》的全部订户资料都被录入计算机,并按照读者的年龄、职业等进行分类。这些资料为今后向不同需求的读者提供个性化的服务打下了坚实的基础。

在自办发行的实施过程中,《广州日报》从广州市实际情况出发,走"借船出海,借梯上楼"的路子,市区投递与广州市报刊服务社合作,市外依靠当地宣传部门支持,借助他们的力量,建立自办发行网络,实践数年后,证明这种做法方向对头,措施得当,效益明显,"广州日报,晨早送到"已成为广州市民的口头禅。自办发行使报纸发行量逐年有所上升,而且每年除年初能收回一大笔可观的订报费作流动资金外,与邮发时相比,每年还可节约发行费150万元至200万元。

《广州日报》在自办发行后,还推出各种创新举措,不断提高发行服务的质量。从早报早投到送报上楼、赠送报箱,从"先看报后收费"到"义务向读者、社区提供学雷锋服务",以及成立发行服务培训学校推进全员培训……无不招招创新,步步领先。在市场拓展手法上,更是在国内首创了"洗楼"模式,主动上门征订,这一立竿见影的举措,很快被各地报纸媒体争相效仿。

《广州日报》建立连锁店,起初是想建立报纸收订与零售网点,把发行量搞上去。随着经营规模逐步扩大,连锁店现已经成为广州日报报业集团下的一个独立核算、自负盈亏的经济实体。连锁店既是报纸的零售点,又是零售报的批发点、读者订报的订阅点,还可以做图书的发行点。除了发行工作,连锁店还销售与文化相关的系列商品,代理报纸分类广告,开展"宅之便"服务。读者所需要的服务,连锁店都尽可能地提供,如为读者有偿送米、面、油等生活用品;代印名片,开展店面POP广告宣传以及新产品展示;代办民航、铁路订票业务、代订宾馆酒店客房、代办旅游服务、代售电话磁卡。

进入2000年后,广州报业市场的竞争更趋激烈,《广州日报》构建了全程星级的服务发行体系。所谓全程星级的服务发行体系就是建立高效的发行运作模式,将星级的服务贯穿在发行工作的始终。同时,在这个星级服务体系的支持下建立大发行策略,统筹兼顾,发行网络资源综合利用,通过物流配送服务,发行、物流优势互补,互相促进,迈上了讲究整体成本和整体效益的可持续发展之路。

广州日报报业集团的发行公司还向读者推出了八大服务承诺,构建起全程星级发行服务体系的基本框架:订报前,电话预约,上门办理;今天订报,明天起报;订阅报纸,赠送报箱;投递中,您住几楼,我送几楼;电话转址,当日搞定;回收旧报,价格公道;报纸外便民服务,有求必应。全程星级服务体系的构建,使以前零散的、不成系统、不易调控的服务得到整合,更好地兑现了对读者的承诺,读者的投诉明显减少;用服务促进了报纸的收订,同时服务本身也为企业创造了利润。

报业是技术密集型的产业,报社之间的竞争,往往在很大程度上取决于技术设备的竞争。在广州日报报业集团的成长与发展过程中,对技术更新和设备投入可谓不遗余力,这保证了《广州日报》既能率先进入厚报时代,又能抢占早报市场,对于培育广州人看早报的阅读习惯和建立起《广州日报》的品牌忠诚,起到了不可低估的积极作用。

1990年,《广州日报》实施自办发行后,当年发行23万份,第二年上升到40多万份,从此发行量扶摇直上,逐年递增,至1995年已达50万份左右。发行量大的报纸对印刷能力的重要性常常有着更深刻的认识,《广州日报》时任社长黎元江已经意识到印力的问题,开始分期分批地引进印刷高科技设备,并筹建《广州日报》印务中心。

日趋激烈的报业市场竞争,使得缩短截稿与出报的时间差成为竞争中的一个关键环节。在报纸截稿时间不能提前的情况下,唯有大大地提高印力,缩短印报时间,才能赢得主动。为有效培育早报市场,报社下决心把报纸投递时间从早上9:00提前到7:30,以便更好地配合扩版战略和早报战略的实施。既有的印刷设备已经无法满足发行量日益增长和出早报的需要,《广州日报》于是作出决定:自筹资金购进世界最先进的印刷设备,建造印务中心。

《广州日报》印务中心第一期投资1.2亿美元(当时相当于10亿元人民币),1998年11月正式投产;2000年5月,报社再自筹资金2亿元,引进二期设备,2002年3月正式投产;2004年开始,又不断投资进一步加强印刷能力。当时,全国其他的报社有钱了都在盖大楼,唯有《广州日报》先行一步,斥巨资购买印刷机器。

建成后的印务中心占地面积4万平方米,建筑面积5.2万平方米,是一座采用全新的建造方式塑造出的工业建筑新形象,其项目包括印刷生产系统和印刷博物馆两大部分。每天晚上报纸开印时,6条世界最先进的印刷生产线以每小时470万彩色对开张的速度吞吐着300吨纸张,每天1000多万对开张的报纸经过印刷、自动发行系统堆积、打包、输送到停车场装车,当曙光乍现的时候,新鲜出炉的《广州日报》就可通过覆盖整个珠三角的发行网络送到千家万户。其强大的印刷能力在全球范围内也足以令业界侧目,被厂商戏称为"疯狂印刷",它与日本的《读卖新闻》、中国台湾《联合报》系列并列为亚洲三大印务中心。① 现在,这个印务中心已经成为"广州工业一日游"的一个参观景点。

---

① 赵曙光:《媒体前沿报告》,北京:光明日报出版社,2002年,第72页。

广州日报印务中心落成之初,曾因印务能力的富余遭到一些人的质疑,认为把太多的资金投放在机器上是一种浪费。但是《广州日报》认为,报社的印刷与其他印刷厂不同,要的就是瞬间的爆发力,而不是持久的耐力。在报业竞争日趋激烈、各报都在争取出早报而截稿时间又不能提前的情况下,除了扩大发行队伍,提高发行速度,剩下的办法就是缩短印报的时间。事实上,20世纪90年代末期,《羊城晚报》和《南方日报》都出现了印力不足的情况,尤其是在报纸扩版之后,加上子报的创办,印力大大滞后于实际需求。《广州日报》则凭借其雄厚的技术支持领跑市场,率先进行一轮又一轮的扩版和改版,不断扩大报纸的发行量,从而赢得了更多的市场份额。

《广州日报》的负责人曾在暨南大学新闻系讲课时透露,匡算下来,《广州日报》的发行时间每提早一分钟,就需投资100万元以上。尽管当时有人对此不以为然,认为是盲目扩张。但事实证明,这项看似"挥霍"的超前投入,确保了其印刷能力的绝对领先,这对于该报业集团在之后两年的报业市场竞争中遥遥领先于对手,顺利实现跨越式发展的战略目标,无疑发挥了不可替代的支撑作用。

1999年,广州日报报业集团与北大方正公司合作,共同开发以版面管理系统为核心,将采编、组版、广告系统和远程传输调度管理无缝集成的一体化生产流程,这一报业综合管理系统经权威鉴定,认为在全球中文新闻信息跨媒体出版领域中居于国际领先水平。正是凭借先进牢靠的核心技术和超前投入的先进设备,《广州日报》的早报与厚报的竞争方略才能顺利实施,创新赢得发展先机的战略理念才得以实现,报业集团跨越式发展的愿景由蓝图变成了现实。

上述创新理念指引下的一系列改革创新实践,有力促进了《广州日报》品牌的培育和提升,使其成为广州报业市场的第一强势媒体,一路领先地保持着竞争优势。当《广州日报》逐渐在读者心中确立起了自己应有的品牌形象和地位后,特别是在成立报业集团、处于领先优势的条件下,该报仍然注重创新、开拓市场和增强实力,通过一系列改革创新举措,包括引进高层次人才和加强队伍建设,改进采编业务以提高报纸质量,经营多元业务实施产业扩张,以及上市融资尝试资本运作等等,以领跑者的姿态保持市场老大的地位,继续提升和拓展报业品牌的公信力、影响力和美誉度,从而达到持续地拥有竞争优势、进一步做大做强的战略目标。

新世纪以来,广州日报报业集团再接再厉,不断推出创新举措,拟定和实施有效的竞争策略和颇具前瞻性的发展战略,努力保持其市场竞争优势,悉心培育、形成和提升自身的持久竞争力乃至核心竞争力,使报业集团能够又好又快地发展,在市场化、产业化的道路上朝着现代企业的可持续发展目标稳步前行。

广州日报报业集团从1996年成立至今,已走过了十余个春秋,在风雨兼程的前进道路上披荆斩棘,探索不止,留下了无数改革创新的足迹。经过十多年的高速发展,现已成为规模较为庞大的报业集团。旗下拥有20多种系列报刊媒体,即1张主报,15张系列报(《足球》、《广州英文早报》、《岭南少年报》、《老人报》、《信息时报》、《舞台与银幕》、《篮球先锋报》、《美食导报》、《广州文摘报》、《赢周刊》、《第一财经日报》、《羊城地铁报》、《时尚荟》、《番禺日报》、《增城日报》),5份杂志(《新现代画报》、《南风窗》、《看世界》、《大东方》、《共鸣》)和2个网站(大洋网和VRHR求职广场网)。另外,集团还拥有广州传媒控股有限公司和广州大洋实业有限公司等一系列经济实体。

2005年5月19日,广州日报报业集团旗下的传媒控股有限公司名称变更为"广东九州阳光传媒股份有限公司"。2007年7月30日,广东九州阳光传媒股份有限公司(股票简称"粤传媒",其实际控制为广州日报社)IPO申请获中国证监会批准,获准在深圳证券交易所A股首发上市,开盘价为22元/股,较之发行价7.49元/股升幅193.725%,其后市值继续攀升,进入常态后伴随股市行情有涨有跌,直至2011年资产重组(2011年10月14日起停牌,10月19日粤传媒发布公告宣称,重大资产重组获证监会有条件通过,从10月20日起复牌)。集团资产重组拟通过广州传媒控股有限公司,将下属传媒类优质经营性资产整体注入其控制的上市公司粤传媒,实现广州日报社传媒类主营业务的上市。

2012年4月5日,广东九州阳光传媒股份有限公司发布关于发行股份购买资产暨重大资产重组获证监会核准的公告。公告称:"本公司收到中国证券监督管理委员会《关于核准广东九州阳光传媒股份有限公司向广州传媒控股有限公司发行股份购买资产的批复》(证监许可〔2012〕431号),核准本公司向广州传媒控股有限公司发行341840776股股份,购买相关资产。该批复自核准之日起12个月内有效。"公告还称,广东九州阳光传媒股份有限公司将按照上述核准文件要求及公司股东大会的授权,实施本次重大资产重组事项,并及时履行相关信息披露义务。① 2012年6月19日,粤传媒新增股票正式上市。2012年7月31日,公司名称变更为"广东广州日报传媒股份有限公司"。

---

① 《九阳传媒重大资产重组获证监会核准》,载《广州日报》,2012年4月6日第一版。

这无疑为广州日报报业集团的资本运营提供了一个便捷的融资平台,从而为其实现跨越式发展提供了可持续的资金来源。

广州日报报业集团营业收入 2008 年达到 39.62 亿元,其中《广州日报》的广告经营总额就达 22.06 亿元,连续 15 年位居全国平面媒体之首。目前《广州日报》的日均发行量达 185 万份,是广东省发行量第一、订阅量第一、零售量第一和传阅率第一的报纸。其品牌价值于 2009 年增至 72.26 亿元,连续 5 年在"中国 500 最具价值品牌"排行榜上名列中国报业三甲、华南地区之首。2011 年广州日报报业集团年度品牌价值升至 99.36 亿元,位居"中国 500 最具价值品牌榜"第 104 位,在中国媒体品牌价值排行榜上紧追中央电视台、凤凰卫视和《人民日报》,居品牌价值第 4 位(平面媒体中仅次于《人民日报》,排名第 2)。2012 年 6 月 28 日,世界品牌实验室在京发布了 2012 年《中国最具价值品牌》排行榜。《广州日报》品牌价值 126.27 亿元,首次突破百亿大关,排在《人民日报》之后,继续稳居中国报业品牌第二。在慧聪研究公布的 2011 年度报纸广告投放 TOP20 榜单上,《广州日报》除 7 月份被《北京青年报》超越以外,其他月份均居榜首,并位列 2011 年度报纸广告投放总排名第一。① 在北京世纪华文国际传媒咨询有限公司(CCMC)公布的 2011 年上半年广州都市报销量排行榜上,《广州日报》以 54.72% 的占有率位居榜单第一。② 2012 年初,中国广告协会发布广告收入排名,《广州日报》广告收入连续 18 年荣获国内平面媒体第一。

广州日报报业集团取得的这些骄人业绩,离不开其改革创新实践。正是持续不断的创新,帮助集团赢得了一个又一个难得的机遇,得以成功地实施强势媒体的发展战略与竞争策略,进而实现了跨越式的发展。让我们理论联系实际地思考和探究其做强做大的秘诀,并以之诠释报业集团核心竞争力的构成要素问题。

3. 做强做大的成功秘诀

回顾广州日报报业集团的发展历程不难发现,以创新赢得发展先机,以创新领跑市场,以创新打造品牌,这是其做强做大的一个法宝,它无疑也是其培育、形成与提升核心竞争力的一条有效途径。可以毫不夸张地说,从最初起飞到组建报业集团后的成长路径中,创新战略的实施发挥了不可替代的关键性作用。

---

① 数据来源于慧聪研究网站,http://www.huicong.com/mtbzlhb/index.html
② 数据来源于广告买卖网,http://www.admaimai.com/ShuJuJianCe/Detail/6978.htm

尽管在《广州日报》由弱变强、领跑市场的发展历程中，还存在诸多的相关因素，但是，创新显然是一个贯穿始终、不可或缺的要素。正是在创新这一核心理念的指引下，该报在竞争激烈的报业市场中敏锐地捕捉到了跨越式发展的良机，及时调整并制定了适应新形势需要的办报方针和发展方略，凭借扎实过硬的核心业务能力和先进牢靠的核心技术（包括软件服务和硬件设备等）为社会和受众（包括读者和广告客户）提供高水平的适销对路的核心产品及服务，形成其特有的吸引力、公信力和影响力，获得和保持了其发展所需的竞争优势，从而奠定了其广州报业市场第一强势媒体的地位，并逐步形成了相应的品牌美誉度和读者的品牌忠诚。

广东报业的风云人物，原南方日报社社长、报业集团董事长范以锦（现任暨南大学新闻与传播学院院长、教授、博士生导师）在评说广州报业市场竞争形势时曾作过十分到位的分析："报纸要在市场竞争中立于不败之地，就应该站在名列前茅的位置上，只有在这个地位，在同类报纸或者同个城市当中争到第一，它的广告收益才会非常丰厚。像《广州日报》，它是第一，它的发行量第一，因此它现在的广告就是最多的，那么到了第二位像《南方都市报》还可以有比较多的广告，到了第三位广告就比较少了，到了第四、第五，组织广告就会相当艰难，这已基本上成为规律。"①在分析《广州日报》能够在竞争中崛起的成功要素时，范以锦又说："《广州日报》我认为是有强烈市场意识的，它在一般报纸必须具备的政治家办报之外，加了一个商人办报。不要理解为就是只讲经济效益，不讲社会效益，我刚才讲了政治家办报必须是每个办报者都要具备的品质；商人办报则是有强烈的市场意识，把报纸的商品意识强化了。看到了报纸这一产品的商品属性并把它作为一种商品来经营，就必须研究广州的市场，读者需要的是什么。20世纪90年代初《广州日报》抓住了一个核心：'早'，报纸要第一时间送到读者手中。"②接着，他解读了《广州日报》成功的奥秘，即在这种强烈市场意识的指引下，如何通过改革创新（即前面提到的自办发行、购买机器提高印力以及扩版增张等等一系列新举措）赢得了发展的先机，在竞争中胜出，成为广州报业市场的第一。

随着新媒体对传统媒体的冲击加剧，广州日报报业集团将创新的重点落实在报业的数字化转型上。早在1999年，广州日报就成立了大洋网，成为国内最早在互联网提供新闻资讯的三家媒体之一。2004年，广州日报成为国内

---

① 金雁、王宁、章于炎：《都市报业品牌经营》，北京：中国人民大学出版社，2008年，第48页。
② 金雁、王宁、章于炎：《都市报业品牌经营》，北京：中国人民大学出版社，2008年，第49页。

首家提供移动数字报纸的报业集团；2007年，成立了"滚动新闻部"（2012年6月更名为"全媒体中心"）以利于做好报纸和新媒体内容的连接和转换工作；2008年成立新媒体事业部；2009年成立了广州日报新媒体有限公司。截至2009年，大洋网已经成为华南第一位的门户网站，并确定了区域综合性门户网站发展方向，建立起了珠三角9大城市网站群，设有50多个主频道和100多个大小栏目，涉足互联网、手机移动、视频分享、在线直播、电子商务等不同领域。以大洋网为龙头，广州日报多媒体数字报纸、广州日报3G门户、移动阅读本等，共同组成了强大的广州日报新媒体产品矩阵。艾瑞数据显示：截至2009年12月，大洋网全站日均PV超过6250万，日均独立IP超过380万，用户覆盖、用户忠诚度和黏性都领先于区域对手。与此同时，广州彩信手机用户已经超过136万，手机客户端用户超过550万，日均PV超过1000万，广州日报3G门户日均PV超过1500万。

也是在2009年，广州日报报业集团投入1.5亿元建设新媒体，在内容建设、业务拓展、品牌推广、团队培养、制度创新等多个方面齐头并进，为全媒体的建设注入新动力。广州日报目前已经推出了支持OPhone、Symbian、WM、Android等主流智能手机平台的多款移动媒体客户端及iPhone平台客户端系列，其中包括广州日报资讯版、广州日报数字报纸和今日靓汤三大客户端拳头产品；同时针对iPad平台，也推出了包括广州日报资讯版、广州日报数字报纸和羊城地铁报等三大拳头产品的iPad客户端系列；并且更新了支持Android平台的资讯版和数字报纸两大产品。为配合新媒体业务的拓展，致力打造"全媒体采编"队伍，广州日报报业集团不仅邀请美国密苏里新闻学院的专家开展培训，还先后出台了新媒体供稿激励机制、采编部门负责人担任新媒体协调人机制、"报网联营"的品牌管理机制等，通过各种制度、手段，实现了全媒体平台真正融合。①

着眼未来，广州日报报业集团正加快从"平面"到"平台"的转换过程，根据广州日报社副社长梁泉的介绍，今后的工作重点将集中在三个方面：②

1. 在继续做大做强传统报业业务的同时，发掘细分市场机会。在传统业务上，将继续投入增强主报《广州日报》的市场竞争优势，挖掘珠三角乃至整个

---

① 梁振鸣：《广州日报报业集团——全媒体平台布局的道与术》，载《广告人》，2010年第4期，第148～150页。
② 梁泉：《从平面到平台，积极探索报业的全媒体发展》，在第七届中国广告论坛上的讲话，2011年5月。

华南市场的机会。与此同时,加大拓展力度,从整体战略上布局媒体细分市场,并借助集团的资源,实现系列报刊资源内部横向的打通,地铁报将是其中的重点。广州日报报业集团实际控制的粤传媒(002181)已经开始了迈出广东的重要步伐。粤传媒2011年9月6日宣布,公司拟与西安日报社共同出资设立西安地铁新报传媒有限公司,专营西安地铁运营区域纸媒(含报纸、杂志、DM等各种纸质媒体)的出版发行权。

2. 积极布局拓展新媒体领域的新型业务机会。除了继续以大洋网为龙头,持续推动传统媒体资源与新媒体的融合互动,在信息服务的本地化与移动化方面寻求突破,还将推动户外媒体、手机媒体、移动数字阅读终端等领域的合作与经营,抢占新媒体的制高点,甚至寻求通过在新媒体业务上与业内领头的新媒体公司开展资本层面的合作,共同成立实体公司等手段发展集团新型业务。

3. 探索报业相关多元化运作,重点关注文化产业领域未来几年的政策性机遇,依托资本平台,寻求优质项目。不排除在三网融合、演艺业、影视、网游、院线、会展、动漫、文化产业园等领域开展相关多元化投资,甚至尝试投资产业相关的高新技术企业。并且将视乎需要既可选择战略性投资,也可从纯粹财务性股权投资角度切入,通过股权转让的形式进行资本运作,乃至运行一些以创业板、中小板上市为目标的项目,以资本为纽带换取超额回报。

数字化战略和全媒体转型,极大突破了传统报纸发行的区域限制,大大拓展了《广州日报》内容传播的时空疆域。现在,一份《广州日报》,每天同时以"1+5"的全媒体形态,24小时滚动发布内容。"1"是传统的《广州日报》,日均发行185万份;"5"分别是《广州日报》数字报、大洋网《广州日报》新闻、《广州日报》手机报、《广州日报》官方微博、《广州日报》iPad报,这五份数字媒体每日受众高达1000多万。[①]

把握报业发展的新趋势,不失时机地捕捉各种新机遇,以创新赢得发展先机,以创新领跑市场,以创新打造品牌,这是广州日报报业集团做强做大的一个法宝。原广州日报社社长、报业集团董事长戴玉庆在总结其成功之道时概括说道:"多年来,《广州日报》的品牌发展路径是:以内容创新为基石,以管理创新为支持,以运营创新为手段,与时俱进,精心锻造和提升强势传媒品牌。"[②]显而易见,戴玉庆这段关于《广州日报》的品牌发展路径的精辟概括中,

---

① 田小平:《"1+5"格局》,载《广州日报》60周年特刊,2012年12月1日"铿锵六〇"15版。
② 金雁、王宁、章于炎:《都市报业品牌经营》,北京:中国人民大学出版社,2008年,第58页。

"创新"是关键词,是渗透到采编、管理、运作和品牌提升等集团发展各个方面的核心理念和灵魂。尽管在范以锦和戴玉庆对《广州日报》成功之道所作的分析归纳内容中,并没有直接提到报业集团核心竞争力及其构成要素问题,但是,其实质也就是对此问题的诠释和解读,从中我们不难发现某些要素对培育、提升报业集团核心竞争力起到的关键作用。比如,他们对于报业市场竞争中打造强势媒体重要性的共识,以及创新在报业竞争和塑造强势品牌报纸方面所发挥的核心作用等,就间接回答了报业组织核心竞争力的构成要素问题。凭借创新成功打造强势品牌媒体,这是报业集团获得和保持竞争优势,进而实现可持续发展的一个关键,透过二者之间的内在联系,不难悟出报业组织培育和提升其核心竞争力的真谛。

4. 对存在问题的深层思考

不必讳言,也有人对广州日报报业集团的发展路径和经营模式提出了疑问,特别是对该集团内部主报与子报子刊之间的结构关系,表示出某种程度的忧虑:十多年前组建集团时收入结构是以《广州日报》为主,而十多年后的今天,集团的主要收入还是靠其主报《广州日报》,即整个报业集团未能实现协调发展,而收入过于依赖一份报纸,对于其规避潜在的风险不利。业内甚至有人断言,如果只凭《广州日报》一报独大,未能适时利用主品牌去发展多品牌,化解经营风险,寻求培育新的经济增长点,将会影响整个报业集团的发展后劲,并埋下隐患。

2007年在一次深度访谈中,笔者曾就"一报独大"是否存在风险这个问题,专门请教了时任社长戴玉庆,指出整个集团 2006 年全年营业收入是 31 亿,税后利润接近 3 亿,其中主报《广州日报》全年营业额是 18 亿,税后利润 2.5 亿,赢利大头明显集中于《广州日报》(占 70% 以上)。报业集团虽然拥有十多家报刊,并有网站和出版社,但其经济收入与《广州日报》相去甚远。这会否影响报业集团进一步做大做强和可持续发展?况且《广州日报》或许不会总做老大,万一有一天市场不景气或是被对手超越了,那整个报业集团会不会垮掉?

戴玉庆对这个问题似乎并不担忧,他认为,就一个地区的报纸来说,只有做好综合性日报,才能有最大的赢利,其他任何一家报纸像专业报(行业报)或者周刊都取代不了它,这就如同不能靠一些小舢板来取代一艘航母的作用。如果舍本求末,那你在产业结构上就是一个错误决策。你必须有一个骨干企业存在。即便说《广州日报》有一些风吹草动,戴玉庆觉得,崩溃是不可能的。如果说《广州日报》会被第二位、第三位的报纸在短时间内(比如说十年之内)

就取代了,那除非自己出问题,如果不是自己出问题,一般不大会被取代。但被别人追上来,会感到有很大的压力。不过,在你追我赶中相互借鉴、共同进步,那倒是很好的。戴玉庆觉得最理想的就是这种状态,比一个地区没有竞争者要好得多。在这次访谈中,戴玉庆还重点谈到了报业集团发展进程中的现代企业管理问题,他认为这才是国内报业集团进一步做强做大、获得可持续发展需要着力解决的一个核心问题。

从那时到如今,几年过去了。从目前来看,该报业集团经济实力雄厚,特别是作为广州报业市场第一强势媒体的《广州日报》,其竞争优势明显,而且仍然是该报业集团利润的主要创造者。如果说广州日报报业集团具有自身核心竞争力,那么可以说其构成要素之一就是其核心产品《广州日报》,及其所形成的品牌影响力和竞争力。但是,一报独大的报业结构毕竟孕育着潜在的风险,一旦这份独大的《广州日报》在市场上经济效益出现下滑,可能会影响整个集团的生存发展,即所谓"在一棵树上吊死"的经营弊端,其所形成的发展路径依赖,也有可能使其步入"核心反为核心累"的怪圈。

在经济全球一体化程度不断提高的当下,世界各国相互间的联系和影响也在不断加深,市场的不确定因素随之增大,包括报业集团在内的各类企业和准企业,其经营风险也明显增加。而广州日报报业集团的内部及外部环境,也都存在某些不利于其可持续发展的因素,因而有必要对这些因素作出客观的分析与解读。

从内部环境看,报业集团当中各类媒体的结构不尽合理,发展也不够协调,《广州日报》一报独大的局面一时还无法改变,而管理上又受到党报体制的制约,市场化、产业化的改革创新举措属于边缘渐进式的改良,很难有实质性的突破。

从外部环境看,广州报业市场中的报纸同业竞争现状已今非昔比。当初广州日报报业集团成立之时(1996年),《南方日报》正由于前些年多种经营的失误而陷入窘境,《羊城晚报》也因盲目追求全国性大报的"光荣与梦想"反而日益走下坡路,一时间《广州日报》风光无两。但是,近十年来随着各报业集团正确地制定和实施发展战略,报业竞争格局出现了新态势。南方报业传媒集团的迅速崛起与壮大,使集团层面上的竞争局势已发生了微妙变化,由广州日报报业集团独领风骚的市场格局已不复存在,同城的其他报业组织,尤其是南方报业传媒集团麾下的诸多子品牌,争奇斗艳,四面开花,已对广州日报报业集团市场老大的地位构成了新的挑战。羊城晚报报业集团亦不甘寂寞,主报在求新求变,麾下的《新快报》也频频推出一些大胆的改革创新举措,颇有咄咄逼人之势。

一言以蔽之,广州报业市场正在涌动着创新求变的暗流,而数字化背景下的新媒体及媒介融合的新趋势,也在推动着跨媒体竞争新业态的形成。上述对报业内外环境变化的有关分析解读,也充分说明了传媒业的确是一个只争朝夕、不进则退的行业。谁若是放慢了前进的步伐,因循守旧,不思进取,就有可能被竞争对手超出,而赶上和超越对手的最有效方法,则是不失时机地改革创新。国内外报业竞争中无数活生生的案例,已经证明了这个真理,未来的市场竞争必将继续证明这个颠扑不破的真理。

二、南方报业传媒集团:战略运营"孵化"多品牌

20世纪90年代中期,当《广州日报》和《羊城晚报》在广东报业市场纵横驰骋之时,《南方日报》却由于早前几年的经营失误(因缺乏经验盲目搞"多种经营"而亏空1个多亿),经济陷入十分困窘的境地,加上系列报当中除《南方周末》享誉全国外,其他子报均办得不死不活,导致原来曾处于优势地位的南方报业,在激烈的市场竞争中压力倍增,甚至一度被挤出了中国报业十强圈外。

痛定思痛。南方报人通过反思前些年的重大决策失误,进行了一系列的调整整饬和改革创新,围绕主业,固本强基,实施差异化竞争策略,并逐步上升成为独具特色的多品牌战略。这不仅使其恢复了元气,而且形成了新的综合优势。在此基础上其进一步提出"报系结构"的创新理念,战略目标也更加明晰,实现了由报办集团到集团办报的阶段性过渡,正朝着现代传媒集团的宏伟目标迈进。

如今的南方报业传媒集团兵强马壮,且发展势头正旺,被业界、学界一致看好。复旦大学李良荣教授认为它"是一个成长势头非常迅猛的集团,这几年的发展给人留下的整体印象是生机勃勃,充满活力"。[①] 中国人民大学喻国明教授高度评价道:"南方报业传媒集团是国内最优秀的报业集团之一,难能可贵的是,她能够从理论和实践上创新,不断超越自己",并且称赞其"被誉为'报业结构最合理、读者覆盖最全面、综合运营能力最强'的报业集团是名副其实"。[②]

---

① 范以锦:《南方报业战略》,广州:南方日报出版社,2005年,第143页。
② 范以锦:《南方报业战略》,广州:南方日报出版社,2005年,第142页。

1. 从自发到自觉：多品牌战略的形成与实施

回顾南方报业的发展路径，不难发现其所实施的"多品牌"战略，其实经历了一个从竞争策略到发展战略、从自发到自觉的演变过程。20世纪90年代中期之前，南方报业已经陆续创办了几份子报，如《南方农村报》、《南方周末》、《花鸟鱼虫报》、《海外市场报》等。但是，这些子报除了《南方周末》办得有声有色之外，其余的都因为定位过偏而没有什么起色，在广州报业市场所占份额很小。

随着国内市场经济的发展，报业市场受区域经济发展趋势的影响（广告投放的地域性日趋明显），省级机关报普遍出现经营滑坡的现象，《南方日报》原来由行政级别等因素构成的竞争优势被明显削弱了。市场定位的针对性要求报业组织的主打目标明确，产品适销对路，而《南方日报》作为面向全省范围发行的党报，无法与地域特征鲜明突出的《广州日报》和《羊城晚报》争夺广州的报业市场，而《南方周末》又是一份周报，且面向全国发行，因而南方报业在结构上的劣势很快凸显出来——在中心城市的主要市场没有主打报纸。

为了适应变化了的新形势，填补南方报业的这一空缺，《南方都市报》1995年3月30日创刊。然而该报头两年只是周刊，而且只有省刊号，这使其徘徊于市场边缘，直至南方日报社新领导班子上任后，才于1997年1月1日改为综合性日报，并获得国家刊号，正式公开出版。获得"重生"的《南方都市报》经过数年的拼搏和锐意创新，终于成为强势媒体——所占的广州报业市场份额仅次于《广州日报》，排行老二，并作为赢利大户在集团内挑起了大梁。

回顾其创办和成长的历程，我们不难发现，作为南方报业主要子报之一的《南方都市报》，其实是报业市场竞争的产物，它的成立是在《羊城晚报》和《广州日报》两个强劲竞争对手分割市场所形成的夹缝中，求生存谋发展的被动举措——属于"绝地"下的无奈选择。而其找准市场定位，实施正确的竞争策略，最终成长为强势媒体，显然也经历了一个由自发到自觉的发展演变过程，是其在实践中不断探索、积累经验、提高认识而后选择正确发展路径的结果。

前已提及，因几年前投资失误而元气大伤的南方报业，根据报业市场的发展变化，重新调整了战略部署，把回归主业、做强做大报纸媒体（包括主报和子报）作为要务，并且推出一系列改革创新举措，包括对报业结构作出了重大调整，"确立以《南方日报》为本体，以《南方周末》和《南方都市报》为两翼，以《南方农村报》和《花鸟鱼虫报》为辐射,以《广东画报》为窗口的大格局"。①

1998年南方日报报业集团成立。从集团成立开始,领导层就把注意力集中到不为人所关注的运行机制的问题,集团成立了战略运营部,在社委会领导下负责制订战略规划,调研集团各部门的运营状况,会同有关部门评估集团及下属各单位的资金运用、经营业绩等,为社委会进行决策提供事前的论证和依据。集团从竞争策略到发展战略都精心谋划,步步为营,脚踏实地努力办好每一种报纸。

经过广泛的市场调查和周密的可行性研究,南方日报报业集团对所属的各报刊进行了战略上的规划,推出了全新的产品组合,对每一种报纸都进行了准确的定位,让其专攻某一个专门的细分市场,力求培育其独特的品牌个性。通过一个时期的改革创新实践,逐步形成和实施的"多品牌"战略已初见成效,且积累了不少成功经验,在此基础上又进一步提出了"报系结构"的创新理念,集团发展的总体思路也愈益明晰起来。

不言而喻,南方报业的"多品牌"战略从形成思路到具体实施并且日趋成熟,同样经历了一个从自发到自觉,在实践中不断探索,总结经验和逐步完善的过程。

例如,集团为办好主报《南方日报》,进行了不懈的改革创新探索。自2002年以来,通过八次改版,取得了显著的效果。2002年8月6日该报第一次改版:明确市场定位,以全新的思路抓主流新闻,打造华南地区权威主流政经媒体,并提出"高度决定影响力"的办报理念,实行差异化竞争战略;2003年8月6日第二次改版:增加投资证券、IT通信、汽车、健康、成才及旅游六大专业周刊,更专业、更实用、更市场,进一步强化政经媒体的特色,培育有效的目标市场;2003年12月12日第三次改版:实施梯次发展战略,增设了珠三角新闻板块,常规周一四版,周二到周五每天八版,强调做必读的民生新闻,更都市、更生活、更贴近;2005年5月30日第四次改版:用"有高度的贴近"新理念进一步梳理整合资源,通过"高度+本土+整合"的思路,提升信息加工的档次,《南方日报》从过去简单的资讯提供者转变为"资讯管家、时事顾问、意见领袖"智慧型资讯提供者;2006年3月28日第五次改版:加强时政报道和经济报道,强化政经主流大报特色,增强各类专刊的服务性和贴近性,丰富高端读者的阅读感受,加大评论的力度,把时评扩大到每天半个版,提升主导舆论的力量,同时加大对广州、佛山、东莞、深圳本地新闻的报道力度,进一步贴近中

---

① 东方源:《报业风云》,北京:中国财政经济出版社,2002年,第19~20页。

心城市的目标读者;2007年10月26日第六次改版:在2002年报型改为"720"后进一步改为"680",更挺拔、更美观、更方便阅读,设立深度报道组,开辟"深度"版、"政务"版和"网视"版,成立新媒体发展部,创办南方日报网;2009年第七次改版:改版的主要内容,一是推出封面版,全省扩到24版,版式更加现代,植入全媒体的运行理念;2011年8月9日第八次改版:"在深刻理解现代传播规律的基础上提出新的高度、新的境界、新的追求",坚持科学发展路径,力促全媒体转型,完成南方报网、电子阅报栏、户外LED联播网、移动便携终端等新媒体产品线的布局,实现《南方日报》全媒体产品基本成型。为了这次改版,《南方日报》一共出台和完善了十种机制:一是考评机制,二是采编岗位专业技术层级评聘制度,三是早报机制,四是动态减扩版机制,五是图文联动机制,六是虚拟团队运作机制,七是完善修订了采前会、采编协调会、编前会三会制度,八是建立全媒体联动机制,九是人才基金管理办法,十是制定了新的编辑大纲。通过体制机制的不断变革和完善,为提升新闻品质提供保障,构建全媒体业务,形成全媒体运营新格局。这无疑是南方报业的又一引领潮流之举。

  9年来的八次改版,《南方日报》走出了一条市场经济条件下办好党报的新路。现在《南方日报》的发行量、广告量、品牌价值在全国省级党报中已是遥遥领先。改版光是发行量就增加了20多万份,而且80%集中在珠三角发行,总发行量已经达到80多万份。2011年的广告营业额过了3个亿。①

  《南方日报》作为集团的"旗舰",将它定位于一份"区域性、国际化权威政经大报",以高质量的主流新闻、深度报道和权威评论铸就高品位的大报风范,以此来培育塑造其独特的个性。与其"高度"相适应,它的读者也是社会各界的高端人士——各级领导者、决策者,各个层面的管理者、投资者和研究者。它以国际化、科学化报型及版式为视觉表现,以专业化、精致化新闻板块结构为理念表征,摒弃低俗的鸡零狗碎的社会新闻和明星绯闻,把版面结构分为时政、经济和文体三大板块,同时拒绝低层次的广告。经过持续不断的改版和创新探索,它已在全国党报中独树一帜,成为颇具影响力的品牌媒体,在产生良好社会效益的同时,也获得了不错的经济收益,报纸发行量、广告营业额已连续十多年居全国省委机关报第一。

  再如,《南方周末》1984年创办之初不过是一份休闲娱乐型小报,20世纪

---

① 相关数据以及第八次改版提出的新理念,出自笔者于2011年12月23日上午在南方报业传媒集团会议室对南方报业传媒集团党委书记、管委会主任、集团董事长、南方日报社社长杨兴锋所作的访谈(包括根据录音整理的文字和杨兴锋社长提供的有关资料)。

80年中后期逐渐向综合性大报转型,以反映现实、服务改革、贴近生活、激浊扬清为基本目标;90年代它加大舆论监督的力度,紧扣民众关注的焦点,提出了"爱心、正义、良知"的办报宗旨;进入新千年后,它彰显了理性色彩,提出了"深入成就深度"的核心理念,朝着以精神家园为纽带的严肃周报迈进。经过多年的磨砺,《南方周末》已是发行超过百万且具有全国影响的品牌报纸,作为南方报业家族中一个重要成员和"多品牌"战略中的一个方面军的"领军"媒体,其市场和读者定位经调整,逐步明确为"覆盖全国的高品位精英报纸,知识分子是核心读者群"。①

独特的定位和高品质的内容产品,使该报成为同类报纸中的佼佼者,被誉为中国发行量最大、版数最多、公信力最强、影响最广的综合性周报。正是具备了这些竞争优势,该报才敢于采用高定价的策略(从2008年起《南方周末》每份零售价提至3元),成为目前国内为数不多的靠发行就能挣钱的报纸之一(大多数报纸都是负定价,发行的亏损由广告收入弥补,而该报则是发行赢利外加不少的广告收入)。

又如,南方报业中作为主打综合性日报市场的子报《南方都市报》,同样是经历了市场的摸爬滚打,从开始创办到发展成为区域报业市场的强势媒体乃至全国知名品牌,依凭的是不断探索和勇于创新的开拓精神。如前所述,该报创办头两年只是周刊,定位的失误使其徘徊不前,难有作为,新领导班子上任后,才将其正式改为综合性日报,并将其定位为面向广州、辐射深圳和整个珠三角,以城市市民为核心读者群的大众化报纸。该报提出的品牌理念是"办中国最好的报纸",采取的是差异化竞争策略。

当时广州报业市场上《羊城晚报》和《广州日报》发行都已过百万,它们像两座大山一样挤压着新诞生的《南方都市报》(以下简称《南都》)。《南都》有非常明确的差异化竞争意识,它看到这两张报纸有共同的弱点,就是它们的读者人群有些老化,新闻大都四平八稳,观点也相对保守。因此,《南都》的读者定位和办报方针就是新锐、大胆、年轻化。创刊不久,许多新闻题材新颖,视角独特,而且大胆出位,专刊专版的形式活泼,时尚流行,价值取向上有全球视野。这些个性特点同地方色彩鲜明的《广州日报》和文人气质浓郁的《羊城晚报》相比较,确实存在明显的差异,在市场上显得很"另类",颇受年轻白领、高校师生、追求时尚的潮人和"新客家"人追捧。在广州市场站稳脚跟后,《南都》又向珠三角的其他城市扩张,入深圳,下东莞,在珠海、中山等省内主要城市发行均

---

① 范以锦:《南方报业战略》,广州:南方日报出版社,2005年,第137页。

增加有地方版,以提高社会影响力,扩大市场份额,并且逐步形成了"2+6珠三角城市日报群"。自2010年12月起,报纸在香港、澳门发售,《南都》还将在条件成熟时单独成叠地推出"香港读本"和"澳门读本",以便最终实现"2+6+2(港澳)"大珠三角城市日报群的跃升。

在努力做好新闻的同时,该报着力发展言论,2002年3月创办了《南都》评论版,以其敢言和有社会担当而很快声名鹊起,享誉全国。为进一步办好评论版,该报通过挖掘整合社内力量,并充分利用社会资源,双管齐下,建立起相对稳定的评论员队伍,在稿源充足、质量有保证的前提下几度扩版,逐步向主流媒体转型,向更具影响力的读者群扩展。经营管理方面,《南都》也锐意进取,勇于创新,取得了一个个令报业同行们瞩目的佳绩。

2007年11月1日,《南方都市报》深圳版改扩版并提价,从原来的每份报纸一元钱,提高到每份报纸两元钱,成为中国最贵的都市类报纸(而该报在广州等其他地区的报价则保持原价不变,这又是实施差异化的竞争策略)。

《南方都市报》的崛起成为南方报业传媒集团发展的一个转折点,它不仅为集团带来了新的经济增长点,更重要的是坚定了集团"多品牌"战略推进的信念。在几个骨干子报获得较大发展的基础上,又衍生出"龙生龙、凤生凤"的报系发展新模式。集团制定和实施的差异化竞争策略所取得的成效,无疑为"多品牌"战略理念的拓展和日趋成熟奠定了基础,而"多品牌"战略在实践中的不断延伸与创新,则使其进一步得到了升华。2003年,集团相继成立的"21世纪报系"、"南方周末报系"和"南方都市报报系",就是"多品牌"战略在改革创新探索实践中不断发展和升华结出的硕果。

2.报系运营:"多品牌"战略的延伸与升华

报系运营理念是南方报业对"多品牌"战略的一个发展延伸。这种理念首先是培育出优质的品牌报纸,再以品牌报纸为龙头发展成报系;在形成品牌和报系的过程中,用报系来孵化新的子报。"在报业集团内部成立报系,就是在集团内部进行高效科学的业务组合设计,通过文化理念统一、市场战略资源协同和内部资源整合,获得强大的协同效应,为报系内媒体的成长和发展创造价值。"①

中国报界的同行都有同感:南方报业集团的神奇之处,就是报纸办一张成功一张,而且每一张都在各自的细分市场上有口皆碑。在竞争激烈的报业市

---

① 范以锦:《南方报业战略》,广州:南方日报出版社,2005年,第238页。

场中,培育一个品牌已属不易,南方报业何以能打造出这么多的成功品牌呢?对此,原南方日报社社长、报业集团董事长范以锦形象地把这一战略概括为"龙生龙,凤生凤"的优生优育的滚动发展模式:用优质的品牌来孵化优质的子报,也就是利用优质报纸的核心竞争力来传宗接代。① 譬如,早些年首先利用《南方日报》的人力资源、新闻资源、技术设备和资金优势,创办了《南方周末》;之后利用《南方周末》的人才资源和发行、印刷网络,在它的经济部中分出一部分人创办了《21世纪经济报道》;而成长起来的《21世纪经济报道》又以其品牌效应创办新的报纸品牌。由于"祖孙三代"都拥有南方报业的遗传基因,所以,新创办的子报子刊大都能成长为优质品牌。值得一提的是,在创办新的报纸品牌时,集团大胆创新机制,用激励机制营造一个竞争平台,不管新老,谁有本事谁来干,谁干得好谁的收益大,"总的叫做:谁出主意,谁来干。还有一个附加的,就是考核你是不是合适,出主意的人必须德才兼备,他有没有本事领导一个报社,如果他既出了主意又德才兼备,就可以让他来干"。② 通过引进竞争机制,激发人的潜能,让勇于创新的优秀人才脱颖而出,让能人在创立新品牌的事业追求中大放光彩。

比如,《21世纪经济报道》的创办就是采用这种方法。当时集团从外面收购了一家报纸,它原来办得不好,所以想重起炉灶,办什么报纸好呢?集团内部的沈灏、刘州伟提议办份经济类的报纸,即《21世纪经济报道》,名字是他们起的,集团领导经过考核后认为沈灏和刘州伟非常适合办这份报纸,就决定交给他们办。正是通过这种行之有效的方式,南方报业传媒集团又以其三张品牌子报作为龙头,相继成立了"21世纪报系"、"南方周末报系"和"南方都市报报系"。

"21世纪报系"最早由《21世纪经济报道》和《21世纪商业评论》构成,为实现中国经济报道首席媒体组合这一战略目标,集团不但明确为报纸运行创新机制,还为期刊的运营提供大量的支持。《21世纪经济报道》和《21世纪商业评论》两者在市场上是互补的、协同的,《21世纪经济报道》注重新闻信息,以政经、产经新闻报道反映政府决策和产业走势见长,追求"新闻创造价值";《21世纪商业评论》更专注于企业的案例研究,做实证的案例报道,通过国际商业理论对中国企业的分析,为企业的实际操作提供参考。

随着竞争力不断提升,2010年,21世纪报系的管理经营由广东二十一世

---

① 范以锦:《南方报业战略》,广州:南方日报出版社,2005年,第134~136页。
② 金雁、王宁、章于炎:《都市报业品牌经营》,北京:中国人民大学出版社,2008年,第53页。

纪出版有限公司(成立于2001年6月)整体转制成立广东二十一世纪传媒股份有限公司,控股股东为广东南方报业传媒集团有限公司。公司主营业务为通过自身及各下属子公司独家运营各种财经类媒体产品,在广州、北京、上海、成都以及美国纽约州等地,设立了全资或控股子公司共15家。其业务包括《21世纪经济报道》(日报)、《理财周报》(周报)、《21世纪商业评论》(月刊)、《环球企业家》(双周刊)、《福布斯》中文版等媒体产品的独家运营权(包含上述媒体的发行、广告、市场活动和相关的一切衍生业务)。公司还于2007年末与中央人民广播电台"经济之声"强强联合,致力于打造全球覆盖最广、听众最多的专业经济电台,同时拥有"经济之声"节目的独家广告和市场活动业务,以及运营21世纪网、21EDM、21手机彩信报等新媒体业务。

再如,旗下拥有一报两刊一网的南方周末报系,当初就是依托《南方周末》的人力资源、发行资源和品牌效应,以及它拥有的作者资源、广告资源等,2003年创办了《名牌》杂志,2004年创办了《南方人物周刊》,2007年创办了官方网站iNFZM.com。了解"南方周末报系"这几种产品的人,不难发现维系"南方周末报系"的最重要力量是《南方周末》的文化及其办报理念。《南方周末》以"在这里,读懂中国"为办报宗旨,以"正义、良知、爱心、理性"为编辑方针;而《南方人物周刊》以"记录我们的命运"为办刊宗旨,以"平等、宽容、人道"为办刊理念,每年推出的"我们时代的青年领袖"和"中国魅力50人"年度榜单,已形成了巨大的影响,2008、2009年连续两年荣获哥伦比亚新闻评论评审的中国标刊品牌。2011年6月,《南方人物周刊》又推出高端人文旅行月刊《穿越》(《南方人物周刊》月版),丰富了自己的产品线。除了文化和理念统一产生的影响之外,该报系结构的运行还通过战略协同和资源整合为内部媒体的成长和发展创造价值。

南方周末新媒体有限公司正是在这样的媒介生态环境中应运而生,它是运营南方周末报系旗下媒体数字版权的新媒体实体,依托南方周末网(iN-FZM.com),致力于在数字传播领域向用户提供高质量的新闻资讯,实现报网互动。新媒体公司的运作中心是南方周末网,目前拥有首页、新闻、经济、文化、评论、生活、图片七个主要频道以及新闻地图、囧囧有声、民调中心等众多特色板块。其互动区域南周大院整合了网摘和讨论组功能,用户可通过提交网摘、创建群组、群组发帖、站内信、群组留言、文章推荐等功能进行互动交流。南方周末网还于2008年5月开通了在线商城服务,主要提供报系旗下一报两刊的在线订阅服务及报系出版的丛书,实现了报业增值服务。此外,南方周末新媒体有限公司还是国内为数不多的具备智能手机开发能力的媒体机构,已在 4 个平台推出 9 款智能手机应用,在智能手机上拥有 30 万高端用户。2009 年 9 月,公司发布国内第一款智能手机资讯应用——南周阅读器,目前已成为国内用户量最大的新闻资讯应用。①

集团旗下发展迅猛的"南方都市报报系"除《南方都市报》之外,还有《南都周刊》、《风尚周报》、《麻省理工科技创业》(中文版)及奥一网、凯迪网等一系列网站。《南都周刊》的品牌理念是"娱乐不在别处,生活就是看法"。它以新锐的阅读体验,强烈的视觉冲击力,成为"跟他们不同"的新型休闲类报纸,其"另类"和新锐的风格明显具备《南都》血统。《风尚周报》将"演绎品位生活,制造精英时尚"作为自己的办刊理念,这又是《南都》办报方针和品牌理念在不同报道领域的拓展与延伸。随着"南方都市报报系"实力的增强,其业务也不断向外拓展。如跨地区、跨行业合作办报,联合开发或推出媒介融合产品等。其中包括由《南方都市报》、中国扶贫基金会、北京大学公民社会研究中心联合出品的《中国财富》,由《南方都市报》与云南出版集团联合打造的《云南信息报》等纸媒,以及阵容庞大的数字化网站、应用及媒介融合产品。目前,以南都数字报为基础构建的综合新闻社区门户"南都网",已覆盖全国 660 多个城市,为 500 多万用户提供新闻、资讯、社区、论坛、博客、电子商务等服务;与腾讯合作创办的广东城市生活服务门户"大粤网"于 2011 年 8 月开通,一个多月之后即在广东区域网站中流量指标排名第一:日均访问者日均页面浏览量——PV均值 2190 万,峰值 3726 万;"南都官方微博群"涵盖@南都全媒体集群、南方都市报、南都全娱乐、南都视觉、南都社区、南都评论、南都吃喝玩乐、南都公益—中国财富等微博账号,截至 2011 年末,@南方都市报的新浪粉丝数超过 165 万(报纸类影响力第一)、腾讯微博粉丝超过 145 万(媒体总排名第 19 位),同时,@南都周刊新浪微博粉丝超过 90 万,@南都娱乐周刊新浪微博粉丝超过 60 万。

2011 年 8 月 11 日上线运行的南方微博——广东区域的微博政务平台,以奥一网网络政务和新兴微博平台为基础,结合网络政务项目,达成多个政府部门与网民的互动。另外,奥一网正逐渐演变成南都数字业务的主平台,担负南都无线产品的渠道建设及产品生产研发、南都音视频内容在互联网上的呈现及推广、南都官方微博群的运营、南方微博等产品的研发及推广实施等。

《南方都市报》2010 年 5 月开始控股的凯迪网已发展成为中国最具影响力、传播力、最大密度的"意见领袖"社区之一;主打全娱乐概念的番茄网和与

---

① 南方周末网,http://www.infzm.com/aboutus.shtml。

走秀集团共同投资的电子商务网站天天红酒网也已投入运营;在移动终端及全媒体渠道建设方面,与三大运营商合作推出的彩信版南方都市报手机报,基于iPhone+iPad、Android操作系统的手机客户端上的南都/南都周刊/南都娱乐周刊/风尚周报综合型新闻产品,与广东移动、电信合作的"南都视点·12580生活播报、天天生活助理",与广电合作的"南都视点·直播广东/南都会客室/花港观娱","南都视点·LED联播网"已全面开花,其中,南都周刊iPad客户端下载量为30万(截至2011年8月30日),居全国同类杂志第一位,且每月约以2万基数递增。

伴随着全媒体架构的逐步成型,南都报系正朝着"现代型的信息集成商、全媒体数字信息运营商、媒体和信息的混合运营商"的目标行进。新架构带来了新生机,《南方都市报》2010年度广告营业收入达到28亿元,列全国报纸广告经营额第一名,2011年继续保持增长态势。报系旗下的《南都周刊》(含《南都娱乐周刊》)、《风尚周报》也在2011年实现赢利;《云南信息报》2009年扭亏为盈,且利润达到300多万元,2010年经营总收入突破1.5亿元,利润逾2000万元,在当地报业市场排名也由末位跃居第二位。2010年,奥一网取得2000多万元的历史最好经营收入且实现赢利,一举打破平面媒体所办网站不能赚钱的宿命。而传统报业赖以转型的全媒体赢利模式在《南方都市报》收获了希望,2011年1~9月南都经营系统全媒体代理任务统计显示,增幅相较同期达356%。①

上述三个子报系列,它们既相对独立,自成一体,又相辅相成,相得益彰,与集团主报《南方日报》共同构筑起坚不可摧的南方报业"大厦",并以其合力形成新的报业品牌,产生更大的社会影响力和更好的社会效益,同时获取更丰厚的经济回报。伴随着读者需求的日趋多元化,报业市场细分化趋势也日益明显,南方报业"多品牌"的潜在价值和巨大能量随之凸显和释放出来了。当初多少带有被动性质的竞争策略,如今已上升为集团层面的发展战略,在从自发到自觉的改革创新实践中,其认识也经历了一个从必然王国到自由王国的飞跃。

南方报业传媒集团原董事长范以锦对该报"多品牌"战略的发展理念作过明晰的解读:"我认为,要从三个方面转变观念,实施多品牌战略,强化综合竞争力。一是从单一的新闻竞争和打价格战转到塑造媒体品牌的竞争上来。二

---

① 笔者于2011年12月23日上午在《南方都市报》总编辑办公室对时任总编辑曹轲进行了访谈,相关内容根据《南方都市报》提供的文字材料及录音记录整理而成。

是从单一媒体品牌的竞争转到多品牌的竞争上来。三是从单纯的媒体品牌产品竞争转到品牌理念所延伸到的各个领域的竞争上来。"对该报多品牌战略的实施则归纳出三条基本原则:"第一,实行'龙生龙,凤生凤'的优生优育模式,催生多品牌滚动"。"第二,紧紧盯住细分的市场,确定每个品牌的理念,形成鲜明的个性"。"第三,集团的整体品牌形象与局部的品牌个性形象要形成合力,共同营造品牌的社会影响力"。①

显而易见,随着报业市场竞争的逐步升级,在竞争实践中不断探索和发展的南方报业的品牌战略,也经历了一个由初级阶段向高级阶段演变且日臻成熟完善的过程。

3."多品牌"战略成功走市场的思考与启示

中国报业在过去相当长一个时期内,属于粗放型的发展模式,缺乏战略眼光和长远规划,主要精力和关注点大都聚焦于当下的竞争,很少考虑持续竞争优势和可持续发展问题,这也导致报业品牌意识的淡薄和潜在经营风险的增大。

反观其他行业,能够做强做大做长久的优秀企业(公司),其核心竞争力的构成要素之一,就是实施品牌战略,打造有市场号召力和较高知名度的品牌产品,在提升老品牌的品质、丰富其内涵和形成品牌忠诚的同时,拓展和延伸主品牌的影响力,以前瞻性的战略眼光,不断研发和培育新品牌,积极开拓新市场,从而使企业(公司)能够保持创新的活力和持续的竞争力,并有效地规避市场风险,逐渐形成和强化其核心竞争力,以永葆基业长青。

比如,在化妆品领域,宝洁和欧莱雅都是经营多品牌的市场高手。它们旗下都有数十个、成百个不同的品牌,每个品牌主打不同的细分市场,分别满足差异化的市场需求。这种经营策略一方面能够分摊企业的风险,不会"把所有的鸡蛋都放在同一个篮子里",另一方面可以激发员工的创造力,增强企业适应市场变化的能力。报业市场同样应当遵循市场规律,学习借鉴其他行业企业的成功经验。

南方报业传媒集团实施的多品牌战略及其已经取得的成效表明,以品牌战略实施差异化竞争,以创新精神培育新品牌,开拓新市场,既保持了创新的活力,又占有了更多的细分市场的份额,从而有效地规避了潜在的市场风险,整个集团的综合实力也不断提升,并为其进一步做强做大做长久打下了坚实

---

① 范以锦:《南方报业战略》,广州:南方日报出版社,2005年,第134~136页。

的基础。

多品牌战略的实施不仅令南方报业浴火重生,在竞争激烈的广州报业市场中找准了自己的位置,形成了独特的优势,更重要的是,以南方报系多品牌建构的报业传媒集团大厦,已经具备了较强的抗风险能力,这对于培育和提升其持久的竞争力与核心竞争力,实现其发展文化传媒集团乃至国际文化传播集团宏伟蓝图和集团愿景,具有十分重要而又影响深远的战略意义。

从南方报业传媒集团的发展路径中我们可以得到哪些有益的启示呢?从中是否可以发现培育与提升报业集团核心竞争力的某些关键因素呢?回答应当是肯定的。这里不妨引用该集团原董事长范以锦的一段相关表述:"集团是否拥有或能够获得有效执行战略所需的资源和能力,是影响集团制订战略的核心因素,也是集团战略获得成功的关键,因此集团战略应该以其强势资源和核心竞争力为基础"。① "对于核心竞争力,我的理解是:'开发培育优质报纸品牌的能力和运用独特的营销手段把产品推向市场的能力,这种能力不断积累并可以由一个成熟的团队共同承载'"。② 他还结合报业竞争发展的实践,对不同阶段的核心竞争力作出了进一步解读:"报纸作为新闻信息的载体,从进入市场就存在不同层次的竞争。我认为,传媒的竞争可以分为新闻产品竞争、媒体运营竞争和报业产业竞争三个阶段"。③ "从新闻竞争到媒体竞争再到报业竞争,是报刊传媒竞争不断升级的必然路径。不同阶段、不同层次的竞争,肯定有不同的核心竞争力,即不同的资源、能力和制度优势的组合"。④ "在报业集团、报业传媒集团的报业竞争阶段,一个集团的核心竞争力应该是一个系统……我们认为,办媒体一定要创品牌,有了良好的媒体品牌才有读者的忠诚度,才能够有强大的公信力和影响力。强大的品牌是读者和广告客户心目中良好品质的保证。所以创办具有品牌影响的媒体,把已有一定影响力的媒体群推向不同的细分市场,并不断提升它的品牌价值,使媒体赢得竞争,我简称它为'品牌媒体创新力量'"。⑤

南方报业实施的多品牌战略所取得的成功,正是在上述核心理念的指引下,凭借其独有的核心业务能力——"开发培育优质报纸品牌的能力和运用独

---

① 范以锦:《南方报业战略》,广州:南方日报出版社,2005年,第26页。
② 范以锦:《南方报业战略》,广州:南方日报出版社,2005年,第26页。
③ 范以锦:《南方报业战略》,广州:南方日报出版社,2005年,第26页。
④ 范以锦:《南方报业战略》,广州:南方日报出版社,2005年,第31页。
⑤ 范以锦:《南方报业战略》,广州:南方日报出版社,2005年,第35页。

特的营销手段把产品推向市场的能力",塑造出强大的南方报业品牌群体,使该集团自1998年成立以来,不断取得骄人的业绩,广告营业额每年以两个亿的速度递增,并创造了诸多"全国第一":《南方日报》发行量、广告营业额已连续十多年居全国省委机关报第一;《南方周末》发行、广告、效益多年在全国同类报纸中居第一;《南方都市报》2006年广告营业额18亿多,2010年达到28亿,并显示出持续增长势头,2006~2007年,新闻出版总署发布全国晚报都市类报纸竞争力检测结果,《南方都市报》连续两年名列竞争力第一名;《21世纪经济报道》连续多年居全国财经类报纸综合竞争力第一名;南方报业传媒集团也成为全国第一个拥有四家报纸广告营业额超亿元的集团。

世界品牌实验室2005年8月6日,在北京人民大会堂隆重发布的2005年度《中国500最具价值品牌》的榜单中,该集团(现已更名为南方报业传媒集团)旗下有四家报纸——《南方日报》、《南方都市报》、《南方周末》、《21世纪经济报道》榜上有名,成为上榜品牌最多的传媒集团,品牌综合价值达到63.15亿元。其中《南方日报》的品牌价值为27.8亿元,《南方周末》为16.25亿元,《南方都市报》为12.8亿元,《21世纪经济报道》为6.3亿元。

2011年世界品牌实验室(World BrandLab)发布的2011年(第八届)"中国500最具价值品牌"榜单中,南方报业传媒集团旗下的四家报纸——《南方日报》、《南方都市报》、《南方周末》、《21世纪经济报道》榜上有名(其品牌价值分别被评估为86.09亿元、85.96亿元、72.65亿元、26.21亿元,各自位居"中国500最具价值品牌"总榜单的第148位、第150位、第186位、第367位),该集团也成为上榜品牌最多的传媒集团,品牌总价值已达270.91亿元,比之2010年的173.91亿元增长将近百亿,增长幅度达55.78%,位居中国传媒业界品牌价值三甲之列。

在培植开发多品牌方面,南方报业可谓一枝独秀。南方报业传媒集团麾下的各种报刊都有各自主打的细分市场,因而各具其品牌个性。正是这种准确的定位和精妙的产品组合,彻底解放了南方报业的生产力,使它焕发出勃勃的生机。该集团在品牌战略方面的大胆探索和开拓创新,为国内报业同行树立了一个鲜活的榜样,其改革创新的实践,为国内报业集团的可持续发展提供了可资借鉴的经验。

回顾南方报业传媒集团的发展路径,不难发现,该集团在实施多品牌战略、培育与提升报业组织核心竞争力的实践中,有一些值得关注和研究的具体要素。

比如,领导层的正确决策能力和不拘一格的用人机制等等。南方报业能够从早前投资失败、事业发展处于低迷的状态中迅速地崛起,开创新局面,其中一个不容忽略的关键因素,就是当时的报社领导层善于审时度势,以敏锐的洞察力和超前的战略思维作出了正确的决策:果断回归主业,同时密切关注和研究市场,并根据内部条件和外部环境的变化,适时地调整战略和报纸的结构,在遵循市场规律的前提下,勇于开拓,不断创新,实施独具特色的"多品牌"战略,使南方报业实现了跨越式发展,为集团进一步做强做大做长久夯实了基础。

再如,注重企业文化建设,通过优质的传媒企业文化凝聚人心,营造出一种积极向上、鼓励创新的文化氛围和人文环境。"追求新闻理想,社会责任感强,要把整个南方报业推向前进,推动中国新闻事业的发展"[①],用这种共同愿景统一全集团人的意志和行动;同时提倡"和而不同",即在尊重并认同企业主流文化的前提下,尊重各个系列报的亚文化,以利于保持各报刊的棱角,张扬其个性,发掘其创新潜能。

总之,多种因素融合在一起,特别是关键要素所形成的创新力量,在持续地培育和提升着品牌媒体的公信力、影响力和竞争力,在赢得更多读者和广告客户的信任和品牌忠诚的同时,拥有了自身的可持续竞争优势,进而为实现共同愿景——做强做大的长远目标,铺平了道路。这也正是南方报业多品牌战略与其核心竞争力二者之间的内在联系,它们水乳交融地紧密结合在一起,伴随着该集团的成长历程,书写着一个又一个成功故事,并创造着明日的辉煌。

三、羊城晚报报业集团:"老品牌"遇到新课题

《羊城晚报》曾是中国晚报界的一面旗帜,不管是1957年10月创刊时遵循的"移风易俗、指导生活"的办报宗旨,还是1980年2月复刊时提出的"反映生活、干预生活、引导生活、丰富生活"的办报方针,《羊城晚报》始终以其独特的风格和品质在中国报坛大放异彩:其关注民生、惩恶扬善的社会责任感在读者中享有很高的公信力;其大量的独家新闻、自采新闻以及反应迅速、视野开阔的报道在读者中享有盛誉;其兼具知识性、趣味性和浓厚岭南特色的副刊(如《花地》、《晚会》)更是吸引了大批读者。

一直到20世纪90年代中期,《羊城晚报》在广东报坛都是无人能望其项背的媒体大腕,虽然只是一家地方性的报纸,但是却成了名副其实的全国性大

---

① 金雁、王宁、章于炎:《都市报业品牌经营》,北京:中国人民大学出版社,2008年,第52页。

报。90年代中期是国内晚报发展的巅峰时期,然而,随着《广州日报》的日益崛起,市场无情地把晚报从"龙头老大"的宝座上拉了下来。当然,从某种意义上说,晚报自身机制的缺陷也是导致竞争失利的一个重要因素。认真梳理《羊城晚报》的发展演变史,通过对这一典型个案的深入分析,可以更加清醒地认识影响报业核心竞争力的关键要素,并让整个中国报业从中获得启示。

1. 从"一枝独秀"到风光不再

《羊城晚报》1957年创刊,是新中国成立后创办的第一份晚报。经历"文革"停刊后,1980年复刊的《羊城晚报》迅速成为全国最有影响力的晚报。上世纪80年代至90年代初期,《羊城晚报》一直以超前的新闻理念引领潮流。报纸编辑方面,《羊晚》重视新闻价值,是最早将国际新闻和体育新闻放在头版头条位置的报纸之一;《羊晚》还有文化气息浓厚的副刊,50年代开辟的"花地"、"晚会"等品牌为之团结了一大批优秀的作者;《羊晚》还利用地缘优势,刊载台港澳新闻,成为一道文化桥梁。在经营管理方面,《羊城晚报》在国内率先推出社长领导下的总编辑和总经理负责制,将报纸经营置于产业经营的路径下。发行方面,广州市内、广东省内、省外发行数量各占三分之一的"三三三"发行模式领一时风骚,并体现出超强的广告适配性。当时,一批珠三角新兴企业(如万家乐、美的、科龙、容声、万宝、格力等)均有占领全国市场的诉求,作为《羊晚》广告的主要买方市场,这些企业品牌随着《羊城晚报》攻城略地,尽显风光。

可以说,正是《羊城晚报》标新立异的创新理念为自身赢来了数量庞大的读者群。1995年,羊城晚报的发行量达到历史最高峰,150万份的巨量数字令同城报纸汗颜,也足以傲视全国同行。

然而,任何企业的发展都会遭遇"成长天花板"。美国《财富》杂志的研究显示,美国约有62%的企业寿命不超过5年;中国企业家杂志社的调查表明,全球500强企业的平均寿命是40—50年,中国企业的平均寿命是8年。[1] 尽管中国媒体的运作模式是"事业单位,企业化管理",它也不能遏止成长的停滞或衰退。恰如英国经济学家阿尔弗雷德·马歇尔将企业视为树木的比喻,"一个企业成长、壮大,但以后也许停止、衰朽;在其转折点,存在着生命力与衰朽力之间的平衡或者均衡"。[2] 20世纪90年代中后期,《羊城晚报》便处在了生命力与衰朽力相平衡的节点上。

---

[1] 赵波:《企业五层次成长理论探究》,载《理论探讨》,2005年第4期,第83~85页。
[2] [英]马歇尔:《经济学原理》(上),北京:商务印书馆,1964年,第325页。

变革的时代任何奇迹都有可能发生。就在《羊城晚报》一报独大的时候，中国的报业市场随着市场经济的发展也悄然发生了变化。上世纪90年代后，随着城市化进程的加快，报业逐步向中心城市回归，广告投放区域性聚焦化趋势明显。《广州日报》抓住这一历史机遇，紧跟时代潮流，迅速实现了从机关报到市民报的转变，同时加大在广州和珠三角等经济发达地区的发行力度，获得突飞猛进的发展。1997年7月1日香港回归，《广州日报》出其不意地出了97版，引发了抢购热潮，读者在报摊前排长龙买报纸。这次战役使读者对《广州日报》产生了新的认识，极大增强了《广州日报》在广告客户市场上的竞争力。当年，《广州日报》的广告营业额超过发行总量远大于己的《羊城晚报》，达到了6.2亿。1998年，《广州日报》广告收入继续呈大幅上升趋势，年底达到了7.9亿人民币，把竞争对手远远甩在了后边。1999年，《广州日报》的发行量达到了102万份，在广州市区发行量和影响力不断上升，已经超过了《羊城晚报》在广州地区的发行量，从而成为广东报业的龙头老大。与此同时，从1997年开始由周报改为日报的《南方都市报》发展迅速，发行与广告收入实现了几何级数的增长。《羊城晚报》顿时腹背受敌，发行和广告收入不断下滑。

为了保住全国名牌大报的风范，实现"覆盖面很广、实力很强、影响很大、效益很好的社会主义现代化信息传播集团"的目标，《羊城晚报》派出大队人马，到北京、上海、沈阳、武汉等全国各大城市搞发行。与此同时在广东省内地级市大铺摊子，大搞地方版，甚至在经济落后的粤东地区，也办起了粤东版。其结果是晚报的发行总量虽然大，但在自己的老家广州，发行量却被《广州日报》悄然超越。由于发行面铺得很广，目标读者群既散且乱，使得区域性很强的广告投放日益下降和萎缩。

《羊城晚报》的这一做法实际上是和区域经济学中的增长极理论相悖的。该理论指出，经济增长是在不同部门、行业或地区按不同速度不平衡增长的，经济增长首先出现和集中在具有创新能力的行业，而不是同时出现在所有的部门，这些具有创新能力的行业常常在空间的某些点上集聚，于是形成了增长中心或增长极。[①] 20世纪90年代，国内报业如日中天，广州如同北京、上海、成都一样，是报业的一个增长中心。《羊城晚报》的败北在于没有看到区域中心的地缘因素，而这一点恰恰是《广州日报》崛起的关键。《广州日报》把发行区域定位于最具有广告市场潜力的广州和珠三角地区，在这个半径200公里的

---

① 李文石、赵树宽：《增长极理论的发展历程及其对我国区域经济发展的指导意义》，载《商场现代化》，2008年第24期，第203页。

区域内集中了 95% 的发行量,另外 5% 只是为了扩大影响和树立品牌。正确的策略使《广州日报》的广告收入多年来位居全国之首。反观《羊城晚报》世纪末的发行策略,其追求全国性大报的光荣与梦想,导致它一步步走进了下滑的"沼泽地"。

面对着迅速发育起来的早报市场,《羊城晚报》使出的第二招是"早出报",以对抗日报的"出早报"。1996年11月,报社领导班子在确定四年发展战略中提出:"我们将进一步提早出报时间,使得报纸能及时地'进入寻常百姓家'……"在这种思想支配下,《羊城晚报》在印力没有增加、印刷时间不能缩短的情况下不断提早截稿时间,在上午10时乃至更早就截稿了,11点钟报纸从印刷车间运出来,下午1点钟就上市了。截稿时间提前,虽然保证了比较充裕的发行时间,保证了边远地区"末梢投递"的完成,但也使报纸的当天新闻骤减。晚报原来的特色是可读性、知识性和趣味性比较强,社会新闻比较多。可是随着日报、都市报纷纷走市民化的道路,这些特色已不再是晚报的"专利",当天新闻成了晚报仅存的一大特色,甚至可以说是差异化竞争的"核心产品"。而晚报"早报"化,则完全是"以己之短,博人之长",晚报特色尽失。香港回归报道就是一个典型的例子。1997年7月1日香港回归,我人民解放军驻港先遣部队在中午12点过深圳皇岗口岸,这本来是一件举世瞩目的大事,可惜的是晚报早已截稿,当天的晚报无法见报。待到第二天晚报报道,已落后于各大日报了。晚报特点的丧失,使它可读性和影响力日益下降。如果不是《羊城晚报》多年来营造出的品牌效应让它拥有一批忠诚读者,以及旗下拥有一批采编精英,《羊城晚报》只怕会下滑得更快。

1998年,为了"狙击"后来居上的《南方都市报》,《羊城晚报》成立报业集团后,决定斥巨资改造《经济快报》,推出国内首份彩色大型综合性日报《新快报》,成为《羊城晚报》应对竞争的第三招。这本来是十分重要的一个战略步骤,一早一晚,互为掎势,互为补充,同时实现早报、晚报在内容上的滚动报道。创办《新快报》之举,显示出《羊城晚报》颇有远见的战略眼光,而刚创刊的《新快报》不负众望,迅速吸引了广州读者的眼球,被称为最像港台报纸的新秀报纸,有效遏制了《南方都市报》的发展势头。然而好景不长,《羊城晚报》发行部门不能容忍这个势头甚猛的同门小辈,一场发行内证将崭露头角的《新快报》推向死亡边缘。此后四年,《新快报》一直徘徊不前,全靠主报"输血",每年数千万元的高投入将《羊城晚报》进一步拖向了没落的边缘。在成本回收无期的情况下,《羊晚》决定"甩包袱",为《新快报》寻找新东家,最终引来了侨鑫集团入股《新快报》。

在三招战略性举措都不能奏效的情况下,《羊城晚报》陷入被动挨打的境地。《广州日报》广告发行份额不断上升,《南方都市报》迅速崛起,晚报的市场被不断蚕食。从1998年开始,连续三年,每年的广告收入以超过5000万元的速度下滑。到2001年,新锐的《南方都市报》广告收入也远远超过了《羊城晚报》。

羊城晚报人自己总结落后的原因时指出:老大思想,没有及时对全国定位进行适当调整和收缩,文人办报经营不力,团队老化,机制与体制僵化,印力瓶颈,一系列综合因素的叠加使《羊城晚报》逐渐被动。①

2. 新世纪酝酿探寻"中兴"之路

一张报纸在进入市场后其定位并不是一劳永逸的,而是要根据内外部环境和内部条件的变化,对报纸的定位进行动态的调整,以求在激烈的竞争中站稳脚跟。一张报纸的成功往往离不开对市场的准确把握,而市场是千变万化的,这就注定了这种成功只能是相对的、不稳定的。瞬息万变的市场竞争要求报业的经营管理者具有很强的洞察力和创新意识,时刻紧跟市场的变化,及时对报纸定位、经营策略作出必要的调整,以适应新的市场需求。

晚报的生存和发展关键在于找到自身的特色和优势所在。"报人办报"曾经是《羊城晚报》的"特色",其采编的精良一直在新闻界备受人们的推崇和赞赏。然而在进入市场经济的今天,这一"特色"在市场竞争中节节被动。现代报纸的采编过程其实早已进入经营的过程,采编和经营既有独立性,也有融合性。改变"报人办报"的理念,让经营报纸的新思维重新协调、部署采编和经营两大部分,更好地适应报业从卖方市场变为买方市场的现实,已成为当务之急。身陷困境中的《羊城晚报》终于深刻认识到了市场的法力和无情。2001年,随着投资数亿元的亚洲最大的数码印刷基地建成,多年来"卡脖子"的印力问题得到彻底解决,《羊城晚报》开始其动态定位之旅。2001年8月1日,《羊城晚报》发表《改版告读者——一切因你改变》,拉开了它全新改版的帷幕,也昭示着这一"老品牌"意欲在世纪之初走出一条"中兴"之路。

2001年8月的这次改版,《羊城晚报》提出了"今天的、新鲜的、精彩的、有魅力的"口号,主要从5个方面对版面进行了大刀阔斧式的调整:一是新闻版成倍增加;二是重点抓当天新闻和广州新闻,依托具有世界先进水平的印务中心的投产,晚报抢发当天新闻的能力大大增强;三是做好深度报道,充分挖掘

---

① 周燕群、辛培瑜:《逆水行舟——广州报业之竞争回顾》,载《中国记者》,2004年第11期,第42~44页。

重要新闻的内涵,把题材做深做透,使读者能产生阅读上的快感。改版后有三块深度新闻的版面:本地题材的《特别报道》、国内外题材的《焦点新闻》、国际题材的《环球视点》,形成了纵深度;四是赋予老牌副刊时代面孔。《花地》、《晚会》是读者喜爱的老名牌,在改版后以全新的时代气息出现在读者的面前,既突出了崭新的南粤文化生活品位,又具有鲜明的现代城市人文特点;五是采用了现代风格的版式设计,除了彩色版面大量增加之外,还采用了全模块化组合,新闻、娱乐、副刊、专版四大系列的版式总体风格时尚活泼又不失稳重平和,让读者有赏心悦目之感。改版一个月,根据新生代市场调查公司提供的数据,《羊城晚报》读者阅读率提高了7个百分点,在广州地区的零售数提高了12个百分点。在改版当年,《羊城晚报》的广告收入中,房地产广告从1999年、2000年占广告收入的10%上升到40%,已经开始显示出对区域广告强大的吸引力。

如果说2001年8月的改版只是版面的调整,那么2002年12月23日《羊城晚报》启动的第二次改版,则进一步明晰了报纸的定位。这次改版有如下特点:一是提出了新的定位,在一如既往"反映生活、指导生活、干预生活、丰富生活"的同时,要"面向家庭、办市民报纸、服务小康社会"。二是更注重当天新闻的分量,推迟截稿时间,务求将上午发生的新闻一网打尽。三是加强贴近性和服务性,新增了为读者提供贴身服务的法律专版《今日说法》,同时增设《今日连线》专版,加强24小时值班的新闻报料热线,采访部建立24小时的值班队伍,重点经营好发生在昨夜今晨的都市新闻。这些措施大大增强了《羊城晚报》拼抢当天新闻的能力。四是为了克服晚报读者老化的现象,增设了《休闲体育》、《新新生活》、《校园导刊》等,吸引年青一代读者。

分析《羊城晚报》连续改版,我们可以看到一条主线贯穿始终:一是狠抓当天新闻。从晚上12点日报截稿到第二天中午12点晚报截稿,晚报有12个小时的先发优势,抓住这个优势,做到"当天新闻当天看","日报跟着晚报走"。可以说,当天新闻已成了当今晚报内容的核心产品。二是大抓本地新闻,贴近本地读者,从全国性大报适当向本地域收缩。这是回应市场变化做出的重大版面调整。与此同时,报纸明确制订了以"广州、珠江三角洲"为核心的发行战略,努力加大区域发行密度。三是突出时代感,在保持粤派晚报风格、稳定老读者的同时,在版面内容和形式上推陈出新,加强贴近性、服务性和实用性等内容,并以浓烈的时代气息争取新一代读者。改版后的《羊城晚报》进一步强化了"我家的报"的办报理念,并以此来衡量、调整报纸版面和栏目,强调在新闻及版面当中要多透露"市民味"、"市井味",发行的重点也主打住宅小区。

在这些强力措施的推动下,2003年,《羊城晚报》走出广告和发行只跌不升的困境,发行量增加11万,广告额增加2个亿,利润增加163%。其中,在典型的第一季度广告淡季和非典型肺炎的夹击中,《羊城晚报》第一季度广告量同比增长50.6%。4月18日,《羊城晚报》出108版,当日的广告额超过了1500万,创该报单日广告额新高,占当天广州报纸广告市场47.8%。第二天,《羊城晚报》推出了"惊喜20"特刊,整天的广告版面都被广州市城市建设总公司所承包,成为继美国的《新闻周刊》一天广告版面被宝洁公司承包后的又一创举。

与《羊城晚报》一样,其旗下的《新快报》也通过不断地变换自己的定位寻求突破。1998年《羊城晚报》兼并省体改委经营不善的《经济快报》,将其更名为《新快报》,这是应对当时广州报业市场竞争白热化的重要举措,旨在通过它与《广州日报》和《南方都市报》争夺目标市场,以挽回晚报日益显现的颓势。创办初期,《新快报》以16版双面套彩的印刷首开全国彩报先河,给人耳目一新之感,市场反响强烈。尤其是在大中专学生当中,《新快报》受到了热烈的追捧。面对来自校园的积极反馈,《新快报》在当时版面不多的情况下增加了不少反映校园生活的内容和版面,并在高校中大量聘请特约通讯员,其结果是该报形成了学生报纸的市场印象。《新快报》原先设计的面向白领的初始定位反倒被人忽视,造成了市场定位的错位和竞争策略的失误。

2000年初,在与著名财团侨鑫集团合作之后,《新快报》终于全面引入竞争机制,重整旗鼓。《新快报》以面向中产、白领阶层为市场定位并提出了"新锐、新知、新见"的口号。报纸从16版扩为32全彩大版,版面增加了一倍;同时斥资3000万元自建发行网络,重金聘请日本《朝日新闻》发行专家担任发行顾问;并首创了"精确互动、决胜终端"的广告营销模式,推出了购房专家服务热线、车友俱乐部等营销策略。2006年,在成立八周年之际,《新快报》将报型由大改小,日常的出版规模由36版改为80版,全彩印刷,定价不变。报纸理念方面,明确提出了"知情就是力量"的口号并将之落实到行动。从踢爆"无良酒楼",到追踪"无良医院"和"黑心加油站",掀起一股股强劲的"新快旋风"。2009年末,在报业严冬论甚嚣尘上的大环境下,《新快报》推出"订一年报纸赠送下一年报纸"的竞争策略,订户量同比大幅上涨,其中广州的订户数量上升五倍,成为广州地区日报订户量前三强纸媒。除吸引自费订户外,《新快报》还不断地拓展发行地域。2010年4月1日起,《新快报》每天以10万份强势登陆深圳,并试图覆盖佛山、东莞、中山及大珠三角地区。广告方面,南京睿思通传媒顾问公司的调查显示,进入2010年以来,在其监测的广州六份主流媒体中,

《新快报》是唯一保持每月同比增长的报纸,其广告市场占有份额已经跻身三甲之列。该公司数据显示,新快报广告市场份额增至16.05%,在五大纸媒中排名第三;份额增幅54.48%,居广州五大纸媒之首。

进入2011年,《新快报》在丰富报道内容,提升品牌形象方面继续发力。其推崇的"i"战略首先在全国"两会"上得以展现。采访全国"两会"时,新快报别出心裁地推出"i团队",强化其新锐媒体形象。所谓"i团队",就是人手一部iPad和iPhone4的新快报全国两会报道组。2011年3月12日下午,中共中央政治局委员、广东省委书记汪洋在看望采访全国两会的广东媒体记者时,称赞新快报i团队记者举iPad提问"很有创意","走红了"。

为了在激烈的报业同质化竞争中趟出新路,《新快报》继续精耕细作其一直以来颇为擅长的调查性报道,2011年陆续推出了"河南天价过路费"、"飞越疯人院"系列和"西安本科生违规阅卷"的独家报道等重磅新闻,独家策划了全球高端访谈、寻找羊城市花、重拾羊城水文化、最美绿道PK等报道和活动。其中,全球高端访谈推出了"克隆羊之父"威尔默特、联合国副秘书长贝楠、诺贝尔经济学奖得主皮萨里德斯和莫滕森等数篇重量级独家访谈,报道出街后反响强烈。

2011年,《新快报》增添了《大道周刊》、《收藏周刊》、《HI广州》、《新深度》等多个风格独特的新板块,使自身的办报风格愈加鲜明。《大道周刊》着力吸引有知识、有思想、有社会责任感的主流读者,定位为高端人文读物,创办伊始便赢得了一定的市场口碑;《收藏周刊》拥有强大的智囊顾问团——在首席专家组的基础上,组建了来自收藏界、美术界、学术界、企业界的名家和精英代表,主推高品质的艺术鉴赏与收藏内容;《新深度》集纳《新快报》的重磅调查稿件,以题材的轰动性和网络传播率为卖点,获得了持续的社会影响力。《HI广州》意欲打造报纸的国际影响力,以"高、精、尖"外籍人士为主要读者群,在领事圈、外企高管中初步树立了良好的口碑。

伴随着《新快报》的影响力日隆,羊城晚报报业集团一早一晚、互为犄势的格局已经初步形成。然而,重整旗鼓,提升报纸主业的价值绝不是羊城晚报报业集团"中兴"的唯一目的。和同城竞争者一样,《羊晚》也意识到了新技术对传媒的革命性意义在于它摆脱了传统媒体与受众之间的"授受"关系,传统媒体要走出困境,必须借助网络这一数字公共平台。借助并不是简单的借用,《羊晚》意识到把报纸内容简单复制到网上,用信息授权来补贴支撑网站,把网站的做法简单延伸到版面等传统报业触网的"三条老路"正越走越窄,并导致纸媒的严肃性和权威性受损,核心竞争力被削弱。

基于如上共识,《羊晚》提出三步走的数字化战略:第一步,由报网互动到报网互通,让报纸和网络两种表现形式相互利用、相得益彰。第二步,由报网竞合到报网融合。在摸清规律的基础上,逐步让传统报业与网络、移动终端等有机融合,更大程度上实现传播主体与受众的一体化。第三步,由报网融合到数字统合。对一次性消费的信息易碎品进行二次加工、多次生成,按需发布至互联网、报纸、手机、便携式阅读器等多种信息接收终端,满足各种受众的多种需求。① 在践行数字化战略的过程中,《羊晚》再次迸发出创新活力:

报料系统方面,2009年8月与腾讯合作,推出了QQ报料平台,目前此QQ号"87776887"的好友数已达17万;2009年11月,与广东移动达成战略合作,共同开发了"飞信报料"平台;2009年12月,与广东电信携手开通V博客平台。这三个平台收到的信息呈现出典型的"年轻化、时尚型、无疆域"特征,比传统的报料"量大质优速度快"。②

报网融合方面,2009年9月3日起,《羊晚》开设了由网络供稿的报纸版面《网事博览》版,周一到周五见报。文字、图片全部由金羊网提供,内容包括网上热闻、热图、热议和热点人物等。网媒在纸媒上"承包"一个版面,这在全国尚属首次。

移动报纸方面,2005年8月,《羊晚》在广东省内推出中国移动网的手机报;2007年和2008年陆续推出了中国联通、中国电信网的手机报;2007年,又推出6个地方版手机报。截至2009年8月,《羊城晚报》手机报收费用户已达50万。

数字运营方面,2009年12月18日,羊城晚报报业集团属下广东金羊网络传讯有限公司更名为广东羊城晚报数字媒体有限公司,成为华南地区第一家数字媒体公司,它将重新整合集团所有的报纸、杂志、网络、手机报、出版社等媒体资源,将文字、图片、音频、视频等按不同的用途进行包装利用,提高对新闻资源的利用率,降低采编经营成本。羊城晚报数字媒体公司的核心产品是羊晚门户网站金羊网。该网站自2000年成立以来,已拥有金羊网主站、手机报、手机网、羊彩网、togo自游俱乐部等几大板块并连续九年实现赢利。

吸引受众方面,2009年底,《羊城晚报》一改往年年度新闻事件盘点手法,

---

① 黄斌:《羊城晚报报业集团的数字化战略》,世界媒体峰会上的演讲,2009年10月10日。
② 陈国权、尹伟欣:《来自广州报业竞争内容升级的报告》,载《中国记者》,2010年第11期,转引自中国新闻传播学评论,http://cjr.zjol.com.cn/05cjr/system/2010/11/24/017113537.shtml。

由金羊网联系五大网站,请网民推选"年度汉字",5 万多人次的读者、网友踊跃投票,再由《羊城晚报》策划、编辑、解读,彰显了民间智慧和微言大义,提升了报纸影响力。① 与此同时,《羊晚》拟组建"羊城晚报网络新闻学院",聘请专家学者以及各大门户的总编辑向网民传授做"公民记者"的技巧,让网民"人人当记者,争报身边事"。

2010 年亚运会之后,由《羊城晚报》发起的"羊城新八景"评选活动彰显了《羊晚》数字化转型的威力和品牌的凝聚力。这一历时 6 个月的活动,共获得票选 860 万,183 家海外媒体追踪报道,28 个国家的华侨参与了投票,中国除了西藏所有的省份都参与投票。正因为有网络,有视频,有移动终端,有广播,才取得了这样一个能够辐射全世界的媒介活动的成功。

如果说在纸质媒体生存堪忧的大背景下,《羊晚》的复苏以及数字化战略的运行多少带有博彩的成分,那么从 2007 年起,羊城创意产业园的启动则真正合上了新经济的节拍。羊城创意产业园所在地原是广州化学纤维厂,2000 年,羊城晚报报业集团通过兼并获得了这块占地 18 万平方米的厂区。几年来,这里发生了"巨变"——"亚洲最大的印务中心"、"全国工业旅游示范点"、"广东省第一批文化产业示范基地"、"2007 中国十佳最具投资价值创意基地"都在此间诞生。这里吸引了 40 多家著名的设计公司、艺术家工作室和文化机构进驻,二期项目完成后,进驻机构将突破百家,从而成为和北京 798、上海 8 号桥并驾齐驱的创意产业集聚区。羊城创意产业园无疑将成为羊晚集团的一个聚宝盆,暂不提创意经济的美好前景,仅计算这块土地的现金价值,十年间已升值了近 20 倍。《羊晚》的雄厚家底可见一斑。

风雨十年"中兴"路。今天的羊城晚报报业集团已拥有 13 个报、刊、网、社,22 家各类公司和业务实体。集团旗下的《新快报》已日渐成为华南区最具影响力的新型都市日报代表;《可乐生活周刊》走出了城市资讯媒体的新型发展道路;《民营经济报》专注新生的民营经济群体;《羊城体育》是华南知名专业体育资讯类周报;新创办的《优悦生活》、《高尔夫周刊》成为南中国高尚生活方式的倡导者和宣传者。除此之外,《羊晚》还拥有目前亚洲最大、最先进的全数码报纸印刷基地。

2011 年 6 月 28 日,世界品牌实验室在北京发布了 2011 年《中国品牌 500 强》,《羊城晚报》品牌价值突破 92.55 亿元,蝉联晚报都市类报纸第一名。而羊晚的"中兴"努力,又将令广州报业市场"三国演义"的竞争大戏,愈演愈烈。

---

① 雷鸣:《羊城晚报的报网竞合实践》,载《青年记者》,2010 年第 4 期,第 62~63 页。

3. 报业转型期"老品牌"的成长瓶颈

这是最好的时代,这是最坏的时代。对于年过半百的《羊城晚报》来说,这14个字意味深长。一方面,长达20年的同业竞争远未结束;另一方面,新媒体又以雷霆之势,咄咄逼人,不断蚕食报业市场。未来面对的将是异常严峻的生存环境。

《羊城晚报》命运跌宕起伏之际,也是世界报业风云际会之时。十几年间,无论是西方传媒秩序还是全球传播格局,都发生了翻天覆地的变化。在传媒秩序方面,20世纪80年代以后,家族传媒日渐没落,公司传媒渐渐占据了世界传媒舞台。公司制传媒集团的产权制度具有如下特征:财产主体多元化、治理结构法人化、产权具有可转让性等特点。财产主体多元化是传媒集团资金充足的前提和保障,有利于促进资产规模的增长;治理结构法人化可以提高传媒集团的决策水平,有助于形成良好的激励监督机制,促进职业传媒经理人市场的形成;产权的可转让性可保护资本所有者的利益,并有利于通过市场机制增强对传媒集团的约束。[①] 在全球传播格局方面,跨国媒体公司的大规模兼并在20世纪90年代达到登峰造极的程度。少数几个媒体大鳄不断扩张,鲸吞全球传媒市场,垄断媒体资源,并日益主导着世界传媒及文化产业的发展。它们的触角已然伸向中国。

前有狼后有虎,内忧加外患。只有不断更新观念、调整思路、引进新的技术手段,创新经营理念和运作模式,才能在迅猛变化的市场竞争中生存发展。然而创新的前提是要意识到自身现有的不足,《羊城晚报》作为一张"老品牌"大报,首先需要突破"作茧自缚"的成长瓶颈。

其一,品牌维护瓶颈。尽管世界品牌实验室2010年发布的数据显示,《羊城晚报》品牌价值达到71.8亿元,并多年稳居国内平面传媒第四位[②]、晚报都市报类媒体第一位,但这样的数据并不能完全反映市场现状。多年来《羊城晚报》在品牌营销方面亮点不多,除主打"家庭"概念少有人复制外,其多年坚持的文化融合模式、读者互动模式、产业峰会模式、主题会展模式、团购促销模式等营销策略具有高度的可替代性。而即便是"我家的报"的提出,也仅仅是概念的提炼,因为绝大多数自费订阅的报纸都是以"家"为订阅单位的。相比之下,其竞争对手《南方都市报》则在品牌价值的提升方面可圈可点。近些年来,

---

① 李欣:《西方传媒新秩序——从独立传媒、家族传媒到公司传媒》,广州:南方日报出版社,2008年,第12页。
② 前三位分别是《人民日报》《参考消息》《广州日报》。

《南方都市报》成功运作了"金葵花·南都财经论坛"、"南方都市报华语传媒系列大奖"、"岭南大讲坛公众论坛"、"年度十大营销盛典"、"南都时尚婚礼"等活动,并且十分注意活动的可持续性。此外,南都品牌营销的源头建立在整体价值观上,即公信力的维护。其管理大纲中有这样一段话:"承认有不可以讲的真话,但不可以讲假话;承认有不可以报道的真新闻,但不可以报道假新闻;承认媒体的独立性需要时间,但公正性刻不容缓。"这表明南都的品牌价值是建立在读者信任基础之上的。这曾经是《羊晚》的优良传统,是上世纪 90 年代为"卖花女"伸张正义、国道上追猪平抑肉价等报道所坚守的职业信念,然而《羊晚》在激烈的市场竞争中,似乎没能珍惜原有阵地,却被对手扛走了旗帜。这不能不说是品牌的最大缺失。与此同时,羊晚的品牌复述意识也不够强。迪斯尼公司在品牌建设与扩张方面的成功经验可供借鉴。迪斯尼公司认为,如果仅仅是单个的运作,很难实现最优化,只有各个产品与服务发挥真正的协同效应,导致连锁反应的产生,才能形成比任何单项的产品大数倍甚至无数倍的能量。① 同城的南方报业可谓深谙此道:其所孵化的一系列以"南方"命名的"子品牌",如《南方周末》、《南方都市报》、《南方人物周刊》等,强化了彼此的血脉关系,有助于品牌的相互提升。而《羊晚》旗下报刊,《新快报》、《可乐生活》、《民营经济报》、《足球大富翁》、《优悦生活》等纸媒的命名,无一体现《羊晚》血统,势必陷《羊晚》及其子报于各自为战的窘境。

其二,战略联盟瓶颈。战略联盟的概念最早由美国 DEC 公司总裁简·霍普兰德(J. Hopland)和管理学家罗杰·奈格尔(R. Nigel)提出,他们认为,战略联盟指的是由两个或两个以上有着共同战略利益和对等经营实力的企业,为达到共同拥有市场、共同使用资源等战略目标,通过各种协议、契约而结成的优势互补或优势相长、风险共担的一种松散的合作模式。20 世纪 80 年代以来,在全球经济一体化、竞争多样化的发展趋势下,战略联盟获得长足发展,典型的例子有微软与英特尔之间的联盟;谷歌与 HTC 之间的手机研发代工联盟;苹果公司与 AT&T 之间的联盟等。有关数据显示,自 1985 年以来,战略联盟组织的年增长率高达 25%。② 我国传媒业目前也已进入"竞合时代",喻国明教授曾指出,传媒集团间彼此资源共享、整合配置、价值链接成为现阶段传媒集团适应更大规模竞争的基本操作方式。③ 战略联盟的组建方式包括

---

① 刘海贵:《中国报业发展战略》,上海:上海人民出版社,2006 年,第 221~222 页。
② 朱春阳:《现代传媒集团成长理论与策略》,上海:上海人民出版社,2008 年,第 74 页。
③ 喻国明:《解析传媒集团变局》,广州:南方日报出版社,2002 年,第 22 页。

如下四种:①合资。如光明日报报业集团和南方日报报业集团合资创办《新京报》(从2011年9月3日起该报已改为由北京市委宣传部主管主办);②签署合作协议。如广州日报报业集团与深圳报业集团的联盟,主要目的在于巩固广州和深圳两大市场的广告优势,对南方报业传媒集团尤其是《南方都市报》构成实质性的压力;③特许经营。如曾经的《上海星期三》(现已改为《新民地铁》)向台州、温州、苏州等地输出"星期三"品牌,进行版面内容的输出和品牌的授权使用;④相互持股。这是跨国传媒集团之间经常使用的战略联盟手段。当下的广州报业市场,各家竞争主体都有意识地构建战略联盟。如南方报业与复星实业联手创办《21世纪经济报道》,与光明日报报业集团创办《新京报》后持股经营;广州日报报业集团与上海文广新闻传媒集团、北京青年报社创办《第一财经日报》;羊城晚报报业集团通过与侨鑫集团合作的方式运营《新快报》等。然而在战略联盟的组建过程中,《羊晚》的步子相对滞后。其他两家报团都已经实现了跨省的同业合作,《羊晚》至今没有迈出实质性的一步。其实,《羊晚》曾经深受报业联盟之害。1999年,当《羊城晚报》在广州地区发行量不足30万,且都集中在老龄人口集中的老城区时,《南方都市报》构建了一个虚拟联盟:建议广告客户以《广州日报》加《南方都市报》的互补型目标读者市场投放广告,成功地瓦解了当时许多商家投放广告以《广州日报》加《羊城晚报》的搭配联盟。挖角事件虽然仅仅是南都的单箱操作,但实际上却达成了与《广州日报》夹击《羊晚》的合谋。遗憾的是,《羊晚》尚未从报业联盟的伤口下复原,其他报团已然乘风远航。报业竞合时代,《羊晚》如若依旧坚持孤军奋战的原则,其"中兴"之路无疑更加坎坷。

其三,资本运作瓶颈。中国传媒认识资本运作是从上世纪末传媒大鳄间的相互兼并开始的。1995年美国时代—华纳以75亿美元兼并特纳广播公司,吞下CNN;迪斯尼公司以190亿美元兼并了ABC;1999年,维亚康姆公司以350亿美元兼并CBS;2000年,美国在线以1620亿美元并购时代—华纳。媒体间的资本游戏令国人眼花缭乱的同时,一些国内传媒也跃跃欲试。《羊晚》是较早吃螃蟹的一家。2000年,集团旗下的"羊城报业广告公司"和"羊城报业广告体育公司"与香港TOM.COM进行股权置换,借助资本运营率先进入国际化的网络行业,但此项置换结果不明。同年,《羊晚》兼并广州化学纤维厂,获得了18万平方米的工厂用地,至今实现了十数倍的现金增值。但上述两项操作并不代表资本运作的主流方向,而且愈发显示出《羊晚》在资本运作方面的小心翼翼,如同20世纪90年代初的那场资本战役。当时,《南方日报》、《羊城晚报》、《广州日报》三家对开4版的综合性日报都坐拥过亿元的广告实收额,但它们却选择了三条完全不同的发展之路:《南方日报》走多元化之路,将资金投入水泥厂、药厂、建筑材料厂等业外领域,结果颗粒无收;《广州日报》则投入资金大刀阔斧地进行党报走市场的探索与实践,发行量和广告额均获得大幅提升;《羊城晚报》则秉承一贯的稳健作风,将大量资金存入银行生息,结果因故步自封被拉下龙头老大宝座。进入新世纪后,随着《成都商报》的借壳上市,北青传媒的香港挂牌,媒介资本运营风生水起,广州报业市场同样暗潮涌动。最具成效的是《广州日报》,其借助旗下的广州大洋实业投资有限公司和广传媒控股上市公司粤传媒,并酝酿注资 42 亿元实现广州日报整体上市的夙愿;南方报业传媒集团也蓄势待发,在 ST 白猫被浙报传媒捷足先登之后,其始终未停止找壳之旅。相比之下,《羊晚》集团静若处子,再次显现出对资本运作的疏离。不能说上市是报业集团募集资金的唯一方式,但在新媒体势力日隆,报业广告市场日渐萎缩的境况下,上市运作对于报业集团而言,无疑是报纸实施数字化转型、提升规模经济的一条捷径。当媒介生态再次发生变化,报业竞争已然升级到资本运营层面时,观望的《羊晚》无疑又将面对成长的天花板。

曾经是中国报界一面旗帜和骄傲的《羊城晚报》已告别昔日的辉煌,究竟是哪些节点上的失误,使其优势渐失、风光不再? 个中缘由值得我们认真地反思。从战略高度审视《羊城晚报》的发展路径,不难发现其中起决定作用的关键因素。

《羊城晚报》由昔日的辉煌逐渐走向衰落,从广州报业市场的龙头老大转而成为相对弱势的老三,固然有诸多复杂的内部和外部因素,但有一个不容忽视的关键因素,就是对不断发展变化的市场和不确定因素日益增多的传媒生态环境,少了一份清醒的认识,在成为强势媒体之后一度保守懈怠,缺乏居安思危的危机意识和积极进取的创新意识,对已经迅速变化的市场反应过于迟钝,对报业竞争形势和发展趋势的判断有误,对于竞争对手的关注和研究不够,坐失稍纵即逝的发展机遇和竞争优势,该出手时未出手,该收缩时未能及时收缩,待到大势已去时才如梦初醒。

决策的失误是最大的失误,而导致重大战略决策失误的原因,往往是由于对内部条件和外部环境的错误估计和判断造成的。因而报业组织高层决策者的远见卓识,以及根据内外部条件和未来趋势制定的发展战略,对所属媒体的兴衰沉浮和报业集团的可持续发展,至关重要。

探寻广州报业市场竞争中成长起来的三大报业集团的发展路径,以及在它们之间曾经上演且仍在继续的此消彼长的竞争大戏,的确让人感慨万千。三家报业集团的强势媒体及其成长历程,大体经历了一个从策略到战略的升华过程,即从早期的报纸内容、发行、广告等战术和策略方面的竞争,逐步地过渡到报业集团的产品结构、报业品牌、资本运作、发展模式等全方位的战略竞争。竞争由初级阶段向高级阶段转型,与之相关的经营理念和发展战略,则经历了一个从自发到自觉的演变过程。

目前我国报业发展正进入一个关键时期,伴随着文化产业深化改革的步伐,报业体制机制改革也将全面展开,代表报业市场发展方向的报业集团及所属媒体的增长方式,正在由粗放型向集约型转变。在媒介融合的大背景下,有无自觉的战略意识,对于报业(传媒)集团未来的发展意义重大,谁能够制定和执行正确有效的发展战略,谁就有希望在下一轮更高层次的竞争中脱颖而出!

四、深圳报业集团:"一家独大"的优势与困惑

在广东的四家报业集团中深圳报业集团地处一隅,而深圳报业市场的格局在全国都称得上是十分独特的,深圳报业集团自成立以来,始终居于报业市场的垄断地位,被形象地称为"一家独大"。根据深圳报业集团所属网站深圳新闻网上公布的信息,深圳报业集团现有10报5刊7网站1出版社,包括《深圳特区报》、《深圳商报》、《深圳晚报》、《晶报》、《香港商报》、"Shenzhen Daily"(英文深圳日报)、《深圳青少年报》、《宝安日报》、《深圳手机报》、《特区教育》、《汽车导报》、《游遍天下》等,以及深圳新闻网、中国文化产业网、房地网、深圳车城网、深圳搜购网、问工网、深圳关爱网和深圳报业集团出版社。目前深圳报业集团旗下报刊日均总发行量超过200万份,占深圳地区平面媒体90%以上的市场份额,全面覆盖深圳地区及珠三角地区,是目前国内经营规模最大、现代化水平最高的报业集团之一。与相距不远的本省省会城市广州的报业市场相比,深圳报业市场的情况显然要平静得多,因为它没有像广州市场同城三大报业集团之间持续不断的拼杀,在这个有着近千万人口的繁华大都市里,实力雄厚的报业集团独此一家。

"一家独大"的报业市场结构对于报业集团的发展产生了怎样的影响?有何利弊?未来的前景又会怎样?让我们先对深圳报业市场结构及竞争关系作一番考察,在分析解剖个案的基础上,回答上述问题。

1. 深圳报业市场发展历程管窥

分析深圳报业市场的现状,有必要简略回顾一下深圳报业发展的基本脉络。深圳报业发展大体可以划分为三个阶段:第一阶段是初创期。伴随着深圳经济特区的建立,从1982年《深圳特区报》创刊到1991年《深圳商报》复刊,

深圳报业发展相对缓慢,属于起步阶段。第二阶段是大发展时期。从1992年《深圳特区报》刊发邓小平南方讲话的重要文章开始,该报迅速在全国范围内打响知名度;1992年也成为一个重要的转折点,深圳报业从此进入高速发展期,深圳商报社在此期间创办了《深圳晚报》,截至1995年底,深圳全市共有公开发行报刊43种;①其后的几年间,逐渐形成两大报系规模化发展趋势,《深圳特区报》和《深圳商报》两报争雄,报业市场竞争日趋激烈;1999年深圳特区报组建报业集团,综合实力进一步增强。第三阶段是强强联合、"一家独大"新格局时期。2002年深圳特区报报业集团与深圳商报社合并,组建深圳报业集团,借助强强联合的优势,深圳报业集团取得了令全国报界瞩目的成绩。

2006年深圳报业集团总营业额达30亿元以上,利润达3亿多元(其中《深圳特区报》营业额是18个亿,利润两亿多元;《深圳商报》利润5000多万,《晶报》、《深圳晚报》的利润不低于4000万)。近些年来,深圳报业集团的发展速度不断提升,资产总额超过50亿元,是目前国内拥有广告收入过亿元报刊较多的报业集团,旗下10报5刊7网站1出版社中,《深圳特区报》、《深圳商报》、《深圳晚报》、《晶报》四家报纸的年广告收入均在亿元以上。据深圳报业集团总经理刘明介绍,在广告收入方面:截至2011年10月底,深圳报业集团广告收入同比增长率达到19.34%,保持了多年快速增长的趋势;在市场份额方面:2011年以来,深圳报业集团不仅广告收入有长足增长,四大报的广告市场份额也在稳步上升,稳占深圳市场报纸媒体90%以上的市场份额;在阅读率和发行量方面:2010年以来,集团各报纸媒体的读者阅读率、报纸发行量,都实现了稳中有升。根据中国广告协会一年一度公布的数据,深圳报业集团2011年的广告刊登额在全国媒体单位广告营业额排名中,继续保持在平面媒体中居首位的多年纪录,在全国报业中占据举足轻重的地位。深圳报业集团还积极拓展广告发布渠道,2010年底,伴随深圳报业集团地铁传媒有限公司的成立,深圳报业集团取得深圳地铁1、2、5号线2011年到2017年的广告经营权,同时,由报业集团和地铁集团全面合作的深圳唯一的免费报纸——《地铁早八点》也于2011年正式投放市场。报纸读者群增加、发行量提高,经营业务也在不断拓展,报业品牌价值得到相应的提升。世界品牌实验室2011年(第八届)中国500最具价值品牌排行榜,深圳报业集团旗下的两大报入围前200强。其中,《深圳特区报》品牌价值60.37亿元,居151位;《深圳商报》品

---

① 黄士芳:《改革开放与深圳报刊业的发展》,载《特区理论与实践》,1999年第1期,第12～14页。

牌价值47.15亿元,居190位。

不必讳言,在取得辉煌业绩的同时,深圳报业集团和整个深圳报业市场也存在着阻碍其健康和可持续发展的隐忧。目前,困扰深圳报业市场的主要问题,就是深圳报业集团"一家独大"的格局。作为深圳报业市场的老大,而且是当地唯一的报业集团,深圳报业集团已经形成了垄断性的格局,使得自身拥有绝对优势和绝大部分的市场占有率。这虽然可以带来令人羡慕的丰厚利润,但是其产生的弊端也不容忽视。由于缺乏适度竞争,目前集团旗下的各报显得活力不足,因为没有竞争难以产生创新的内驱力,长此以往,将使报纸媒体的竞争力退化,进而危及其自身的生存发展,遑论做强做大做长久的宏伟目标了。

2. 深圳报业市场现状分析

市场结构一般分为四种:完全竞争、垄断性竞争、寡头垄断和完全垄断。深圳报业市场曾经存在比较充分的市场竞争,但随着2002年深圳报业集团的成立,原有的两大竞争对手——深圳特区报集团和深圳商报社通过行政手段,实现"强强联合",激烈的竞争消弭了。两家主要竞争对手联合之后,深圳报业市场结构发生了明显变化,即由过去寡头垄断的竞争结构向完全垄断的市场格局转化。作出这一判断的依据就是"市场集中度"。

"所谓市场集中度,是一种指标,显示最大的一些公司在既定市场之内控制生产和雇佣的能力",[①]它是判断市场结构的一个标准。从市场集中程度来看,深圳报业集团四张主要报纸(即《深圳特区报》、《深圳商报》、《晶报》和《深圳晚报》)在本地平面媒体广告市场占有率达90%以上,是目前中国城市报业广告市场占有量最多的报业集团;集团属下10报5刊7网站和一家出版社,占据了深圳地区平面媒体90%以上的市场份额。因此,深圳报业集团在深圳报业市场中的控制生产和雇佣的能力都很高,也就是说其市场已高度集中;作为单一的集团,它对深圳报业市场的控制可以说已达到垄断的程度。

虽然是"一家独大",但是,深圳报业集团从来不缺乏挑战者。从新千年开始,南方报业传媒集团麾下的《南方都市报》就进入深圳,并逐渐发展成为深圳报业市场上最有力的竞争者。

早在2000年初,《南方都市报》就在深圳设立记者站。2001年,已创办4年的《南方都市报》在广州站稳脚跟后,就把拓展目光投向了深圳,采取的竞争

---

① [美]罗伯特·G.皮卡特:《媒介经济学》,北京:中国人民大学出版社,2005年,第30页。

策略是发行深圳版,即在保留《南方都市报》的基本版面内容之外,增加"深圳新闻",以扩大本土化新闻的含量。虽然只有8个版,却肩负着该报实施"双城战略"的重要使命。

当时由于省会城市广州的报业竞争已趋于白热化,广日、羊晚、南方三大报业集团竞相向省内周边城市扩张,形成了异地办报的竞争新趋势。深圳市场成为三大报业集团异地办报的重要目标。特别是隶属于南方报业传媒集团的《南方都市报》进入深圳市场,搅动了一池春水。其中颇有影响的一件大事就是发生在2001年五六月间的"发行事件",《南方都市报》在深圳市场上一度遭"封杀",后来在省市宣传主管部门的协调下,这一持续了47天的"发行事件"才告一段落。《南方都市报》全面恢复深圳上摊。这也是作为市场领先者的深圳本地报纸和市场挑战者《南方都市报》的首次正面交锋。

经过多年的不懈努力,《南方都市报》在深圳的发行规模不断扩大(现已稳居报纸零售市场第一),但是其广告经营并不尽如人意:"作为一个进入者,它似乎仍然没有解决外来者的身份,它所占据的广告市场份额,与它的影响力、发行量还远远不成正比。"①正是由于《南方都市报》在深圳报业市场的广告议价能力有限,加上厚报、彩色印刷等因素,其成本居高不下,因而难以获得可持续的竞争优势。

2007年11月1日,《南方都市报》深圳版改扩版并提价,从原来的每份报纸一元钱,提高到每份报纸两元钱,成为中国最贵的都市类报纸(该报在广州等省内其他地区的报价则保持原来的价格不变)。《南方都市报》在深圳市场的提高报价举动引起全国报业关注,并引来业内人士对报纸提价的后果的猜测和担忧(有可能影响发行量)。但是,相关数据显示,该报2008年深圳地区征订的数量超过了提价前的2007年,而零售销量下滑的趋势,也在一段时间内得到遏制,并出现了逐步回升的趋势。②《南方都市报》的提价,减少了该报的发行成本和广告瓶颈的压力,由于发行价向成本的靠拢,使该报在竞争中争取到一些主动权。

《南方都市报》在提价同时就进行了扩版,深圳版扩至16个版,内容更加强调本地新闻,包括深港两地之间的一体化信息;此外,还增加了东莞印刷厂的投入,用来增加新设备,以提高产能,以及扩大深圳的发行队伍等等。这些无疑都是针对深圳报业市场的竞争之举。《南方都市报》作为外来的竞争者,

① 范以锦:《南方报业战略》,广州:南方日报出版社,2005年,第103~104页。
② 《南都零售量恢复至提价前九成》,载《青年记者》,2008年1月上,第9页。

主动挑起的"价格战",不同于此前发生在南京的报业价格战(1999年)以及其他一些城市的价格大战。后者是以争相压低报纸价格作为竞争手段,而《南方都市报》则以提高价格作为竞争的手段。这一举动与该报最初进入深圳市场时的窘迫相比,已经发生了巨大的变化。提价之举,也表现出《南方都市报》对本身在深圳市场上的竞争力和所占市场份额的自信。而其后面的市场表现也证明,在报业市场竞争中,由于《南方都市报》和其他外来报纸的进入,深圳报业市场的结构已悄然发生了变化。

2009年下半年深圳报业零售市场调查①显示:《南方都市报》市场份额为33.90%,排在首位;深圳报业集团所属的《晶报》市场份额为27.83%,排在第二位;《深圳晚报》、《深圳特区报》、《深圳商报》、《深圳日报》等深圳报业集团其他主要报纸共占有28.60%的市场份额;《广州日报》、《羊城晚报》、《南方日报》等其他外来媒体所占份额均在3%左右。总体来看,深圳报业集团所属各报在零售市场上的份额占56.43%,外来报纸的市场份额占到43.57%。零售市场上,外来报纸不断扩大市场份额,市场竞争日趋激烈。但是,在报纸征订市场上,《深圳特区报》等本地报纸仍然占据优势,因此,从总体上看,"一家独大"的报业市场格局仍难以撼动。

事实上,作为报业市场上的领导者,深圳报业集团近年来面对外来竞争者的挑战,采取了进攻策略和防御策略相结合的多种应对策略。

2001年8月1日,就在《南方都市报》恢复深圳上摊一个半月之后,一份崭新的都市报《晶报》在深圳问世。它是为了阻击《南方都市报》在深圳的扩张而创办的,这也成为《深圳特区报》应对《南方都市报》挑战的主动攻略。时任深圳特区报业集团社长的吴松营回忆说,《晶报》从策划到出报仅用了一个多月时间,7月底刚刚从新闻出版总署批下刊号,8月1日《晶报》就闪亮登场。②《晶报》借助规模化经营的优势,利用集团已有的发行渠道和广告客户等关系,迅速站稳了脚跟,该报也成为深圳报业集团阻击外来竞争对手的主要"武器"。

在深圳报业集团所采取的防御性策略中,提高竞争对手的发行成本,特别是建立销售渠道的成本,是构筑市场壁垒阻击竞争对手长驱直入的有效手段之一。而与其他报业组织结成联盟,在更大范围内构筑竞争壁垒,也是深圳报业集团近年采取的策略之一。2005年4月,由深圳报业集团发起成立了珠三

---

① 崔保国:《传媒蓝皮书:2010中国传媒产业发展报告》,北京:社会科学文献出版社,2010年,第69页。
② 本书作者曾对前深圳报业集团社长吴松营进行过访谈,并根据访谈录音资料整理出文稿。

角报业广告联盟,成员包括深圳、珠海、中山、佛山、汕头、番禺、顺德、惠州、江门、肇庆、湛江等12座城市的19家媒体。该联盟宣言称:"建立在平等、互惠、共赢基础之上的珠三角报业广告联盟,旨在扬各城市主流媒体之长,实现新闻资源与广告资源共享,从而形成一支覆盖影响整个珠三角区域的媒体力量,推动其进一步发展融合性区域经济。"该联盟所属的报纸日发行量达200万份。2007年5月,深圳报业集团宣布与广州日报报业集团结成战略联盟关系,主旨是在新媒体开发领域进行更多的合作。这些合作联盟的结成,其目的之一就是为了强化报业壁垒,应对当前和潜在的外来竞争者。

时下深圳报业集团的报刊种类齐全,且逐步实施差异化分工定位,以覆盖不同的读者群,提高市场占有率;而新老媒体(即传统报纸和以网络为核心的新媒体)两翼齐飞,则有望使布局更趋合理,发展后劲增强。这无疑也给外来竞争者进入本地市场加高了门槛。

3.报业市场"一家独大"利弊剖析

深圳报业市场"一家独大"格局的形成,已是一个不争的客观事实。那么,报业市场上这种"一家独大"的现象究竟有何利弊?它对报业集团的发展将产生哪些影响?让我们从实际出发,对其存在的利弊进行深入剖析。

首先,"一家独大"可以有效避免同质化竞争造成的资源浪费。从深圳报业市场发展的历程来看,此前《深圳特区报》和《深圳商报》两大报系曾经展开过充分的市场竞争,促进了深圳报业的快速发展;但是,那时也曾一度形成市场上同质化竞争的局面,增加了各报的办报成本,造成了相当程度的资源浪费。

"强强联合"之后,"一家独大"的格局为深圳报业集团的进一步发展创造了十分有利的条件。在行政手段推动之下组建的深圳报业集团,拥有深圳报业市场的主要份额,处于绝对优势,克服了国内报业普遍存在的同质化竞争的弊病,减少了资源浪费。

上世纪90年代以来,国内报业竞争加剧,特别是都市类报纸的快速发展,使得报业市场上定位相近的报纸不断涌现。全国范围内特别是在中心城市,报业竞争同质化现象日趋严重。一方面体现在报纸定位重复,另一方面体现在报业竞争手段相似,从新闻竞争到广告大战和发行大战,各报所使用的竞争手段屡遭"克隆"。同质化竞争导致报业生态环境恶化,竞争成本增加,且造成一定程度的资源浪费。报业竞争同质化现象主要体现在同城竞争的报纸之间,以省会城市为例,一般会有省级报纸和市级报纸的竞争存在,这些省市报纸(报业集团)所创办的都市类报纸,往往挤在同一市场中形成同质化竞争的格局。

在20世纪90年代末至新世纪初(2002年前)这段时间里,深圳报业市场也曾经出现过同质化竞争的现象,以《深圳特区报》和《深圳商报》为代表的党报之间的同质化竞争十分激烈。两报合并之前,一个是党委机关报,一个是政府机关报,定位重复;此外,作为晚报和都市类报纸的《深圳晚报》跟《晶报》之间差异不明显,比拼也很厉害。而外来者的加入,更加加剧了报业竞争的激烈程度。省报《南方日报》多次改版,扩大了其在深圳的影响力和品牌效应;子报《南方都市报》直接针对深圳本地市场上的都市类报纸。在内容和营销手段相似的情况下,随着竞争的加剧,各报只有竞相增加版面,报纸经营成本增加。

在此背景下,深圳报业集团的组建使得本地报业市场格局得到有效调整,原先本地报纸之间的同质化竞争,在同一集团统一协调下,逐步消解了矛盾,降低了同质化的程度和相互竞争的可能性。

其次,便于整合资源,为报业集团做大做强创造条件。报业市场"一家独大"的格局,其优势在于可以有效地避免多家定位重复的报纸并存,以及由此可能出现的恶性竞争,从而降低办报成本。深圳报业集团成立以来,经过对经营部门的调整,特别是通过广告和发行部门的整合,已经收到了显著的效益。原有的竞相压价、互挖墙脚等无序竞争做法,被报业集团的统一定价、统一协调的竞争策略所替代。从报业市场细分的角度来看,原有的定位重复问题也在一定程度得到解决,一些长期亏损的报刊经过调整被停刊。"强强联合"使集团整体实力增强,可以集中精力思考和规划如何开拓创新、发展多元产业等方面重大战略决策问题,并且集中财力实施重点项目。

报业集团成立后,对《深圳特区报》和《深圳商报》两大报进行了一系列的资源整合:2002年底成立集团广告中心,对集团的广告资源进行整合,以改变过去两报竞争时期竞相压价、广告打折的做法。2003年又成立了深圳报业集团发行总公司,合并了原来两报的发行部门,实行统一政策,避免了集团内部报纸发行的恶性竞争,有效地降低了各报发行成本。2002年,深圳报业集团成立之初,居全国媒介单位广告营业额第三名;2003年深圳报业集团广告营业额23.81亿元,比上年增长20.25%,居全国媒介单位广告营业额第二名,初步显露出整合后的优势。

除对报业经营部门进行整合之外,深圳报业集团还采取了多项举措:一方面按照企业化管理的思路,对原有的事业单位机关性质的管理模式作了较大改变;另一方面针对报业集团内部子报子刊的同质化定位问题,作出了较大调整。合并之后,迫切需要各报办出特色来。深圳报业集团对四张主要报纸进行了定位划分:《深圳特区报》是党委机关报,是政务报道的主阵地,同时要贴近民生。《深圳商报》以经济报道为主,是以经济和文化为两大特色的综合性报纸。《深圳晚报》和《晶报》都是都市类报纸,集团对二者也进行了读者定位区分,《深圳晚报》主要是进入家庭,服务社区,《晶报》则主要面向年轻人、白领、打工一族、大学生等。

此外,一批经营不善、定位重复的报纸被停办。从2005年开始,集团相继砍掉了三报三刊。被砍掉的三份报纸中,《时代商报》过去一年要投资5000万,总共投了1亿多,但未见产出;《深圳法制报》一年亏损2500万;《深圳都市报》一年也亏损1000万左右。① 停办这三份亏损报纸,减轻了集团的负担,还可开展有发展潜力的新业务。

竞争与垄断是一对矛盾体,过度的竞争会恶化报业生态环境,但是没有竞争的垄断又将导致报业的衰微。所以,"一家独大"也有其弊端。最为突出的问题,就是因缺乏适度竞争而导致的发展动力不足。

报业集团化后,面临如何建立内部竞争机制的问题。深圳报业市场垄断局面的出现,是依靠行政手段来减少市场竞争,由原来的竞争对手联合组建报业集团而后形成的。原先《深圳特区报》和《深圳商报》之间的竞争虽然十分激烈,但却没有能够通过市场竞争培养出专业化和特色化的独特优势,简单的合并与突然改变的传媒生态环境,使其失去了当初竞争环境中所具有的活力与驱动力支撑,对自身的可持续发展带来了消极的影响。要想实现较快的发展乃至飞跃,还需要建立一整套集团内部合理的竞争机制。

深圳报业集团采取了统分结合的模式,力图克服内部竞争动力不足的弊病。所谓统分结合,就是在大而统一的情况下,各家报纸作为行为主体,创收和利润直接与收入挂钩。经营方面,在统一的广告发行政策之下,各报各自经营。这就意味着"统"可以一致对外,"分"则可以强化内部竞争。但是,依靠统分结合的方法增强集团内部的竞争动力,显然还是不够的。问题在于,这种竞争还是在一个集团内部的兄弟之争,在报业集团处于垄断地位的情况下,如何激励各子报遵循市场规律进行竞争,以调动集团员工的积极性,成为一个亟须破解的难题。

从人力资源看,深圳报业集团多年来汇集了来自全国各地的报界英才,具有较强的人才实力。由于集团在深圳报业市场上一直处于绝对优势,其人员的竞争意识逐渐淡薄,这必将使员工滋生惰性。目前集团人员趋于饱和,人力成本也不断加大,故而较少增添新人,这不能不令人担忧其竞争力退化。近年

---

① 相关数据出自笔者2007年6月12日在深圳报业集团社长办公室对深圳报业集团党组书记、社长黄扬略的访谈。

来,虽然在集团内部机构设置、人员管理等方面实行了企业化的管理措施,但是,因受制于事业单位的性质,无法真正做到企业化管理。比如,虽然早已实行全员聘用合同制和末位淘汰制,可是一旦原有的报刊停办,仍然遇到人员安置难的问题。

此外,"一家独大"的市场格局,也使得深圳报业集团在体制创新方面尚无明显突破。如何通过战略转型走出制约其发展的"瓶颈",从传统的党报集团向现代企业集团迈进,是需要认真研究和解决的问题。然而面对制约报业集团发展的主要因素——体制问题,事业单位性质与企业化经营二者矛盾难以真正解决,体制改革就难有实质性进展。作为全国文化体制改革试点单位,集团目前仍没有明确其创新发展的路径选择。从市场的角度分析,"一家独大"的报业格局似乎已成为集团实现突破与创新的阻力。

总之,要辩证地看待"一家独大"现象:"一家独大"的垄断带来了规模化,从而降低了成本,"一家独大"也避免了无序竞争;但是其最大的问题是创新动力不足。在国内大多数中心城市的报业市场结构中,目前似乎只有深圳的报业结构是"一家独大",因而其报业实践也是一种有益的探索。这正是其文化体制改革试点的意义所在。

"一家独大"的报业市场格局,在西方特别是美国的一些城市中表现得比较明显,这就是"一城一报"现象。"一城一报"是报业高度发达后走向垄断集中的结果。像美国一些城市原先大都拥有数量众多的日报,经过激烈的市场竞争和兼并,往往只有一份日报生存下来,最终形成了垄断性市场格局。

西方报业出现的集中化趋势由来已久,但是其"一城一报"的垄断性格局,是通过充分的市场竞争自然产生的结果。有专家曾预测,未来的中国报业市场也将出现"一城一报"的格局。倘若遵循市场规律,中国报业或许会迎来这一天。不过中国报业的特殊性,使其有可能会走别样的发展道路。由于目前中国报业的市场化程度还不是很高,相关的法律法规也不够健全,因而报业市场竞争也不够规范,市场主体还处在成长发育阶段,或许要经过相当长的时间才能趋于成熟。因此,要自然过渡到"一城一报"的格局,还有很长的路要走。何况深圳报业市场上"一家独大"格局的形成,主要是政府行政干预的结果。这种依靠人为的方式打造的"一城一报",恐怕迟早还得补上充分市场化条件下"竞争"这一课。

美国中等城市大多是稳定的"一城一报"模式,但是,近年来也出现了免费报纸进入市场的情况。自 2002 年 10 月以来,美国最大的报业公司甘奈特公司分别以其子报为平台推出了9家免费报纸,①进入这些"一城一报"的中等城市,以差异化的策略,避开主流报纸的锋芒,寻找到了市场。其最先推出的《声音》5个月后就已开始赢利。②可见,"一城一报"并不能阻止报业竞争的发生,相反,适度的报业竞争有利于其发展。就深圳报业现阶段的态势而言,只有积极地引入竞争对手,活跃报业市场,才能不断增强其综合实力,有效培育报业集团的核心竞争力,最终实现自身做大做强的宏伟目标。

深圳报业经过长时间的高速发展,增长速度放缓。从2005年起随着报业"拐点"的出现,深圳报业也与全国报业一样,遇到一些困难,利润率下降,报纸生产成本提高;而新媒体的崛起和逐步壮大,又使报纸面临技术更新和产业转型等问题。2005年广告额呈下跌趋势,主要因为房地产广告减少和整顿医疗广告导致市场下滑,而新媒体的冲击也日益明显,包括分众媒体、户外广告,更主要的是网络媒体的挑战。但近十年来,深圳报业的发展主要靠规模竞争,就是创办子报子刊、增加版面等方式来实现的。这种粗放式的发展模式不具有可持续性,只有转变增长方式,即由单纯追求规模的粗放型向讲求效益的集约型发展模式转化,报业集团才能真正获得可持续的发展。

4. 探索报业的可持续发展之路

深圳报业集团与国内众多报业组织一样,面临发展平台期的困境,集团采取了一些积极措施,希冀通过内部结构调整、体制机制创新等方式,破解难题:

(1)确立立体化经营思路。纵观国外大型报业集团,大都是多元化、立体化经营,即不仅拥有报纸主业,还拥有网络、广播电视等媒体。中国媒体由于受到政策限制,报纸很难实现跨媒体经营,但是,传统的纸媒体向数字化拓展,已经成为趋势。报业向数字化转型由此成为热门话题。报业竞争也由单纯的纸媒竞争,发展到网络竞争、手机报竞争乃至全媒体平台的立体化竞争。

从2005年起,随着全国报业整体性的广告滑坡,国内报业发展速度放缓,深圳报业集团也未能幸免。另外,深圳报业市场竞争还出现新格局:一场角力于新媒体,特别是网络和手机等载体形式的报业竞争已拉开帷幕。目前各报加强了对网络媒体的培育,强调报网联动。深圳报业集团2007年专门成立新媒体发展中心,加大对新闻网的投资力度。其手机报已经有十几万的读者,在全国的手机报发行中位列前三名。集团专注于发展报业和新媒体的联动。在深圳报业集团内部,《深圳特区报》办了一个房地产网,《深圳商报》办了一个汽

---

① 孙镜:《美国报业应对颓势的三大策略》,载《中国记者》,2005年第8期,第78~81页。
② 孙镜:《美国报业应对颓势的三大策略》,载《中国记者》,2005年第8期,第78~81页。

车网,《深圳晚报》办了一个购物网,《晶报》办了一个人才网,根据各家报纸及其广告对接的特点来办网。四个网的联动,目的在于占领市场,增强竞争力。除了深圳新闻网之外,深圳报业集团还创办了文博网。

竞争对手《南方都市报》则更早地加大了对网络的投入。2005年,南方都市报与电信部门联手整合深圳热线,创办"奥一网",总部坐落在深圳。奥一网借助纸媒的新闻采集优势,主要面向广州、深圳、北京、上海等四大城市的年轻群体。而借助传统媒体强大的新闻采集能力和地方化的服务功能,奥一网已经形成了自身特色,并且具备一定的竞争优势。它还与《南方都市报》形成联动效果,增强了《南方都市报》在深圳地区的竞争优势。

手机报也成为深圳报业竞争新的兴奋点。2006年1月《深圳手机报》创办,这是深圳报业集团与中国移动深圳公司合作推出的项目。作为一个单体数字报,深圳报业集团在工商局进行了注册,并在全国范围内发行,已经拥有十几万用户。为支持和回报大运会志愿者的无私奉献,深圳报业集团联合中国移动深圳公司,向所有持有深圳移动手机的大运会志愿者免费赠阅2011年度的《深圳手机报》。首批40余万名大运会志愿者中的深圳移动用户享受到了此项服务。此前,2005年8月,广东移动联合广州日报、南方日报和羊城晚报等几大报业集团,已分别推出手机报业务。如广州日报报业集团推出了《广州日报》手机报、《信息时报》手机报;南方报业传媒集团推出了《南方日报》手机报、《南方都市报》手机报。

当前报业竞争已不再是单一报纸之间的竞争,而是报业集团战略布局上的竞争。① 南方报业传媒集团麾下的《南方都市报》,实行"2＋6"战略,把发行重点放在广州和深圳两大城市,并向珠三角地区扩张。这一态势已经形成,基本完成了其战略布局,给深圳报业市场带来压力。同时,它的新媒体战略也在逐步深入,继手机报之后,2007年8月,南都数字报(www.nddaily.com)面世。此举被称为"颠覆了报网互动的旧模式,开创了中国报纸利用互联网的最新形态"。南都数字报提供三大类数字产品——南都完整版、南都精华版和南都随时报,通过智能系统对读者所在地市进行判断,然后优先供应该地区的新闻。"南都随时报"主要面向广东受众,充分挖掘《南方都市报》遍布珠三角的新闻网络资源。② 该报试图在报业技术革命中领先一步,这种布局已经显示出其战略眼光,必将增加其在深圳报业市场的竞争砝码。

---

① 范以锦在"2006中国媒体经营管理论坛暨状元媒发布会"上的演讲。
② 南方新闻网,http://www.sina.com.cn,2007年8月10日。

应对立体化的传媒竞争,抢占先机意味着占据市场主动权,同时意味着投入的加大。现阶段的观望将不利于竞争,对新媒体的投入已是势在必行。广东作为国内报业实力最强、创新机制最活跃的地区,正在由传统单纯纸媒的竞争向数字报纸的竞争发展,且领先全国。目前新的竞争思路已经逐渐清晰起来,可以预期,在不远的将来,只要有政策的支持,跨媒体的兼并将会成为报业竞争的新内容。因此,确立立体化的经营思路,要求传统报纸要充分利用新的传播技术,使报业集团由原来的单纯纸媒转变为拥有多媒体和立体化传播渠道的新闻信息提供者。

(2)加快战略转型,形成可持续发展的良好态势。战略转型首先需要调整产业结构。未来报业要想获得可持续发展,单纯的纸媒发展空间有限,建立现代企业集团,就是要发展多种产业结构,不仅包括不同的媒体形态,还包括与发展传媒产业相关联的其他业务。对于深圳来说,发展文化产业是深圳市的长远目标之一,报业作为文化产业的核心组成部分,应该能够通过其主业带动相关文化产业的发展,从而壮大报业的实力。比如,深圳报业集团发展多元产业,目前已经建立了初步的模型,近年围绕主业相继开发了地铁广告、直递广告、会展、房地产、旅游等经营业务。下一步,要继续优化产业结构,形成集约化发展的总体态势。2010年,集团获得地铁1、2、5号线广告经营权,并成立地铁传媒有限公司,而由深圳报业集团和深圳地铁集团全面合作的深圳唯一的免费报纸《地铁早八点》也于2012年正式投放市场。该报纸以"快速阅读"和"快乐阅读"为办报理念,每周一至周五出版发行,日发行20多万份,预计将形成每天140万以上读者群。

其次,战略转型需要进行资本的市场运作。一方面要盘活自身资产,另一方面利用党报集团的权威性与影响力,发挥品牌优势,吸纳业内外资本注入,在现有平台基础上实现报业经营的跨越式发展。深圳报业集团早在本世纪初就提出,要积极进入资本市场,筹措上市。但由于报业集团事业单位的属性与企业化经营的矛盾始终存在,在一定程度上为资本运作设置了很多障碍。报业集团要想成为真正意义上的现代企业,获得跨越式发展,就必须突破资金短缺这个"瓶颈"。采取多种灵活方式,开通各种融资渠道,进行资本的市场运作,是实现跨越式发展的有效途径。

最后,战略转型离不开创新,包括在新闻采编业务和经营、技术等方面的创新。按照广告经营额占GDP的比例来象征性地表示一个地区广告产业的发达程度,这是国际通行的做法,深圳地区的发达系数并不高,与昆明、合肥等城市同属于"次发达地区"。① 这也说明深圳地区的广告市场还有较大的空间。广告经营方面需要通过创新不断开拓市场。报业广告虽然受到房地产和药品广告骤减的影响,但是其他领域仍然有拓展经营的空间。《深圳特区报》从1994年就开始搞分类广告,当时在全国报业属于领先者,从旅游、电器到招工、租房,分类广告做活了很多行业,也获得不错的回报。随着社会经济的转型,更多新兴的市场和读者需求的出现,将有助于分类广告的长盛不衰。另外,新闻采编业务方面的易模仿性,使得创新成为竞争的必要手段。一个创新的栏目、版面,很快会被其他报纸模仿。然而不断创新的能力则是无法模仿的,培养创新型的报业采编、经营和管理人才,乃是报业可持续发展的根本保证。

深圳报业市场这种"一家独大"的局面,降低了报业无序竞争引发的浪费,但它同时也减弱了报业发展的动力。"一家独大"形成的市场困局,实际上来自政策的保护。报业集团组建之初,意在做强做大国内媒体,增强报纸的综合实力;可是,当这些经济发达地区的报业集团拥有一定实力后,过多的政策限制与保护,比如跨地域限制、跨媒体的限制,特别是"事业单位,企业化管理"在媒体性质与管理方式上的深刻矛盾,都明显阻碍着报业集团的进一步发展,甚至成为制约报业集团发展的"瓶颈"。深圳报业市场从寡头垄断向完全垄断型市场结构转化,其并非市场竞争的必然结果,而是带有明显的人为因素,即由政府主导的行政合并所产生的"一家独大"报业集团,使得市场上现有的报纸收归一家集团所有,形成产权集中和较高的市场集中度。

因此,要克服报业市场"一家独大"带来的弊端,就要进行文化体制创新,形成可持续发展的报业生态。实际上,"一家独大"的局面目前正遭受挑战,因为报业的跨媒体、跨地区经营势在必行:一方面,对深圳报业市场虎视眈眈的外部力量都是潜在的挑战者,一家独占的格局终将会被打破;另一方面,深圳报业集团自身做大做强的内在需要,也会驱使其打破地域、行业和媒体的限制,自觉或不自觉地朝着多元化、产业化的方向发展,进而成为真正意义上的现代化的企业传媒集团。深刻认识"一家独大"存在的利弊,妥善解决市场竞争中的两难问题,充分发挥现有优势,规避独家垄断带来的弊端,开拓新的市场,发掘新的增长点。这是深圳报业集团做强做大做长久的必由之路。

---

① 宋建武:《中国媒介经济的发展规律与趋势》,北京:中国人民大学出版社,2005年,第69页。

第十章

京沪报业集团案例分析

引子：北京地区报业集团发展概况

北京作为中国的首都，既是全国的政治中心，也是经济文化发达、人口众多的大都市。如此地缘环境自然会吸引众多媒体，很快就形成群雄逐鹿的报业市场。从报业竞争激烈的程度看，它远甚于经济文化发达的上海，不亚于报业之都广州。这里暂且撇开诸多级别甚高、实力雄厚的报纸（如《人民日报》、《中国青年报》等大报），仅聚焦几家已经成立报业集团或活跃于报业市场开展激烈竞争的报业组织。

《光明日报》和《经济日报》是两家中央级别的报纸，1998年成为京城报业中率先组建集团的报业组织，但是，在国内报业集团方阵中它们默默无闻，倒是紧随其后于1999年组建集团的北京日报报业集团，着力打造报业航母，其发展势头迅猛；一度在京城报业市场叱咤风云的《北京青年报》事实上早已作为报业集团运作，还上市进入资本市场试水；京城报业的另一匹黑马——2001年创刊的《京华时报》（当时为《人民日报》旗下独立运作的子报）[①]则后来居上，以"百年京华"为愿景，大有争做京城报业老大、建设现代企业集团的气势与雄心。竞争带来活力，多家报业集团麾下的子报子刊以及其他市场化程度较高的报纸之间的搏击比拼，使得京城报业市场呈现出一派勃勃生机。

自上世纪90年代中期开始，国内报业集团化浪潮汹涌，从中央到地方各级报业组织都跃跃欲试，集聚在京城的多家有实力和颇具影响力的报纸，也瞄准了这一目标。不过主管部门出于稳妥的考虑，并没有将集团化试点单位放

---

① 从2011年9月3日起，《京华时报》的主管主办单位由原来的人民日报社改为北京市委宣传部。

在京城,而是选定地处改革开放前沿的《广州日报》。两年之后的1998年,京城也出现了两家由中央级大报组建的报业集团——光明日报报业集团和经济日报报业集团。然而这两家通过行政手段促成的较早登场的报业集团,却在相当长的一段时间内,并没有表现出集团化的优势和竞争力。直到2003年,光明日报报业集团与南方日报报业集团合作创办了《新京报》并持股51%(南方日报报业集团持股49%),才标志着这家中央级报业集团真正卷入了激烈的报业市场竞争行列。①

进入新世纪以来,京城的报业加快了市场化、产业化的步伐,实施各项改革创新举措,报业格局发生了新变化。1999年12月,在集团化浪潮中,北京日报报业集团成立(以下简称"京报集团")。该集团实力雄厚,涵盖了日报、晚报、晨报、周报、免费报纸等多种形态报刊,所属主要报纸的日发行量占北京地区报纸发行总量的60%以上,总量上处于绝对的优势地位。但作为党报牵头的报业集团,京报集团不仅要"做大晚报"(提高《北京晚报》发行量),还要"做强日报"(即增强《北京日报》的权威性和可读性)。其成长的道路并非一帆风顺,各种掣肘因素难以避免,新的挑战者又不断涌现,形成报业竞争中不可预测的变量。

上世纪90年代初崛起的《北京青年报》,是当时北京报业市场的一匹黑马,作为一张以青年视角反映时代、面向社会最活跃人群的综合性日报,订阅量北京第一,广告收入连续多年位居全国前列。经过多年的市场磨砺,北京青年报社除主报《北京青年报》之外,目前还拥有"9报5刊2网",基本实施集团化运作。2001年,《中共中央宣传部、国家广电总局、新闻出版总署关于深化新闻出版广播影视业改革的若干意见》(简称"17号文件")发布,鼓励组建市场化的报业集团。北京报业市场开始酝酿资本化运作。2004年颇具竞争力的《北京青年报》通过其下属"北青传媒股份有限公司"在香港联合交易所上市,率先践行了集团资本化运作的构想,为京城报业市场的竞争增添了新案例。

不过,原先形成的报业格局很快就被打破。2001年创刊的《京华时报》以其当时主管人民日报社和北大青鸟做后盾,高调进入京城报业市场,仅仅在一年半之后便创造多项第一:北京综合日报发行量第一,北京早报市场发行量第一,北京报业市场零售量第一,北京地区自费订阅量第一。其广告经营额更是

---

① 从2011年9月3日起,《新京报》由原来的光明日报报业集团主管、光明日报报业集团和南方报业传媒集团主办改为由北京市委宣传部主管主办。

一路攀升,于2008年跃上北京报业第一、全国报业第二的宝座。① 创刊两年时间,《京华时报》全面实现了报社赢利,其后便与《北京晚报》、《北京青年报》形成了三足鼎立的局面,而且该报发行占据北京早报零售市场70%份额,报纸的征订量超过零售量,每年利润持续增长。发展势头迅猛的《京华时报》的异军突起,无疑给京城报业市场发展增添了新的变数,而后起之秀《新京报》的快速成长,也对整个报业市场的格局产生了重大影响。

鉴于北京报业市场所呈现的百舸争流局面,以及报业组织多元化的运作模式,分析该区域报业集团组建以来的发展脉络和竞争现状,对于了解我国报业集团的不同特点,把握未来的发展趋势,具有重要的认识价值和现实意义。

一、光明日报报业集团:沉闷中的一抹亮色

《光明日报》于1949年6月16日创刊,是中共中央直属事业单位。② 作为面向知识分子的一张全国性、综合性报纸,其以独特的定位和悠久的历史而享誉海内外,并跻身权威大报行列。1995年5月,《光明日报》建成世界一流水平的大型中文采编平台,实现了编采和信息传递的电子化、网络化,在国内各大新闻传媒中率先告别了纸与笔。

1998年6月8日,光明日报报业集团宣告成立。组建报业集团后,在集中精力办好报纸的同时,努力壮大集团的经济实力。2001年引进了德国罗兰轮转胶印机组,改善了印刷设备,并实现了北京地区每日彩印;在人才使用方面,出台的《光明日报社领导干部选拔任(聘)用工作细则》得到贯彻落实,干部选拔任用工作进一步公平、公正、公开;在内部经营管理方面,主管会计委派制收到了明显成效。但是,上述举措没有根本改变集团的经济形势,在最初一段时期里,主报、子报大都经济效益欠佳。这种情形到2003年出现了转机,当年南方日报报业集团北上与光明日报报业集团跨区域合办《新京报》。

这是得到新闻出版总署批准的国内第一家跨地区创办的报纸,也是我国第一份由两家党报集团联合主办的大型日报。《新京报》的创办,使得原本较

---

① 吴海民于2008年12月1日在搜狐新闻访谈节目中透露的数据,http://news.sohu.com/20081201/n260946587.shtml。

② 《光明日报》最初由中国民主同盟主办,1953年1月,该报改由各民主党派和无党派民主人士主办。1982年11月,《光明日报》明确为中共中央领导和主办。1994年8月,经党中央批准的光明日报社编制方案明确规定:光明日报社是中共中央直属事业单位,是中央宣传部代管的新闻机构。

为沉闷的光明日报报业集团有了新的增长点,也为京城报业添加了一抹亮色。

《新京报》由集团所属的《生活时报》改名而来,光明日报报业集团占51%的股份,南方报业传媒集团占49%的股份,前者作为主管单位,负责《新京报》领导班子成员的职务聘任,此举开创了国内跨地区联合办报的新模式。

《新京报》是以政治作后盾、以资金为纽带的联合产物。创刊以来,惊喜不断,不仅被权威机构评为"中国最具投资价值的媒体"、"中国最具成长潜力媒体"、"中国最新锐报纸"、"中国最具新闻影响力的媒体"等,还跻身中国最有影响力的都市类报纸行列。2009年,《新京报》在北大国际城市论坛上被评为"北京五大城市文化名片之一"。经济效益方面,2008年《新京报》广告营业额9.27亿元,2009年达到11个亿,成为北京三家广告收入过11个亿的报纸之一。2010年,《新京报》广告刊例突破14亿元人民币,税后利润达9000多万元,2011年1~10月,经营业绩继续保持22.6%的增长,实际成为光明日报报业集团中的赢利大户,是颇具竞争力的品牌报纸。因此,有必要以《新京报》为个案,研究该报改革创新实践与核心竞争力的培育、提升二者之间的内在联系。

从2003年创刊以来,《新京报》几乎坚持每年进行一次改版,结合办报实践和读者需求,对报纸内容、架构和版式进行改良。自2008年开始,《新京报》还创办了一些全新的产品形态,其中有较高知名度的栏目和周刊包括时事评论、核心报道、目击、赛道周刊、娱乐周刊、书评周刊、汽车周刊、黄金楼市、地球周刊、北京地理、北京爱情等。版面虽多,但《新京报》版式风格简洁、现代、优雅,追求"厚报时代、轻松阅读",注重图片与插图的应用,引领北京纸媒进入"读图时代"。2009年,《新京报》再次对报纸产品进行全面升级,特别针对房产、汽车、3C、金融和生活时尚行业,全新改版打造了《新京报》黄金楼市、汽车周刊、3C周刊、理财周刊和星期五周刊,力图打造行业影响力与广告传播价值,重点拉动金融、时尚消费、3C和地产广告投放。

《新京报》有别于传统都市报大多追求社会新闻的轰动效应、以吃喝玩乐等软话题为主,而把时政新闻、评论和社会新闻相结合,将大量主流的时政、经济内容,以大众化的形式进行深度呈现,为目标受众都市白领服务。《新京报》在创办初期的口号是"负责报道一切",2006年更新为"品质源于责任",其责任意识从未改变,一以贯之。在发行方面,《新京报》初步形成了自己固定的高端读者群,发行定位是"咬定高端,吸引中端,团结低端,成为北京政治、经济、文化各界和主流社会的首选和必读报纸"。它主打订阅市场,日均80版,全年订价360元,没有促销礼品,给征订员的底薪是一份免费报纸。零售报价1

元,以摊亭为主,没有流动报贩,在市民中的宣传力度也有限。这种发行方式在都市类报纸中绝无仅有。

2006年《新京报》的发行总量是54.3万份,2007年是60.8万份,2008年的发行量是64.8万份,2010年《新京报》日均发行量77.6万份,其市场份额位居北京早报零售市场第二位。但是,其高品位的内容产品对于高端读者和广告客户更具吸引力。具体说来,《新京报》在采编理念和运营模式上具有以下特点:

1.构筑言论平台,占据舆论制高点

与办刊宗旨中"看护国家和人民利益、推动社会进步"的目标相呼应,高端读者定位令《新京报》高度重视评论板块的建设。报纸创刊伊始即在2版、3版开设两个言论版,刊登社论、时评和读者来信。《新京报》社长戴自更曾经这样表述该报时评的功能:"提供判断时事的方式方法,探索认知世界的角度,贡献解决问题的战略战术,尊重读者的思想能力,保护读者的思想成果,不谋求话语霸权。"①在办报实践中,《新京报》评论版所追求的是"积极、稳健、有见地"的评论风格,采用的评论以探讨性、建设性为主,武断性、结论性的观点罕见。

《新京报》的独特定位与个性风格,使之迅速成为一份高度密集覆盖北京报业市场的强势主流报纸。精心打磨的言论版,凭借对全国范围内各类新闻反应迅捷且质量颇高的评说议论,位居该报十大品牌版面的首位。经过多年的发展,《新京报》言论版已成为国内都市类报纸言论的一面旗帜,影响遍及海内外,在知识界口碑甚佳。其在操作理念、评论架构方面积极创新,力求做到"占据舆论高地,为时局谏言,为民生代言"。学者马少华认为,如果拿国际上以社论为核心的言论版的通行标准来看,《新京报》的言论版在国内报纸中是要素最完备的,主要表现在:社论版的"内报头",社论与来信相对的评论版格局,社论版对页的多元空间,比较稳定的个人专栏和漫画评论,及更正与说明栏、观点访谈等。②《新京报》言论版由不同类型的评论形成了特有的"评论的梯形结构":

(1)集议选题之精品社论。报纸社论的严肃性和选题范围的局限性,使报

---

① 戴自更:《从新京报看都市报和机关报融合的趋势》,载《数字传媒》,2004年第1期,第23页。
② 《马少华2007年4月21日在〈新京报〉研讨会上的发言》,http://msh01.blog.sohu.com/42977207html。

人颇费心思,而作为报纸评论中最具权威性的一个品种,它也责无旁贷无地担当起整个言论版的旗帜。《新京报》对社论的选题是慎之又慎。据评论部总编王爱军介绍,《新京报》采取社论委员会集议选题的方式,由编前会确定社论选题之后再决定写作人选:一般的选题由本报评论员执笔,对于专业性、政策性较强,难以驾驭的选题,则将报社编前会讨论的初步观点连同相关新闻素材一起,通过邮件发给特约评论员,双方沟通之后由特约评论员执笔。

(2)精英论述之专业评论。《新京报》从创刊之始就将专业评论作为立身之本,除了报纸自身的专职评论员之外,还在长期的合作中形成了一支以专家学者知识分子为主力军的评论员队伍。与普通读者的来稿不同,由专家学者执笔的评论,无论其思想深度还是表达方式都更胜一筹,除避免了简单的是非判断和情感宣泄之外,还实现了"价值判断"与"专业判断"的并举。

(3)公民写作之时事评论。与读者来信相比,时事评论大都是各行各业普通读者的主动来稿,但在形式上更规范,已经具备了评论写作的要素。作者对时事热点或身边事务进行评论,能够自圆其说但未必全面准确。这个层次的评论多由作者有感而发,情感真挚、言之有物,但在理论深度和建设性上,则有所欠缺。

(4)草根声音之读者来信。位于梯形结构最底层的是面向普通读者的"来信"栏目。与读者的互动交流历来为媒体所重视,《新京报》搭建的这个读者交流平台虽仍旧沿用传统的"读者来信"名称,但是却为整个评论版打开了思路和稿源。比如,《中考取消结果将更坏》、《报道业主自治不可无视法律》、《可"异地办证"让我喜出望外》、《大学生自购教材这种做法真不错》等主旨鲜明、通俗易懂的来信,尽管在理论上恐怕难有深度,但却是对编辑可能疏漏的评论源的及时弥补,因而成为《新京报》建设全民言说平台的另一基础。

在回顾新世纪时评发展历程时,王爱军结合网络媒体兴起后,新形势下舆论表达的特点,对报纸等传统媒体评论的存在价值和传播理念,作了进一步发挥,把"评论的梯形结构"范围扩大到包括新媒体在内的舆论表达与传播,同时调整了结构层次,即以思想水平衡量,由低到高将评论及其作者分为4类:"草根声音"、"来论"、"专业写作"、"权威写作",指出报纸评论版今后要更加关注后两者,即重视"专业评论"的发展。①《新京报》评论还注重彰显法治和人文的价值观。所谓"法治",是适应中国国情发展的民主基础上的立法、执法、守法,以及各项制度、各项政策、各项秩序、各项纪律、各个层面,制约权利,保障

---

① 王爱军:《发现"舆论广场上的演讲者"》,载《新闻与写作》,2009年第11期,第16~18页。

权利。"人文"就是以人为本,保护和尊重人的生命、幸福、人格、权利和价值,适应中国国情的自由、平等、关爱,科学和真理,热爱生活的情趣。

2. 强化舆论监督,赢得良好口碑

《新京报》批评报道做得很规范,增强了报纸的权威性和可读性。《新京报》能够做到这一点是因为它作为第一份跨地域的报纸,隶属于中央级的光明日报报业集团和广东省的南方报业传媒集团,独特的身份使其舆论监督方面空间较大。同时《新京报》在进行舆论监督时,十分注意批评和监督的方法,以期达到良好的社会效果。特别是它的品牌栏目"核心报道(对话)",自创办至今,先后刊发了《衡阳大火之后反思消防体制》、《杨新海特大系列杀人案调查》、《哈尔滨宝马车撞人案调查》、《京冀拒马河水权之争》、《河南千余艾滋病患者停药之困》、《回望吕日周长治之治》、《嘉禾拆迁引发姐妹同日离婚》等一系列在全国都引起重大反响的独家报道,为其赢得了口碑。该栏目以"法治与人文"为宗旨,关照当下中国的一切变化,在新闻的深度掘进上发出自己独特的声音,为中国的法治建设、政治文明及社会进步,作出其应有的努力。它以客观公正、平实扎实、稳健理性为特点,不屑于炒作,拒绝媚俗,迥异于各地报纸的"特稿"及呆板的宣传通讯,从而确立了《新京报》独特的舆论监督风格,为业内人士所称道。

3. 关注国计民生,重视报道硬新闻

与传统的都市报不同,《新京报》重视时政类新闻与经济新闻。时政新闻在某种程度上是《新京报》的立报之本。该报常务副总编辑杨斌曾经表示:"对于某些重大会议、重要领导人活动,传统都市报经常是忽略或回避的,但在《新京报》看来,其中很多内容关系到国家的政治经济生活,和人们的利益息息相关。一份综合类日报不关注这些问题是明显的失职。"《新京报》对时政新闻的关注与高度重视,可见一斑。经济新闻版面多达16个版,这在都市报中是罕见的。在结构上,则有意识地弱化了一般都市报都着重强调的消费性财经新闻,主打深度产经、财经报道等,以调查性报道、解释性报道见长。

4. 创新报纸编排,丰富版面内容

《新京报》是京城最早对版面内容开始分叠的,A叠为时政、B叠为经济、C叠为文娱、D叠为咨询,做了科学的分类,每天有100多版。这也改变了原来传统的报业结构。2010年11月11日是《新京报》创刊7周年,该报推出364个版。在一周内《新京报》还在不同日子里推出吸引受众的版面,其中,《理财周刊》版定位为普通投资者的投资、理财使用手册。每周8个版,单独成叠。

最终目的是为该报金融行业广告实现大幅增长提供一种好产品。

《新京报》总的思路是主打经济新闻，办好办精特色周刊。经济新闻的日常版面精耕细作。周二至周五，每天日常新闻共有9个版面，分别是封面、评论、关注、财经、产经、上市公司、证券、房产和悦读，其定位明确，力求更加符合读者的口味。

周刊方面的思路是"三足鼎立，两翼齐飞"。"三足"是办好三个专业玩家和服务的周刊，分别是周一汽车杂志、周三理财周刊和周五3C周刊。"两翼"是两个纵深类报道集中地，即周二的财经观察和周四的产业观察。三个周刊增强了经济新闻的贴近性，两个观察则把经济新闻引向纵深，从而构成了一个较为独特的日报经济报道体系。

例如，《星期五周刊》于2009年拆分为独立两刊——《摩登公社》和《娱乐周刊》，版数扩大至40版，旨在为读者周末的文化娱乐活动、休闲消费提供指导。至于《3C周刊》，则面向普通大众生活，为他们购买数码通信产品、家用电器等提供专业消费指导，介绍最新潮、最尖端的科技产品，为玩家展示新玩法、新技巧等提供平台，同时还包括一周IT、通讯、家电领域大事的简要点评以及各个行业、企业的资讯汇总，展示时尚科技潮流、服务引领消费，关注3C流行风尚，报道最新3C产品，3C业界热点，3C卖场扫描及新品测试。

5. 设计个性化版式，强化视觉冲击力

版式设计上，《新京报》的每一叠都有一个封面，和其他报纸通用方方正正、条条框框的导读索引不同，《新京报》的封面以大幅图片说话，吸引读者注意，杂志化的设计撩拨人心。2009年，《新京报》改版强化以读者为中心的理念，贴近读者是版面的底蕴所在，其核心原则是进一步拉大日常新闻版面与周刊版面距离。各大周刊在保持统一的版式风格基础上，更强调个性化设计。这些设计手法吻合《新京报》的风格，不事雕琢。让重点信息凸显是容易做到的，但是，能让读者愉悦地检索并不容易，在海量信息中需要用设计的手段培养读者的归属感与促进新闻整合。①

6. 坚持"主流"定位，媲美《南都》风格

对比《新京报》和《南方都市报》这两份报纸的新闻结构与个性风格，不难发现两者之间有不少相近之处，特别是对评论和深度新闻的高度重视。这一

---

① 邢瑞、崔骥：《用眼睛读世界——金融危机下〈新京报〉改版亮剑》，载《青年记者》，2009年5月（下），第9~10页。

方面固然是共同的"主流"定位使然,另一方面则是因为《新京报》早期的办报骨干绝大多数来自《南都》。不过两者之间同样存在明显的区别之处:相比之下《新京报》的办报风格要理性得多,比如其时评栏目就特别强调"建设性"。①

7. 抒发人文情怀,彰显人本精神

《新京报》于 2005 年 3 月创设的一个栏目"逝者",十分鲜明地体现了该报办报宗旨的一个重要方面。"新京报创办之初,就宣称要办一份负责任的报纸,要体现人本精神和人文情怀,以推进民主和法治为宗旨"。②"逝者"专栏刊载的文章,大都采用富于人情味的笔调,写出生者对死者的悼念和惋惜,使读者能真切地感受到记者那份特别的人文情怀,以及彰显人本精神的对于逝者的敬意和尊重。《新京报》这种强烈的人文情怀和人本精神,不仅在诸多富于人情味的报道中体现出来,也蕴含在各类睿智理性的言论及其所表达的思想观点里面。

除了传统报纸之外,2008 年以来《新京报》还开发杂志等其他媒介产品,通过拓展范围经济,打造报业的核心竞争力。由新京报传媒出品的《名汇 FAMOUS》是一本关注明星、名人、名流的杂志,是一本记载人物、生活、文化的杂志。《名汇 FAMOUS》关注的就是当下中国社会中的"公众人物",以泛文化娱乐产业为重点,辐射到各个不同领域,通过鲜活的个体,从不同角度记录社会进程。依托于母体《新京报》,《名汇 FAMOUS》利用在文化、娱乐、经济界积累的资源与影响力,旨在打造一份新型刊物。它比新闻杂志更重视视觉上的时尚与品质感;比时尚杂志更关注内容、阅读和思想。《名汇 FAMOUS》的编排采用模块化理念,人物、生活和文化三大板块,代表杂志在不同向度上的追求。人物板块,《名汇 FAMOUS》以"有方向的人生"为标准,采访当下具备话题的公众人物。每期专题、特辑均以新闻热点为基础,梳理发现公众问题,通过不同的生活经历展现我们这个时代的"浮世绘"。已逐步形成品牌效应的"名对话"也格外值得关注;生活方面,《名汇 FAMOUS》主张"有选择的生活"。"与名一天",记者近距离观察名人一天完整的衣食住行。"闲人"通过理念与行动试图改写习以为常的生活轨迹;文化板块讲求"有智慧的享受",以大众视角和专业态度注视这个时代的文化消费。同时,文艺界名人的专栏也贯彻着《名汇 FAMONS》在文化上

---

① 邱碧湘:《中国都市报主流化发展与困境——以〈南方都市报〉、〈新京报〉、〈时代信报〉为范例》,西南政法大学硕士学位论文,2009 年 4 月。
② 戴自更:《〈逝者〉背后》,新京报网 2010 年 4 月 10 日;http://www.bjnews.com.cn/opinion/2010/04/10/24458.html

的理念。《名汇FAMOUS》在报道上追求"深入名望之后,讲述财富之外,捕捉主流之上,关注人性之中"。同时,《名汇FAMOUS》期待读者长期的关注与交流,记录分享人生经验,共同打造我们这个时代的传记。

《新京报》还推出《房地产世界》,该杂志的主要采编人员来自房地产新闻部《黄金楼市》周刊的采编团队,并形成一个相对专业独立的杂志采编团队。杂志试图通过对房地产新闻的全面解读,展现这个市场真实的生态,还原这个舞台各种角色的性情,揭示这个行业前行的方向,记录因这个行业而发生的社会变迁。

2010年5月,新京报传媒还进一步推出了《居尚Real Home》杂志,这是一本以报道家居装饰潮流和居家生活方式为主的时尚生活类杂志,月刊,每月15日出版,推广期售价12元。整本杂志共分为5个部分,分别为设计、专题、人家、饰家、生活方式。"精致居家、优雅生活"是封面上的8个简单文字,这里包含了杂志想要表达的两方面意思。一是要把家打扮得漂漂亮亮、舒舒服服的,给自己一个精致的居家环境。杂志中的"feature"、"home show"以及"home interior"部分,是色彩、空间、搭配、收纳等等家居装饰的常见问题,这些都从更潮流更实用的角度进行了解读,用最直接的方式告诉大家一些家居装饰的技巧。另一个意思是,要让居家生活更有品位。比如,杂志的"lifestyle"部分,你可以理解为一组居家生活的片段,里面有人、有美味、有性情,整本杂志约四分之一的篇幅,努力把"家居"变成"居家",深入居家生活的内部,寻找生活乐趣。在家中,除了睡觉、看电视之外,烹饪、美酒、聚会、性趣这些活色生香的内容,更容易让你对家心怀满足感。特别说明一下,在"pose at home"板块,杂志放了6P的美女。女人是一个家的最重要角色,家的风格往往是女人决定的,家是她们的舞台,有她们存在,这个家才会更加性感。这组"家居时尚大片"也是这本新刊的亮点之一。

《新京报》在数字化建设中也不落伍,原来的新京报网只是一个电子版,是对当天见报内容的一个简单拷贝和复制。后改版的新京报网于2009年8月全新改版上线,力图突出新京报原创新闻和评论两大传统优势,为读者提供多平台在线阅读方式。它有三个核心:第一是原创性,表现的是每天发生的即时新闻;第二是主流媒体;第三是强大的报网互动能力。

《新京报》还开办京探网。京探网是由北京最具影响力的都市报《新京报》和全球最大的中文搜索引擎百度合资打造的本地化生活消费平台。以服务城市白领消费群体为己任,通过强大的互联网平台,把北京城市生活服务类资源以最有效、最值得信任的方式推送到消费者面前。2009年6月,京探网上线以来，已迅速发展成为北京地区排名第一、全国排名第五的社区类网站，旗下服务涵盖社区服务、电子商务、消费指引、精准营销等多个领域，孵化出聚乐淘、订餐、亲子、婚嫁等多个成熟的项目团队。

2009年9月16日，《新京报》联合中国移动北京公司推出手机报项目——《掌上新京报》。它是《新京报》内容增值服务的延伸，初期包括新京报网手机网站（http://m.bjmews.com.cn/）和《新闻早晚报》、《言论天下》两种手机报。

《新京报》的发展离不开人才的支持，其实行全员聘任制，不搞行政级别、不搞任何职称，彻底打破了一些媒体的大锅饭模式，完全因岗位需要定向招聘员工，实行高层问责制，基层末位淘汰制。《新京报》强调以人为本，选最职业化的采编建立管理团队。《新京报》现拥有330多名有新闻理想和职业精神的记者、编辑，他们以独立的立场和客观的报道为基本准则，追求新闻的真实性和可读性，追求言论的稳健性和建设性。自创办以来，《新京报》发表了大量有影响力的报道和评论，这些报道和评论为中国各大门户网站、各家广播电视广泛转载或摘发传播。2006年，《新京报》记者还获得世界新闻摄影比赛（WORLD PRESS PHOTO，简称"WPP"）的三等奖；2007年《新京报》视觉中心美编赵斌和鲁嘉的作品分别获得SND（美国新闻媒体视觉设计协会，Society of News Design）"优秀插图奖"。

另外，《新京报》是中宣部与新闻出版总署批准的国内第一家跨地域联合办报的试点单位，它的成功意味着以资本为纽带、打破地域限制联合办报或合规的跨地域并购今后将成为报业改革的一个主攻方向。《新京报》的成功，进一步坚定了管理部门改革的方向和改革的决心。对于光明日报报业集团和南方报业传媒集团乃至中国报业的其他成员而言，《新京报》的意义非同寻常。

对于光明日报报业集团而言，一张与集团其他媒体运作体系完全不同的报纸在市场上的成功，有助于推进集团其他媒体的改革，密切集团与市场的关系，并为集团带来投资回报，提高集团参与市场竞争的能力。虽然《新京报》现已脱离了原主管主办单位改为由北京市委宣传部主管主办，但《新京报》对光明日报报业集团的积极影响不容低估。

目前，剥离了《新京报》的光明日报报业集团还有2报5刊1网站1个出版社，其中包括：国内创办时间最长的文摘类报纸《文摘报》，中国首家全国性权威读书报《中华读书报》以及《书摘》、《博览群书》、《考试》、《老人天地》、《科学健身》等刊物，光明网（www.gmw.cn）和光明日报出版社。近年来，集团还专门开发了为高端智能手机和各种平板电脑量身打造的移动新媒体——"光明云媒",每天1期,每期8版(周末6版)。每天的前6版(或4版)为新闻版,依次为要闻、时政、国际、评论、体育、娱乐(周末为要闻、时政、体育、娱乐),后两个版为副刊,有读书、新知、雅趣、智慧、学习、地理、健康、小品、手机、乐活等栏目。"光明云媒"的推出预示着光明日报报业集团向新媒体进军的号角已然吹响。

据光明日报社副秘书长、光明网总裁陆先高介绍,光明云媒从渠道上可以通过3G和有限网络电视来传输,在平板电脑、楼宇电视、广播电视、联动的可视电话上显现,目前已覆盖十万用户。此外,已经和中国有线签订了协约,开发大电视阅读的读报工程,第一批已经在铁岭试播,在有线电视的机顶盒中内置,通过电视的遥控器来阅读这一产品,初期覆盖已经达到70万用户。这对于中央媒体如何进入有线电视网络,是一次全新的探索。2011年年中,光明云媒的团队是40人,到年底达到100人。除渠道拓展之外,光明日报报业集团大力推进产业园建设,已经在珠海拿了10万亩地,想改造为新媒体的数据中心。在哈尔滨的国际经济开发区,与哈尔滨南部的数据城签订了协议,在中国云谷建立光明云媒的产业园,当地在税收、文化产业资金方面已经给予了大力扶持。光明日报报业集团还将在中关村的软件园建设北京的运营总部,并在江苏的南通成立华东的数据公司,专门运作光明云媒数据存储的分发。①

上级主管出于对北京地区报刊资源整合和结构调整的考虑,从2011年9月3日起,《新京报》的主管主办单位改为北京市委宣传部(其原来是由光明日报报业集团主管、光明日报报业集团和南方报业传媒集团主办)。在后《新京报》时代,光明日报报业集团这家中央级报业集团能否以创新精神,努力打造出另一家类似于《新京报》这样的强势媒体?我们拭目以待。

二、北京日报报业集团:"报业航母"的创新之路

北京日报报业集团(以下简称"京报集团")于2000年3月28日正式组建,是北京地区最大的以纸媒体为主业的新闻传媒集团,目前拥有10份报纸(《北京日报》、《北京晚报》、《北京晨报》、《北京娱乐信报》、《京郊日报》、《北京现代商报》、《首都建设报》、《北京社会报》、《竞报》、《音乐周报》),3份期刊(《新闻与写作》、《大学生》、《支部生活》),1家出版社(同心出版社),2个网站

---

① 陆先高:《打造移动媒体开放平台》,在2011中国报业(集团)高端研讨座谈会上的主题发言,http://z.hangzhou.com.cn/11bygdft/content/2011-06/16/content_3767103_2.htm。

(京报网、北京搜索)和若干经营实体,固定资产总额近50亿元。

在2010年7月26日发布的《2009新闻出版产业分析报告》中,北京日报报业集团在中国报业集团前十名中位列第八(前十名依次为广州日报报业集团、解放日报报业集团、上海文汇新民联合报业集团、成都日报报业集团、南方日报报业集团、浙江日报报业集团、杭州日报报业集团、北京日报报业集团、河南日报报业集团和山东大众报业集团)。①

京报集团主要报纸的日发行量超过220万份,占北京地区报纸发行总量的60%以上,是首都地区影响力最大的传媒集团。其中,《北京日报》是全国十大日报之一,《北京晚报》则是目前京城发行量最大的报纸。2009年下半年,《北京晚报》零售市场份额在都市类报纸中占到33.9%,②稳居北京都市类报纸发行量之首。根据北京世纪华文国际传媒咨询有限公司(CCMC)的统计数据,截至2011年上半年,《北京晚报》发行市场份额依旧占据33.7%,蝉联销售量第一。集团在法国巴黎、美国华盛顿、日本东京和俄罗斯莫斯科等处均设有驻外记者站,在上海设有办事处,并在美国《侨报》、《国际日报》、澳大利亚《澳华时报》、加拿大《今日中国》和法国《欧洲时报》开辟有北京新闻版。

北京日报报业集团成立后,以其时政新闻的权威性、舆论传播的广泛性和"日、晚、晨"等报滚动的快速性,扩大和繁荣党的舆论阵地,同时为广大民众的日常生活提供更周到全面的服务。在办好报纸的同时,集团强调经营和管理:内部制定发展规划,改革管理体制;优化资源配置,盘活存量资产;扩大融资渠道,搞好资产运营;坚持知识创新,强化内部管理。整合新闻核心业务以外的其他产业,办报与经营并举,为首都的文化产业发展作贡献。目前,京报集团旗下拥有新闻大厦、印务中心、新闻培训中心及新闻发展总公司等物业及经营实体,集团产业呈现出主业突出、统筹兼顾、适度拓展、注重相关多元化发展的态势。

该集团成立当年,以《北京日报》为龙头,旗下各报找准市场,面向读者,积极推进新闻改革,分别改版、扩版。《北京日报》改版后的《理论周刊》面貌一新,《北京晚报》加大了今日新闻的比重,确立了当日新闻占主体地位,树立"今天看今天新闻"的晚报理念,《北京晨报》增加了都市、视点、早茶、投资等特色版面和强势版面。

---

① http://media.icxo.com/htmlnews/2010/07/27/1417477.htm。
② 崔保国:《传媒蓝皮书:2010中国传媒产业发展报告》,北京:社会科学文献出版社,2010年,第65页。

此后,《北京日报》以发展为主题,以结构调整为主线,进一步深化改革,加强管理,搞好经营,增强实力。除了技术上的改造升级之外,集团还开展多种经营,其中有2004年投入使用的新闻大厦。2006年,北京日报报业发行有限公司成立,它是在整合京报集团所属报刊发行管理、发行队伍等优势资源的基础上组建起来的。整合以后的新公司拥有近3000名发行人员,150多个发行站点,业务范围包括报刊、图书、音像等出版物的投递、征订、零售、批发业务以及物业配送、DM直投、数据统计、客户增值服务等几十项业务。发行公司的成立,标志着京报集团一报一发分散发行方式的结束,且提高了发行服务质量,降低了发行成本,扩大了市场占有率。

京报集团还举重金投资硬件,2009年12月19日,集团新闻采编中心正式开工。该项目总建筑面积近4万平方米,包括地上11层,地下4层,预计建设总投资4.87亿元。内部重点突出,功能全面实用。不仅有国内最先进的报纸采编及检索平台,还建设有视频会议室、网络直播间、数字图片网站、新闻摄影棚、可组合拆分的多功能报告厅等工作场所。新的新闻采编中心建成后,在满足报纸采编业务的需要方面,将成为首都北京乃至全国报业具有象征和示范意义的业务办公楼,成为平面媒体办报专业化、办公现代化、办事流程化的标志性建筑。

面对汹涌的数字化浪潮和日益普及的互联网和新媒体,京报集团把握趋势,锐意创新,2001年5月28日,京报集团旗下子报《北京晨报》在北京推出宽带《北京晨报》,成为中国第一份宽带报纸。宽带晨报比纸质报纸更先进的地方在于,读者可以根据需要改变报纸文字的大小,并可随意打印,而且由于节省了投递时间,报纸到户时间更早。另外,这一系统以宽带网络为载体,未来宽带晨报还可为读者提供音频服务与视频服务。宽带晨报是《北京晨报》把报纸的数字化信号送至ISP服务器,再经由宽带网送至小区用户的电脑中,读者利用专用浏览软件,就可以阅读当天印刷出版发行的报纸。这些数字化信号包括文章、标题、图片、版式、色彩等报纸上的所有信息。

在数字化运行方面,京报集团控股的"北京搜索"(www.beijingso.com)亦于2008年2月28日正式运营。北京搜索结合京报集团麾下报纸的生活信息,目的是建成北京地区的一个生活信息搜索型门户,所有北京市民或者来京人员,均可查看北京地区的餐饮、酒店、商场等全面生活信息。同时,丰富的娱乐社区模式让网友除了找到实用信息外,还能找到志同道合的朋友。

为了迎接免费报纸的挑战,京报集团所属《北京娱乐信报》与北京市地铁运营有限公司签署协议,转型为地铁报的《北京娱乐信报》在2007年11月27

日早晨开始,在地铁各站内免费派发。此前,每日在北京地铁内发行的报纸量不足5万份,仅占客流量的2.4%。全彩色的地铁报是在传统《北京娱乐信报》基础上,经过重新定位、重新构造、重新包装的一张全新都市早报,截至2010年,日发行量已达30万份。①

北京日报报业集团经过集团内部的调整和资源整合,已初步形成一个比较符合现代传媒集团要求的产业结构形态,并显现出以下几个特点:

1. 集团报刊品种定位合理,覆盖面广而不重复

分工的细化是市场经济下现代社会最突出的特点,它体现在社会生活的各个领域,报业市场亦不例外。改革开放以后,报刊市场呈现出跳跃式发展的势头。京报集团经过几年的报业结构调整,对现有报刊进行了重新定位,取消了市场定位重复的部分报刊,形成了《北京日报》、《北京晚报》、《竞报》、《北京娱乐信报》等针对不同群体的系列报刊,重新优化了布局,内容同质化的弊病有所改善。晨报、晚报满足了不同时间段、不同受众对新闻内容的各自需求,新创刊的《竞报》进一步丰富了集团旗下报纸的不同风格和定位,而《北京娱乐信报》转变为免费报纸之后,更是以公开刊号的姿态占领北京的地铁报市场,在北京的免费报纸这一"蓝海"市场上争取到了自己的份额。京报集团对子报的合理定位,实现了错位竞争,使之不至于自相残杀,且逐渐形成了子报子刊自身个性和优势,进而提升了整个集团的综合实力与竞争力。调整后的京报集团布局,合理利用了集团的共有资源,充分发挥了集团内各报刊的潜能,产生了协同效应,取得了一定的范围经济效益。更重要的是,集团通过各子报刊的协调发展,分散了投资经营风险,减少了集团对某一报纸的过度依赖,增强了集团应对复杂环境的柔性组织能力。

2. 以党报为龙头的报系,扩大了品牌影响力

从国内现有报业集团的内部构成上看,绝大多数都是以党报为龙头重组而成。党报和党政各部门保持着天然的密切联系,在报道的真实可信、权威性方面独具优势,多年来形成的公信力、影响力使其在读者当中建立了较高的品牌忠诚。《北京日报》作为北京市委机关报在京城众多报刊中是颇具号召力的品牌报纸,京报集团发挥这一优势,依托它的声誉和在读者中的认知度,与政府部门、兄弟媒体、中介机构、企业、广告公司等合作,充分利用其品牌影响力并延伸开去,在子报子刊中形成品牌效应,努力打造子报子刊的个性特点和专

---

① 北京娱乐信报网站之信报简介,http://www.stardaily.com.cn/qmxb/jianjie.asp。

业化优势,使党报与子报子刊的协同效应构成整体优势。因为党报和子报子刊的合理分工,可以更多地覆盖细分市场,通过协作优势提升整体竞争力。京报集团的这一成功案例,说明了作为党报的母报和其他子报的发展是可以和谐相处、齐头并进的,而不是存在着所谓的天生矛盾,如有些人所鼓吹走的"党报保阵地、子报保利润"的两条道。只要用好党报的品牌和社会资源,并与子报灵活机动的体制机制协调好,就能使党报和子报实现双赢,即同时实现各自良好的社会效益和经济效益。这样既能够强化党报的主导地位和社会影响力,又扩大了集团的市场份额,提高了综合实力,进而有效培育和提升其核心竞争力。

3. 主营业务鲜明突出,相关多元化经营扩张

京报集团在遵循市场经济规律和新闻规律的前提下,广泛听取各方的意见,充分研究各种可能,超越团体和个人的局部利益,使报业集团在突出主管业务的前提下适时进行扩张,实现资产的重组和集团化规模经营。京报集团在扩张时,努力突出主营业务,同时进行多元化的扩张,很好地规避了风险。但是,在一定程度上也分散了集团的资金和人力,影响主营业务的发展。正是出于这种考虑,京报集团决定进行内部整改,把原来各个子报的发行单位合并,整合发行队伍,扩大发行力量,提高运营效率。此举在没有脱离主营业务的前提下,进一步增强了京报集团在市场中的竞争力。整改后的京报集团所实施的多元化经营,尤其是有限相关的多元化经营,不但能够提高集团的经济效益,还能最大限度地减少因环境的不确定性所带来的各种风险。

京报集团通过这些年的改革创新,获得了长足发展,集团旗下已形成了品种齐全、覆盖面广的报刊媒体,以及其所产生的品牌效应,在网络和新媒体领域亦有新拓展,具备了资源、人才等方面的优势。但是,在看到成绩的同时,也不应盲目自满。尤其在整个报业正处于转型变革期的当下,以纸媒为主业的京报集团不仅有来自传统媒体的激烈竞争,而且面临网络和新媒体的严峻挑战,双重压力下的媒介生态,使其自身存在的一些劣势逐渐显现,其劣势具体表现如下:

第一,京报集团尽管报纸种类大而全,但与北京的其他报业纸质媒体相比,没有形成对自己有利的差异化竞争格局。目前,北京最常出现的5家都市报中,《北京青年报》发行主打早报征订市场,其零售仅仅占5%;《京华时报》则主打早报零售市场;《新京报》征订零售两不误,其最具竞争力的内容产品是

言论和高端信息;《北京晚报》主打晚报,《法制晚报》与之竞争这一市场。①

同行媒体的竞争给京报集团造成很大的冲击。随着《北京青年报》征订市场的日趋稳定、《京华时报》的零售势头威猛、《新京报》成为异军突起的新秀,《北京晨报》在各方面都没能做好及时调整应对,反而在竞争中失去了前沿位置。虽然集团旗下的《北京晚报》有着52年悠久历史并被首都百姓认可,但晚报与早报、都市报相比,已经在市场竞争中处于劣势,更何况《北京晚报》还要与《法制晚报》等共同瓜分晚报市场的蛋糕。

第二,京报集团新媒体的发展只是起步阶段,京报网等网站还没有实现赢利,新媒体发展策略没有成型,尚处于观望状态,新媒体的同质化现象比纸媒有过之而无不及,报业新媒体赢利能力差。

北京各家报业组织均在新媒体上谋划布局,作为新媒体中的传统媒体,打造自己的新闻网站被普遍作为进军新媒体的第一阶段。北京日报社将其网站定位为北京新闻网站,强调报网互动,利用报社的新闻资源做北京新闻网站,内容主要以报社旗下四报新闻为主。"京报网不赢利。现在也看不到京报网的赢利。"北京日报社社长梅宁华如是说,报业进入新媒体最大的障碍是,没有赢利模式。据了解,在北京这么多的报纸网站中,只有《北京青年报》办的北青网和《新京报》的京探网实现了微利。② 放眼全国,新闻网站都没有找到理想的赢利模式。国外目前也找不到好的赢利模式,纽约时报集团收入20多亿美金,电子版阅读才4000多万美金。报纸网站困境的原因还是要归结到缺乏有效的赢利模式。报纸网站直接订阅的收费模式和以新闻吸引点击率等,都是传统媒体赢利模式的翻版。网站受到地域性限制,但又不受地域性保护,还要跟大型门户网站(如新浪、搜狐、腾讯、雅虎)进行竞争,使得报纸网站举步维艰。

另一方面,在报业市场中日趋同质化的都市报,在新媒体布局上的差异,并不比它们在传统纸媒上的差异更大。京报网同样如此。它与其他新闻网站从内容到形式的趋同,不利于形成网络的差异化竞争。而以手机报为核心的手机媒体,与中国移动运营商的"新闻早晚报"相比较,所占份额也不大。

为了突破这一困境,京报集团在新媒体上的布局更着眼于基础。据北京日报社社长梅宁华介绍,该集团正在与北大方正合作一套全数字化复合数字

---

① 罗婷:《透视北京报业新媒体布局》,载《中国记者》,2010年第8期,第51~52页。
② 陈国权:《新媒体需要新思维——北京报纸网站发展思路解析》,载《中国记者》,2010年第8期,第53~55页。

出版系统,将报纸采编所有流程全部数字化和电子化。"今后在报社很难看到纸质,将用最快速度采集新闻,还有共同稿件采编平台,检错功能,出口直接对多媒体。"京报集团这一看似简单却也雄心勃勃的计划能否付诸实践并在报业的新一轮竞争中取得优势,还有待时间的考验。

三、北京青年报报业集团:"上市"的"烦恼"

北京青年报报业集团目前拥有"十报五刊二网",除《北京青年报》外,还有《法制晚报》、《第一财经日报》、《河北青年报》、《北京科技报》、《青年周末》、"BEIJING TODAY"(《今日北京》英文周报)、《中学时事报》、《北京少年报》、《TOP时空》(中国民航报机舱版)和《北京青年周刊》、《CéCi 姐妹》杂志、《休闲时尚》杂志、《时事魔镜》杂志、《校园报告·39度2》杂志及北青网(YNET.COM)、千龙网(QIANLONG.COM)。此外,北京青年报报业集团还拥有北青传媒股份有限公司、小红帽发行股份有限公司、北京青年报现代物流有限公司、北京儿童艺术剧院股份有限公司、北京中国网球公开赛体育推广有限公司、北京今日阳光广告有限责任公司等多家企业,形成了自身完善的报刊发行和物流配送网络以及新型的报业产业链条。

进入新世纪以来,北京青年报社抓住国家大力推进文化体制改革的历史机遇期,提出了新的发展思路,即依托《北京青年报》的优势资源,横向形成系列报刊群,纵向形成上下游产业链,稳步推进跨媒体、跨地区、跨行业发展,通过资本运作和内部市场化,建立一个以《北京青年报》为核心产品的现代传媒集团。

《北京青年报》在京城乃至全国都是有影响的报纸。2006年8月,新闻出版总署发布中国晚报都市报竞争指数50强,《北京青年报》以排第12名入围20强;2007年6月,世界品牌研究室发布中国品牌500强数据中《北京青年报》榜上有名;在国家新闻出版总署公布的年度全国晚报都市类报纸综合竞争力排名中,《北京青年报》曾是进入前10强的报纸。

北青报在系列报刊群、新媒体合作等领域进行了积极探索。2004年,通过划转《北京法制报》、创办《法制晚报》,与已经占据早报订阅市场的《北京青年报》形成互动,成为北青报系下午市场的强势产品;2005年,北青报与上海文广新闻传媒集团、广州日报报业集团合作创办了《第一财经日报》,目前已实现赢利。同年报社控股北京市新闻门户网站千龙网并不断加大对北青网的投入,实现北青网与微软MSN中国战略合作,尝试传统媒体与新媒体的融合;

2006年,北青报投资《河北青年报》,打造环北京的城市日报群;2007年,又与中国民航报社合作改扩版的《中国民航报——TOP时空》,覆盖了1100多条国内航线及主要空港候机楼;2008年,报社与韩国最大的女性杂志合作投资《CeCi姐妹》,成为国内第一本韩系女性时尚杂志。

北京青年报报业集团的快速发展,源于其不断的内部创新。20世纪90年代,《北京青年报》抓住了中国报业发展的先机,异军突起。早在1990年底,《北京青年报》就提出了一个简明发展纲要,即以日报为目标的5年规划,这个规划规定了逐步增加刊期向日报过渡的步骤,明确了报纸向"真正意义的新闻纸"发展的大目标,确立了面向报业市场的经营大思路。

在新思路的指引下,90年代初,为适应当时报纸创办周末版的潮流,《北京青年报》创办《青年周末》,被首都报界誉为"周末四杰"之一,并带动《北京青年报》真正走向市场。在周末版形势大好的情况下,《北京青年报》再次推出了《新闻周刊》,引起读者的极大兴趣。1994年7月,《北京青年报》改为日报,稳定了广告收入,并推出了服务青年的整体形象。1995年,《北京青年报》开创性地开辟了"电脑时代"、"汽车时代"、"广厦时代"等专版。《北京青年报》推出的一系列创新举措大大提高了广告的地位,并使得其内容产品也围绕着广告这一中心来设计,达到内容制作与广告销售互动的目的。

在发行方面,1996年北京青年报社为自办发行创立了小红帽发行服务有限责任公司,吸收了26%左右的职工个人股,实现了体制上的创新。"小红帽"使《北京青年报》的发行量从12万份上升到60多万份。自办发行不仅达到"肥水不流外人田"以节约成本的目的,也控制了经营的主动权,避免受制于人。此外,《北京青年报》最早引入了物流配送的概念,除了送报,还送书、送水、送奶、送票,拓宽了收入来源,2001年物流方面的营业额就达到5000多万元。

2004年,"小红帽"又抓住文化体制改革试点的机遇,联合天津今晚报社、重庆日报报业集团等全国有影响的发行机构,以及北京环宇宏基文化发展公司、北京世恒成咨询服务公司(民营)等企业,正式组建了小红帽发行股份有限公司,注册资金5000万元,其中北京青年报社控股82%。通过股权多元化和产权机制的转换,不仅解决了报业发展中的资金问题,并且使企业的经营机制和管理机制随之发生转换,增强了发展的活力和潜力。

《北京青年报》还提出"把成本变成资本"的设想,利用其报社规模消费的优势,把消费行为变成了经营行为,介入新闻纸、油墨,甚至林地等经营领域,广开获取利润的渠道。北京青年报社每年用纸3万吨,相当于一个造纸厂年产量的 1/3。《北京青年报》敏锐地发现这个市场机会,担当起报纸的纸张代理商的角色,每年代理纸张总数量达到 10 万吨,相当于 3 个《北京青年报》的用纸量。这样,他们可以掌握纸张交易中的主动权,用规模化的购买来压低纸价,而许多中小规模的报纸则无法压价。随后,《北京青年报》还把代理扩大到油墨,拿到了世界上最大的 PS 版的生产厂家富士公司的北京代理权。此后,又做起了纸浆生意:报社给造纸厂提供纸浆,由造纸厂按照他们的要求生产瘦型报新闻纸。

2001 年 6 月,《北京青年报》成立北京青年现代商务物流公司,以此为标志,《北京青年报》实现了将报业经营上游的生产供应由机关行政化的管理向企业化的经营的转变。这一调整在短期内即收到了良好的效益,新闻纸采购、储运以及印刷的成本均有大幅度的降低。物流公司的成功运作,不仅盘活了数亿元的纸张及印刷资金,降低了生产成本,更重要的是对于生产印刷环节的改造使得《北京青年报》的报业产业链更加完整,从上游到下游全面走向了市场经营。

《北京青年报》不断致力于体制创新,推进内部管理的科学化、规范化,提出了采编、生产、发行、广告"四轮驱动"的管理理念,实现了全员聘用制和人员竞聘上岗。该报还坚持"有为者上,曾经有为者养"的用人原则,进行了以编辑为主导、采编分离为特征的编采机制改革,建立起了一套科学高效的现代企业管理结构模式。

2001 年,《北京青年报》将广告、发行、印务、网络等可经营性资产剥离,划归北青传媒股份有限公司,实现采编和经营业务的两分开,后又对北青传媒的业务重新整合,保留了广告、印务等报业核心业务,将"小红帽"发行业务、北青业务从股份公司中剥离,确保了股份公司资产的纯粹性和完整性,便于其面向资本市场融资,同时也为"小红帽"、北青网自身整合以及报社今后的整体发展预留了空间。同时,还对报社其他可经营性资产进行了整合,组建了全国性的小红帽发行股份有限公司,进一步将可经营部分充分经营起来,全面进行现代企业化改造。

正是北京青年报社的不断创新,使其成为全国 8 家文化体制改革试点的报社(报业集团)之一。该集团在 2004~2008 的 5 年规划中,提出"三最三跨"的战略目标,利用 5 年的时间构造跨媒体、跨地区、跨行业的业务体系。在这样的理念指导下,《北京青年报》与上海文广集团、广州日报报业集团强强联合,推出中国第一份财经类日报——《第一财经日报》。北京青年报社拥有北青传媒股份有限公司、小红帽发行股份有限公司等多家企业,形成了自身相对完善的报刊发行、物流配送网络和新型的报业产业链。在文化体制改革试点工作中，北京青年报社还通过控股北京儿童艺术剧院股份有限责任公司和北京中国网球公开赛体育推广有限公司，进入了文化演出和体育产业，实现了跨行业的发展；通过与河北团省委合办《河北青年报》和小红帽取得全国总发行权与连锁经营权，实现了跨地区的经营。

为了实现《北京青年报》建立现代传媒集团的愿景，《北京青年报》下属的"北青传媒股份有限公司"于2004年12月22日在香港联合交易所H股上市（交易代码：1000，下称"北青传媒"），并被誉为"报业海外第一股"。"北青传媒"上市资产包括《北京青年报》及下属三家报纸——英文报纸《BEIJING TODAY》、《北京少年报》及《中学时事报》的所有广告及照排、印刷等制作业务，以及旗下分公司北京中国网球公开赛体育推广有限公司。北青传媒上市后的融资将主要用于发展跨媒体平台，其中包括创办周刊、电视相关业务、组织大型活动以及收购其他传媒业务。北青传媒上市，共发行股票4774万股，以高出招股价19.8%的佳绩，集资10.4亿港元。

北青传媒的这次上市，实质上是通过对《北京青年报》的经营性资产（广告经营权）与非经营性资产（编辑业务）的剥离而实现上市的，编辑业务所需费用是经营性资产通过关联交易而实现的。根据北青传媒与北京青年报社签订的协议，北青传媒获得了北京青年报社拥有的《北京青年报》、《今日北京英文周报》、《中学时事报》与《北京少年报》30年的广告版面经营权转让，期限由2004年10月1日至2033年9月30日止。北青传媒则负责上述四报的印刷及相关费用，并每年向北京青年报社支付该四报全年广告收入的16.5%作为广告版面经营权的转让费，北京青年报社每月免费占用不超过30个广告版面用于刊登宣传公告。北青传媒公司的广告分为商业广告、分类广告、直接信函广告三个主要类型。商业广告占公司广告总营业额90%左右，包括多种产品及服务，主要由房地产、物业、汽车、家具等组成，其中房产广告占了一半以上。北青传媒公司的主要收入来源是广告，而房地产行业的广告则是其中的一大部分。北青传媒还持有北京青年报现代物流有限公司50.5%的股份，北京青年报现代物流有限公司主要从事储存、运输、物流、印刷业务及销售纸张、印刷油墨，并且持有70%的上海北青物流印刷器材有限公司的股份，公司还有为专门从事中国网球公开赛北青中国网球公开赛体育推广有限公司的51%的股权。北青传媒成立和重组后，与北京青年报社在人员、资产、财务上实现了严格分开，以确保上市公司的人员、财务独立及资产完整，保证彼此之间的一切行为都能遵循市场规则。

然而,原中国人民大学教授宋建武(现为中国政法大学新闻与传播学院教授)认为,北青传媒上市存在以下三个方面的隐患:①

(1)北青报社作为北青传媒的控股股东,自身并不是一个企业,也没有得到国有资产经营授权。严格说来,北青报社当初投资创办北青传媒股份公司是没有经过批准的,北青报社运用国有资产创办股份公司,手续不够完备,在法律上存在瑕疵。虽然北青报社争取到以"个案特许"的方式对北青传媒此次出售股份予以补救,但从根本上看来,北青报社没有国有资产处置权,原则上只能以"一事一报"的方式争取有关部门批准后操作。这一点未来可能给北青传媒的资本运作带来困扰。

(2)北青传媒和北青报社之间的关联交易难以控制。按照约定,北青报社每年可动用北青传媒一成七的广告经营额来支持其编辑部管理系统的日常运转,以2003年经营额计算,约合人民币1.5亿元。但如果北青报社未来遭遇激烈竞争,需大规模投资注入,就必须通过关联交易、以上市公司为控股大股东"输血"方式完成。按照香港监管当局的规定,当关联交易超常时,大股东没有决定权,须由小股东投票决定。而小股东出于自身利益考虑,往往不能形成与控股大股东相近的判断,因此可能为北青报社未来的发展带来资金风险。

(3)产业链条割裂。内地媒体政策规定媒体引资必须采取剥离改制方式,即将经营权和经营性资产剥离注入一家公司,方可引资。北青传媒即是北京青年报社以其广告经营权注入,并整合其他资产而成的。北青传媒实际上是北京青年报社的销售公司。这种方式实际上将媒体的销售部分拆分出来,割裂了传媒运作的产业链条,可能造成整个北京青年报社系统内的"决策——执行"失灵问题。从国内上市公司的经验看来,类似问题往往广泛存在。

中国传媒大学黄升民教授在接受《每日经济新闻》采访时指出,北青传媒上市本身就很仓促,上市后公司的战略意图也不清晰。② 北青传媒上市所融的资金到目前也没怎么用过,钱拿到手却用不掉,这说明公司原来的规划有问题。按原先的规划,《北京青年报》的发展战略就是要打造跨媒体平台,北青传媒的上市也为其带来了近9亿元的融资,可以成为这个战略的资金支持。然而上市后,北青传媒却没有较大的收购动作,只是获得内地一份休闲时尚杂志51%的股权,并且不声不响地收购了千龙网。这样拥有9亿元融资撑腰的北青传媒并没有真正大显身手。

---

① 宋建武:《北青传媒有三大硬伤》,载2004年10月25日《大公报》。
② 《北青传媒半年仅赚17万》,载《每日经济新闻》,2005年10月14日。

专家们的分析预测着北青传媒上市的隐忧。北青传媒在上市不到一年，就出现了业绩狂跌、股价下滑、丑闻缠身的危机状况。2005 年 8 月 26 日，北青传媒公布了截至 2005 年 6 月底的年度中报，该报告显示，公司 2005 年上半年净利润仅为 17 万元人民币，与 2004 年同期的 6630.9 万元相比，大幅下跌了 99.76%，该期内的营业额 3.68 亿，较 2004 年同期 5.14 亿元下降 18.4%。造成这一结果宏观上的原因是 2005 年内地传统媒体广告市场大幅下滑，微观上有来自《北京青年报》内部的原因，这是指在 2005 年 6 月 9 日，北京市东城区检察院反贪局先后拘捕《北京青年报》的 6 名高级管理人员，并且这一事件直接导致北青传媒公司股票于 10 月 3 日在香港股市停牌，停牌前仅报收于 13 港元，10 月 4 日复牌时北青传媒股价已累计下跌 18.5%，由停牌前每股 13 港元跌至 10.6 港元。而北青传媒直至 2005 年 10 月 4 日才发布公告证实有 6 名负责广告业务的高级管理人员被司法部门拘查。北青传媒证实，6 名被拘查的人士中，3 人涉嫌受贿。

据北青传媒 2005 年至 2007 年的财报，2005 年和 2006 年，北青传媒营业额分别呈现－28.0%、－7.6% 的下滑。据媒体报道，2008 年北青传媒的营业额增长了 29.06%，主要得益于公司内部调整后带动主营广告业务的增长。又据北青传媒股份有限公司 2009 年上半年的中期业绩报告，2009 年上半年对于北青传媒经营业绩来说是很艰苦的一年，第三方数据显示，北京市平面媒体受金融危机影响市场总量急剧缩水，北青传媒营业收入也有所下降。2009 年上半年，北青传媒的总营业额为人民币 377,526 千元，较 2008 年同期下降约 29.35%（2008 年同期为人民币 534,389 千元）。拨归母公司股东应占溢利约人民币 9,645 千元（2008 年同期为人民币 12,641 千元），较 2008 年同期下降约 23.70%。①

2010 年北青传媒的总营业额 759,473 千元，较 2009 年又下降 8.44%（2009 年为人民币 829,459 千元）。②

北青报社与北青传媒的关联交易也成为一个大的难题。当初 2004 年北青传媒上市时，北青报社的广告收入能达到 8 个亿，按照上市规定 16.5% 的比例作为采编费用，就是 1.3 亿多元，而实际采编成本 1 个亿左右，也就是说

---

① 申睿：《金融危机下传媒上市公司广告经营状况研究》，载《中国报业》，2009 年第 8 期，第 25~29 页。
② 数据来自阿思达克财经网北青传媒公司概括，http://www.aastocks.com/sc/stock/companyfundamental.aspx?symbol=01000

北青报社从采编费用中还可获得 3000 多万的收益。但是,随着市场环境的变化,广告收益在逐年下滑。2008 年,北青传媒按照固定比例支付给北青报社的费用已经不足支付采编成本,北青报社需要从年终分红中补贴这部分费用。由于比例是上市时的约定,无法调整,另外大股东对于关联交易没有发言权,要由小股东来确定,这也给北青传媒后期收购时在关联交易上的协调带来难度。更重要的是上市公司对采编人力成本和版面成本没有话语权,从而导致双方矛盾加剧。比如上市公司在经营业绩下滑的年份,如果按照企业管理,首先要调整人力成本,其次是缩版。但北青报的采编没有上市,那么北青传媒对此也就没有话语权,如果双方遇到矛盾,就需要同时兼任两者的法人代表来协调。然而,由于北青报采编人员都是事业编制,采编部门往往从部门利益出发会强烈抵制降薪、换岗及缩版的措施,协调起来很困难。

此外,人员身份的转换也成为北京青年报社社长、北青传媒股份有限公司董事长张延平最头疼的事。《北京青年报》编辑部现在事业编制 500 人,尽管没有行政级别,一切待遇都按照企业管理,但要将这 500 人妥善安置颇为不易,就连换岗都很难,更不要说淘汰了。在北青传媒上市后,张延平曾作出决定,让北青报编辑部的一些人到上市公司工作。但这些人说什么都不去,他们最大的担心是失去事业身份。后来报社承诺,出去的人退休后收入不及事业单位水平的,报社补齐。如今就出现了有 100 多人尽管在北青报社以外的岗位工作、工资却依然在报社拿的"怪象"。

总之,作为内地媒体到海外上市的第一家公司,不论是内地传媒业还是香港市场都对其寄予厚望,希望它能利用资本市场实现传媒集团做大做强的目标。

尽管我国的媒体很早就提出了"事业单位、企业化管理"的运作模式,但是,由于没有建立真正意义上的市场竞争机制与运作监督机制,使得媒体的管理实际上还是保持着原有事业单位的模式和思维习惯。可当媒体进入资本市场,尤其是进入股票市场的领域,为了要保证投资者的利益,证监会要求每一个上市公司都要提供完善的信息及建立互相制衡的治理机制,否则,将给公司发出警告。虽然上市前与上市后有着不同的要求,然而北青传媒未能调整自己的思路,并制定相关的策略以应对上市公司的监督,所以才引发公众对北青传媒的直接信任危机。

作为全国广告收入排行前列的报社,《北京青年报》积聚了大量的现金,有着丰富的媒介经营管理经验,采编与经营分开也是全国媒介中最为彻底的。这些良好的条件本来应当为北青传媒的上市以及发展奠定一个良好的基础,然而,事与愿违,北青传媒并没达到预期的目的。特别是报业上市公司在融到资金后却难以找到理想的投资点。例如,自2004年上市后,北青传媒就踏上了重组兼并的征途。由于自身有都市报的采编及经营的经验,北青传媒首先瞄准的就是早报市场,北青报在早报市场订阅份额最大,但零售市场很弱,而《京华时报》却是早报零售的老大。为了弥补自身短板,北青传媒第一个收购的目标就是北大文化拥有的《京华时报》50%的股权。为了此次收购,甚至北京市委领导都出面,但最终北大文化以3亿的高价令北青传媒望而却步。收购《京华时报》失利后,北青传媒将目标又锁定在《新京报》上。《新京报》由光明日报报业集团和南方日报报业集团共同创办,当时意欲引进资本,此时,北青传媒的介入应该是好的选择。而意外的是,北青传媒在说服《光明日报》后,却被大股东南方报业挡在了门外。后来又与《瑞丽》商谈,也以失败而告终。凡是赢利的媒体,《北京青年报》都难以收购,而目前能够收购的,如《北京法制报》、《北京科技报》等,大都是办不下去找上门来的。这些媒体收购之后,一个共同特征就是市场培育期长。《法制晚报》自2005年由北青报社接手已经投入了2亿多元,数年后才开始赢利。

另外,报纸不能投资广电也是《北京青年报》难以拓展业务的政策障碍。据北青传媒董事长张延平介绍,按照当时北青传媒的上市计划,将募集的很大部分资金投向电视,但广电总局说国家政策明文规定,报纸不能直接投资办电视,如果要进行只能像广告公司那样去购买电视的广告经营业务,或者只能从事内容制作,让电视台来购买。对于北青传媒来说,拥有电视的主权才是真正目的,而不是做电视的代理广告公司。2007年,北青传媒原计划投入电视行业的2.5亿港元到年底依然分文未动,而计划收购其他传媒业务的3.6个亿只花去了4444万港元。正是由于传媒产业市场并未真正形成,地域和行业藩篱未打破,资产权属在法律上未明确,北青传媒上市后却投资无门,难有作为。

截至2008年12月31日,北青传媒实际使用资金约为4.6亿元港币。所做的主要投资有收购河青传媒60%股权;与《中国民航报》合作发行民航报机舱版《TOP时空》;与韩国合作发行中国内地第一本韩系女性时尚杂志《CeCi姐妹》;还参与竞标,取得首都机场3号航站楼3块LED大屏幕以及北京四环和五环黄金路段的11根单立柱广告牌的经营权。

总之,如果代表中国主流媒体的报业占有的文化资源不能产业化,市场没有全面开放,即使有个别单位上市,也不会给整个报业发展带来根本性的改变和突破,其上市的意义充其量是图个"先",尝个"鲜"而已。比照国外的媒介集团的发展,如果没有跨地域、跨行业、跨媒介的运作,是不能真正地做大做强媒介集团的。目前我国的媒介政策很多都没有真正触及体制性的变革,所以跨地域、跨行业、跨媒介经营发展就不能不面对很多现实的壁垒。报业集团要涉足广电也遇到政策上的障碍,而跨行业的成功例子更乏善可陈。所以,尽管北青传媒上市圈了很大一笔钱,但其并没有实施真正意义上的大规模的跨地域、跨行业、跨媒介运作。这与媒体上市的初衷相悖,也给自身发展带来不少的困扰与包袱。

北青传媒的上市也反映了我国媒介改革发展的深层困境。首先,我国媒介的资产归属一直不明朗,其资产并没有直接划归为国有资产管理部门管理,党管媒体、党管干部的原则仍然存在于我国媒介的管理运作中,于是,产生了多头共管以及产权不明等诸多问题。虽然改革开放以来我国媒介在各个方面都有所斩获,但是体制机制这些核心问题一直都没有得到最终的解决。本来,管理层希望通过剥离上市等方法推出《北京青年报》作为一个试点,但是体制改革的滞后,使得上市的部分并没有如预期实现良好的运作,也没有起到反哺母体公司的作用。

要破解北青传媒"采编与经营两分开"的剥离上市受挫问题,就要推行整体上市。整体上市是指一家公司将其主要资产和业务整体改制为股份公司进行上市的做法。传媒的整体上市,也称打包上市,主要是指传媒不再将采编与经营拆分,而是完整的将集团一体化的上市。传媒整体上市的前提条件是要明确界定媒体的性质,我国的党报党刊等公益性媒体暂时还没有上市的必要,而经营性媒体只要符合上市的要求,都可以在特别制度安排下整体上市。随着证监会对上市公司业务独立性的要求的提高,整体上市也成为公司首次公开发行上市的主要模式。

2007年12月21日,辽宁出版传媒股份有限公司(简称"出版传媒"SH 601999)在上海证券交易所挂牌。作为我国第一个整体上市的传媒企业,出版传媒上市当日股价升幅329.53%,报收19.93元,并带动了传媒板块整体上涨,显现了一个良好的示范效应。

传媒整体上市有着深刻的政策背景。2006年1月,中共中央、国务院颁发了《关于深化文化体制改革的若干意见》(以下简称《意见》)。这是新中国成立以来党中央、国务院第一次就文化体制改革作出重大决策。该文件明确划分了文化事业和文化产业的范围和界限,并首次允许转制为企业的文化单位,可以吸收部分社会资本,进行投资主体多元化的股份制改革。《意见》还明确指出,要规范国有文化事业单位的转制,加快产权制度改革,推动股份制改造,实现投资主体多元化,完善法人治理结构,符合上市条件的,经批准可申请上市。《意见》颁发后，尤其是"十七大"之后，在推动社会主义文化大发展大繁荣的呼声下，文化体制改革也进入全面推进的新时期，而上市正是深化改革的重要突破口。

2007年12月出版传媒的上市实现了内容与发行等业务的整体上市，出版传媒的这次整体上市源于政策的放行，目的是为了完整体现产业的整体性，减少了关联交易。因为出版企业的核心业务是出书，而不是围绕出书进行的发行、印刷等服务。继出版传媒之后，我国传媒业在上市及整体上市方面加快了前进的步伐。

整体上市来源于对剥离上市的扬弃。然而，传媒整体上市也意味着资本的力量将渗透于我国的意识形态的监管当中，这会给我国的文化安全带来一定隐患。此外，整体上市之后，还会隐藏一些政策风险。例如我国报纸实行审批制，一旦传媒公司的报纸刊号被吊销，那么传媒公司将失去合法性，即使其在资本市场上运作得很好，也会血本无归。

鉴于我国媒体的特殊性，媒体整体上市必须与国家对媒介的控制并行不悖，这就需要创新金融工具的运用和巧妙的制度安排，如探索设置黄金股或A、B股，管理股和普通股等国际制度。这些制度的做法具体如下：

(1) 黄金股制度。黄金股制度起源于英国电信，英国电信属于公用事业性质的企业，由于历史的原因，其垄断性较强，它几乎垄断了英国全部电信产业。这种企业当然政府需要控制，以防止其损害公众利益。但英国政府在后来的改革中并没有采用独资方式和绝对控股的方式，而是采用了"黄金股"制度。黄金股，叫作Golden Share，就是在重大议题上面，包括解聘工人，包括处置资产方面，政府有否决权。即在英国电信公司中政府虽然只有一股，其余的股份全部都非国有化，但政府的一股却不同于一般股权，属于"黄金股"，它可以在英国电信损害国家利益、损害公众利益时，否决英国电信董事会的决定。当然在正常的情况下"黄金股"并无特权，英国电信完全可以按股份制企业经营，"黄金股"不得干预。这比政府独资和绝对控股的效益要好得多，它既可以使政府对特殊性质的企业实现控制，也可以实施企业股权多元化、分散化，建立现代产权制度。

(2) A、B股制度。A、B股制度由《纽约时报》公司首创，《纽约时报》公司是一家家族式的公司，其资本运营有自己独特的方式。早在1935年4月8日，奥茨去世，他只有一个女儿，女婿索尔兹伯格成为发行人，奥茨为了不让报纸被他人掌控，在遗嘱中强调要让家族子孙掌控报纸的绝大多数股权，以确保时报的品质。这一思想在纽约时报建立公司并上市的时候，又进一步通过制度安排予以强化。在纽约证券交易所上市的15家报业公司中,《纽约时报》公司不像甘奈特公司、论坛公司、道琼斯公司那么交易广泛,但业绩也不错,并且非常重视控制权。与美国其他上市的家族传媒集团一样,《纽约时报》公司将股份分为A股和B股,A股是无投票权股,B股才有投票权。1969年,纽约时报在纽约证券交易所上市,仅仅发行A股,直到80年代,才允许B股交易,并且规定家族成员和公司享有B股的优先购买权。这样可以防止因为融资而动摇其家族的控制权,从而保持家族对传媒集团的绝对控股权。奥茨家族通过发行A、B类别股票来确保其家族对《纽约时报》公司的控股权,在《纽约时报》公司演变为公众持股公司的过程中,奥茨家族始终紧紧地掌握着公司的控股权。

(3) 管理股和普通股制度。管理股和普通股制度则来自新加坡,为了确保新加坡的报纸掌握在以国家利益为重的新加坡人手中,新加坡的国家新闻及艺术部负责管理所有形态的媒介,他们的管理依据主要是三个法令:《报章及印刷媒介法令》、《影片法令》、《不良刊物法令》。这三个法令对各种媒介的组织、内容、流通、监督都做出了周密的规定。要求报纸和杂志等印刷媒介都按照股份公司的形式组织,公司的股份分为管理股和普通股。管理股占总股份的1%,以后每次扩股都必须保持相同比率。两种股票具有相同的经济权利,在公司其他问题的表决中二者的权力也相同,但在对公司人事变动问题进行表决时,每股管理股的股票相当于200股普通股。管理股不在股票市场上流通,也不对普通股持有者发行。董事会成员拥有25%的管理股,其余拥有者由国家新闻及艺术部确定,公司不得对人选提出异议。管理股的转让也要经过新闻及艺术部的审查。这种对管理股的控制方式在实际上保证了国家对媒介公司的控制,国家还通过掌握公司的人事权,从组织上使媒介的舆论导向具有确实保证。而对于普通股,1975年1月1日开始执行的旧的《报章与印务馆法令》规定,任何人不得通过任何方式拥有一家媒介公司超过3%的普通股,超过法令规定额度的股票必须出售,否则由政府强制收购,其中的任何人也包括境外公司、组织或个人。① 到了2002年7月,新加坡国会通过修改令,3%的顶限提高到5%。公司或个人将能够拥有报纸与广播公司的5%股份,互相有关系的股东也可集体拥有总共不超过12%的股份,而如果投资者有意拥有超过顶限的股份或控制报纸与广播公司的选举权利,则必须向政府提出

---

① 林任君:《新加坡对西方媒体的反击与新加坡媒体模式》,1995世界华文报刊与中华文化传播国际学术研讨会论文。

申请。① 新加坡媒体实行管理股和普通股的股份制经验有助于国家更好地控制、管理媒介。

上面三个实例告诉我们,报业整体上市并不会导致国家失去对媒介的控制,产权制度安排的创新,完全可以使报业在对外合资合作、上市融资过程中,实现国家的控制。而这类特殊的制度安排,国内的企业已经有了先例。2007年7月,在哈尔滨产权交易中心挂牌转让的哈尔滨中庆燃气有限责任公司股权案例中,哈尔滨市国资委对哈中庆燃气的持股比例将由49%降至1%。而此1%股权为哈尔滨市人民政府"金股",市国资委将代表哈尔滨市人民政府享有重大事项否决权,即"金股"表决权。当哈中庆燃气在涉及安全稳定供气等重要问题时,哈尔滨市国资委可行使否决的权力。此外,收购方承诺,保证拥有股权的国资委在哈中庆董事会中至少拥有一个董事席位。②

事实上,2007年的出版传媒的整体上市也作了相应的制度上的安排:一是"出版决策权"由辽宁省出版行政管理机构辽宁省出版局直接控制,对出版传媒的选题内容和质量进行严格把关;二是保证国有资本在公司内部的绝对控股地位和话语权;三是保证党组织的垂直管理权,保证辽宁出版集团公司党组织对辽宁出版传媒及下属公司党委的管理领导权。当然,这些制度安排的效果如何,还需要时间来检验。

过去,我们的领导层一直对业外资本、公司上市等顾虑重重,总是担心资本的力量侵蚀最终会导致国家软实力的旁落,所以,在媒介资本利用,尤其是采编资源的资本利用方面迟迟未敢有大胆举措。事实上,如果我们能够做到产权制度创新,就能解开报业上市公司的关联交易的死结,实现报业采编和经营的整体上市,最终实现报业上市公司的可持续发展。

不过,对于报业集团的未来发展而言,整体上市仅是第一步。无论是传媒的剥离上市还是整体上市,如果没有建立起现代产权制度,最终都会流于圈钱,而难以真正推动传媒的发展。按制度经济学理论,产权制度是社会经济制度结构中最核心的制度。例如,改革开放后的30多年里,由于公有制为主体,多种所有制经济共同发展的基本制度安排的形成,更精确地说,是产权制度的变迁,决定并影响了其他一般制度安排的变迁和形成,从而导致了计划经济体制的制度结构向社会主义市场经济体制的制度结构转变。而十六届三中全会

---

① 袁舟:《新加坡报业控股的经营理念》,载《当代传播》,2004年第1期,第23~24页。
② 赵彤刚、王光平:《中庆燃气股权挂牌 哈尔滨市国资委保留1%金股》,载《中国证券报》,2007年7月30日。

通过的《关于完善社会主义市场经济体制若干问题的决定》中也明确要建立和完善"归属清晰、权责明确、保护严格、流转顺畅"的现代产权制度。所以,建立现代产权制度才是未来报业集团发展的总趋势。

四、京华时报:呼之欲出的现代企业集团

《京华时报》原是由人民日报社主管主办的新闻类综合性都市日报[①],创刊于 2001 年 5 月 28 日。经过 10 年的市场磨砺,《京华时报》创造出令国内报业同行瞩目的业绩。前任社长吴海民在《京华时报》创刊十周年研讨会上,以《将"百年京华"进行到底》的主题发言,对该报的发展历程作了回顾:《京华时报》在北京报业市场上的成长历程,大体经历了横空出世、抢占高地、逆市上扬、全面领跑四个阶段。[②]

一是横空出世(2001 年)。《京华时报》凭借着强大的团队优势、机制优势、资本优势和办报理念的优势,以准确的市场定位、更贴近北京读者的内容和水银泻地般的发行,一举拿下了北京早报市场的半壁江山。《京华时报》从创办到成长颇具传奇色彩。该报 2001 年创刊时,北京已经有 200 多家报纸,竞争呈"密不透风"之势,且之前中央级大报的子报《生活时报》、《名牌时报》、《北京足球报》等在北京市场上纷纷折戟沉沙,一时之间"北京报业市场无空间"、"中央军无力闯入北京市场"等说法大行其道。然而《京华时报》却敢于以 30 万份的首发量闪亮登场,仅仅在一年半之后便创造多项第一:北京综合日报发行第一,北京早报市场发行第一,北京报业市场零售第一,北京地区自费订阅第一。而且广告经营额创下 3 亿元的骄人战绩,昂首挺进全国报刊广告十六强。

二是抢占高地(2002 年~2004 年)。其重要的标志是:创刊一年广告经营额闯入全国 16 强并找到盈亏点,创刊两年时间全面实现了报社赢利,创刊三年多时间便与《北京晚报》、《北京青年报》形成了三足鼎立的局面。

三是逆市上扬(2005 年~2008 年)。《京华时报》在传统报业出现"拐点"之际精心运筹,在报业市场总体萎缩的情况下不断扩大市场份额,保持了自身

---

① 2011 年 9 月初,《京华时报》改由北京市委宣传部主管主办。
② 吴海民(2010 年 5 月 28 日)在《京华时报》创刊十周年研讨会的发言,参见人民网:《京华时报社社长吴海民:将"百年京华"进行到底》,http://media.people.com.cn/GB/40606/11718199.html。

的持续发展。重要的标志是：报纸发行占据北京早报零售市场70%份额；报纸的征订量超过零售量；每年的利润持续增长；广告经营额于2008年跃升北京报业第一、全国报业第二。

四是全面领跑(2008年～2010年)。《京华时报》努力探索和确立网络时代都市报的内容优势和经营优势，安全度过金融危机，报纸的公信力、影响力、传播力大大增强。其重要标志是：报纸全面改版取得巨大成功；发行经受了提价的考验，依然占据北京早报市场73%以上份额；发行结构和读者结构大大改善；数字媒体实现突破；利润创出年度新高；广告经营额继续保持北京报业第一、全国报业第二。①

《京华时报》准确定位为一份地域性、大众化、市场化、综合性的日报，这为《京华时报》的发展指明了正确方向。如果定位不准确，理念不革新，发展的方向不明朗，这样一张报纸的腾飞便无从谈起。《京华时报》在发行上控制成本，追求有效发行，既保有报纸领先竞争对手的发行量，又使成本控制在一定范围。

当然，报纸的竞争也是新闻产品的竞争。贴近本地读者需求的新闻和评论是《京华时报》的撒手锏。基于地域性、大众化的定位，《京华时报》创刊伊始就大量刊发短小鲜活的报道，聚焦市民关心的热点问题，强化报纸的社区性，这是贴近读者的一项重要措施。由于背靠《人民日报》，《京华时报》对某些问题的发言空间更大，在舆论监督方面优势明显；加之有《人民日报》强大的评论人才队伍为后盾，大胆而负责的言论提升了《京华时报》的影响力和公信力。近年来该报还尝试对新闻进行解读，希望在深度报道上有所突破，报纸编排注重视觉化表达，上述特色使得问世不久的《京华时报》很快就赢得了普通市民的喜爱和支持。

在广告经营方面，《京华时报》也有自己独特的四步走战略：报纸初创时，要靠分类广告填充版面；在打开市场后，特别是零售占有一定优势，促销类广告显著增加；当报纸达到一定的知名度，成为有影响的品牌后，对品牌广告具有相应吸引力；报纸影响力进一步扩大，读者的层次和消费能力不断提高，对目标读者群进一步锁定，争取重点行业和高端品牌的广告投放量。

《京华时报》的骄人业绩源于其在企业成长中的不断革新。在战略选择

---

① 吴海民(2010年5月28日)在《京华时报》创刊十周年研讨会的发言，参见人民网：《京华时报社社长吴海民：将"百年京华"进行到底》，http://media.people.com.cn/GB/40606/11718199.html

上,创刊后《京华时报》有三次五年发展规划;在制度安排上,该报有自己独特的"京华基本法",统领所有的制度;而在企业文化建设方面,更是着力锻造"百年京华"愿景,将此作为报社上下同心协力、众志成城要追寻的一种目标,一种理想,一种信念,同时也是企业发展的一种长远的设计。

无论在读者市场还是广告市场,《京华时报》的影响力和美誉度都在不断地攀升。《京华时报》如今在北京早报市场零售率达到73%～75%。2008年10月报纸提价一倍后,发行量并没有下降。订户占发行总量的60%以上。①2009年广告刊例17亿左右,总资产2亿元,上缴上级部门2亿元,税收3.4亿元。②

《京华时报》之所以能够在不长的时间内取得成功,首先源于其核心产品。悉心把《京华时报》打造成报业市场中的强势品牌,以核心产品培育和提升自身的核心竞争力,这一经验值得重视。具体而言,该报走上成功坦途有以下要素:

(一)明确的办报方针和精确的市场定位

《京华时报》定位于"北京人的都市报",深受广大北京市民的喜爱。央视市场研究股份有限公司的调查数据显示:2007年《京华时报》平均每期的读者规模超过160万人,其中消费能力最强的25-44岁的核心读者达到90万人,主动读者占85%,忠诚读者占86%。《京华时报》占有北京早报零售市场67.9%的市场份额,是北京发行量最大的早报。2005、2006、2007连续三届荣获百度中国传媒影响力"状元媒",新闻网络转载率和点击率名列全国报刊类第一名,同时荣获"最具新闻传播力媒体"和"最具时政传播力媒体";2007年被史坦国际和中国传媒论坛评为第三届"最具投资价值媒体"、"最具成长性创新媒体";被B&M2007品牌中国传播力中国峰会评为"2006年度中国百家最具品牌传播力的强势媒体"。

这些事实表明,《京华时报》已经成为北京读者最喜爱和最关注的报纸之一,也是北京新闻分量最足、本地资讯最多、新闻时效最强和最具亲和力的报纸之一。

---

① 吴海民:《将"百年京华"进行到底》,京华网,http://beijing.jinghua.cn/c/201005/28/n3147709,4.shtml.
② 笔者2010年9月1日上午在京华时报社社长办公室对时任社长吴海民作了访谈,数据来自访谈录音。

创办之初,《京华时报》内部即已明确创办的报纸是产品,要能够满足读者的物质和文化生活需求,具有价值和使用价值;明确报社是企业,必须摆脱"机关附着物"的旧面貌,要确立企业法人的权力和责任,因此《京华时报》创办前就到国家工商管理局注册成了企业法人,这为其以后的独立经营、自负盈亏获得了法定资格;明确报业是产业,这是与北大青鸟集团合作,进行业外融资的前提。上述的三个明确,为《京华时报》成为国内新闻类综合性日报中第一个较为彻底地实施市场化运作的都市类报纸,打下了牢固基础。

与此同时,根据对北京报业市场的分析,《京华时报》筹办者发现,在北京安营扎寨的报纸,多数是全国发行的大报和部委行业报,它们只在北京市场上占有很少的订户,零售几乎为零,北京报业市场放量做大还有很大空间。根据竞争对手的现状和自身优势,筹办者定位《京华时报》将是一份地域性的报纸,一份大众化的报纸,一份市场化的报纸,一份综合性日报,即定位为一份主打北京市及周边市场的都市类综合日报。基本读者对象为北京市民,报道内容以市民新闻为主,营销方式为自主发行,广告运营全面代理,贴近市场,办成一份北京市民爱读、有卖点的报纸。

明确的办报方针和精确的市场定位为《京华时报》今后的发展确定了正确的方向,这是决定一份新办报纸未来命运的关键性因素。

(二)独特的新闻生产理念和务实的采编风格

做严格意义上的真正新闻纸,追求最出色的新闻,这是《京华时报》的核心价值观。它反映在报纸采编的各个方面。在版面设计方面以便于阅读为最高原则,简单明快,一目了然。全面导入CI整体深化理念,视觉效果独树一帜,极大提升和强化新闻图片在报纸中的地位和作用,大量的具有视觉冲击力的新闻图片令读者耳目一新。报纸采用小报报型,却追求大报风范。双面彩印4开报型符合现代都市读者节奏紧张、空间狭窄的阅读特性;内容取舍以读者的需求为最终标准,以市场导向为根本诉求;形式不拘一格,内容大俗大雅。目标读者以都市白领为主,兼顾所有京城市民。

从报纸内容看,强调原创新闻和独家新闻,在独家新闻很难做到的情况下,也要追求多家采访的独家视角。比如,采访全国"两会",《京华时报》总是全力以赴,派出精兵强将,是全国第三大采访团(第一是新华社、第二是《人民日报》)。由于投入力度大,采写质量高,所以一到"两会"期间,很多媒体都转载《京华时报》的新闻。《京华时报》每天评报,第一条就是评选独家新闻,并有奖励。

在新闻做出特色的基础上,该报又强化评论,敢言善言。时为《人民日报》子报的《京华时报》,背靠大树,借助《人民日报》评论人才的优势,发挥新闻评论的威力。《京华时报》在报道北京新闻时,由于身份特殊,就比其他的几份北京报纸少了些限制,因此该报的负面批评报道要远远多于其他几份报纸。在中国特殊的媒体环境下,这是一种无可替代的独家优势。为了充分发挥优势,该报越来越重视评论,把第二版辟为评论版即时事评论,而且娱乐、财经、教育周刊等每一版都力求有评论。2008年,该报增加财经评论。其总的旗帜是京华时评。京华时评虽然起步较晚,但是起点很高,质量也是该报最好的。重大事情敢于评论,稿源丰富,由30多个重量级的评论员组成评论团。京华时评由《人民日报》、新华社、中央电视台以及各省级报纸的评论部主任等组成核心评论团队,题目由《京华时报》拟定,即是命题作文。

2010年2月份,北京市发布铁路禁报令,这显然是北京市政府的一大失误,《京华时报》发表了系列评论(一共发了九篇),据理力争,最后是北京市政府重新作出决策,可见《京华时报》策划的"京华九评"影响之大。在北京市政府修正错误之后,《京华时报》发了第十篇评论,对市政府知错就改的积极态度表示赞许。报纸通过评论督促地方政府改正错误,这在中国报业史上也是很少见的。

京华时评被业界认为是中国媒体的言论高地。《京华时报》领导层认为,在信息海量的时代特别需要评论,在各种声音繁杂的时候更需要主流评论,在主流评论被各种声浪淹没的时候,需要更有影响力更有传播力的评论,并按照这三个原则来进行选题。

追求深度,解读新闻,这是近几年《京华时报》在新闻报道方面的新举措。对时政新闻、财经新闻的解读不遗余力,从深度上开掘,要求每天有1~3个版的解读,并对新闻的解读有量的要求。2010年,《京华时报》还对时政新闻专门开设时事聚焦版面进行解读。

突出地域,新闻定制——帮助读者进行新闻筛选、梳理,乃至进行"新闻定制",体现了《京华时报》独特的新闻理念。新闻定制有广义和狭义之分,狭义的定制,针对每个人不同的需要来定制新闻。广义的定制,指报纸可以根据不同的读者群来进行定制。从报纸整体始终站在北京市民这个群体的立场出发,这个群体一定与上海、广州等其他地域的读者群有不同的需求。《京华时报》因此还设定了国内新闻版的六优先原则。核心是与北京市民有关联、有共性的新闻优先。比如,在外地发生的事故,如果有北京人,就要优先处理。

青睐图片,通过视觉包装增强版面的吸引力。《京华时报》第一版经过精心的处理包装,版心使用大图片,增强视觉冲击力。《京华时报》另一个重要举措就是打造第二封面,把第三版设置成"目击"版,提出"第一现场"的口号,进行流程改造,发动现场目击者、通讯员提供现场照片,每天都发布,在国内还是第一家报纸设置如此规模化、持续性的视觉新闻版。

此外,《京华时报》有着独到的新闻生产理念,包括市场化的规律、意识形态工作的规律、产业化的规律。这些是前提,在这三个前提下设计产品。接着是两个还原:把报纸还原为产品、把产品还原为事实。然后是深化:把事实深化为事件,把事件深化为调查,把调查深化为整合。整合作为对事件的整体报道,作为策划。最后,报纸的基准点是为人民服务。①

尽管有业界质疑《京华时报》新闻产品过于平民化,但是《京华时报》内部恰恰认为,它是报纸制胜的法宝之一。原总编辑朱德付认为,大众媒体就是为读者的,在很大程度上讲是读者选择报纸,而不是报纸选择读者。高精尖的产品好,但有多少人会买导弹?有多少人会买飞机?最重要的消费市场、最重要的广告和产品还是平民在消费,平民情结是《京华时报》很重要的精神内涵。②

(三)瞄准报业发展新趋势,加快数字化全媒体转型

报网互动是报纸的优势。《京华时报》有报,也有网,通过报网互动,发挥媒介融合的优势,获取最佳传播效果。像报纸发布的新闻,在网络上得以传播扩散;以报纸提供信息发动读者,再通过网络举办活动;报纸登载图片,通过网络发布视频。《京华时报》的流媒体平均每天生产5部视频——新闻短片,各大网站都订购。有的内容传播率、点击率很高。比如一个强拆事件,挂上网几天时间点击量就达到1000万人次。门户网站过去只是转载《京华时报》的文字,现在有了一些变化,一些重点报道首先是转载《京华时报》的图片,在图片下是文字,文字下是时评,呈现出立体的转载效果。

为了进一步加快推进《京华时报》由传统出版向数字出版转型,紧跟当代出版产业发展的新趋势,《京华时报》还携手北京以然胜甲科技发展有限公司,推出了全新的报纸阅读软件,为《京华时报》登陆数字出版领域搭建了一个新的平台。

在新媒体方面,《京华时报》创办了京华网、京华手机报,目前手机报已经

---

① 禹建强:《京华时报的制胜之道》,载《青年记者》,2003年第12期,第12页。
② 传媒学术网:《京华时报常务副总编朱德付作客新浪实录》http://academic.mediachina.net/article.php?id=995。

有10多万用户。在手机报基础上大力开发视频,每天保证5部左右,一是年购,打包卖给门户网站。一是零购,好的视频单独出售。2008年《京华时报》周年纪念活动时,创办了京华新闻播报,现已成为品牌视频。报社创办了演播室,配置了直播设备,包括演艺明星、经济界名人等各种访谈,进行现场直播。新媒体包括与汉王等机构合作,下一步会有大动作。

拓宽业务还有图书出版。《京华时报》与出版社已经签订了合同,拟出版四种书:一是大众生活类,二是文艺类,三是财经、管理类,四是本报的内容。第一本书《白鹿原》全本(原来出版的删掉了5万字)已经出版,第二本余秋雨近两年写的书准备出版。《京华时报》还与台湾出版社合作出版儿童图书。与《人民日报》达成协议,将其麾下的《大地》并购,改为《京华周刊》,为时政类杂志,强调高度,做成精品杂志,向高端延伸,成为报纸的深度延伸平台。此外,还涉足文化产业诸多项目,包括活动、演出、会展等,专门有一个机构来运作,下一步准备收购一家文化公司。成立了慈善机构,创办公益周刊,募集公益基金,既体现报纸的社会责任感,也体现报纸的品牌形象,最终能吸引民营资本介入。开阔的视野和全媒体思路,使《京华时报》发展之路越走越顺。

(四)创新经营管理之道,抓效益谋发展

作为小字辈的《京华时报》,要想在强手如林的北京报业市场站稳脚跟,就必须做好经营管理方面的文章。注重创新,是该报多年来打拼摸索形成的特点。

1.机制创新,业外融资

如今的报业竞争已经是一个规模竞争时代,需要大投入,才有高产出的可能。2001年创办《京华时报》的启动资金是5000万,成功地将业外资本引入,已经是一个令业界震动的数目,不过这个金额运作起来仍然有些捉襟见肘。

前期的巨额投入并不容易募集,尽管当时相关规定尚未出台,但是报社已经有意识尝试业外融资。北大青鸟集团进入报社视野,经过多轮谈判,北大青鸟集团旗下的北大文化发展公司以提前支付广告款的办法,提供办报所需全部经费。报社以自身广告发行的预期收益作为出资,超出法定比例部分由企业垫资,企业以资金出资。[①]《京华时报》与北大文化发展公司达成合作意向,拟成立的有限责任公司注册资金为5000万,双方各占50%,创造性地建立了

---

① 吴海民:《创新媒体的十二块木板(二)——兼谈京华时报的成因和前途》,载《中国报业》,2004年第7期,第39页。

资本与媒体对接的规范模式。

除了解决办报资金问题之外,业外融资更深层的意义还在于引入资本而催生的适应市场竞争的运行机制,引发媒体企业按照市场规律运营。北大青鸟集团利益最大化的要求,"逼迫"《京华时报》放下顾虑,采用全新的机制以适应市场竞争,保证资本的利益。

2. 发行创新,讲求效率

《京华时报》的发行规模首先锁定为组织两千之众的流动售报队伍,一步到位建立密集覆盖京城八区的36个发行站,首发量一举达到30万份。当时,北京市场排行老三的都市类日报发行量不足30万。《京华时报》创刊号售出30万份,在京城再创新高而轰动一时。

2000多人的流动售报队伍即是《京华时报》日后闻名的"小蓝帽",他们每人每天要完成60份的销售任务。而戴着小蓝帽,穿着《京华时报》的工作服,只卖一种报纸的流动售报员走街串巷,是渗透性最强,宣传效益最佳的流动广告。① 报社还召开京城全体报摊(亭)主大会,激发其售卖《京华时报》的热情。

不过《京华时报》并不是一味追求发行量,而是追求有效发行,报社对于圈定的高档社区、写字楼、宾馆、酒楼和集团单位等"有效发行"区域,给予的提成高出普通订单一倍。对于一些目标读者群,还采取更加优惠的政策,争取集团订户。从2001年8月份开始,发行中心成立特攻队,针对一些大单位、大客户及早进行联络沟通。在此基础上,2002年成立集团客户服务部,加强与大客户的关系,并不断争取新客户。2002年初,《京华时报》与一家公司合作,为北京1000家商户订阅了该报,并在每家商户摆放了《京华时报》的宣传报架。这些商户包括京城知名的餐饮、娱乐、健身、服务场所等。2002年底,发行中心与采编中心、广告中心合作,精心策划"北京十大名菜座谈会",使《京华时报》进餐厅;策划物业研讨会,使发行站与物业公司建立良好关系,便于进入高档社区搞征订促销活动;与广告中心合作,力促中国移动的高消费的客户能阅读《京华时报》等等。总之,运用一切可能的手段,达到"有效发行"的目的。②

3. 物流创新,拓展业务

以发行为基础进行物流深度开掘,不单单是配送,还包括仓储、网上订购、

---

① 谭军波:《京华时报魔鬼发行之关键词》,载《传媒》,2003年第12期,第44页。
② 禹建强、汤才顺:《京华时报是这样快速占领市场的》,载《传媒观察》,2006年第3期,第18页。

物流产品的开发与制作,现拥有京华亿佳网、京华亿佳超市。亿佳仓储基地有蔬菜、水果、大米等 3000 多种产品。在一些社区开设综合门店,等于《京华时报》办的商店,除了出售《京华时报》之外,还卖其他的商品,实验正在进一步推广。

4. 广告创新,重视第三次销售的策略

《京华时报》的广告业务也是抢先一步。创刊前,报社就召开广告招商会,拿到了 1500 万元的订单和 200 万元的现金。创刊后,他们很快把分类广告分门别类交给一批广告公司代理,中间又做了一次大的促销活动,3 个月后《京华时报》的广告量就大幅度增长。他们又及时调整广告价格,减少代理费,理顺各个环节,稳定了市场秩序。在经营政策上《京华时报》用分类广告抓读者,用促销广告保全局。创刊一年之内,《京华时报》从全国报刊广告收入排名 97 位上升为 16 位。

广告的第三次销售是一次高级销售。不同于报纸的行销,它推广的是一种无形的东西,是《京华时报》的读者结构、读者购买力、品牌影响力。《京华时报》专门成立了推广部,其任务就是直接向企业推介《京华时报》。事实证明效果不错,昂立多邦、中复电讯等知名企业和摩托罗拉、可口可乐等国际品牌在尝试性投放后,真实地感受到了《京华时报》的广告效果,最终选择了《京华时报》。

《京华时报》广告的一大特点是分类广告所占版面比较多,品牌广告的数量较少。他们认为,广告类型与报纸的发展阶段相适应。报纸初创时,要靠分类广告填充版面;在打开市场后,特别是零售占有一定优势,促销类广告显著增加;当报纸达到一定的知名度,成为有影响的品牌后,对品牌广告有吸引力;报纸影响力进一步扩大,读者的层次和消费能力不断提高,对目标读者群进一步锁定,提高重点行业和高端品牌的广告投放量。

5. 谋略创新,与同城竞争对手巧博弈

《京华时报》前任董事长吴海民的博弈论颇有意思:"五家企业在同一个市场上拼杀,五家企业都会打自己的小算盘。"

老大首先要稳定市场秩序,要和老二保持适当的差距,对老三可以不予理睬,对老四、老五则采取一种监视的态度,需要时也会联络。

老二和老大不一样,他拼命要成为老大,但是他对老大还不能公开叫板,只是暗自较劲儿,但他对老三是要保持差距的,同时要防止老三和老大结成联盟,他可以和老四结成联盟,但他对以后的新兄弟要采取监视的态度。

老三的阶段性目标是要先成为老二,他和老大有可能为消灭老二结成联盟。但他和老大又不一样,老大要稳定市场,他要搅乱市场,只有这样,他才能获得晋升老二的机会,他可能会联络好老四、老五。

老四首先要成为老三,他和老大肯定要休战。他和老二也可能会联合,他还希望能成为其他中小型报社的领袖,弱者的领袖。老五基本上没有更多期望,他不可能成为老大、老二,这个目标太不切实际。但老五要处身于市场中,首先是站住脚了,保留自己的一席之地,同时还要找到别的领域立足。

这种分析恰到好处地论证了《京华时报》与北京各报的关系。如对《北京青年报》和《北京晚报》,他们在创刊前就一一拜访,非常低调,让人家相信《京华时报》不会对其造成伤害。《北京晨报》则高度警惕,怎么也不肯接待。事实证明,《晨报》受到的冲击最大。对于《北京娱乐信报》,《京华时报》的态度是微妙的。"创刊时我们也专门拜访了崔恩卿社长,谈得很好。《信报》发行量的增长,对《京华时报》没有坏处。要压倒《晨报》,光凭自己的力量是不行的。事实证明,《信报》的发行量增长也挤占了《晨报》的市场份额,《晨报》是被老四和老五一起绞杀的。当然,对《信报》要拉开一定的距离。"博弈也反映在对《新京报》的态度上,一开始有人提出可以结成战略同盟,但高层研讨后认为,《新京报》是潜在的竞争对手,也许是将来危险的对手,双方没有战略同盟可言。所以出现了这样的情况,在《新京报》创刊当天,北京各报似乎并无动静,唯有《京华时报》大张旗鼓地搞起了促销。

博弈的第二层意思是招招领先。《京华时报》的路牌广告、有礼征订、世界杯特刊都是这个道理。"出奇制胜是关键,过去的招式现在并不见得还实用。比如说路牌广告,创刊前我们的广告版面处于闲置状态,可以利用版面大量置换路牌,做到不花现金烘热市场。但是在广告已有现金收入的时候,报纸版面就非常珍贵了,所以大家再也看不到《京华时报》的路牌广告了。"博弈的最高境界是赢家通吃。同一个市场里,老大躺着吃、老二坐着吃、老三站着吃、老四走着吃,而老五只能跑着吃。区域报业市场总会出现一个老大的。老大不仅仅占领市场份额,而且还制订游戏规则。这便是《京华时报》的目标。①

6. 服务创新,报纸与读者互动开展活动

《京华时报》善于运用各种方式把读者组织起来开展活动。该报每周都组织社区活动,包括观影团、观剧团、读书会。财经版举办炒股大赛,2010年炒

---

① 朱学东、喻乐:《在路上京华启示录》,载《传媒》,2004年第5期,第15页。

股大赛一等奖是一辆奔驰。健康周刊组织健康俱乐部,发健康卡,为读者免费看病。同时还组建建材俱乐部、购房俱乐部、汽车俱乐部,组织购房团和汽车团购等。其中汽车团购声势比较大,与一些大的经销商合作,一个季度组织一次团购,有时一天卖出300多辆汽车。这些活动能渗透到各个版面、各个部门、各个周刊,服务性很强。由于通过报纸与读者的互动来提供服务信息,这种创新的模式具有亲和力、号召力,既扩大了报纸的影响力、感召力,提升了报纸品牌忠诚度,又产生了不错的市场效应,获得了可观的经济回报。

综上所述,《京华时报》通过采编与经营管理上的创新,形成了独特的核心理念,并凭借核心人才打造出具有市场竞争力的核心产品,使其迅速成长为北京报业市场中的强势品牌媒体,以此培育和提升自身的核心竞争力,从而获得了其可持续发展的动力源泉。审视《京华时报》的成功之道,最主要得益于其在构筑核心理念与组建核心人才队伍方面,选择和实施了卓有成效的创新路径和策略。

首先,重视企业的基础性建设,创业阶段即提出打造"百年京华"宏伟愿景。《京华时报》创刊一个月,就进行阶段性总结,提出必须保持清醒的头脑,树立长期奋斗的思想;创刊三个月时,《京华时报》郑重提出了"百年京华"的口号;2001年年终总结时,《京华时报》在报告中突出地讲了一个题目——"树立打造百年京华的远大目标"。报告指出:"百年京华,是一种目标,一种理想,一种信念,一种长远的设计,是将《京华时报》打造成一个能够经得住任何政治风浪、市场风浪,获得稳固的、持续的、健康的长久发展的事业。我们不能过把瘾就死,不能重蹈'其兴也勃、其亡也忽'的覆辙。要坚韧不拔地朝着百年京华奋斗。"这份报告还从四个方面对"百年京华"进行了论述,即:打造百年京华,必须有百年思考;打造百年京华,必须有规范的管理;打造百年京华,人才培养是关键;打造百年京华,必须形成好的企业文化。①

如前所述,《京华时报》的骄人业绩源于其在成长过程中的不断革新。而支撑其健康成长的有三块基石:第一是战略选择,第二是制度安排,第三是企业文化建设,《京华时报》尤其重视企业愿景和价值观的提炼塑造。这三块基石恰恰是《京华时报》从创刊之时起,就积极思考、精心设计而后认真实施的产物,从战略选择、制度安排到企业文化建设,该报创刊伊始就高度重视,努力践行,甚至可以说是不遗余力。

---

① 吴海民:《将"百年京华"进行到底》,京华网,http://beijing.jinghua.cn/c/201005/28/n3147709,4.shtml。

其次,搭建了合理高效的领导班子,组建结构优化的核心人才队伍。

《京华时报》创刊时领导层的人员配置既不是来自其主管单位人民日报社的任命,也不是来自前身《中国引进时报》的老班底。因为树立了明确的发展目标,所以在组建队伍时,无论是高层,还是中层干部,都是面向全国广发英雄帖征集而来的,各路英才应征汇集,报社人才队伍的结构合理科学。

原任总经理杨国伟和现任总经理罗春晓都是长期在商海摸爬滚打,对企业的运作积累了相当多的经验;采编系统的三位老总曾经被外界称为"梦幻组合"。原总编辑朱德付有过在《广州日报》和《南方周末》的高层从业经验,有先进的新闻理念,有市场意识的副总编辑李洪洋在《解放军报》总编室做了6年,经历过系统的专业训练,长于重大事件的策划。副总编辑刘明胜在《北京青年报》做过,在《北京晨报》做过,而且在这两家报社负责的都是采访工作,这对于《京华时报》迅速实现本土化起到重要作用。常务副总经理石家友来自《中国青年报》,还办过公司,熟知企业管理和财务。原副总经理谭军波来自南方日报报业集团,是把《南方都市报》从几千份发行到几十万份的功臣,积累了丰富的发行经验。还有三位总监:财务总监付小林是来自北京一家企业的总监、注册会计师;行政总监王丽具有20多年的行政管理经验;人力资源总监韩建东来自北京一家研究院,作为清华的MBA曾经系统地学习过人力资源管理知识。① 这些人才组成了采编、经营和综合业务管理三套班子,每套班子之下又有各具专长的人才。

《京华时报》的人才队伍,高层、中层管理人员平均年龄36岁,报业经验丰富;拥有一支具有强大信息采集能力的编采队伍、高素质的广告队伍,以及遍布北京城区的2000余人的发行队伍。这些都是报纸发展壮大的强有力后盾和保障。

为了保障核心人才队伍的可持续发展,《京华时报》还完善了人才培训体制。《京华时报》有几种培训渠道:一是高层培训,基本到外面去培训,比如社长和总经理,读MBA,社长去北大光华学院,总经理去中欧,财务总监作为全国40个财务领军人物之一,去上海培训,两个副总编去了清华职业经理人班培训。二是通过《人民日报》来进行培训,包括三项教育等。三是本社培训,方式更多,也更加多样化,有业务培训、入职培训、拓展培训,以及各中心分部门的培训,还办了发行学校专门培训发行人才。

创刊十年,雄心勃勃的《京华时报》处在一个新的重要发展时期,正在筹划

---

① 朱学东、喻乐:《在路上京华启示录》,载《传媒》,2004年第5期,第12页。

成立具有多种媒体产品的京华传媒集团,启动京华文化传播有限公司的 A 股上市乃至京华时报社整体上市,为下一个十年的发展打下市场基础、产业基础、品牌基础、体制基础和团队基础。按照这些设想,《京华时报》将要组建的报业集团,可以说是真正意义上的市场化企业集团,倘若能够成为现实,它将谱写国内报业集团发展的新篇章,并对整个国内报业市场和未来发展格局产生深远的影响。

2011 年 9 月初,与《新京报》一样,《京华时报》也改由北京市委宣传部主管主办。北京市新闻出版局负责人对此表示,两报主管主办的变更,"是落实中央关于深化改革要求的重要举措,有利于加快推进北京地区报刊资源整合和结构调整,有利于改变北京地区都市报资源分散、同质化竞争严重的局面,有利于北京市在政策、资源、资金、科技人才等方面加大对两报的直接扶持力度,进一步促进两报做强做大"。自主管主办单位变更后,经过一段时间的调整,2011 年 11 月 10 日,京华时报社社长兼总编辑吴海民不再参与报社事务,由京华时报社副总编辑李洪洋全面主持报社采编及经营工作。北京市方面称,这意味着京华时报社进入"后过渡时期"。在此期间京华时报社经营态势良好,全年广告收入预计将超过 4 亿,利润有望再创新高。[①]《京华时报》在今后的发展道路上能否继续实施其原先的设想,快速组建真正意义上的市场化企业集团,加快整体上市步伐,亦成为人们关注的焦点。

引子:上海地区报业集团发展概况

与北京报业市场相比,上海情况多有不同,竞争现状相对温和。在上海报业市场参与竞争的包括本地报纸、异地报纸以及上海报业与异地合办的报刊,其中上海本地报纸是竞争的主流。据最新统计,上海面向社会公开发行的报纸共七十多种,其中地方性报纸 69 种,中央在沪主办的报纸 3 种,但真正进入市场前沿的只有不到十家报纸。这些报纸主要分属于解放日报报业集团和文汇新民联合报业集团。近年来,上海两大报业集团在相对稳定的报业生态环境中不断改革创新。两大集团在发展战略上高瞻远瞩,将资本市场、科技创新与传媒业发展有机融合在一起,增强了集团的综合实力,使其在传媒市场竞争中的优势也不断得到提升。特别是在媒介融合战略、全媒体产业化和资本运作方面的创新与发展,引人注目。

---

① 《"后过渡时期"的京华时报》,载《传媒经济参考》,转引自:《新闻研究导刊》,2011 年第 12 期,第 94 页。

上海是我国东部沿海最重要的经济中心,人均 GDP 一直保持较快速度增长,并领先于其他省份和城市。居民消费能力的提升无疑是传媒发展的强大推动力。上海每年的广告额在 130 亿~160 亿元之间,接近全国广告总额的六分之一。在报纸总数不足 100 家的上海报界,作为龙头的两大报业集团分割了大部分的广告市场。所占份额最大的上海都市类综合性日报的市场竞争格局,主要表现为两大报业集团的一份晨报、两份晚报之间的竞争。在受众市场细分和读者需求多样化的大背景之下,解放日报报业集团以通勤路上的上班族为读者群,在地铁站发行《时代报》,该报目前的日发行量为 25 万~30 万份,并随着地铁人流量的增加同比增长。而凭借着上海位于长三角经济圈中心这一经济优势,上海文汇新民联合报业集团将其主办的《东方早报》定位为长江三角洲的主流报刊,以上海为中心,辐射江浙两地。在利益协调的基础上,各省级报业集团之间开始资本链、资源链和人才链的整合,这为我国报业经营的跨地区发展提供了可资借鉴的现实参照系。

两大报业集团均以文化底蕴深厚的老牌报纸为主导,在维护传统品牌价值的基础上,紧跟时代节拍,以创新寻求可持续发展之路。其中,创刊于 1941 年的《解放日报》继承优良传统,发挥党报独特优势,在报道重大社会问题时采取了"按节点推进,在要点展开,抓重点聚集"的方针,加强舆论的引导功能,增强其公信力。迄今已有 80 多年历史的《新民晚报》在上海的晚报市场独步天下,位列 2008 年中国传媒品牌榜第八。《新民晚报》追求最大数量的读者群,力图让"8~80 岁的读者都喜欢"。该报 80% 的发行依靠自费订阅,长期以来很多上海人已经养成了阅读该报的习惯,尤其是老年读者对该报更是具有很高的忠诚度。

上海作为全国金融贸易中心和文化大都市,在享有优势政策资源的同时,也为两大本土报业集团的产业化和资本运作提供了丰厚的社会资源,营造了良好的社会氛围,打通了绿色发展通道。2007 年,政府一度主导各传媒集团在拟上市主体中"混合持股"。通过国有股权划拨,解放日报报业集团及其子公司持有新华发行集团 50.8% 的股份,成为上市公司新华传媒实际控制人。2008 年 1 月,解放日报报业集团借壳上市成功,成为国内地方党报上市第一股。此次借壳上市的实质是通过定向增发,实现旗下报业经营性资产上市。此举为国内报业探索资本运营、寻求新的发展路径迈出了可贵的一步。

2007 年,文汇新民报业联合集团开始了跨媒体、跨行业投资收购,并重点打造包括音舞、会展、动漫和影视在内的四大板块。2009 年,文汇新民联合报业集团数字文化产品贸易中心在上海外高桥保税区正式揭牌成立。借助国家文化体制改革政策利好及外高桥保税区政策优势，该平台对文汇新民报业集团的数字媒体、印刷及文化类的涉外资源进行了有效整合，成为集团数字文化产品进出口贸易基地、先进制造业和现代服务业的展示基地、国际文化服务贸易的宣传阵地。

但是，一个不争的事实是，与北京、广州等一线城市相比，上海媒体的竞争活力较低。如《文汇报》、《解放日报》是中国大城市机关党报中扩版数量最少的报纸。整体上媒体竞争不足，也使得两大集团有机会在发展战略上将资本运作、科技创新作为主要战略目标，上海的报业集团在数字化多媒体时代抢占时机，特别是在媒介融合方面的创新性尝试，为我国报业集团向现代传媒集团转型提供了有益的经验。

五、解放日报报业集团：媒介融合先行一步

解放日报报业集团成立于2000年10月9日，拥有《解放日报》、《新闻晨报》、《新闻晚报》、《申江服务导报》、《报刊文摘》、《人才市场报》、《房地产时报》、《时代报》、《上海学生英文报》、《上海法治报》10家报纸，《上海支部生活》、《倡廉文摘》、《新沪商》3份期刊，解放牛网及与《新闻报》共同创办的上海生活门户网站《嗨！上海》两个网站，上海三联书店出版社和上海沪剧团，现已形成以上海市委机关报《解放日报》为核心，都市报、娱乐周报、专业报和新媒体为支撑的结构多元、富有竞争力的媒体产业集群。截至2009年底，集团总资产已达74亿元、净资产30亿元、主营收入26亿元。2010年7月，新闻出版总署首次发布中国报业集团总体经济规模综合评价，在全国50多家报业集团中解放日报报业集团名列第二。

自组建集团以来，解放日报报业集团取得了良好的经济效益和社会效益。2005年新闻出版总署举办"全国地方报社管理先进单位"评选活动，解放日报社荣膺先进称号，并在全国39家受表彰报社中，作为唯一的获奖报社代表上台发言，介绍报纸管理经验。2009年6月，在由传媒杂志社、中国传媒产业联盟、上海交通大学人文艺术研究院传媒经营与管理研究中心和人民网、腾讯网联合主办，清华大学新闻与传播学院、北京大学新闻与传播学院、美国杜克大学中国传媒研究中心协办的2009年中国传媒产业经营管理论坛上，解放日报报业集团荣膺"2008～2009年度中国十大传媒经营管理案例"，其所属手机媒体i-news上海手机报入选"中国手机媒体经营管理十强"，报纸《新闻晨报》获评"2008～2009年度中国都市报经营管理十强"。同时，解放日报报业集团

党委书记、社长尹明华荣获"2008～2009年度中国十大传媒经营管理人物"称号。2010年6月,在由中国国际软件和信息服务交易会主办,由中国报业网承办的第二届中国传媒与互联网高峰论坛上,解放日报报业集团出色的媒介融合战略与其全媒体产业化的实战,以及出色的媒体品牌建设获评"2009～2010中国数字化传媒集团10强";集团党委书记、社长尹明华获评"2009～2010中国传统媒体数字化领军人物",解放牛网获评"2009～2010中国融合创新报纸网站10强"。

在产生良好社会效益的同时,解放日报报业集团还获得了较好的经济效益。2003年,集团的广告收入7亿元,发行收入2.3亿元,税前利润2.1亿元,4年的时间,税前利润翻一番。其中,2002年增幅16.17%,2003年增幅达到27%。

2005年中国报业遭遇"寒冬",广告收入和利润双双下滑,然而,解放日报报业集团通过内部资源的整合,加强管理,节省成本,平稳地度过了寒冬。这是因为,早在2004年底,解放日报报业集团就实行严格的预算管理,将采购总额从3000多万元压缩到1500多万元,通过对印刷设备、纸张铅笔等进行全部的统一招标采购,达到降低采购成本和尽量防止寻租的出现。另外,还通过机票统一采购,年底返利、批量优惠等,达到每年节省50万元的效果。当时,由于预计下半年人民币可能升值,进口纸张可能跌价,所以采取"一次定量、两次定价"的方式,结果下半年纸张果然随人民币升值而落价,节约成本超过700万元,从而赚到了一笔人民币升值红利。2005年,解放日报报业集团的《新闻晨报》逆势提价,赚进2900万元;集团的用纸一次定量、四次定价,节支1500万元;《申江服务导报》压缩发行量和版数,增利近1000万元,全年创利2.75亿元,净利润增长50%,该报业集团的规模效应在用纸方面得到了充分体现。2006年解放日报报业集团的利润总额超过3亿元,《解放日报》还完成了对品牌无形资产的评估,估价达到了46.3亿元。2007年,解放日报报业集团按照中共中央有关文化体制改革的文件规定,把政策允许进入上市公司的所属报刊经营公司股权全部注入新华传媒,11月29日,解放日报报业集团凭借新注入的逾10亿元资产,成为新华传媒的第一大股东,实现经营业务整体借壳上市。经过不断努力,解放日报报业集团从2005年起开始保持每年14%以上的增长,净资产从2005年的17亿元增加到2008年的33亿元,总资产从22亿元增加到66亿元,如果加上集团所拥有的新华传媒现有股份市值30多亿元,现在的资产已达百亿元。

解放日报报业集团在经营管理方面的创新性尝试,主要表现在如下几方面：

1. 转变经营模式，引进战略联盟

集团在经营管理上统筹兼顾，注重抓好广告、发行、印务等项目的经营改革，新技术的开拓创新，战略联盟的大胆引进，财务管理的科学化，以及多种经营。例如，广告的经营改革创新与时俱进。2000年集团成立时，新闻报的三份报纸《新闻晨报》、《新闻午报》和《新闻晚报》的广告由报社自办的解放广告公司经营，然而，当时广告经营人员少，广告效益并不理想。考虑到当时上海民营广告公司成长迅速，于是就让民营广告公司代理新闻报的广告业务，个别广告版面仍由新闻报广告部自营。结果发现，市场化运作的广告总代理方式比报社自营效率高。第二年，《新闻午报》划转进入文广新闻传媒集团，新闻报系仅剩《新闻晨报》和《新闻晚报》两份报纸，全面采用广告总代理制。由于《新闻晨报》是上海市场第一张早报，采取广告经营总代理模式后，《新闻晨报》的广告收益每年都以较快速度增长，2005年税前利润达到2.17亿元。集团创办《申江服务导报》时，也采用广告总代理模式，该周报曾创税前年利润超过5000万元。而《解放日报》作为市委机关报，前两年虽有赢利但广告经营滑坡较大，于是把党报的广告经营交由集团和上海中润广告集团合资创办的中润解放广告有限公司总代理。这种把集团报纸的广告业务交由专业广告公司实施的总代理模式，有效地规避了市场经济的多变性和不确定因素带来的风险，规避了原来由报纸承担的政策风险和市场风险，使报业集团在激烈的市场竞争中专注于新闻采编和办报业务，也不需要建立上千人的广告经营队伍，广告经营成本大大下降，民营广告公司灵活的运营体制也在广告市场如鱼得水，其竞争优势得到了有效发挥。

再如，在发行方面，解放日报报业集团也勇于探索，锐意创新。集团的领导层认识到："中国报业集团运作方式具有二元结构特色，是事业单位又实行企业化运作，这种运作方式对解决'吃皇粮'问题有积极意义，但不适应市场经济的新形势。问题的症结是缺乏独立的市场运作主体，难以与那些已经建立现代企业制度的市场主体展开竞争，往往在瞬息万变的市场经济中陷入被动。"为此，该集团在内部推出13个试点项目，旨在通过体制和机制创新，培育"面向市场、投资多元、产权明晰、法人治理的独立市场运作主体"。解放日报报业集团发行中心转制成立"解放传媒营销发展有限公司"。一方面，该公司引入社会资金，形成多元的投资主体。另一方面，作为转制工作的一项重要内容，"解放传媒营销发展有限公司"将与"上海正广和网上购物有限公司"联手，成立"解放——85818物流配送有限公司"，新组建的配送公司在原解放日报发行中心读者服务部的基础上，经过专业部门评估、增资扩股后投入运行。同时，解放传媒营销有限公司完全实行企业化运作，完成发行中心的转制，推动"发行"向"营销"转变，同时理顺了与邮局、代理商及内部媒体的关系。这家公司引入社会资本，实现了"股权社会化、经营自主化"。

在印务方面，解放日报报业集团还与福建南平纸业有限公司、爱建信托公司和上海界龙实业股份有限公司组建多元化投资的股份制解放传媒印务有限公司。解放日报报业集团印务中心占地10万平方米，拥有德国ECOMMAN彩色胶印机、UNISET彩色胶印机等，理论印刷能力为90万对开张/小时（彩色），实际印刷速度为72万对开张/小时（彩色）。2003年共完成20亿对开张的印刷产量。解放日报报业集团印务中心在引进国内外各类资金，加快技术更新、设备改造的同时，不断向国内外扩大印刷市场，努力打造国际化印刷基地。2008年，解放传媒印刷公司年报纸印刷量超过11亿印张，位列全国报纸印刷企业前30位；2008年，作为唯一的印报企业获上海市新闻出版局评出的印刷企业综合实力20强；2009年，解放传媒印刷公司作为"品牌企业"成为上海市新闻出版局向世博会推荐的印报企业。

解放日报报业集团还与若干大型企业集团结成"全面战略结盟"，发挥各自优势，共同选择项目，进入房地产、时尚产业、文化娱乐、教育培训等领域，很多都是传统党报较少涉及的领域，通过改变增长成分，解放日报报业集团将获得巨大的增量发展空间。其正在推进和商谈中的项目有：打造"解放传媒创意园区"、建设"上海国际文化城"、拓展"数字多媒体园区"、兴办"时尚创意园"、创立文化投资有限公司、经营信息增值业务、开展发行数据营销等。

2005年10月29日，解放日报报业集团与上海纺织（集团）有限公司共同签署战略合作框架协议，寻求在打造时尚园区、拓展媒体品牌等方面实现共赢。这是集团探索与大企业、大集团实行"全面战略结盟"的第一步。2005年11月，解放日报报业集团又与东渡国际（集团）有限公司签署了战略合作协议书，两大集团将嫁接优势品牌，携手拓展房地产市场等领域。这是解放日报报业集团实行"全面战略结盟"的又一举措。目前，解放日报报业集团还在与多个行业的领军企业洽谈战略合作，不少已进入实质商谈阶段。例如集团与新浪公司宣布：建立战略合作伙伴关系，双方将探索平面媒体与网络媒体合作共赢的全新模式，共建联合传播平台。集团与新浪就传媒的发展达成共识：在媒体产业融合的趋势下，传统媒体与网络媒体携手共进是最优选择。解放日报报业集团将与新浪进行资源整合，在新闻内容、市场经营和资本运作三个领域开展全方位的合作。

2. 加强内部管理,设置虚拟部门

解放日报报业集团特别注意加强内部财务的管理。该集团与博科正式签约,决定启用博科09集团财务信息化管理系统,对集团下属9报3刊1网站1剧院进行集中式和分布式相结合的财务管理,构筑整个集团的财务信息平台,实现信息共享。实行财务集中管理是大型传媒集团以及文化事业单位进行统一财务管理核算,加强监督控制的必然要求。集团在项目实施前,存在集团内部的会计信息失真、信息滞后、监控困难、信息管理成本高等多个迫切需要解决的重大问题。博科09集团财务信息化管理系统为其提供了集中的财务核算管理、全面的预算管理、强化的资金管理、及时准确的合并报表和智能的决策支持等功能,统一了集团的核算标准和规则,加强了对下级单位的约束,建立起对成本中心、利润中心和投资中心的绩效考核体系,实现了对下级单位财务数据的实时监控,达到了集中管理的目的,保证了报业集团企业的正常运作。

解放日报报业集团率先尝试并运行成功的虚拟部门,就是在原有实体部门之外,设立人才柔性组合的平台。它不受编制、官僚层级、传统职能等条件的约束。正因为不是实体部门,所以,每个参加虚拟组织的人都最大可能地发挥其创意,说出自己的想法。在讨论工作的时候,或者谈到某个想法时,相互之间是平等的。通过成立虚拟部门这一动态交换平台,既丰富了事业发展中不断派生的各种功能,又发现和锻炼了人才。集团现已成立的虚拟部门包括:文化讲坛部、公共企划部、项目拓展部、资源整合部和新媒体部。例如,成立于2005年7月5日的解放日报报业集团文化讲坛,以文化做独家、做品牌、做可持续影响力为追求,以彰显文化追求、文化力量作为宗旨,每次邀请3~5位名人,共议一个文化主题。主题涉及文化和谐、世界眼光和文化思维,网络时代的文化,中华文化的传承和弘扬,媒体责任和文化传播,从不同的角度展示了关于文化地位、文化生态、文化规模和深层思考。文化讲坛并不仅仅是一个讨论文化、政治、经济等问题的讲坛,它更多的是一个平台、一座桥梁、一个网络。致力于文化企业和大众、社会之间有效的沟通。文化讲坛的核心价值在于对文化影响力的改造和经营,将文化的思想火花通过传播的网络引领社会大众。虚拟部门的创新产生了实际效应。

3. 多元化经营,提高市场抗风险能力

为了做大做强党报事业,《解放日报》的一条思路是:改变增长成分,用好品牌、资源,拓展多元经营。正如解放日报报业集团社长尹明华所说,"在长期的计划经济体制下,党报同志只盯着报道、编辑,对经营管理、整合营销、多元拓展、品牌塑造等缺乏足够的关注和投入。于是,党报的经济增长成分变得非常单一,90%收入来自广告,抗击市场风险的能力很弱",[①]为此,改变增长成分也是一种革命。党报拥有众多优质品牌、资源,是延伸产业链条、进入多元行业的重要桥梁。一旦错过品牌、资源的高峰价值期,再想进入相关行业必然事倍功半。此举也有助于改变集团90%收入来自广告的单一经济架构,提高抵御风险能力。

解放日报报业集团在资产经营层面的运作至少包括:参股浦东发展银行,回报率20%以上,至今仍达10%;投资一家名为"杏花楼"的企业,年回报率30%等等。集团对外合作项目还包括:与东渡国际(集团)有限公司签署战略合作协议,进行房地产开发项目合作;与上海纺织控股集团、上海瑞立投资有限公司合作,打造上海时尚产业发展平台;由解放传媒投资公司、申江服务导报与上海博雅文化发展公司共同投资,成立"申报文化产业发展有限公司"。2005年10月26日,《解放日报》与上海东洲资产评估有限公司正式签约,启动《解放日报》品牌无形资产价值评估工作。此次与资产评估专业机构签约进行品牌价值评估,是该报又一个改变增长成分的创举。

4. 积极介入新媒体,打造以"i"为关键字的系列新媒体品牌

以网络为代表的新媒体的出现打破了传统媒体的渠道霸权,并不断分流受众的信息来源。传统的报业集团顺应新闻生产力的发展要求,并借助上海所拥有的高新技术平台,充分利用现代信息及通讯技术的最新成果,积极打造新媒体技术平台。解放日报报业集团着重从互动、品牌和资源三个方面入手,相继发展以"i"为关键字的系列新媒体品牌——i-news、i-mook、i-paper、i-street,以不同的终端形式对各个细分市场的受众实现无缝覆盖。解放日报报业集团在媒介融合方面的尝试,比国内各报业集团先行一步。

早在2006年,集团就开始了整个新媒体的布局,推进"4i工程":手机报(i-news)、数码杂志(i-mook)、电子报纸(i-paper)、公共视频(i-street)相继于次年1月、3月、6月和9月问世,以不同的终端形式对各个细分市场的受众实现无缝覆盖。"i"的谐音为"EYE"(眼睛),诠释了对新媒体偏重视觉沟通的体系。这个英文字母是个充满个性化和昭示着年轻的符号,既有利于形成统一的品牌,也可以恰如其分地表达新媒体的定位和期待。"4i"的核心理念

---

① 尹明华:《改变增长成分是一种革命——新时期做强党报的探索》,载《新闻与写作》,2006年第1期,第12~14页。

就是"让创意产生价值,让无形资产转化为有形资产,用轻资产撬动重资产"。也就是用自己的创意和概念为投资者创造一种预期,然后从国际风投市场吸引资金,用他们的钱来投入自己的这些项目,让他们相信花出去的钱会得到回报。

  解放日报报业集团发展的新媒体,可以说是有无限的需求和无限的生产者,以及零成本的复制。这种用非稀缺资源——创意实现非线性增长,也让集团在所投入的领域开始赢利,其中:

  (1)i－news:2006年1月启动上海手机报i－news,将图文声并茂的新闻内容主动推到用户手机终端,读者可根据自身兴趣回复选择或登录手机网站。其首次推出,即受到热烈好评。i－news手机报已开发了移动和联通的短信版、移动彩信版以及联通WAP版。其中,移动彩信版是i－news手机报整体业务的突破口,已实现一天早晚两次发送。i－news目前定制用户超过10万,成为上海地区最大的手机报。除了开发综合新闻类产品,i－news作为解放日报报业集团的无线增值业务品牌,还进行了纵向开发和行业应用。主要是依托《人才市场报》,推出了i－news－job无线人才项目。这个项目针对求职者开发了掌上简历、掌上人才网、掌上资讯和掌上求职等四种产品,用户可随时随地实现向用人单位发送简历、查询人才资讯、浏览《人才市场报》等功能服务。与综合新闻的读者相比,求职者是细分的用户群,i－news－job正好满足了他们的特殊需求,因此,用户的黏度也比较大。以优质内容为其竞争力,在各种营销活动的推动下,i－news总用户从0增加到了100万,i－news成为上海地区规模最大的手机报,其中核心产品彩信报收费用户达到16万,累计订阅用户60万,是上海用户规模最大的地方彩信手机报,占市场份额90%以上。2008年,i－news手机报项目收入已经达到千万级别,形成了稳定的正向现金流。[①] 在首届中国品牌媒体高峰论坛暨品牌媒体联盟成立大会中,i－news被评为"报业新媒体10强"。i－news的运营是将报纸信息经过整合编辑变成适合在手机上观看的包括图文、视听、娱乐等多媒体信息,再通过由无线通信技术提供的业务平台发送给手机用户,为其提供新闻、娱乐、资讯等无线服务,不仅满足受众追求个性化服务的需要,而且受众也可以根据自身兴趣回复选择或登录手机网站。至今,i－news已开发的有移动和联通的短信版、移动彩信版、联通WAP版、IVR版等形式,更加强调与受众间的互动。

---

① 张晓红、李佳骐:《向新媒体转身的果断与从容——解放日报报业集团的探索和思考》,载《新闻战线》,2011年第2期,第36~38页。

(2) i-mook：2006年3月，解放日报报业集团又推出数码杂志i-mook，利用Flash、视音频合成等编辑手段，读者通过下载特定的阅览器，可按照传统的翻阅习惯浏览杂志，同时又融入纸质媒体所不具备的动画、旋转、透视等效果。解放日报报业集团利用i-mook这一网络数码杂志集成平台开发包括时事新闻、主流党刊、流行服饰等多个主题的电子杂志。

(3) i-paper：2006年6月，解放日报报业集团推出全球首张电子报纸i-paper。i-paper采用特殊的电子纸显示技术，其可读性和节能性与传统纸张相似，利用环境光阅读，阅读时不需电池，可仿照读者的传统阅读习惯。电子报纸可在固定场所，如家中、办公室和商务休闲区下载更新报纸内容。i-paper这种新媒体形态是应用电子纸显示技术的成果，是报业集团与拥有原创核心技术的荷兰iRex科技公司进行技术合作的结果。

(4) i-street：2006年9月，解放日报报业集团铺设了公共新闻视屏i-street，i-street在繁华商圈与主要商务区的街道LED字幕机及大屏幕上播放解放日报报业集团旗下报纸的图文内容，并实现视频内容的实时传输播出。在内容中插播滚动套装广告，通过广告销售赢利。i-street就是采用LED技术及宽带传输技术进行播放，将报业集团电子报和手机报上的图文内容等资源平移过来，通过LED字幕机及大屏幕播放给受众，并实现视频内容的实时传输播出。[①]

解放日报报业集团"4i"战略的实施取得了显著成效，该集团的数字化是围绕着网络的三种突破进行的：网络的发展突破了时空的限制，硬件的发展突破了能力结构的限制，软件的发展突破了知识结构的限制。在电子杂志的营运模式上，解放日报报业集团追求的是内容的突破，不再局限或拘泥于杂志的概念，而是着重对数字化视频内容的掌控和使用。解放日报报业集团还完成了一种大型的交叉产品的试验，就是能无线下载、内容丰富、价格低廉、携带方便的阅读器；公共视频也将进入实体运营，解放日报报业集团将与渠道商紧密合作，在规模上进行突破，在更多点位上推进。此外，还将整合各类数据库，按照不同终端的特征，装载不同的内容，尝试建立数据分析系统，培育数据分析人才。

除了"4i"战略外，解放日报报业集团从2008年1月起与上海阿尔法信息技术有限公司合作，设计开发"报业全媒体多通道数字出版系统"（简称"复合

---

① 柴洁、徐彦辉：《解读解放日报报业集团新媒体战略》，载《新闻传播》，2009年第7期，第48~49页。

出版系统"),寻求传统媒体与新媒体融合发展。该系统能够在集团传统报业内容生产与新媒体项目内容需求之间搭建起高效、快捷的数据交换和发布通道。其核心功能是将传统报纸版面快速转换为数字化信息,汇入标准数据库,此后根据各种不同新媒体传播渠道的需求,将这些信息通过模板化的快速编辑和拼版功能快速整合成不同格式的新媒体内容产品,并通过网络、手机无线下载等方式发布到不同的传播介质上,从而实现新媒体采编发流程中的自动资讯收集、快速模块化拼版和多通道多载体内容发布。

该系统正式运行后,解放日报报业集团部门原来的重复工作被一套效率更高的工作流程所替代:传统报纸版面的内容可以得到多次反复的利用。这样,大大减少了制作网站内容和数字报纸所需要的人力资源。同时,生成的多种新媒体格式的内容,可以生产多种形态的新媒体产品,内容表现更加丰富。该系统为报业出版数字化、管理信息化、传播网络化,开辟了一条崭新的途径。

另外,有关解放日报报业集团媒介融合的探索中,值得一提的还有电子报纸《新新闻》。2008年春天,解放日报报业集团"《新新闻》编辑部"挂牌。此后不到一个月,一份呈现在荷兰 irex 公司生产的第二代 mad 阅读器上的电子报纸《新新闻》,就在这里正式诞生。这份从早上8点到下午6点每小时正点出版的电子报纸,突破了传统纸媒形态,完全省了纸张和印刷成本,而且突破了日夜轮回的传统出版周期,可以按时间半径进行多种图文资讯的实时传播,目前每天可在11个小时整点出版约50个版面。《新新闻》以其便携性、交互性、实时传播、无线、易下载和易存取、数字化与个性化等优势为报业发展提供了全新的想象力。①

2010年9月,代表解放日报报业集团的"解放报业"App(应用程序)在"苹果应用商店"(App Store)正式上线。苹果 iPad 平板电脑在中国市场首发仅一周,集团迅速整合新媒体内容,以《解放日报》、新闻晨报电子报纸、解放牛网、新新闻等为主干的内容结构,快速完成了"解放报业"App 的开发任务,并顺利通过苹果平台的技术审核,在国庆前发布上线。iPad 用户在"苹果应用商店"(App Store)内搜索关键词"解放"或者"解放日报"即可下载使用。

经过数年的探索与实践,解放日报报业集团在媒介融合方面积累了宝贵的经验。

首先,从其战略实施过程看,他们对媒介融合进行了两种形式的诠释。一

---

① 陶文静:《移动电子报,报业发展全新的想象力——解放日报报业集团党委书记、社长尹明华谈报业未来》,载《传媒观察》,2010年第6期,第9~11页。

是集团内部媒体之间的整合与并购，争取以规模出效益；另一种是不同媒体之间传播方式和内容的相互借用，共同发展。集团旗下有很多家报纸，各家报纸之间的内容是封闭的、分割的，所以发展新媒体就要逐步对内部进行流程的再造。这就要求记者采访到内容后，要先提供给"数字传播中心"，使那里成为信息积聚的内容源，然后由它来进行内容配置，分别传送到不同的载体，各载体再根据自身的特点对内容进行形式上的"修改"，最后传播出去。这样整合过的内容通过几次传播可以使新闻的影响力增大，甚至使整个新闻生产流程也发生变化。融合传播过程中利用数字技术，可以重塑报纸出版业的行业边界和业务形态，推动多元传播格局下报业出版方式和报业经营模式的转型，实现报业核心业务与信息网络传播技术的深度融合。

其次，在实施媒介融合战略中，重视内容流程再造。媒体流程再造的核心是内容流程再造。解放日报报业集团以虚拟组合的方式，从几年前开始发展新媒体和数字出版，现已在网站、手机报、电子报、数码杂志、二维码等领域取得了突破。集团在推进内容流程再造变化中，聚焦于3个项目：一是内容领域中的价值体现，目前正在推进的新闻搜索和分析平台，即是在不打破体制机制的情况下变动流程，使采编队伍拥有一个强大的新闻汇集和搜索平台；二是多通道复合数字出版平台，使新老媒体之间具有通畅的数据交换通道，多样式地生成新媒体内容产品；三是智能手机新闻互动服务平台，通过商务性互动实现平面媒体内容的个性化和视频化展现。

再次，解放日报报业集团尝试在媒介融合的过程中打造内容高地，建设内容超市，按照时间半径向不同的传播途径对有限的信息源进行优化配置，实现增值收益，发展新媒体。同时，尽可能地让各报纸在现有体制框架下，按照自身定位进行选择和深加工，保持新闻运作中的特色和相对的自由度。解放日报报业集团的电子报项目正在尝试反周期出版，突破报纸一天24小时的出版限制，而按照时间节点推出，每天可以出5期，甚至可以达到10期、20期或者更多期。

5. 打通资本市场融资渠道

传媒的转型离不开雄厚的资金支持，解放日报报业集团要想成功实现从传统媒体集团向新型传媒集团的转型，必须拓宽资金来源渠道。解放日报报业集团在发展规划上制定了打通资本市场融资渠道的战略，2007年借壳新华传媒实现上市，成为省级党报集团中借壳上市的第一家，并且成为新华传媒（600825）的第一大股东。传统的党报报业集团进入资本市场具有非常重大的意义：第一，实现从证券市场直接融资的目的。传媒企业买壳与借壳上市最直接的目的就是获得上市资格这个"壳"的无形资本,并注入资产,通过配股、增发新股等形式从证券市场筹集资金,实现发展自身业务的目的。第二,建立规范的现代企业制度。可通过实现产权多元化,促使报业集团转变体制、机制,在这个新的体制平台上,建立适应市场发展要求的、高效的现代企业制度,并形成更加有利于传媒发展的运行机制和企业文化,从而保证集团在传媒市场中的竞争优势,获得可持续发展。第三,买壳上市具有巨大的新闻效应。随着我国证券市场规模的日益扩大和投资者队伍的不断壮大,上市公司伴随着其股票的买卖,成为众多投资者瞩目的对象。报业集团借壳上市的过程,往往就是一次大规模的免费广告活动,一级市场的包装宣传和二级市场的股票炒作,能为上市传媒带来巨大的广告效应,带动所隶属的传媒的知名度及竞争力的迅速提高,无形资产也得到相应提升。

　　前已提及,截至 2009 年底,解放日报报业集团总资产已达 74 亿元、净资产 30 亿元、主营收入 26 亿元。与集团成立前的 1999 年总资产 10 亿元相比较,10 年间足足增长到 7 倍。2010 年 7 月新闻出版总署首次发布中国报业集团总体经济规模综合评价,在全国 50 多家报业集团中解放日报报业集团名列第二。

　　在报业转型期和媒介融合的新形势下,这家综合实力较强,颇具发展潜力的报业集团,能否抓住新机遇,及时转变发展方式,培育与提升自身的核心竞争力,进而成为一家真正意义上的现代化的报业传媒集团,我们拭目以待。

六、文汇新民联合报业集团:向文化产业集团迈进

　　文汇新民联合报业集团(以下简称文新集团)拥有历史悠久的两份报纸《文汇报》和《新民晚报》。其中《文汇报》已经创办 70 多年(创刊于 1938 年),在广大读者尤其是知识分子读者当中,有着广泛的影响力。而具有 80 多年历史的《新民晚报》(创刊于 1929 年)更是一份发行逾百万、蜚声海内外的强势媒体。在 2004、2005 年"全国晚报都市报竞争力排行榜"中,《新民晚报》两度雄踞第一;世界报业协会发布的世界日报发行量前 100 名排行榜中,《新民晚报》连续三年榜上有名。世界品牌实验室发布的 2011 年"中国 500 最具价值品牌排行榜",《新民晚报》再次上榜,排名第 134 位,年度品牌价值为 92.32 亿元。就单份报纸而言,文新集团旗下的《新民晚报》是颇具竞争优势的。

　　文汇新民联合报业集团于 1998 年 7 月 25 日诞生,是上海第一家报业集团的试点单位,采取的是两家实力雄厚的大报联合组建的形式。"文汇新民联

合报业集团"成立后,《文汇报》、《新民晚报》不再作为独立的法人单位,而成为集团的两个主要下属部门,分别负责两报的采编工作。原两报所属的系列报刊暂由两报编辑部代管,将来逐步按独立化的目标构建。原两家报社所属的党群组织、行政管理部门和经营管理部门均由集团统一重组,实现一元化的领导。集团组建后,明确提出,通过深化改革,机构和人员要达到"1+1<2"的要求,而在挖潜增效上,要实现"1+1>2"的目标。一年后,集团对所有的部门、所有的干部和所有的工作人员实行定岗、定员、定编,对各个岗位和工种,都要确定工作的数量、质量标准,并且与考核条例相匹配,与奖惩相结合。集团各层干部均按新的机制择优聘任,采编人员实行双向选择,并在两报间进行交流。

集团成立十多年来,以改革促发展,积极探索一条创新管理模式、产业模式和经营模式的可持续发展路径,逐步走上了健康稳定发展的轨道。集团拥有17家纸质媒体1家出版社,期发行量超过250万份。近年来,文新集团积极、稳健发展新媒体,以多媒体新闻网站、手机报、呼叫中心等为代表的十余个新媒体格局已初步形成。集团培育了37个市级、集团级优秀媒体品牌,1400余件新闻作品获得中国、上海新闻奖等奖项。集团构建媒体主业与印刷、文化产业、资本运营四大板块,形成"一业为主、多业并举"的发展态势。2011年,集团总资产规模达76.43亿元。从总体上审视该集团组建后的发展历程和取得的成效,主要体现在如下五个方面:

1. 集团的组织结构和产品结构调整

1998年底,文新集团完成了两报有关部门并轨组建工作,1999年正式挂牌进入运行。1999年集团经营系统机构全面重组,将两报经营部门合二为一,平稳地度过了磨合期,妥善地安置了80名转岗人员;对原两报众多的经济实体进行关停并转的整顿,重组了14家经营实体,关闭了11家经营不良的公司。

文新集团停办了《文汇生活导报》、《文汇电影时报》、《漫画世界》3种市场定位不准、经济效益差的报刊,集中人力财力创办了《新民周刊》、《上海日报》(英文)和《上海星期三》、《东方早报》等新报刊,不仅完善了报刊结构,也使之成为集团新的经济增长点。

集团现拥有17家报刊,包括《文汇报》、《新民晚报》、《上海日报》(英文)、《东方早报》、《上海东方体育日报》5份日报,《文学报》、《文汇读书周报》、《新民地铁》、《新民晚报社区版》、《行报》、《外滩画报》6份周报,《新民周刊》、《新闻记者》、《今日上海》、《上海滩》、《新读写》、《私家地理》等6份刊物,另有文汇出版社、文新传媒网站及彩信手机报等,形成了日报与周报,早报与晚报,中文报与英文报,半月刊与月刊,纸质媒体与新媒体等具有互补性的,结构较为合理、品种较为齐全的媒体产业群。集团坚持做强媒体主业、发展相关产业,积极打造文汇报系列、新民晚报报系,面向市场,集成创新,打造印刷产业和文化金融产品。

目前文新集团业已形成特有的品牌优势、新媒体产品和外宣特色。尤其是14个驻外文汇报记者站和遍及28个国家和地区的《新民晚报》海外版,以及上海市访问量最大的上海日报英语新闻网站和年服务话次70多万的对外信息服务热线962288,凸显了集团特有的对外传播能力。

2. 集团化经营发挥联动效应

文新集团成立后,全面启动对原两报行政系统所属16个经济实体关停并转的重组,年内又对原两报老干部、退管会、工会的14个经营实体重组,剥离不良资产,清理债权债务。同时,1999年间完成了实业经营大厦的改造工程,实施相对集中的办公经营。为了改变经营管理项目过于单一的局面,在全力办好《文汇报》、《新民晚报》两张主报的同时,根据市场运作规律,组建了20多个经济实体,使经济效益得到大幅提高。根据上海市国资办统计,文新集团的保值增值率名列上海市前列,此外,集团还在北美、欧洲、澳洲及中国香港等地拓展新闻业务,提高集团的国际知名度。

集团化经营的优势之一,就是变分散为集中,通过提高效率,进而产生效益。文新集团成立前,两报及下属单位在外开设的账户共88个,资金分散,各自为政,资金计算中心成立后,经拆并归口开户,实行一口化管理,不仅规范了集团及下属单位的对外结算,而且集中了资金。在印务方面,《文汇报》原来有一家印刷厂,即文汇洛川印务中心,《新民晚报》有两家印刷厂,即新民沪太路印刷厂、新民金桥印务中心。集团成立后,印务工作贯彻"拆三建一"的原则,改变原来三厂的机制,按现代企业的要求组建集团印务公司。两家印厂印《新民晚报》和《文汇报》,盘活的一家印厂则代印社外报纸,同时还增加了豪华版印刷,承印豪华版广告等,使印刷业成为文新集团的一个新的经济增长点。2004年,上海印刷集团完成股权结构的多元制改革,文新集团对其拥有82%的绝对控股权。2006年1月8日,上海文汇新民联合报业集团现代印刷基地在青浦工业园区开工。该印刷基地是由上海文汇新民联合报业集团和上海印刷集团共同投资建设,以上海中华印刷有限公司和商务印书馆上海印刷股份有限公司两家骨干企业整合而成。"2008年,上海印刷集团在青浦新建的9.5万平方米现代印刷中心全面完成,并启动以中华公司为主体的资源整合。五年来,集团以'中华'、'商务'和'新华'品牌为核心,资产重组、资源整合,形成了产业集群效应……切实转变发展模式,提升产品技术含量,实现跨越式发展,成为印刷平台最完整的中国印刷企业集团之一,也是华东地区最大规模的印刷生产服务型企业之一"。①

集团成立后,广告经营依据市场走势作适时调整,不断创新,积极探索联动政策,推出了广告"超级金版、金银版、豪华版",探索出一条集团两报广告共同经营的新路。创意策划的"金版广告"是集团推出的一个高等级、高品位的广告品牌。它的载体为同日出版的《文汇报》和《新民晚报》。它的发布范围和发布量是两报发行所达到的国内外所有地区和两报发行量的总和。集团的"金版广告"可以有不同的创意、不同的板块组合和使用不同的广告语言,但必须是同一品牌、同一产品、同日刊登,即是同一企业或同一产品在文汇、新民两报的相应版面同一刊出的广告,有联动、成规模的广告效应。"金版广告"立意高、品位高、影响广,推出后已收到良好的效果,初步培育生成了集团广告的一个新增长点。集团内部管理上执行业务员"红黄牌"制度,即一个月内达不到指标数,出示"黄牌",三次"黄牌"即为"红牌"出局,优胜劣汰,一年内"黄牌"18人次,5人转岗;把广告经营与管理相分离,建立发布部,理顺体制;组建广告策划部参与虹口体育场场地广告开发和市大型活动的集资工作,一年内创收600多万元,为成立集团活动部打下良好基础。

3. 从媒体集团向新闻文化集团迈进

2003年1月,文汇新民联合报业集团在确保原有报业主业持续发展的前提下,进一步提出了新的发展模式、赢利模式和管理模式,确立了通过三步走,把集团建成全国前列、亚洲一流、世界著名的,多媒体合作,跨地区、跨行业运作,多元化经营的大型新闻文化集团的战略目标。同年4月,集团组建了文化发展部,其定位是集团文化产业的指导和服务部门,具有研发、管理和运营等职能。集团以投资、控股、参股、合作等方式组建了13家各具特色、有内在业务联系、相互融合的专业文化公司,形成了集团文化产业发展的基本思路和整体框架,即全力打造音舞、会展、动漫和影视等文化板块,重点发展票务网络、剧场经营、艺术教育和园区开发等业务主线。

2005年末,上海启动了演艺产业终端营销平台的重组,文汇新民联合报业集团、上海文广集团、上海大剧院艺术中心、上海东方网股份有限公司和上

---

① 《整合资源 创新转型——上海印刷集团五年发展取得良好效益》,参见文汇新民联合报业集团网"集团最新动态",发布时间:2012.10.08,http://www.wxjt.com.cn。

海精文投资有限公司5家股东联手打造全新的上海东方票务有限公司。将剧场资源、媒体资源、院团资源、技术资源在新平台上集聚,力求形成演艺产业的新格局。东方票务以票为载体,以专业的票务运营商介入文化产业市场的运作,切入文化产品的宣传、销售、市场培育、客户服务等层面,形成良性互动的信息流、物流、资金流,组建一个以高科技支撑的融文化消费咨询、文化产品营销为一体的现代文化产业服务营销平台,为文化、娱乐、体育、会展等提供优质的票务营销,为剧场、院团、演出公司、文化投资商提供专业的票务管理、产品推广营销服务。

文新集团现已组成11家公司、1家剧院和1个院团的文化产业群。其迅速建立起来的文化产业架构和不同领域的文化产业项目形成合力,在社会上引起了不同阶层人们的关注,接连不断的国际合作也使集团在海外享有了一定的知名度,这大大提升了文新集团的品牌价值。[1] 集团已形成媒体主业、印刷、文化产业和资本运营四大板块,勾勒出"一业为主,多业并举"的集团发展新蓝图。

4.资本运作改善报业经营结构

2000年5月,上海文新投资公司挂牌成立,文新集团的经营向新的领域扩展。文新集团通过实施资本运作,从优势企业和市场反馈情况看,集团的品牌和经济实力得到了认同,有众多单位愿意同集团合作联手发展。集团在资本运作上,有投出,也有吸纳,通过构建集团引进社会资本的运作平台,打通集团吸纳社会资本的通道,构成真正意义上的资本运作。在对外投资的管理上,文新集团对投资项目的可行性进行研究,包括市场分析、投资分析、赢利分析,同时强化和明确对投资项目经营状况、投资收益等情况进行分析反馈,明确派出董事、监事的总体原则和要求,界定对外投资项目的管理职责和要求,通过强化对投出资金的运行监督,加大对投资的监管力度,争取较高的投资回报。文新集团还实行集团财务委派制度,对集团整体资产运营实行动态参与、动态管理、动态监督,为集团的资产管理、资金运作提供了真实可靠的信息,集团建立健全内部管理制度,相继出台《对外投资管理办法》等20多个有关资金资产管理的规定。

文新集团的战略在于以资产为纽带,以资本运作为手段,以多元经营为舞台,改造传统报业经济结构,努力提升非报业经营效益,使文新集团成为具有

---

[1] Susie:《点击"东方票务" 连通文化平台——文汇新民联合报业集团文化产业发展缩影》,载《青年记者》,2006年第6期,第15~16页。

综合竞争力,能抗衡各类风险的多媒体新闻集团。① 文新集团自 2003 年以来,通过证券市场介入资本运作,加大对文化传播产业的投资,做大主业。例如,文新集团通过控股合并上海印刷集团,建成上海青浦印刷基地。依靠投资、控股、参股、合作,相继组建 11 家以音乐舞蹈、会展、动漫、票务、剧场经营为特色的文化公司。截至 2005 年 9 月,集团实际支付的长期股权投资为 201404.37 万元,其中证券投资 77.4 万元,集团内投资 51653.85 万元,引入集团外投资者的股权投资为 149673.12 万元。非文化、传媒领域投资占了 40% 左右。

2010 年,文汇新民联合报业集团旗下的新民传媒广告有限公司相继进行了两次资本运作。上海新华传媒股份有限公司撤资退出,文汇新民联合报业集团则对新民传媒广告公司增资 5000 万。新民传媒广告公司是文汇新民联合报业集团在 2007 年投资成立的新民晚报广告经营平台。2008 年初,通过资本运作引入上海新华传媒股份有限公司。由于宏观经济环境的变化,以及面临报业体制机制的改革,在市委宣传部、国资部门的协调下,文汇新民联合报业集团同意新华传媒股份公司退出新民传媒,文汇新民联合报业集团则增资新民传媒。2010 年 4 月,文汇新民联合报业集团又对旗下的新民传媒广告公司增资 5000 万。

5. 数字化建设的领先之举

近年来,文新集团引进了移动、便携、互动、多媒体应用等四大新媒体技术。新技术的跟踪与应用,以及相应资金的投入,搭建了一个能保障集团网络、通讯,全天候正常运作的技术平台,为手机发稿、发图、短信提示、自动校对、流程监控、统一门户和 VPN 远程办公等多元化的生产方式、制作形态提供了强有力的技术支持,积累了数字资产。连接集团 6 幢大楼的网络管理基础平台,构成了速度达千兆的内部局域网主干部分和速度达百兆的桌面部分,总出口达到 180 兆,9 根专线;无线网络全面覆盖文新大厦,虚拟专网构建到位;安全防御系统集防御管理于一体。在这个技术平台上,建立了文新网站,打造了多张手机报,并相继创办了呼叫中心、票务中心、图片中心,开辟了对外服务热线等。《新民晚报》海外版也通过这一平台成功地在 28 个国家落地,为其进一步扩大海外影响铺平了道路。数据库建设推动报刊内容数字化。数字资源的积累,形了数字资产和资本,也促进了报刊资源的开发利用。

---

① 顾行伟:《盘活存量资产 拓展资本运作——文汇新民联合报业集团组建以来报业经济的发展探索》,载《新闻战线》,2001 年第 3 期,第 27~29 页。

现在文新集团两大数据库,囊括了《文汇报》1938年1月25日创刊以来、《新民晚报》1946年5月1日至今的全部图文数据。集团不少报刊内容也进行了实时同步数据处理,为新闻信息资料的多次开发、盘活利用,以及新媒体诞生、商业模式形成奠定了基础。文新集团在新媒体方面的建设有如下举措:

一是促进集团文新传媒网整合各报刊内容,并展现在该网站32个频道、数百栏目、近千个专题上,发挥其门户网站和对内信息服务功能。

二是以延伸和扩大报纸品牌为目标,推动"报网互动",大力扶植《新民晚报》、《上海日报》、《东方早报》等网站建设。2006年创建的新民网通过论坛、博客、播客迅速聚集人气,成为有影响力的新闻门户网站之一。《上海日报》是一张英语报纸,目前该网站80%的访客来自海外,成为上海市访问量最大的英语新闻网站。其电子报还与《纽约时报》、《华尔街日报》、《华盛顿邮报》一起登陆全球最大的网上书店亚马逊,成为亚洲第一家入选亚马逊KINDLE计划的战略合作伙伴,并实现了内容在北美的零成本落地。《上海日报》近年还开始利用微博平台扩大影响力,开通新浪和腾讯官方微博,坚持中英文双语,树立了立足上海的国际化媒体的形象。2011年,《上海日报》成为中国首家自行研发出针对黑莓平板电脑PlayBook插件的媒体。

三是充分运用新的传播形式,整合集团资源,培育面向市场、具有成长性、特色鲜明的新媒体,先后创建了呼叫中心、票务中心、图片中心等。以上海对外信息服务热线为例,该呼叫中心截至2011年末,共拥有在线坐席工位105席,年度服务语言为英语、日语、韩语、法语等共11种,其中英语、日语24小时服务,其余外语语种每天8~22时服务。在线服务的外语语言能力全部达到专业外语翻译水平,是国内目前外语服务语种最多、外语语言能力最强的呼叫中心。2011年1至10月,热线外语共计服务65.3万次,日均2000余次,全年达到73万次,全面超过热线开办前期2006~2009年每年的服务量。①

四是发挥集团独到优势,在数字印刷上积极开拓,通过技术攻关,承接保险数据、古籍典藏、海外出版物以及个性化印刷,布局数字印刷网点,争取世博会的数字印刷项目等。2007年底,文新集团推出了"1+4+X"新媒体发展规划:将文新传媒网定位为集团综合发布和信息服务平台,把《文汇报》、《新民晚报》、《上海日报》和《东方早报》4个媒体网站的错位互补发展作为重点工作,

---

① 《重创新 讲质量 求开拓——集团全面提升三大外宣品牌影响力》,文汇新民联合报业集团网站,http://www.wxjt.com.cn/index.php?m=main&a=articleDisplay&articleId=1236。

还将拓展手机报、上海影像网、962288呼叫中心等多种新媒体形式和衍生产品列入发展计划。2008年初，又细化了"OA+3"管理信息化建设方案，加大办公自动化，建立财务、人事、经营管理等信息系统的实施力度，促进管理创新，并设立"成长基金"，对符合媒体产业发展方向、具有创新性的项目给予资助和奖励。①

2010年，拥有72年历史的《文汇报》和81年历史的《新民晚报》开始用电子墨水"印"报纸了。文汇新民联合报业集团联合汉王科技，在汉王电纸书上推出集团旗下的部分报刊，为读者阅读这些传统报刊提供了一条新的途径，成为国内领先、沪上首家涉足电子阅读器产业的报业集团。

采用e-ink（电子墨水）技术的电子阅读器渐成流行，其逼真的油墨印刷效果和持久的续航时间使它成为替代纸质阅读的一大热门选择，而汉王科技的汉王电纸书则是中国电子阅读器产业的龙头老大、全球第二，其新产品已实现无线上网功能。作为内容提供方，文新集团近年来在电子阅读领域探索阅读转移、产业开发，有诸多成功的尝试。此外，集团推出的基于苹果手机iphone的新民网新闻客户端、世博英文信息（World Expo 2010）客户端、黑莓手机世博插件等，也实现了内容在智能手机上的落地，进入了电子阅读领域的高端细分市场。

综上所述，"强强联合"后的文新集团在内部结构调整、经营和技术创新等方面，都取得了一些成就，但不必讳言，其发展进程中也遭遇到一些现实困境。

由于文新报业集团的组建是采用强强联合的方式，这样一种方式对报业集团的健康快速发展存在某些不利因素。一般来说，媒介合并有两种情况，一种是强强联合，另一种是强弱联合。强强联合获得成功的可能性是存在的，可是其概率相对较小，主要原因是双方实力雄厚，对组建集团后的效益期望值较高，所以，国内目前也只有文汇新民联合报业集团等少数几个采用此方式；而强弱联合获得成功的可能性则比较大，因为劣势媒介对其现状不满，迫切希望通过与优势媒介的联合，摆脱困境寻求出路。强强联合如果其内部关系处理得较好，则可以在较高起点上实现较快的发展，应该说这是十分理想的联合方案。但是，如果处理不好，形成内耗甚至出现两虎相争的局面，那就背离了联合的初衷。就媒介管理的基础而言，强强联合比强弱联合好，可是从心理障碍来说，有时强强联合反而会比强弱联合大。从媒介文化素质角度来看，强强联

---

① 缪国琴：《借力定力发力——对文新集团数字报业建设的思考》，载《传媒》，2008年第8期，第36~38页。

合各方组织素质可能都较高,因而其联合在媒介文化上比较容易融洽;强弱联合由于各个媒介素质及文化差距可能较大,因此,媒介文化的融合较为困难。① 从联合后的现实情况看,文汇新民联合报业集团的强强联合事实上存在着以下几个问题:

(1)文汇新民联合报业集团成立之后,报系的结构没有太大的变化,报纸的读者定位、功能定位、风格定位基本上还是沿袭过去的传统,尚存在很多的市场空白没有覆盖到。该集团的内部结构其实不如同城的解放日报报业集团。由于没有像《新民晚报》这样效益好的报纸,解放日报报业集团面临一定的市场压力,因此更注重结构的组合优势。其旗下的《解放日报》,读者以各级行政领导、企业管理者、中年知识分子为主,《申江服务导报》读者主要以都市白领为主,引领都市消费时尚,《新闻晨报》面向城市上班族和股市投资者,《新闻晚报》面向广大普通市民,《报刊文摘》面向各级领导、知识分子。其受众定位精准,分工也相对明确。

(2)重组集团过程中难以达到资源的最佳配置。例如,文汇新民联合报业集团组建后于1999年8月迁入新落成的智能化文新报业大厦,原来两报办公大楼等因搬迁成为存量资产。原晚报大楼,面积13000平方米,原值2974万元,净值2376万元;原文汇大楼,面积14637平方米,原值2935万元,净值2334万元;原文汇印务大楼,面积15564平方米,原值8470万元,净值8074万元;原晚报沪太印厂,面积8520平方米,原值3711万元,净值3368万元;原文汇印务中心高斯机等印刷设备净值7539万元。如此规模巨大的存量资产,地域分散,设计使用功能等各不相同,如何盘活、如何统一监管是个很大的难题,报业集团曾设想了多种方案,可是后来发现均不容易实施,集团总经理顾行伟也认为原先设想的各种方案"牵涉面广,可操作性不强"。②

(3)集团的建立增加了垄断,相应地减少了竞争。《文汇报》与《新民晚报》合并成立文汇新民联合报业集团之后,集团规定客户在《新民晚报》投放广告的同时必须在《文汇报》作相应的投放,但《文汇报》的广告投放量始终没有较大幅度的提升。《文汇报》与《新民晚报》的广告投放量仍然存在很大差距。文汇新民联合报业集团成立后,虽然成为当时最大的报业集团,然而,这同时也

---

① 邵培仁、陈兵:《产业化背景下的媒介集团战略研究》,载《商业研究》,2002年12月下半月版,第50页。
② 顾行伟:《文新集团经营系统重组的实践与思考》,载《新闻战线》,2000年第3期,第10~13页。

意味着上海报业市场少了一个重量级的竞争对手,从原来的"三寡头"竞争变为"双寡头"竞争。竞争不充分必然会导致报业发展动力不足。减少了竞争的文汇新民联合报业集团没有压力去开发培育新的报业市场,反而利用自己的垄断地位提高了报纸价格,如将《文汇报》从每份 0.6 元调至 0.8 元,《新民晚报》从每份的 0.5 元调至 0.7 元。

(4)行政命令重组之下,集团遇到文化融合问题。集团的建立引发两大报纸原有员工的矛盾。《文汇报》与《新民晚报》组建成报业集团,两报员工的认识也不太统一。《新民晚报》的一些员工认为,《新民晚报》效益好,《文汇报》与《新民晚报》合并是"赤膊的拥抱了穿皮夹克的",《新民晚报》吃亏了;而《文汇报》的一些员工则认为《文汇报》虽然效益不如晚报,但《文汇报》具有大报风范,档次高,与《新民晚报》联合有点跌身价。实际上,当时文汇、新民两报都没有压倒性的优势,缺乏自愿联合、兼并重组的动力,因此在"组建集团中,曾有一些同志表示坚决不同意,甚至有人说是强强'强'合。但经过市委领导的动员、启发和一段时间学习酝酿,大多数同志都赞同'强强联合'"。①

因此可以这么说,文汇新民联合报业集团是主管部门通过行政命令来进行重组的。两大报纸合并组建集团后,便主要依靠《新民晚报》赚钱,2000 年《新民晚报》广告营业收入达到 8 个亿,《文汇报》只有 1 个亿。合并前,两报的职工工资待遇差距很大,合并后为了公平起见,就将《新民晚报》职工工资减半,《文汇报》职工工资则增半。因此在两报合并后,《新民晚报》的职工都埋怨优厚的薪金被《文汇报》剥夺,而《文汇报》员工则认为作为上海市委宣传喉舌,行政级别更高的党委机关报,现在居然需要《新民晚报》这种"小报"来解困,颇为难堪。这显示了在缺乏竞争性的产权市场环境下,由政府主导的传媒机构的合并与划拨,会部分丧失产权在流动过程中的竞争与选择功能,从而导致市场对社会资源合理配置功能的丧失。②

总之,文新集团组建后面临的最大问题,是如何在内部调整管理和整合资源的问题。这种紧密型的强强联合,实质上是将部分属于外部市场交易的行为内部化了,原来的市场交易成本必然会转化为管理成本。因而,市场交易成本的降低能否大于管理成本的上升,便成为评估这种联合的效果的一项指标。

---

① 高东、恽甫铭:《强强联合,走报业创新之路》,载《新闻战线》,1998 年第 10 期,第 61~62 页。
② 赵承业、赵丽新:《我国行政主导的传媒产业集团化现象与问题的研究》,载《经济与管理研究》,2006 年第 5 期,第 72~75 页。

从理论上说,强强联合可以使经营者避免竞争造成的资源分散和人才浪费,扩大经营规模,在更大市场中获得垄断地位,进而形成"总成本领先"的优势,同时可以使消费者享受到更全面、更优质的信息服务。但能否达到这样的目标,关键取决于集团内部资源与能力整合的力度和成效。正因为认识到这一点,文新集团成立时曾提出"十个统一"的经营模式,然而,问题是这种集中带来的效应可能只是暂时的,它对解决印刷能力和其他有形资源的合理配置、信息资源的共享利用和财务收支的总体平衡等,固然能收到明显的效果;而对人力资源价值的深度开发、组织结构设置在责权利相统一方面更趋合理,以及文化建设等方面,则不易收到良好的效果。因为集团规模大了,其内部的组织结构关系会更趋于复杂,从而使得协调与管理的难度大大增加,管理成本随之上升。正因如此,文新集团管理体制在实行集中经营一段时间后,又重新向分散经营回归。

梳理上海两大报业集团的成长创新之路,展望上海报业未来发展前景,可以得出这样的结论:报业转型是大势所趋。在当今的媒介环境下报业(传媒)集团要想"做大做强",就必须实施跨媒体、跨区域的跨越式创新发展战略,要摒弃囿于一个地区、一种媒体的陈旧发展观,冲破政策壁垒,在更大区域间进行同质媒体整合,在更宽广的范围内拓展经营业务,在继续做好报纸主业发挥原有优势的同时,加快网络和新媒体(全媒体)建设的步伐,并适度开展多元化经营。

上海位于长三角经济圈的中心,报业(传媒)集团的资源整合可延伸至江浙等经济发达地区,传媒影响力辐射整个长三角区域,在媒介融合的大背景下,有作为的媒介组织应当抓住机遇,在更大范围内整合资本、人员、技术等资源,以实现真正的跨媒体、跨区域发展,培育和提升自身的核心竞争力。这是上海报业特别是实力雄厚的传媒集团亟须考量的一条可持续发展之路。

第十一章

其他区域报业集团案例分析

在中国众多的报业集团中,除了前面两章内容所涉及的广东、京沪报业集团的典型案例外,其他区域报业集团亦不乏可圈可点的成功案例,其立足地域特点,发挥各自优势,积极探索报业集团做大做强做优的可持续发展之路。现分别选取不同区域一些比较有代表性的报业集团,对其改革创新实践和成功经验略作分析评点。其中包括东北边陲的哈尔滨日报报业集团、东海之滨的宁波日报报业集团、安营扎寨六朝古都南京的新华日报报业集团、逐鹿中原的河南日报报业集团以及地处天府之国经济文化中心的成都传媒集团、崛起于西部秦川的华商传媒集团。

哈尔滨日报报业集团是国内第一家具有法人资格的报业集团,作为中国报业体制改革的先行者,其不仅迎来了深化体制改革的第一缕曙光,更指明了中国报业体制改革的前进方向。宁波日报报业集团则是江浙地区成立的第一家地市级报业集团,其对市场化经营新模式的探索具有浓厚的浙商色彩,对地市级报业集团的市场化经营具有一定的示范作用。新华日报报业集团,作为中国报业集团中唯一党报、晚报双双过百万的报业集团,其主报《新华日报》为适应市场化需要进行的改革,走在了省级党报改革创新的前列。该报关于新闻报道改革创新的思路,以及对广告经营模式的成功摸索,为省级党报改革创新贡献了可资借鉴的新鲜经验。立足中原大地的河南日报报业集团具有双"独大"特点,该集团在全省报业市场中"一家独大",集团子报《大河报》更是"一报独大",探讨其"独大"特点及成因,尤其是《大河报》成长为该地区报业市场第一强势媒体的发展路径,可为中部地区的报业组织走市场化道路提供有益经验。成都传媒集团作为主要依托《成都商报》建立起来的传媒集团,体现了"跨媒体"发展特色,近年来,多媒体融合战略已成为成都传媒集团快速发展的助推器,该集团的探索也为西部地区乃至全国报业集团的"跨媒体"经营与发展路径的选择,起到了投石问路的先锋作用。以《华商报》为核心媒体的华商传媒集团,是目前国内第一家由非党报(其隶属侨联)组建的报业传媒集团,它特有的性质使其体制机制灵活,依托西部市场而能够实现越跨式发展和跨地区经营,其成功之道值得探究。

一、哈尔滨日报报业集团:深化体制改革初现曙光

《哈尔滨日报》创刊于1945年11月25日,是中国共产党在全国特大城市中最早公开发行的市委机关报。1999年12月,哈尔滨日报报业集团(以下简称"哈报集团")正式组建成立。它创下了新中国报业史的另一个第一,即第一家获得企业法人资格,开启了中国报业体制改革的先声。以此为发端,哈报集团打造现代企业管理运行体系,通过体制改革和机制创新,走上了发展快车道。

经过十多年的快速发展,目前该集团已经成为以新闻出版板块为核心、以报业经济体系和实业开发体系为支柱的多层次、多产业的现代化企业集团,实现了跨越式发展,确立了在黑龙江省报业的龙头地位。集团由5报4刊1网站组成,即《哈尔滨日报》、《新晚报》、《都市资讯报》、《家报》、《科学发现报》和《地产》、《知识文库》、《学理论》、《学子》及哈尔滨新闻网。由报达印务股份有限公司、报刊发行公司、报刊零售公司、发行公司客户服务中心、市区21个发行站、报达纯净水有限公司组成的报业经济体系和由报达国际旅行社有限责任公司、报达房地产开发公司、报达营销有限公司、报达海外商务学校、报达旅游开发有限公司、报达家政服务公司、报达浆洗有限公司、报达幼稚园、报达便利店、报业大厦等组成的实业开发体系已经成为报业集团发展的支柱。

2008年哈报集团实现销售总收入4.66亿元,比上年增长8.93%;实现广告总收入3.146亿元,比上年增长10%,再次创历史新纪录。哈报集团党组书记、社长、总经理程颖刚在"2008年中国报业十大人物和十大事件"评选中被评为"2008年度中国报业十大人物"。

2009年,在第四届中国传媒创新年会暨中国传媒改革三十年论坛上,哈报集团荣膺"中国十大地市报品牌"称号;集团的《新晚报》再次捧回了"中国创新晚报·都市报二十强"、"中国最具品牌价值晚报十强"、"中国晚报十大品牌"、"中国报刊广告投放价值百强·全国晚报二十强"、"中国晚报十强"等五项全国品牌大奖。

2010年起,哈报集团开始向全媒体转型发力,投资400多万,加强新闻网的建设,网站排名已从全球中文检索里的几十万名跻身前两千名。今后两年,还将追加1000多万元的投入。同时,加强全媒体记者的培训,目前已有30多名携带摄像机的记者活跃在新闻采编前线。

把报社和报业集团当成企业管理,把报纸当成一种商品来营销,是哈报集团创新发展的出发点。作为第一家拥有企业法人资格的报业集团,如何创新体制和报业管理机制,如何把握报纸这种特殊的带有意识形态属性的商品特性,及其在市场营销上的特殊规律,对于这些问题的回答,需要从报业实际出发,大胆开拓,勇于创新。回顾哈报集团在体制机制上的改革创新发展历程,可以探寻党报集团企业化发展路径的轨迹,并对我国报业体制深化改革、报业集团向现代企业集团转型诸方面,均具有积极的借鉴意义和现实的指导作用。

1. 党报企业化改革的创新之举

1992年,邓小平南方讲话发表后,确立了社会主义市场经济的主体地位。中国经济彻底摆脱"姓社姓资"的纠缠,也更加明确了发展市场经济的优先性。社会主义市场经济的快步前行,使中国报业也焕发出勃勃生机,在经过一段高速发展后,报业的传统事业单位的模式弊端开始凸显,并严重束缚着报业生产力的进一步解放。20世纪90年代初,中国新闻界在报纸的商品属性、报业的双重属性方面展开了讨论,初步达成了一致。报纸的商品属性要求报业走向市场,按照市场规律办报;报纸的意识形态属性则要求政治家办报,讲求党性原则。这种体认虽具有内在妥协的矛盾性,但表明了报纸不能单纯强调其意识形态属性,必须面向市场办报,否则报纸自身难以发展,也谈不上服务于"经济建设"这个中心工作了。

然而,报业在其改革进程中由于种种原因,仍然难以摆脱计划经济体制对它的束缚,其中一个主要原因就是在原有的事业单位行政级别、机关性质的导向下,报业组织难以适应市场的需求,也难以确立其市场主体地位。从报纸本身的市场化要求来说,只有把报纸看成是商品,才能够根据受众需求研究市场定位、市场细分,并按照市场规律搞好报纸发行和广告营销。可是在计划经济体制下形成的这些东西,严重地束缚着报社的发展。在社会主义市场经济条件下,城市党报要生存、发展,就必须走市场化道路,按照报纸的市场分工,重新明晰城市党报的市场定位,以求得新的突破和发展。否则,只能继续萎缩。这种萎缩的后果就是读者群的不断缩小,市场影响力不断下降,舆论引导功能不断弱化,最终将走向被"边缘化"的境地。如果不改变现状,如何发展报业?

社会主义市场经济这个大的经济背景,一方面促进了国内报业的发展,使其尝到了甜头,另一方面则要求报业改变原有的单纯的行政体制。正是在这种背景下,哈尔滨日报社于1995年提出了"政治家办报,企业化管理,市场化经营,社会化服务"的治社方针,报业改革已经从原有的计划经济体制下的办报模式向市场化过渡。

"政治家办报,企业化管理,市场化经营,社会化服务"的治社方针,正是对报业属性的全新理解。从那时开始,哈尔滨日报社就已尝试企业化运作,进行人事制度改革、分配制度改革等,把全员推向人才市场。最先从人事制度开始,实行内部考评百分制机制,把记者工作的数量和质量进行量化,出现了干好干坏不一样,进而形成一种激励的机制。与此同时,报纸版面进行了改革,尝试党报实行两大板块,第一板块以配合政府的中心工作为主,第二板块面向群众。当时《哈尔滨日报》有8个版,前4版面向政府和企业管理者,后4个版则主要面向普通市民。报纸版面的改革直接推动了日报的改革,报纸不再以战线划分,以版面的改革拉动机构改革,机构改革又推进了聘任制。从1995年到1998年,《哈尔滨日报》在企业化运营方面走在了全国报业的前列。

在报社尝试企业化运营、走向市场的同时,《哈尔滨日报》作为党报,其在发挥舆论阵地喉舌作用方面并没有受到影响,而且因为走市场、贴近受众,报纸的舆论阵地喉舌作用大大增强。看到哈尔滨日报社几年来经营得不错,因此,1998年,哈市市委同意其组建企业性质的报业集团,而当时国内还没有先例,哈尔滨日报社迈出了体制改革的第一步。

在现阶段的中国,政治因素对报业改革起着决定性作用,它代表着一种意识形态维持功能的国家权力,它决定传媒业的政治属性。即使在目前,政权因素对报业的控制和影响在相当长的一段时间内也不会减弱。直接表现为,作为党政机构,中宣部在产权上与报业集团没有直接联系,但在现实中却握有报业集团高层管理人员的任命权。① 因而政治因素对中国报业的体制改革起着决定性作用。哈报集团能够成为全国第一家具有企业法人资格的报业集团,引领报业体制改革的先声,很重要的原因在于其获得了中央领导的重视和当地市委领导的支持。

按照哈报集团党组书记、社长程颖刚的说法:"当时的中央领导同志对报业的改革问题,曾经在内部的会议上提出一些看法:报业为什么不可以办成企业?"《哈尔滨日报》相关领导把这个情况介绍给哈尔滨市委,市委有关领导认

---

① 郭鸿雁:《中国传媒经济增长研究——基于制度的视角》,载《现代传播》,2008年第2期,第139~140页。

为,"哈尔滨日报社在企业化运作上已经取得了成功经验,要改革,步子应该迈得更大一些"。1998年11月,哈尔滨市委常委会决定,市国资委、财政局、发改委、工商局、税务局共同组成一个联合工作组进驻哈尔滨日报社,进行清产核资,研究国有资产的授权管理,把《哈尔滨日报》彻底推向企业化的路子上去。

可是,当时配套政策跟不上,对于报业资产的性质也没有任何说法。而且在理论界,对报业资产的定性问题还存在着不同看法,报业到底是国有资产还是党产? 性质不明确。另一个问题是,如果将哈尔滨日报社实施企业化管理,报工商局进行注册,那么哈尔滨日报社作为企业,哈尔滨市委将无法领导报社。哈尔滨日报社原来是市委直接领导的一家事业单位,但市委不能直接领导一家企业。那么如何体现市委对宣传舆论阵地的领导呢? 所幸哈尔滨市委的思想比较解放,时任主管领导王华放和有关同志商量决定,哈尔滨日报社仍然是市委直接领导的事业单位,由哈报社投资组建一家国有独资企业——哈尔滨日报报业集团有限责任公司,其核心部分的采编部门以及人事、财务、广告等管理部门,均为事业编制。

从1999年4月开始,哈尔滨日报报业集团就具有双重法人身份。正是哈尔滨市委一个突破旧思维模式的创新之举,为报社进行企业化转型探索铺平了道路,并为中国报业体制的深化改革带来了一缕曙光。

2.哈尔滨日报报业集团体制改革的启示

1999年12月,哈尔滨日报报业集团正式成立,成为新中国报业史上第一家获得企业法人资格的报业集团。组建后的哈报集团具有如下几个特征:

第一,报业集团始终把党对报业集团的领导放在首位,其权力机构是哈尔滨市委、市政府,从而保证报纸的舆论导向和社会效益。第二,哈报集团实行社委会领导下的社长负责制,社委会是最高决策机构。第三,集团将采编与经营分开。哈报集团现行的组织结构既符合现行政策的规定,代表了目前地方党报报业集团的组成特点,也代表了集团化改革的一种趋势,采编与经营的"两分开"也是目前中国报业集团组织结构的一个总体框架。[①] 在当前城市党报集团向现代化企业集团转型的进程中,哈报集团的探索也为其他报业集团提供了有益借鉴。

从1995年起,《哈尔滨日报》作为党报开始探索市场化运营,十几年来,从最初提出"政治家办报,企业化管理,市场化经营,社会化服务"的产业纲领,到

---

① 白晨:《从组织结构浅析中国地方党报报业集团组建与发展的问题及原因》,载《编辑之友》,2010年第9期,第43~45页。

2001年底提出的"民主化决策,科学化管理,法制化运行,人本化发展"的治社方针,哈报集团在经营管理理念上不断创新,并为报业集团企业化改革带来新启示。哈报集团在做大做强报纸主业之外,主张多元化经营,注重对报业品牌无形资产的开发和利用。哈报集团的多元产业目前主要在如下领域展开:

一是和报业联系比较紧密的旅游产业,哈报集团的报达国际旅行社已经成为哈尔滨名列前茅的旅行社,年旅游销售收入近4000万。

二是重点发展教育、咨询领域。除报达商学院、报达咨询公司等教育产业之外,哈报集团还和清华大学联合创办高级电脑工程师培训班;结合哈尔滨市的下岗再就业工作,很多岗前培训也列入哈报集团的教育产业规划。

三是开拓社区服务产业,通过社区服务,给百姓提供延伸服务。如哈报集团创办的报达家政服务公司,目前已经成为哈尔滨市最大的家政服务公司,是全国评选出来的十大家政服务优质企业,每年为几千名下岗职工提供再就业机会。报达纯净水公司目前也是哈尔滨市生产家装大桶水的大企业,年销售大桶水接近200万桶。按照哈报集团社长程颖刚的说法,创办这些企业的主要目的不是赚钱,而是通过相关社区服务来进一步扩大报业集团的影响。

四是营造文化产业。哈报集团打造的室内主题公园,目前是哈尔滨市最大的室内游乐场。此外,大型的文化活动合作也是哈报集团的重头戏,近年来,先后参与了周华健演唱会、Vitas演唱会和张学友演唱会的筹办工作。

改革必须以人为本。要充分开发人力资源以实现工作目标。集团在推行企业化管理的过程中,坚持了价值实现原则、公开公平公正原则及激励原则。努力营造平等竞争的氛围,为每一个成员提供施展才华的舞台,同时给予适当的物质奖励和精神奖励;在员工中弘扬爱社、敬业、廉洁、开拓的团队精神,形成"尊重个人选择,鼓励个人发展,激励个人创造,提倡个人奉献"的企业环境与和谐的人际关系。

改革必须综合配套,把集团的企业化管理作为一项系统工程来抓,微观、中观、宏观都要管理好,既要重规矩,又要强化执行,还要监控。现在哈报集团已经形成一整套颇具特色的管理模式。

首先,构建了现代管理体系。在哈报集团的改革进程中,社长程颖刚提出并实施"民主化决策,科学化管理,法制化运行,人本化发展"的治社方针。哈报集团在其内部机制改革上,组织制定了"目标管理百分制考核纲要"、"编辑部目标管理考核办法"、"新闻稿件、版面质量评估办法"、"编辑记者岗位职责和工作规程"以及"哈报集团报纸生产流程质量管理条例"等一批带有探索性的内部管理制度;近年在推进人事托管、评聘分开、三级聘任的人事制度改革的同时,又大力推进分配制度改革,在推行记者零工资、编辑和职能部门岗位工资的基础上,实行岗位绩效工资的探索和改革。哈报集团还创造性地在党报成立职工代表大会,建立员工议事制度,并出台了《社务公开制度》;进一步完善"哈报管理模式"和目标管理责任制;完善和加强了五大监控体系,真正形成了集团对整体经济运行的全方位监控,增强了集团的中央控制力;通过一系列的制度建设和人文关怀等措施,优化企业环境,营造和谐的人际关系。

其次,全面推行精细化管理工程。2009年,哈报集团全面推行精细化管理工程,将党组确定的全年工作目标按责任、按分工、按时度实现精细化分解,做到指标分解到人、责任落实到人、进度监控到位,让目标管理责任制通过精细化管理提档升级;将每个人的工作质量、工作效率、工作业绩同绩效工资分配精细化对接,彻底解决在实行岗位工资和绩效浮动工资中还存在的大锅饭问题,让月考核、百分制年度考核体系通过精细化管理提档升级;针对报纸出版的各环节,如广告、印刷、发行等环节,职能部门管理的各环节,经营、服务部门的各环节等等,制定精细化的工作质量标准和工作对接程序,使生产流程管理体系也通过精细化管理提档升级;对广告市场变化情况、竞争对手策略调整情况,主要成本、原材料价格变动情况,投资参股、控股企业的财务状况进行适时监控和精细化分析,让企业监控体系通过精细化管理提档升级。

现代管理体系的确立、精细化管理工程的实施,极大促进了哈报集团的发展。哈报集团的企业化管理模式,实际上也是新世纪以来国内各报业集团普遍采用的。作为一种推动力,其为报业集团的深化改革和创新发展起到了不容低估的作用。

随着报业集团的发展壮大,集团的摊子越来越大,推进集团内各部门的执行力就显得越来越重要。自2002年起,哈报集团在加强宏观调控和微观执行上下了很大工夫,完善和加强了五大监控体系,真正形成了集团对整体经济运行的全方位监控,增强了集团的中央控制力,同时强化了执行力。哈报集团对于集团内部的各独立核算部门实行分类管理。主体报刊包括《哈尔滨日报》和《新晚报》实行国有独资,在人员统一调配、广告集中管理的前提下,进行成本费用控制;而对于其他一些子报,实行集团内部模拟法人制,即集团宏观调控下的自主经营、自负盈亏、自我约束、自我发展的公司制经营机制,享有用人自主权、分配自主权、职务职称聘任权、发行广告自主权等;对于集团内部的经济实体,属独立法人的,按照公司法的要求规范动作,广告和发行部门则采用二级核算,实行广告收入、发行收入、费用控制等综合目标管理。总之,集团内部是以资产关系为主,实行分类管理。

3. 体制创新:报业集团发展的核心动力

在社会主义市场经济条件下,报业改革首先是体制改革,这将在很大程度上决定传媒改革的思路、产品和技术发展的走向。改革如果不首先创新体制,许多改革措施恐怕都难以推行并取得实效,其结果难免也会流于形式,而不是实质上的改革。一个适宜的体制因素对改革是一种推动力量,但不合时宜的体制对改革则是一种制约。哈报集团的体制改革就是传媒业体制创新的实例,这也是哈报集团体制改革给我们的最有益的启示。

随着中国报业集团的市场化进程向纵深发展,众多报业集团遭遇发展瓶颈。目前的体制使现实与需求之间产生了多种矛盾,国家现行的管理体制表面看来对报业产业化发展起着宏观调控的作用,但实际上很难真正起到作用。① 可以说,当前中国各报业集团遭遇的各种问题,绝大多数与体制有关。

比如,报业集团要产业化发展,势必会走跨媒体、跨地区多元化经营的道路,但由于管理体制的原因,部分报业集团不得不另行投资组建股份制企业或采用其他变通方式曲线进行。再如,市场竞争就会出现优胜劣汰,可是由于行政的保护,中国各报业集团很难进行真正的跨区域办报,行政保护依然存在。业界和学界一致认为,原有的事业单位企业化管理体制,已不再适应当前竞争激烈的传媒市场,而且对报业的发展形成了某种制约。

从世界新闻事业的发展规律来看,集团化势在必行。我国的新闻传播媒介又是一个历来被严格管理而又十分敏感的地带,所以,改革既困难又复杂。在社会主义政治制度下和市场经济体制的框架内,党和政府如何在保证拥有媒体舆论控制权的同时,探索出适合中国特色的报业体制模式,让具有公益性事业性质、意识形态特征和经济属性的传媒真正走向市场,迈上产业化发展道路,是新体制建立的核心和突破点。这就要求对报业集团的体制进行改革,必须围绕"事业性质"做文章,展开智慧型的变革,引进现代企业管理制度,以培育和形成其核心竞争力。这也正是哈尔滨日报报业集团10年前体制改革创新给我们的最有益的启示。

二、宁波日报报业集团:经营管理创新实现新跨越

突破制约报业发展的瓶颈,积极推进体制机制改革,坚持以传媒创新为根

---

① 穆青:《我国报业产业化发展瓶颈问题浅析》,载《中国市场》,2009年第9期,第8~9页。

本动力,以创新优势抢占竞争优势的制高点,探索多元化经营新模式,从报业集团到报业传媒集团,最终实现向综合性文化传媒集团的新跨越。① 这就是宁波日报报业集团(以下简称"宁报集团")成立10年来,在市场经济条件下解放思想、勇于开拓,不断探索与实践的一条新路径。该集团党委书记、董事长何伟撰文称:"宁报集团自2002年7月组建以来,通过资源整合、产业扩张,已从最初的3报1网,发展到现在的8报1网2刊1出版发行集团、20多家独立核算单位。集团总资产超过24亿元,净资产和年销售收入均超过10亿元。在国家新闻出版总署发布的全国报业集团综合排名中,总体经济规模位列第15位,在副省级城市报业集团列第5位。"②

目前宁报集团已经成为集平面媒体、新兴媒体、综合类出版社、新华书店、文化创意产业以及文化地产于一体的新闻出版文化传媒集团。近年来,宁报集团所属媒体曾多次获得中宣部和省委宣传部、省新闻出版局月评表扬,截至2011年,集团共获得中国新闻奖12个,集团出版的图书也多次获"中国图书奖"和中宣部精神文明建设"五个一工程奖"。《宁波晚报》也连续3年被评为"全国晚报都市类报纸20强",中国宁波网被评为"中国报业新媒体十强"。

考察宁报集团取得骄人业绩的成功之道,不难发现,它得益于集团坚持社会主义方向和科学发展观,不断深化体制机制改革,建立健全现代企业管理制度,开拓多元化经营新业务,在创新经营管理模式方面取得了较大的突破,为探索有中国特色报业产业化道路提供了新的思路。从培育与提升报业核心竞争力角度来审视、思考宁报集团的改革创新举措,对其探索市场化、产业化经营管理新模式,开拓多元化经营新业务所具有的重要意义,就会有更为深刻的认识。

1.授权经营:建立国有资产出资人制度及监管体系

体制机制问题无疑是制约国内报业集团市场化、产业化道路上的"拦路虎",宁报集团抓住这个关键环节,以授权经营为突破口,实施一系列改革创新的大胆举措,"着眼于突破事业、企业二元体制,通过推进传媒管理创新,提升

---

① 何伟、谢安良:《创新 融合 转型:向着综合性文化传媒集团的新跨越》,载《新闻战线》,2012年第6期,第7~10页。
② 何伟、谢安良:《创新 融合 转型:向着综合性文化传媒集团的新跨越》,载《新闻战线》,2012年第6期,第7~10页。

传媒传播效率、竞争效率,激发传媒产业生产力"①。

在现行体制下,我国传媒业的资产属性是国有资产,但媒介的市场扩张行为却是以权利单位为主体来进行的,这就存在国有资产出资人缺位的问题。这不仅使得媒介无法建立起适应市场竞争的现代企业制度,同时导致了监管失控等方面的问题。因此,应当建立传媒国有资产出资人制度,实行国有资产授权经营。

授权经营的关键在于明确委托人、受托者、监管者。宁报集团从2005年起实施规范的国有资产授权经营。基本模式是:在出资人职责上,由国资委担当委托人和"出资人";在运营主体上,由实体运营机构"宁波日报报业集团有限公司"担当受托人;在监管层面上,建立由市国资委、宣传部、组织部和文化广电新闻出版局"四位一体"的联合监管和考核主体。实现了"管人、管事、管资产"和坚持"党管媒体不变、党管干部不变、正确的舆论导向不变、党和人民喉舌的性质不变"的统一;在授权内容上,权利明确,职责清晰。

授权经营无法回避的一个问题是"授什么权"。宁报集团的授权非常清晰,出资者授予报业集团"产权转让权、资产担保权、收益处置权、投资决策权"。同时,集团在什么条件和范围内行使这些权利也有明确的解释和界定。授权经营使得国有文化资产出资者、监管者和经营者的权利关系、权利边界和权责分配有了一个清晰的梳理和规范。

在获得授权经营后,还要解决好授权经营的考核问题。宁波市有关管理部门对宁报集团建立了双层考核机制:首先,确立了报业集团的基本考核框架和指标。由三部分构成,分别是"规模指标"、"经营考核指标"和"定性考核指标";在每一级指标下又有若干具体、可测量的二级指标。其次,以对报业集团主要经营者的考核为基础,实现国有资产保值增值。其特点主要有:一是明确了考核对象为社长、总编辑,同时副职人员年度考核收入一般在正职的80%~90%幅度内。二是与对集团的考核相配套,建立了对经营者的年薪制考核体系。经营者年薪由基准年薪、经营考核年薪、定性考核年薪三部分组成,其中基准年薪是基础。集团经营者年薪实行"下限保底、上限封顶"的办法。三是体现了"社会效益优先并和经济效益相统一"的原则。

2. 企业化管理:实施集团内部体制机制改革创新

2006年12月,经宁波市委批准,宁报集团成立了国有全资的"宁波日报

---

① 何伟、谢安良:《创新 融合 转型:向着综合性文化传媒集团的新跨越》,载《新闻战线》,2012年第6期,第7~10页。

报业集团有限公司",实行国有资产授权经营。在资产经营管理上与宁波港口、机场完全相同,不同的是管理和考核由市委宣传部、组织部、市文广新局和市国资委组成领导小组共同实施。考核指标包括社会效益指标和经济效益指标两部分,把社会效益摆在第一位,同时要求集团公司重视企业管理和经济效益。原有报业内部的部门设置是按照行政级别设置的,内部管理制度也带有浓厚的体制化、行政化色彩。这种行政制度已成为集团市场化道路上的"绊脚石",宁报集团依据企业内部价值链的构成关系,重建面向市场的各项企业管理制度,由此形成了层次清晰、运作高效、充满活力的现代企业管理模式。

事业单位的体制机制改革是一项系统工程。首先,要把报业集团内部各基层单位作为市场主体和经营实体推向市场,真正达到解放生产力的目的。这既要做大量"事转企"的工作,又要以资金、人才、技术为纽带,用市场机制把内部的各业务单元联结起来,使之形成既独立经营、自我完善,又相互交融、共享资源的系统,在市场法则的调控作用下,构建起新的运行体制与机制,最终实现优化资源配置、降低成本的目标。宁报集团按决策、管理、运营三层面构建集团组织架构。决策层为集团党委和公司董事会,这是两块牌子一套班子。管理层是精干的"三办四处"。运营层则按业务不同进行"切块经营",划分核算单位,这样就出现了许多相对独立的经济实体。由于分工不同和利益差异,它们之间便产生了各种交换和竞争,资源配置效率大大提高,从而促进集团价值链的优化乃至延伸。

宁报集团目前划分了20多个独立核算单位,并通过全面实行"成本核算,预算管理,基数承包,超额分成"的经济责任制对其进行控制管理,建立起完善的业务考核体系和激励制度。一方面赋予各单位相应的自主权———经营权、用人权、经费使用权、分配权;另一方面要求各独立核算单位根据各自不同的职能,承担政治导向、办报质量、队伍建设等责任。核算方式三年不变,对经济指标、政治任务和其他目标实施综合定量考核,对各单位领导班子成员实行年薪制考核。运营层的细分放权和经济责任制的实施,成功地将市场和竞争机制引入集团内部,使内部每个单位都按企业运作,很好地调动了各核算单位的积极性和创造性。各独立核算单位的运作成本明显下降,效率大幅度提高,利润普遍增加。

集团党委书记、董事长何伟指出:"通过体制机制改革,理顺集团与集团公司之间架构关系,建立党委领导与法人治理结构相结合的领导体制……通过产权与业务为纽带与各分公司、控(参)股公司建立经济关系,集团所有下属单位均采用公司化管理和运行模式,集团对下属单位实行'经济责任制'绩效考核管理,激发了集团各子系统以独立市场主体对外实施市场化运作的积极性。"①

3.传媒创新:提升报业集团市场竞争优势

当今媒介生态正在发生深刻变革,网络和新媒体的崛起,使报纸等传统媒体面临严峻挑战,在竞争愈益激烈的生态环境中,传统媒体要改变被动局面,必须"持续不断地推进内容创新、技术创新、制度创新、业态创新,增强自主创新能力,才能弥补传媒企业参与市场竞争的'短板',激发文化生产力,抢占产业发展先机"。②

在内容创新方面,宁报集团"以受众为中心,以市场为主导,创新新闻理念、生产方式、呈现渠道,细分信息市场,推出更加多元化、更具个性化的内容产品,打造传播力强、影响力大、富有公信力和权威性的综合信息服务商。坚持'策划为先、创新为要',强化以人为本、按需而为,推进内容产品生产提速、提量、提质。经过几年探索,宁报集团所辖媒体已经形成推动策划创新,实施精品工程的长效机制"。③

新闻要出精品,栏目要做品牌,这是宁报集团内各媒体形成的共识。近年来,集团各媒体在实施精品工程,深入推进主题报道精品化战略,加强策划求新求变等方面,不断探索,积累经验,取得了明显成效,其具体表现在如下三个方面:

其一,重点培养和巩固一批精品栏目。自 2006 年浙江省开展新闻精品品牌年活动以来,集团各媒体注重巩固和培养一批精品栏目。评论一直是《宁波日报》的强势和优势,在《宁波日报》4 件中国新闻奖获奖作品中,有 3 件是评论作品。《宁波日报》理论版"学苑"周刊创新思路,深度解读政策,正确地引导舆论,受到中宣部等各级领导表扬,也深受读者喜爱。"明州论坛"专栏被评为浙江省首批精品栏目。其后宁报集团还重点打造了一批新的精品栏目,包括《宁波日报》的"甬城晨笔"、《宁波晚报》的"静雅调查"、《东南商报》的"小本创富"、中国宁波网的"对话"等。

---

① 何伟、谢安良:《创新 融合 转型:向着综合性文化传媒集团的新跨越》,载《新闻战线》,2012年第 6 期,第 7~10 页。
② 何伟、谢安良:《创新 融合 转型:向着综合性文化传媒集团的新跨越》,载《新闻战线》,2012年第 6 期,第 7~10 页。
③ 何伟、谢安良:《创新 融合 转型:向着综合性文化传媒集团的新跨越》,载《新闻战线》,2012年第 6 期,第 7~10 页。

其二，深入推进主题报道精品化战略。在社会生活瞬息万变、媒体产品日益丰富的新形势下，平面媒体主题报道却因程式化、概念化等弊病受到严重的挑战。应对挑战，宁报集团各媒体深入推进主题报道精品化战略，加强策划，求新求变，大胆探索，寻求新突破。自2004年至2006年，"王延勤典型报道"、"'3561'服务班报道"、"甬黔携手万人助学报道"等一批优秀的主题报道，先后获得16个浙江新闻奖一等奖。2007年，集团又有"企业社会责任"、"慈溪和谐促进会"等一批重大主题报道引起了社会的广泛关注，取得了良好的宣传效果。

其三，努力实现主题报道创新。采编部门逐步建立成熟的策划、组织、实施运行机制，充分发挥编委会、部室领导和采编人员的创造性，调集全报社的精兵强将投入重大报道战役，提高主题宣传的针对性与实效性；倡导深入基层、贴近生活，以鲜活生动的事实有效阐释正面宣传的观点，增强主题报道的吸引力和情感共鸣；在主题报道中力求站在时代高度和大局高度提炼主题，揭示事物的本质，在对新闻价值准确判断的基础上，提炼出富有时代意义的精神实质，进一步提升主题报道的影响力；同时充分发挥各种媒体的优势，进行综合报道，扩大报道的辐射力；利用平面媒体和网络媒体齐全的优势，加强与受众的双向互动，使受众由"被动接受者"转变为"直接参与者"，更好地发挥主题报道的社会效应。

宁报集团在对内容产品"精耕细作"的同时，通过技术创新实施精细化管理，以提升报业竞争力。集团利用信息技术自主开发，着力打造三个平台：

一是广告管理平台。宁报集团自行研制了适合自身特性的广告管理系统，该系统不仅能够加强对集团各媒体日常广告经营的监督与管理，而且为集团的报纸广告定价、版面设置、扩版等决策提供了依据，使广告经营管理从经验型、定性分析为主，向以真实数据分析为基础的定性、定量管理转变。

二是财务管理平台。集团构建了与国有资产授权经营配套的财务管理体系；制订了符合现代企业管理的系列财务制度；合理进行财务控制权的分配；进一步完善财务预算，加强经济活动的过程控制，引导以核算型为主的会计工作向管理型为主的财务工作转变。

三是打造全媒体数字技术平台。注重新技术的开发利用，集团打造全国首家集新闻采编、经营管理于一体的全媒体数字技术平台。该平台是一个整合集团所有资源，为集团提供基于数字技术的多种媒介生产和发布、业务运营和决策管理等各方面支撑的系统平台。该平台可建立灵活的数字技术机制和通畅的数字业务流程，在技术手段的推动下实现媒介融合的新模式。

凭借对报业生产经营环节的"精耕细作"和精细化管理，集团的采购、生产、经营、广告、发行等各个环节都可得到有效控制，使报纸经营的每一个价值创造活动都讲求投入产出。对生产经营细节的持续关注和不断改进，有效增强了集团的市场竞争优势。

　　4. 目标管理：优化产业结构，多元化经营新业务

　　宁报集团瞄准综合性文化传媒集团这一最终发展目标，努力把集团打造成为融报纸、期刊、图书、网络与新媒体为一体的综合性传媒企业组织，积极整合媒体资源，加速报业转型，实行多元经营，寻找适合自己生存与发展的赢利模式。这无疑也是中国报业转型期报业集团发展的新趋势。要实现这一目标，必须进行产业的多元化拓展。这种业务的多元化拓展，其前提是要继续做大做强报业主业，在打牢基础的同时，拓展文化产业范围内的业务和外围业务，寻求新的增长点。

　　2009年，宁报集团加大了结构优化的力度，开展相关的产业经营活动，做到主业多元整体推进。同时加大了技术创新和新媒体研发的投入力度，成效显著。2009年6月，宁波日报报业集团数字报业技术平台项目通过新闻出版总署验收。集团共投资3000万元进行这一平台建设，当初集团在设计时就决定，这一平台要保证3年、5年，甚至8年、10年都不落后。为此，宁报集团的数字报业技术平台采用了"核心＋插件"的方式。也就是说，内容是核心，而媒介的介质都作为插件出现。这保证了一套数字平台在花费几千万元设计出来后，不会草草被新技术所淘汰。这种思路无疑也为其后进入全媒体的报社提供了有益的借鉴。①

　　在此期间，宁波网实现了增值业务、手机报业务、频道业务和广告业务并行发展的良好局面。宁报集团基本完成了集采编业务、经营管理和客户服务为一体的集团数字平台的构建，目前正在向文化产业拓展，目标是建设现代化传媒集团和文化集团。报业唯有做强做大，才能实现行业利益的最大化。在不断提高报纸传播的技术含量和产品附加值的同时，必须最大限度地拥有更多的受众，因而不同形式和背景的合作、联合已成为2009年各强势报媒的主题。②

　　在产业多元化拓展中，宁报集团有一个基本的原则，就是做自己擅长的事，产业链的拓展应有连续性，产业的多元化应有文化内涵的关联性。在这一

---

① 牛春颖：《寒冬中的报业不一样的2009》，中国新闻出版报，2009年12月15日。
② 吕道宁、宗禾：《2009年地市报业十大亮点回放》，载《传媒》，2009年第12期，第11～13页。

原则的指导下，宁报集团已经形成了一个较为清晰的产业层次：首先，做强平面媒体广告与发行的经营业务，这是目前报业集团拓展的基础。其次，发展与媒体相关的多元化业务，整合出版社、新华书店、宁波网等资源，使之成为集团另一个经济增长点。

"从产业架构看，宁报集团拥有不同类别的报纸、刊物、出版社、新华书店以及网站等一批新兴媒体，依托宁波日报品牌影响力，集团已经形成报业板块、出版发行板块、新媒体板块和文化地产板块四大产业板块的经营架构，网络状产业链条初步成型。宁报集团目前是国内产业链最长的党报集团之一"。①

宁报集团通过资源重组和产业融合，拓展了相关业务：一是建设宁波书城，"2011年底建成的宁波书城项目，是宁波市'十一五'重点文化工程，建设总规模9万平方米，总投资8亿元，未来将打造成为宁波新的商业文化广场和宁波市文化产业示范基地。宁波书城项目是宁报集团历史上最大的固定资产投资项目，它的建成，改变了集团的资产结构"。② 二是拓展商务印刷市场。占地50亩，建筑面积5万平方米的印刷基地已经建成。除做好传统的出报业务外，设计商务印刷能力年产值2亿元，目前报纸印刷能力达到每小时70万对开张，商务印刷年产值已接近亿元。三是拓展仿真动漫产业。集团控股了一家在三维仿真技术领域处于国内先进水平的高科技企业，主攻仿真技术的产业化。公司的总体目标是，经过3至5年发展，力争成为国内主题公园科技博物馆的设计及产品供应商，并在资本市场上市。四是建设户外LED显示屏。集团投资3000万元建设LED显示屏，2008年已建成53个，并于奥运会前联网开播，计划达到100个以上的规模。五是继续发挥好宁波音乐厅、邵洛羊艺术馆等非营利性文化单位的社会服务功能，进一步完善市场化运作，推广品牌，扩大影响。其中，宁波音乐厅在国内处于顶级水平，每年平均演出在60场以上，被命名为"浙江省文化建设示范点"。

2011年12月，在完成宁波出版社和宁波市新华书店体制改革的基础上，集团出资2.3亿元，组建二级集团——宁波出版发行集团有限公司，以全新运作模式开拓市场，实现图书出版、发行两大产业聚合发展。目前，出版发行集

---

① 何伟、谢安良：《创新 融合 转型：向着综合性文化传媒集团的新跨越》，载《新闻战线》，2012年第6期，第7~10页。

② 何伟、谢安良：《创新 融合 转型：向着综合性文化传媒集团的新跨越》，载《新闻战线》，2012年第6期，第7~10页。

团资产总额已达3亿元,年销售收入2亿元,已具备"2社6店5公司"规模,拥有华东地区单体面积最大的图书零售卖场,年均出版图书500多个品种。[①]

多元化、差异化发展战略的实施,使得集团的主营业务结构更趋合理,抵御风险能力进一步增强。2011年,集团旗下8张报纸实现的收入占集团合并总销售收入的比重为67.4%,宁波出版社、宁波市新华书店、中国宁波网、宁波报业印刷发展有限公司等单位对集团主营收入和利润的贡献不断增加,销售收入占比已经达到32.6%。目前集团非新闻资产的比重已经超过新闻资产。[②]

上述资源重组和产业扩张举措使宁报集团的综合实力明显增强,而做大做强报纸主业与开拓多元经营业务二者并举,为其实现跨越式发展,进而实现从新闻传媒集团向文化传媒集团转型的最终目标铺平了道路。

5. 媒介融合:推动报业数字化转型

随着新媒体技术的迅速发展,各种新媒体形态不断出现,媒体之间的竞争更趋激烈。报业集团面对新媒体的挑战,只有发展"数字报业",抢占"新媒体"市场,才能实现业态创新。在对"数字报业"的探索上,宁报集团走在全国业界的前列。2008年金融危机对一线、二线城市报业的冲击比较明显,宁报集团采用全媒体的发展战略来应对金融危机。集团党委书记、董事长何伟认为,全媒体是一种多媒体的融合,平面媒体和新兴媒体的挑战应该是一种融合关系,而不是对立的;不是竞争,更应该是竞合。[③]

宁报集团从四个方面探讨了全媒体的发展:①定战略。集团致力于发展数字报业,改变了传播形态和媒介形态,它不是简单地把传统报业或传统报业产品进行数字化处理。实际上,宁报集团从2005年就制定了数字报业的发展战略。②调结构。2010年,宁报集团媒体结构分为三层:第一层是平面媒体,主要为纸质媒体,包括《宁波日报》、《宁波晚报》、《东南商报》、《新侨报》,还有四家县市区媒体。第二层面是网络媒体,主要是宁波网。其日访问量基本保持在700万人次,信息发布、新闻发布大约4000条。第三层是积极探索中的

---

① 何伟、谢安良:《创新 融合 转型:向着综合性文化传媒集团的新跨越》,载《新闻战线》,2012年第6期,第7~10页。
② 何伟、谢安良:《创新 融合 转型:向着综合性文化传媒集团的新跨越》,载《新闻战线》,2012年第6期,第7~10页。
③ 宁波日报报业集团社长何伟《高扬"竞合"》,搜报网,2010年11月18日,http://www.soubaoad.com/analysis/people/38949.shtml

新媒体,主要是手机报、互动多媒体报、电子纸报、户外电子屏这四个方面。全媒体发展能够突破传统新闻产业政策的藩篱,实现新闻媒介的全方位纵深发展。③媒介融合。集团的媒体框架包括纸质媒体、手机报、网络等。拥有这些媒体,并不就是全媒体,关键要看其融合程度。④人才培养。在全媒体的发展进程中,培养适合全媒体发展的复合型人才是关键,宁报集团每年投入巨资进行人才的培训。

宁报集团从2005年开始实施数字化发展战略,在实践探索基础上,从2006年上半年到2007年下半年,制定了两个"五年规划":一是报业集团向数字报业转型的五年规划;二是数字技术平台的规划。为完成数字化转型战略,集团主要采取了以下措施:

第一,构建数字技术平台,以不变应万变。建立以数据库为核心、打通整个报业集团的新闻采编和经营管理等各个系统的全媒体、全时空数字技术平台,这是发展数字报业的第一步。以此为技术支持,集团先后推出了多个数字化媒体。

2005年6月,宁报集团在国内首批推出互动多媒体报(后发展为"宁波播报"),2006年10月在全国率先推出新编辑形态的电子纸报纸,2007年7月国内首家推出成规模跨媒体平台"宁波动码",同年底又推出户外电子屏报。至此,宁报集团已经形成"四报一码"新型媒体格局。其中互动多媒体报、电子纸报和"宁波播报"3个项目入选中国数字报业创新项目。2011年3月,宁报集团开发推出"手机远程发稿系统",实现手机终端与数字报业技术平台无缝融合。同年8月,"宁波播报"登陆苹果公司iPad平台向全球发布。①

第二,以互动多媒体报为基础,实现内容形态数字化。宁报集团认为,数字化的核心在于实现"内容形态数字化",而不是出版形态的数字化。只有采集、制作、分发全部实现数字化,才不至于走入把传播介质的数字化当作真正的数字化。随着数字传播朝着多媒体的、互动的、超链接的方向发展,宁报集团的各种数字化产品都是以数字技术平台为依托,以互动多媒体报为基础,以内容形态的数字化为核心进行开发的。最终实现以新闻内容为中心,以数字网络为平台,以多媒体、多终端为载体,从报纸产业转变为报业内容产业。比如:宁报集团旗下的互动多媒体报《宁波播报》,以在线阅读方式为主,具有可看、可查、可议、可听四大功能。宁波手机报凭借集团平面媒体强大的新闻资

---

① 何伟、谢安良:《创新 融合 转型:向着综合性文化传媒集团的新跨越》,载《新闻战线》,2012年第6期,第7~10页。

讯内容,每天以彩信形式向用户终端发送大量资讯,并定期发送精华版、周刊、特刊。与此同时,在数字媒体发展的基础上,集团也在探索数字媒体未来的发展趋势并达成共识,即在未来的数字传媒市场,手机报广告市场具有相当大的潜力,只要手机报相关广告刊载政策一出台,广告市场即可启动。面对电子纸还存在着诸多技术问题,集团与终端提供商之间应保持频繁的沟通,以加快研发进度,促进电子纸报纸这一全新传播载体的日趋完善。①

第三,实现"报网互动",探索"全媒体"新路径。传统媒体尤其是报纸在应对新媒体的挑战时,必须实现"报网互动",这是纸媒发展的新趋势。宁报集团在推进"报网互动"方面走在前面,集团内部的"报网互动"运营良好。

2006年8月1日,宁报集团在国内首次推出了互动多媒体报,实现报网直接互动,网民可以在多媒体报纸上直接发帖子,进行互动交流,可以通过关键词进行链接,搜索包括声频、视频在内的多媒体新闻内容。目前集团的所有新媒体都可以通过数字终端,实现"报网互动",实现对各个细分市场受众的无缝覆盖。2009年1月13日,宁报集团成立全媒体新闻部,这是全国第一支视频全媒体记者队伍。13名采编人员全部纳入中国宁波网新闻中心,全部配备摄像机、照相机、录音机等工具,还配备价值100多万的网络直播车,运用新媒体手段开展工作。这也是全国第一家真正意义上独立运作,又与新媒体真正融合的新闻队伍。在探索"全媒体"发展的新路径上,宁报集团又扮演了先锋角色。

6. 队伍建设:创建复合型人才队伍

高素质人才培养与管理创新是宁报集团党委近几年来精心实施的一项战略工程。这一创新的目标就是着眼于集团大发展大繁荣的需要,计划投入1200万元专项经费,实施人才"双百"工程,依托高素质人才的创新优势,实现集团做强做大目标。为此,集团还建立健全了一套机制,包括人才培养机制、引进机制、锻造机制、激励机制和高端协作机制。例如,锻造机制中实施名编辑、名记者战略,把新闻报道创新,创立新闻品牌栏目与培养名编辑、名记者战略结合起来,集团8报1网的10多个品牌栏目正在成为培养高素质人才的"摇篮"。再如,通过高端协作机制,与复旦大学新闻学院合作成立了宁报集团新闻研究所,由复旦大学著名教授担任所长与研究员;建立了博士后流动站;成立了宁波市社会科学研究基地,实施高端协作战略。这些研究机构的首批

---

① 《宁波日报报业集团:数字报业不是报业数字化》,搜狐传媒,2009年12月18日。

研究成果已陆续完成并出版，包括《深度报道探胜——党报主流媒体发展之路》、《宁波城市形象竞争战略研究报告》、《太阳每天都是新的——新世纪中国新闻精品选评》等。①

通过实施高素质人才培养与管理创新战略，该集团已在很大程度改变了人才队伍状况，集聚了一批人才，增强了集团发展动力。

不必讳言，宁报集团在市场化、产业化创新模式的探索中也面临一些问题，其中有的问题是中国报业集团市场化进程中带有普遍性的问题。例如，报业管理体制和运营机制方面，尽管宁报集团为适应市场和竞争的需要，进行了富有成效的探索，但传统的事业单位管理体制的影响依然根深蒂固，事业单位管理模式下的媒体很难成为真正意义上的市场主体。这一矛盾在宁报集团依然存在。

再如，一个成熟的报业（传媒）集团应有其特色鲜明的企业文化。这是集团可持续发展不可或缺的软实力，也是其核心竞争力的构成要素。近些年来，宁报集团主要致力于集团化运作体制机制的探索，虽然在企业文化建设方面也做了大量工作，但未能从战略高度进行系统的研究和规划，其企业文化建设在某种程度上还有些滞后。这与现代化企业集团的长远发展目标不相适应。

又如，做大做强需要在资本运作方面有所作为。虽然宁报集团认识到应当与其他媒体联合，成为综合媒体进入资本市场，然而仅此还不够，应当进一步探索和实施资本运作的途径。在这方面宁报集团存在明显不足，这也是中国报业集团市场化进程中一个亟待解决的现实问题。

三、新华日报报业集团：党报改革创新的新思路

2001年9月28日，经中宣部、国家新闻出版总署批准，江苏省委、省政府同意，"新华日报报业集团"（Xinhua Daily Press Group）正式挂牌成立。2002年7月11日，成立江苏新华日报报业集团有限公司。2011年10月，新华日报报业集团正式更名为"新华报业传媒集团"。目前集团拥有《新华日报》、《扬子晚报》、《大学生村官报》、《南京晨报》、《江苏经济报》、《江苏法制报》、《江南时报》、《扬子经济时报》、《扬子体育报》、《昆山日报》、《靖江日报》、《海门日报》、《东台日报》、《宿迁日报》、《群众》、《传媒观察》、《党的生活》、《精品健康》、《培

---

① 吕道宁：《宁波日报报业集团党委书记、社长张秉礼访谈录》，载《今传媒》，2008年第6期，第4～7页。

训》、《文史阅读》、《幸福老年》,中国江苏网(含新华报业网、扬子晚报网)和《江苏手机报》等14报7刊1个网媒体群及1个手机媒体,以及新组建、集团控股和正在筹措组建的新华印务总公司、苏州新东印务实业有限公司、江苏新华传媒投资实业有限公司、新华房地产开发公司、江苏东方明都大酒店有限公司、扬子信息发展有限公司、新华物资采购供应总公司、新华物业管理公司、江苏九九递送有限责任公司、新华广告公司、扬子广告有限公司等经济实体。2010年1月5日,中国报刊广告投放价值百强排行榜在天津揭晓,《新华日报》入选全国日报前五强,《扬子晚报》入选全国晚报前五强,新华日报报业集团成为江苏唯一的党报和晚报同时入选全国百强的传媒机构。①

近年来,新华日报报业集团不断推出改革创新的举措。按照中央和江苏省委关于深化文化体制改革的有关精神,集团一方面认真履行党报的职责,努力搞好新闻报道,服务全省改革发展大局,另一方面遵循现代传媒发展规律进行了积极探索,努力形成一条适合自身实际的改革、发展之路。在党报内容及表现形式上大胆创新,不断强化"高度、贴近、开放"这一新华办报理念,探索全新的党报办报模式,集团主报《新华日报》实施的一系列改革创新举措成效显著。其实践表明,在新的舆论格局下,党报坚持以科学发展观为指导,就能实现新的历史性跨越。

1. 确立改版理念,提升报道水平

党报改革创新是时代发展的需要,而体现时代性,更是党报创新的题中应有之义。新时期党报创新,要以鲜明的时代主题,彰显时代特征,传递时代精神。② 2007年,《新华日报》确立了"高度、贴近、开放"的改版理念,在此理念的指导下,党报的新闻报道水平有了明显提升。其创新举措主要体现在三方面:

第一,实现"媒体舆论场"与"民间舆论场"对接,增强党报时代性。

从传播学视角来看,对话题的解读与传播一直并行存在于两个舆论场:一个是主流媒体着力营造的"媒体舆论场";一个是由百姓口口相传的"民间舆论场"。传统的党报办报观念一向以服务中心工作、解读方针政策为任务主导,而对于舆情民意的反映,往往放在相对次要的位置。因此,两个舆论场常常是不完全重合的。在新的社会历史转型期,党报能否与时俱进,很大程度上表现

---

① 《新华日报扬子晚报双双进五强》,http://www.dayoo.com/roll/201005/17/10000307_101999854.htm。
② 周跃敏:《多媒体生态环境下党报如何作为》,载《传媒观察》,2010年第5期,第8~10页。

为能否实现"媒体舆论场"和"民间舆论场"最大限度的重叠与共鸣。① 2009年7月以来,《新华日报》在继续巩固2007年改版成果的基础上,围绕如何进一步体现时代性,改进党报话语体系,明确提出了"四个再近些"的原则,即"离中心再近些,离基层再近些,离热点再近些,离民生再近些"。② 并在此基础上确立了提高办报质量的三条路径、两项任务和一个目标。两年多来,《新华日报》以多层次多样化的探索,较好地实现了"媒体舆论"与"民间舆论"的贴近与重合。

党报体现时代性,传递时代精神,首先表现在对头版重大时政新闻的创新报道上。《新华日报》改版后,注重从会议和领导人活动中抓取新闻,采用"1+1"的报道模式,将"规定动作"与"自选动作"结合起来,创新观念,创新内容,创新形式,以具体生动的话语方式,做好重大政策解读和时政要闻的报道。2010年7月1日上午8时许,随着在上海虹桥枢纽和南京火车站"和谐号"动车组同时相向发车,沪宁城际高速铁路正式投入运营。这条堪称目前我国乃至世界上标准最高、里程最长、速度最快的城际高速铁路,以世界铁路领跑者的姿态,在世人面前展示着飞奔中国的形象。聚焦这一重要新闻事件,从次日开始,《新华日报》一组六篇"沪宁城际高速铁路通车特别报道",连续以每篇3000字左右并配照片的规模,在头版及要闻版显要位置刊出。这组报道在前后长达3个多月的酝酿和采写过程中,力求在组织策划、报道理念、报道方式上有所创新,为提升党报在同题材报道上的竞争力进行了一次富有成效的探索。在沪宁城际高铁的诸多报道中,《新华日报》这组系列报道以其鲜明的风格给读者留下了深刻印象。一些媒体同行和专家学者认为,这组报道的可贵之处在于其倚重专家视角,注重民生视角,最终形成了丰富多维的党报视角,是对报道创新的一次有益探索。③

党报的时代性,还体现为对基层民间信息的及时捕捉与传递,对基层民间生活的提炼和报道。《新华日报》形成了以"市县报道"、"百姓故事"等专栏与重大报道相映生辉的A1版特色。尤为值得一提的是,"百姓故事"专栏文笔不同于传统的人物通讯,而以篇幅短小以及富有意味的情节、细节取胜,切口

---

① 周跃敏:《以观念创新、制度创新拓宽党报功能》,载《中国记者》,2009年第12期,第30～32页。
② 周跃敏:《用机制保障策划健康发展——访新华日报报业集团总编辑》,载《中国记者》,2009年第9期,第51～53页。
③ 周跃敏、陆峰、杭春燕:《以视角创新提升党报竞争力——新华日报沪宁城际高铁通车系列报道的实践与思考》,载《传媒观察》,2010年第9期,第5～8页。

小,视角新,反应快,创办后已推出数百期,真正让普通人也走上了党报头版,成为党报核心阵地的主角之一。此举是对党报如何更好地把握时代性、贴近舆情民意,以实现两个舆论场的对接所进行的富有创意的改革探索。

党报的时代性,更表现在党报能否以特有的高度与深度,对社会热点现象予以及时的跟进与贴近。在头版推出"漫说快评"专栏,是《新华日报》创新舆论监督方式的一项重要举措。2009年下半年开辟的这一栏目,以漫画加点评的形式,针对最新发生的社会现象,以夸张的形象和辛辣的笔调,切中时弊,痛下针砭,出色地扮演了"社会守望者"的角色。如该栏目刊出的《如此"粗口"令人瞠目》,针对广州某中层干部在交通整治会上对记者爆出粗口,描画出官场上某一类人当手握权力时的霸道与傲慢;《法律岂能"被临时"》通过对网络流行语背后的一则新闻的及时跟进,鞭挞了丑恶的犯罪行径,增进了人们对事实真相的了解,表达了对司法公正的渴求。《"本科洗菜"是个"高价花瓶"》、《因"财"施教有辱斯文》、《"被代表"的听证不要也罢》等言论,像一声声当头棒喝,令浊者清醒,百姓称快。新闻漫画在生活类报纸上常见,但党报上鲜见。《新华日报》不仅汲取了这一生动巧妙的艺术表现手法,而且将之挪移到头版的重要位置并予以固定呈现,使人们在阅读党报的过程中也能拥有痛快解颐的感受,无形中消弭了怨气,化解了胸中块垒。此创新之举,更能显示出党报在新的历史条件下,与百姓思想共振、情感共鸣的时代情怀。

新时期党报的创新应以体现时代性为精神内核,在新的历史环境和舆论格局下,努力与时俱进,顺应时代要求,主动把握百姓的所思所想所盼,自觉将媒体舆论与民间舆论对接,不断增强党报的吸引力、感染力、亲和力和影响力,更好地履行党报的时代使命。

第二,寻找新闻规律和宣传规律的最佳结合点,探索党报办报内在规律。

近年来,《新华日报》努力强化党报的新闻意识和新闻属性,从传播学视角审思党报办报的特点与要求,力求找到新闻规律和宣传规律的最佳结合点,在实践中尊重新闻传播规律,提高报道艺术,进行了大胆而有益的探索。

对新闻规律的把握,首先体现在对"焦点新闻"的提炼与重视上。《新华日报》新一轮改版专门将 A3 版设为"焦点新闻版",改版后它以独特的新闻诉求营造出新型的党报风格,如今已成为《新华日报》的特色板块之一。2009年以来,《新华日报》更是把国际国内的重要新闻提升至 A1 版的重要位置,在采写制度上打破传统条块和区域的分工限制,围绕新闻事件,快速集聚编辑部最具战斗力的采编人员,并用版面确保焦点新闻在 A1 版的足量呈现。

在每天发生的海量新闻当中,什么样的新闻才算是党报视角下的"焦点"?

《新华日报》时刻注重以读者视角为取舍依据,以受众更易接受的形式解读新闻,体现了党报对新闻传播规律的尊重与回归。而按照新闻规律找"焦点",绝不意味着党报要远离党和政府的中心工作,恰恰相反,党和政府的中心工作事关国计民生,本身便是百姓关注度极高的新闻富矿,关键是党报能否以敏锐的新闻意识找准报道的切入点。在两年多的改版实践中,《新华日报》对江苏义务教育、江苏南水北调工程、公选干部制度设计等社会焦点话题,都予以了重点关注,使"焦点新闻"始终没有游离党和政府中心工作这个党报的核心"焦点"。

对新闻规律的把握,还需要确立全方位报道的视野和理念。传统观念通常将社会新闻、娱乐新闻等视为党报的"禁区",担心过多涉入会影响党报的形象与格调。事实上,固守这一观念只能导致党报内容格局的自我封闭。但这并不意味着要党报向低俗之风"贴近",而在于对待同样一条新闻,党报能否以其独有的视角和高度给出不同的解读。如对于娱乐圈明星自杀新闻的报道,生活类媒体多热衷于事件本身的炒作,即所谓的揭秘报道。《新华日报》高看一眼,深挖一锹,及时刊出了《明星自杀是恶化的娱乐文化生态惹的祸》一文,指出在物质化、享乐化、庸俗化日益成为"主旋律"的背景下,社会、娱乐文化生态的日趋恶化,才是导致明星自杀的深层次矛盾和真正原因。

在实际工作中,令一些人谈虎色变的还有舆论监督报道。事实上,舆论监督不是要不要的问题,而是如何改进完善的问题。党报开展建设性的舆论监督,既是新闻规律使然,更是彰显主流媒体影响力,发挥党报舆论引导功能的有效手段。《新华日报》不回避社会矛盾和舆论热点,对近年社会反响大、群众议论多的招工招生骗术、高校就业率弄虚作假以及房价"假摔"等热点现象都予以了关注和报道。新闻调查《荒废的良田在哭诉》发表后,引起有关部门的高度重视,20多人因违法违纪被查处;《十四万考生名单被出卖之后》则把矛头直指近年愈演愈烈的招生骗术。为了获取第一手新闻素材,记者冒着危险与地下信息贩子接头"谈生意",打入了非法牟利组织的内部,揭露了其中的黑幕。该新闻被评为2009年度中国新闻奖二等奖。

党报新闻观念的创新也有其鲜明的底线和原则,一切要建立在党报固有的高度与理性认知的基础上,唯其如此,才能真正体现出党报创新的价值。《新华日报》对新闻传播规律的把握,更体现在以制度创新进一步巩固改革成果,以推动党报的可持续发展。新闻改革如果仅仅停留在即兴式构想和局部的改观,党报的创新便很难取得长足进展,党报创建全新的话语体系更是无从谈起。①

第三,开拓党报报道新模式,增强主流媒体社会影响力和感染力。

《新华日报》努力开拓党报传播新模式,推出了一批富有特色的专版专刊和个人专栏,微观与宏观并重,以个性映照共性,用灵动的民间话语解构以往生硬的意识形态话语,以小故事、大舆论的全新话语方式,强化了党报舆论引导功能。

首先是设置和开辟了讲坛、人文、焦点、网眼以及财经等一些专版、专刊。在党报的新闻改革中,普遍较为注意加强党报新闻板块的力度和深度,这无疑可以提升党报的"硬实力"。但另一方面,《新华日报》又以精心设置的专版专刊,以更加具体生动的方式传播主流价值观,体现了党报的"软实力"。党报的新闻板块与专版专刊并驾齐驱,相得益彰,为党报读者带来了全新的阅读感受。《新华日报》的"讲坛"专版,专门摘登国内外高校和科研机构专家学者的精彩演讲,选题注重通俗、实用,有新意。有的采用了新闻报道的形式,可读、易读、耐读;"人文"专刊则注重挖掘展示江苏的文化资源,以全新的眼光审视江苏的人文脉络、人文精神,给读者以丰厚的精神滋养;"网眼"则专事筛选网络热点议题及网民评议,经编辑整合后刊登。这是《新华日报》实现报网互动、创新报道样式的又一成果,为党报读者开辟了一个与网络互动的精彩窗口。比之新闻板块,专版专刊以其内容含量的精深、专业,使党报拥有了深厚的学养和人文气息,从整体上拓宽了党报的视野和报道领域,调动了读者阅读党报的积极性和自觉性。发展"软实力",也是党报创新的硬道理。

开办个人专栏是《新华日报》实现与提升影响力的又一重要举措。如何才能改观党报陈旧的话语方式,最大限度地激发记者的个人创造力?《新华日报》通过探索实践,发现设置多样化的个人专栏,能够在很大程度上对党报陈旧的话语体系推陈出新。2009年7月20日首批推出由8名相对年轻的记者主持的个人专栏,开启了鼓励记者凸现个性特点、创新党报报道形式和搞活报纸版面的新的改革之旅。首批推出的8名记者专栏有:"李扬说事"、"晓映名人坊"、"峥嵘记录"、"梦语秋评"、"'滢'光棒"、"漫说快评"、"零度追踪"、"零点快评"等。记者通过对政策民生个体、生动的解读,对意识形态话语赋予了个性化的阐释,使党报在文本语义上发生积极的变化,形成对党报个性话语不足的有效弥补,使党报重新充满吸引力、新鲜感。这是新时期党报营构新闻语言

---

① 周跃敏:《以科学发展观破解党报传统观念痼疾》,载《传媒观察》,2010年第1期,第5～8页。

张力、破解僵化死板语风的有效途径。①《新华日报》开办的个人专栏,个性定位精准,或以老辣点评抓人眼球,或以百姓故事娓娓动人,或以幽默谐趣使人兴味盎然。如"李扬说事"胜在剖解社会问题,见解深刻,语言辛辣。"峥嵘记录"栏目则以普通人担纲主角,所说所写都是平常人、家常话,文笔细腻生动,处处可见生活的质地,于无声处听惊雷,在平凡细节中捕捉生活的主流,或许更需要记者炉火纯青的观察力。"晓映名人坊"专栏注重与名人的对等交流,文笔富有思辨色彩;"梦语秋萍"和"'滢'光棒"则定位在闲说文化体育现象;"零点快评"文章虽短小却精悍,能开壅蔽,达人情,移不正之风,通过对热点新闻的追踪点评,时时传递一种权威的党报声音,对社会百态、世道人心的评说热议颇具穿透力。

2. 优化广告结构,推行整合营销

《新华日报》在提升党报新闻报道水平的同时,也在不断探索党报广告经营的科学发展之路,成功实现了营业额"五年翻一番"的历史性跳跃。其广告经营的改革创新,主要表现在如下四个方面:

首先,优化广告结构,让广告开发超越"红海"寻"蓝海"。

建立在政府资源之上的政务类形象广告,多年来一直是各级党报广告的传统核心市场所在,《新华日报》也在以政务类广告为主的经营之路上徘徊了多年。思路决定出路,在巩固政务类广告市场的前提下,自 2004 年起,《新华日报》开始了由传统政务类广告向兼顾工商业经济类广告的探索性转型。工商业经济类广告对市场化程度不高的党报来说原本属于市场"短板",缺乏与其他媒体竞争的资本和吸引力。把经济类广告定位成党报广告市场新的增长点,除了需要竞争意识的觉醒外,更需要独特的市场竞争眼光与相应策略。

因此,在开拓市场方面,《新华日报》摈弃走低层次公关或居高临下的行政路线的简单做法,而是注重发挥本报作为省委机关报拥有的社会公信力、政府权威性和市场号召力的高端地位,紧扣省委省政府的经济发展战略做文章,设法让《新华日报》的广告在某一个点上成为政府实施经济发展战略的有力推手,从而制造"卖点",激发工商企业客户对党报的认同与投放热情。经过努力,白酒、太阳能、金融保险等工商业广告迅速成为《新华日报》的广告"新大陆",其广告份额在江苏地区纸媒中始终处于领先地位。目前,《新华日报》传统的政务类文字广告与工商业经济类广告的比例在 6∶4 左右,形成了广告经

---

① 缪小星:《新形势下提高党报阅读率再认识》,载《中国记者》,2010 年第 6 期,第 35~36 页。

营健康合理的可持续发展格局。①

其次,升级广告开发模式,由原始版面销售转型为品牌营销为主的新战略。

在市场定位上着重抓几点:一是广告的区域开发协调化。针对江苏各城市的区域特点和经济差异,《新华日报》一改过去以苏南为主战场的战略,制定了稳定苏北、发展苏中、抢占苏南的市场全新策略,以及经营苏南、跨江发展的全新理念,科学地将人力资源、政策与投入优先向最需要地区的一线市场倾斜,使该报苏南、苏中、苏北地区的广告产值结构比由原来的苏南偏重60%以上演变成三地区4:3:3的科学合理比例。二是重点行业的优先化。坚持大客户"优先"战略,把握好市场的大局与重心。在做稳政务类广告的同时,明确将白酒、太阳能、金融三大行业作为新市场开发的重中之重,政策与配套服务优先,三大行业广告在该报广告中已占据了可观份额,经济地位举足轻重。目前《新华日报》年投放量在100万元以上的重量级客户就达一二十家,其中民营企业占40%。遵循"二八"市场定律,《新华日报》广告总量的80%来自占客户数量20%的大客户群体。

再次,坚持品牌营销和策划为王。

《新华日报》本身就是一个强势品牌,通过其品牌对接传播和一系列的营销手段,促进其他行业品牌的树立、发展和壮大,助推区域品牌做大做强,使更多的广告客户信任和选择《新华日报》,从而实现互利共赢的目标。《新华日报》的品牌营销所选择的客户对象主要涵盖以下三个层面:一是选择在省内某个区域市场小有名气,但知名度尚未拓展到全省全国的品牌;二是选择在某个行业内已具有一定知名度,需要突破行业,在行业以外推广知名度的品牌;三是选择省内已经具有相当认知度,需要进一步强化知名度和美誉度的品牌。

策划为王是品牌营销的又一翼,策划并非仅指文案的创意设计,更指对广告从主题确立到运作模式再到赢利基准的整体编导,借鉴新闻的敏感、艺术的视效和思想的创意来"制造"从无形到有形的广告。传统的政务类广告一般唱的都是"四季歌",经营机械而被动。《新华日报》广告这几年大胆突破思维定势,努力实现从"一个版子"到"一套方案"的经营理念提升,着力对整个城市或整个行业进行宏观策划与传播,即品牌营销与城市营销,收到了丰厚的市场回报,目前此类广告已占该报广告总量的30%以上。

---

① 张艾:《探寻省级党报广告的突围路径——新华日报广告经营的实践与思考》,载《传媒观察》,2010年第10期,第5~6页。

最后，推行整合营销，由平面发布升级为立体多维发布。

党报提高质量、扩大发行自然是应对竞争的必然选择，但从广告经营的客观发展规律分析，要提高报纸广告经营效益，还必须在传播模式上以更现代、更科学、更开放的姿态扬长避短、推陈出新。只有这样，才能让党报的权威性与其他媒体的精确性、群众性、灵活性相融合，从而提高党报广告的传播效果。探索党报、子报广告的整合经营是《新华日报》整合营销传播的最新最大动作。

2008年初，基于对市场的个性调研分析和集团优化组合整合资源的考虑，《新华日报》在国内省级党报集团中率先探索集团内部党报与子报晨报广告资源整合经营，在互异中求互补，在互补中谋共赢。整合经营从一开始就拒绝作为简单的行政组合来操作，而是按照市场机理和经营需要来设计实施，以实现经济增长为终极目标。强调"单打"优势不丢，在此基础上创造"双打"优势，以"组合拳"联手出击市场。

整合传播提升了《新华日报》、《南京晨报》两报的品牌价值，组合优化形成竞争新强势。两报整合营销传播后，所有的广告策划尤其是同主题的策划或创刊专版均打破原先各自主办的藩篱，全部采取两报联动方式，强化了权威，烘托了气势，增强了实效，以广告的多元化立体诉求吸引并征服客户。2008年至今，整合经营让《新华日报》报庆70周年专题广告、南京品牌楼盘评选风云榜活动、奥运专刊协办征集等一系列广告策划活动均获成功。整合两报平台使广告传播效果兼具政治性与商业性，带来了两报前所未有的商机。为了扩大《新华日报》广告的传播效果，近年来，《新华日报》对重点广告均在新华报业网实行同步全球上网，成为新华广告吸引客户的又一亮点与特色。在实施一系列的整合营销策划方案中，在坚持以《新华日报》为主的前提下，《新华日报》还通过多种模式将网络、电视、户外、手机等多媒体为其所用，同时把新兴媒体广告的整合营销传播纳入报纸广告的一揽子策划方案中，为客户提供立体多元化的广告服务，既保证了自身的经济效益，又提升了广告效果，树立了"为客户着想，对客户负责"的诚信与责任媒体形象。①

3. 注重制度设计，完善规章体系

制度设计无疑是报业组织健康和可持续发展的保障，也是提高新闻宣传质量和经营管理水平及效率的一条最好途径。集团先后新建和充实了多项规章制度，以进一步理顺办报流程、办事流程，并不断增强各项制度措施的执行

---

① 张艾：《探寻省级党报广告的突围路径——新华日报广告经营的实践与思考》，载《传媒观察》，2010年第10期，第5～6页。

力度,努力使各项工作制度化、规范化,使成功有效的做法稳定化,稳定的做法程式化,也使复杂的问题简单化,简单的问题模式化。① 抓好决策、办报和新闻宣传、人、财、物以及报业环境等对发展至关重要的制度设计,把报业发展导入良性轨道。这既是报业改革题中应有之义,又是报业健康发展的必要前提条件。因此,集团十分注重相关的制度设计,逐步完善了规章制度和流程体系,使运作更加高效。

第一,注重党委决策议事的制度设计。科学的决策是事业健康发展的保障,而合理的制度设计则是决策科学有效的保障。为此,集团专门制定了《党委议事决策规则》,对党委议事决策的原则、范围、方式和监督等进一步作了规范和明确,并在实践中认真执行。凡是涉及全局的重要工作、重要人事任免、重大项目投资等,都注意事先沟通、协商、酝酿,相对成熟后,再提交会议研究。在会上大家展开充分讨论,进行决策,重大问题用票决的方式作出决定。对一些重要事项,注意通过座谈会、党委扩大会等方式,请干部、员工代表与各有关方面参与到研究和决策过程中,发挥大家的聪明才智,调动各方的积极性,努力推动党委决策机制的科学化、民主化和制度化。

第二,注重办报流程的制度设计。近年来,集团把较为成熟的办报做法上升为制度,提出再造流程的要求,通过制度设计,将好的办报流程固定下来,对不合理的办报流程进行优化再造,陆续制定和实施了《集团关于加强新闻宣传管理的若干意见》、《新华日报编前会制度实施方案》、《扬子晚报采编出版时效流程督察章程》和《新华日报关于建立新闻三级策划机制的意见》、《集团关于突发事件应急报道实施办法》等制度,并通过采编部门组织构架的适当调整,确保各项制度落实到位,以求规范化、制度化、公开化。《扬子晚报》还专门设立"流程总监"一职,加强采编出版流程督查。集团各报通过办报流程制度设计,进一步提高采编工作质量和效率,建立起较为科学、规范、有效的新的办报运作体系。

第三,注重人才培养选拔的制度设计。人才队伍素质如何,往往是事业发展的决定性因素。近年来,集团在这方面加大探索力度,形成了多层次的制度规范。一是队伍思想、业务、作风建设制度,如建立记者联系点制度,坚持双月报告会制度等。二是重点人才的培训制度。专门成立新华传媒管理学院,有计划培训集团中层干部和骨干员工。2008年9月学院正式开班,对首批50

---

① 许洪祥:《立足自身,优化布局——新华日报报业集团改革发展的探索与思考》,载《新闻战线》,2009年第5期,第6~9页。

名骨干学员进行为期一年的培训,开设了《创新思维与创新管理》、《战略管理》、《文化哲学与文化产业》、《企业法律风险防范》等十几门课程,邀请清华、北大、复旦和香港有关著名专家、教授讲课,反响很好。三是中层干部学习考察制度。集团每年定期组织近百名中层干部集体外出学习、考察,先后到上海、浙江和省内的苏州工业园区、昆山开发区、无锡工业新区海力士、上海广电传媒集团、浙江阿里巴巴网站等处学习,进一步解放思想,转变观念,推动报业改革与发展。四是干部竞聘上岗和员工双向选择制度。集团制定了《关于集团机构调整和干部员工竞聘上岗相关工作的实施意见》、《干部竞聘上岗工作的暂行规定》、《员工竞聘上岗工作的暂行规定》等规范性文件,通过竞聘上岗,一大批年轻同志走上处、科负责岗位,集团干部队伍结构得到优化。五是大学生实习管理和新增人员招聘制度,力求从源头规范和加强优秀人才的招聘、选拔程序。通过这样一些制度安排,人才培养和选拔工作更加科学规范和持久高效,促使人力资源向人力资本发展目标转化。

第四,注重投资管理和重大物资招标采购的制度设计。集团健康发展,一个重要环节是正确使用资金,其重点是管好投资和重大支出项目。集团为此专门出台了《关于加强集团企业投资监管的若干意见》,对投资的项目范围、决策程序、全过程管理、建立重大投资事项报告制度等方面,作出明确规定,效果很好。在项目招标方面,集团制定了《新华日报报业集团关于项目招标的实施办法》,对项目招标的范围、方式、标书制作发布、评标与签约等作了系统规定。《办法》实施以来,所有工程建设和设备、材料采购项目,集团上下都自觉坚持用公开招标的方式进行,既节约了资金,又杜绝了各种可能发生的问题。

第五,注重法务财务审计的制度设计。集团注重通过法务方面的制度设计,营造良好的外部环境;通过财务审计方面的制度设计,形成健康有序的内部生态。集团专门成立了法务审计部,制定了《关于法律事务工作管理规定》和《关于内部审计工作暂行规定》等相应制度,凡是与外部来往的各类经营活动,都请法务部门作参谋,招标文件、合同和协议的签、发都必须通过严格的法务审查,防范法律风险,把好法律关口。与此同时,对内部各单位、各部门进行定期内部审计和离任审计等,帮助集团报、刊和经营企业规范经营行为与财务行为,适时提出发展建议,防范各种不良现象的发生,为报业组织正常运转和健康发展保驾护航。

4. 整合内部资源,优化产业布局

在日趋激烈的报业市场竞争中,报业集团能否对内部资源进行科学整合,能否对报业内部的多元化经营进行合理布局,这对报业集团的发展至关重要。

科学的资源整合,优化的产业布局,能够为集团走向市场提供一个基础平台,为集团的可持续发展提供动力支持。新华日报报业集团通过内部资源的合理配置,优化了产业布局结构,搭建起多个业务发展平台,以管理增效益,以创新促发展。

其一是抓好印刷业务发展平台。印刷是报业产业链一个重要方面,也是报业经济的重要支柱。集团在发展印刷产业时,根据自身特点,规划和发展了两大块业务:一块是报纸印刷,认真抓好全省布局。按照统一筹划、分步实施的原则,在省会南京建设了新的印刷基地,很好保障了集团报纸印刷。与此同时,在苏州与地方企业共同投资建设了苏州新东印务公司,作为苏南印务基地。在淮安建立了新华报业淮安印务公司,作为苏北印务基地。与此同时,在印好集团自己报刊的基础上,大力开拓对外承印报业业务市场,报纸印刷业务中对外业务所占比例由原先的不到10%上升到2008年的32.2%。第二块是商业印刷,积极参与市场竞争。依托报纸印刷优势,专门组建了专业的商务印刷公司——江苏新华柏印务公司,瞄准国内外商业印刷专业市场,购置了M600和M600C+等两条高端商业印刷生产线,积极开拓市场,丰富产品种类,连续四年实现了四大步跨越发展。目前,江苏新华柏印务公司已经具有一定规模,形成了较强的品牌优势和一定的市场优势,利润过千万,成为集团新的利润源。

其二是拓展相关的印刷辅材贸易平台。在报业集团发展进程中,如何将自己的业务优势与相关项目发展紧密结合起来,一直是集团思考的问题。近些年来,集团从报纸印刷中涉及印刷辅材和新闻纸张等系列相关行业的特点出发,发挥其产业链上游的优势,成立了江苏新华传媒投资实业公司,经商务部批准,取得了进出口业务权,为国内各大新闻纸厂代理进口美国、日本及欧洲等国外废纸原材料,同时代理印刷防腐剂、脱墨剂等印刷辅材、造纸化学品等国内业务,既密切了与各大新闻纸厂的联系,保证了新闻纸的供应,又取得了较好的综合经济效益,国际、国内业务利润每年都有新的增长。

其三是探索建立跨行业、跨媒体的综合平台。集团先后与出版、文化、广电等领域进行合作发展的初步尝试。在出版方面,成立了图书编辑出版中心,先后出版了《率先之路》、《快乐在路上》、《南京往事50年》、《阳澄渔钩》、《传统四大节日》等80多本(套)新书。其中,《率先之路》和《快乐在路上》还在全国文联第八次全国代表大会上送给了与会全体代表。在文化方面,筹建了新华艺术苑,在书画笔会、文艺鉴赏等方面作了一些探索,充分利用媒体资源与文化部门合作,参与策划制作了中国百家金陵画展、中国金钟奖音乐节、江苏省首届工艺品展、奥运书画捐赠等大型活动特刊、专版,加强了文化强省的建设和宣传。在影视方面,集团与省广电集团共同出资建设石湫影视基地(江苏未来影视文化创意产业园),加强了中长期投资项目。

其四是加快打造多媒体、多介质的平台。集团近年启动的新华报业传媒全媒体"中央信息厨房"项目,获得了江苏省文化产业发展基金的支持,这个项目是集团办报以及新媒体发展的"综合新闻业务支撑平台",或可以称为"集团内部的多媒体通讯社",是全媒体内容管理中心,统一采集、管理全集团文字、图片、视音频等多媒体稿件,为报纸、期刊、网站、移动等媒体提供内容。为了处理好整合与差异化发展的关系,该系统实现多媒体新闻信息的"采集输入,统一汇总;分层选用,区别付费"①。

在做优报纸传统传播平台的同时,新华报业传媒还积极建设网络媒体传播平台,倾力打造中国江苏网。经过转企改制和重组之后,中国江苏网目前已经成为江苏规模最大的以新闻为主的综合性门户网站,实现了政府官网与新华报业网的合并运营,进一步扩大了报业网站的权威性和覆盖面。新华日报报业集团副总编辑张晓东在出席2011年深圳"文化发展与传媒创新"论坛上还透露,中国江苏网的下一步规划是开拓网络杂志、网络电视、网络广播等新业务,进入即时通讯、博客、虚拟社区、移动多媒体、游戏动漫、搜索聚合等诸多新领域。

此外,新华报业传媒依托新闻资源优势,大力开发移动媒体传播平台,按照"打基础、谋布局、求发展、创效益"的要求,专门组建了江苏新华传媒信息发展公司,发挥集团新闻信息优势,与中国联通、中国移动、中国电信三大江苏网络运营商建立了紧密合作伙伴关系,在国家工商总局正式注册了"江苏手机报"商标,已先后推出了覆盖短信、彩信、WAP和3G等系列的新媒体产品,创建了江苏手机报的新华日报、扬子晚报、南京晨报等手机专版以及财经版、时尚版、体育版、健康版等多个专业手机报页面,江苏手机报各类收费用户已超过百万。其先后获得2009年"中国手机媒体十强"、"2010年最具成长性媒体"、"第二届中国出版政府奖"的网络出版物提名奖。《中国江苏·3G》iPhone等新闻产品,目前用户已覆盖全球68个国家和地区,成为江苏向海内外展示形象的新窗口。

2010年9月28日,由新华日报报业集团与有关方面研发、具有自主知识

---

① 新华日报报业集团副总编辑张晓东在深圳"文化发展与传媒创新"论坛上的主题发言,人民网,2011年11月26日。

产权的新闻产品《新华日报 iPad 版》面向全球正式发布。这一新的移动新媒体新闻产品的推出,是传统报业集团向新兴传媒集团转型发展的重要战略举措。

其五是搭建资本运营的平台,尝试资本运作。金融是现代经济的核心,为此,新华日报报业集团在资本运作方面加大了力度,除了根据金融形势适度进行基金运作外,还作为投资发起人之一,参股江苏省政府组建的江苏紫金财产保险公司,着眼集团未来的资本运营和良性发展。这些遵循市场规律的运作方式,较好地发挥了报业的特点和自身资源优势,使集团的经济效益朝着良性循环的方向发展,综合实力进一步增强,同时,也为新闻报道和各项事业的发展打下了更加坚实的物质基础。

新华日报报业集团实施的一系列改革创新举措成效显著。其主报引领正确的航向,子报子刊协调发展,由此形成合力,就能不断培育与提升其核心竞争力,使报业集团的航船在市场经济的波涛中处乱不惊,扬帆远航,抵达成功彼岸。

四、河南日报报业集团:"一报独大"领跑区域报业市场

河南日报报业集团是中原地区实力雄厚的报业集团,也是河南省唯一的报业集团,现拥有《河南日报》、《河南日报农村版》、《大河报》、《河南商报》、《河南手机报》、《河南法制报》、《期货日报》、《今日消费》、《大河健康报》、《大河文摘报》、《漫画月刊》、《新闻爱好者》和大河网"10 报 2 刊 1 网站",形成一个有较强影响力、辐射力和较广覆盖面的传媒体系。① 该集团借助河南省独特的报业生态环境和自身的综合优势,在河南报业市场独占鳌头,"一家独大"。

2010 年 7 月 6 日,由中国新闻文化促进会、中国广告主协会、北京大学新闻与传播学院、复旦大学新闻学院、武汉大学新闻与传播学院、中国传媒大学 MBA 学院联合主办,中国品牌传播协会、传媒中国网承办的第二届中国品牌与传播大会上,河南日报报业集团凭借导向正确、引导力强,"金融危机时代"快速成长的经营业绩以及布局文化产业系列战略举措,荣获"品牌贡献奖·影响中国十大传媒集团"称号。2010 年 7 月 27 日,国家新闻出版总署发布了我国首个新闻出版产业分析报告,在全国 39 家报业集团中,河南日报报业集团利润总额居全国第 5 位,总体经济规模综合评价排第 9 位,名列中部省份报业

---

① 河南日报报业集团简介,http://www.dahe.cn/about/index.htm。

集团之首。① 现拥有资产 17 亿元,且实现了零负债,先后荣获"中国版权产业最具影响力企业"、"影响中国十大传媒集团"称号。

在新的传媒竞争格局下,河南日报报业集团确立了"3368"战略:着力打造纸质媒体、网络媒体、移动媒体 3 种媒体;加快构建报纸发行商务网、书报刊发行网、酒店管理服务网 3 个网络;培育壮大报业、新媒体、图书发行与物流配送、印刷、酒店旅游、房地产 6 大支柱产业;力争打造出 8 个年收入超亿元企业。②

眼下在集团总收入中,报刊经营收入比重由以前的 90% 以上降至 50% 左右,在优化产业结构方面走在全国报业集团前列。③

从经济效益上考量,《大河报》无疑是河南日报报业集团中赢利能力最强的一份子报。该报 1995 年 8 月 1 日创刊,以"关切民生、倡导时尚、贴近生活、服务大众"为宗旨。作为一份综合性都市类日报,该报自创办以来,始终坚持"新闻立报",经过十多年的快速发展,已成为全集团也是全省经济实力最强的报纸。2005 年,《大河报》日发行量达 102 万份,全球日报发行排序中名列 64 位,是河南省唯一的集"全球百强"和"发行百万"于一身的"双百大报"。④

2010 年 6 月 28 日,第七届"中国 500 最具价值品牌"在北京发布,其中,《大河报》连续七年成为河南唯一上榜媒体,品牌价值为 17.1 亿元,位居 412 名。"2010 年世界日报发行量前 100 名排行榜"中,《大河报》名列第 64 位。⑤

"一报独大"的《大河报》以其强大的采编实力和经营实力,稳坐河南报业"第一把交椅",并且在全省公众中产生了广泛的社会影响力,其公信力、权威性和品牌美誉度都很高,可谓社会效益和经济效益双丰收。虽然全国大部分报业集团都存在着"一报独大"的现象,但是《大河报》所表现出来的"一报独大"现象更为突出。由于河南日报报业集团在河南全省报业中"一家独大",而报业集团内部又是子报《大河报》"一报独大",于是双"独大"就出现在此区域

---

① 《2009 年新闻出版产业分析报告》,http://finance.sina.com.cn/roll/20100728/08273400566.shtml。
② 朱夏炎:《内容为王的实质不会改变》,载《中国记者》,2011 年第 11 期,第 36~37 页。
③ 河南日报报业集团简介,http://newpaper.dahe.cn/hnrb/html/2010-08/26/content_373112.htm。
④ 周瓒:《突破媒体变局的拐点——访河南日报报业集团编委、大河报总编辑庹新智》,载《新闻爱好者》,2006 年 6 上半月,第 4~5 页。
⑤ 大河网《大河报再次列世界日报发行百强 64 位连续 8 年上榜》,http://py.dahe.cn/html/xwzx/ss/4547.html

报业市场中,而《大河报》不仅称雄河南省会城市郑州,而且在整个河南报业市场也呈现"一报独大"的奇特现象。

1.《大河报》"一报独大"报业格局的形成

《大河报》"一报独大"报业格局的出现、确立和持续发展,大体可以分为四个阶段:1995至1996年,蹒跚起步的第一阶段;1997至1998年,"一鸣惊人"的第二阶段;1999至2003年,"一报独大"的第三阶段;第四阶段从2004年至今,虽然挑战不断,但《大河报》持续"一报独大",并寻求自身新超越。

第一阶段:1995至1996年,蹒跚起步。

郑州报业市场一度为《郑州晚报》称霸。1995年8月1日《大河报》创刊后,提出"采缤纷天下事,入寻常百姓家"的口号,追求新闻的时效性、信息量和报道的深度、广度。与同一时期国内正在兴起的都市报相似,新锐的办报理念是其攻城略地的"撒手锏",尽管如此,当时《大河报》依然难以撼动《郑州晚报》的强势地位。《大河报》的总编辑庞新智将1995、1996两年视为该报"低水平成长期"。在这两年里,《大河报》将广告打包代理给一家广告公司,收入分别为100多万元和300多万元。而那时《郑州晚报》的广告收入毫不费劲就达到8000万元。

第二阶段:1997至1998年,《郑州晚报》盛极而衰,《大河报》一鸣惊人。

1997年,《郑州晚报》达到其鼎盛期,报纸一度早晚各送一次,引起业界的热烈讨论;当年广告收入8800万元,利润5000多万元。而《河南日报》同期广告收入只有2000万元左右。此时对于《大河报》来说,只要战胜了《郑州晚报》就可以成为郑州报业市场上的"老大"。1997年8月发生的两件事,使《大河报》一鸣惊人,并为日后突飞猛进奠定了基础。一是《大河报》在郑州、开封、洛阳、新乡、平顶山等地建立发行站,启动"敲门发行模式";二是《大河报》对"张金柱事件"①的追踪报道,引起了强烈的社会反响。犀利的舆论监督加上全新的发行模式,使得报纸发行量借此势头一路飙升,日发行量从此前的7.5万份

---

① 1997年8月24日21时30分许,郑州发生了一件令人发指的恶性交通肇事逃逸案。接到热线报案后,《大河报》的记者立即赶到现场,25日就刊出独家报道:《昨晚郑州发生一起恶性交通事故 白色皇冠拖着被撞伤者狂逃 众出租车司机怀着满腔义愤猛追》,同时配发评论,严厉谴责肇事者,赞扬参加围追堵截的群众。此后,《大河报》跟踪报道4个月零18天。这一系列报道产生了良好的社会影响,《大河报》接到了上千个读者打来的电话,群众感谢报纸敢于主持正义。该报道还被全国无数家新闻单位转载,一时间在国内引得舆论沸扬。这就是"张金柱事件"。

增长到年底的22.6万份;当年,《大河报》广告收入达2300万元。至1998年年底,日发行量已突破45万份,年广告收入达6800万元,成为河南省最具影响力的强势媒体。《大河报》"一报独大"的报业格局已初显雏形。

第三阶段:1999至2003年,"一报独大"报业格局形成。

1999年,《郑州晚报》处境尴尬,人事上起伏不定,连续更换了好几任总编;与邮局探索新发行模式失败;"悬念广告"事件①导致读者群的转移,这些因素造成《郑州晚报》发行量急剧萎缩,广告大量流失,1999年的广告收入只有1997年的一半。与此同时,《大河报》却扶摇直上,以新闻立报,无论是选题、立意还是策划、采编,往往都能够推陈出新、标新立异、高人一筹。因而,郑州市民对《大河报》的忠诚度极高,有的读者甚至养成"早上一杯鲜牛奶,晚上一份《大河报》"的习惯。1999年,《大河报》发行量稳居60万,广告收入达1.08亿元,终于确立了其在郑州报业市场上"一报独大"的霸主地位。

河南日报报业集团成立以后,《大河报》毫无悬念成为集团的顶梁柱。集团亦全力支持《大河报》的发展,为了应对改版后的《郑州晚报》挑战,集团以牺牲《城市早报》为代价,使之与《大河报》合并,变成《大河报·郑州地区版》。2002年,《大河报》与《城市早报》合并以后,《大河报》实力大增,日发行量突破80万份,当年实现广告收入2.2亿元,比上年两报总收入增长14%。

2003年,郑州报业市场的广告收入不过3亿多元,《大河报》独享2.8亿元,利润达8670万元。而此时《郑州晚报》的广告收入只有近6000万。其间郑州的几家媒体改头换面,纷纷进军都市报市场,几度挑战《大河报》都铩羽而归。

在集团的大力支持下,《大河报》以其强大的经济实力和内容实力,在郑州报业市场上形成了"大树之下,寸草难生"的独特局面。

第四阶段:2004年至今,《大河报》持续"一报独大",直面挑战寻求超越。

2004年是《大河报》发展历程中具有里程碑意义的一年。这一年,《大河报》在"全球日报发行量前100名"中上升到第64位,进入了"国内都市类报纸竞争力20强"前10名,并以7个亿的品牌价值入选"中国500最具价值品牌"排行榜。2004年年底,发行量突破100万份大关,成为"全球报业发行百强"和"中国百万大报"并称的"双百"报纸。截至2005年年底,《大河报》日发行量

---

① "悬念广告"事件指《郑州晚报》曾连续两天刊发敬告说,某月某日早晨6点30分请注意收看郑州电视台特别节目,许多市民按时收看后发现只是某品牌酒广告,导致报纸美誉度下降。

达 102 万份,广告收入 4.01 亿元,比上年增长了 8%,利润达 1.06 亿元。

2006 年 7 月,《大河报》以 8.87 亿元的品牌价值第三次入选"中国 500 最具价值品牌"排行榜,10 月《大河报》又入选"中国品牌媒体 100 强"。

2010 年 6 月 28 日,"中国 500 最具价值品牌"榜(第七届)在北京发布,《大河报》连续七年成为河南唯一上榜媒体,品牌价值为 17.1 亿元,排名412……这一系列光彩夺目的数据雄辩证明,《大河报》无论在河南日报报业集团内部,还是在整个河南报业市场上,都占据着不容争辩的霸主地位。

然而,郑州其他媒体对《大河报》的挑战却从未间断。《郑州晚报》2002 年"一分为二",通过增量改革和边际调整实现了改革目标,对《大河报》形成了一定的冲击。而后《郑州晚报》一直坚守河南省会郑州这一发行阵地,牢牢占据着郑州报业"老二"位置。2004 年 9 月创刊的《东方今报》,以完全相同的市场定位与《大河报》在全省范围内展开正面拼杀。几乎同时改版创刊的《河南商报》亦加盟河南日报报业集团,从背后和侧面抢占《大河报》的市场份额。

2010 年上半年,根据慧聪邓白氏研究自主发行调查,郑州都市报零售发行市场《大河报》是领导者,市场份额占到 46.8%,是排在第二位的《郑州晚报》的 2 倍。《河南商报》和《东方今报》的市场份额都在 15% 左右。《大河报》和《河南商报》在所有调查的零售终端都有铺货,《郑州晚报》也保持了较高的铺摊率。《大河报》在零售终端的平均销量为 11.7 份,《郑州晚报》、《河南商报》和《东方今报》的平均销量都在 5 份上下。《大河报》每天的剩报最少,其他报纸每天平均有一成以上的报纸滞销。①

以上数据表明,《大河报》经过十多年的拼搏,综合实力不断增强,再加上报业集团的鼎力支持,市场地位更加优越。虽然遭遇的挑战此起彼伏,但是无论是曾经的霸主《郑州晚报》还是当今的新秀《东方今报》,眼下都无法动摇《大河报》在郑州"报业盟主"的地位,如果没有出现什么意外,《大河报》在区域报业市场"一报独大"的格局,还将延续下去。

2.《大河报》"一报独大"模式的深层思考

一报独大现象在国内报业集团中普遍存在,本书第九章中对《广州日报》一报独大现象及其潜在的问题,进行了一些深层思考,但是,"一报独大"模式不尽相同,与"主报独大"现象相比,报业集团内部"子报独大"现象更为普遍。《大河报》不仅称雄河南省会城市郑州,而且风靡整个河南报业市场,成为区域

---

① 搜报网《大河报领跑都市报零售发行市场 》,http://www.soubaoad.com/analysis/markets/29021.shtml。

报业的第一强势媒体,这一现象具有典型意义,其成因和走向值得特别关注和深入探究。

纵观《大河报》成长的历程,不难发现优质的内容和服务是其"一报独大"的基础、关键和保障。"内容为王"是媒体塑造自身形象和提升影响力的要素,报纸质量的高低主要在于其提供的信息内容是否能够满足受众的需求,其提供的服务是否能够得到受众和社会的普遍认同。在内容同质化越来越严重的传媒界,"谁能将有竞争力优势的内容资源掌握在自己手里,谁就能获得市场优势地位"。[①]《大河报》在内容方面,注重加强新闻策划,做深、做透本地热点新闻,强化民生社区新闻,为读者提供更多生活资讯。该报正是以其优质的内容和服务赢得了读者和市场,其公信力、影响力和品牌美誉度不断提升,逐渐成为社会受众(含广告客户)心目中首选的强势媒体。

《大河报》依靠母报《河南日报》的政治优势,能够获取丰富可靠的信息资源。因此,《大河报》的公信力和其所报道新闻的权威性是郑州其他同类报纸无法比拟的。无论是其创立之初的舆论监督报道,还是其成熟后的主流化的正面报道,都适应了社会发展的要求和市民的阅读心理,比如《大河报》关于郑州酱油市场调查的报道、"张金柱事件"、清理财政人员"吃空饷"等新闻,都在郑州甚至全国引起了高度关注和强烈反响,报纸社会影响力也随之不断扩大。

2008年8月以来,《大河报》通过增加河南新闻(包括郑州新闻)板块、组建民生新闻部等措施,进一步扩大本地新闻及社区新闻信息量,同比增加了接近20%的本地新闻版面;2009年,通过设立二级城市新闻专刊,扩大《大河报》在省会郑州以外的二级中心城市影响力与话语权,尤为重要的是能够为当地读者提供更多的新闻资讯。在新闻策划方面,《大河报》策划组织了洛阳世界邮展系列报道、绿城十大魅力社区评选、寻访多彩民俗、体验别样新年、绿城"公益之星"评选活动等系列报道,并跟进一系列重大事件,包括《记者千里暗访白盐黑幕,京港澳高速成贩盐"黄金通道"》、《郑州"丐帮"的"生意经"揭秘》、《动物园成少数人赚钱乐园,两个部门6年撵不走十几辆黑车》等,这些独家报道,体现了《大河报》作为区域主流大报的实力。该报依托自身独占的资源,为读者呈现了丰富多彩的、其他新媒体难望其项背的新闻资讯。这些措施对于提升报纸阅读率、促进其发行推广以及吸纳广告等方面,都发挥了不容置疑的积极作用。

---

① 黄宇:《内容资源成传媒产业竞争的新制高点》,http://www.people.com.cn/GB/14677/21963/22065/2757091.html。

近年来,《大河报》还利用报纸专版优势,增强报纸的服务性。它根据报业经营发展的需要,在报社内部相继成立汽车、旅游、教育、IT 等 8 个行业专刊工作室,根据各工作室的行业特点,策划活动并给予报道。《大河报》先后策划组织了中原住交会、中原车展、大河旅游直通车、大河根深叶茂车迷周末试乘试驾、大河家电新体验、中原现代教育展等一系列活动,提高了《大河报》品牌的知名度和市场的认同度,取得了良好的社会效益和经济效益。

受众的高度认同和品牌忠诚,也是《大河报》能够持续"一报独大"的重要因素。一张充满活力、贴近读者的报纸,必定在当地拥有广泛的群众基础。受众的品牌忠诚使《大河报》如虎添翼。20 世纪 90 年代初期,社会主义市场经济刚刚起步,市民的社会文化生活非常单调。作为河南第一份真正意义上的都市报,《大河报》的创刊在一定程度上满足了当时市民的文化需要,其完全不同于党报的新闻报道模式和信息内容,迅速吸引了郑州市民的注意。经过十多年的培育,《大河报》已经成为认同度很高的品牌媒体,其在郑州市民心目中的地位也越来越牢固。

与时俱进,不断创新,这更是《大河报》领跑区域报业市场的一个关键要素。近年来,根据读者阅读需求变化,《大河报》先后推出了直面现代都市情感话题的《都市倾诉》,直面网络世界的《大河博客》和《大河 Q 聊》栏目,贴近日常生活的《幽默地带》和《郑州拍吧》等等。这些栏目一经推出就受到了读者热捧,其可读性和读者参与性强,且深受年轻读者喜爱。尤其是《都市倾诉》最为火爆,让读者讲述自己的情感故事,或缠绵或感伤,或催人泪下或发人深思,版面阅读率非常高(直逼新闻版的阅读率),其所在版面也由郑州版调整为全省版。这些创新举措,既丰富了报纸的内容,又提高了读者的参与度,其较强的互动性以及时尚元素,还在原有基础上争取到了更多年轻读者,进一步提升了报纸的影响力。

2010 年 8 月 28 日,大河报 96211 全媒体读者互动平台的开通,增强了报纸与读者的互动。该平台集呼叫中心、手机短信、彩信、网站等传播功能于一身,不仅可以接受市民提供的新闻线索,还可以通过手机和读者互动,为读者提供更多周到的便民服务、超惠的增值服务,致力于打造河南省最大的生活资讯网。2011 年,与腾讯合办的大豫网的开通,强化了大河报在受众中的权威地位,该网站上线仅两周,用户数量就达到全省第一。

受众的高度认同和品牌忠诚,极大地拓展了《大河报》的市场号召力,从而直接促进了其发行量的增长,广告主投放广告的信心和力度也随之增强。

探究《大河报》的成功之道,自觉地适应和融入本地媒介生态环境,无疑是获得和保持"一报独大"地位的重要因素。河南地处中原,交通便利,人口众多,历史文化积淀丰厚;但政治相对保守,经济欠发达,这是《大河报》所处的媒介生态环境。只有充分认识河南政治、经济、文化等媒介环境要素,制定实施有针对性的竞争策略,才能真正适应和融入其中。当一份报纸根植本地文化,最大限度地满足着当地读者的阅读需求,并逐步成为市民生活难以分割的一部分时,就形成了其不可复制的独特竞争力。

虽然河南经济欠发达,但是市民阶层已然形成,且人口基数大。受河南积淀的历史文化的影响,郑州市民的文化消费需求极高。《大河报》顺应这一特点,在办报过程中始终坚持较高的品位和质量,自觉抵制庸俗低俗之风,报纸以丰富的信息含量和文化含量,得到广大受众持续的认同和支持。另外,河南交通便利,交通网发展迅速,从郑州到大部分县市的车程不超过2个小时,形成一个以郑州为中心的城市圈。经济中心与地理中心的重合,吸引了大量的外埠大宗消费,这也部分拉动房地产、汽车、卖场和医疗广告,为《大河报》提高发行量和广告额的增长提供了空间。最近几年,郑州城市扩容速度加快,新兴的郑东新区为发行空间的拓展和广告量的持续增长创造了有利条件,报业广告年增量保持在1亿元左右,这也是《大河报》获得可持续发展的重要保证。

《大河报》能够迅速崛起,成为区域报业市场的第一强势媒体,其原因之一就是尊重新闻规律和市场规律。报业的产业化要求使得报纸必须遵循市场规律,讲究投入产出比,寻求利润最大化,当然其前提则是报纸尊重新闻规律,在赢得受众的同时也赢得市场。在市场规律的作用下,资源必然流向利润高的地方。办都市报的投入是机关报的1/4,而产出则是机关报的2.5~5倍,都市报顺应市场规律就能迅速成长起来。

《大河报》的三任总编辑都认同"与其说《大河报》办得好,不如说《大河报》办得早"这种说法。在市场分化之初,《大河报》以零门槛的代价进入都市报市场,填补了河南"都市报"的空白,并完全按照新闻规律和市场规律运作,占尽先机,获得了优越的市场资源。《大河报》一改当时党报的管理体制和经营方式,实行自办发行和广告代理制度,这种机制上的灵活性使其能够轻装上阵,快速应变,从而提高市场竞争力。后来创办的都市类报纸就没有那么幸运,它们面临着《大河报》已积聚起来的综合实力的压力,市场进入门槛明显提高。

目前,《大河报》牢固地占领着高端广告市场,其广告占版率远远高于同城竞争对手,通常保持在40%以上,最高时可达60%。为了应对低端市场的冲击,《大河报》也着手加强信息类广告,通过整合栏目、开设新栏目、格式化调整、增开新的营业网点、加大优惠度等系列措施,使信息类广告年增幅达30%。

另外,发行渠道的最优化,也有利于《大河报》市场覆盖达到最大化。发行渠道是大河品牌得以建立并扩展的重要支撑。1997年8月,《大河报》开始运作自办发行,组建发行网络,当年即组建了以郑、汴、洛、新为中心的8个直属发行站点。随后,《大河报》在河南全省先后建立了300多个发行站点,组织了近6000人的发行队伍,重点发行全省县级以上城市并向周边省市辐射,高密度地覆盖河南市场并向全国辐射。这种高密度的发行网络对《大河报》高市场覆盖率起到了至关重要的作用,为《大河报》形成"一报独大"格局打下了坚实基础。

随着报刊经营进入买方市场,发行在经营中的作用越来越重要。面对新的竞争形势,大河发行公司经过多年积淀,总结成功经验,用科学发展观统领发行工作,实现了报网分离,提出由"网络经营"向"经营网络"、由单一报刊发行向多报刊发行、由发行网向营销网的转变,整合网络、客户、品牌"三大资源"以及信息流、物流"两大业务",实现征订网、多报刊零售网、商品配送网"三网合一",提升网络的产业化运作水平,增强网络的自我发展和可持续发展能力,成功打造成覆盖全省、运作规范、管理统一、服务高效的河南报业发行第一网。可以说,这个"发行第一网"为《大河报》的"一报独大"及可持续发展提供了强有力的支持。大河发行网从1998年奠定《大河报》的市场领跑者地位后,已连续十余年稳居区域报业市场一哥的地位,经受多年的报业竞争洗礼,《大河报》以不间断的营销策划,推陈出新,化蛹为蝶,在赢得现实市场份额的同时,还积累了其持续竞争的优势——品牌资源和巨大的发展潜能。

注重营销策划,加强品牌建设,是《大河报》成为强势"大河品牌",而且持续保有"一报独大"地位的又一要素。报业市场中的"老大"是竞争对手觊觎的目标,也可以说是众矢之的。2005年7月至年底,在同城媒体提前发动攻势的不利局面下,大河发行公司瞅准战机,于2005年策划推出了"大戏"系列营销广告,改变了被动局面,取得了出奇制胜的成效。

自2006年起,大河发行公司开始进行环保宣传的推广,以回收旧报换新报的形式开展营销活动,在彰显大河报社会责任感的同时,助推发行业务的拓展。2007年,推出了"植树,不仅仅在植树节"等广告,提出了"以循环经济为中原增绿"的理念。2008年的一个重大主题是奥运会,此届奥运会的三大主题是"科技、人文、绿色",为此,大河发行创意推出了"接力奥运、传递绿色"的系列广告,提出了"回收旧报、保护环境,为奥运出力"的概念,将经营活动融入实践"绿色奥运"的行动之中,在倡导环保、传递对读者的答谢中,彰显品牌亲和力与影响力,为经营工作击鼓呐喊、鸣锣开道。

善于独辟蹊径者可谓领悟了创新的真谛。内容竞争中的"独家"观念,已经由原来的独家新闻信息转化为对同一信息的"独家认识"和"独家表现"。报纸营销亦然,需要关注重大事件和市场热点,及时发现和捕捉良机。基于这一认识,从奠定《大河报》市场霸主地位以来,大河发行就逐步把以前盯住对手的眼光转而盯住自己,主动创新,修炼内功,营销策划力求简洁明快、一招制胜,将"大河品牌"打造为优质品牌,这为"一报独大"提供了可持续发展的动力。

成功的广告经营是《大河报》拥有"一报独大"地位的坚强后盾。《大河报》自诞生之时起,广告经营模式一直在不断创新,且在经营决策上没有走过弯路。《大河报》的采编经营管理模式早在第一次报业"拐点"来临之前,就开始逐步调整,不断探索新的路子与方向,借助采编力量强化行业服务与市场推广,精心策划组织行业性经营活动。

2002年以来,《大河报》推出了众多行业性活动,其中在中原地区具有较大影响力的年度行业性活动有:中原住交会、大河车展、年度高招咨询会、中部企业领袖年会、金融理财博览会等,这些活动不仅有效提升了《大河报》的影响力和品牌价值,而且产生了很好的经济效益。2007年6月的"第七届中原住交会",参展企业达300多家,有效参观人数达18万人次,意向成交商品房4000套,意向成交金额10亿元,为报纸实现直接和间接经营收入约1500万元,可谓经济效益和社会效益双丰收。在全国报业增量渐趋艰难的背景下,《大河报》通过成功的活动运营,促进了主流广告行业的稳步增长。

2005年以来,在商业竞争与业态发展日益趋向专业化卖场连锁经营的环境中,《大河报》着眼于培育市场、服务读者,创办以卖场促销信息为主的《大河卖场》广告资讯专刊,以低于正常实收价格50%的低价位切入市场,迅速实现集纳式信息专刊,超过81%的广告占版率,扩版最多时广告高达60多个版。创刊2年多来,年收入都在1000万以上,已经形成了专业化卖场连锁客户的固定投放习惯,也培育了一个新兴广告行业的快速崛起。另外,还把竞争对手的低价以及政策灵活优势彻底打压下去,市场份额迅速达到60%以上。①

2008年6月,在总编辑亲自主持下,《大河报》建立了"广告经营资源一体化"运行机制。这是一次大胆的创新,各采编经营工作室以及传媒策划公司的经营性活动,由主管经营的副总编统一负责,实行统一的政令,一切以经营为

---

① 徐云峰:《狠抓活动营销,以点带面促进经营》,载《广告市场观察》大河报专刊,2008年6月。

中心,围绕报社大局利益开展各项活动。这是《大河报》整合经营资源、应对市场竞争、挖潜上量的一项战略举措。

后金融危机时代,《大河报》应对广告经营平台期挑战,经营战略指导思想由"推销战略"向"以客户为中心的整合营销战略"转变;在具体经营策略上,努力实现采编经营配合向采编经营资源整合转变、经营资源向经营收入转变、大客户服务向大客户战略转变,把都市报"二次创业"落到实处,具体措施如下:

第一,借助年度推广加强活动带动,抢占市场制高点。为了做好《大河报》年度广告经营工作,基于经营创新与业务发展的需要,在2008年度《大河报》广告推广指导思想上,实施分行业、分类别组合推广策略,精心策划了系列年终经营性活动,既创造了额外经营收入,又在不同层面上进行了《大河报》2010年度经营策略推广与品牌宣传,可谓先声夺人、一举多得。

这些活动包括2009中原服装风云榜评选,2009中国汽车总评榜河南分评榜颁奖盛典、2009中原商业风云榜评选、2009中原家居建材风云榜评选、2009中原金融理财总评榜、2009中原教育风云榜评选等多个行业性年度活动,以及2009中部企业领袖年会、《大河报》2010年度广告代理推广会及信息广告招标会、2009家电数码座谈会、2009中原旅游高峰论坛等系列活动,累计创收1500多万元。

在各类活动现场,《大河报》同时进行了年度代理政策、大客户服务策略、行业专刊发展设想、《大河报》基础数据展示、行业性年度活动营销设计等品牌推广与宣传,并进行客户交流,拉近了媒体与主要行业大客户的距离,也加快了《大河报》广告市场推广"以客户为中心"的整合营销战略转型步伐,推进了大客户战略的贯彻实施,又规避了竞争媒体紧盯年度会的"有效模仿",在一定意义上抢占了2010年度经营的制高点。

第二,整合采编经营资源,活动营销成效显著。活动营销已经成为媒体经营的一种常见促销措施,在经济危机时期,规避价格战、占领市场商机,就显得尤其重要。2009年以来,在经济专刊与广告经营资源一体化整合的基础上,采编经营无缝配合,加强版面策划,挖掘行业潜力,刺激广告投放,在服务客户的同时拉动经营,实现社会效益和经济效益的双丰收。

在2009年终盘点系列活动的基础上,2010年一季度又推出了系列经营性活动。例如,汽车贺岁特刊、民营医院发展论坛与健康特刊、第五届中部太阳能产业博览会、第七届中部厨卫家装家居家电博览会、电动车展、洛阳房车联展等系列活动,累计创收近500多万元,春季住交会直接创收300多万元。这些活动在某种程度上促进了主流行业的快速增量,开发了边缘弱势行业,也在一定意义上提升了大河报广告经营的市场竞争力。

第三,巩固营销渠道,布局经营大盘。广告代理制是《大河报》多年来一贯坚持的主导经营模式。广告代理公司作为《大河报》广告经营的主要渠道经销商,也是战略合作者与利益攸关者,15年来累计为大河报创造了30多亿元经营收入。在日益复杂的经营环境中,《大河报》广告中心进一步加大了对代理公司服务与奖励的力度,惩罚恶性竞争,奖励忠诚协作,并与主要广告代理公司签订了年度合作意向书,合同金额近3亿元。

第四,打通内部经营资源,推动媒企战略合作。媒体广告经营存在"二八"理论模型,即20%的客户贡献了80%的广告收入,《大河报》情况也是如此。2010年以来,广告中心与专刊部门行业资源打通,在大客户政策支持下,携手服务与开发大客户,介入到客户的活动营销与媒介计划工作中,并与主要行业大客户订立年度合作框架协议,仅房地产业合同金额就高达5000多万元,其他还包括移动、联通、大商、昌河汽车等主要行业大客户,累计意向金额超亿元。

第五,加快进军地市二级市场,培育新兴经济增长点。为积极开发地市广告市场,2009年底以来,《大河报》加大差异性地方版政策支持与全省版开发力度,同时加强策划带动,试水河南第一大二级市场,策划推出洛阳春季车房展,积极探索《大河报》进军二级市场的报纸采编经营管理模式。

《大河报》所采取的经营战略转型与整合营销策略,得到市场的认可,实现了其"应对危机、挖潜上量"的战略目标。该报近年来的广告刊登额、实际广告收入与综合利润等指标,均呈现良好增长态势。这意味着,《大河报》广告经营在经历了金融危机风波冲击之后,已经越过"金融危机雷区",伴随着宏观经济进入后危机时代。

3.《大河报》"一报独大"存在的隐忧

《大河报》"一报独大"的地位,为其积累了各种资源,提升了综合实力,并为其进一步发展创造了有利条件。但是,"福亦祸所伏"。在区域报业市场占据绝对优势的《大河报》,其特殊的地位不可避免地存在着某些隐忧。我们可以从几个层面剖析解读其隐忧,即"一报独大"可能带来的负面影响。

其一,从《大河报》自身的可持续发展前景考量,"一报独大"的垄断地位可能会影响其潜在创新力的发挥,消减其竞争力,进而损害可持续发展的原动力。参照核心竞争力的相关理论,已经具有其核心竞争力的《大河报》,有可能陷入"核心"反被"核心"累的怪圈,即囿于现有垄断格局所带来的既得利益,逐渐会变得不思进取,因循守旧,原有的资源和优势就有可能变成拖累其前行的沉重包袱。正如拥有"百年老店"美誉的柯达公司,就是因为沉迷留恋于自身原有的"核心竞争力"创造的资源和优势(以其优质胶卷独居全球市场鳌头),尽管1975年率先研发出第一台数码相机,却未能将其及时转化为生产力(当时胶片带来的巨大利润令其难以割舍),故而没能跟上业态的变化和市场的步伐,最终走向了没落乃至被迫寻求破产保护。这一惨痛教训无疑给包括报业在内的众多强势企业上了一课:一定要居安思危,警惕"核心"反被"核心"累。

《大河报》目前的事业发展如日中天,区域报业市场的竞争对手难望其项背,如果缺乏居安思危的自觉意识,就容易安于现状,进而迷失前进的坐标和方向。尤其在报业转型的关键时期,面对飞速发展的传媒技术和急剧变化的媒介生态,报业深化体制机制改革和创新发展的诉求也日趋强烈,这些都需要报业组织具有积极进取的精神和开拓创新的勇气。如何在区域报业市场业已形成的"一报独大"垄断竞争格局下,保持清醒的头脑,规避故步自封的心态,以勇于超越自我的胆识和智慧,在巩固已有竞争优势的同时,不断拓展新业务和市场,寻求新的增长点,培育和提升核心竞争力,为自身的可持续发展创造充分必要条件,这是值得集团高管和《大河报》管理层深思的一个紧迫问题。

其二,从报业集团的层面审思,"一报独大"的格局同样会对其可持续发展埋下隐患。"不要把鸡蛋放在同一个篮子里",这是经济学中经典的投资格言。其意思是说,为了降低投资风险,不宜把资金投向单一通道,要分散投资和多元化投资。这一理论对于我国报业集团的经营和发展也同样适用。当前大多数报纸的收入结构是"广告独大",而绝大部分报业集团又是"一报独大"。这也就意味着报业集团的收入主要依靠的是这份独大的报纸的广告收入。而我国广告市场向来受国家经济发展形势和国家宏观调控的影响和制约较为严重,广告市场稍有风吹草动,就会严重波及整个报业集团的经营和发展,加大其经营风险。

尽管经过这些年的发展,"河南日报报业集团总收入中报刊经营收入比重由以前的90%以上降至50%左右",然而《大河报》的广告收入还是占其总收入的绝大部分,集团的品牌建设、多元产业也是依托《大河报》这个"金字招牌"。因此报业集团的"一报独大"与报业收入结构的"广告独大"这一矛盾,对河南日报报业集团来说仍然需要高度关注,并认真研究解决的途径和方法。报业集团若想持续健康发展,必须寻求新的突破点,开掘新的业务和增收渠道,拓展新的发展空间。报业要想在数字化时代继续生存发展,就必须采取多媒体战略。尤其在媒介融合进程加快的大背景下,报业集团及其麾下媒体更要适应发展新趋势,优化报业集团产业结构、实行多媒体战略,构建跨地区、跨媒体的新型传媒集团,寻求可持续发展的新路径。

应该看到,我国报业集团"一报独大"的发展模式的形成有其必然性,它有利于保持集团当前的发展势头,也有利于集中优势兵力,重点突破。但是,固守此种发展模式并非长久之计,集团要想获得持续发展,必须加强和加紧培育新的其他细分市场上的报纸,以分散潜在的风险;也可采用资本运营的手段进行融资,获取产业外市场上更加丰富的资源;或者在以报业为主的基础上,加强多元化经营,促进印刷、发行、出版、酒店、房地产等其他产业项目的健康发展。

总体来说,报业集团"一报独大"的现象,仍有可能在很长一段时间内普遍存在,但最终报业集团的经济结构一定会被改变,既有可能形成像南方报业传媒集团那样的多品牌发展模式,也有可能产生跨地区、跨媒体的新型传媒集团。即使某一份报纸仍然居于集团的中心,却不再是其唯一的经济支柱,报业集团还会拥有其他产业和资源以形成多元支撑,从而能够有效地防范和抵御经营中潜在的和已经出现的各种风险,走上健康和可持续发展的坦途。

五、成都传媒集团:跨媒体融合新尝试

2006年11月,成都日报报业集团和成都广播电视台合并组建成都传媒集团,由此开启了"跨媒体融合"之路,成为我国省会城市首家涵盖报刊、广播、电视、网络等多种媒体形态的新型综合传媒集团。"成都传媒集团现拥有5张报纸、5个电台频率、9个电视频道、2家出版社,以及包括被喻为'中国报业第一股'的博瑞传播(SH.600880)在内的十多家直属文化企业和50多家二、三级文化企业,产业涵盖创意产业领域的主要部分即报刊出版业、广播影视业、网络传输业、广告会展业等。"[①]成都传媒集团已经形成一个相对完善的产业链条,能够充分利用纸质媒体、广电媒体和新媒体之间的规模经济和范围经济效应,在掌控当地的信息源上具备一定的优势,形成相对于竞争对手的信息密集轰炸的优势。

成都传媒集团将原成都日报报业集团与成都广播电视台合并,成立了全国中心城市第一家综合传媒集团。这是一种全新的探索,也是一种大胆的尝试。从理论上讲,报业和广电都是党的喉舌,都是国有资产,不同的只是传播

[①] 杨状振、汤天甜:《成都传媒集团改革观察》,载《广告大观:媒介版》,2010年第2期,第61~63页。

形态和表达方式。在全国上下深化文化体制改革,大力发展文化产业的背景下,任何一种媒体形态都应该可以在党的领导下,在不改变喉舌功能的前提下,以资本为纽带进行强强联合,深度整合,达到 1+1>2 的效果。从实践上讲,国际传媒市场上,媒体融合的步伐正在加快,不同种类的媒体之间打破原有的界限,信息资源在新旧媒体之间已经实现了无障碍的流转。一个地区的报业和广电传媒如果现在不走向融合,将来也会走向融合。

成都传媒集团的组建是对中国文化体制改革和文化产业发展的大胆有益探索,在全国区域中心城市文化体制改革和文化产业发展探索中具有里程碑式和开创性的意义,具有典型的示范和借鉴作用。在媒介市场竞争日趋白热化的今天,成都传媒集团的跨媒体融合战略对成都传媒集团的做大做强起到了重要作用。

1. 跨媒体融合的背景

跨媒体融合符合产业规模扩张的要求。进入 21 世纪,国内传媒界越来越强烈地感受到,跨媒体整合、成立综合传媒、着眼产业规模扩张将是我国传媒产业做大做强的必由之路,也是中国传媒业发展的方向。目前在全球媒体行业风起云涌的跨媒体经营浪潮,就是相关跨媒体一体化战略在传媒行业的普遍应用。跨媒体融合有利于形成一个相对完善的产业链条,能够充分利用纸质媒体、广电媒体和新媒体之间的规模经济和范围经济效应,也可以共同降低成本结构和稀释过于集中的收入结构,形成媒介组织的规模效益。

成都传媒集团的成立,绝不仅仅是报纸、广播、电视、期刊、网络、新媒体等全媒体形态的物理聚合,而是希冀依托不同媒体之间的有机组合、优势嫁接、集约运行、资源打通等方式,形成各媒体的核心价值,实现规模效益和事业、产业的双丰收。

首先,跨媒体融合顺应现代媒体技术融合的趋势。媒介融合是数字技术、社会需求和产业政策共同作用的结果。数字技术使不同媒介可以在数字平台上进行整合,是媒介融合的技术条件。数字技术打破了媒体间的界限:20 世纪 50 年代以来各自独立发展的媒体形态,进入 90 年代以后逐渐走向融合。媒介融合的后果之一,就是"引起传媒业在机构融合上的更高层次的再分工"[1]。这种更高层次的"分工",不是不同媒体的对峙,而是不同媒体依据数字平台的"再分工",这就为不同媒体的跨媒体融合提供了技术平台。成都传

---

[1] 彭兰:《从新一代电子报刊看媒介融合的走向》,http://media.people.com.cn/GB/5300074.html。

媒集团在技术融合基础上形成了以报纸、广播、电视、网络和车载移动视频等在内的"多媒体"媒介格局,实现了各媒体的资源整合,优势互补。

其次,跨媒体融合是推动整个文化产业大发展的需要。当今世界,文化作为软实力和综合国力的重要标志已被人们普遍接受,文化产业在国民经济发展中的位置日益凸现。中国是一个拥有五千年悠久历史的文化大国,是一个拥有13亿人口的发展中国家,发展文化产业不仅可以推动我国国民经济的发展,更有利于公民素质的提高。国务院2009年7月23日讨论并原则通过的《文化产业振兴规划》中也提出"推动跨地区、跨行业联合或重组,培育骨干文化企业","充分调动社会各方面力量,加快推进具有重大示范效应和产业推动作用的重大项目"。① 成都市把组建传媒集团作为文化体制改革的试验田,支持其发展成为文化产业的主力军。目前,在传媒集团的引领下,已形成了一条包括影视、演艺、服务、娱乐、体育等产业在内的产业链条。文化体制改革和文化产业发展初步突围。

2. 跨媒体融合的内容

成都传媒集团的跨媒体融合是全面融合,包含结构、机制、内容、广告资源、多媒体、多介质等六方面的融合。经过近四年的跨媒体融合,成都传媒集团现已发展成为拥有5张报纸、5个电台频率、9个电视频道、2家出版社以及包括被喻为"中国报业第一股"的博瑞传播(SH.600880)在内的十多家直属文化企业和50多家二、三级文化企业,产业涵盖创意产业领域的主要部分即报刊出版业、广播影视业、网络传输业、广告会展业等,成为典型的创意产业。其媒介融合的具体表现分述如下:

第一,集团内部不同媒体的结构融合。成都市委确定成都传媒集团为事业集团,实行企业化管理,集团虽然还没有完全达到现代化网络化的组织结构形态,基本上是职能型与事业型结合的组织结构形态,但还是有很多可借鉴之处,灵活性较强。集团设立党委会作为领导核心,是整个集团的决策中心。同时设立董事会,党委会成员也是董事会成员。以党委为中心,设立了集团编委会和集团经委会,分别负责采编和经营工作。三大委员会中,集团党委书记兼董事长和总编辑,由市委组织部考察,市委常委会任命;党委副书记兼总经理,另一位党委副书记兼常务副总编辑。编委会和经委会分别有2至3个分管副职,相关单位分管领导分别进入编委会和经委会成员。集团的集团党委办、行

---

① 《推动文化产业跨地区跨行业联合重组》,http://finance.sina.com.cn/roll/20090723/08002966274.shtml。

政办、编委办、经委办、人力资源部、财务中心、总工办、监察室等8个公共部门，均按照职能来设立。集团成立党委会，同时设广告中心、技术中心、节目中心等作为集团总部直属事业部门。这样的组织结构最大化地减少集团层级，有利于信息的传达，提高工作效率。目前，随着集团化建设的深入，总部管理部门根据职能和分工也不断进行着精简合并与调整。①

成都传媒集团非常重视采编与经营分离，集团的组织体系是按照"扁平设计、垂直管理、层次清晰、责权明确"的总体思路来设计的。集团直接管理运营电视频道、广播频率及报社、出版社等，增加了灵活性。整合集团内部的各种经营资本，形成规模效应，避免各自为政的"作坊式"经营。董事会成员参与编辑与经营，但分属于不同的委员会，这就保证了编辑与经营分开管理，有利于集团的整体发展。这种集中领导，分管不同部门，有利于将集团下属的各个子公司、各媒体统一在一个中心下，加大集团的向心力，而不会出现分头行事，形聚而神散的畸形发展状况，为今后集团的发展打下扎实的基础。②

第二，集团内部不同媒体部门的机制融合。输送市场化机制，打造市场竞争主体，通过制度迁移的方式最大限度激活传媒生产力。成都传媒集团组建后，继续坚持深入实施报业集团的"六统一"，即统一新闻指挥、统一资产管理、统一目标考核、统一人事管理、统一财务管理、统一经营平台。在确保报纸和广电两大板块平稳对接的基础上，在广电板块全力推进企业化管理，逐步将报业较为先进的市场机制嫁接到广电媒体，实施制度迁移，探索板块之间的机制融合。一是推行频道"模拟法人"运行模式；二是推行企业会计制度；三是将可经营性资源进行市场化改造，大力推行"事转企"；四是稳妥推进人事和分配制度改革。③ 集团企业文化融合，体现在表层的物质文化、中间层次的制度文化和核心层的精神文化三个层次。市场化制度文化的植入，对广电板块进行改革与重构，使市场化机制在传媒集团内部融会贯通，为板块间的精神文化融合铺垫机制基础。

成都传媒集团建立了编辑管理委员会，主要负责集团所属媒体的新闻宣传指导和管理，统摄各个电台频率、电视频道、报社、期刊出版社产品生产，对

---

① 宋建武：《走跨媒体经营之路——成都传媒集团的实践调查》，载《新闻战线》，2008年第1期，第73～75页。

② 黄基秉、向妍：《传媒集团整合发展策略初探——以成都传媒集团为例》，载《成都大学学报》(社科版)，2009年第1期，第73～78页。

③ 侯利强：《媒体融合的实现方式与到达路径——来自成都传媒集团的实践》，载《中国记者》，2009年第8期，第62～63页。

媒体资源进行配置。各媒体包括电台、电视台、报社和杂志社都进行专业化媒体生产，不再开展经营业务。报刊社的两家印刷厂整合成为一家即博瑞印务，电视频道技术支持各方也整合为同一技术中心。专业化生产体系的建构，使集团各个报刊社、电视频道在成本领先、差异化和专一化的战略基础上，进行专业化生产，走上工业化的道路。

第三，跨媒体之间的内容融合。以内容生产为突破口打通媒介障碍，由单一形态单兵作战逐步转向全媒体运作，变革媒体的传统生产流程与传播方式。成都传媒集团囊括了报纸、电台、电视、网站、书刊、新媒体等多媒体形态，在一个利益主体的统摄下，逐步探索根据不同形态媒体特性和受众特点对信息进行分类加工、集约生产、规模传播，发挥各自传播优势，有针对性地通过不同终端传播给特定受众，形成"新闻宣传统一指挥、不同媒体分类指导"的新闻管控体系，着力打造媒体复合影响力，其主要归结为两种模式。

一是聚合精锐模式。围绕中心工作或重大新闻事件，抽调不同形态媒体的采编人员，快速反应，推出深度报道，经过编辑后在不同媒体形态上以不同形式进行刊播，突出体现在集团的深度报道课题组。集团把纸媒和电媒的优秀采编人员聚合为一个作战团队，围绕成都市推进统筹城乡、深化"试验区"建设的中心工作，统一策划、相互协调，统一行动、集中表达，各展所长、优劣互补，形成有分量的文字作品和电视制作。

二是媒体联动模式。传媒集团将旗下定位相似、形态不同的媒体进行田忌赛马式的组合，推出"媒体联动"模式，"其基本运作模式和机制是，锁定联动新闻内涵。这是联动的前提，因为联动只是传播形式的改变，而内容则是传播致效的关键，形式最终服务于内容"。①联动体内建立了确保运行通畅的管理机制、运作机制和保障机制，在信息的采集环节、制作环节资源共享，尤其在传播表达环节，不同形态媒体指定"媒体联动"专用Logo，结尾用"某某时间成都传媒集团的某某媒体还将推出事件的相关详细报道"的形式对下一媒体进行预告，下一媒体也要以"昨日我集团某某媒体对某某事件作了报道"进行照应。这使不同媒体在集团的统一调控下成为内在的自觉行为。媒体联合作战的协同效应得以充分发挥，在"5·12"抗震救灾宣传报道中表现得淋漓尽致。

第四，跨媒体之间的广告资源融合。以资源为纽带贯通不同媒体形态打造新的媒体产品形式，强化资源的垂直化、专业化运作，构建立体营销体系。

---

① 侯利强：《媒体结对运行部分新闻联动——成都传媒集团全媒体运作探索》，载《传媒》，2009年第6期，第37~39页。

成都传媒集团以资源为纽带,从房产广告资源入手,着力打造自己的品牌新产品。集团各媒体单位基本上都设有广告策划中心,集团所有的广告代理、分销、管理主要由上市公司博瑞传播下属的博瑞广告公司、成都电视台广告中心、成都人民广播电台广告中心负责,2006年,成都电视台全年房产广告仅为600万元,而《成都商报》单张报纸的房产广告就突破4亿元。集团组建后,将电视板块的房产广告资源进行垄断式集中经营,强势推出《第一房产》,成为电视板块唯一房产广告载体。2007年,电视板块房产广告收入一举突破3000万元,同比增长500%,2008年广告同比增幅接近50%。为进一步发挥综合媒体集团的多媒体优势,集团整合旗下"居周刊""地产商""第一房产"栏目、house100网站等6家优质地产媒体,成功打造"地产系"全媒体,实现了传统媒体从经营产品向经营资源的转变,塑造了成都媒体在成都房产界的权威形象和品牌影响力,传播效果和广告经营效果呈现倍增式放大趋势。①

无论是已经打造成功的"地产系",还是意图打造的"美食系"、"汽车系"等,都是将媒体捆绑后整体出击,形成一个全媒体概念式、更高层面的媒体产品,给目标受众以整体的强力冲击,从而聚集某一类社会成员的目光注意力,这是从"内容为王"到"产品为王"的竞争方式之一,是传媒产业发展逻辑在运营模式、游戏规则和整合机制等方面竞争的具体体现。

第五,集团内部的多媒体融合。多媒体融合是指在报纸、影视、新媒体等媒体方面所做的融合。应该说,多媒体融合既指媒介技术未来的发展趋势,同时也指媒介集团采取的多媒体的经营策略。确切地说,多媒体融合策略,应该是媒介集团在政策许可的条件下,依据自身的条件实行的文化产业内的媒体横向发展。这种多媒体融合的横向发展策略对于当前报业集团做大做强具有很强的现实意义。在传媒集团组建之前,我国报业集团与广电集团彼此独立,双方虽然同处国家传媒机构的地位,却从不往来,各自在其范围内从事着模式、内容都相似的活动,竞争激烈,同城媒体之间的同质化程度颇高,无法有效形成最强大的合力。作为现代化的社会信息服务业门类,传媒业非常需要在联合的前提下寻求更大的发展,集团化是集约化经营的前提,做大是做强的重要保障。在遵循市场经济规律的情况下,利用行政手段和政府调控,将本区域内任务相同、性质相近、运作模式类似的传媒机构组合在一起,不失为一种可取的举措。

---

① 侯利强:《媒体融合的实现方式与到达路径——来自成都传媒集团的实践》,载《中国记者》,2009年第8期,第62~63页。

在当前媒体大发展的形势下，报纸仍是最具有原创性的内容提供者，传媒业作为文化产业的一部分，始终将遵循"内容为王"的原则，信息内容必然是传媒发展的决定性力量，有了报纸作为信息内容的坚强后盾，其他媒体就可以获得稳定的支撑；同样，电子媒体、新媒体拥有的渠道优势，则可以使报纸的信息内容得到充分拓展，避免资源的浪费。总之，在传媒集团格局下，集团内部的多媒体融合将信息内容的最优化整合变为现实，资源可以得到最大限度的利用，又能避免"报纸的草养活网站的羊"等对抗情形的出现，能够通过多媒体共赢带来集团效益的最大化。

第六，多介质融合。多介质融合主要是指以核心能力为基础进行有限多元扩张，增强对"他介质""他行业"的战略资源整合，用增量改革带动边缘突破，催生新的产业形态并带动存量拓展与集团产业结构转型。成都传媒集团充分利用自身在当地的垄断性和传统媒体内容生产及品牌优势，借船出海、借力打力，加大外部资源融合力度，大力发展多元化的文化产业经营。主要措施包括如下四个方面：

一是跨媒体合作项目的稳健进行，利用打通行业分割所形成的平台，成都传媒集团实施了成都商报、成都33频道、环球资讯频率、全搜索网站四种媒体形态间的跨行业合作运行，在品牌、渠道、信息、广告等方面，四种不同媒介形态间实现联动。二是在影视剧大制作项目上，集团把原来隶属于电视台的电视剧制作中心部门性建制改造为了集团旗下的先锋影视公司独立建制，集团作为投资方和出品方之一，联合中影集团、英皇集团和紫禁城影业共同拍摄制作了电影《赤壁》，以及《张居正》、《龙的传人》、《一品天下》等影视剧。三是在全球营销项目上，集团借"可口可乐"全球更换包装的商机，在百事大中华区发售"成都印象罐"，在宣传成都形象的同时，使成都传媒集团站在更高的起点上向实现自己的品牌化和多元化发展战略靠近。同时，成都传媒集团还与同韩国CJ家庭购物等有关企业公司进行合作洽谈，力求在与世界接轨上跳出狭隘的地域和行业限制。四是在期刊整合项目上，成都传媒集团将下属期刊资源进行了打通融合，成立了成都先锋文化传媒有限公司统一运作推广，面向全国打造出"先锋"系列期刊品牌，《榜样》、《评论》、《成都客》、《高尔夫时尚》等刊物已陆续进入市场流通。通过打造大媒体平台，成都传媒集团各子媒体立足于细分市场，满足多层次受众需求，进行跨媒体深度融合，逐渐在集团内部形成了"资源情报超市"的运作机制，推进了集团媒介产品链条的延伸和经营利益的最大化。

3. 跨媒体融合的新方向

在未来10年中，随着联合经营趋势的加强，更多综合性巨型媒体集团应运而生的时机将逐步成熟，地区和行业限制也将被逐一打破。主要业务集中在传统媒体领域的国有传媒集团和主要业务集中在以互联网为代表的新媒体领域的民营传媒企业，将呈现出并列前行的发展趋势。传统媒体发展趋缓，新媒体发展迅速，文化产业外围层高速增长的速度和空间的巨大，成为当前传媒行业发展的显著特征。[①]

成都传媒集团顺应这一形势，在深度融合传统媒体，巩固区域优势的基础上，加快在新媒体领域构筑未来业务发展模式的步伐。2009年6月9日，成都传媒集团旗下上市公司博瑞传播发布董事会公告：全票审议通过《关于重大资产收购的议案》，声明公司拟斥巨资收购成都梦工厂网络信息有限公司全部股权，意味着博瑞传播继10年前创造"报业第一股"神话之后，再次成为国内A股市场"网游第一股"。

博瑞传播的产业结构调整升级只是成都传媒集团新媒体战略的一步棋。2009年，成都传媒集团通过了《集团新媒体业务五年发展规划》和《关于大力发展新媒体的决议》，明确了集团发展新媒体的重点领域、资金投入比例等，把促进新媒体业务作为一项重点工作。

在博瑞传播收购成都梦工厂进军网络游戏前，成都传媒集团已经开始启动新媒体战略。2007年，成都传媒集团与中国移动通信集团四川有限公司签订战略合作协议，双方以推广营销中国移动"无线音乐基地"的无线音乐系列产品为合作起点，在广告、渠道、内容、活动等多个方面进行紧密的战略合作。这一举措意味着成都传媒集团的优势内容资源，将通过与四川移动的众多产品和业务的结合，以手机报、彩铃、视频短片、广播IVR、手机上网、短信直播等多种方式覆盖更多的受众。同年，博瑞传播与北京其欣然影视机构在北京正式签约，共同投资手机电视项目，准备以3G无线通信网络和互联网为传输平台，充分整合双方在传媒人才、影视制作、电视播放、无线增值业务、网络运作等方面的优势资源，实现手机电视新兴媒体内容、服务与运营一体化。

2010年，是成都传媒集团布局新媒体最着力的一年。旗下博瑞传播除增资网游产业之外，继续增资成都全搜索公司，在已拥有平面媒体、户外广告、电视媒体广告资源基础上，涉足门户网站。成都全搜索公司增资后，大股东由成

---

① 杨状振、汤天甜：《成都传媒集团改革观察》，载《广告大观：媒介版》，2010年第2期，第61～63页。

都商报社变为成都传媒集团。成都传媒集团整合旗下众多媒体资源，致力于将其打造成为成都市新闻门户网站乃至国内的一流互联网企业。此举表明，成都传媒集团将向更广阔的新媒体领域挺进，如垂直门户网站、移动互联网、影视娱乐领域等。目前，该集团的"创意成都"项目正在建设，预计建成后将引进网游、影视等企业，从而形成创意产业集群。

成都传媒集团布局新媒体的密集举措，显示了集团未来发展的重心区域。但这条路是否顺风顺水，任何人都难以预料。迪斯尼公司、时代—华纳等传媒巨鳄曾在新媒体领域折戟沉沙，说明这是一块无法探知深浅的神秘地带。尤其对于运营体制完全不同的传统媒体来说，对新媒体的涉猎只能处于"摸着石头过河"的阶段。在摸索期间，传统媒体必须适应新媒体的运营模式和运营环境，克服传统媒体惯有的管理层级复杂、内部运行官僚化的弊病，做到持续创新，灵活高效。成都传媒集团的未来规划是，在三至五年内成为中国知名的新媒体内容及服务提供商、集成商和管理商。它能否实现传统媒介集团到新型创媒集团的完美转身？相信不久之后就会看到答案。而它的成功与否都将为中国报业的未来发展提供重要的案例参照与启示。

六、华商传媒集团：跨区域扩张谱写新篇章

在国内已经成立的报业集团中，几乎都是以党报为核心组建的，而由非党报组建的报业传媒集团，目前只有华商传媒一家，该集团属于企业性质，隶属侨联。集团主报《华商报》的母体陕西华商传媒集团有限责任公司成立于2000年，其注册资本2亿元（人民币），独家代理经营华商报业旗下报纸。华商传媒是中国华闻传媒控股公司的子公司。

华商传媒集团为母子公司体制的传媒企业，旗下的核心媒体《华商报》及其异地的合作媒体，构成了颇具规模且独具特色的报业传媒集团。主要经营范围包括报纸、杂志、网络等媒体，以及报刊广告代理、报刊投递发行、发行网络所带来的商品配送业务，还有一些多元化业务。目前以华商传媒（本部）为核心，华商数码信息股份有限公司、西安华商广告有限责任公司及长春华锐广告信息有限公司等控股子公司自主经营、相互依存、协调发展的母子公司构架已基本形成。

集团旗下现有7报5刊5网和十多家公司，涉及报纸、杂志、网络、出版、投资、配送、印刷、汇展、户外广告、DM等产品形态。4张都市报包括在西安的《华商报》、长春的《新文化报》、重庆的《重庆时报》、沈阳的《华商晨报》，它们

在各自所处的区域占据主导地位;集团另有《大众生活报》、《消费者导报》、《南非华人报》等3份周报发展态势良好;《钱经》、《名仕》、《淑媛》、《大众文摘》、《汽车自驾游》等5份刊物瞄准各自细分市场,前景看好;在新媒体方面,华商网、辽一网、96128城市购物网、新文化网、橙网等,也在各自区域内形成一定的竞争优势。2010年,华商传媒集团迎来13年发展史上又一个新的高峰,集团主业四张报纸快速均衡增长,集团总体营业收入突破31亿元,经营业绩再次创历史新高。

华商传媒集团的"旗舰"《华商报》2009年广告收入6.5亿元,居全国前列,并且连续4届跻身全国都市报竞争力前4名。2010年,《华商报》实现突破性增长,广告收入达到7.7亿元,利润3.63亿,跻身全国都市报三甲行列。

在"2010中国传媒年会"上,华商传媒集团董事长张富汉,与著名传媒人刘长乐、魏文彬、范以锦等人一道,获评"2001—2010中国传媒贡献人物";华商传媒集团、南方报业传媒集团、解放日报报业集团等获评"2001—2010中国报业(报业集团)领军品牌";《华商报》、《新京报》、辽宁广播电视台等获评"2010中国传媒年度品牌"。

1.《华商报》的崛起之路

《华商报》的前身为陕西省侨联主办的内刊《侨声时报》,创办于1988年,1992年改名为《华商报》,经过几年发展,到1996年已是步履维艰。1997年之前的西安报业市场是《西安晚报》称雄的时代,作为西安的老品牌报纸,它多年来一直独享广告市场的大餐。就在1997年,《西安晚报》的广告收入达到创纪录的1.2亿元,当时名列全国晚报前5位,《西安晚报》至此达到其巅峰阶段。而由陕西日报社1994年创办的《三秦都市报》,虽然在西安报业市场上生存和发展,但却未能形成像《华西都市报》横空出世后对《成都晚报》的巨大冲击波,由于内部体制和管理等原因,创刊后的《三秦都市报》一直发展较为缓慢。处在微利边缘的《三秦都市报》和全盛时期的《西安晚报》和平共处,可以说西安报业并没有太大竞争。当时作为发行量不到2万份的一张小报,《华商报》几年间累计亏损已达上千万。陕西省新闻出版局与陕西省侨联已决定将其停办,无奈之下的《华商报》恳请允许其再运营一年,并在社会公开选聘总编辑。

《华商报》创新改革的诚意,吸引了原《三秦都市报》副主编张富汉和新闻部主任刘东明,两人放弃事业编制,来到危机中的《华商报》。双方一拍即合,两人组成新的班子,封存报社原有的20个事业编制,依靠投资方华圣集团再次注资400万元,开始对报社进行整体的改造。

新生的《华商报》以商品经营的手法来做"党和人民都喜欢的市民生活报"①，在内容上多社会新闻、重视版式设计，曾是《陕西日报》摄影部主任的张富汉对图片的要求更是有名的严格。1998年夏，《华商报》经过几度扩版增期，已出日报对开16版，图片需求量大增，张富汉明确提出了"大照片、短文章、醒目标题"的办报思路，其中"让图片新闻成为卖点"的崭新理念更是领先同城媒体。一版每天一张大图片，成为《华商报》的风格，也成为《华商报》卖点之一。

与报纸内容建设匹配，面对传统报纸"二次销售"的赢利模式，在落实报纸发行和广告经营中，《华商报》率先在陕西报业市场推行"征订上门，投递到户"的自办发行模式，功不可没的"黄马甲"用短短一年时间完成了读者市场的扩张，期发量由原先的2万份迅速跃升至40多万份；与此同时，报社的广告经营坚持国际通行的全面代理制，报社不办广告公司，其广告部门只保留沟通渠道的功能，避免编辑、记者拉广告、吃回扣。在人力资源调配方面，采用完全市场化的体制机制重塑报纸，所有招聘人员的档案放入人才交流中心，允许其自由出入。1997年华商报社进行体制改革，完全取消了行政级别，全面推行市场化，实行采编经营两分开。华商报业每一位员工，都是聘用制。在管理上，推行绩效管理，实行优胜劣汰。《华商报》为此想出很多招数，评稿制与奖励机制挂钩、公司制下的市场化运作与激发员工能动性相连。1998年年底，《华商报》兑现了对主管部门的承诺，不仅弥补了10年间的上千万元亏空，还实现了500多万元的赢利。

《华商报》的迅速壮大刺激了西安报业市场。1998年《华商报》发行量跃居西安第一位，广告收入6000万元；1999年广告收入1.2亿元，一举超过《西安晚报》。仅用了不到两年时间，新生的《华商报》便把《西安晚报》从西安报业老大位置上掀了下来。至2000年，《华商报》仅广告收入就接近2亿元。2002年，《华商报》广告收入3.2亿元，《西安晚报》只有约8000万元，《三秦都市报》约1400万元。②

1997～2001年这4年间，是《华商报》招兵买马、实现新生的发轫期。在这一时期都市报的新闻类型主要是社会新闻，其特点可概括为"火爆、揭黑、猎

---

① 张富汉：《创可持续发展的报业品牌——华商报办报实践探究》，载《新闻战线》，1999年第11期，第42～43页。
② 郝建国：《市场经济体制下媒介实现其商品属性的定位转换——〈华商报〉模式对报业市场的启示》，载《延安大学学报（社会科学版）》，2003年第3期，第116～120页。

奇",新生的《华商报》也未能免俗,事实上,对社会新闻的大量采用,也是《华商报》三年间在西安区域市场快速脱颖而出的原因之一。当地主管部门对《华商报》采取了爱护与支持的政策,相对宽松的环境对《华商报》的发展起到了很好的保护和促进作用。

《华商报》的崛起打破了陕西报业市场原有的沉闷与僵化,10年前,陕西报纸的总体经营收入不到5亿元,到2009年已经达到17亿元,另外各报之间也没有发生其他城市曾经历的惨烈的报业恶战。《华商报》的出现,在某种程度上激活和扩大了陕西报业市场。

随着华商报业在西安报业市场强势媒体地位的确立,其影响力、导向性以及主管单位不断提升的标准,更重要的是中国都市报日渐清晰的发展方向与中国国情对媒体报道的新要求,使得《华商报》与都市报发展初级阶段渐行渐远,并且迅速朝着主流媒体的方向转型。经过几年的发展,《华商报》及其在长春、沈阳、重庆三地跨地域办报的不断扩张,华商传媒集团的综合实力进一步增强,并改变其1998年前后在西安报业市场的座次,即由原先的末位取代《西安晚报》成为魁首,《西安晚报》、《三秦都市报》等被远远甩在身后。

《华商报》的成功是在竞争对手缺乏改革创新的特殊条件下,及时捕捉到了时代的趋势、潮流、规律,通过符合新闻规律的办报实践、一套较好的企业运行机制,以及独特的企业文化建设得以实现的。

2.《华商报》的跨区域扩张

从2002年开始至2006年前后,华商报业进入盘整求变的阶段,也是其报业扩张与资本积累最重要的阶段。这一阶段的标志性事件包括:完成了企业价值观的讨论与确定、完成跨区域办报布局、成立集团管控平台、讨论并形成了初步的发展战略。

《华商报》最为中国报人所乐道的莫过于其实施的跨地域办报:从1999年打响长春《新文化报》的第一枪,到2000年登陆东北重镇沈阳的《华商晨报》,再到2004年《重庆时报》山城崛起,三战三捷奠定了华商传媒在跨地域办报上的"独大"地位。《华商报》的跨地域合作成败皆有,但做成的是多数。《华商报》走出去的一小步,是中国报业改革的一大步。

华商报社在跨地域办报初期,审慎选择那些报业竞争尚未充分的城市,没有到北京、上海、广州等大城市去竞争。在对外宣传上都不叫做"异地办报",而使用"合作办报"这样的温和词语,这是面对区域壁垒所作出的变通。主管部门的态度、同城媒体的态度、文化差异、报业环境等情况,各地都不相同。华商传媒攻城略地的首胜之城是长春。一方面是主管部门的肯定,时任吉林省委书记的王云坤面对华商报业的进入,作出的批示是"你不打出,别人进入很自然。想保护也难以保护。只能增加压力,产生动力,争取公平、科学、合理的竞争而取胜";另一方面,长春市民也接受了《新文化报》,将它当作自己城市的报纸。目前,《新文化报》成为吉林省发行量最大的都市类报纸,期发行量达到40万份,2009年营业收入2.2亿元。

《华商晨报》是辽宁省归国华侨联合会主管主办的一份综合类都市生活报。2000年3月份华商报业开始登陆沈阳,注资《华商晨报》,并以《华商报》模式打造全新的《华商晨报》。报纸定位为立足沈阳,辐射周边城市,突出市民化、都市化、生活化和通俗化特色。2003年3月,华商报业对《华商晨报》注入新的资金,并开始新一轮改革。最初的背景是日发行量4万余份,70多名员工,每日不足万元的广告收入。而现今的《华商晨报》已经一跃成为辽沈地区发行量最大的都市类报纸,其日发行量达到50万份,2009年营业收入达到2.4亿。

不过,跨区域办报辛酸备尝。在天津和重庆,华商报业就没有长春那么顺利了,《大众生活报》兵败天津,两起两落,损失数千万元,各方对失败原因讳莫如深。在重庆,华商报业旗下的《重庆时报》于2004年8月25日正式创刊,当时为对开24版。《重庆时报》首期发行15万份在重庆高调面市,经过短短一年时间,发行量达到37万份,在重庆都市生活类日报市场上与《重庆晚报》、《重庆晨报》形成鼎足之势。然而本来是《重庆时报》、《重庆商报》、重庆日报报业集团三足鼎立的格局,却在华商报业进入后不久,《重庆商报》并入集团,三国演义变成了两强相争,面对强大的当地集团,《重庆时报》的困难处境可想而知。直到创业6年后的2010年,《重庆时报》才开始赢利。

事实上,异地运营的每张报纸都经历过步履维艰的时期,特别是个别地方的竞争对手及有关部门,把竞争中的压力变成为舆论导向不正确的指责,报业扩张遇到了令人难以想象的阻力。

2010年,华商传媒开始在陕西省内与地市级报纸合作办报。5月21日,华商报社和咸阳日报社联合打造的全新城市消费生活报《今日咸阳》创刊,创刊寄语的标题是《以爱一座城的名义》,以缓解进入新市场的压力。由此看来,低调的策略是赢得市场竞争的先导。

总结华商传媒集团跨区域办报的成功经验:首先是其依托成熟的市场化运营体制,以资本为纽带,开拓报业市场。比如,《重庆时报》就是由华商报系号称滚动投入1个多亿改造《现代工人报》而成。依托华商报系成熟的办报模式,以一系列娴熟的市场化攻势为手段,使其很快成为当地的一份强势报纸。

其次是依托完善的专业化业务运作模式。在跨区域办报的实践中,他们凭借华商报成熟的管理经验和新闻资源,依靠包括新闻制作、发行和广告业务在内的一整套专业运作模式,取得了丰硕的成果。比如,"黄马甲"发行队伍经过《华商报》的成功尝试之后,在其跨区域办报过程中,分别于长春、沈阳和重庆三地都建立了黄马甲队伍。目前"黄马甲"已经成为全国最大的报纸配送发行队伍,在西安、长春、沈阳和重庆四地共有1.2万名员工。华商传媒集团还依托黄马甲配送网组建了96128电子商务平台。

此外,建立健全采编队伍的选拔、培训、考核体系,注重培养当地骨干团队,也是其跨区域办报、异地办报能够保持长久竞争力、实现可持续发展的关键所在。

3. 华商报业的集团化建设

从2008年年初开始,华商传媒正式完成了集团化的组织建设,通过建立规范的治理结构,实现决策与运营的分离,形成了清晰的集团管控思路与模式,并制定了集团中期战略规划。这次组织建设,由于其中包含了许多报业改革的元素,为集团进一步发展扫清了障碍,许多举措不啻为改革先锋。值得玩味的是,华商传媒集团的创办,本身也是一场"勇敢者的游戏"——早于中国报业集团化浪潮之前就已经注册成为集团公司。作为先行者,由于企业法人与事业身份的兼而有之,其不得不小心翼翼,在新闻出版总署正式发文允许建立报业集团之前一直是在"偷偷摸摸办集团"——物流配送、印务基地、多元投资……等到集团化的号角响起,华商传媒集团已运作多年,初具规模。

华商传媒集团选择的横向扩张传媒产业链初具成效,构建由期刊、新媒体、出版、会展、投资业务模块组成的跨媒体产业格局。第一,在杂志领域创办了《钱经》、《名仕》、《淑媛》、《大众文摘》、《自驾游》等5本期刊;第二,在出版领域参股北京磨铁图书公司;第三,在新媒体领域创办组建华商网络传媒公司,并参股江苏365房产家居网、辽宁天禹星电子科技公司等新媒体。会展则由原与其他公司合作改为报社自己经营,目前"华商报会展公司是西部五省最大的会展公司,曾经一周的业务量突破过3000万,净利润在1000万以上。每年要举办西安最大的汽车展、房展、农副产品展览"[①]。不过,进入广电领域这一步,就很难迈出去了。据了解,华商传媒集团购买了完整的电视专业摄像机及编辑设备,进行制作视频内容的尝试,但还只是"练兵"而已,因为尚无门可入。

---

① 陈国权:《从跨产业到跨媒介——探讨报业集团发展方向》,载《中国记者》,2011年第6期,第72～74页。

遭遇区域壁垒、行业壁垒和资源瓶颈的华商传媒集团,逐步明确了"主业＋投资"之路。也就是说:一方面纵向拓展都市报价值链,形成采编、发行、印刷、广告相结合的比较完整的产业链条,保持现有的收入来源;另一方面在新媒体、出版、会展以及产业公司方面投资经营,以增加新的收入来源。华商传媒集团以北京华商盈通传媒投资公司为投资平台,截止到2010年底,已投资项目10个,涉及网络、出版、工程机械等领域,投资总额达4亿元。

集团化的发展,对华商传媒自身无异都是生产力的一次释放。改革不是愚妄的闯荡而是智慧的博弈。自1997年开始就行走在市场化改革尖锋上的《华商报》,对此应有足够的心得体会,而每一次局外人看来的水到渠成,莫不是经过激烈的市场角逐与历练。当前正值我国文化体制深化改革的历史性机遇,华商传媒集团在发展文化产业中积极打造集群优势,尝试由报业集团向以报纸为核心的现代传媒集团方向转型,并朝着提供全方位信息服务的一流传媒集团迈进。

华商传媒集团取得的成功固然有多种因素,但是,其独特的"华商文化"所起的作用不容低估。文化是企业的灵魂,文化取向决定企业的方向。华商报业在发展中一直强调文化建设。

"华商文化"的核心是"三实"精神:实事求是,实话实说,欣然面对现实。后来张富汉又提出了"简单、信任、透明、坦荡"。"三实精神"和"简单论"是华商文化基因中最重要的组成部分。

华商经常组织活动,以丰富多彩的活动推动企业文化建设。如把"践行企业价值观"宣传贯彻作为集团2009年贯穿全年的一项重点工作,并推出征文活动。再如,每年都举办春节晚会,各地华商人济济一堂,员工自编自演,热闹非凡。还经常举办演讲、体育比赛、书画比赛等活动。集团班子努力带头,做企业文化的践行者。①

"华商文化"不仅对其所属员工产生了强大的凝聚力,而且作为企业的精神支柱,激励着华商人不断地在市场竞争大潮中改革创新,为传媒集团铸就新辉煌!

---

① 本节内容主要参考:杨驰原、彭波、徐颉:《八百里秦川写传奇——华商传媒集团崛起探秘》,载《传媒》,2010年第9期,第6~14页。

第十二章

全球视野中的报业(传媒)集团案例分析

　　国内的报业(传媒)集团为做强做大做长久,努力实现可持续发展的战略目标,近些年来在报业市场竞争的大潮中积极探索,勇于创新,通过坚持不懈的改革实践,渐渐走出了一条符合中国国情和报业自身发展规律的可行之路。然而,不必讳言,中国报业(传媒)集团组建的时间毕竟比较短暂,积累的成功经验也十分有限,因而学习和借鉴发达国家媒介集团相对成熟的成功经验,特别是其现代企业制度中的先进管理理念和运营模式,对于促进我国报业(传媒)集团转变发展方式,建立健全符合现代化企业要求的规章制度,实施科学管理和集约化经营,进而培育和提升核心竞争力,实现可持续发展的战略目标,具有十分重要的现实意义。

　　首先,这种学习借鉴有利于我们站在新的高度,以更宽广的视野来审思国内报业(传媒)集团现状,提高实行现代企业管理制度的自觉性,调整发展战略,转变发展方式,悉心培育和提升报业的核心竞争力。如前所述,目前我国的报业(传媒)集团大多还处于资源的简单堆砌阶段,即以行政手段为主促成的集团化"做大",而非以市场规律为主导做强之后,企业扩张内在需求的必然结果。虽然在"做大"方面,以明晰产权、建立市场主体和完善公司治理结构、实行规模经营为主要特征的集团化发展模式已经在国内推行,不少报业(传媒)集团都自我描述为"N报N刊N网站"的媒介架构和规模,但是,"做大"后并未"做强"。由于国内现行报业体制存在较多壁垒,国内的报业(传媒)集团要想真正"做强"、"做优",还有很长的路要走。而反观发达国家的媒介集团,贯穿其成长路径始终的是以核心竞争力为要旨的宏观发展战略,报业市场与资本运作紧密联系,在集团内部实行现代企业管理制度。学习借鉴发达国家报业(传媒)集团的先进管理制度,有利于国内报业(传媒)集团朝着现代企业的方向发展,孵化出创新的发展战略,培育和提升报业的核心竞争力,从而实现科学发展即可持续的发展,使之逐步成长为真正意义上的现代化企业集团。

其次,在传媒生态急剧变化的新语境中,报业发展面临新的机遇与挑战,也面临新的发展路径抉择。时下,全球报业正在经历着从平面媒体到全媒体的数字化转型,这既是一场经营理念的革命,也是一次价值观念的嬗变。在媒介融合的大背景下,转变发展方式成为报业深化改革开拓创新的一项紧迫任务。新近爆发的无线互联网革命以及智能手机、平板电脑的盛行等,也为报纸生存发展和转型提供了新机遇。新一轮传播革命将以终端设备为核心,信息传播变得无时不在、无处不在。这就意味着报纸、广播、电视以及门户网站等都将转变成前端的内容生产商,报纸和它一直以来的竞争对手有可能都站在了同一起跑线上。面对挑战与机遇并存的现实语境,以报业(传媒)集团为代表的中国报纸产业如何抓住稍纵即逝的机遇,变压力为动力,找准改革突破口,通过创新来转变增长方式,实现可持续发展的战略目标,意义重大。这要求业界学界特别是报业高管们,必须具备全球视野和前瞻性的战略思想,眼观六路,耳闻八方,学习借鉴和吸收发达国家传媒业的已有成功经验,掌握国内外最新发展动态,在发展路径选择和战略决策方面更加积极主动,更具科学性和前瞻性,正确引领国内报业发展的新潮流,使之能够实现华丽转身和成功转型。

再次,这也是应对报业(传媒)集团全球化扩张趋势的必然要求,即走"自建管道"与"借船出海"相结合之路的必要举措。在当前报业(传媒)集团全球化扩张的趋势下,国外传媒巨擘纷纷登陆中国市场,国内的报业(传媒)集团也充分认识到全球化所带来的巨大利益和潜在商机。在经济全球一体化和媒介竞争日趋激烈的当下,任何一家报业(传媒)集团都不可能独善其身。国内报业(传媒)集团要想在全球化市场上占据一席之地,就需要学习西方发达国家的有益经验,特别是借鉴那些在全球有影响的报业(传媒)集团得以成功的发展范式,在利用本土化资源的同时,还要加强与国外同行的联系,主动出击,实施走出去战略,在全球范围内打造品牌影响力,走出一条"自建管道"与"借船出海"的新路子。

国内先行一步的广州日报报业集团,近年来强劲的发展势头与其借鉴和吸收国外先进的管理经验是分不开的。广州日报报业集团曾派出许多员工出国学习和访问,还与密苏里哥伦比亚新闻学院签订培训协议,每年均向集团员工传授国际报业先进的运作经验,并率先引进了许多好做法:如创办报业连锁店,引进国外报纸的多版组模式,率先推行广告代理制,以及率先"整体"上市实现资本运作等等。在我国报业第三次技术革命中,广州日报报业集团依靠技术创新争"时效",打造竞争新优势,建设了世界一流、亚洲最大的印务中心,先后启用了新闻采编系统、资料检索、图片管理、网站制作与信息发布系统、广告管理系统等,实现了出报流程的管理数字化,并积极布局新媒体,从传播"平面"向传播"平台"转型,逐步构筑起"1+5"的全媒体传播新格局,通过技术创新不断推动集团信息化、数字化的发展进程。

一言以蔽之,"他山之石,可以攻玉"。学习借鉴国外发达媒介集团的经验,可以让国内报业(传媒)集团获得更多的"后发优势",在不断交流和学习的过程中努力培育和提升自身核心竞争力,并从整体上增强我国传媒产业的竞争力与影响力。这不仅是报业发展的现实需要,也是和平崛起的中国提高国家软实力的需要。

一、跨媒介跨国界的"传媒大鳄"新闻集团

新闻集团是当今世界上规模最大、国际化程度最高的综合性传媒集团之一。自1952年鲁伯特·默多克继承澳大利亚《新闻报》至今,新闻集团在60年间进行了成功的资本运作与产业经营,建立了庞大的传媒帝国。截至2012年3月31日,新闻集团总资产达到610亿美元,年收入340亿美元。在2011年美国知名杂志《财富》公布的最新一期美国企业500强中,新闻集团排名第284位,在媒体行业仅落后于迪斯尼公司,列第2位。[1] 尽管2011年度的"窃听门"事件一度令新闻集团市值蒸发逾140亿美元,但凭借多样化经营,这一媒体大鳄迅速走出低谷。

从该集团历年的财务数据表的数据比对中,不难发现其仍然维持着较好的效益。(参见表12—1)[2]

---

[1] 陈瑶、张磊:《传媒集团上市的公共性反思——对新闻集团的个案研究》,载《青年记者》,2012年6月上,第21~23页。

[2] 陈瑶、张磊:《传媒集团上市的公共性反思——对新闻集团的个案研究》,载《青年记者》,2012年6月上,第21~23页。另外,2012年6月底,新闻集团宣布正式拆分成两家公司,参见《从新闻集团拆分看国际新闻的中国视角》,载《中国记者》,2012年第11期,第114~115页。

表12-1 新闻集团2007~2011年财务数据(单位:美元)

	2011	2010	2009	2008	2007
每股基本运营收入	1.14	0.97	1.29	1.82	
A股					1.14
B股					0.95
每股基本收入	1.04	0.97	1.29	1.82	
A股					1.14
B股					0.95
每股现金利息	0.150	0.135	0.120		
A股				0.120	0.120
B股				0.110	0.110

新闻集团一个显著的特点就是跨媒介与跨国界经营。在跨媒介经营方面,该集团目前覆盖了所有媒体领域,甚至还拥有包括从事互联网,交互式新闻等领域开发IT业务的8家技术公司,拥有涉足石油钻探、航空业、畜牧业等领域其他20多家公司。而跨国界经营方面,新闻集团在全世界的大部分地区都拥有自己的媒体。例如在北美洲,集团在美国拥有21世纪福克斯电影公司、福克斯网络和35家电视台,占全美电视台总数的40%,以及2006年最新收购的世界财经日报头牌《华尔街日报》;在加拿大拥有CTV体育电视网等。又如在欧洲,英国40%的报纸由该集团控股,有6家发行量最大的报纸,其中包括《泰晤士报》、《每日电讯报》、《镜报》、《卫报》等,每天总发行量达到2500万份,FOX儿童频道,意大利溪流电视台等。在大洋洲的澳大利亚,新闻集团控制2/3的报纸。在南美洲(即拉美),默多克与3家电视台合作,通过卫星播送150套节目。在亚洲则拥有STAR TV、卫视中文台、卫视电影台、合家欢电视、合家欢日本频道、日本新闻广播网、完美天空电视,等等。

新闻集团所进行的跨媒介与跨国界经营,必然会面对各种市场的进入壁垒,为了解决进入壁垒的问题,新闻集团的总裁默多克充分运用其所擅长的社会资本策略。前已提及,社会资本是基于信任、制度、规则、惯例、习俗或投资于社会关系的人与人、人与组织、组织与组织之间的网络关系,可以为个人和组织的生存和发展提供动力或方便,即社会资本是行动主体与社会的联系,以及通过这种联系获取稀缺资源的能力。从宏观层面来看,社会资本能够改善法律、法规的执行效率和政府政策的宏观经济绩效;从微观层面来看,社会资本能够减少经济运行中的交易成本和信息成本。默多克深知政府控制着制订规则的权力,并且是培育社会资本的关键,为此,他非常重视与各国政治系统建立良好关系,建构自己的社会资本。当然,这种政商之间的关系是基于对对方所拥有资源的依赖。政要们依赖默多克所拥有的传媒工具为其获取政治利益,而默多克则依赖政要们提供的权力支持与政策优惠而获取更多的商业利益。有时候,为了达到并购目的,或者进入一个新市场,默多克可以不择手段,包括违心地迎合与其意识形态和信仰不同的人。

例如,新闻集团作为一个海外资本的跨国传媒集团,在试图进入中国这样的社会主义国家时,最先遇到的就是意识形态方面的障碍。这些年来,虽然中国在不断地扩大对外开放的尺度,但是在传媒领域的对外合作方面,始终持谨慎态度。默多克对此关键问题有着非常清醒的认识,为了争取相对宽松的媒介政策环境,默多克竭尽全力妥善处理好与中国政府和政策制定者的关系,在每一个与中国有关的举措上都是用心良苦、十分审慎。首先,默多克屡次来中国和中国最高领导人直接会晤,并在政府的上层进行广泛接触,致力于保持良好的人际关系。其次,新闻集团在所有涉及中国的立场和原则的事件上,始终保持和中国政府一致的态度,而且在采取相应措施时表现得非常主动。其中,默多克对两件事情的处理引起了西方媒体的广泛关注。

第一件事是默多克在 1994 年将英国广播公司(BBC)踢出香港卫视(STAR TV)。过去 BBC 的信号通过卫视在亚洲落地,但是 BBC 在默多克购买香港卫视之前,曾播出了一个关于中国第一代领导人的纪录片而受到中国政府的批评,默多克买下香港卫视后,立刻毫不犹豫地将 BBC 踢出去。

第二件事是默多克拒绝出版最后一任港督彭定康的回忆录。新闻集团旗下的哈珀·考林斯出版社曾与彭定康签订回忆录合同,但是,当默多克得知书中存在带有偏见色彩的反华内容时,就亲自打电话给出版社社长,命令他中止与彭定康的合同,给出的借口是部分内容不合出版标准,因此拒绝出版这本有争议的书。

另外,新闻集团还在推进中国和其他国家的教育和文化交流以及中国本身的事务方面不断表示出积极的态度。例如,新闻集团下属的《泰晤士报》赞助了在大英博物馆举办的"中国古代奥秘展",而默多克本人在伦敦接受中国记者采访时,则充满感情地谈起华夏文明,并且迫切表示希望与中国有更多的合作,发展在华业务。默多克为了自身商业利益而采取的这些策略,虽然引来了激烈的批评,但却从媒体经营中获得了巨大利益。如默多克控制的 STAR 的一个全新的综艺频道,于 2001 年获中国政府批准在广东地区落地。

除了重视与各国政治系统建立起良好的关系之外,默多克还与金融界建立了良好的关系,这些关系形成的社会资本为默多克的全球扩张提供了充裕的资金。自 20 世纪 60 年代以来,默多克在全球传媒市场购并了 30 多项重要资产,并购资金则来源于世界各大银行为其提供的贷款。他利用各地的企业进行连锁抵押,利用从不拖欠的良好信贷记录取得各地银行家们的信任。从1985年到1988年初,默多克的没有偿还债务从14亿美元增长到41亿美元,每年应付利息从4100万美元上升到2.36亿美元。然而,由于默多克的借贷记录历来都是有借有还,从不拖欠,加之其培育出来的良好的社会资本,使得银行还是非常信任地继续把钱借给新闻集团。1990年花旗银行的安·莱恩为其审查账目时,发现他同时使用着146家金融机构、10种货币的贷款,而如此广泛的全球融资,为其短短几十年间的长足发展提供了很大的帮助。

通过资本运营,新闻集团不断扩大规模、获取超额利润。新闻集团的资本运营行为:一是并购,默多克不停地买进卖出传媒,或为自己继续经营,或是通过单纯买卖赚取差价;其二,默多克让自己在全球各地的子公司剥离相关不良资产,以优质资产争取在当地上市,从而筹集资金或获得利润。此外,默多克非常善于利用金融社会资本适时为集团添枝加叶,价格则是默多克收购著名媒体的一大法宝。这在1970年代收购《泰晤士报》已见端倪,2006年针对《华尔街日报》的收购案体现尤为明显。他向道琼斯公司开出总额50亿美元,每股单价超过市价近2倍的价格,天价诱惑之下,股东不断向掌握道琼斯公司大部分股票的班克罗夫特家族施压,最后默多克顺利将《华尔街日报》收入囊中。

可以毫不夸张地说,在新闻集团的全球化进程中,银行的支持与合作起到了至关重要的作用。花旗银行与默克的新闻集团合作尤为紧密,一个在建立自己的全球银行帝国,一个在建立全球娱乐与新闻帝国,两者互助互利。作为新闻集团的主营银行,当1989年该集团出现危机时,默多克每天都在担心自己苦心经营的庞大媒介帝国一夜之间彻底瓦解。花旗银行清楚地认识到新闻集团的安危同样关系到自己的切身利益,它一旦破产不但巨额贷款无法收回,更将给美国经济带来不可估量的影响,于是两大帝国紧紧地拥抱在了一起。在花旗银行副总裁安·莱恩一系列追加投资计划下,新闻集团转危为安。正是由于花旗银行的鼎力相助,1990年濒临破产的新闻集团才从死亡线被拉了回来。长袖善舞的默多克,自从接掌父亲的事业以来,就不停与众多的银行打交道。因为他信誉良好,使众多银行争相将自己的钱送到默多克集团。于是默多克可以"大肆"并购他看中的媒体,拓展他向往的领域,而集团大量的利润则被用来支付利息,大量的短期贷款被用来填补空缺。

如果说社会资本是默多克发展传媒产业的核心资源的话,那么其又是与新闻集团的核心能力——媒介内部管理与控制技能紧密联系在一起的。

首先,新闻集团的媒介内部管理与控制技能体现在治理结构上。在公治理结构方面,新闻集团公司形成了完善的管理体制,其核心是由股东大会、董事会和执行管理委员会三方组成的一种组织结构,这三者之间形成一定的制衡关系。股东大会是新闻公司的最高权力机构,董事会是该公司的最高决策机构,下有执行管理委员会,在董事会的授权范围内经营企业。其中,最高决策机构是董事会,董事会设有任命委员会、薪酬委员会、股权委员会和会计审查委员会。董事会通常有6名执行董事(其中包括主席)和8名非执行董事组成。任命委员会由包括董事会主席在内的3名董事组成,负责董事会的组建和对董事们的监督。根据公司章程,新闻集团董事会的成员不少于5人,其中至少要有2名澳大利亚公民。薪酬委员会由2名董事组成,其职责是负责审查董事们的报酬细目、退休金等。股权委员会由2名董事组成,其职责是决定股权在计划中的授权或转让。会计审查委员会由4名非执行董事组成,每年至少对财务结果审查两次。

其次,新闻集团的媒介内部管理与控制技能还体现在财务管理上。在新闻集团的管理上,默多克以财务为重中之重,他不惜重金聘请专业人员来管理财务,并且无论他身处何处,每周都要亲自过问资金损益情况。通过财务的核心作用,新闻集团遍布世界各地的分支机构得以紧密地联结在一起。新闻集团的每周损益表因其包装成蓝色封面,被称为"蓝皮书",它是默多克遥控指挥的主要依据,是新闻集团管理的生命线。其主要内容有本周经营预测、下周经营预测、本月经营报告、每月一次的全年经营预测和全年经营报告。每周四,他要求集团几个核心总部——澳大利亚、英国、美国的财务总监将当地汇总的财务报表传真给他。根据蓝皮书,他能了解各大媒体的业绩,然后他开始打电话——在默多克这里,电话的功用被发挥得淋漓尽致:他的公司遍及世界六大洲70多个国家和地区,他经常到不同的地方去,无论在哪里,他都能通过传真收到蓝皮书。如果发现哪个地方表现不大好,他会不分白天黑夜,马上给当地负责人打电话,了解业绩下滑的缘由。他的这种遥控指挥,使分管人员感到老总无时不在、无处不在。默多克还十分注重集团的年度财务预算,新一年的集团财务预算一般年前就已开始,由全球子公司的最底层员工开始,将下一年度收支预算由下到上一层层汇总报批,直到汇总到默多克手上,经其亲自审批,再一层一层地下达,一般要用半年时间才将整个集团的财务预算完成。通过这种严密的财务管理,默多克时时都对其集团的运作情况了如指掌,而且能及时抓住市场出现的各种机会,高效地进行资本运营活动。

最后,新闻集团的媒介内部管理与控制技能体现在新闻采编管理上。以报业起家的默多克,视编辑业务如同财务一样重要。他制定了独特的新闻政策和编辑方针:注重实用性,迎合受众需要。他的各大报纸、电视台都奉行这一编辑方针,支持当时当地的政要。尽管有人质疑这种老板主导的作风,呼吁主编至上的权利,可无人能否认老板对主编的影响力——对报纸的投资如同在主编身上拴的一根绳,即使不拉绳它也还在那里,这种天生自然的联系使得它对报纸的影响无处不在。其实默多克在一般情况下并不直接干预编务,只有当出现强大竞争对手时,他才亲自出马。

1973年,他旗下的《圣安东尼奥快报》与对手《光明报》展开竞争。这是他在美国的第一个据点,于是他决定亲自确定该报的定位。他深知一份报纸要想在本地立足,必须迎合当地人的阅读口味。他通过多方了解,认识到圣安东尼奥的市民喜欢强悍的刺激性的新闻,于是他决定在报纸上多登警方消息和当地新闻,结果使得报纸发行量不断上升。默多克新闻集团旗下的媒体热衷推出娱乐新闻,有的甚至可以称为色情的新闻,以之作为吸引受众的重要工具。例如,新闻集团在英国的《镜报》已成了刺激、轰动和庸俗的代名词,其报纸导读栏充斥着性、暴力。而作为新闻集团的主要赢利工具《太阳报》,其三版裸体美女像更是成了该报的标志性符号。在这种商业化运作的思想指导下,新闻集团的电视新闻同样采用了黄色小报的手段,其媒体天天向人们倾泻色情、暴力、绯闻和皇室隐私、秘闻、丑闻等"煽情主义的大众文化"。即使是对于像"9·11"事件这样的重大报道,新闻集团的福克斯电视新闻也充分展现自己煽情、戏剧化的特点,以迎合美国国民的心态和美国政府鼓舞士气的需要。在伊拉克战争、科索沃冲突等重大问题上,福克斯电视更是投入了大量的精力渲染壮观的战争场面,而不是去关注与战争有关的深刻问题,结果,对于伊拉克战争的大肆渲染使得福克斯(FOX)电视网一跃成为收视率最高的全国电视网。另据2004年8月12日美联社和法新社报道,从8月16日开始,默多克在英国的天空电视台卫星数字频道播出"裸体新闻"。每晚10点开播,其内容包括焦点新闻、运动休闲新闻、网上新闻等,在节目中,12名身材"惹火"的美女主持轮番上阵,一边播报新闻一边宽衣解带,等到新闻播报完毕,她们也脱得一丝不挂。在这里,不仅是新闻内容,连同新闻播报的形式都娱乐化、色情化了。① 默多克利用这样的手法迎合受众,以获取较高的收视率和发行量,最终为其媒介集团谋取丰厚的利润。

对已建立稳固品牌地位的媒体,默多克的控制则体现曲线和隐晦的一面。

---

① 袁爱中:《谈默多克传媒消费主义运作手法》,载《国际新闻界》,2005年第4期,第34~37页。

在收购《华尔街日报》之前,各方对默多克以往直接控制媒体和干预编务的手法均提出疑问,并有意借此中断收购,默多克先达成双方协议,同意任命一个特别委员会监督道琼斯出版物的编辑独立性。它由5名资深的新闻界人士与无党派独立人士担任。编辑委员会有权批准聘用或解聘报纸的执行主编与社论版主编,批准聘用关键资深编辑、决定采编部门的预算、决定如何进行新闻报道等。不过,从当初《泰晤士报》凭默多克签下的书面保证仍未能避免一年后被插手干预的历史来看,这只是默多克曲线救国的一种方式:答应条件先买下媒体再说,直接或间接的干涉则无法避免。一份对《华尔街日报》收购前3个月与后3个月的头版内容分析显示:收购后的《华尔街日报》更关注国内政治和国际问题,商业报道的数量有所下降——对美国企业的报道从30%下降到14%;国内政治的报道中又对总统竞选尤为加重,对国际问题的强调表现在与美国没有直接关系的外国事务的报道量从18%增加为25%。

新闻集团的社会资本的核心资源与传媒内部管理与控制的核心能力是在传媒战略、传媒文化、传媒技术等资源与技能协调以及整合下产生的。

从媒介战略方面看,新闻集团把经营娱乐产业作为其公司的核心战略理念,其公司网站的首页上写着:"创造顶级的新闻、体育、娱乐,并向全世界传播。"在这样一种理念下,新闻与娱乐的结合成为趋势。娱乐业成为新闻集团重点经营的业务之一。新闻集团的娱乐业主要集中在美国、澳大利亚和新西兰,其中包括福克斯影业公司、福克斯探照灯影业公司、福克斯动画制片、福克斯音乐、20世纪福克斯家庭娱乐公司、福克斯电影台、(香港)VIVA 电影台、(印度)ZEE 电影台、(日本)天空娱乐公司等。新闻集团在经营内容时,采取"内容"加"全球传播"相结合的战略目标,新闻集团希望利用自己的渠道向全世界的用户传播它所生产的独特内容,这给新闻集团带来广告和订阅收入的增长。另一方面,全球规模和在全球销售广告和产品的相应能力,是新闻集团区别于竞争对手的重要战略。新闻集团还计划建立世界上最赚钱的卫星电视系统。目前,新闻集团已经在西欧、亚洲和拉丁美洲的卫星平台和相关资产重组,整合为天空环球网络集团(Sky Global Networks),而且新闻集团的卫星电视网络在全球已拥有近10亿的用户,正是这些良好的基础,使得新闻集团将其战略重点放在卫星数字电视上。

2006年的年报里,新闻集团更是宣称其要加快全面进军数字领域的步伐,因为其既有良好的传送渠道,又有优质的内容,2006年通过创新使得其下属的一个网站 FIM 成为美国网页浏览量排行第二,唯一访问者排行第五的网站,该网站目前平均每个月有1亿个人访问。① 新闻集团还成立新闻集团网络部门——福克斯互动媒体,新闻集团总裁兼首席运营长皮特·切尔宁认为,随着广告技术的发展,福克斯互动媒体有望实现赢利,运营利润率达到20%左右。

在传媒文化方面,新闻集团非常重视建构企业文化,特别是在不断收购新公司的时候,懂得利用新公司企业文化的精髓,同时从新闻集团其他部门调进一批管理人员参与新公司的管理,让原有公司的企业文化尽快地转化成新闻集团自己的企业文化。新闻集团充分认识到不同文化的异同点,通过文化间的相互补充和协调,形成一种全新的组织文化,获得多元文化的交叉优势。另一方面,与其他媒体相比,新闻集团在海外市场的经营本土化程度非常高。例如,新闻集团曾经控股的面向中国的凤凰卫视、面向印度的娱乐频道 ZEE TV,以及针对印尼观众开办的体育频道 STAR SPORT 等,从节目生产到管理,从编辑到记者、主持人,从语言到风格,都实行"本土化"。为了达到"本土化",默多克甚至不惜通过改变国籍来达到目的。由于美国法律规定,电视所有者应是当地公民,非美国公司只能拥有一个美国电视台 25% 以下的股份。默多克要收购美国电视台,首先必须先成为美国人。为此,在1985年9月,为了达到在美国扩张的目的,默多克带着妻子和三个孩子来到美国一家地方法院,悄悄地加入美国国籍,将自己和家眷也"本土化"了。

在传媒技术方面,新闻集团密切关注新技术所带来的机遇,在经营内容的同时,利用新技术的发展来推动传媒业的发展。20世纪80年代,新闻集团革新了印刷技术,推动了英国报业的发展。当时,新闻集团在英国拥有《世界新闻》、《泰晤士报》等多家报纸,但因印刷设备陈旧、人员冗余,陷入严重的财政危机。新闻集团决定采用新的电子技术出版报纸,可是那样做的话将会引发裁员,工会势必会施压力。但新闻集团仍然在韦平这一地方建立新的印刷厂,并安装先进的计算机印刷系统。结果,新闻集团的这一行动引发了工人的游行示威,最后不得不对簿公堂。同时,记者、编辑、印刷工以及政界人士也乘机对新闻集团施压,然而,新闻集团仍然认为采用新技术才是最重要的事情。事实证明,新印刷技术的使用,不仅使成本得到压缩,还使得其报纸摆脱困境,甚至使整个英国报业从沉重的人员负担中解放出来。

新闻集团还较早就涉足卫星通信领域,这对于当时的传媒业可谓是一项面向未来的举措。2005年是世界传媒巨头向新媒体领域全速进军的一年,新

---

① "2006 annual report", http://www.newscorp.com/index2.html.

闻集团更是在互联网以及电视新兴领域频频出手,仅从2005年下半年到2006年年初,就有多起收购以及巨额投资项目出笼。2005年7月,新闻集团斥资5.8亿美元收购了美国热门社交网站MySpace的母公司Intermix。根据Media Metrix统计数据,MySpace.com自成立以来,已拥有4700万名会员,2005年12月份访问量为3200万人次,收购Intermix公司能立即使得新闻集团的用户数翻一番,为新闻集团扩展网络业务提供了一个很好的基础,同时也有利于新闻集团将庞大的传统传媒业务与互联网进行融合,为用户提供更广泛的服务。2005年9月,新闻集团又击败维亚康姆集团,以6.5亿美元收购了美国一家网络视频游戏公司IGN Entertainment,IGN公司下属网站有GameSpy.com、IGN.com和TeamXbox.com以及另外两家娱乐网站,包括在影迷中很流行的Rottentomatoes.com。

这些举措都充分说明了新闻集团对新技术的青睐,而新技术的运用,提高了媒介的生产能力,延伸了传统媒体的业务,增强了与其他媒介集团的竞争能力。2007年圣诞前夕,新闻集团对外宣布,同意以11亿美元的价格将旗下8家电视台出售给投资公司Oak Hill Capital Partners。新闻集团目前保留27家电视台。新闻集团之所以出售8家电视台,主要是因为目前消费者甚至无需电视就能观看电视节目,只要有一台计算机与宽带连接就能下载完整视频,并通过诸如电脑与手机等终端设备观看。出售电视台得到的资金可用于新媒体的投资上,新闻集团的新媒体投资已经获得比较好的投资回报。

2008年金融危机爆发后,整个美国出现"报业荒",默多克的新闻集团也难逃厄运。据新闻集团2009财年报告,2009年新闻集团整体经营业绩不佳,总营业利润出现负值增长,总经营收入为304.23亿美元,与2008年相比下降8%,出现了最近5年以来的首次下滑。新闻集团的主要经营收入如电影娱乐业务、报纸与信息服务业、电视业务等在2009年出现明显下跌;总资产也从623.08亿美元缩水至531.21亿美元。虽然直播卫星电视业务、有线电视业务基本实现利润增长,但仍然难以扭转新闻集团在传统业务上的衰落之状。新闻集团在华的战略调整此时显得十分必要。"当新闻集团2009财年报告出台、整年的收支状况呈现出来的时候,市场观察者们就可以充分理解为什么默多克如此坚定战略调整的意图"。[①] 2008年以来,面对金融危机的挑战,新闻

---

① 韩晓宁:《新闻集团经营困局下的数字化战略调整》,载《青年记者》,2010年4月上,第71~73页。

集团进行了数字化的战略调整,其中包括如下几个方面:①

1. 收缩在华业务

新闻集团是上世纪 90 年代以来为数不多的进军中国市场的传媒之一,由于中国传媒市场的政策壁垒,最终出现回转之势。2009 年 8 月,新闻集团重组星空电视在亚洲的业务,香港总部裁员 30%,以专注于带来高额利润的印度市场。有市场猜测称,这次重组是新闻集团进一步降低在大中华区业务的举动。2010 年 8 月 9 日,新闻集团与华人文化产业投资基金(China Media Capital,下称 CMC)签署协议,CMC 将控股新闻集团原本全资拥有的星空卫视普通话频道、星空国际频道、Channel[V]音乐频道,以及星空华语电影片库业务。"这是新闻集团迄今以来在中国市场作出的最大调整……去年,新闻集团调整了亚洲业务,缩编了香港的区域总部,并在印度扩张。一系列的举动被视作将战略中心从中国转向印度的风向标"。② 新闻集团的高管认为,在市场不景气的情况下,公司已经做出了最大的努力和可能的尝试。从中国选取合作伙伴是战胜目前困难最好的办法。

2. 高层组织结构调整,设立首席数字官

为了应对传媒领域内的数字化趋势,新闻集团在集团高管层职位设置上进行了调整,新设立一个专门负责数字化发展的高管职位——首席数字官。2009 年 4 月,新闻集团委任前美国在线首席执行管乔纳森·米勒担任此职。集团对米勒的工作描述是,他对新闻集团遍布全球的各类数字业务直接负责,目前正在对聚友网(MySpace)和其他数字媒体机构如视频网站 Hulu 等进行重组工作,同时还将带领整个集团建立新的经济模式,以实现新闻集团所有的印刷媒体向可赢利的数字化媒体的转变。值得注意的是,首席数字官将不仅仅对目前的数字业务负责,更长远的任务是带动集团内所有印刷媒体的数字化改造。

3. 针对数字化部门进行业务重组

2009 年由于全球经济景气状况的变化,新闻集团以广告为中心的众多业务受到不利影响,集团在 2009 年内启动了一系列业务重组项目,着力改善公

---

① 韩晓宁:《新闻集团经营困局下的数字化战略调整》,载《青年记者》,2010 年 4 月上,第 71~73 页。
② 黄博宁:《默多克知难而退 新闻集团中国撤军》,中国企业家网,2010 年 8 月 10 日。转自:http://www.ibtimes.com.cn/articles/20100810/moduoke-xinwenjituan_2.htm

司的成本结构,控制成本提高效率。首当其冲的重组对象就是数字化媒体部门,包括 MySpace 的母公司福克斯交互式媒体(FIM),正在重组公司的数字化媒体资产,按照业务优先的原则重新配置内部资源,使各种资源适应数字时代运营的要求,更紧密地为公司业务目标服务。重组项目包括了明显的工作岗位的裁撤,从国内到国外精简人员和机构,以提高数字化部门的商业运作效率。与这个重组项目相结合,集团还削减了很多额外设施需求,进一步降低成本。2009 财年新闻集团其他业务领域的机构也实施了相同的计划,包括英国和澳大利亚的报纸,HarperCollins 出版公司,MyNetworkTV 和 FOX 电视网等。新闻集团为业务重组项目提供了 3 亿多美元的资金支持,这些费用包括人员遣散费用、设施费用和其他相关费用。2300 万美元用在电视业务重组领域,3300 万美元用在图书出版业务领域,7400 万美元用在报纸和信息服务业务领域;1.82 亿美元用在其他业务领域,其中有大约 1.75 亿美元与 FIM 重组相关。

4. 战略性收缩传统传媒业务

考察新闻集团近几年的资本配置和投资状况,可以发现新闻集团逐步收缩在传统传媒业务领域的资本投入,剥离出售传统传媒业务领域的资产,收拢现金。

传统领域的战略收缩体现在对传统传媒业务的出售和减少投资方面,在过去几年间,大量的传统传媒业务被新闻集团出售。2006 年 8 月将部分凤凰卫视股份出售给中国移动。2008 年 3 月卖掉了在台湾的有线电视业务股份,获利 1.33 亿美元。2008 年 4 月,出售 FOX 体育台下属的 Net Bay Area 广播电台股份,获利 2.08 亿美元。2008 年 5 月,出售电视节目表供应商 Gemstar 的全部股份。2008 年 7 月新闻集团将 FOX 下属的 8 家美国本土电视台出售;2008 年 11 月,新闻集团出售波兰电视台的股份。传统领域中新增加的情况有 2007 年 12 月对道琼斯公司的并购,2007－2008 年间对国家地理频道的股份增持,2008 年对天空德国电视台的增持。显而易见,其出售的传统传媒业务数量远高于进项。

5. 业务扩张和投资向数字化业务领域倾斜

在传统传媒业务领域出现战略性收缩的同时,新闻集团新的投资项目不断向数字化领域、在线业务方面倾斜,同时一直在推动数字化业务重组。福克斯互动传媒(FIM)是新闻集团 2005 年 7 月设立的运作新媒体业务的部门,直接隶属新闻集团,提供链接、信息、娱乐、在线媒体体验等互动服务。下属网站资产有 MySpace Photobucket、Fox Sports Interactive、IGN、RotteTomatoes、AskMen 等 5 家网站。除此之外,新闻集团旗下还有 Hulu、NDS 以及原传统媒体开办的数量众多的网站。新闻集团的数字化传媒业务的收入规模已经超过图书出版业务、杂志和广告插页业务,但仍处于亏损状态。近年新闻集团在数字化业务领域的投资还有,2007 年 1 月,新闻集团花费 1.9 亿美元和 VeriSign 组建合资公司 Jamba,为移动设备提供来自全球内容供应商的流行娱乐内容。2008 年 10 月,新闻集团又购买了 VeriSign 持有的那部分股份。2007 年 3 月,新闻集团花费 1.4 亿美元收购了策略数据公司(SDC)一家帮助网站进行精准广告投放的技术开发和提供商。首席数字官米勒上任之后,对新闻集团的数字化业务重组提出了很多具体的发展规划。MySpace 作为 FIM 的核心业务,是新闻集团重点发展的业务,但由于在同 FaceBook 的竞争中处于下风,下一步将向以音乐和娱乐为主的社交网站转型。

2011 年 2 月,新闻集团发布了 iPad 电子报纸 The Daily,这份报纸通过苹果网络商店独家出售,把最新技术与"实地采访报道、良好的编辑和怀疑的眼光"融为一体。据国外媒体报道,截至 2011 年 9 月,iPad 版的 The Daily 的每周平均读者量约为 12 万人。虽然这与默多克言称的 50 万读者的赢利临界点相去甚远,但据美国出版商格瑞格·克莱曼分析,The Daily 赢利在望。他认为,一份新杂志发行后,通常要 5 至 7 年才可赢利,但 The Daily 的发展速度明显高于这个模式。计算杂志的赢利还要加上不断上涨的纸张和印油成本,但电子版本的 The Daily 没有这个后顾之忧。新闻集团的进一步举动似乎印证了格瑞格·克莱曼的分析,The Daily 又推出了三星 Galaxy Tab 10.1 版本,并将推出 iPhone 版本和其他 Android 机型的版本。新闻集团在 The Daily 上的实践已显示出该集团向数字化业务领域倾斜的战略眼光。

6. 减值商誉和无形资产

在新媒体和金融危机的冲击下,国际新闻出版业面临着重新洗牌的局面。传统的利润增长方式已显得不合时宜。新闻集团对当前传媒经济环境和自身经营状况进行解读。它认为:一是其多数业务所处的相关国家都出现不同程度的经济形势走弱,二是新闻集团广告收入明显下降,三是随之而来的是公司股票交易价格下跌,四是集团内部以广告为主要收入来源的电视台、报纸和一些以广告为中心业务的公司的市场估值下降。

正是由于对市场环境清醒的把握和认识,新闻集团开始从软实力的角度重新考虑媒体运营。"新闻集团对自身的商誉和无形资产进行了评估减值……在财务报表中体现出非现金减值共约 89 亿美元,其中公司无形资产减值46亿美元,商誉方面减值41亿美元。新闻集团认为在公司各类经营业务所处的经济情况还会进一步出现不利局面,公司的商誉、无形资产以及一些长期资产都存在进一步减值的可能"。

7.《华尔街日报》资源整合及收费

在内容整合和共享上,默多克的媒体帝国已经建立起一个基于全球的跨媒体资源平台。每一次收购获得的不仅是媒体本身,更有价值的是其生产的内容以及其在新平台上的重新整合和利用,最大限度地呈现"内容为王"的传媒产业哲学。以收购《华尔街日报》之后为例,在默多克的计划中新闻集团旗下的175家报纸共享其部分适宜内容,包括福克斯财经频道在内的电视转播,以及在旗下的各种互联网和新媒体上登载。此外,默多克有意通过华尔街日报网站和他的社交网站MySpace的有机结合,培育拥有更高端读者的网上社区。

2008年3月7日,《华尔街日报》出现体育新闻,这些新闻来自StatsInc的内容,后者为新闻集团和美联社所有的公司提供体育数据服务。新闻集团计划整合道琼斯网络版、《华尔街日报》、《巴伦全国商业金融周刊》、道琼斯有线新闻社MarketWatch.com多家媒体,建立遍及全球的新闻采集系统。《华尔街日报》还再掀内容收费热潮,2009年5月上旬,默多克表示,"新闻集团旗下一些较有竞争力的报纸将在12个月内开始试行向报纸网站读者收费"。而电子版已开始收费的《华尔街日报》,也在金融危机下加紧深化其内容收费服务。

据英国《金融时报》报道,新闻集团正计划推出针对《华尔街日报》网站个别文章和高级订阅内容的小额支付服务。2010年4月iPad面市时,美国华尔街日报网不仅推出iPad应用,并推出每月在线订阅费17.29美元的项目,默多克称3个月已带来1万次付费下载,估计产生的广告收入达24万美元。8月初,默多克在一次会议上盛赞iPad,"我相信它将完全改变游戏规则。我们会吸引年轻人阅读新闻,也会出现不同呈现形式的报纸"。默多克称赞平板电脑是用于推广新闻集团廉价、便捷和实时内容的"完美平台",旗下的报纸已获得数万读者,新闻集团将大力使用此类平台。① 在这样一种思路之下,新闻集团又于2011年推出了ipad报纸"The Daily"。

综上,新闻集团的核心竞争力的构成可以通过一个图表(参见图12-1)直观显示。在该图表中,传媒战略是整个传媒集团的灵魂,也是其核心竞争力

---

① Murdoch:Tablets arethe future for News Corp. http://www.guardian.co.uk/me-dia/pda/2010/aug/03/rupert-murdoch-ipad-paywalls

起统领作用的关键要素,其形成的发展思路引导着资源、技能等其他要素的协调运作。新闻集团利用社会资本这一核心资源获得了大量的政治资本与经济资本,而这些资本又为新闻集团进入某一市场起到消解壁垒障碍的作用,并加强了新闻集团的垄断地位。同时核心资本的保持与发展离不开内部管理与控制的核心能力,新闻集团的内部管理与控制包括治理结构、财务管理、新闻采编管理三个方面。核心资源与核心能力的支撑又离不开传媒集团的两个基石——有形的新技术与无形的企业文化。正是这五方面的要素共同构成了新闻集团的核心竞争力,使其能够显著实现顾客看重的价值需求,领先于竞争对手且不易被对手所模仿,也正是这五方面要素的高效配置与整合,使新闻集团获得了令人艳羡的持续竞争优势,并且不断成长壮大,成为实至名归的"传媒大鳄",称雄世界传媒业。

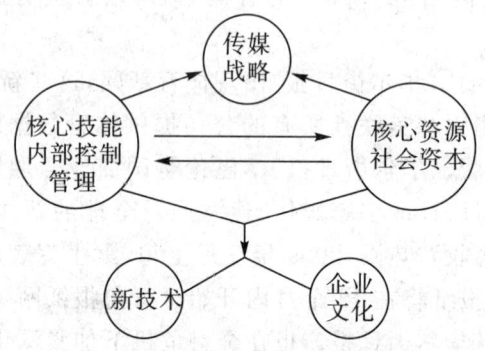

图 12-1 新闻集团的核心竞争力的构成要素

二、大报风范一以贯之的纽约时报公司

纽约时报公司(The New York Time Company)的骄人品牌和崇高声誉源自《纽约时报》这份"百年大报",该报信息量之大、版面之多,堪称各报之首(平均每天80至100版,周末版则达200到400版)。《纽约时报》由于其风格古典严肃,有时也被称为"灰色女士"(Grey Lady)。

拥有长达一个半世纪历史的《纽约时报》并不只是一份关于纽约市的地区报,而是立足美国、放眼全球的具有国际影响的报纸。该报利用遍布全世界的记者网络,广泛搜集各国的新闻事件和最新消息,力求收录尽可能多的重要新闻报道,因而实际已成为一份具有全国性乃至全球影响力的主流大报。截至2011年底,《纽约时报》已获得109项普利策新闻奖。由于报纸信息源丰富和信息量充足,《纽约时报》甚至拥有自己的索引系统。索引中提供新闻事件、评论、书评等与新闻有关,以及读者感兴趣的广告等的索引条目和内容摘要。

由于受到网络新闻、报纸价格上涨、金融危机等因素的影响,《纽约时报》每日发行量有所下降。美国发行量审计局(Audit Bureau of Circulations)2009年9月公布的数据显示,《纽约时报》平日版日发行量为928,000份,位列《华尔街日报》(2,000,000份)和《今日美国》(1,900,000份)之后,排行居全美报纸第三。① 尽管如此,《纽约时报》所具有的主流大报的高品质及其影响力,仍在美国乃至世界纸媒中占据独特的地位,并一直发挥着举足轻重的作用。

《纽约时报》的排位近两年虽然没有变化,但却是三甲里面发行量增长最快的报纸。美国刊物发行量稽核公证会2011年11月1日公布的最新统计显示,到9月30日为止,《华尔街日报》蝉联美国"发行量最大的报纸"称号,weekday(周一至周五)每天发行210万份,《今日美国》以180万份居次,《纽约时报》以120万份排第三名。本次公布的稽核范围是2011年9月30日为止的6个月。对比2009年的数据,《纽约时报》的发行量增长近30万份,较于2010年10月到2011年3月,发行量增长25%,这是该报新的数字政策之功。《纽约时报》自从2011年3月开始实施在线内容收费,或要求读者订阅一份实体报才能全览该报网站和享受移动服务后,发行量明显增加。许多美国人选择订一份《纽约时报》实体报,以便全览该报网站。

《纽约时报》能够成为极具竞争力的权威大报,并在数字化时代继续保持其竞争优势,与该报所拥有的独特办报理念和辉煌的历史密切相关,也与其所形成的公信力、影响力和品牌美誉度紧密相连。让我们回顾该报成长壮大的历史,再分析解读其核心竞争力的构成要素。

1851年9月18日,记者兼政治家亨利·贾维斯·雷蒙德(Henry Jarvis Raymond)和前银行家乔治·琼斯(George Jones)以10万美金创立《纽约每日时报》(New York Daily Times),它就是《纽约时报》的前身。创刊当天的报纸就鲜明阐述了其编辑方针,雷蒙德的目标是要办一份纯正、议论平和的报纸,打破当时在纽约盛行的花花绿绿的新闻报道方式。《时报》创刊伊始就特立独行,"它抛弃了《太阳报》和《先驱报》的煽情主义和《论坛报》的离奇想法",②

---

① 《纽约时报》网站. 美国报纸发行量下降10%,(2009-10-26)[2010-10-8],http://www.nytimes.com/2009/10/27/business/media/27audit.html?_r=2.
② [美]迈克尔·埃默里、埃德温·埃默里:《美国新闻史》,展江译,北京:中国人民大学出版社,2004年,第138页。

"雷蒙德的贡献在于,他培养了在公众事务报道方面的一种相当正派的态度。《时报》极少刊登人身攻击的文章,也很少以格里利所欣赏的黑白分明的形式提出问题。《时报》在笔调上、甚至在内容上都一贯保持公正,在发展仔细认真的报道技巧方面也无人能及。它还以准确取代了想当然,即使在雷蒙德热衷于政治时也不例外",①"《时报》的长处之一是解释外国新闻。雷蒙德致力于在报道欧洲事件方面出类拔萃"。②

1851年到1896年属于雷蒙德时期,雷蒙德去世后,《纽约时报》的发行人由乔治·琼斯接替。在他主持期间,《纽约时报》揭露坦慕尼协会巨额贪污案,轰动一时。到了1896年,阿道夫·奥克斯收购了濒于破产的《时报》,奥克斯接办《纽约时报》时就确定了时报的新闻报道原则:"力求真实,无畏无惧,不偏不倚,并不分党派、地域或任何特殊利益"。他大胆地增刊扩版,在新闻报道上不惜投资,大量增加在当时颇为稀有的国际新闻内容。短短四五年,《纽约时报》的销售量就超过了10万份大关。在他的领导下,《纽约时报》获得了国际性的认可和声誉。1897年,他提出了《纽约时报》的格言:"刊登所有适宜刊登的新闻。"这个格言被公认为是对"黄色新闻界"的挑战。

1935年奥克斯去世后,其女婿索尔兹伯格接过《时报》发行人的大印。索尔兹伯格领导《时报》度过了经济大萧条的危机和"二战"的艰苦岁月,在他任内20多年,《时报》的新闻采访范围进一步扩大,广告收入翻了一倍,技术设备得到极大的更新。20世纪60年代,曝光"五角大楼文件"。20世纪70年代,揭露"水门事件"。《纽约时报》第四代发行人是索尔兹伯格的独子,人称彭区的阿瑟·奥茨·索尔兹伯格,他励精图治,选拔麦森、罗森索等优秀编辑、经营人才,引进先进技术,开拓多元化经营。彭区在任30年,《时报》走出了濒临崩溃的困境,积累了雄厚的物质基础,1963年《时报》的总收入为1亿美元,到1991年,《时报》总公司的收入已达17亿美元。在这一过程中,《纽约时报》也完成了由家族式经营向市场式经营的转型。1992年,经过多年培养后,彭区将《时报》发行人大印传给儿子,这便是《纽约时报》今天的掌门人——小阿瑟·奥茨·索尔兹伯格。小阿瑟比父辈更热衷追逐利润。他试图促成《纽约时报》平民化,使各种人群都能够接受,因此涉及"煽情新闻",使得《时报》一度

---

① [美]迈克尔·埃默里、埃德温·埃默里:《美国新闻史》,展江译,北京:中国人民大学出版社,2004年,第138页。
② [美]迈克尔·埃默里、埃德温·埃默里:《美国新闻史》,展江译,北京:中国人民大学出版社,2004年,第138页。

失去公众的信任,所幸"刹车"及时,重拾最有影响力报纸桂冠。

如今的《纽约时报》今非昔比,它已发展成为一个多元化的传媒集团公司。公司的业务共分为报业集团、广播集团、纽约时报数据、About.com 网络公司和其他业务等几大部分。报业集团由纽约时报报业集团、新英格兰报业集团和十五家地方报纸,以及报纸分销商和相关业务构成。广播集团由电视网所属的 8 家电视台和 2 个广播电台组成。纽约时报数据(NYTD)集团拥有 40 多个网站,为了迎接新媒体的挑战,进入 21 世纪后,纽约时报公司加快对新媒体的收购,2005 年购买了 About.com 网络公司,2006 年收购电影和电视行业数据资讯和研究服务供应商 Baseline Studio Systems、塑身及营养资讯网站 Calorie—Count.com,2007 年收购健康网站 UCompareHealthCare.com 和消费者产品点评和调查网站 ConsumerSearch.com,使之与 web2.0 接轨。纽约时报公司的其他业务包括一家新闻造纸厂、一家超级压光纸厂和发现时报频道、新英格兰体育风险投资等。

自 1851 年创办至今,纽约时报公司已是名副其实的"百年老店"。该公司的核心竞争力构成要素较为复杂,但究其主要来源,则属于其《纽约时报》的报纸品牌,这家"百年大报"一个重要而突出的特点,就是追求高质量的新闻内容产品,不惜篇幅充分报道新闻事件特别是重大新闻事件,完整无缺地刊登重要文献,因此它被称为"历史记录式的报纸"。除纽约当地的新闻外,《纽约时报》事实上很少首先报道一个事件。假如它首先报道一个事件的话,那么这个报道的可靠性就是非常高的,因此往往被世界其他报纸和新闻社直接作为新闻来源。在美国大多数公共图书馆内都提供一份《纽约时报》索引,其内涵是《纽约时报》对时事的报道文章。正是由于这一重要的特点,使《纽约时报》获得了重要的品牌资源和各种殊荣。迄今为止,该报所获得的普利策奖,比其他任何报纸都要多,[①]它已经成为报界正确、公正、庄重、真实的典范,是美国主流社会和精英阶层最有影响力的日报之一。

例如,关于 2001 年"9·11"事件报道,《纽约时报》一举夺得 6 项普利策奖,加上 1 项普利策特别奖,总共为 7 项,在 6 项与"9·11"事件有关的奖项中,包括普利策奖中分量最重的"公共服务奖"。在这次报道中,《纽约时报》连贯而且全面地报道了"9·11"事件,阐述了整个事件的来龙去脉及其对全球安全局势的影响,还对受害者的情况予以跟踪报道。除了"公共服务奖",其他 5

---

① New York Times Company: Pulitzer Prizes,http://www.nytco.com/company/awards/pulitzer_prizes.html.

项奖是解释性报道奖、国际报道奖、新闻评论奖、独家报道奖、现场新闻照片奖和特写照片奖(一张照片独得双奖),其中新闻评论奖被评价为"准确、全面、并深入分析了'9·11'事件对全球局势产生的恐怖威胁"。①

《纽约时报》品牌的构建得益于"刊登所有适宜刊登的新闻(All the News That's Fit to Print)"的报纸理念与核心价值。这一核心理念是由奥克斯提出的,1896年夏天,《查塔努家时报》发行人阿道夫·S.奥克斯(Adolph S. Ochs)贷款7.5万美元接手时报。《纽约时报》因财政不济已经面临解体危机,奥克斯说服旧股东继续投资,并与股东商定:他必须有能力让时报连续三年都有盈余,才能正式成为有控制权的股东。当时美国报业的生态环境不佳,由赫斯特和普利策掀起的黄色新闻成为其主流,此外,报纸跟政界、商界因为复杂的利益纠葛不能保持中立立场。奥克斯决定要办一份严肃的报纸,坚持在新闻处理上采取中立及公正无私的态度,他在报上声明《纽约时报》发表新闻的立场,不受个人的喜好或恐惧的影响,完全秉公处理;此外,时报不站在任一党派、教派或任何利益团体的一方,完全处于中立地位,1896年10月25日,他定下的"刊登所有适宜刊登的新闻(All the News That's Fit to Print)"这一信条开始出现在社论版,1897年2月10日这句话被移至头版左上角,一直延续至今。

在报纸理念与核心价值引导下,《纽约时报》坚持推出自己的核心产品——高质量的内容。为了保证高质量的内容,《纽约时报》采取了一系列的措施:

第一,《纽约时报》非常重视对重大突发事件的报道。例如,1912年4月14日,泰坦尼克号沉没,《纽约时报》当年的大标题为"泰坦尼克在撞上冰山4小时后沉没",对该重大突发事件进行全面的报道。第一次世界大战期间,《纽约时报》报道了每一次战役的细节:从萨拉热窝的第一声枪响,到被德国潜艇击沉的英国"路西塔尼亚号",从美国卷入冲突,到最后的凡尔赛协议。1919年6月10日,《纽约时报》全文独家刊登凡尔赛条约,真实地记录了历史。在二次大战期间,《纽约时报》更是进行了很多独家报道,1945年8月9日,《纽约时报》的科学记者威廉·劳伦斯作为政府指定的官方历史撰稿人,成为唯一的目睹原子弹轰炸长崎的记者。1955年3月17日,《纽约时报》全文刊登雅尔塔会议公报,总计13.8万字,占整整32版。1971年6月13日,《纽约时报》发表了属于国家机密的"五角大楼文件",这份长达7000页的文件,记录着美

---

① Pulitzer Prize Focus on Sept. 11, The New York Times, April 9, 2002.

国对越南战争的许许多多内幕情况,尼克松总统打算阻挠,但是最高法院做了一个历史性的判决,在媒体与政府的较量中,第一次判决媒体胜诉。"9·11"事件发生,《纽约时报》一夜之间为第二天编排了28个整版的专题报道,共有文章69篇,图片63幅,远远超过同一天出版的《华尔街日报》、《华盛顿邮报》等报纸。

第二,为了保证高质量的内容,《纽约时报》高度重视社论的质量。在雷蒙德严谨、公正思想的指导下,《纽约时报》早期的社论平和公正,给人一种不卑不亢、庄重大方的印象。《纽约时报》的社论是由许多不同的作者撰写的,而他们的观点则从"左"到右各不相同。与《纽约时报》相比,在纽约出版的另两份重要报纸《纽约邮报》和《华尔街日报》至少在其社论方面比较保守而逊色些。

第三,为了打造高质量的内容,《纽约时报》还增加意见信息,扩大报道"软性"的专业新闻,刊登具生活风味的特稿以及趋势故事。20世纪50年代末期之前,《纽约时报》的专栏作家没有超过四五位——两三位大师级人物的作品出现在社论版的社论旁边,另外一人的时报体育专栏出现在体育版,还有一位在"都会版"推出"纽约人与事"专栏。到了20世纪90年代,将近50位专栏作家的作品散见于《纽约时报》各页,从艺术文艺的评论到社交时装讨论,无所不包。社论版也开放,专栏作家的来稿移到新版面固定推出,原来的位置则改为致编辑书(Letters to the Editor)和"编辑室报告",前者是读者投书,后者则由原本隐姓埋名的主笔署名发表精辟意见。这些专栏、社论和报告的主题也和硬性新闻报道主题一样反映《纽约时报》的新兴趣。

多年来,《纽约时报》一直位居世界最有影响力报纸榜首,2000年在《财富》杂志"全球最值得尊敬的公司"的评选中,《纽约时报》荣列全球报业第一位。业界普遍认为,《纽约时报》的成功源自它对新闻的高品质要求,对不合格广告的拒绝和其所形成的一套完备质量体系。尤其是它的质量控制体系,并不依赖少数业务领导人,而是数十年来一直稳定运行。美国新闻学者约翰·麦礼尔如此评价《纽约时报》:"论编排,它不像《真理报》那样精益求精;论文词,它不及《泰晤士报》那样自然优美;论报道,它不如《费加罗报》那么丰富详尽;论风格,它不似瑞士《新苏黎世报》或德国《法兰克福汇报》那样严肃庄重。但是,《纽约时报》在兼具这些优点方面,远远超过世界上任何一家报纸。"①究竟是什么成就了《纽约时报》的百年大报辉煌及其公司的可持续发展?让我们对其核心竞争力的构成要素作一剖析。

---

① 商建辉:《纽约时报的成功之道》,载《中华新闻报》,2006年11月21日。

首先,纽约时报公司的高质量的核心产品的创造,得益于人力资本的支持。人力资本理论的首创者贝克尔认为:"体现于劳动者身上的以其数量和质量形式表示的资本,如知识、技能、体力(健康状况)等构成了人力资本。"① 传媒集团作为知识产业,传媒组织的运作、发展和生存所需的知识和能力植根于人力资本,人力资本是报业组织核心竞争力最为基础和最为活跃的因素。《纽约时报》跨越百年的巨大成功,是一大批优秀编辑、记者、专栏作家、经理人员等报业人力资本呕心沥血的结晶。在人才引进与网罗方面,《纽约时报》的采编人员一是从其他媒体招收优秀人才;二是大学毕业生,经过实习、内部在职培训、考核挑选。两种渠道都有一套严格、繁琐的程序,以确保人才的质量。《纽约时报》在对应聘者的求职函及文章剪报进行审查后,会安排一系列测试,先是业务能力,诸如写作特稿、专版评论或是对业务走向的判断等,然后又是一系列面试与沟通。这是一个漫长的过程,有的甚至长达四五年时间。《纽约时报》通常有一堆测验来筛选应征者,过关后先经过四个层级的编辑面谈,最后是由总编辑担任主考官。之所以这么慎重,罗森涛解释说"因为我们拟作终身职的保障"。《纽约时报》的新进人员还得经过一段试用期的考验,为期六个月。《纽约时报》的用人政策是,把年轻有潜力的人录用进来,内升来填补上层职位,这样可以避免空降部队带来的影响。对于看中的优秀人才,《纽约时报》会主动出击,许以优厚的薪酬、为其文章安排有利的版面位置、安排领导岗位等条件游说其加盟。大学毕业生进入《纽约时报》,则必须从送稿生、记录员等最低微的工作做起,经历一年采写,被选为实习记者一年后才能转正;未入选的,只能以助理的名义协助整理信件、准备资料、剪贴新闻等,使其经过磨炼在业务方面逐渐成熟起来。

在人才培训与知识分享方面,《纽约时报》为员工提供专业技能的培训。对新进报社的员工,按岗位实施不同的培训项目,包括各编辑部门用语规范训练、注意新闻内容是否平衡、有无诽谤与侵害名誉权等。《纽约时报》的在职训练还很重视独特的新闻价值观与新闻理念的内化。在具体工作中,员工学习如何做一个"好的时报人",包括正确理解《纽约时报》的新闻原则,熟悉《纽约时报》的运作规范,按照《纽约时报》由上一代流传下来的传统规范处理新闻。《纽约时报》具有多达上千人的庞大编辑部,层级分明,形成一个个构成顺序流转的工作流程,使其已有的惯例不断得到强化与扩展。在人才激励与约束方面,《纽约时报》员工的待遇是美国各报员工待遇之首。2001年,新记者的最

---

① 范徽:《核心竞争力》,上海:上海交通大学出版社,2002年,第56页。

低年薪是 7.5 万美元,比《纽约邮报》记者的最低年薪高一倍,而当时美国拿到 5 万年薪以上的个人不到总人口的 10%,《纽约时报》高层主管的收入就更高了。对于跳槽来的员工,《纽约时报》总是坚持支付比其原单位高的报酬。《纽约时报》的其他奖励措施还包括直接的记功加薪、发奖金,还有不那么明显的诸如升职、给予更好差使、给予作品发表的机会等,如将专栏作家的位置作为奖励给功绩卓著的员工,对于优秀的人才会给予充分的空间并让其自由发挥其才能。《纽约时报》的有效激励机制还包括内部竞争,其惯例是对于高级职位的空缺一般不从外界引进,而是直接从内部选拔,而且职位层级较多,给予内部员工晋升的希望,也有利于激发出员工积极工作的动力,同时又给内部同事之间带来竞争的压力。《纽约时报》的平台作用,使其编辑、记者、专栏作家以及评论员,成为各自领域颇具影响的人物,这无疑对新闻从业人员具有强大的吸引力。[1]

其次,纽约时报公司的核心产品的创造来源于组织资本的支持。组织资本指的是传媒组织把人力资本和知识资源转化为组织能力的机制,是组织的基础结构,是支持组织运作和知识创造、传递、使用与保护的有形的综合系统和活动方式。组织资本与核心竞争力有着内在关联,对其存在着决定性的影响。组织资本作为媒体组织核心竞争力系统的内核,与核心竞争力的内在关联首先体现在价值创造机制上:一是组织资本本身可以直接作用于媒体组织经济价值的形成。充盈的组织资本可以构建良好的经济价值的产生机制,形成一系列有效的知识积累、知识创新的路径,提高媒体组织的竞争能力和适应能力。二是组织资本作为媒体组织核心竞争力的构架,为整合媒体组织的社会资本、技能资本提供一个整合和协调的平台,从而在整体上提升媒体组织的核心竞争力。[2] 组织资本的核心包括治理结构、组织架构等。为了保持《纽约时报》的高品质的报道,使其不受外部政治力量与经济力量的干扰,《纽约时报》设置了独特的治理结构。早在 1935 年 4 月 8 日,奥茨去世,他只有一个女儿,女婿索尔兹伯格成为发行人,奥茨为了不让报纸被他人掌控,在遗嘱中强调要让家族子孙掌控报纸的绝大多数股权,以确保《纽约时报》的品质。这一思想在《纽约时报》建立公司并上市的时候,又进一步通过制度安排予以强化。在纽约证券交易所上市的 15 家报业公司中,纽约时报公司不像甘奈特公司、

---

[1] 刘年辉:《〈纽约时报〉的人力资本投资机制》,载《传媒观察》,2005 年第 9 期,第 62~64 页。
[2] 刘年辉:《组织资本:媒体核心竞争力的平台与内核》,载《新闻界》,2006 年第 3 期,第 18~20 页。

论坛公司、道·琼斯公司那么交易广泛,但业绩也不错,并且非常重视控制权。与美国其他上市的家族传媒集团一样,纽约时报公司将股份分为A股和B股,A股是无投票权股,B股才有投票权。1969年,《纽约时报》在纽约证券交易所上市,仅仅发行A股,直到20世纪80年代,才允许B股交易,并且规定家族成员和公司享有B股的优先购买权。这样可以防止因为融资而动摇其家族的控制权,从而保持家族对传媒集团的绝对控股权。

　　组织资本还包括组织架构内容,在内部的组织架构上,纽约时报公司设置了采编与经营各自独立的部门。组织结构是指媒体组织为实现目标而进行分工协作所形成的权责结构体系,主要包括职能结构、层次结构、部门结构和职权结构。组织结构直接决定了媒体组织内部人、物、事的匹配状况,以及对员工的激励水平,也是内部知识与信息流通和传递的基础。在组织架构上,纽约时报公司采用发行人制度,自1896年以来发行人都由家族成员担任,现任发行人小苏兹伯格有多年的记者、编辑经历,其发行人一般并不过问报社具体事务。报社内的机构分为两大块:一块是行政和经营管理,另一块是编辑部。报纸除广告以外一切与内容相关的事务,归编辑部管理,其余归属行政经营方面管理,日常全面工作由发行人之下的第二号人物——总裁负责。行政经营方面设副总裁若干(通常兼任各方面主管)。典型的行政经营部门有:广告部、发行部、财务部、计划发展部、人事部、对外关系部(有的称公关部)、印刷厂、总务部。编辑部由总编辑负责,再分为两块,一大块是新闻编辑部,一小块是社论评论部。新闻编辑部由总编辑负责,设执行总编、副总编、助理总编若干。新闻编辑部采取分类制,并实行采编合一。① 在组织结构设计上,纽约时报公司为编辑部门与经营部门划分必要的制度界限,明确区分各自职权,分线运作,杜绝市场逻辑对新闻采编的不当控制与过分干预,以保证新闻的专业水准。《纽约时报》编辑部分设20多个组,职司每日新闻编采工作,日版的编辑与记者有约450名。《纽约时报》最显而易见的是它的官僚层级,编辑部组织庞大、层次分明,许多人都在督导、注意其他许多人的生产。另一个明显的特征是《纽约时报》在新闻专业上自视甚高,自命其工作是压力大且竞争激烈,但"极为重要"。编辑的态度是,新闻工作环境和生产工作之间,基本上并无关联,新闻就是新闻。在人力资本、组织资本的支持之下,纽约时报公司利用一系列的采编制度来保障其核心内容产品的生产。

---

① 辜晓进:《美国日报的组织结构——近观美国报业管理(二)》,载《新闻实践》,2003年第11期,第54～56页。

其一，它体现在报纸的采编理念上。《纽约时报》在创刊号中就明确宣称："我们决不打算感情冲动地来写文章——除非某些事实确实使我们冲动起来。我们将尽量不冲动。"正是在这样一种理念下，《纽约时报》以理性观察、建设性的出发点，不冲动、不破坏、不媚俗、不虚伪、不偏激、不炒作、不盲从、不骄傲，以务实、开放、求证的心态冷静观察社会走势，以建设性的视角来报道"一切值得报道的新闻"。《纽约时报》有一本厚达 230 页的《纽约时报编采体例手册》(The New York Times Manual of Style and Usage)，它是确保时报各页上的拼字、缩写等用法"一致化的规则与纲领"，更进一步规定"编辑部同仁必须念兹在兹，谨记时报的目标和决策等事项"。比如手册在"猥亵、粗俗、渎神"这一条目下指出"hell、damn 实际上并没有那么大的冒犯和不敬之意，但如果本报散见这类字眼，就会显得新闻低俗"。一则稿子最先交由核稿编辑，后者将这些半成品标准化、规格化。

其二，《纽约时报》特别重视对头版内容的选择，并通过几方面的采编工作制度来保证头版的质量：①严格筛选头版新闻，上头版是《纽约时报》的集体决策过程，每天，各部门主编都争取将自己部的新闻上头版。②果断决定，如对泰坦尼克号游轮沉没的报道，关于"9·11"的报道，都成为《纽约时报》头版的经典。③不断拓宽头版的选题，《纽约时报》根据时代的变化，不断拓宽头版的选择，以适应读者不断扩大的新闻信息需要。在美国新闻界的观念中，《纽约时报》的头版已设定了全国的新闻时事议程。

其三，纽约时报公司还通过不断的采编创新来拓展其核心内容产品的广度与深度。例如，随着世界经济的发展和人们对经济信息的需求，《纽约时报》创新发展工商新闻报道，20 世纪 80 年代以来，工商新闻开始进入《纽约时报》的头版。1987 年 10 月，美国纽约股票市场出现了大崩溃，《纽约时报》每天紧盯着股票市场大崩溃这一事件进行全面的报道，赢得了极大的声誉。与《华尔街日报》不同，《纽约时报》对工商新闻的报道主要集中在普通人身上，如普通股民、小企业报道等。《纽约时报》的工商新闻善于运用大幅照片和统计图表，帮助读者更深入、更全面地理解当时混乱的股市形势，说明尽管股市暴跌，但是国民经济的其他部门还是运作良好的。此次对股市《纽约时报》坚持从各个角度全方位进行报道，且没有把它仅仅当作工商报道来处理，而是作为深度新闻来处理。《纽约时报》逐渐认识到，工商报道要受到欢迎，就必须贴近读者、贴近生活，工商新闻既不是经济数据的简单堆砌，也不是广告，工商新闻必须依靠有深度的报道，从新闻和经济的角度探索，从读者的角度报道好各种枯燥的经济现象。①

其四,《纽约时报》还制定采编方面的监督制度,以完善其核心内容产品的品质。《纽约时报》在第二版设立庞大的"更正"栏,每天都将其昨日的差错收集归拢,在更正栏刊登,每次十多条。"更正"栏自觉地对新闻报道中出现的事实错误进行更正,如果报道中遗漏重要部分或重要内容,造成对新闻当事人的不公允,未顾及"均衡性"等,则以"编者的话"方式作为订正。"编者的话"不定期出现在第二版左下方位置,是高级编辑主管公开为个别错误说明、解释、承担责任的地方。"编者的话"与"更正"栏排在一起,每天刊出。

正是《纽约时报》极端负责任的态度与对完美的不懈追求,使得其在读者的心目中树立起公正、权威的形象,公信力与美誉度与日俱增,正如美国前哥伦比亚广播公司晚间主播沃尔特·克朗凯特曾说的:"凡是固定刊登'更正'新闻栏的报纸,便是最负责的报纸。"②《纽约时报》的监督制度并不是作秀,在遇到新闻故意造假事件时,其惩处的手段是非常严厉的。例如,2003年5月11日的《纽约时报》在头版显著位置刊登长篇文章,揭开了该报一名27岁的记者大肆编造独家新闻的"传奇经历"。文章说,尽管这位名叫杰森·布莱尔的黑人记者因为在稿件中错误频出而多次受到版面编辑批评,但他却并没有因此而严厉受罚。相反,杰森通过不断炮制虚假新闻,时间不长就从一名小小实习生被提拔为报道国内新闻的重要记者。此事因而成为《纽约时报》创刊152周年来爆出的大丑闻。自2003年4月底布莱尔的造假事件败露后,报社便安排了一个特别调查小组,以极高的效率在两周内对布莱尔加入报社4年来共发表的673篇新闻稿进行调查核实,甚至调出当初讨论录用他的会议记录,又通过电信部门查询其工作通信记录,最终查清了布莱尔的所有劣迹以及相关人员的责任。6月5日,《纽约时报》发表声明说,该报执行总编豪威尔·瑞恩斯因受到其部下年轻记者剽窃他人作品丑闻影响,而被迫宣布辞职。豪威尔·瑞恩斯是2001年9月才当上总编辑的,本来可以不需对1999年就到报社的布莱尔负责任,而且豪威尔·瑞恩斯在报道"9·11"事件中指挥有功,使得该报当年获得7项普利策奖(此前《纽约时报》一年最多才获得3项普利策奖),这位功劳卓著的总编辑,却主动辞职,承担责任,这使世人佩服其负责任的态度与行为。与此同时,《纽约时报》总编辑杰拉尔德·博伊德也宣布辞职。布

---

① 明安香:《美国:超级传媒帝国》,北京:社会科学文献出版社,2005年,第58~67页。
② 胡正强:《试论美国新闻传播中的更正制度》,载《国际新闻界》,2001年第6期,第36~40页。

莱尔的假新闻丑闻曝光后,《纽约时报》专门召开了600多人的编辑部员工大会,就此进行反思。报社还成立了一个特别委员会,负责检讨内部的编采政策。特别委员会要检查的第一个重点,便是布莱尔式的"捕风捉影报道"(The Blair Witch Hunt)。报社制定了严厉规则,以处罚形形色色的假新闻制造者。

2004年5月26日,《纽约时报》再次承认在它的新闻报道中发生了错误。它承认在美国对伊拉克的战争爆发前错误地促进了公众对伊拉克拥有大规模杀伤性武器的信任。① 公众事务编辑达内尔·奥克伦特在一篇自我批评的文章中写道:"这个错误不是个人错误,而是一个系统性的错误。我们在报道战争时要特别提高我们的标准,小心谨慎地报道,而不应该降低我们的标准。但在时报对大规模杀伤性武器的报道中,我们的读者遇到了一些耸人听闻的报道,其来源并不十分扎实,其中一些是怀有个人用心的匿名人士的断言。在战前和战后,时报的记者多次中断了对一些故事的报道,后来证明这些故事的确不可靠。在许多情况下时报的读者根本没有察觉这些更正……我所希望看到的真正的新闻报道,这也是我们的读者应该得到的,也应该是我们自己的责任心所要求的,不仅应该揭露那些推出大规模杀伤性武器故事的人的战术,而且应该揭露时报自己是怎样被这些人利用的。"②

纽约时报公司还利用新技术来巩固与发展其核心内容产品的生产。随着互联网的发展,纽约时报公司积极开拓网络信息业务,1996年1月,纽约时报公司建立了自己的报纸网站www.nytimes.com,提供《纽约时报》的在线阅读。即使在前几年网络泡沫化的时候,小苏兹伯格仍坚持"网络是成功的平台"。纽约时报公司被列为全球最具创造性的500家IT公司,拥有出色的网络系统"数字纽约时报"(New York Times Digital),已经连续两年赢利,2002年数字纽约时报利润为1600万美元,广告收入较前一年上升31.6%。2003年4月至6月一个季度营业利润达430万美元。③ 创建"数字纽约时报"是整合共享传统主业和网络的优势,用低成本创造高质量内容产品与服务的一种策略,这种经营策略的核心是媒介融合经营。"数字纽约时报"还在开发更多个性化产品,如从历史资料、填字游戏等王牌栏目中获取更多收入。同时,它还

---

① The Times and Iraq, Published: May 26, 2004, http://www.nytimes.com/2004/05/26/international/middleeast/26FTE_NOTE.html?ex=1219809600&en=c3c59e93f4eb651c&ei=5070.

② The Public Editor; Weapons of Mass Destruction? Or Mass Distraction? http://query.nytimes.com/gst/fullpage.html?res=9C06E7DC1E3EF933A05756C0A9629C8B63.

③ Dow Jones, NY Times Web Profits Up, Editor & Publisher Online, 2003年7月15日。

推出相关电子商务,如结合报纸名牌栏目"纽约时报书评"开办了网上书店。2003年5月公司开设网络电影专题,提供丰富的独家信息,汇集了20年来《纽约时报》的著名影评,回放1929年以来的精彩影评,设有电影资料库、电影票务网、尼尔森数据库。该网站为影迷提供评论和园地,刊出电影指南、导演介绍、主要演员介绍,并提供全国电影放映消息、帮助读者网上订票等。基本定位为发展内容产业的"内容提供商",无论是以纸张、胶片为载体,还是以无线电波、直播卫星、互联网络为媒介,内容产品本身是重点。2005年3月《纽约时报》网站有5亿5千万的页面浏览数,①截至2007年2月,Nielsen/Netratings的数据显示,《纽约时报》网站的独立访问量达到4200万次,全球排名第11位,注册用户数1300万,位居美国报纸媒体网站第1名。尼尔森的调查发现,nytimes.com吸引了全美国约9%的积极网络用户,而且nytimes.com的美国用户也是最多的。纽约时报公司2007年的年报指出,时报网站的浏览量在全国报纸网站中排在首位,每8个上网的美国人当中就有1人进入过时报网站,也就是说访问量达到5000万。《纽约时报》数字业务的收入为3.3亿美元,比2006年增长20%。纽约时报数字公司的收入在纽约时报公司2007年的总收入中占10%,2006年为8%。而根据Compete.com公司的研究,2008年一年《纽约时报》网站吸引了至少1.46亿的访问人数。②自2008年9月金融危机爆发以来,《纽约时报》网站的访问量不跌反增。

2009年末,美国纽约时报集团还与《华盛顿邮报》参与Google的新闻实验,催生了Google的实验产品"Living Stories"(正在发生的新闻),提供了新闻互动的新形式。两报的记者负责采写分属若干主题的新闻,Google则提供整合新闻的技术平台。新产品有三大特点:同一主题的内容呈现在同一页面内,有新闻、评论、特写、图片等各项内容(All in onplace);每一个主题按时间顺序展现过程,用户可按主题参与者或以多媒体参与探讨(Easy to explore);阅读灵活,用户每次重回此页面时,内容都已更新,而原报道改以概要呈现(Smarter reading)。Living Stories的报道如同一个个性化的RSS feed阅读器,不过它只关注一个正在进行中的主题(An on—going story),由用户定制并可跟踪,有更新内容时会通知用户。新的在线呈现形式赋予了新闻更多的价值,较传统的网络新闻更有吸引力。为此Google新闻将Living Stories开

---

① New York Times Link Generator (presented by reddit).
② The New York Times. "The New York Times Company Reports NYTimes.com's Record-Breaking Traffic for March". Business Wire. Retrieved on 2006-07-04.

源:所有新闻网站都可利用此平台不断更新新闻、同题聚合,按用户点击记忆编排内容,用户可参与修改,有问题可得到解答。为弥补传统发行和广告收入的减少,《纽约时报》有意增加网络营收,2010年9月在伦敦举行的第九届国际新闻峰会上,《纽约时报》公司总裁小阿瑟说到收费问题时,认为"如欲收获成功,须承担更大的风险",暗示将恢复一度施行却又中断了的收费举措,且更言"将在未来的某个时间停止印刷《纽约时报》",完全转向网络。半年后,即2011年3月,《纽约时报》推出计费墙,实行内容浏览收费,并取得了发行量的迅速提升。

纽约时报公司还积极利用新技术开发内容产品的分销与发行。2006年4月,纽约时报公司开发了基于微软最新的Vista中使用的名为"时报阅读器"图形引擎。据报道,用户使用这款软件,可以在任意一个屏幕尺寸下阅读报纸内容,并随意改变字体大小。报纸的排版也会根据照片在屏幕中的位置自动进行调整。时报阅读器除了保持《纽约时报》版面的原貌外,它也提供了电脑软件的交互性。比如,重要单词可以设置链接,可以让用户跳转到其他网页。此外,一些文章还提供了补充的多媒体内容。报纸数码版内容可以被下载到本地,也可以联机进行更新。此外,阅读器还能够逐日记录报纸的文章被阅读的次数。2007年,公司又联手苹果公司,开发与MAC操作系统兼容的MAC阅读器。[①] 2007年4月,《纽约时报》和微软专门为Windows Vista研发了名为"New York Times Reader"的软件,专供在电脑上阅读新闻而用,软件充分使用微软Vista当中的Windows Presentation Foundation(WPF)技术——这种显示技术,可以根据任何显示尺寸自动调整《纽约时报》显示内容,让用户设定文字尺寸。软件采用和《纽约时报》报纸印刷相同字体,提供《纽约时报》在线/离线阅读体验。纽约时报公司向订阅用户提供的Times Reader,费用为165美元/年或14.95美元/月。不过,要在网上看《纽约时报》,光付费还不够,还必须下载"Times Reader"。另据美联社报道,《纽约时报》2009年5月推出一款新的名为Times Wire的网络新闻阅读产品,以类似于博客传播的形式来实时推荐新闻。

为了开发出能让读者获取更多信息的新媒体,该集团下属的研发实验室一直在不懈努力,于2011年9月推出一款具有创新概念的洗漱镜——既不耽误用户刷牙或整理头发造型,又可供其阅读最新信息的镜子。通过这面镜子,

---

① Results of the Times Reader Survey. http://www.firstlook.nytimes.com, Nov. 7, 2007.

用户还可以观看视频内容，进行网上购物，记录自己的活动安排，并查询一些优惠券信息。此外，洗漱镜还会依据用户的喜好自动调节洗手间的照明设备等。《纽约时报》对读者的体贴服务可谓无微不至。

在新媒体发展迅猛的势头下，纽约时报公司除了利用传统媒体提升传播力，近年还加大了与各种新媒体的合作，通过新媒体扩大受众面。《纽约时报》近年来在增加内容传播的渠道和方式上创新，拓展广播网站、网络微件和社交媒体等多元渠道。

(1)广播网站

2008年1月，纽约时报公司和CNBC网站达成商业和技术方面数据内容共享协议，包括金融、经济、资金管理和个人理财等内容。这项合作加大了双方的受众覆盖面。同年，纽约时报公司和NBC名下的Msnbc.com合作报道总统选举，早在2007年，双方已经开始在网站上互相展示对方的新闻形象。

(2)网络微件（Widget）

2007年3月，nytimes.com推出经典字谜微件，用户可以从《纽约时报》超过1000种的字谜库里选择自己喜欢的图案作为Google首页。2008年12月，nytimes.com推出Beta时报微件，这个平台可供读者选择其订制的微件和网站的RSS。此外，时报还在社交网站FaceBook上推出"时报新闻小问答"的游戏。

(3)社交媒体

nytimes.com为LinkedIn用户提供其定制的新闻标题索引及《纽约时报》最新的5篇最受关注文章；在FaceBook上以公司名义作为用户，内容实时更新，吸引FaceBook用户关注，并邀请这些"好友"再在自己的好友圈中分享时报内容；同时在Twitter上也有纽约时报内容的实时更新；nytimes.com还为MySpace和YouTube提供从政治到戏剧、从美食到娱乐的录影片段。

《纽约时报》建立手机网站之后，受到用户的热烈欢迎。纽约时报公司也有意着力利用这一新媒体，推出一系列移动媒体产品和应用程序。无论用户选择哪种移动平台，都能看到《纽约时报》的内容，其中包括2008年推出的iPhone应用程序，2009年为Palm的Pre手机设计应用程序等。

此外，《纽约时报》还与多家媒体建立多种形式的广告网络和联盟：2008年7月开始，nytimes.com与LinkedIn达成战略联盟关系，即nytimes.com可以向后者的受众群发布针对性的内容和广告；nytimes.com成为Google的最大内容供应商之一之后，2008年又进一步利用Google的技术，其中包括在Google Earth上展示nytimes.com的文章，同时在nytimes.com的旅游和房地产版加入Google地图搜索。此外，纽约时报公司还与其他三家媒体公司一起创建了名为 Quadrant One(四合一)的在线广告销售机构,并与雅虎和 Monster Alliance 达成内容和广告方面的合作。

《纽约时报》非常重视经营。苏兹伯格在 20 世纪 80 年代开始重用企管学院毕业生。报纸的经营已经不能单靠发行人独力领导来完成。《纽约时报》因此成立若干个委员会,分别研究读者意向、报业未来、彩色印刷和版面规划等主题,并专门委托人广泛调查新一代不经常读报(light)的读者和不读报者的好恶,利用深度问卷和观察组研究读者对报纸有何要求,设法了解他们没有每天阅读《纽约时报》的原因。

在发行上《纽约时报》也有其独到之处。现在《纽约时报》每天发行纽约版、东北版和全国版等多种版本,其中纽约版主要面对纽约大都会地区,东北版是《纽约时报》针对华盛顿地区和新英格兰地区出版的,而全国版每天在纽约编辑好,通过高速电话线上传到新泽西,然后再通过卫星发送到全国 11 个印刷点。第一次印刷一般开始于美国东部时间晚上 10:45,在东部时间午夜时分再为西海岸读者更新印刷。

《纽约时报》的发行有两种形式:零售和家庭订阅。零售量占《纽约时报》总发行量的 40%,家庭投递量占 60%,现在星期天和平日的家庭订户分别有 100 万户和 70 万户,遍及全美国。《纽约时报》拥有 8000 个非该报编制的投递员,负责将报纸投递到用户手中。在零售方面,《纽约时报》与各分销商签订协议,分销商销售给各报摊及其他零售点,报摊再出售给公众。《纽约时报》在纽约大约有 9000 个报摊,在全国有 15000 个报摊,总共 24000 至 25000 个报摊,分销商的数量为 300 多个。而在《纽约时报》的发行部里,仅有 150 名员工,比其他报纸少得多,这因为其已将很多发行工作都签约出去了,这 150 名员工只是经理人员、市场营销人员和财会人员,大量摆放街头的售报机和所有读者服务工作都由其他公司去做。① 这样一种社会办发行的方式,大大降低了《纽约时报》的成本,提高了其运作效率,同时增加了现金的回流速度。

与报纸发行范围相伴随的,是广告市场的不断扩张。在广告方面,《纽约时报》管理者不仅要求其题材轻松可读,也要求它们能够卖钱,因此在 20 世纪 70 年代中期有科学版和时尚版的战争:业务部门鉴于服饰风尚新闻可以立刻吸引广告客户上门,因此力主推出时尚版,总编辑罗森索则坚持推出科学暨保健版:"一连三个专刊,先是家庭版、生活版,现在又是时尚版,都和消费者新闻有关,这会使报纸变质。"他保证在不添加人手的前提下编辑科学版。虽然业

---

① 辜晓进:《走进美国大报》,广州:南方日报出版社,2004 年,第 63 页。

务部门从没放弃将报道内容与广告相结合,但科学版推出4年中的广告业绩却并不尽如人意。20世纪80年代初广告部门的约翰·彭福里发现小型商业技术和家用电子领域包括电脑、电子游戏、资料库、有线电视、录影带等呈热销趋势,于是提出在科学版开辟每周一次的个人电脑专栏,广告部门认为这个专栏可以带来很多广告,罗森索对广告结合新闻的做法也不再像以前那样激烈反对,《纽约时报》科学版凭借家用电脑广告,开始收支平衡。1979年业务经理迈德逊担任纽约时报公司总裁,开始开发可以搭配广告招揽的"报道产品",如"聪明的旅行客"、"健康长寿"和"商业世界"等夹页和增刊别册。这些都很赚钱,但最赚钱的版面是"时报时装"(Fashions of the Times)。时报时装专刊是报道与广告相结合的典型代表,奥克斯时代已了解制衣业与大百货公司攸关报纸的财务健康,并刻意与制衣业交好,在平日版以及星期日出刊的《纽约时报》上充斥这类服装业的零售广告。"时报时装"看似纯粹的工商新闻形式——编辑部提供有关时装业的动态新闻,广告部则在专刊中招揽时装广告,配合文章出现。仅1985年3月3日出刊的时报时装专刊就有150页,其中68%是付费广告,单是这个专刊的广告收入即达232.21万美元。同一天再加上报纸其他版面的广告收入,数字更为可观。在《纽约时报》成为全国性报纸后,广告客户就很难要求按纽约市当地的价格来刊登广告了。因为买了在纽约市的广告,也就买了在全国的广告,所以广告价格比较高。目前全国性广告收入占《纽约时报》广告总收入的70%。[①] 在美国印刷媒体的19类广告当中,《纽约时报》排名第一,在35个总类的广告中,有26类排名第一或第二。

不过,与其他媒介集团相比,纽约时报公司经营结构还是比较单一,这种结构的优势十分明显:就是集中力量办好主业,经营好其核心产品,以广告为支柱,投入小、效益高、风险低。当然,纽约时报公司也进行多元化经营,但其多元化主要体现在涉足多种媒体,基本是在同一行业(传媒业)经营,而不是去做与主业无关的跨行业如旅游、房地产、餐饮之类的经营,因为无关经营的对象、技术手段和运作平台与报业是完全不同、相互分割的,人员和机构很难协调,资源很难整合,所以纽约时报公司对无关经营非常慎重。之所以如此,是因为《纽约时报》的管理层一直认为多元化经营会分散报业的核心竞争力,在管理上会存在很大的困难,不利于报业集团(公司)的长远发展。

纽约时报公司早在2001年就将与报纸主业关系不大的期刊公司出售,并在2007年又将旗下的包含9家电视台的广电集团出售,以整合资源,全力办

---

① 辜晓进:《美国报纸广告的经营特色》,载《新闻记者》,2002年第12期,第56~58页。

好报纸主业。纽约时报公司目前的经营都与主业密切相关,诸如其合资一家造纸厂和5家体育公司,入股报刊亭和出版社等。

纽约时报公司核心竞争力的构成,也可以通过一幅图来显示(见图12-2)。如图所示,该公司的各种资源(含组织资本与人力资本)与技能的协调整合关系,最后都为其"百年大报"这一独特品牌所统摄和引领,因为纽约时报公司的核心竞争力的主要源泉——核心价值理念指导下的高质量内容产品,凭借两大基石的组织资本与人力资本的支撑。时报公司在组织资本与人力资本的协同综合作用下,通过无形的采编制度、经营与管理和有形新技术形成的合力,保障了其核心内容产品的生产运作和不断创新。

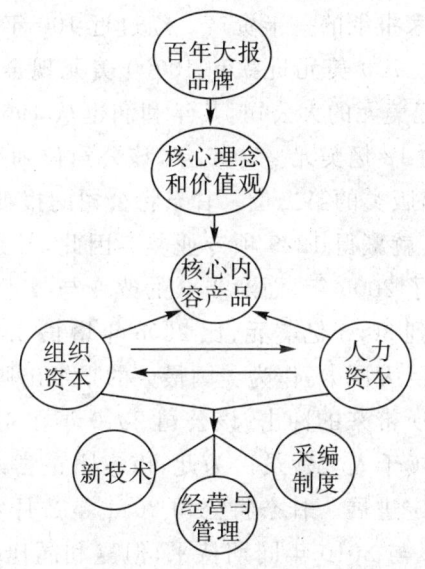

图12-2 纽约时报公司的核心竞争力的构成要素

三、商业利益至上的甘奈特公司(《今日美国》)

甘奈特公司是美国最大的报业集团公司,其总部设在美国弗吉尼亚州波士顿附近的麦克林,拥有雇员5.26万人。现任董事会主席、总裁兼首席执行官是道格拉斯·麦科金代尔(Douglas H. McCorkindale)。甘奈特公司也是跨媒介、跨国界的传媒集团,其在美国首都和41个州,以及英国、比利时、德国、意大利、中国香港和新加坡都有业务。该公司在美国现有日报90种,综合发行量达730万份,其中旗舰日报《今日美国》期发行量最高峰时达230万份,是美国发行量最大的报纸,销售到全球60多个国家。该公司还拥有1000多种非日报出版物和一份周末日报杂志《美国周末》(USA Weekend)，该周刊随同公司内近 600 家报纸发送，期发行量达 2300 万份。甘奈特公司还拥有英国最大的报业集团之一"新闻探寻"报业集团，该集团拥有各种报纸 300 多种，其中有日报 18 种，综合发行量达 70.3 万份。甘奈特公司拥有 23 家电视台，覆盖率达全美国 18.05%，总量在 2010 万的家庭。该公司在美国有互联网站 130 多个，在英国有 80 多个，根据尼森网络统计公司（Nielsen//NetRatings）统计，2007 年 1 月，甘奈特公司拥有的美国用户大约有 2320 万，占全国受众的 14.8%。此外，该公司还经营有新闻社、广告公司、直销公司等。① 甘奈特公司的发展始于 1906 年，当时由弗兰克·甘奈特（Frank E. Gannett）与其合伙人一起出资购买了一家报纸的一半资产。经过近 100 年，甘奈特公司从 1906 年仅有 3000 美元存款、700 美元贷款和 10000 美元现金的小公司，发展成为 2005 年总收入达 76 亿美元的大公司，其年利润也从 1967 年上市时的 740 万美元增长到 2005 年的 12 亿美元。2005 年，该公司位列《财富》收入 500 强名单的 296 位，居印刷出版类的第二位。甘奈特公司的报纸赢得 45 项普利策新闻奖，仅在 2005 年，其就赢得 1229 项专业奖。因此，甘奈特公司被认为是传媒产业的领头羊。到了 2006 年，面对受众的改变与技术革新的挑战，甘奈特公司的总收入仍然达到 80.3 亿美元，比 2005 年增长 5.7%。2008 年的金融风暴给各行各业造成巨大压力，作为美国最大的报纸出版集团，甘奈特也经受着广告业务急剧下滑所带来的冲击，该公司 2010 年在 4.15 万名员工中曾裁员逾 10%，2011 年再爆千人大裁员。为此，该集团正尝试通过数字化转型扭转衰落局面并取得一定进展。甘奈特公司 2011 年 2 月发布的第四财季报告显示，其营业收入虽然与 2010 年同期持平，但赢利同比增长 30%。② 甘奈特集团能持续实现利润上涨的原因主要是数字部门利润上涨和不断削减运营成本。该集团数字部门利润上涨 12.1%，达 1.567 亿美元，而成本仅上涨 3.1%。

　　甘奈特公司之所以能不断地保持良好的佳绩，来源于其核心竞争力的培育与提升。首先，其核心竞争力有赖于战略定位的清晰。甘奈特公司通过制定自己的愿景与任务来发展自己的战略计划，其愿景是让受众在任何时间、任何地点，通过任何方式都能从甘奈特媒体选择到自己需要的信息。公司的任务是成功将甘奈特转型到新的环境中，使其能够根据新闻工作者的责任感，通

---

① http://www.gannett.com.
② 《美国最大报纸出版商甘耐特 Q4 赢利增长 30%》，中国出版网 2011 年 2 月 11 日（来源：腾讯财经）。

过各种媒体向受众提供新闻与信息服务。甘奈特公司在制定计划时,不仅要求实现这些目标,还要切合实际,使之具有足够的柔性,即能够适应媒介产业的持续发展。无论是生产内容产品,还是内容采集、广告销售,甘奈特公司都将受众需求放在第一位。

其次,为了实现公司战略,甘奈特公司特别注重创新。创新主要是在传媒内部进行的,是传媒获得竞争力和提升竞争力的主要驱动力,创新的"创"意指创造,就是想别人所未曾想,做别人所未曾想做;创新的"新"意指革新,就是在已有基础之上的更新。甘奈特公司在创新方面一直是一个领导者,过去50年,甘奈特公司最重要的创新是打造《今日美国》。《今日美国》由该报的董事长艾伦·纽哈思(Allen H. Neuharth)创刊于1981年6月11日,正式创刊于1982年9月15日。纽哈思从一开始就宣称要创办一份面向全国的日报,这在美国是一个极为冒险的行动。对美国报业传统来说,美国是一个"省报(州报)"呈现的国家,辽阔的国土使得日报在全国的发行成本极为高昂,而报纸发行的时效性也受到极大的影响,再加上美国的政府体制基本是一个非中央集权的多层次决策体制,许多影响人们生活的决策都是由地方作出的。因此,美国人更多关注地方问题,报纸也主要报道地方新闻,《今日美国》要想成为全国性报纸,必将非常艰难。然而,纽哈思认准了这一市场,认为其市场定位有别于《华尔街日报》和《纽约时报》,《今日美国》将读者锁定为有经济实力的读者,并且与《华尔街日报》不同,其主要定位于那些往来于公务旅途之间,希望快速浏览新闻的公务旅行者、国内旅游者和那些已经订阅了本地日报但还希望"再买一份"全国性报纸的零散读者,这部分人数在700万~1000万之间。

目前,《今日美国》的读者总人数近570万人,其中70%是男性,70%以上的读者在25~54岁之间,平均年龄为42.4岁,75%以上具有大学以上文化水准,专业、管理人士占到36.1%,中、高层管理者占27.4%,平均家庭年收入近9万美元。由于其读者定位为那些经常出门在外的公务差旅者和旅游者,他们没有时间来看长篇大论,《今日美国》就在内容上定位为一份"麦当劳快餐报",并且强调简短、明了的报道方式,加上各式图表的报纸风格。为了与电视竞争以及满足繁忙的读者群的需要,《今日美国》还形成简洁的"今日美国体"。"叙事简洁、不说废话"、"少写背景、强调新闻"是"今日美国体"的原则。

例如,《今日美国》头版可容纳6~7篇报道,文章短小精悍,多数在300~500字之间,小文章由小段落组成,每段平均30字左右。有时候,一些内容比较多的新闻就采用报道结尾均附有信息索引的方式来引导读者,读者要想了解更多相关信息可依次查询。这样既加大了新闻信息量,同时也适应了电视时代成长起来的一代人"注意力缩短"的阅读习惯。另外,《今日美国》版面采取垂直格子式的设计,整版报道除封面报道之外无一转版,树立了《今日美国》自己独特的形象。

《今日美国》还推崇一种"希望新闻"的编辑理念。1983年10月,20世纪美国最有争议的报人之一、《今日美国》的创办人艾伦·纽哈思在一次演说中清晰地表达了其理念。他谴责"旧的绝望的新闻学",是一种"值得嘲笑的,给读者留下泄气的、不好的、愤慨的情绪的技巧"。纽哈思声称,《今日美国》要传递的是"希望的新闻学"。其轻松愉快的风格,使之明显区别于许多报纸严肃的、令人压抑的调子。《今日美国》把"希望新闻"概括为"精确而不悲观,详细而不消极地报道所有的新闻","鼓吹理解和团结,而不是歧视和分歧"。它也讲究"客观公正"、"新闻平衡"。但与传统认识不同,它的平衡更强调"好坏新闻搭配",阴暗面报道不可太多。它的"公正"常和少"批评指责"相联系。①"希望新闻"与传统的失望新闻相对,传统的失望新闻使得美国记者素以"社会守望者"自居,倾向报道阴暗面,尤其是水门事件之后,揭露调查性报道更是狂飙突进,传统的失望新闻使美国人把注意力投向了社会黑暗面,而没有关注到社会光明的一面。"希望新闻"则倡导公正而精确地报道社会问题。例如,《今日美国》关于谋杀、人质、残害儿童的新闻一般不登在头版,头版软新闻的比重较大,大多倡导光明和积极的调子。《今日美国》的"希望新闻"理念的提出及其实施,显然受到多数美国人希望读到什么的调查结果的影响。一次次的读者调查表明,《今日美国》的读者乐意接受这种积极处理新闻的方式。甘奈特公司的新闻副总裁菲尔·柯里在1998年2月写的一篇文章中认为,多年前纽哈思谈论"希望新闻学",报刊批评家立即把它解读成不报道硬新闻,只写垒球之类的故事,但他们错了。柯里说,纽哈思的想法与我们今天的想法一样,在人们的生活中有好消息,就像有坏消息一样;有的事情需要庆祝,就像有的事情需要担忧一样。报纸对于我们所知道的生活,应该再现所有的方面,要讲述一个平衡的故事。柯里强调,甘奈特的报纸要继续做好"硬新闻"的报道,继续暴露问题,继续追踪坏人,揭露他们的不当言行。

作为创办者之一的时任总编辑凯伦·朱尔金森在接受中国访问学者辜晓进的访谈时,特别提到了《今日美国》区别于其他报纸的特色,认为这是它在竞争中立于不败之地的法宝。朱尔金森指出,作为美国第一家全国发行的报纸,《今日美国》面临着众多的竞争对手(每一家大城市的日报都是竞争者),但是

---

① 周莉:《〈今日美国〉:向传统观念挑战》,载《国际新闻界》,1999年第5期,第21~23页。

《今日美国》却从众多的竞争者中脱颖而出,其法宝就是紧紧抓住受众的需要,抓特色,让受众从该报得到他们真正想要的东西。为做到这一点,《今日美国》在五个方面确定并发扬自己的特色:

第一,我们是一份全国性报纸,我们是目前唯一真正综合性的全国性报纸,因此,我们尽自己最大的努力去覆盖全国各地的新闻,在美国设的分社或记者站数量超过任何报纸,为保证各地读者及时得到我们的报纸,我们的分印点多达36个。这在全国报界首屈一指。我们租用了GE2和GE4两颗美国卫星,它们距地面22300英里,足以覆盖包括夏威夷在内的全国各分印点,确保报纸及时传递和印刷。通过卫星,一个黑白版传送仅需10秒钟,彩色版也最多花30秒钟,这要看彩色图片的多少。目前我们正在扩大对全世界新闻的覆盖,因为读者对全球新闻的兴趣正日益增加。我们从1984年起就开辟国际版,分别在法兰克福、伦敦、香港、米兰、沙勒罗瓦(比利时)印刷,国际版平均每天的发行量为72000份。我们报纸网站在全球60个国家开通,网络版国际读者超过25万人。我们还要建更多的驻外记者站。

第二是我们的板块包装。我们在美国报界较早按内容进行板块式包装,并给每个板块设计不同的彩色头版,这样读者就可以很容易地找到自己喜欢的部分。虽然现在越来越多的美国报纸采用类似的包装,但我们仍然有自己的特色,例如我们各板块头版的栏目设计及内页的安排。我们努力保持和挖掘自己的这一特色。

第三是独特的编辑设计。就像前面说到的那样,我们的一切设计都是为了满足那些行色匆匆的读者(time—fast readers)的需要。我们所做的最艰苦工作,就是让报纸上的信息易于获取和易于理解。我们要求新闻的处理有预见性。我们尽量用图片、图表来表示新闻内容,让读者通过图表迅速明白新闻的要义。我们称此为"信息图表"(informational graphics)或"解释性图表"(explanatory graphics)。我们的图片、图表在新闻中的运用频率超过国内的任何一家报纸。我们还努力使信息便于浏览。也就是说,读者在时间很紧的时候,可以用5分钟、15分钟读完本报的主要内容;但如果读者有空,也可花2小时来阅读本报。读者可以轻易作出上述选择。

第四是打破基本栏的限制。美国绝大多数报纸的设计是按一栏一栏来设计的,但我们认为不该为读者提供这样的设计。读者需要的是最容易接受的信息,而不是你排版的方便。于是我们给他们最便捷的阅读版式,给他们大字标题,给他们跨栏或破栏的文章,给他们常变常新的感觉。我们把很大的精力放在新闻的包装上。我们希望给读者密集的信息。我们在"巡视"(surveillance)。我的工作就是时刻关注着国内、国际发生着的一切事情,然后用最可靠、最显而易见的方式让读者参与我们的"巡视"。

第五方面是我们近年来为《今日美国》增加的新特点,即我们说的"雄心勃勃"(enterprise)。"雄心勃勃"的意思是我们向读者提供他们在其他媒体上不易获得的东西,如更多的突发新闻和新闻中的新闻。在创刊期我们对此并不重视,但现在我们认为这对读者很重要。①

总之,把读者需求放在第一位,强化服务意识,围绕这个核心不断进行创新,这对于《今日美国》以至甘奈特公司的发展起到至关重要的作用。"该报在很多方面不是特立独行就是领风气之先"。② 为了继续保持创新,2006年,甘奈特公司设置了甘奈特的设计和创新中心,请员工向中心提供各种意见,至今,已经有1000多条意见递交给该中心,这些意见为甘奈特公司的创新提供了很大的动力。

在推广创新上,要让一份新报在短时期内出头,创办人纽哈思集中火力借用名人推广效应,并辅以一些常规型的推广方式。1982年9月15日,在纽约创刊庆典上,纽哈思邀请到以美国在任总统里根及其夫人和参议员多数党领袖霍华德·贝克为首,数百位参议员、内阁成员、各国使节和各地媒体主管的庞大名人阵容参加《今日美国》的创刊典礼,产生的报道效应足以引起足够的关注度。此后8个月,《今日美国》每在一个新城市上市,都会有类似的名人推广活动,来自当地的和全国的政界、娱乐圈、体育界甚至文学圈著名人士跟纽哈思一起宣布和欢迎《今日美国》报的到来。对一份在成熟的报业市场创办的新报纸来说,报纸产品本身的建设固然重要,但如果推广的声音不够大,不能在短时期内将名气打响,寂寂无闻带来的打击也足以将报纸推向夭折。加上《今日美国》采取的不是全国同时上市的模式,而是时间跨度将近一年的异时上市,一地的上市效果将影响至下一地的推广,连环上市的模式如果不能一鼓作气,环环相扣地进行,某一环节的落单将给整个上市推广链带来恶性循环。纽哈思对这一后果显然有足够的预期和应对,他采用统一的名人推广方式,不仅在短期内获得强大推广效果,而且使全国上市推广有连贯的主题。常规型的推广模式包括纽哈思将《今日美国》的商标放在各种物料上,包括马克杯、钢

---

① 辜晓进:《走进美国大报》,广州:南方日报出版社,2004年,第148~149页。
② 辜晓进:《走进美国大报》,广州:南方日报出版社,2004年,第137页。

笔、纸镇、运动帽、打火机、书包、T恤等，将《今日美国》置入人们目所能及的范围内，争取最大限度地获得认知。

在广告创新方面，甘奈特公司广告业务上的目的是成为一流的营销方案解决公司，帮助它实现这一目的的是PointRoll——一个全球领先的在线广告富媒体提供商。富媒体即Rich Media，指的是包括二维和三维动画、影像及声音的媒体，是信息呈现的形式。富媒体本身并不是信息，但富媒体可以加强信息，增强广告的穿透力。甘奈特公司紧跟时代潮流，PointRoll已经使它在富媒体广告领域的实践初具成效。甘奈特集团的另一个广告业务——ShopLocal，是一个在网上和店内连接广告主和消费者的领导者。它使广告主和消费者之间建立起一种沟通，从而使广告有的放矢。PointRoll和ShopLocal携手合作，为在线的广告客户提供富媒体广告解决方案。而Ripple6则帮助广告客户部署"容易而强大的社会化媒体"解决方案。基于创新的有效的广告方案是甘奈特公司赢利的有力保障。

除了《今日美国》，甘奈特公司还紧跟世界报业的发展潮流，不断推出新的报纸与项目。近几年来，面对世界上免费地铁报的潮流，甘奈特公司也不甘落后，自2002年10月以来，甘奈特公司分别以其子报为平台推出了9家免费报纸，如在肯塔基州路易斯维尔推出的《火花报》、在密歇根州兰辛推出的《声音》、在印第安纳州推出印第阿波利斯的《Cin Weekly》等。这些免费报纸的特点如下：

读者定位——本市25～34岁的年轻人；

内容模式——周报，小报开本，色彩鲜艳的大幅照片封面，大标题，富于动感和色彩的版式设计，不报道一般性新闻，以目标读者感兴趣的生活方式类特写为主，并辅之以大量实用的生活信息和图表，如酒吧、餐馆指南；

发行模式——在年轻人经常出现的健身房、咖啡馆、书店、餐馆、超市、公寓等地设自动取报机，供读者免费取阅；

收入和广告模式——吸引针对年轻人的产品和服务类广告，如二手汽车、娱乐服务、餐饮、招聘、房屋租赁等，其广告定价大大低于当地市场的主流报纸，争取低端广告主；

市场分析——与地铁报(Metro)模式在读者定位、内容、广告模式诸方面都有一定不同，甘奈特模式是根据免费报纸所在市场的特点及甘奈特本身的战略需要来制定的。

甘奈特免费报纸所在的报业市场都是中等城市，人口较少，没有发达的公共交通系统作为发行平台，所以，发行模式都要根据市场特点来设计。甘奈特免费报纸注重与当地主流报纸实施错位竞争。由于这些免费报纸是在其当地原有子报的平台上推出的,如《声音》就是借助甘奈特在密歇根州的子报《兰辛日报》的印刷、发行及采编资源而推出的,为了不与所在市场的主流报纸形成"自相残杀",在内容定位上,免费报纸与主流报纸几乎没有可替代性,因而对主流报纸不构成威胁。相反,免费报纸与主流报纸形成互补,更好地覆盖了当地报业市场。

美国中等城市报业市场的最大特点是一城一报,甘奈特在中等城市试水免费报纸的策略表现了其经营的理性与成熟:不盲目拷贝其他免费报纸模式,而根据市场特点探索自己的模式,不但达到吸引年轻读者的目的,而且赢利情况也令人满意。据甘奈特公司专门负责免费报纸项目的人介绍,其最先推出的《声音》5个月后就已开始赢利。①

甘奈特公司的成功并不是仅依靠《今日美国》报纸获取单一收入,而是注重多元化经营,以应对环境变动所带来的威胁。甘奈特公司业务主要有四大部分,第一部分是报业分局,第二部分是广播分局,第三部分是《今日美国》,第四部分是英国报团。甘奈特公司总共有27家电视台和广播电台。甘奈特公司将全国的报纸分为8个区域,分别是大西洋区、东区、新泽西区、皮德蒙特区、海湾区、太平洋区、中西区和南区。每个区设一正三副共四名区域总裁。另外,还有3份直属报纸,分别是《底特律新闻》、《亚利桑那共和报》、《印第安纳波利斯星报》三家发行量较大的报纸,这些报纸各有一名首席执行官,直接归甘奈特公司报业总裁管理。甘奈特公司的报业和其他媒体业务遍及美国各地。这种多元化经营有以下两方面优势:第一是在全国不同地区开展业务,这样可以使甘奈特公司免受区域经济滑坡的影响。例如,20世纪70年代甘奈特公司中西部地区的报业经济衰退,但其在佛罗里达和加利福尼亚的业务却获得巨大的增长,在80年代末到90年代初,东西海岸地区经济很不景气,但其中西部的业务却保持稳定,东南部则呈现一派繁荣,不同区域的经济效益达到互相补充、互相促进。第二是不同类别的产品业务链群对甘奈特公司的发展起着很重要的作用。这是因为报纸业务具有周期性,并且与国民经济密切相关,特别是关于招聘、汽车、房地产和私人事务的报纸分类广告业务,很容易受到宏观经济形势的影响,然而,其他如电视业务等,则与国民经济的联系不那么密切,从而保持着甘奈特公司的收益状况的长期良好发展。

随着信息技术的突飞猛进,甘奈特公司还致力于跨媒体的多元经营,希望

---

① 孙镜:《美国报业应对颓势的三大策略》,载《中国记者》,2005年第8期,第78~81页。

从其他种类的媒体或信息产业中分食利益,甚至试图改变赢利结构。甘奈特公司的总裁兼《今日美国》发行人汤姆·科利(Tom Curley)认为,仅仅将印刷报纸做强和做大还是不够的,还要向跨媒体方向发展,要在网络、电视等媒体上做强做大。甘奈特公司现在 15 个州和哥伦比亚地区共开设有 22 家电视台,并且已经与报纸实现资源互享。比如,公司会把每天《今日美国》上的重大新闻制成电视录像交由各电视台播出,创出"今日美国直播"品牌。

为了支持内部创新与多元化经营,甘奈特公司还寻求资本运作与技术支持。其资本运作展现出三个特点:一是围绕核心传媒业务并购,其多样化的拓展始终非常慎重;二是并购过程中重视传媒的现实利润和收入,至少在合理的时间内能够取得实际回报;三是在频繁并购的同时,按照公司和股东利益最大化的原则优化传媒组合。①

甘奈特公司起步是从地方性报刊投资开始的,尔后的大量并购虽然也开始出现多样化的特点,但主要的并购仍然是围绕地方性报刊这一核心传媒业务来进行的,踏入较为陌生的领域时则保持着高度的警惕。

与此同时,甘奈特公司的并购和拓展重视传媒的现实利润和收入,而不仅仅是勾勒概念和前景。公司的并购和拓展非常注重现实的回报,回避缺乏利润基础的概念炒作。以互联网为例,甘奈特公司要求在线业务的投资必须具有收入、客户以及利润的增加,甘奈特公司强大的地方报刊、电视台在内容上有力地支持着甘奈特的网站,使其在与别的网站竞争中能够取胜。

尤为重要的是,与甘奈特公司频繁的并购相配合的是大量的资产剥离、处置,以优化传媒组合,增强赢利。这种资产处置分成两种情况:一是有些亏损严重,缺乏价值的传媒转让给其他投资者;二是有些传媒并非严重亏损,但是在该领域发展并不符合甘奈特公司的整体利益,同样予以剥离,以集中精力发展核心业务,在 1998~2002 年度,甘奈特公司收购了 46 个目标,同时剥离了 23 个项目。

在技术方面,甘奈特公司创建了今日美国网站(www.usatoday.com),该网站拥有固定的网上读者约有 950 万,其除了按照自己的程序提供种种新闻信息外,还向读者提供母报的版面内容。点击"本报印刷版",就可以免费阅览过去两天内报纸各版的内容。点击"检索程序",就可以查阅两天以前直到 1987 年 4 月该报的所有资料。这些资料的标题和摘要是免费的,如要获得资料全文则要付费,每篇 2.5 美元。也可以购买阅览票(Pass),日票 4.95 美元,

---

① 赵曙光、张志安:《媒介资本市场:案例分析》,北京:华夏出版社,2004 年,第 25~26 页。

可选 10 篇；月票 14.95 美元，可选 100 篇；年票 99.95 美元，可选 1200 篇（合每篇 0.083 美元）。《今日美国》网站还与美国电话电报公司（AT&T）合作，提供移动电话信息服务；与帕姆公司（Palm）、微软公司等合作，提供掌上电脑、袖珍电脑的信息服务。除了新闻类的网站 USATODAY.com，甘奈特公司还拥有许多服务类网站，如大型求职网站：CareerBuilder.com、Fish4jobs.co.uk；母婴育儿类网站：MomsLikeMe.com；极限运动网站 BNQT.com。另有甘奈特医疗集团、甘奈特区域爽肤中心等。从最初的互联网、手机到新一代的网络和移动技术结晶 Kindle 阅读器、iPad 平板电脑，新技术在不断发展，新的传播手段也在不断进化，甘奈特集团在新媒体领域显得尤为敏感和卓有成效。就在 2008 年 1 月 14 日，克里斯·萨勒达奇斯被任命为甘奈特公司的首席数字官。① 所有这一切均表明，甘奈特公司的核心理念就是将受众需求放在第一位，强化服务意识，并依据其核心理念与时俱进地制定核心战略，通过不断创新实现其愿景，进而达到可持续发展的目标。

　　甘奈特公司核心竞争力的构成，也可以通过一幅图（参见图 12-3）来显示。从该图中可以直观地了解其资源与技能的协调整合关系：甘奈特公司的核心竞争力是在其核心战略的统领之下，依靠内部创新与多元化经营的相互配合及实施，从而有效支撑其战略的，它们又离不开甘奈特公司资本运作与新技术的协同运作所形成的合力，各关键要素的有机协调发挥作用，共同为实现其核心战略服务，从而构成其核心竞争力。

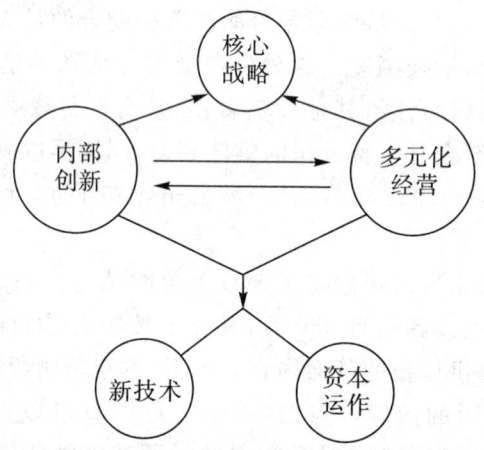

图 12-3　甘奈特公司的核心竞争力的构成要素

---

① http://www.gannett.com.

四、实施免费战略的瑞典地铁报集团

瑞典《地铁报》是世界上发展最快的国际报纸,其在全球 20 个国家以 14 种语言出版 27 个版本的免费日报,日均发行量逾 400 万份,日均读者人数超过 1200 万,是全球最大的国际化报纸,也是最大的免费日报。瑞典本国的《地铁报》大约有 110 万读者,是该国发行量最大的报纸。

瑞典《地铁报》发源于 1995 年瑞典媒介公司现代时报集团 MTG AB 的一个附属公司,1995 年,三个瑞典人决定创办一份完全以广告收入作为资金来源的免费日报,这份报纸最初定名为《斯德哥尔摩旁记》,后改名为《地铁报》,报纸的出版公司也命名为国际地铁公司(Metro International)。《地铁报》的创刊宗旨据说是:"让读者在 15 分钟内看完他们在正规日报上希望知道的全部消息。"1999 年 12 月 29 日组建成瑞典地铁报集团。《地铁报》创办没有多久,就从瑞典向全世界扩展:1997 年,在布拉格发行,1998 年在布达佩斯与哥德堡发行,1999 年在赫尔辛基街头、荷兰和马尔默出现,2000 年在智利、多伦多、罗马、米兰、华沙和雅典发行,2001 年在蒙特利尔、巴塞罗那、波士顿、马德里、哥本哈根、匈牙利发行,2002 年在巴黎、马塞尔、中国香港等地发行,2004 年在纽约、丹麦等地发行。2006 年 4 月 27 日,瑞典地铁报集团在香港的每周星期四开始付印一份名为《流行都市》(*Metropop*)的星期杂志。不过,瑞典地铁报集团对在各地发行的《地铁报》并不是都拥有控制权的,例如,韩国版《地铁报》的股权只有 5% 为瑞典地铁报集团所有,丹麦与加拿大的《地铁报》的部分股权归瑞典地铁报集团当地合伙人所有,在法国,《地铁报》部分股权由 TF1 所有,波士顿《地铁报》的 49% 的股权由美国纽约时报公司所有。此外,俄罗斯的彼得堡版《地铁报》股权则完全不由瑞典地铁报集团所有,墨西哥的《地铁报》股权也不归瑞典地铁报集团所有。

瑞典地铁报集团总裁兼首席执行官贝利·登堡,于 2000 年上任。2005 年,瑞典地铁报集团在 30 多个国家拥有分公司,约有 1400 名职员。1995 年至 2005 年,《地铁报》的广告收入平均每年增长 41%。现在,该集团已经成为从属于卢森堡法律管理的国际地铁报股份公司。2006 年 12 月 31 日的瑞典地铁报集团年报显示:瑞典地铁报集团收入从 2005 年 3.597 亿美元增长到 2006 年的 4.165 亿美元,增长率 16%,利润从 2005 年亏损 700 万美元变为 2006 年赢利 1300 万美元。《地铁报》总裁贝利·登堡说:"对于瑞典地铁报集团来说,2006 年是一个标志性的年份,因为我们取得了我们第一次的净利润,而且被吉尼斯世界纪录大全授予'世界上最大的全球报纸'称号。"[①]《地铁报》2007年1月在19个国家的100个主要城市,用19种语言共70个版本发行,其区域包括欧洲、北美洲和南美洲、亚洲,每天有超过1850万的阅读者和每周有超过3750万的阅读者。

瑞典地铁报集团获得成功依靠的是其免费发行的核心战略。这一核心战略的提出,是基于全球媒介环境发生了深刻的变化。从全球范围看,报纸受互联网媒体的冲击程度加大,进入21世纪以来,网络媒介飞速发展已使发展速度缓慢的报纸等传统媒体相形见绌,报纸原有的传播优势也被网络媒介所蚕食或超越,从而使报纸的影响力大不如前,全球纸媒体面临的挑战和压力与日俱增,其前景不容乐观。世界报业协会2007年6月发布的《世界报业趋势年度调查报告》显示,2006年全球报纸发行量上升2.3%,每天超过5.15亿人买报,而读报人口估计超过14亿。如果算上免费报纸,那么全球报纸总发行量则上升了4.61%。根据世界报业协会发布的《世界报业趋势年度调查报告》,2006年免费报纸已经占据世界报纸总发行量的近8%,而且这一比重还在随免费报纸的发行量不断上升而提高。在法国最大的5家报纸中,免费报纸占据两席。在2005至2006年间,法国传统付费报刊读者人数下降了1.1%,而同期免费报刊的读者人数则增加了9.8%。瑞士广告媒体研究所的统计数字显示,2007年瑞士免费报纸发行量上升,而多数收费主流大报则面临发行量下跌的局面。9月底,瑞士又有3种免费报刊问世。此前,香港的《英文虎报》也宣告转为免费报纸,成为继《头条日报》、《快线周报》后,星岛新闻集团旗下的第三份免费报纸,这也是香港第一份免费英文报纸。据发达国家有关机构调查,免费报纸主要读者的年龄在15至35岁间,该年龄段的读者也是消费能力最强的群体。广告商正是看中免费报纸的这一优势,因此逐渐地在免费报纸上加大了投入,这正是免费报纸能够获得高额利润并迅速发展的重要原因之一。广告和发行是纸媒体最基本的赢利模式,越来越多的报业集团加入出版免费报纸行列,这从一个侧面映射出报纸在互联网和新媒体冲击下竞争压力不断增大,被迫寻求新的应对策略。在全世界免费报纸兴起的背景下,瑞典《地铁报》才能够不断攻城略地,取得令人艳羡的骄人业绩。

《地铁报》的新闻有两个特点:一是新闻报道的短新闻化。《地铁报》有国际、国内、当地新闻、天气预报和娱乐资讯等30多个版面。在版式处理上,实

---

① "Metro International S. A. Financial Results For The Fourth Quarter And Twelve Months Ended 31st December 2006",http://www.metro.lu/overview/index.htm.

行严格的模块化。全球几十个版本,都是统一的版式,统一的栏目设置,统一的照片处理方式。《地铁报》对记者采写的新闻字数有严格规定,头条新闻不超 1800 个字母,短新闻不超过 400 个字母,且数量每天不少于日报(平均 90 条新闻/天,28～36 个版)容量,整份报纸预期在 20 分钟内读完,正好是瑞典人每天乘坐地铁所花费的平均时间。二是新闻言论的中立性。《地铁报》没有政治言论版,但有自由撰稿人专栏,他们中有警察、牧师、教授,由 10 人或 11 人轮流写,大多是服务性内容。报纸没有编辑部观点,没有深度报道,仅仅提供最原始的素材,为了保持客观立场,不发声音。① 这两种策略实际来源于"News Summary(总结性新闻)"这一新闻编辑的核心理念。所谓总结性新闻,就是对新闻进行概述,和传统大报重视背景的深度报道不同,《地铁报》只关注"昨天发生了什么事"。这一新闻理念的产生基于以下几方面的原因:首先,强调"新闻概述"的理念和现代都市快节奏特点相符合。现代都市最大的特点就是人口流动性强。以斯德哥尔摩为例,移民和来自乡村及其他地区的人群各占 20%,一份报纸杂志不可能顾及所有人的兴趣,单一价值观的叙事无法满足不同人群对新闻的需求,保持中立立场,提供快速而富于总结性的新闻,是免费报纸面对流动中的读者所做出的选择。其次,传统报纸受政治影响较多,是提供评论和意见的旗帜,而在商业化浪潮冲击下,多数报纸只是获取信息的工具,读者人群在分化,传统报纸那种想用政治观点吸引读者的做法,已经被证明是不切实际的。《地铁报》编辑部认为一份报纸如同一片面包,只是提供人们每天最基本的营养,为此,《地铁报》把自己定位为向人们提供每天最基本的信息消费。

在发行方面,1995 年创刊时《地铁报》只是在地铁站发行,而现在其触角早已伸向了所有的交通工具。在瑞典,读者每天早上五六点钟就可以在公共汽车、地铁站和通勤区间火车上取阅,路边的候车亭、大型商场的门口以及公共汽车上,都有它的专设报箱,取阅方便。以往它的目标是瞄准"流动的人群",大批量的报纸不交给报摊,而是直接投放在公共场所。而从 2004 年开始,它的发行营销策略在悄悄变化。2004 年,《地铁报》通过 20 多种不同的方式分发,包括公共运输系统、商店、医院、饭店等。据专家预测,今后,斯德哥尔摩的《地铁报》将推出许多类似以房地产、家居广告黄页为内容的专刊,直接配送入户(类似于邮发广告),其影响力和渗透面将进一步扩大。从流动人群走向固定客户,这种配送方式的大胆变革,已直接动摇了传统报纸的发行根基。

---

① 金涛:《瑞典免费报纸竞争策略及其发展趋势》,载《新闻记者》,2005 年第 2 期,第 66～68 页。

而且和传统报纸相比,地铁报由于没有太大的发行成本,形成了独特的竞争优势。其发行手段较为简单,如其最早的发行网络,就是在地铁沿线站点布点。随着《地铁报》的发展,现在其更是已经从随地铁线路布点派送,发展到占领邮箱,配送到户,真正实现了和读者"零距离"。2004年世界报业协会公布的数据表明,2003年世界免费日报的发行量比上年增加了16%,过去的5年中,在有数据可查的国家增幅更达24%。

《地铁报》的广告价格远远低于一些传统大报,但其分类广告数量却超过了后者,这对广告商而言,吸引力不言而喻。《地铁报》的广告收入直接冲击到传统报纸的广告收入。2003年底,斯德哥尔摩的《地铁报》首次推出房地产专刊,随报附送,大获成功,这使许多传统报纸赖以生存的房地产广告开始流失,后来蔓延到家居、装潢等领域。

例如,号称瑞典第一大报的《每日新闻》(Dagens Nyheter)2003年广告额直线下降,其中,重要原因就是《地铁报》的冲击。该报副主编汉斯·拉尔森2003年曾悲观地预测,2004年年底,《每日新闻》会有5.5亿瑞典克朗的赤字,而在广告方面的损失就有1个亿之多。此外,斯德哥尔摩的第二张日报《瑞典日报》同样处境艰难。据《每日新闻》的资深顾问索伦·布克兰德透露,目前,《瑞典日报》的广告额急剧下降,2004年下半年,广告商都在和《地铁报》联系,原有的广告大多要流失。老牌的《哥德堡邮报》是瑞典南部报纸的代表,它的广告额通常要占哥德堡周边地区的媒体市场的三分之一以上。但是,在一次报社对广告商所做的调查表明,未来5年中,仅有19%的人认为其广告额会增长,而大部分人都对其没有信心。瑞典传统报业的广告总收入自2000年以来已经下跌超过45亿美元。然而,瑞典地铁报集团的广告收入的增长率从1995年创办至今以44%的速度在递增。有些瑞典地铁报集团创办的报纸更是成绩骄人。例如,2002年4月创刊于香港的《都市日报》仅过一年多就开始赢利,目前该报月赚数百万港元,日均发行量达40多万份,稳居香港报业第四位,在报刊林立的香港不能不让人刮目相看。

考察瑞典地铁报集团的核心竞争力构成要素,不难发现,内容、发行、广告连成一体,共同支撑着瑞典《地铁报》实施的免费核心战略,而其基础则来源于低成本以及规模经济。为了控制成本,保证其利润,维持可持续发展,瑞典地铁报集团成功运用了低成本策略。斯德哥尔摩《地铁报》报社仅有3间办公室,编辑仅有30人,而广告部门人员多达100多人。每天36个版面,广告和新闻比例为一比一,大部分新闻是从新闻社购买的,其余都是自由撰稿人的专栏,除去电脑工作人员,真正的新闻编辑不足10人。又如《地铁报》的香港版

《都市日报》的工作人员也很少,创办后只有40名员工,除了记者和编辑,其余的为行政及财务人员,至于报纸印刷、派送等工作,则以外包的形式安排出去了。从整体上来看,瑞典地铁报集团在全世界20多个国家总共才招聘了1400多个员工,其中有大约400人是新闻编辑。人员的精简大大降低了《地铁报》的成本。

作为一个全球化的跨国集团,瑞典地铁报集团建立了庞大的全球网络,从而实现其规模经济。规模经济是指在一特定时期内,企业产品绝对量增加时其单位成本下降,即扩大经营规模可以降低平均成本,提高利润水平。瑞典地铁报集团在全世界20多个国家的记者,每天都为其不同版本的《地铁报》提供优质的内容,随着互联网的发展,目前《地铁报》的读者可以从他们当地的网页上或《地铁报》的下载页面里下载《地铁报》的PDF版。另外,遍布全球60多个城市的庞大规模有效整合了集团内新闻纸、发行和广告等各项费用和资源。《地铁报》的规模效应有助于吸引跨国公司的国际广告业务。

《地铁报》国际新闻中心是连接《地铁报》所有编辑部的国际新闻通讯机构,每天《地铁报》国际新闻中心的各地编辑既在数据库上上传新闻,同时也下载新闻。为了满足全世界年轻活泼、受过良好教育的读者,《地铁报》娱乐版不仅经常采访一些娱乐明星如妮可·基德曼(Nicole Kidman)、斯蒂文·斯皮尔伯格(Steven Spielberg)、乔治·克鲁尼(George Clooney)和汤姆·克鲁斯(Tom Cruise),而且也采访一些全球知名人士。

瑞典的《地铁报》虽然并不是第一份免费日报,但却是最为充分认识其潜能的报纸。瑞典《地铁报》出现之前,也有免费日报,可是都未达到其商业赢利的目的。《地铁报》的出现,使人们认识到如果其发行量大到足以让广告商感兴趣,同时运营成本又降到很低水平的话,就完全可以赢利。一项调查结果显示,目前,每10个斯德哥尔摩市民中便有6人每星期最少看两天《地铁报》。在瑞典第二大城市哥德堡,每10名市民中便有3名每周最少看两天该报。而且《地铁报》的读者中有一半是30岁以下的年轻人,这恰恰是传统报刊最难争取的读者群。据哥德堡大学传媒研究人员调查,《地铁报》吸引了一群新的报刊读者,强化了报刊市场。那些过去从不看早报的人,如今都看《地铁报》了。正是由于《地铁报》勇于创新,才吸引了年轻读者,创造了新读者群,培养了他们免费取报的阅读习惯。瑞典《地铁报》的出现,改变了许多人业已形成的阅读习惯,也成就了《地铁报》的辉煌。

瑞典地铁报集团的核心竞争力的构成,可以通过一幅图(参见图12-4)来体现。如图所示,瑞典地铁报集团是在核心战略的指导之下,依靠内容、发行、广告三驾马车的支撑,而这些又离不开其低成本与规模经济作为基石。换言之,实施报业市场的破坏性创新战略和竞争策略可以说是其异军突起的成功秘诀。

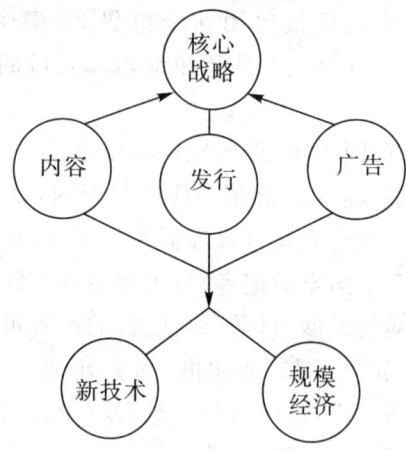

图 12—4 瑞典地铁报集团核心竞争力的构成要素

上述发达国家的几家报业集团(传媒公司)与我国报业(传媒)集团最大的不同之处,就是它们都建立了现代企业制度并实施完全的企业化运作。可以说,这些国外的报业集团(传媒公司)的核心竞争力的构建,从理论上说基本可以借鉴企业的核心竞争力的相关理论。其核心竞争力的培育和提升有以下几个特征:

第一,必须根据报业集团(传媒公司)自身的发展历史和已有资源来确立构成核心竞争力的关键因素。如新闻集团跨媒介跨国界的战略是几十年的新闻集团的发展历史所确立的,资本的运作使其拥有与之配套的所有因素;"百年老店"的纽约时报公司的核心竞争力,则是一流新闻信息内容产品及服务所形成的著名品牌,及其赖以形成的企业文化——大报理念为核心的价值观和核心业务能力,通过这些要素来支撑和维护其新闻信息内容产品的生产与传播,从而培育与提升自身的核心竞争力;而甘奈特公司创办的《今日美国》,要想在竞争激烈、压力重重的美国报业市场上脱颖而出,就必须从核心理念到核心战略,以及内容、形式等各个方面都勇于创新,围绕受众需求强化服务意识,并依据其核心理念与时俱进地制定核心战略,通过不断创新形成其核心竞争力;作为一种新生事物在媒介产业中崭露头角的瑞典地铁报集团,其核心竞争力形成的关键因素就是实施差异化竞争,迅速占领市场,提高收入,控制成本,从而获得利润,实现可持续发展,这也是免费报纸发行的核心战略。上述的几家报业集团(传媒公司)都具有自身的核心竞争力,而其构成的关键要素却各不相同,也就是具有独特性和不可替代性。这与国内很多报业组织相互克隆造成的同质化竞争,形成了鲜明的对照。

第二,报业集团(传媒公司)的核心竞争力是其构成要素的有机结合并形成合力发挥作用的产物。这几家报业集团(传媒公司)的任何一家在培育与提升核心竞争力时,都不是仅仅依赖一两个优势,而是整体的组合。如新闻集团之所以在短短几十年时间取得销售量、生产规模、市场占有率和利润的迅猛发展,显然是由其各构成要素——战略的指导、社会资本的协调、内部管理与控制、有形的新技术与无形的企业文化等紧密相连和互相配合的结果。

第三,报业集团(传媒公司)核心竞争力的构成要素并非处于一个平面或同一层级,而是以最核心的因素为中心,依次向外围扩展,其分布于报业集团(传媒公司)的各个领域。而层次的划分,是以这些要素的独特性、不可模仿性的程度而定的。如纽约时报公司的核心内容产品的独特性、不可模仿性高于其组织资本和人力资本等方面的特性,而组织资本和人力资本的独特性、不可模仿性又高于其采编制度和新技术等方面的特性。

第四,建立现代企业制度和相应的管理机制是培育和提升报业集团(传媒公司)核心竞争力的组织保证。前已提及,拥有核心竞争力的几家报业集团(传媒公司)虽然其构成要素不尽相同,各有其自身的特点,但是,有一点却是共同的,即都建立了现代企业制度,并按照现代企业制度来管理和运作。这是其组织保证。

第五,报业集团(传媒公司)的知名品牌及公信力的形成有一个不断积累的过程,需要远见卓识和可持续发展的愿景,以及实现战略目标的执行力。而且其公信力和品牌美誉度是需要长期苦心经营和悉心维护的,不能只顾眼前利益,急功近利地热衷于短期行为,如果那样做,往往会因小失大,使辛辛苦苦培育形成的公信力和美誉度毁于一旦。然而目前国内多数报业(传媒)集团缺乏的恰恰是这方面的自觉意识和可行措施。因此,学习和借鉴国外报业集团(传媒公司)的成功经验,要在理念和实践这两个方面认真反思,并采取相应的对策与措施,以培育和提升自身的核心竞争力,实现做强做大做长久的可持续发展目标。

当然,国外的报业集团(传媒公司)与我国的报业(传媒)集团所面临的政治、经济、文化环境有很大的不同,我国报业(传媒)集团还肩负着建设有中国特色社会主义的崇高使命和社会责任,因而在学习和借鉴国外报业集团(传媒公司)的经验时,必须联系我们自身的实际情况,具体问题具体分析,才能使他山之石,为我所用。

结语

新语境下报业可持续发展战略前瞻

可持续发展是一个具有普世价值的永恒主题。人类社会能够生生不息地繁衍延续,并且不断地有所发现、有所发明、有所创造、有所前进,依凭的正是其在实践中的薪尽火传与大胆探索,经过长期不懈的努力,才获得对客观世界的正确认识——包括对自身生存与发展法则的感悟,进而将这些带规律性的认识运用到现实与未来的各种社会实践之中。

人类经年累月积淀下的悠久历史和灿烂文化,书写和诠释着自身发展进程中的文明足迹,也积累了宝贵的经验教训。它促使不同地域、不同国度、不同种族的人们不断反思其走过的历程,以便更好地认识客观规律,找准继续前行的方向。

从古代华夏"天人合一"的质朴思想,到当今倡导的科学发展观,无不闪耀着中华民族关于可持续发展理念的智慧光芒。经历了漫长岁月的苦苦求索,我们正朝着有利于国家民族繁荣昌盛、有利于社会可持续发展的正确目标迈进。

追求真理、探寻规律可以超越国界。《纽约时报》2005年5月22日在评论版上,十分罕见地刊载了一篇用中文标题撰写的社论《从开封到纽约——辉煌如过眼烟云》。文章的大意是提醒美国人不要骄傲自大,因为回顾历史不难发现,一个城市乃至一国的辉煌盛世,犹如过眼烟云,转瞬即逝,城市的繁华光景尤其是这样。文章列举了一系列历史上的名城:公元1年世界最重要的城市是罗马,公元500年可能是中国的长安,公元1000年是中国的开封,公元1500年是意大利的佛罗伦萨,公元2000年是纽约。公元2500年,以上城市可能都榜上无名。文章指出,美国人应当从过往历史中记取两个教训:第一,保持科技领先和健全的经济政策极为重要;第二,骄傲自大、故步自封非常危险。这篇社论站在历史的制高点上,反思过去,预测未来,纵横捭阖地评说人类社会发展的普遍现象,揭示了一个颠扑不破的真理:不满是向上的车轮,生于忧患,死于安乐。

世间万物都在发展变化之中,同时遵循着某些内在规律。那些由盛转衰的国度及历史名城,大都缺乏忧患意识,所以,绝不能安于现状,不求进取,这往往是衰落的前奏。一个国家是这样,一个城市是这样,一种产业又何尝不是这样?居安思危,未雨绸缪,积极进取,勇于创新,只有在正确理念的指引下,其事业才会兴旺发达,基业长青的可持续发展目标才有望实现。

"发展才是硬道理",这是我们历经磨难而后悟出的一个朴素真理。然而,在过去二三十年中,追求速度而忽视质量的粗放型发展模式,使我们已经而且还将继续品尝自己酿造的苦酒,从中也吸取了深刻的教训,并越来越清醒地认识到可持续发展的极端重要性。如今,绿色发展、和谐发展、科学发展等正确的发展理念,已经被越来越多的人理解和接受,逐渐形成了共识。各行各业的企业组织以科学发展观为指导,转变发展方式,推进自主创新,培育和提升其核心竞争力,以实现可持续发展,这是大势所趋。报业组织特别是报业集团应瞄准可持续发展的目标,并努力探寻实现这一目标的有效途径。在传媒生态已经发生根本性变革和报业转型的关键时刻,此乃当务之急。

国内报业集团经过十多年的成长,其规模、布局以及综合实力诸方面,都已具备一定的基础,初步形成了以党报为龙头、系列子报子刊相对独立而又融为一体的报业发展新格局。事实上,现有的报业集团(包括中宣部和新闻出版总署正式批准备案的报业集团以及地方政府同意组建的报业集团)正作为国内报业的主力军,在市场化、产业化的道路上披荆斩棘,探索前行,从理论到实践都有所突破和创新,其中的佼佼者更是实现了跨越式发展,取得了社会效益和经济效益的双丰收。

在肯定成绩的同时,也应清醒地认识到,目前报业集团的发展仍然不尽如人意,制约其健康成长的深层次矛盾和问题渐次浮出水面。这些矛盾和问题包括:适应社会主义市场经济发展要求的报纸(期刊)出版体制尚未真正建立起来,而统一开放、竞争有序的现代报业市场体系也远未形成,公益性报纸期刊和经营性报纸期刊的关系尚未理顺,城乡居民报纸消费差距日益扩大,实现协调发展还有很长的路要走;粗放型发展模式尚有惯性,其导致的报业市场恶性竞争时有发生;中心城市的报业市场趋于饱和,新的增长空间未能全面开拓;

报业的思想观念、经营模式、内容形式、技术手段、人才储备等都存在缺憾……诸多问题与不足,亟待解决与完善。

上述矛盾与问题,同报业发展所面临的新语境密切相关。因而,寻求破解的对策不能靠拍脑瓜,需要客观地分析形势,洞察就里,顺应趋势,通过改革创新来实现突破与超越。

首先,中国社会正处于转型期,"以人为本"的主流价值观日渐深入人心,关注民生、构建和谐社会与注重可持续发展,是我们的必然选择。这就要求报业发展必须适应新变局和新趋势,引领"以人为本"的"主流民意",增强媒介的公信力、影响力和权威性,以品牌媒体的强大优势,形成与提升其核心竞争力,实现可持续发展的目标。

其次,全球一体化进程加快,国际传媒资本开始以各种方式向国内市场渗透,势必与我国的传媒业在思想文化层面和传媒市场领域展开正面交锋,报业集团等传媒组织(企业)只有做强做大做优,才能具备应对挑战的实力。

再次,新媒体的迅速崛起,对传统媒体的原有优势地位构成挑战乃至威胁,而纸质媒介对于纸张的依赖,使报业承受的压力日益增大,在这样的媒介环境中,如何变被动为主动,变压力为动力,变危机为转机,是报业集团必须直面的现实问题。突飞猛进的传播技术所提供的多种信息服务和多元化传播渠道,以及受众现实需求和接收信息偏好的变化,都促使传媒及其从业者不能不重新审视和思考传播语境和传媒生态的现状与未来,并作出相应的调整。

最后,在传播新语境下,报业集团转变发展方式,实施数字化的战略,确立可持续发展目标显得尤为重要。要以大胆开拓、勇于创新的精神,努力推进报业的数字化转型,创建多种信息传播平台,尽可能地满足受众多元化的信息需求,以更好地适应正在发生巨变的传播新格局的新要求。

我们认为,应当先从学习借鉴发达国家先进传媒集团的成功经验做起。目前国际上成功的传媒集团的发展战略,大体包括以下几种:一是市场战略,多渠道进入目标市场,注重整合营销;二是产品战略,建立以内容为核心的全流程体系;三是品牌战略,培育和维护具有影响力的系列品牌;四是扩张战略,采用兼并或收购等方式加速发展。

1. 多渠道进入目标市场,注重整合营销

"渠道为王"的经营模式已经为许多媒介集团采用。如维亚康姆曾通过媒体合作形式将MTV销售给中国38家有线电视台,而迪斯尼通过转让版权将自家产品行销全世界。国内有部分报业集团看准这一发展模式,对市场渠道高度关注并积极拓宽。例如,北部边陲的生活报传媒集团推出"1+7"概念,将同省《鹤城晚报》、《三江晚报》、《林城晚报》、《鸡西晚报》、《绥化晚报》五家地市晚报变成《生活报》地方版,并与《黑河日报》、《七台河日报》共同创办新的《生活报》地方版。又如,南部珠三角经济发达区域的《南方都市报》,于2010年12月以文化产品输出的方式登陆中国香港、中国澳门市场,体现出向外扩张和创新运营渠道的强烈愿望。

然而,必须承认,中国纸媒总体上在品牌输出和渠道运作方面还不甚成熟,往往停留在概念阶段,未能形成持续竞争力。最典型的例子是文汇新民联合报业集团所属的《上海星期三》,该报曾在品牌与版面输出方面有所建树,但却难逃夭折命运。这张报纸已于2009年停刊,改出免费的《新民地铁报》。《上海星期三》的铩羽提醒我们,在如何构建持续稳定的营销渠道方面,学习和借鉴跨国媒体的成功经验是国内报业集团的必修课。

整合营销是媒介融合新语境下报业发展不可或缺的运作方式,"报网融合"、"报网互动"等战略理念的流行,无不关涉这一领域。然而,报纸和网络之间的密切关联只是整合的一个面向,对报业集团来说,整合还牵涉到母报与子报、子报之间、主业与副业、采编与经营乃至政治、资本、文化、技术等多个层面。正如《中国青年报》常务副社长(原为副总编辑)张坤所言,品牌整合营销不仅仅是通过差异化来建构自身的内在核心竞争体系,"更要通过外在层面的生动化和人性化、技术化,来展示和延伸新闻产品的附加值和文化内涵上的情感效应,同时整合内外资源构建起高度统一和稳定的品牌优势"。①

美国总统奥巴马的竞选团队开创了史无前例的跨界营销典范,有关奥巴马的各种创意广告除被放置在YouTube、Facebook、MySpace等网站外,还出现在《极速快感:玩命山道》等在线游戏中。加上传统的电视广告、报纸广告等,全方位的营销方式助力他夺得总统大选的胜利。奥巴马的整合营销案例证明了营销理念的重要转型:传统的"消费者请注意"正转变为"请注意消费者"。

2.建立以内容为核心,以新媒体平台为支撑的全流程体系

归根结底,内容的生产与传播(销售)是报业建构核心竞争力的关键所在。这正是传媒大亨默多克一直在做的事情。根据美国报纸发行量审核局(Audit Bureau of Circulations)2010年4月26日公布的数据,截至3月31日的一年里,美国报纸发行量同比急剧下降9%,25家最大报纸中仅有《华尔街日报》的

---

① 张坤:《报网融合下报业的品牌整合营销》,载《中国记者》,2007年第8期,第64~65页。

平日刊发行量上涨,而这直接受益于41.4万名付费电子用户的订阅。① 默多克希望将媒体带回"发行人"时代——主要靠卖内容赚钱而不是卖读者赚钱。

2006年1月19日,英国著名杂志《经济学人》推出《内容为王》封面文章,提醒媒介产业,内容才是真正的核心竞争力要素。这里所指认的内容,绝不只是传统意义上纸媒的白纸黑字,而是建立在媒介融合语境下的内容产业链。

对传统报纸来说,实施媒介融合是整合资源、节约成本、提升核心竞争力,规避生存风险的必要途径。道琼斯社提出的"波纹"信息资源管理理念可以印证上述论断。"波纹"理论认为:一个新闻事件发生,就像一块石头投到水里,会产生很多波纹,一个波纹一个波纹地扩散开,影响面会迅速放大。道琼斯把这个有如"石头"的新闻依次在道琼斯通讯社、华尔街日报网络版、CNBC电视频道、道琼斯广播、《华尔街日报》等7种不同的媒体卖7次,巨大的内容成本自然得以摊薄。借鉴"波纹"理论,在应对新媒体的竞争中,传统报业只有不断延长其产业链,达成不同媒介一个平台的融合,才能走出生存困境。这个过程就是报业数字化过程。数字化是包括报业集团在内的媒介组织未来发展的必由之路。

中国互联网络信息中心(CNNIC)提供的《第28次中国互联网络发展状况统计报告》显示,截至2011年6月,中国网民规模达到4.85亿,较2010年底增加2770万人;互联网普及率攀升至36.2%。我国手机网民规模为3.18亿,较2010年底增加了1494万人。手机网民在网民总数中所占的比例达65.5%。② 如此庞大的受众群体不容忽视,这是报纸必须努力争取的目标对象。它要求传统报业必须尽快适应新需求,以新型传播技术重塑报纸的出版形态,使新闻传播整体流程从"第一时间采集"转向"第一时间发布、波纹信息传播",并且形成"一次采集、多层生成、多媒体发布、多形态展示、多介质阅读、多渠道发行"的新模式,实现网站滚动连续报道、视频持续不断跟踪、音频即时播报、手机报同步传递、报纸纵深报道、光盘出版物汇集精品长久保存等一体化全媒体新流程。

报业集团要高瞻远瞩,使自身逐步具备全媒体内容生产能力,除了加强技术、人力等资源配备外,还有必要建立以内容为核心的全流程体系,具体内容包括:

施行内容融资策略,拓展信息资源获取渠道。 媒介融合背景赋予传统媒

---

① 《鲁伯特·默多克要与〈纽约时报〉决一死战》,载《第一财经时报》,2010年5月22日。
② http://www.cnnic.cn/dtygg/dtgg/201107/t20110719_22132.html

介更广阔的信息资源。对信息资源进行内容融资予以报业集团两重身份。一是作为融资方,通过向内容投资者提供合理报偿获取内容这一"知本";二是作为天使投资人,对富含兴趣的内容创作者提供专业指导。对于报业集团来说,内容融资过程实则也是与读者及潜在受众的沟通过程。如果能善于捕捉和聚合现实生活中的"长尾",那无异于打通了最为庞大的信息资源获取渠道,有利于提升报业集团的整体竞争力,获取独家报道内容,展开差异化竞争。

改变内容生产线性模式,以资本性生产超越消费性生产。 报业集团要注重将投入产出关系从线性转到非线性。传统新闻业的生产模式类似于农业。农业的产出与投入的关系,总体上是非常强的线性关系。每一个人一天只有24小时,即便再勤奋,最终也没办法颠覆产出跟投入之间的线性关系带来的约束。过去几千年,农业没有创造出来亿万富翁,就是因为投入跟产出是线性关系。而新媒体的模式不同:虚拟空间的一顶帽子2块钱,而设计这个程序只要一两天,如果有一亿人去买,将产出两个亿的收入。这个产出跟现金投入基本没关系。而一旦达成投入产出关系的非线性转变,就会创造出类似腾讯毛利率高达70%、净利率40%的奇迹。要完成生产模式的转变,报业集团还要考虑增加资本性生产,减少消费性生产。记者每天花时间写琐碎的新闻,在报纸上刊发后,没有进一步的使用价值,这就是消费性生产。如果记者采写更具使用价值的文章,报纸刊登之后还可以写书、办论坛,同时应用在媒介融合平台上,自然会产生更大的影响,获得更多的收益,这就是资本性生产。因此,报业组织内容生产不仅要考虑满足消费性生产,还须努力扩大资本性生产,这对于避免同质化竞争,增进核心内容的竞争力,将产生不容低估的影响和效用。

强化"成本意识",细敲内容定价边界。 通俗意义上的成本,指的是生产产品所需费用及相应产生的时间、体力、精神耗费乃至产品滞销的风险。在"成本意识"面前,"厚报"概念无疑显得奢侈,需要重新审视。以《芝加哥论坛报》为例,为了维持成本,每一英寸版面要收取755美元,周日版更高达1135美元。不堪重负,这张大报的母公司,美国第二大报业集团2009年底申请破产保护。在此之前,《纽约时报》宣布将抵押其位于曼哈顿的总部大楼以换取银行贷款,缓解流动资金危机。也许用这些负面的消息去考量中国市场过于残忍,但是,只要是依赖广告生存的市场化报纸,都不能不直面这一现实问题:报纸将来何以同成本低廉、受众日增的网媒竞争而立于不败之地?

加强新技术嵌入研究,拓宽内容供给渠道。 这是全世界报业的共同命题,而中国报业也一直以此作为努力的方向,解放日报报业集团的4i战略、成都传媒集团增资全搜索网站,等等,均是可圈可点的嵌入方略。值得一提的是,

《人民日报》也已成功嵌入苹果 iPad,显示出党报阵营对新媒体的高度重视。

规避内容风险,重塑报业公信力。传统大报除了不断降低成本,缩小报纸幅面外,还绞尽脑汁开源节流,通过举办各种活动寻求赞助商的支持。不确定因素的日益增多,以及报业市场前景的不明朗,不仅使传统报业承受巨大的生存风险,也在道德层面陷入危机。近些年来,包括报界在内的新闻业频频遭受各界批评,主要牵涉到媒介与消费主义的共谋造成对人的现实世界虚拟化、新闻娱乐化引发的后现代犬儒主义倾向;加之传媒假事件中媒介权力异化等问题,媒体所说所做逐渐被贴上"不可信"标签,公信力遭遇前所未有的挑战。美国报刊编辑协会在 1999 年公信力调查中发现,公众在 6 个方面对新闻界持有异议:过多失实、文法错误;对读者与社群的不够尊重;报道偏离客观性;谋取商业利润炒作新闻事件;新闻报道与新闻价值之间的冲突;新闻事件的当事者与目击者对新闻内容的真实性最为质疑。事实上,媒体公信力下降已成为一种普遍现象而为社会公众所诟病。香港大学新闻与传播学院近期所做的一项调查显示,世界各国的绝大部分媒体其公信力都有所下降。①

在市场经济大潮中搏击的中国报业集团及其麾下媒体,如果不在坚持真理、履行责任、恪守职业道德、客观公正地报道新闻等方面,真正赢得社会和受众的信赖,那么,打造核心竞争力、实现可持续发展等目标就会沦为空谈。不言而喻,媒体"内容为王"更深层次的内涵,体现了其对理想和信念的执著追求。

3. 强化品牌战略

品牌是什么?按照雀巢公司老板彼得·布莱克的理解,品牌在技术统治一切的乏味时代里,"带来了温暖、熟悉和信任"。② 恰如布莱克所言,品牌不仅是简单的名称,其后跟随着公信力、影响力及美誉度等一系列交互效果。AC 尼尔森的一项研究成果显示,吸引全球消费者的超级大品牌需具备三大共性:信任感、独特的专业性、品牌延伸范围较为合理。③ 可口可乐、微软、谷歌、哈佛……这些雄踞世界品牌价值前列的一家家著名企业(公司),其响当当的品牌中无不包含着必备的三大共同特性,而其中又以信任感为首。

《纽约时报》的例子,最能说明"信任"对维护品牌忠诚度的重要作用。

---

① 参见凤卫视中文台 2011 年 1 月 10 日"时事亮亮点":《媒体公信力下降,原因何在?》,http://www.tudou.com/programs/view。
② 唐润华主编:《解密国际传媒集团》,广州:南方日报出版社,2003 年,第 258 页。
③ 李欣:《西方传媒新秩序》,广州:南方日报出版社,2008 年,第 100 页。

2003年5月11日,《纽约时报》用4个版篇幅自曝记者布莱尔剽窃丑闻,全美震惊。可是,根据此后发布的财政报告,《纽约时报》的净收入超过上一年同期水平近两倍。① 由此可见,一份"诚实""诚恳"的报纸不仅深受读者喜爱,也为广告商所接受。《纽约时报》所获得的"报纸中的报纸"、国家的"档案纪录报"、"每个人的头脑"等诸多美誉,无不体现人们对这张百年大报的高度信任。国内的报业集团近些年来也高度重视品牌战略,但一种值得深思的现象是,品牌要么被单纯地视为标志或口号,要么与报纸定位相混淆,要么被理解为阅读乃至购买依赖,品牌所蕴含的核心价值往往被品牌的功利主义所湮没和覆盖。这是国内报业集团成长过程中必须警觉并认真对待和妥善解决的一个重要问题。

国内的报业集团,已经形成了许多有影响力的报纸品牌和集团品牌。但是,品牌建构和发展的水平是不均衡的。与国际性大品牌相比,还有很大差距。从这个意义上说,如何进一步强化和拓展品牌战略,仍是一个长期而艰巨的任务。

4. 采用兼并或收购加速发展

兼并或收购是当下报业集团热衷的一个话题。新闻集团总裁彼得·彻宁说过:"只要媒体实现集中与联合,不管利润流向哪里,准保你旱涝保收。"② 这话现在听起来过于乐观了。当今的传媒市场再也不是1969年默多克以150万美元买下《太阳报》的时代。2007年,新闻集团"吃下"道琼斯的代价是56亿美元。兼并或收购的价码越来越高,导致收购模式也发生了巨大变化。以往的低成本战略如今已不复存在,取而代之的是不惜一切代价把最强劲的竞争对手变成自己的属下或盟友,以此实现跨越式发展。

反观中国报业集团的运作模式,绝大多数报业集团的做大之道只是吃进濒临倒闭的小报小刊,个别实施"强强联合"(且效果不佳)的案例,如深圳报业、文汇新民等少数几家报业集团的合并重组,是行政干预(政府行为)的产物,而非市场运作的结果。通过这些手段,报业组织资产的绝对数增加了,报业集团似乎也达到了做大的目的,但却远未实现做强的预期目标,集团内往往发展不平衡,有的长期"一报独大",一旦该报出现问题,则有可能满盘皆输。100多年来,全球企业兼并有三分之二以失败告终。这一数字警示我们,国内报业集团扩张战略要建立在理性务实的基础上,应谨慎稳妥地实施兼并或收

---

① 储信艳:《〈纽约时报〉百年老报彰显经营风范》,载《传媒》,2005年第8期,第62~63页。
② 转引自李欣:《西方传媒新秩序》,广州:南方日报出版社,2008年,第84页。

购，注重实实在在的经济效益，绝不能因好大喜功而掉以轻心，继而导致事与愿违。

梳理国际传媒集团做强做大的成功经验，可以帮助我国报业集团自觉地站在更高的起点上，以全新视角思考发展问题。毋庸置疑，中国报业集团在确定自己未来发展方向和经营模式方面，正日益与国外先进的传媒集团接轨，当然也有不少障碍。

一般认为，制约报业集团核心竞争力形成与提升的主要问题是产权模糊，它导致政企不分、管理不善、所有权与经营权纠结不清等治理缺陷。这固然是亟待解决的老大难问题。与此同时，也应看到另一面，即在全球一体化进程加快的现实语境下，国与国之间意识形态的相互渗透愈演愈烈，断然放弃党管媒体的现有体制和模式，显然是不切实际的"乌托邦"。报业集团目前能够且应该着手解决的首要问题，是如何在现有的体制和模式下，通过创新思路寻求运作机制的突破，找到适合中国国情的做强做大做优之道，进而实现可持续发展的目标。

尽管十余年来国内报业集团在其发展进程中积累了成功的经验，形成了一些行之有效的运作方式，然而，与国际传媒巨鳄相比，国内报业集团的创新思路和运营模式还存在明显的局限性。如何学习借鉴国外同行的成熟理念，促进我国报业集团又好又快地发展，缩小与国外先进媒介集团之间的差距，这是更深层次的问题。

如前所述，核心竞争力的基本特点是独一无二、难以模仿和具有不可替代性。报业集团所生产和传播的产品，作为文化产业中意识形态属性极强的一种类型，受众消费的不只是简单的信息产品，在某种意义上说，其消费的是这些信息产品所蕴含的思想观点、价值取向等精神文化内容，包括意见观点和立场态度。报纸产品内容的特殊性以及受众消费的特殊指向，决定了报业追求的最高境界——应是媒体履行社会责任所形成的公信力、影响力、权威性和品牌美誉度。上述要素的获得，离不开其产品输出层面，即报业集团能够向公众提供怎样的内容产品。

掩卷沉思，我们不忘新闻业界与学界共同推崇的客观性原则和媒体的使命，同时理智地看待正在发展变化着的中国报业，对其改革创新实践中所取得的成就保持一份冷静，不唯喜也不唯忧，以学者的赤诚践行推进媒介发展的公共使命。

我们以联系和发展的目光审视报业集团的过去和现在，透过经济全球一体化以及媒介融合的全新语境，公允地看待其成长历程中的功过与得失，积极地协助报业寻找更切合时代前进方向的发展机遇,规避可能遭遇的风险;在文化事业大发展、大繁荣的战略决策背景下,我们还要结合政治、经济、文化、技术等多元视角,反思中国报业与现代性、人文精神、消费观念的复杂关系,以期能够更加深刻地认识新语境下媒体的独特功能作用,探讨在价值取向多元化的现实环境中,如何更加积极有效地构建与倡导社会主义的核心价值体系……

媒介产业风云变幻,追寻报业集团的前行足迹,谁也无法预言数字化时代的报业发展前景,更不敢断言下一个十年中谁将倒下,谁又将崛起。但我们坚信:唯有悉心培育与不断提升自身核心竞争力的传媒组织——报业集团及各类媒体,才能够在变动不居的经济形势和日新月异的传媒语境中岿然屹立,笑傲江湖!

参考文献

中文论著部分(按作者姓名音序排列):

[1][美]安德鲁·坎贝尔,凯瑟琳·萨默斯.核心能力战略.严勇,祝方译.大连:东北财经大学出版社,2003.

[2][英]奥利弗·博伊德·巴雷特,克里斯·纽博尔德.媒介研究的进路.汪凯,刘晓红译.北京:新华出版社,2004.

[3][美]阿瑟·A.汤普森,斯特里克兰三世,甘布尔.战略管理.蓝海林,黄嫚丽译.北京:机械工业出版社,2011.

[4]包亚明译.文化资本与社会炼金——布尔迪厄访谈录.上海:上海人民出版社,1997.

[5]谭云明主编.传媒经营管理新论.北京:北京大学出版社,2007.

[6][美]彼得·德鲁克.21世纪的管理挑战.北京:机械工业出版社,2006.

[7][美]彼得斯,沃特曼.追求卓越.胡玮珊译.北京:中信出版社,2007.

[8][日]船川淳志.思考力决定竞争力.北京:化学工业出版社,2010.

[9][美]蔡斯等.运营管理.任建标等译.北京:机械工业出版社,2007.

[10]陈忠卫.战略管理.大连:东北财经大学出版社,2011.

[11]崔恩卿.报业经营论.北京:中国经济出版社,1998.

[12]曹鹏.中国报业集团发展研究.北京:新华出版社,1999.

[13]常永新.传媒集团公司治理.北京:中国传媒大学出版社,2006.

[14][美]戴维·富勒.新闻的价值——信息时代的新思考.陈莉萍译.北京:新华出版社,1998.

[15][美]戴维·贝赞可,戴维·德雷诺夫,马克·尚利.公司战略经济学,

北京:北京大学出版社,1999.

[16][美]戴维·阿克(David Aaker).创建强势品牌.吕一林译.北京:中国劳动社会保障出版社,2004.

[17][美]德斯勒.人力资源管理.吴雯芳,刘昕译.北京:中国人民大学出版社,2005.

[18][美]唐·舒尔茨,海蒂·舒尔茨.整合营销传播:创造企业价值的五大关键步骤.何西军等译.北京:中国财政经济出版社,2005.

[19]丁和根.传媒竞争力——中国媒体发展核心方略.上海:复旦大学出版社,2005.

[20][美]菲利普·迈耶.正在消失的报纸.北京:新华出版社,2007.

[21]范以锦.南方报业战略.广州:南方日报出版社,2005.

[22]范宪.企业"核"心竞争力——动态球论模型剖析.上海:上海交通大学出版,2006.

[23]范东升.拯救报纸.广州:南方日报出版社,2011.

[24]辜晓进.走进美国大报.广州:南方日报出版社,2004.

[25]郭全中.传媒集团战略与管理体制研究.合肥:安徽大学出版社,2010.

[26][美]罗伯特·G.皮卡德,杰弗里·H.布罗迪.美国报纸产业.北京:中国人民大学出版社,2004.

[27]顾涧清.报业的变局与方略.北京:中国传媒大学出版社,2008.

[28]辜胜阻.发展方式转变与企业战略转型.北京:人民出版社,2011.

[29][美]赫伯特·阿特休尔.权力的媒介.北京:华夏出版社,1989.

[30]韩岫岚.现代企业文化建设.上海:上海人民出版社,1992.

[31]黄升民、丁俊杰.媒介经营与产业化研究.北京:北京广播学院出版社,1997.

[32][美]霍尔特.市场、博弈和战略行为.上海:格致出版社,2011.

[33]金碚.报业经济学.北京:经济管理出版社,2003.

[34]金碚.竞争力经济学.广州:广东经济出版社,2003.

[35]姜国祥.核心竞争力.北京:中国商业出版社,2004.

[36][美]加里·哈梅尔,CK.普拉哈拉德.竞争大未来.王振西译.北京:昆仑出版社,1998.

[37][美]金·S.卡梅隆,罗伯特·E.奎因.组织文化诊断与变革.谢晓龙译.北京:中国人民大学出版社,2006.

[38][美]杰克·贝蒂.大师的轨迹——探索德鲁克的世界.李田树译.北京:机械工业出版社,2006.

[39]金雁等.都市报业品牌经营.北京:中国人民大学出版社,2008.

[40][美]科特勒,卡斯林.混沌时代的管理和营销.李健译.北京:华夏出版社,2009.

[41][美]柯林·霍斯金斯,斯图亚特·麦克法蒂耶,亚当·费恩.传媒经济学:经济学在新媒介与传统媒介中的应用.支庭荣,吴非译.广州:暨南大学出版社,2005.

[42][美]约翰·P.科特,詹姆斯·L.赫斯克特.企业文化与经营业绩.李小涛译.北京:中国人民大学出版社,2009.

[43][加]克雷格·S.弗莱舍,[澳]芭贝特·E.本苏桑.商业竞争分析.叶盛龙等译.北京:机械工业出版社,2009.

[44]梁衡.新闻原理的思考.北京:人民出版社,1996.

[45]朗劲松.中国新闻政策体系研究.北京:新华出版社,2003.

[46]李品媛.企业核心竞争力——理论与实证分析.北京:经济科学出版社,2003.

[47]罗长海,林坚.企业文化要义.北京:清华大学出版社,2003.

[48]陆小华.整合传媒——传媒竞争趋势与对策.北京:中信出版社,2002.

[49]陆小华.再造传媒——传统媒体系统整合方略.北京:中信出版社,2002.

[50]陆小华.激活传媒——传媒竞争力发掘与执行策略.北京:中信出版社,2004.

[51]刘守英.战略:45位战略家谈如何建立核心竞争力.北京:中国发展出版社,2002.

[52]刘鹏.竞争时代的报纸策略.济南:山东人民出版社,2005.

[53]刘海贵.中国报业发展战略.上海:上海人民出版社,2006.

[54]刘年辉.报业核心竞争力:理论与案例.北京:中国广播电视出版社,2006.

[55]林如鹏.广东报业竞争三十年.广州:暨南大学出版社,2008.

[56]吕尚彬.中国大陆报纸转型.上海:上海交通大学出版社,2009.

[57]刘建民.区域媒体竞争力.杭州:浙江大学出版社,2010.

[58]卢恩光.中国报业集团治理探析.北京:华夏出版社,2007.

[59]李百兴,何广涛.新竞争环境下战略成本管理研究.北京:经济科学出版社,2011.

[60]毛泽东.实践论.载毛泽东选集第一卷,北京:人民出版社,根据1952年7月第1版重排本,1968年7月改横排本.

[61][美]迈克尔·波特.竞争战略.陈小悦译.北京:华夏出版社,2005.

[62][美]迈克尔·波特.竞争优势.陈小悦译.北京:华夏出版社,2005.

[63][美]迈克尔·波特.国家竞争优势.李明轩,邱如美译.北京:华夏出版社,2002.

[64][美]迈克尔·波特.竞争论.刘宁,高登第,李明轩译.北京:中信出版社,2009.

[65][加]马歇尔·麦克卢汉.理解媒介——论人的延伸.何道宽译.北京:商务印书馆,2000.

[66][美]迈克尔·J.马奎特.创建学习型组织5要素.邱昭良译.北京:机械工业出版社,2003.

[67][美]迈克尔·埃默里,埃德温·埃默里.美国新闻史(大众媒介解释史).展江译.北京:中国人民大学出版社,2004.

[68]孟卫东,张卫国,龙勇.战略管理——创建持续竞争优势.北京:科学出版社,2004.

[69][美]默多克,刘长乐.东西论剑:东西方传媒大亨的对话.北京:北京出版社,2005.

[70]明安香.美国:超级传媒帝国.北京:社会科学文献出版社,2005.

[71]梅宪宾.企业家与能力及能力资本.北京:中共中央党校出版社,2006.

[72][美]米歇尔·罗伯特.新战略性思考.林宜萱译.北京:东方出版社,2009.

[73][美]梅洛.战略人力资源管理.吴雯芳译.北京:中国财政经济出版社,2004.

[74]Nonaka,I,Takeuchi H. *The Knowledge—Creating Company*. 杨子江,王美音译.台北:远流出版事业股份有限公司,1995.

[75]倪鹏飞,[美]彼得·卡尔·克拉索.全球城市竞争力报告:2009—2010创新.北京:社会科学文献出版社,2010.

[76][美]彼得·杜拉克.创新与企业家精神.彭志华译.海口:海南出版社,2000.

[77]乔均等.企业核心竞争力研究.成都:西南财经大学出版社,2007.

[78]冉华等.报业数字化生存与转型研究.武汉:武汉大学出版社,2010.

[79][美]熊彼特(Schumpter,J.A.).经济发展理论.何畏译.北京:商务印书馆,1990.

[80][美]西蒙·柯特.媒介组织与产制.陈筠臻译.台北:台湾韦伯文化,2009.

[81][美]苏珊·蒂夫特,亚历克斯·琼斯.报业帝国——《纽约时报》背后的家族传奇.吕娜,陈小全译.北京:华夏出版社,2007.

[82]宋建武.中国媒介经济的发展规律与趋势.北京:中国人民大学出版社,2005.

[83]唐绪军.报业经济与报业经营.北京:新华出版社,1999.

[84]唐润华主编.解密国际传媒集团.广州:南方日报出版社,2003.

[85]唐亚明.走进英国大报.广州:南方日报出版社,2004.

[86][美]汤普森等.战略管理:获取竞争优势.蓝海林,李卫宁,黄嫚丽译.北京:机械工业出版社,2006.

[87][美]汤姆·邓肯(Tom Duncan),桑德拉·莫里亚蒂(Sandra Moriarty).品牌至尊:利用整合营销创造终极价值.廖宜怡译.北京:华夏出版社,2000.

[88]W.钱·金,莫博涅.蓝海战略:超越产业竞争,开创全新市场.吉宓译.北京:商务印书馆,2005.

[89][美]威廉·大内.Z理论.孙耀君,王祖融译.北京:中国社会科学出版社,1984.

[90][加]文森特·莫斯可.传播政治经济学.胡正荣等译.北京:华夏出版社,2000.

[91]王中丙.企业差别竞争力.北京:中国社会科学出版社,2006.

[92]王荣平.战略管理的鼻祖:伊戈尔·安索夫.石家庄:河北大学出版社,2005.

[93]王正鹏.报纸突围.广州:中山大学出版社,2010.

[94]吴锋,陈伟.报纸发行营销导论.上海:复旦大学出版社,2004.

[95]王秋苹.报业竞争力研究.北京:社会科学文献出版社,2011.

[96]王核成.动态环境下的企业竞争力.北京:科学出版社,2010.

[97]王佳航.主流媒体核心竞争力.北京:中国传媒大学出版社,2010.

[98]汪幼海.报业经济发展战略研究.上海:上海社会科学院出版

社,2009.

[99]温治铭.报业集团经营管理概论.广州:南方日报出版社,2004.

[100][美]希特等.战略管理:竞争与全球化.吕巍等译.北京:机械工业出版社,2005.

[101]徐耀魁.西方新闻理论评析.北京:新华出版社,1998.

[102]薛可,余明阳.媒体品牌.上海:上海交通大学出版社,2009.

[103]夏云风.商业模式创新与战略转型.北京:新华出版社,2011.

[104]喻国明.传媒影响力.广州:南方日报出版社,2003.

[105]喻国明,张小争编著.传媒竞争力.北京:华夏出版社,2004.

[106]喻国明.传媒竞争力产业价值链案例与模式.广州:南方日报出版社,2005.

[107]喻国明.解析传媒变局.广州:南方日报出版社,2005.

[108]喻国明主编,张洪忠著.大众媒介公信力理论研究.北京:人民出版社,2006.

[109]喻国明主编,靳一著.大众媒介公信力测评研究.北京:人民出版社,2006.

[110]杨兴锋.高度决定影响力.广州:南方日报出版社,2004.

[111]杨兴锋主编.南方报业之路.广州:南方日报出版社,2009.

[112]袁友兴.报业风云.广州:广东经济出版社,2009.

[113]游梦华.制度变迁与新时期广东报业发展.广州:暨南大学出版社,2008.

[114]尹良富.日本报业集团研究.广州:南方日报出版社,2005.

[115][美]约瑟夫·包伊特,洁米·包伊特.管理大师圣经.刘清彦译.台北:台湾商周出版社,1999.

[116]张国良.新闻媒介与社会.上海:上海人民出版社,2001.

[117]张德.企业文化建设.北京:清华大学出版社,2003.

[118]张金昌.国际竞争力评价的理论和方法.北京:经济科学出版社,2002.

[119]赵曙光.媒介经济学.北京:清华大学出版社,2007.

[120]张石森,欧阳云.哈佛模式管理全集——哈佛MBA核心竞争力全书.北京:远方出版社,2003.

[121]张润书.行政学.台北:台北三民书局,1998.

[122]赵国浩等.企业核心竞争力——理论与实务.北京:机械工业出版

社,2005.

[123]周鸿铎.报业产业经营与管理.北京:经济管理出版社,2005.

[124]周鸿铎.传媒经济"三论说".北京:社会科学文献出版社,2006.

[125]张维迎.竞争力与企业成长.北京:北京大学出版社,2006.

[126]张辉锋.传媒经济学.广州:南方日报出版社,2006.

[127]支庭荣.西方媒介产业化历史研究.广州:广东人民出版社,2004.

[128]支庭荣.大众传播生态学.杭州:浙江大学出版社,2004.

[129][美]拉里·博西迪,拉姆·查兰.转型——用对策略,做对事.北京:中信出版社,2005.

[130]中国企业文化促进会.2006—2020中国企业文化建设发展规划纲要.北京:中央编译出版社,2006.

[131]张殿元.中国报业传媒体制创新.广州:南方日报出版社,2007.

[132]郑伯壎,郭建志,任金刚.组织文化:员工层次的分析.台北:远流出版事业股份有限公司,2001.

[133]朱春阳.传媒营销管理.广州:南方日报出版社,2004.

[134]朱春阳.现代传媒集团成长理论与策略.上海:上海人民出版社,2008.

[135]赵星耀.中国西北欠发达地区报业市场化.上海:华中科技大学出版社,2009.

[136]张耀伟.中国报业广告经营优化.上海:上海人民出版社,2010.

[137]钟虎妹.我国报业组织核心竞争力研究.北京:人民出版社,2008.

[138][日]中马清福.报业的活路.北京:清华大学出版社,2005.

英文论著部分(按作者姓名字母排列):

[139]Burns, J. M: Leadership, New York, NY: Harper& Row, 1978.

[140] Bass, B. Avolio: Improving organization effectiveness through transformational leadership, Thousand Oaks, CA: Sage Publications, 1994.

[141]Chandler, A. D. Strategy and Structure. Cambridge, MA: MIT Press, 1962.

[142] Derek Channon. Blackwell Encyclopedic Dictionary of Strategic Management. Blackwell Publishing. 1996.

[143]Enos, J, L. Invention and Innovation in the Petroleum Refining Industry. *In The Rate and Direction of Inventive Activity*: *Economic and So-*

cial Factors. National Bureau of Economic Research,1962,pp. 299－322.

[144] Kotter,J. P. ,Heskett,J. L. Corporate culture and performance [M]. NY:Simon and Schuster,1992.

[145] Kung－Shankleman,L. Inside the BBC and CNN:managing, media organisations . London:Routledge,2000.

[146] Liebowitz,J. ,Beckman,T. Knowledge Organizations:What Every Manager Should Know [M]. St. Lucie Press,1998.

[147] Nicolai J. Foss,Christian Knudsen:Towards a Competence Theory of the Firm[M]. Routledge,1996.

[148] Neil . A:Full disclosure . London:Macmillan,1997.

[149] Pool, Ithieled Sola:Technologies of Freedom, Cambridge, MA: Harvard University Press,1983.

[150] Pavlik Jahnv:New Media Technology and the Information Superhighway,Boston,1996.

[151] Schein,E. *Organizational Culture and Leadership* ,San Francisco:Jossey－Bass,1985. 1992.

[152] Schein,E. How culture forms,develops,and changes. In Kilmann, R. H. ,Saxton, M. J. ,Serpa. R. and Associates (Eds) ,*Gaining Control of the Corporate Culture* ,Jossey－Bass,San Francisco,CA. ,1985.

[153] Schein, E. H. *The Corporate Culture Survival Guide:Sense and Nonsense About Culture Change*. San Francisco:Jossey－Bass,1999.

[154] Terry, L. D. Leadership of public bureaucracies . NY:M. E. Sharpe,2002.

中文论文部分(按作者姓名音序排列):

[155] 包国强. 市场经济条件下传媒企业核心竞争力的提升. 编辑之友,2008,(2).

[156] 陈怀林. 经济利益驱动下的中国媒体制度改革. 中国媒体新论,香港太平洋时代出版社,1998.

[157] 曹鹏. 影响力经济概念的提出与媒介核心竞争力简析. 杭州师范学院学报,2002,(2).

[158] 陈力丹. 报业改革面临的问题. 当代传播,2004,(5).

[159] 陈力丹. 提升职业精神 以自律求自由. 青年记者,2006,(11).

[160]柴洁,徐彦辉.解读解放日报报业集团新媒体战略.新闻传播,2009,(7).

[161]陈致中,张德.中国背景下变革型领导、组织承诺与离职意向关系研究.当代经济科学,2010,(1).

[162]陈致中.报社员工组织文化认同度及其影响之研究.国际新闻界,2010,(5).

[163]陈国权,尹伟欣.来自广州报业竞争内容升级的报告.中国记者2010,(11).

[164]邓修权等.核心能力构成要素的调查分析——基于中国期刊全文数据库.科研管理,2003.

[165]戴自更.从新京报看都市报和机关报融合的趋势.数字传媒,2004,(1).

[166]董天策.解析中国报业竞争的现实进程.香港中国传媒报告,2003,(2).

[167]董天策,谢影月,丰帆.晚报的现状与发展态势.传媒,2004,(7).

[168]董天策.中国报纸类型的历史发展.西南民族大学学报(人文社科版),2005,(4).

[169]丁柏铨,王涛.论媒体"软实力"——以另一种视角考察媒体竞争力.新闻传播,2006,(12).

[170]戴玉庆.中国报业急需报业文明.广州日报,2006年12月25日.

[171]段乐川.华尔街日报在线收费的策略与启示.青年记者,2010年4月.

[172]付蓓.媒体的核心竞争力要素分析.新闻爱好者,2004,(5).

[173]樊士德.对我国报业集团核心竞争力的探索.湖南大众传媒职业技术学院学报,2005,(1).

[174]傅丰敏.报纸竞争力动态管理模式分析.中国报业,2006,(3).

[175]范以锦.构建报刊媒体集团化运营的市场主体.新闻战线,2006,(5).

[176]广州日报社.攀登报业发展新高峰——广州日报报业集团试点两周年回顾.广州日报,1998年1月16日.

[177]辜晓进.美国报纸广告的经营特色.新闻记者,2002,(12).

[178]高守建,冀鲁.战略决定生死——浅谈报业集团发展战略.青年记者,2006,(23).

[179]郭鸿雁.中国传媒经济增长研究——基于制度的视角.现代传播,2008,(2).

[180]郭全中.传媒业发展和改革中的"存量"与"增量"研究.中国报业2007,(1).

[181]郭全中.转企改制之后怎么走?.青年记者2009,(22).

[182]国秋华.基于组织资本建构传媒企业核心竞争力.现代传播,2010,(5).

[183]何国平.论媒介公信力的生成与维系.新闻与传播研究,2004,(2).

[184]何维,唐弦.我国报业集团规模经济的实现路径研究.出版与印刷,2008,(2).

[185]黄蓉.中国传媒产业的制度选择——基于博弈的分析视角.当代传播,2008,(3).

[186]黄基秉,向妍.传媒集团整合发展策略初探——以成都传媒集团为例.成都大学学报(社科版),2009,(1).

[187]黄春平.我国报业集团核心竞争力理论分歧探析.中国报业,2009,(8).

[188]荆德刚,许正良.企业核心竞争力理论溯源及研究现状分析.当代经济管理,2005,(3).

[189]蒋敏元,刘敬山,孙敏.论企业核心竞争力的形成机理.北方经济,2006,(2).

[190]靳一.中国大众媒介公信力影响因素分析.国际新闻界,2006,(9).

[191]江作苏,梁锋.媒介公信力研究概述.新闻战线,2009,(12).

[192]刘捷.公司的核心能力.北京社会科学,1994,(4).

[193]刘波.治理"散滥"现象促进报业繁荣.报刊管理,1999,(7).

[194]李正中,韩智勇.企业核心竞争力:理论的起源及内涵.经济理论与经济管理,2001,(7).

[195]林如鹏.跨媒体、跨地区、跨行业——中国媒介集团做大做强的必由之路.新闻大学,2002年冬季号.

[196]李忠昌.试论大众传媒的公信力.西安建筑科技大学学报(社会科学版),2003,(1).

[197]廖圣清,李晓静,张国良.中国大陆大众传媒公信力的实证研究.新闻大学,2005春季号.

[198]刘年辉.《纽约时报》的人力资本投资机制.传媒观察,2005,(9).

[199]刘年辉.组织资本:媒体核心竞争力的平台与内核.新闻界,2006,(3).

[200]李东红.从"资源"到"能力".21世纪商业评论,2006,(11).

[201]罗书俊.我国报业集团改革的现实困境与路径选择.社会科学家,2010,(3).

[202]穆青.我国报业产业化发展瓶颈问题浅析.中国市场,2009,(9).

[203]孟范香、王枫.提升报业集团企业文化建设的对策研究.中国市场,2010,(15).

[204]马涛.报刊集团全媒体布局的四大模式.广告大观·媒介版,2010,(6).

[205]邵培仁、陈兵.产业化背景下的媒介集团战略研究.商业研究,2002年12月下半月版.

[206]孙德宏."比拼内力时代的"报纸核心竞争力.新闻与写作,2003,(6).

[207]沈正赋.传媒核心竞争力及其影响要素解读.当代传播,2004,(6).

[208]舒胜.报业集团核心竞争力探微.新闻前哨,2003,(6).

[209]沈庆生.论党报核心竞争力.城市党报研究,2004,(5).

[210]生奇志.加快传媒集团整合 提升媒体核心竞争力.辽宁经济,2004,(10).

[211]孙镜.美国报业应对颓势的三大策略.中国记者,2005,(8).

[212]商建辉.纽约时报的成功之道.中华新闻报,2006年11月21日.

[213]宋建武.走跨媒体经营之路——成都传媒集团的实践调查.新闻战线,2008,(1).

[214]申睿.金融危机下传媒上市公司广告经营状况研究.中国报业,2009,(8).

[215]宋若涛.试论我国报业集团发展问题及对策.中国报业,2010,(8).

[216]屠忠俊.论报社经营管理体制发展趋势.新闻大学,1996年夏季号.

[217]谭军波.京华时报魔鬼发行之关键词.传媒,2003,(12).

[218]田勇.新媒体发展的再思考——以宁波日报报业集团的实践为例.中国报业,2008,(4).

[219]唐绪军.中国报业过去五年的"重大突破".中国报业,2008,(4).

[220]陶文静.移动电子报,报业发展全新的想象力——解放日报报业集团党委书记、社长尹明华谈报业未来.传媒观察,2010,(6).

[221]魏江.企业核心能力的内涵与本质.管理工程学报,1999,(1).

[222]王立群.浅析报纸的核心竞争力.军事记者,2002,(3).

[223]魏永征.传媒的事业属性与发展空间.中国记者,2002,(4).

[224]王铮.在探索和实践中形成核心竞争力——《经济观察报》特点解析.新闻战线,2004,(2).

[225]吴海民.创新媒体的十二块木板一二——兼谈京华时报的成因和前途.中国报业,2004,(7).

[226]吴海民.媒体变局:谁动了报业的蛋糕——关于报业未来走势的若干预测.中国报业,2005,(11).

[227]吴海民.报业危局——中国媒体面临大变局——报业的未来走势和《京华时报》的战略选择.今传媒,2005,(12).

[228]吴海民.吴海民·媒体木桶系列圆环之三:媒体企业文化塑造.人民网,2006年10月08日.

[229]吴伯凡."核心竞争力":福音与诅咒.21世纪商业评论,2006,(11).

[230]吴锋.报纸发行中的人力资源管理.城市党报研究,2005,(5).

[231]王首程.报业的核心能力及其特征.广州大学学报(社会科学版),2004,(9).

[232]王亮,梁馨文.新媒体环境下美国报纸经营的新思路.新闻实践,2011,(3).

[233]徐光春.关于新闻改革和报业集团的几个问题.新闻与写作,1998,(4).

[234]杨志宏,梁莉芳.组织文化与企业再造关键成功因素的认知之研究:以自由时报为研究对象.传播管理学刊,2005(6卷),(1).

[235]喻国明.关于传媒影响力的诠释——对传媒产业本质的一种探讨.现代传播,2003,(1).

[236]喻国明.中国传媒业:洗牌、模式与规则再造.论媒介经济与传媒集团化发展(论文集),北京:中国人民大学出版社,2003.

[237]喻国明,张洪忠.中国大众传播渠道的公信力评测——中国大众媒介公信力调查评测报告系列.国际新闻界,2007,(5).

[238]禹建强.试论报业的核心竞争力.新闻与写作,2002,(8).

[239]禹建强.京华时报的制胜之道.青年记者,2003,(12).

[240]袁舟.新加坡报业控股的经营理念.当代传播,2004,(1).

[241]杨兴锋.由《南方日报》看党报的新定位.采写编,2005,(4).

[242]尹明华.改变增长成分是一种革命——新时期做强党报的探索.新闻与写作,2006,(1).

[243]于丹,张洪忠,杨东菊.我国官方传播渠道在重大公共事件中的公信力研究.国际新闻界,2010,(6).

[244]闫舒娟,种法辉.社会转型时期提升报业组织竞争优势的策略研究.法制与社会,2009,(3).

[245]支庭荣.融合与转型:传统媒体的未来生存法则.中国记者,2006,(2).

[246]支庭荣.世界是平的,传媒是凹的——对传媒经济特性和规律的一种诠释.现代传播,2007,(3).

[247]支庭荣.我国报纸、广播、电视跨媒体集团的政治经济学分析.国际新闻界,2009,(6).

[248]郑保卫,唐远清.试论新闻传媒核心竞争力的开发.新闻战线,2003,(1).

[249]郑保卫,唐远清.试论新闻传媒的公信力.新闻爱好者,2004,(3).

[250]郑京湘.企业文化建设:媒体发展中"看不见的含量".新闻与写作,2005,(5).

[251]郑宇丹.内容经济与报业创新.中国报业,2006,(6).

[252]郑宇丹.报业生存的4C视角.新闻战线,2011,(12).

[253]曾建雄.转型期报纸独家言论的独特价值和作用.新闻大学,2006年冬季号.

[254]曾建雄.关于报业竞争核心产品之一——报纸言论的深层思考.国际新闻界,2007,(7).

[255]曾建雄,周跃敏.党报走向市场是最终目标——党报改革创新系列访谈之新华日报.新闻前哨,2007,(7).

[256]曾建雄,刘劲松,黄扬略.放弃市场就放弃了阵地——党报改革创新系列访谈之深圳报业集团.新闻前哨,2007,(8).

[257]曾建雄,刘劲松.城市党报的市场化探索——党报改革创新系列访谈之哈尔滨日报报业集团.新闻前哨,2007,(10).

[258]曾建雄,戴玉庆.与时俱进走市场——广州日报改革创新探索.今传媒,2007,(11).

[259]赵允芳.全媒体时代的报业核心竞争力解读.传媒观察,2008,(12).

[260]周跃敏.以观念创新、制度创新拓宽党报功能.中国记者,2009.

[261]周跃敏. 多媒体生态环境下党报如何作为. 传媒观察, 2010, (5).

[262]郑敏. 美国主流报纸的"数字化"之路. 编辑之友, 2011, (2).

英文论文部分（按作者姓名音序排列）：

[263]Andrew M. Pettigrew: On Studying Organizational Cultures, on 《Administrative Science Quarterly》, 1979, 24(4): 570—581.

[264]Ann Mooney. Core Competence, Distinctive Competence, and Competitive advantage: What Is the Difference? Journal of Education for Business, November/December 2007.

[265]Barney, J. B.: Firm Resources and Sustained Competitive Advantage. In: Journal of Management, 1991—17.

[266]Geyer, A. L., Steyrer, J. M. Transformational leadership and objective performance in bank. Applied Psychology: An International Review, 1998(47): 397—420.

[267]C. K. Prahalad, Gary Hamel. The Core Competence of the Corporation[J]. HARVARD BUSINESS REVIEW, 1990 (68).

[268]Charles Michaels & Paul Spector, Causes of employee turnover: A test of the Mobbley, Griffeth, Hand, and Meglino model, *Journal of Applied Psychology*, 1982(67): 53—59.

[269]Duncan, R. What is the Right Organization Structure? Decision Tree Analysis Provides the Answer. *Organizational Dynamics*, 1979(4).

[270]Denison, D. R. Bringing corporate culture to the bottom line. *Organizational Dynamics*, 1984, 13(2): 2—22.

[271]Eugene Oetting & Fred Beauvais, Orthogonal cultural identification theory: the cultural identification of minority adolescents, *The International Journal of Addictions*, 1990(25): 655—685.

[272]Grant, R. M. Toward a Knowledge—Based Theory of the Firm. Strategic Management Journal, 2002(17).

[273]Jay B. Barney, Organizational Culture: Can It Be A Source of Sustained Competitive Advantage, Academy of Management Review, Vol. 11, 1986(3).

[274]John Meyer & Natalie Allen, *Commitment in the Workplace: Theory, Research and Application*, Thousand Oaks, CA: Sage, 1997.

[275] Kenneth R. Andrews. Personal values and corporate strategy. Harvard Business Review,1971(49).

[276] Mahen Tampoe. Exploiting the Core Competences of Your Organization. Long Range Planning,Vol. 27,1994.

[277] Portes, A. Social Capital: its origins and applications in modern sociology Annual Review of Sociology,1998—24.

[278] Tim Arango,Could Customized Newspapers Bring Readers Back? On The New York Times,2009/3/8.

[279] Vallath, Chandrasekhar: The Technologies of Convergence, in: Mark Hukill,Ryota Ono and Chandrasekhar Vallth (Eds),Electronic Communication Convergence: policy challenges in Asia,2000.

[280] W. F. Glueck,Organization change in business and government. Academy of Management Journal,1969,12(4): 439—449.

[281] Yuezhi Zhao, From Commercialization to Conglomeration: The Transformation of the Chinese Press Within the Orbit of the Party State, Journal of Communication: Spring 2000.

后　记

这部专著是国家社科基金重点项目的承担者——多位教授、专家及其弟子历经数载辛勤劳作的结晶，其中还蕴含着国内众多报业高管的智慧与洞见。

此项课题"报业集团核心竞争力与改革创新问题研究"于 2003 年 9 月正式获得立项（批准号：03AXW001），按计划本应是在 3 年内（即 2006 年）完成。然而，开展课题研究的过程中却遇到了许多意想不到的困难（报业发展变化之快超乎想象，加之课题组主要成员由于工作变动等原因几经调整），致使课题进展缓慢，结题时限一再顺延。尽管如此，我们仍以坚韧的毅力顽强拼搏，克服了前进道路上的种种困难，通过对全国各地的多家报业集团及报纸等传媒组织所进行的广泛而深入的调研，占有了大量一手材料，经过长达 7 年的艰苦努力，博采众长，独立思考，几易其稿，终于完成了这部 70 多万字的专著。从项目完成的时间看，我们所用的时间超出原计划一倍还多些，可是，课题组成员付出的努力和辛劳没有白费：我们收获了沉甸甸的果实——包括一部专著和几十篇已发表的相关论文（即阶段性成果）。

无论从何种意义上说，本项目研究都是集体合作、协同攻关的产物，因为查找资料、深度访谈、撰写论文直至最后完成专著，这些工作都是由大家共同承担的。虽然我作为项目主持人压力最大，付出也最多，但如果离开课题组成员的协助和支持，我个人是无法完成如此浩大的工程并顺利结项的。所以，我真诚地感谢每一位课题参与者。这无疑会是一串长长的名单，这里恐怕无法将其一一列出。甚至项目的最终成果——这部书稿的作者姓名，由于专著署名的限制，在扉页上也未能全部列出，只好在此做些补救工作，对承担本书稿撰写任务的各位作者及具体的分工情况，特作如下说明：

第一章（部分内容）、第三章（部分内容）、第四章（部分内容）和第十一章

(部分内容)由支庭荣撰稿;第一章(部分内容)、第五章(部分内容)、第七章(大部分内容)、第十章(部分内容)、第十一章(部分内容)和第十二章(大部分内容)由曾凡斌撰稿;第二章(第一、二两节的大部分内容)由星亮撰稿;第四章(第二、三节)、第八章(第六节)、第九章(部分内容)、第十章(部分内容)、第十一章(部分内容)和结语(部分内容)由郑宇丹撰稿;第五章(部分内容)、第六章(大部分内容)由陈致中撰稿;第五章(第六节)、第七章(第七节)、第八章(第七节)、第十一章(第二节)此四节大部分内容由陈长松撰稿;第八章(大部分内容)由郭全中撰稿;第九章(部分内容)由林如鹏撰稿;第九章(第四节)、第十章(部分内容)、第十一章(部分内容)由刘劲松撰稿;导言、第二章(第三、四、五节)、第三章(大部分内容)、第四章(第一、四节)、第五章(大部分内容)、第六章(部分内容)、第七章(部分内容)、第九章(部分内容)、第十章(部分内容)、第十一章(部分内容)和结语(部分内容),由我撰稿,并且由我负责全书的统稿润色工作。

除了上述作者之外,课题组的主要成员还有李异平(负责部分调研工作);我名下的硕士生杨纯、侯慧梅、唐新宇参与梳理核心竞争力理论源流的研究工作,并撰写了部分初稿;我的另一位硕士生车琳、新闻与传播学院谷虹老师和她丈夫陈雨先生(南方报业传媒集团南都传播研究院秘书长),参与了报业集团的发展战略相关问题的资料搜集和部分内容撰写工作;侯慧梅和车琳还参与了调研访谈工作,中国青年政治学院副教授漆亚林博士协助我一道完成了对《新京报》社长戴自更和原《京华时报》社长(董事长)吴海民的访谈;我名下的博士生吕雪澜为课题研究的资料查阅和翻译做了大量工作;事实上,我名下几届硕士生、博士生大都参与了本课题的研究,他们不辞劳苦地查阅资料、参与访谈(包括整理录音文稿),还撰写部分书稿内容,勤勤恳恳、默默无闻地付出,尤其是在 2010 年结题期限将至的冲刺阶段,加班到凌晨更是常事,师生情谊尽在其中。

在本书即将杀青付梓之际,作为项目主持人,我百感交集,满怀感恩之情:

首先,十分感谢全国哲学社会科学规划办和广东省社科规划办的领导们,正是你们的睿智与宽容,让课题组能够缓解压力,摒弃急功近利的浮躁,沉下心来,精耕细作,保证了课题研究的质量,最终能够比较圆满地完成此项目。

其次,衷心感谢暨南大学领导和社科处同仁对本项目研究在资金和各个方面的关心与支持,若没有配套经费的支撑,课题组难以实施庞大的调研计划,并且完成相应的研究任务;同时,非常感谢暨南大学新闻与传播学院院长范以锦,他在百忙中抽空审阅了书稿,并且撰写了见解精辟、言辞中肯的序言。

最后，由衷感谢北京师范大学出版集团安徽大学出版社，出于对学术研究的重视和支持，不计成本出版学术著作，为本书的面世提供了宝贵的通道！感谢接纳此书稿的朱丽琴副总编辑和负责具体出版任务的马晓波编辑添加最后一把"火"！

在倡导文化事业大发展、大繁荣的大背景下，有远见的出版工作者为了打造品牌想方设法推出精品力作，这种美好愿景和不懈努力，一定会得到更多作者和广大读者的回报！

"报业集团核心竞争力与改革创新问题研究"项目主持人、
本书稿的主要负责人曾建雄代表课题组全体同仁谨上
2012年6月28日